# 生成AIの
# 法律実務

弁護士◆松尾剛行 Matsuo Takayuki

弘文堂

# はじめに

2023年に『ChatGPTと法律実務』（以下、本書では「前著」または「松尾・ChatGPT」という）を上梓してから既に約1年半となっている。熱狂的な生成AIブームの中、構想からわずか3カ月で「緊急出版」した前著は、大変ありがたいことに読者の皆様からご好評をいただいた。

前著出版当時は、生成AIブームが早期に萎むのではないか、という懸念もあったところだが、結果的に、生成AIは一時的な熱狂からインフラへと変わり、世の中に定着した。その結果として、ますます広い範囲で生成AIが利用されるようになった。例えば読者の皆様が職場でいつも利用されるであろう業務用ソフトであるMicrosoft Officeシリーズにおいて、Copilotと呼ばれる生成AIが利用可能となっているかもしれない。また、スマートフォンにも続々と生成AIが組み込まれている。このように、既に生成AIが読者の皆様や、それ以外を含む社会の多くの方々の手元で利用可能となっていることであろう。

このような生成AIのインフラ化が進む中、企業の法律実務においても様々な課題が生じ、法律実務はこの約1年半で大幅に変化した。例えば、2024年3月には「AIと著作権に関する考え方について」（「考え方」）が公表され、少なくとも現行著作権法の解釈についてはかなり明確になっている。また、EUではAI法が成立する中、日本ではAI事業者ガイドラインが公表され、また、本書校正中の2024年12月現在、筆者も有識者として報告した「AI制度研究会」においてAIに関する制度の研究が進んでいる。このような観点から、前著の改訂を望む声を多く頂戴した。もっとも、本書校正時点を基準として、前著の大部分の記載は古くなっていない。

筆者は2024年4月から学習院大学法学部キャリア教育担当特別客員教授として、『法学部生のためのキャリアエデュケーション』（有斐閣・2024）を教科書として教鞭をとっており、そのような立場から生成AIがインフラ

化する将来を見据えた学生等のキャリアに関する検討やアドバイスを行っている。このようなキャリア教育の経験を踏まえても、キャリア等に関する前著の内容に少なくとも大きな変更の必要を感じないところである。約1年半の時を経て、前著で明らかに記述が古くなっているのは具体的な法律に関する第3章および第4章の部分に限られる。

　そこで、このような観点から、AI・リーガルテックの利活用やキャリアにもフォーカスした前著を全面的に改訂するのではなく、前著第3章・第4章において簡単な言及をしたにとどまった法解釈、およびそれを前提とした法律実務・法務実務に記載を絞り、前著とは異なる書籍として本書を執筆することとした。すなわち、本書では、できるだけ包括的に各法分野ごとの生成AIの法律実務の詳細を論述しようと試みたものである。その際には、①ベンダ（OpenAIのような基盤モデルに関するベンダと、それに対してファインチューニング等を行うベンダが存在し、その中でも開発を行うベンダ、提供を行うベンダ、そして開発・提供の双方を行うベンダ等に分かれる。詳細は第1章および第1部コラム参照）および②ユーザ（ビジネスユーザ、企業の従業員等のエンドユーザ、そして消費者的ユーザが存在する）という2種類の主要なプレイヤーが存在するところ、筆者の実務経験に即し、その双方の観点からの実務対応をまとめた。

　ここで、既に「AIと／の法律実務」というテーマに関する様々な実務書が出版されており、例えば、AIとシステム開発等については『紛争解決のためのシステム開発法務』（法律文化社・2022）を共著で執筆している。しかし、本書はAI一般ではなく、生成AIの議論にフォーカスしているため、たとえ「AI一般」と関係していても、生成AIとの関係が浅い論点の一部がカットされていることはご了解いただきたい。例えば、自動運転に関する法律問題等は、生成AIとの関係の程度に鑑み、あえて議論していない。加えて、軍事AI（例：Lavender）に対する規制といった国際公法の問題は重要であるものの、本書は、基本的には日本の民間企業の実務が念頭に置かれており、その結果としてこの問題も論じていない。

　なお、筆者はリーガルテック業界団体（AIリーガルテック協会）の代表理

事を務めており、AI開発・提供事業者（いわゆるAIベンダ）に関わる仕事も多いものの、同時にユーザである企業に関わる仕事も多く行っている。そこで、本書はできるだけ特定の企業の立場に偏することがないよう、ある程度中立的に、実務における「相場観」を示そうと試みたが、その意図が成功しているかについては読者の皆様のご判断を仰ぎたい。なお、念のため、本書は筆者個人の見解を明らかにしたものであり、桃尾・松尾・難波法律事務所、AIリーガルテック協会をはじめとする所属組織の見解を表すものではない。

　生成AIに関する動きは目まぐるしく移り変わっている。本書は、2024年末の時点の情報を反映した上で、2025年1月以降の情報のうち再校・三校で盛り込むことができたものを一部含んでいる。今後の新たな情報のアップデート方法については筆者において現在検討中であるが、何らかの方法でアップデートをしたいと考えている。

2025年2月

松尾　剛行

# 目　次

はじめに　iii

凡　例　xix

## 序　章　生成 AI の法律実務・概観 ——————————— 1

はじめに　　1

第 1 部　総論　　2

第 2 部　生成 AI と知的財産法　　3

第 3 部　生成 AI と公法　　5

第 4 部　生成 AI と民事法　　6

第 5 部　生成 AI と刑事法　　6

第 6 部　生成 AI 規制の動向を踏まえた実務対応　　6

## 第 1 部　総　論 ••••••••••••••••••••••••••••••••••••••••••••••••••••••• 7

## 第 1 章　生成 AI の技術発展と法律実務にもたらす挑戦 ——————— 9

1. 生成 AI の現在地　　9
   - ◈ (1) インフラ化　　9
   - ◈ (2) 急速な技術革新　　9

2. 企業における応用　　10
   - ◈ (1) 様々な利用態様　　10
   - ◈ (2) 業務利用の許容　　11
   - ◈ (3) 自社契約とテンプレート　　11
   - ◈ (4) RAG 等データ利用　　12
   - ◈ (5) 第三者へのサービス提供　　13
   - ◈ (6)（暫定的）禁止　　13

3. 弁護士・企業法務担当者の課題　　13
   - ◈ (1) 社内ルールから具体的プロジェクト対応、契約へ　　13
   - ◈ (2) 利用状況の変化　　14
   - ◈ (3) 法改正・解釈明確化等　　14

4. ファインチューニング・RAG 等　　14
   - ◈ (1) 生成 AI をそのまま利用する場合の限界　　14
   - ◈ (2) ファインチューニングによる対応　　15
   - ◈ (3) RAG による対応　　15
   - ◈ (4) 基盤モデル・ファインチューニング・RAG の総合的な技術発展による解決　　17

◈ (5) 暫定対応としての UI/UX　18

5. アクター　19
　◈ (1) はじめに　19
　◈ (2) ベンダ（開発・提供者）　19
　◈ (3) ユーザ企業　19
　◈ (4) 顧客等　20

コラム　生成 AI 入門　21
　1　はじめに　21
　2　ChatGPT の基本的な使い方　21
　3　プロンプト（指示文）およびプロンプトエンジニアリングとは　23
　4　ChatGPT およびトランスフォーマーの基本的な仕組みとは　26
　5　ハルシネーション（幻覚）とは　29
　6　トークン数とは　30
　7　マルチモーダル・I2I や T2I とは　31
　8　ベクトル検索とは　31
　9　AI アラインメント、マスタープロンプトとは　32
　10　AITuber とは　32
　11　「ポン出し」とは　33
　12　生成 AI エージェントとは　33
　13　クローラ、robots.txt とは　34
　14　ウォーターマークとは　35
　15　ローカル LLM　35
　16　AI を構成するもの　36
　17　リアルタイムデータと予測　36
　18　蒸留　36
　19　ケンタウロスモデル　36

# 第2部　生成 AI と知的財産法 ......37

## 第2章　著作権 ——————————————— 39

1. はじめに　39
　◈ (1) 暫定的「到達点」としての「考え方」　39
　◈ (2) 著作権法の目的　40
　◈ (3) 生成 AI において著作権が問題となる2つの場面　40
　◈ (4) 30 条の4のみに注目すべきではない——47 条の5、非表現等も重要　43
　◈ (5) クリエイターとの win-win 関係が重要　44
　◈ (6) 2つの事例　46
　◈ (7) 本書が検討していない議論　46

2. 前提知識　47
　◈ (1) 創作のみで登録なく死後 70 年保護される　47

◈ (2) アイディアと表現の二分論　47

◈ (3) 創作性が必要　48

◈ (4) 支分権　48

◈ (5) 類似性＋依拠性　49

◈ (6) 権利制限規定　49

◈ (7) ライセンス　51

3. 開発段階　51

◈ (1) はじめに　51

◈ (2) 開発段階において侵害しやすい支分権　52

◈ (3) 30条の4の適用範囲　52

◈ (4) 47条の5の適用範囲　59

4. 利用段階　64

◈ (1) はじめに　64

◈ (2) 利用段階において侵害しやすい支分権　65

◈ (3) プロンプトとしての入力　65

◈ (4) 類似性＋依拠性　66

◈ (5) 47条の5　68

◈ (6) 侵害が生じた場合のベンダの責任　68

◈ (7) 権利を得ることができるか　70

5. 実務対応　73

◈ (1) はじめに　73

◈ (2) 事例の検討　73

◈ (3) ベンダ　75

◈ (4) ユーザ　76

◈ (5) 権利者　78

◈ (6) ライセンスに関する補足　79

◈ (7) 不法行為？　80

# 第3章　著作権以外の知的財産権——特許、パブリシティ、意匠、商標、不競法 — 82

1. はじめに　82

2. 特許　82

◈ (1) はじめに　82

◈ (2) 生成AIを特許侵害なく利用するために　83

◈ (3) 生成AIから発明を守るために　86

◈ (4) 生成AIにより生成される「発明」の保護　88

◈ (5) 生成AIと特許実務　93

3. パブリシティ　93

◈ (1) はじめに　93

◈ (2) 生成AIをパブリシティ侵害なく利用するために　94

◈ (3) 生成AIによるパブリシティ侵害を防ぐために　103

◈ (4) 生成 AI により生成される画像等のパブリシティによる保護　103
◈ (5) 生成 AI とパブリシティ実務　104

4. 意匠　105
◈ (1) はじめに　105
◈ (2) 生成 AI を意匠権侵害なく利用するために　105
◈ (3) 生成 AI による意匠権侵害を防ぐために　106
◈ (4) 生成 AI により生成されるデザインの意匠権による保護　106
◈ (5) 生成 AI と意匠実務　106

5. 商標　107
◈ (1) はじめに　107
◈ (2) 生成 AI を商標権侵害なく利用するために　107
◈ (3) 生成 AI による商標権侵害を防ぐために　108
◈ (4) 生成 AI により生成される画像・ロゴの商標権による保護　108
◈ (5) 生成 AI と商標実務　108

6. 不競法　109
◈ (1) はじめに　109
◈ (2) 商品等表示　109
◈ (3) 形態模倣　110
◈ (4) 営業秘密・限定提供データ　112

コラム　立法論の前提としての解釈論　118


# 第3部　生成 AI と公法 ･･･････････････････････････････････119

## 第4章　個人情報保護法 ──────── 121

1. はじめに　121
◈ (1) 生成 AI に個人情報を入力できるか　121
◈ (2) 想定事例　121

2. 「キー概念」と個人情報保護法の基礎　122
◈ (1)「キー概念」の整理　122
◈ (2) 個人情報　122
◈ (3) 個人データ　125
◈ (4) 保有個人データ　125
◈ (5) キー概念間の関係　125
◈ (6) 生成 AI とキー概念　126

3. 取得規制と AI　130
◈ (1) はじめに　130
◈ (2) (取得時の) 利用目的規制と AI　130
◈ (3) 要配慮個人情報規制と AI　133

目　次　ix

◈（4）適正取得規制と生成 AI　138

4. 保管・利用規制と AI　139
　　◈（1）はじめに　139
　　◈（2）利用目的による制約　139
　　◈（3）適正利用規制と生成 AI　142
　　◈（4）安全管理措置規制と AI　142
　　◈（5）漏洩報告　144
　　◈（6）データの内容の正確性の確保（22 条）等　145

5. （外国）第三者提供と AI　146
　　◈（1）はじめに　146
　　◈（2）（少なくとも一般的には）利用することが難しいように思われるスキーム　147
　　◈（3）利用可能性が十分にあるスキーム　151
　　◈（4）外国第三者提供等　155

6. その他の問題　156
　　◈（1）苦情処理、開示等　156
　　◈（2）個人情報・個人データ・保有個人データ・要配慮個人情報以外の概念　157
　　◈（3）分野別の規制　159

7. 実務　160
　　◈（1）開発段階の主な個人情報に関する問題と実務　160
　　◈（2）利用段階の主な個人情報に関する問題と実務　161
　　◈（3）個人情報保護法以外を含む総合的な実務対応　161
　　◈（4）改正動向等　162


# 第 5 章　弁護士法　163

1. はじめに　163

2. 弁護士法 72 条　164
　　◈（1）リーガルテック業界の危機⁉　164
　　◈（2）弁護士法 72 条の特徴　165
　　◈（3）法務省ガイドライン　166
　　◈（4）リーガルテックの発展は弁護士・法務担当者の仕事を奪わない　169
　　◈（5）事件性と AI・リーガルテック　174
　　◈（6）鑑定等と AI・リーガルテック　176
　　◈（7）報酬を得る目的と AI・リーガルテック　179
　　◈（8）（インハウス）弁護士に対する提供　181
　　◈（9）他の要件　182
　　◈（10）実務対応　184

3. その他の問題　188
　　◈（1）セキュリティ　188
　　◈（2）非弁提携　190

4. リーガルテックと AI に関する原則について　191

第6章　業法等 ——————————————————————————————— 192

1. はじめに　192
2. 金融法　193
   - (1) はじめに　193
   - (2) ライセンス規制　193
   - (3) 行為規制　195
   - (4) 実務対応　196
3. 医療行政法　196
   - (1) 医療分野における生成 AI の活用　196
   - (2) 医師法　196
   - (3) 薬機法等　200
4. 電気通信事業法　200
   - (1) はじめに　200
   - (2) 登録・届出の要否　200
   - (3) 通信の秘密等　202
5. 独禁法　202
   - (1) はじめに　202
   - (2) 「論点」について　203
   - (3) 競争 DP　206
   - (4) 議論の進展に注視を　207
6. 行政による生成 AI の利活用とその規律　207
   - (1) 行政による積極的な生成 AI 利活用　207
   - (2) 行政による生成 AI の利活用の2類型　208
   - (3) 危険な（実質的）代替としての生成 AI の利活用　208
   - (4) 行政法を遵守しながら行うべき支援としての生成 AI の利活用　210
7. 憲法　217
   - (1) はじめに　217
   - (2) 自律と尊厳　218
   - (3) 平等　222
   - (4) 冤罪リスク・適正手続　225
   - (5) 「憲法」を持つ生成 AI　226

コラム　（生成）AI 時代の憲法の重要性　227


# 第 4 部　生成 AI と民事法 ·········································· 229

第7章　名誉毀損 ——————————————————————————————— 231

1. はじめに　231

目次　xi

◆(1) 生成 AI による深刻な名誉毀損の問題　231
◆(2) 事例を用いた検討　232
◆(3) 憲法の問題？　233
◆(4) 刑法の問題？　234
◆(5) 民事名誉毀損　234
◆(6) 名誉毀損を基礎として、他の人格権については「差分」を検討すること　235

2. 名誉毀損の成立要件とその判断　236
◆(1) 不法行為に基づく損害賠償請求　236
◆(2) 人格権侵害を理由とする差止め等　237
◆(3) 契約責任と名誉毀損　238
◆(4) 判断基準——一般読者基準　239

3. 生成 AI と公然性　239
◆(1) 公然性要件　239
◆(2) 生成 AI と公然性　240
◆(3) プロンプトの内容と公然性　240
◆(4) 伝播性の理論　242

4. 生成 AI と社会的評価低下の成否　243
◆(1) 内容と利用形態次第　243
◆(2) AI 生成物だと判明する場合　243
◆(3) AI 生成物と判明しない場合　245

5. 生成 AI と同定可能性　246
◆(1) はじめに　246
◆(2) 一般読者基準　246
◆(3)「一部」の特定の知識がある人による特定でも同定可能性要件は満たされる　247

6. 生成 AI と真実性・相当性・公正な論評の法理　248
◆(1) 各抗弁の概要　248
◆(2) 公共性　250
◆(3) 公益性　251
◆(4) 真実性　254
◆(5) 相当性　254
◆(6) 公正な論評の法理の適用　255

7. 生成 AI と同意　259
◆(1) はじめに　259
◆(2) 生成 AI による名誉権侵害に対する同意　259

8. 生成 AI と差止め・謝罪広告　260
◆(1) 救済としての損害賠償　260
◆(2) 差止め　260
◆(3) 謝罪広告　261

9. 誰が責任を負うか　262
◆(1) 責任主体論の概観　262
◆(2) ユーザ　264

◆(3) ベンダ　267

◆(4) ユーザ企業の業務利用　273

◆(5) その他の主体　274

10. 生成 AI による名誉権侵害に関する実務対応　276

◆(1) 事例の簡単な帰結　276

◆(2) ベンダの実務　277

◆(3) ユーザの実務　279

# 第8章　名誉権以外の人格権 ———————————— 281

1. はじめに　281

2. 名誉感情　282

◆(1) はじめに　282

◆(2) 名誉毀損と比較した場合の名誉感情侵害の成立要件　283

◆(3) 名誉毀損と比較した場合の名誉感情侵害の効果　285

◆(4) 生成 AI の利用によって変わり得る名誉感情侵害の判断　286

◆(5) 同意による違法性阻却　288

◆(6) 名誉毀損との相違を踏まえた事例ごとの検討　288

3. プライバシー　290

◆(1) はじめに　290

◆(2) 名誉毀損と比較した場合のプライバシー侵害の成立要件　291

◆(3) 名誉毀損と比較した場合のプライバシー侵害の効果　296

◆(4) 「宴のあと」事件の 3 要件は生成 AI にどのように適用されるか　296

◆(5) 公表する理由との利益衡量　298

◆(6) 情報プライバシー　300

◆(7) 同意による違法性阻却　304

◆(8) 生成 AI においてプライバシーを保護するために　305

◆(9) 名誉毀損との相違を踏まえた事例ごとの検討　306

4. 肖像権　307

◆(1) はじめに　307

◆(2) 名誉毀損と比較した場合の肖像権侵害の成立要件　308

◆(3) 名誉毀損と比較した場合の肖像権侵害の効果　309

◆(4) 「みだり」に肖像を利用されない利益（受忍限度）　309

◆(5) 肖像権と「依拠性」「関連性」の要否　313

◆(6) 同意による違法性阻却　314

◆(7) 肖像権侵害を防ぐために　314

◆(8) 名誉毀損との相違を踏まえた事例ごとの検討　315

5. その他人格権　316

◆(1) はじめに　316

◆(2) 氏名権　316

◆(3) アイデンティティ権　316

◆(4) 生活の平穏　317

◆(5) その他　317

目次　xiii

6. 声の人格権　318
　◆(1) 声の人格権とは　318
　◆(2) 声の人格権論文の議論　319
　◆(3) 中間取りまとめ　321
　◆(4) 肖像権による保護の有無　321
　◆(5) パブリシティ権による保護の有無　322
　◆(6) 著作隣接権による保護の有無　323
　◆(7) 商標権による保護の有無　324
　◆(8) 現行不競法による保護の有無　324
　◆(9) その他の保護　325
　◆(10) 不競法改正による対応　325
　◆(11) 実務対応　326


# 第9章　その他の民事法 ———————————————— 328

1. はじめに　328
2. 生成 AI と契約・取引　328
　◆(1) 代理人・使者にはなれないが、意思表示伝達の方法としては利用可能　328
　◆(2) 契約の成立　329
　◆(3) 債務不履行・善管注意義務　333
　◆(4) 定型約款　335
3. 生成 AI と消費者契約　336
　◆(1) はじめに　336
　◆(2) 生成 AI による広告と景表法　337
　◆(3) 生成 AI による不当な勧誘　338
　◆(4) 不当な契約条件　340
　◆(5) 電子消費者契約法における錯誤に関する例外　340
　◆(6) 生成 AI に対する消費者団体訴訟　343
4. 生成 AI と不法行為等　344
　◆(1) はじめに　344
　◆(2) 故意不法行為　344
　◆(3) 過失不法行為　344
　◆(4) 共同不法行為　344
　◆(5) 免責条項　345
　◆(6) 製造物責任　345
5. 生成 AI と会社法・ガバナンス　346
　◆(1) はじめに　346
　◆(2) 生成 AI の利用のため必要な社内手続　347
　◆(3) 生成 AI の利用と取締役の善管注意義務　348
　◆(4) 会社法法定書類の作成　352
　◆(5) 生成 AI の利用に伴うガバナンス上の課題（AIに対するガバナンス）　354

xiv

◈(6) 生成 AI を利用したガバナンスの高度化（AI によるガバナンス）　357

6. 生成 AI と民事手続　360
　◈(1) はじめに　360
　◈(2) 現時点の技術水準と将来の技術発展　361
　◈(3) 支援対象場面　362
　◈(4) 支援対象者　366
　◈(5) 紛争解決手続の種類による相違　369
　◈(6) 生成 AI のプラスの影響を最大化させ、マイナスの影響を最小化させるために　371

コラム　AI 法とアバター法　373

# 第5部　生成 AI と刑事法　375

## 第10章　刑事法　377

1. はじめに　377
2. 刑法各論 1——生成 AI と関連の深い犯罪類型　377
　◈(1) はじめに　377
　◈(2) 生成 AI を利用した詐欺　377
　◈(3) 生成 AI を利用したウイルス等の作成　378
　◈(4) 生成 AI に対するハッキング等　379

3. 刑法各論 2——既に論じてきた問題の刑事的側面　380
　◈(1) はじめに　380
　◈(2) 人格権侵害と犯罪　380
　◈(3) ディープフェイク・フェイクニュース等「偽」情報への（刑事的）対応　381
　◈(4) その他の刑事規制　384

4. 刑法総論　384
　◈(1) 故意　384
　◈(2) 共犯（中立的幇助）　385

5. 刑事手続法　390
　◈(1) 刑事手続における生成 AI の利用　390
　◈(2) 刑事弁護と生成 AI——謝罪文作成への利用を例にとって　392

コラム　生成 AI 規制の刑事法的側面　393

目次　xv

# 第6部　生成 AI 規制の動向を踏まえた実務対応 ......................... 395

## 第11章　国際的視野を踏まえた生成 AI 規制の動向 ——————— 397

1. はじめに　397
2. EU の AI 規制の全体像　397
   - (1) はじめに　397
   - (2) AI 法　398
   - (3) その他の EU 域内で適用される法規制　414
   - (4) AI 条約　415
3. 米国の AI 規制　416
   - (1) 権利の章典　416
   - (2) ボランタリーコミットメント　416
   - (3) 安全で安心で信頼できる人工知能に関する大統領令　417
   - (4) 各州の動きにも留意　419
   - (5) トランプ政権　419
4. 中国の AI 規制　420
   - (1) はじめに　420
   - (2) インターネット情報サービスアルゴリズム推薦管理規定　421
   - (3) インターネット情報サービスディープシンセシス管理規定　422
   - (4) 生成 AI サービス管理暫定弁法　423
5. 日本の AI 規制　424
   - (1) ソフトロー中心であった日本　424
   - (2) 「責任ある AI の推進のための法的ガバナンスに関する素案」　425
   - (3) AI 制度研究会　425

## 第12章　契約・社内規程等の実務対応・ELSI ————————— 432

1. はじめに　432
   - (1) 「リスク」はいくらでもある　432
   - (2) 各社のチャレンジ／リスクに対する「感度」次第　432
   - (3) リスクはゼロにならないが、リスク低減方法は存在する　432
   - (4) 法律だけではない複合的対応を　433
   - (5) ELSI の重要性　433
   - (6) 現在動いている分野であること　433
2. 利用態様に応じたユーザ実務　434
   - (1) はじめに　434
   - (2) 画像生成 AI の業務利用　435
   - (3) 議事録作成　439

◈(4) RAG によるリサーチプロダクト　442
◈(5) RAG による過去データを利用したナレッジマネジメント　444
◈(6) 顧客に利用してもらうチャットボット　446

3. FT ベンダを念頭に置いたベンダ実務　448
◈(1) はじめに——FT ベンダに未来はない？　448
◈(2) 学習に関する実務　449
◈(3) 基盤ベンダとの関係に関する実務　451
◈(4) 提供に関する実務　452

4. 契約上の留意点　455
◈(1) はじめに　455
◈(2) 基盤ベンダの利用規約　455
◈(3) FT ベンダと基盤ベンダの契約　461
◈(4) ユーザとベンダの契約　461
◈(5) 受託業務の遂行過程で生成 AI を利用する場合　467
◈(6) 秘密保持契約（NDA）　473
◈(7) M&A　476

5. 社内ルール・社内規程　479
◈(1) 2 種類の社内ルール・社内規程　479
◈(2) 社内受容性と「みんな違ってみんないい」　480
◈(3) ルール策定の全体像　481
◈(4) 利用範囲　483
◈(5) 入力　485
◈(6) 出力　487
◈(7) ルール策定状況に応じた対応　489

6. ELSI・炎上・レピュテーション　490
◈(1) ELSI とは　490
◈(2) 画像生成 AI におけるレピュテーションリスク　492
◈(3) レピュテーションリスクではないもの——「（過失により）フェイクニュースを流してしまうリスク」　492
◈(4) リスクを踏まえた生成 AI 利用に関する対応　493

7. 生成 AI 実務へ臨む姿勢　498
◈(1) まさに正解がない問題　498
◈(2) 1 つの考えで決めつけず、複数のシナリオを考える　499
◈(3) 社内受容性を踏まえ、スモールスタート　499
◈(4) 予防法務・紛争解決法務　500
◈(5) 他社事例の収集　501
◈(6) 公共政策法務　501

## 終　章　将来を見据えて ── 503

1. はじめに　503

目　次　xvii

2. 「支援」から一部業務の「委託」へ？　503

3. 予防法務中心から紛争解決法務へ？　504

4. 機械化される統治機構？　505

5. 生成 AI 技術の進化に伴う実体法の大変革？　505

6. 残された課題　506


コラム　生成 AI 時代のキャリアデザイン　507


おわりに　509

事項索引　511

判例索引　515


【事例一覧】

事例 2-1（特定の作風に強い画像生成 AI を作成する）　46

事例 2-2（RAG を利用した過去データに基づく回答生成）　46

事例 3-1（入力した顧客の質問への回答を自動で生成する装置に関する特許）　85

事例 3-2（AI 生成物がパブリシティ権を侵害する）　97

事例 4-1（ベンダによる生成 AI 開発と個人情報）　121

事例 4-2（ユーザによる生成 AI 利用と個人情報）　122

事例 7-1（名誉を毀損する AI 生成物がユーザのみに表示され、ユーザがこれを投稿する）　232

事例 7-2（名誉を毀損する AI 生成物がユーザのみに表示される）　232

事例 7-3（名誉を毀損する AI 生成物が直接インターネット上に公開される）　233

事例 9-1（取引に生成 AI を利用する）　329

事例 9-2（取引に利用された生成 AI が相手を騙す）　329

事例 9-3（AI との取引相手が錯誤に基づく意思表示をする）　329

事例 9-4（取引に利用された生成 AI のミスで不利な申込をする）　330

事例 9-5（取引に利用された生成 AI がミスをして不利な申込を承諾してしまう）　330

事例 9-6（生成 AI の導入に関する取締役の責任）　348

事例 9-7（生成 AI を経営判断に利用した場合の取締役の責任）　350

事例 10-1（ユーザが生成 AI を利用してウイルスを作成した場合のベンダの責任）　385

事例 12-1（広告等のプロジェクトに生成 AI を利用する）　435

事例 12-2（生成 AI で議事録ドラフトを作成する）　439

事例 12-3（RAG を利用した様々なデータに基づく回答生成）　442

事例 12-4（RAG を利用したナレッジマネジメントのための生成 AI の利用）　444

事例 12-5（生成 AI を利用したチャットボットに簡単な質問への回答をさせる）　446

事例 12-6（個人が ChatGPT を利用する）　457

事例 12-7（企業が ChatGPT を利用する）　457

事例 12-8（広告会社と広告制作会社間のクリエイティブ制作契約と生成 AI）　468

事例 12-9（システム利用者と IT 企業間のシステム開発契約と生成 AI）　468

事例 12-10（秘密情報の生成 AI への投入）　474

# 凡　例

## 【法令】

　法令については、原則として2025（令和7）年2月1日を基準とした。なお、本文中で特に定義するもののほか、以下のように略称、通称を用いている。

| | |
|---|---|
| 行手法 | 行政手続法 |
| 刑訴法 | 刑事訴訟法 |
| 景表法 | 不当景品類及び不当表示防止法 |
| 国賠法 | 国家賠償法 |
| 個人情報保護法 | 個人情報の保護に関する法律 |
| 情報公開法 | 行政機関の保有する情報の公開に関する法律 |
| 情プラ法 | 特定電気通信による情報の流通によって発生する権利侵害等への対処に関する法律 |
| 電子消費者契約法 | 電子消費者契約に関する民法の特例に関する法律 |
| 民訴法 | 民事訴訟法 |
| 不競法 | 不正競争防止法 |
| プラットフォーム透明化法 | 特定デジタルプラットフォームの透明性及び公正性の向上に関する法律 |

## 【判例】

| | | | |
|---|---|---|---|
| 最大判（決） | 最高裁判所大法廷判決（決定） | 集民 | 最高裁判所裁判集民事 |
| 最判（決） | 最高裁判所小法廷判決（決定） | 高刑集 | 高等裁判所刑事判例集 |
| 高判（決） | 高等裁判所判決（決定） | 下民集 | 下級裁判所民事裁判例集 |
| 地判（決） | 地方裁判所判決（決定） | 金判 | 金融・商事判例 |
| 知財高判 | 知的財産高等裁判所判決 | 判時 | 判例時報 |
| 民集 | 最高裁判所民事判例集 | 判タ | 判例タイムズ |
| 刑集 | 最高裁判所刑事判例集 | 労判 | 労働判例 |

## 【文献】

| | |
|---|---|
| 岡野原・大規模言語モデル | 岡野原大輔『大規模言語モデルは新たな知能か―ChatGPT が変えた世界』（岩波書店・2023） |
| 柿沼・A2Z | 柿沼太一「生成 AI と知的財産権保護」会社法務A2Z 2024年7月号14頁以下 |
| 斉藤・法的保護 | 斉藤邦史『プライバシーと氏名・肖像の法的保護』（日本評 |

| | |
|---|---|
| | 論社・2023) |
| 条解弁護士法 | 日本弁護士連合会調査室編『条解弁護士法〔第5版〕』(弘文堂・2019) |
| 佃・名誉毀損 | 佃克彦『名誉毀損の法律実務〔第3版〕』(弘文堂・2017) |
| 佃・プライバシー | 佃克彦『プライバシー権・肖像権の法律実務〔第3版〕』(弘文堂・2020) |
| 中崎・法務ガバナンス | 中崎尚『生成AI法務・ガバナンス―未来を形作る規範』(商事法務・2024) |
| 中山・著作権法 | 中山信弘『著作権法〔第4版〕』(有斐閣・2023) |
| 増田＝輪千・入門 | 増田雅史＝輪千浩平『ゼロからわかる生成AI法律入門―対話型から画像生成まで、分野別・利用場面別の課題と対策』(朝日新聞出版・2023) |
| 松尾・AI将来展望A2Z | 松尾剛行「生成AI―長期及び短期において生成AIが投げかける挑戦と法務の対応」会社法務A2Z 2025年1月号36頁以下 |
| 松尾・AIとガバナンス | 松尾剛行「AIとガバナンス」商事法務2297号(2022)26頁以下 |
| 松尾・CA | 松尾剛行『サイバネティック・アバターの法律問題―VTuber時代の安心・安全な仮想空間にむけて』(弘文堂・2024) |
| 松尾・ChatGPT | 松尾剛行『ChatGPTと法律実務―AIとリーガルテックがひらく弁護士／法務の未来』(弘文堂・2023) |
| 松尾・HRテック | 松尾剛行『AI・HRテック対応 人事労務情報管理の法律実務』(弘文堂・2019) |
| 松尾・L&P | 松尾剛行「対話型AI(チャットボット、スマートスピーカー(AIスピーカー)、AIアシスタント等を含む)に関する法律問題」Law & Practice 14号(2020)71頁以下 |
| 松尾・キャリアデザイン | 松尾剛行『キャリアデザインのための企業法務入門』(有斐閣・2024) |
| 松尾・キャリアプランニング | 松尾剛行『キャリアプランニングのための企業法務弁護士入門』(有斐閣・2023) |
| 松尾・クラウド | 松尾剛行『クラウド情報管理の法律実務〔第2版〕』(弘文堂・2023) |
| 松尾・ゴールデンルール | 松尾剛行『実務の落とし穴がわかる！ 契約書審査のゴールデンルール30』(学陽書房・2024) |

松尾・広告法律相談実践編　　松尾剛行『実践編　広告法律相談125問』（日本加除出版・2024）

松尾・戸籍時報連載(1)～(4)　　松尾剛行「ChatGPT 時代の行政における AI の利用にあたっての法的課題（1）AI の利用に伴う透明性の問題」戸籍時報 2023 年 8 月号 61 頁以下、同「ChatGPT 時代の行政における AI の利用にあたっての法的課題（2）AI の提供した誤情報への信頼保護及び国家賠償責任」戸籍時報 2023 年 9 月号 56 頁以下、同「ChatGPT 時代の行政における AI の利用にあたっての法的課題（3）AI の利活用と民営化や民間委託との比較及び行政は AI とどう付き合うべきか」戸籍時報 2023 年 10 月号 49 頁以下、松尾剛行ほか「ChatGPT 時代の行政における AI の利用にあたっての法的課題（4・完）行政における ChatGPT の利用実務」戸籍時報 2023 年 11 月号 68 頁以下

松尾・社内ルールA2Z　　松尾剛行「社内ルールの策定・改訂および契約上の留意点」会社法務A2Z 2024 年 7 月号 28 頁以下

松尾・知財A2Z　　松尾剛行「知的財産―AI 時代の知的財産法に関する 2024 年の展望とその先の将来展望」会社法務A2Z 2024 年 2 月号 18 頁以下

松尾・一橋（行政）　　松尾剛行「行政の AI 化と行政裁量・個別事情考慮義務―統治機構の機械化と法に関する研究の一環として」一橋研究 49 巻 1 号（2024）49 頁以下

松尾・一橋（個人情報）　　松尾剛行「生成 AI と個人情報保護法（クラウド例外を含む個人データの第三者提供を中心に）」一橋研究 49 巻 2 号（2024）19 頁以下

松尾・一橋（ブレインテック）　　松尾剛行「ブレインテックと行政法―脳神経情報を利用して行政活動が行われる時代における行政法総論、行政救済法、行政規制等の検討」一橋研究49巻3号(2024)31 頁以下

松尾・一橋(リーガルテック)　　松尾剛行「リーガルテックと弁護士法72条―『法務省ガイドライン』を踏まえた鑑定等該当性についての検討」一橋研究 48 巻 3・4 合併号（2023）1 頁以下

松尾・プライバシー　　松尾剛行『最新判例にみるインターネット上のプライバシー・個人情報保護の理論と実務』（勁草書房・2017）

松尾＝西村・システム開発　　松尾剛行＝西村友海『紛争解決のためのシステ

ム開発法務—AI・アジャイル・パッケージ開発等のトラブ
ル対応』(法律文化社・2022)

松尾＝山田・インターネット名誉毀損　　松尾剛行＝山田悠一郎『最新判例に
みるインターネット上の名誉毀損の理論と実務〔第2版〕』(勁
草書房・2019)

水井・A2Z　　　　　　　水井大「生成 AI と個人情報保護」会社法務A2Z 2024 年 7
月号 22 頁以下


## 【ガイドライン等】

Q&A　　　　　　　　　　個人情報保護委員会「『個人情報の保護に関する法律につ
いてのガイドライン』に関する Q&A」平成 29 年 2 月 16 日（令
和 6 年 3 月 1 日更新）

ガイドライン通則編　　　個人情報保護委員会「個人情報の保護に関する法律に
ついてのガイドライン（通則編）」平成 28 年 11 月（令和 6
年 12 月一部改正）

考え方　　　　　　　　　文化審議会著作権分科会法制度小委員会「AI と著作権
に関する考え方について」令和 6 年 3 月 15 日 <https://
www.bunka.go.jp/seisaku/bunkashingikai/chosakuken/
pdf/94037901_01.pdf>

柔軟な権利制限規定　　　文化庁著作権課「デジタル化・ネットワーク化の進展
に対応した柔軟な権利制限規定に関する基本的な考え方（著
作権法第 30 条の 4、第 47 条の 4 及び第 47 条の 5 関係）」
令和元年 10 月 24 日 <https://www.bunka.go.jp/seisaku/
chosakuken/hokaisei/h30_hokaisei/pdf/r1406693_17.pdf>

クラウド注意喚起　　　　個人情報保護委員会「クラウドサービス提供事業者が個
人情報保護法上の個人情報取扱事業者に該当する場合の留
意点に関する注意喚起について」<https://www.ppc.go.jp/
news/careful_information/240325_alert_cloud_service_
provider/>

肖像権ガイドライン　　　デジタルアーカイブ学会「肖像権ガイドライン
〜自主的な公開判断の指針〜」2021 年 4 月 <https://
digitalarchivejapan.org/wp-content/uploads/2021/04/
Shozokenguideline-20210419.pdf>

チェックリスト　　　　　文化庁著作権課「AI と著作権に関するチェックリスト＆ガ
イダンス」令和 6 年 7 月 31 日 <https://www.bunka.go.jp/

seisaku/bunkashingikai/chosakuken/seisaku/r06_02/
pdf/94089701_05.pdf>

中間とりまとめ　　AI 時代の知的財産権検討会「AI 時代の知的財産権検討会
中間とりまとめ」2024 年 5 月 <https://www.kantei.go.jp/
jp/singi/titeki2/chitekizaisan2024/0528_ai.pdf>

ベンダ注意喚起　　個人情報保護委員会「生成 AI サービスの利用に関する注
意喚起等について」令和 5 年 6 月 2 日 <https://www.ppc.
go.jp/files/pdf/230602_alert/AI_utilize.pdf>

ユーザ注意喚起　　個人情報保護委員会「生成 AI サービスの利用に関する注
意喚起等について」令和 5 年 6 月 2 日 <https://www.ppc.
go.jp/files/pdf/230602_alert_generative_AI_service.pdf>

序　章

# 生成AIの法律実務・概観

## はじめに

　本題に入る前に、まずは本書の見取り図を示したい。本書は、企業法務実務を念頭に、企業法務担当者や弁護士を想定した読者の皆様が悩まれるような生成AIの法律問題について、法解釈およびその実務対応を解説していくものである。

　下記の説明をお読みいただければご理解いただけるように、本書の章立ては必ずしも一般的な法体系をそのまま反映しているものではない。例えば、民事法に関する事項を体系だって述べる場合、まずは民事実体法と民事手続法に二分した上で、民事実体法であれば、（一般法である）民法と民事特別法（会社法、商取引法等を含む商法や消費者契約等）に区分し、民法の中で契約と不法行為等を区分し、例えば不法行為の中においてディープフェイクを利用した詐欺などの不法行為、人格権侵害の不法行為等を区分し、さらに人格権侵害として名誉毀損、プライバシー、肖像権等を位置付けることになるだろう。ところが、本書における〈生成AIと民事法〉について扱う第3部は、第7章が名誉毀損、第8章が（名誉毀損以外の）人格権で、それ以外の民事法の問題は第9章にまとめられている。このような本書の構成について「不格好である」という批判は著者として甘んじて受けたい。

　そのような批判を受けることは覚悟の上で、あえてこのような構成とした理由は「法律実務」と呼ぶことができる程度の、深い議論ができる内容を章とし、それ以外のものを「その他」等としてまとめて1つの章にすることで、目次だけを見て、「このテーマについて深掘りされているのではないか？」という期待を持っていただいたにもかかわらず実際には簡潔に

序章　生成AIの法律実務・概観　　I

論点が存在する旨を示しただけ、となることを回避しようとしたことによる。つまり、「その他」に分類したものについて、筆者として「このテーマについて法律実務がこう動いている」と言えるほどの詳細な説明材料や実務経験を持っているわけではない。これに対し、単独で章となっているテーマについては、筆者としてその実務経験をもとに可能な限り深掘りし、「法律実務」の名に恥じないようなものとしたつもりである。

このことにより、ある意味では、本書の章立てを一瞥するだけで、筆者の生成AIに関するそれぞれの分野ごとの実務経験の多寡が推測できることになる。生成AI関係の実務に携わる実務家の中において筆者の実務経験が「標準的」なのかは不明である。しかし、筆者は特定のクライアントの生成AIの案件のみの対応をしているのではなく、幸いなことにベンダ・ユーザ双方の立場からの、多数の案件に携わる機会をいただいている。その意味では、読者の方々の多くが実務で直面されるような重要問題については、章を立てるに相応しい検討ができているのではないか、と思っているものの、もし、実務上重要であるにもかかわらず十分に検討できていない点があればこれは筆者の至らぬところであって、深くお詫びするとともに、是非とも筆者（mmn@mmn-law.gr.jp）までご連絡いただきたい。

### 第1部　総論

第1部は本書の導入として、2024年現在の〈生成AIの法律実務〉の前提となる、実務における生成AIの利活用を説明する。

第1章においては、生成AIがどのように実務で応用されているか等に関する現状を簡単にまとめる。

その上で、第1部コラムにおいて、生成AIに触れたことがない、または触れたことはあっても必ずしも詳しくない読者の方を想定し、第2部以下の法律論の前提となる生成AIの基本的仕組みなどについて、補足する。

例えば、ファインチューニング（Fine Tuning。「FT」と略称することがある）、RAG（検索拡張生成）、プロンプトエンジニアリングの法律実務が問題となることが多いところ、これらがそもそも何なのかを理解することが、本書

2　序章　生成AIの法律実務・概観

の法律論の前提となる。前2者は第1章、後者は第1部コラムで解説する。

## 第2部　生成AIと知的財産法

〈画像生成AIが「あの」キャラクターそっくりの画像を生成する〉といった話は読者の皆様も一度は耳にしたことがあるだろう。生成AIが場合によっては著作権その他知的財産を侵害してしまいかねない、という点は広く知られている。そのため、知的財産法は生成AIに関する法律実務を理解する上で重要性が高い。

そして、知的財産法分野では、①生成AIの利用において知的財産権の侵害をいかに回避するか、②権利者として生成AIの利用に関する知的財産権の侵害をどう防ぐか、③AI生成物は知的財産権で保護されるかという3点が主に問題となる。これらの点に関する基準や結論は、それぞれの知的財産権の種類ごとに異なることから、本編では、その種類ごとに整理していく。

これらのうち、この約2年間で議論が最も発展し、また、実務的にも多くの問い合わせを頂いたのが〈生成AIと著作権〉の問題である。例えば、特定の領域の大量のデータでファインチューニングを行ってその領域に強いAIを生成したい（第2章1の事例2-1）とか、RAGを利用して特定のデータに基づく、根拠のある回答を生成させたい（第2章1の事例2-2）といったニーズに対し、それが知的財産権、特に著作権との関係でどのようなリスクがあり、どのような実務対応がされるべきかは実務上、頻繁に問題となる。そこで、第1部では、まず、第2章にて著作権を扱う。

しかし、それ以外の知的財産法も生成AI実務において重要である。後掲「コンテンツ制作のための生成AI利活用ガイドブック」は、著作権法を含むがこれに限られない、生成AIとの関係で頻繁に問題となる法令をまとめている（図表0-1）。著作権法以外の知財法を扱う第3章では、これらのうち、特許法は2、パブリシティ権は3、意匠法は4、商標法は5、不競法は6で扱う。なお、肖像権は知的財産権ではないので、民事法一般をカバーする第3部（→第8章）で扱う。なお、実用新案については触れないが、

図表0-1：「コンテンツ制作のための生成AI利活用ガイドブック」（後掲）による「生成AIに関連する知的財産法制の全体像」

| | | 目的 | 保護対象 | 権利の発生方法 |
|---|---|---|---|---|
| 著作権法 | | 権利の保護と公正な利用のバランス<br>→文化の発展 | 著作物　**知的創作物**<br>思想又は感情を創作的に表現したものであって、文芸、学術、美術又は音楽の範囲に属するもの<br>＊この他にも、実演・レコード・放送・有線放送 | 無方式主義<br>著作物の創作と同時に自動的に発生 |
| 特許法 | 産業財産権法 | 発明の保護・利用を図ることにより、発明を奨励<br>→産業の発達 | 発明　**知的創作物**<br>自然法則を利用した技術的思想の創作のうち高度のもの | 方式主義<br>出願・登録が必要 |
| 意匠法 | | 意匠の保護・利用を図ることにより、意匠の創作を奨励<br>→産業の発達 | 意匠　**知的創作物**<br>物品や建築物の形状等、画像（操作画像または表示画像に限る）であって、視覚を通じて美感を起こさせるもの | 方式主義<br>出願・登録が必要 |
| 商標法 | | 商標を使用する者の業務上の信用を維持<br>→産業の発達 ＋<br>　需要者の利益保護 | 商標　**営業標識**<br>文字、図形、記号、立体的形状、色彩等であって、業として商品・役務について使用するもの | 方式主義<br>出願・登録が必要 |

| | 目的 | 規制対象 |
|---|---|---|
| 不正競争防止法 | 事業者間の公正な競争の確保等<br>→国民経済の健全な発展 | 不正競争　商品等表示に関する行為　**知的創作物**<br>　　　　　商品の形態に関する行為<br>　　　　　営業秘密・限定提供データに関する行為　等　**営業標識**<br>（→営業上の信用や投資・労力等を保護） |

**その他、本ガイドブックで扱う周辺領域**

| 肖像権 | みだりに自己の容貌、姿態を撮影されたり、撮影された写真等をみだりに公表されない人格的利益（法廷内撮影事件判決）、人の肖像等をみだりに利用されない権利（ピンク・レディー事件判決） |
|---|---|
| パブリシティ権 | 肖像等（＝本人の人物識別情報。サイン、署名、声、ペンネーム、芸名等を含む。）のもつ顧客吸引力を排他的に利用する権利（ピンク・レディー事件判決、中島基至「最高裁判所判例解説民事篇平成24年度上」18頁） |

出典：同ガイドブック22頁より

特許に関する❷が参考になるだろう。

　AIと知財について理解する上では以下の資料が参考になる。本書では、その叙述に必要な限りで、各資料の参考となる部分を引用し、説明している。読者の皆様におかれては、必要に応じてこれらをお読みいただきたい。

- ・「AIと著作権に関する考え方について」（以下「考え方」という）<https://www.bunka.go.jp/seisaku/bunkashingikai/chosakuken/pdf/94037901_01.pdf>
- ・「文化審議会 著作権分科会 法制度小委員会『AIと著作権に関する考え方について』【概要】」<https://www.bunka.go.jp/seisaku/bunkashingikai/chosakuken/pdf/94037901_02.pdf>
- ・「AIと著作権」<https://www.bunka.go.jp/seisaku/chosakuken/pdf/93903601_01.pdf>

- 「AIと著作権に関するチェックリスト＆ガイダンス」（以下「チェックリスト」という）<https://www.bunka.go.jp/seisaku/bunkashingikai/chosakuken/seisaku/r06_02/pdf/94089701_05.pdf>
- 「デジタル化・ネットワーク化の進展に対応した柔軟な権利制限規定に関する基本的な考え方（著作権法第30条の4、第47条の4及び第47条の5関係）」（以下「柔軟な権利制限規定」という）<https://www.bunka.go.jp/seisaku/chosakuken/hokaisei/h30_hokaisei/pdf/r1406693_17.pdf>
- 「AI時代の知的財産権検討会 中間とりまとめ」（以下「中間とりまとめ」という）<https://www.kantei.go.jp/jp/singi/titeki2/chitekizaisan2024/0528_ai.pdf>
- 「コンテンツ制作のための生成AI利活用ガイドブック」（主に実務での活用事例集として）<https://www.meti.go.jp/policy/mono_info_service/contents/ai_guidebook_set.pdf>

　第2章では、上記の中でも「考え方」をもとにした実務対応のあり方を、「考え方」を読んだことがない読者の方や、「考え方」を読んだものの、要求される著作権の前提知識の水準が高くて挫折したというような読者の方のために「考え方」の説明の背景にある著作権法の基本的な内容等を補足しながら説明していく。その後第3章において、「中間とりまとめ」を参照しながら著作権以外の知財について論じる。[*1]

## 第3部　生成AIと公法

　憲法および行政法等の公法は、いわゆる情報法における重要領域であり、生成AIにおいても重要性が高い。

　まず、第4章で個人情報保護法、第5章で弁護士法を検討する。その後、第6章でその他の行政規制、行政による利活用および憲法を検討する。なお、行政規制という場合にも、刑法規範の部分や、民事請求権を与えるものもある。例えば個人情報保護法は、行政規制以外にも本人に開示等の請求権を与えたり、刑事罰を定めるものの、主に行政法部分が問題となると

---

＊1　なお、その他のAIと知財に関する参考文献として齋藤浩貴＝上村哲史編『生成AIと知財・個人情報Q&A』（商事法務・2024）も参照。

いうことで、同法については第3部で扱う。また、弁護士法（→第5章）も一種の業法として第3部で取り扱う。

## 第4部　生成AIと民事法

生成AIと民事法に関しては、現在の実務においては人格権の問題が重要である。例えばディープフェイクを想定すると、そのような画像によって社会的評価が低下すれば名誉権が、なりすましが行われればプライバシーが、肖像が利用されれば肖像権が問題となる。そこで、第7章で名誉権を、第8章でその他の人格権を扱う。

契約（消費者契約を含む）、不法行為、会社法、民事手続法については、第9章で扱う。

## 第5部　生成AIと刑事法

既に述べたとおり、本書においては、筆者が一章を書き下ろすことができるトピックが存在する場合にのみ、それを取り上げて章としている。しかし、現時点で、生成AIと刑事法の関係で筆者がそれ単独で独立の一章を書き下ろせるほどのトピックは存在しない。これは、筆者の力不足に加え、生成AIと刑事法の重要問題、例えば弁護士法の問題は、既に第5章で扱っていることが挙げられる。このような状況下ではあるが、例外として、筆者が刑事法関係で重要と思われる内容を第10章としてまとめた。

## 第6部　生成AI規制の動向を踏まえた実務対応

最後の第6部においては、国際的なAI規制と契約等の実務を扱う。世界的な生成AI規制が進んでいる。既に成立したEUのAI法や、日本において現在AI制度研究会で検討が進むAI規制等につき、国際的視野をもって検討する（→第11章）。次に、契約やELSI等、実務で検討しなければならない各種の問題を検討する（→第12章）。

最後に、終章において、将来を見据えた実務対応について論じる。

6　序章　生成AIの法律実務・概観

# 第1部

# 総論

# 第 1 章
# 生成AIの技術発展と法律実務にもたらす挑戦

## 1. 生成AIの現在地

◆ **(1) インフラ化**　　2022年11月に提供が開始され、2023年春に多くの注目を集めたChatGPTをはじめとする生成AIは、単なるブームに終わらなかった。すなわち、生成AIは今やインフラ化し、我々の生活や仕事の中にすっかり取り込まれるようになった。例えば、スマートフォンには続々と生成AIが登載されている。また、MicrosoftのOffice製品には既に生成AIプロダクトであるCopilotが搭載されている。このように、多くの人々が日常生活に用いている様々なプロダクトに生成AIが組み込まれている。例えば「インターネット」は典型的なインフラであるが、生成AIも同様に、多くの人のプライベートおよび職業生活のいずれにおいても、自然にそれに触れ、活用しながら生活していくものになりつつある。

◆ **(2) 急速な技術革新**　　生成AIの名を一躍世間に知らしめたのは、ほかでもないChatGPTであった。しかし本書が前著と異なりそのタイトルに「ChatGPT」を含んでいないことが示すように、確かにChatGPTは依然として生成AIの代名詞ではあるものの、それ以外の生成AIを含め、日進月歩で技術革新が進んでいる。

　例えば Google の Gemini、Anthropic の Claude、Meta の Llama、DeepSeek社のDeepSeek等、様々な生成AIがしのぎを削っており、性能ランキングは極めて短期間のうちに更新されていく。また、動画生成AIのSORA等、技術の新たな応用も広がっている。2025年2月3日には、個人情報保護委員会は、「DeepSeekに関する情報提供」を公表した。[*1]

　筆者も、例えば自分の書籍データをChatGPTに読み込ませて、そのデー

タに基づき回答を生成する、名付けて「松尾bot」を作成しているが、少なくとも読み込ませた書籍に回答が存在する質問に関する限り、その回答の精度は高く、現時点の基盤モデルの能力は、既に、筆者の知っていることを全て言語化し尽くすことさえできれば、筆者が回答できる全ての質問について筆者と同様の回答をする、いわば「デジタルパーソン」を生み出すことが可能な水準にまで来ている（ただし、そもそも筆者の知っていることを全て言語化し尽くすことは現実的には不可能であることから、その意味で、筆者がAIに取って代わられることはないと考えている）。

このようなモデルの革新に加え、その強力なモデルを利用してより実用的なサービスを提供し、かつハルシネーション（幻覚）と呼ばれる誤り（→第1部コラム）を抑えて根拠ある回答とするための技術、例えば、ユーザのデータを検索した上で、より有用な回答を生成させるRAG（→4）等の技術を利用することが可能となっている。

## 2. 企業における応用

◆(1) 様々な利用態様　このような生成AIのインフラ化を受け、ますます多くの企業が生成AIを自社業務に利用しようとしている。企業における利用態様としては、概ね以下の5種類が挙げられる。

---

・業務利用の許容
・自社契約とテンプレート
・RAG等データ利用
・第三者へのサービス提供
・（暫定的）禁止

---

要するに、各企業はこれまでは「危ない情報を入れない」という方向で動いていた。ただ、最近はある程度重要な情報を入れてでも生成AIの便益を享受する、という方向性が頻繁に見られる。もっとも、その分だけ、

---

＊1　<https://www.ppc.go.jp/news/careful_information/250203_alert_deepseek/>

法的に対応すべき内容は増加しており、ますます生成AIに関する法律実務の重要性が高まっている。

◆（2）業務利用の許容　　まず、ChatGPT等の生成AIプロダクトについて、従業員自らが契約し、それを一定範囲で業務のために利用することを許容する企業が多く見られる。

　このような業務利用を許容する場合には、社内規程（→第12章）等によって、データが学習の対象とならないようにすべきこと、どのような情報の入力が可能かや、出力された情報をどのように利用すべきか等を定め、その制約の下で利用をさせるべきことになる。

◆（3）自社契約とテンプレート　　個々の従業員がChatGPT等の生成AIを業務利用をすることを許容するにとどまらず、企業において自社の業務利用のため、会社として生成AIサービスを契約することが見られる。特に、一定のデータを生成AIに投入することを許容する場合において、会社が契約した安全な生成AIを一律に利用することは、データの安全な管理という意味でも、利用対象を自社において契約済みの少数の生成AIプロダクトに限定することによる管理上の便宜という意味でも、メリットがある。

　その際には、単に契約した生成AIプロダクトを利用してよいとするだけではなく、例えば、その生成AIプロダクトを利用するに当たって立ち上げるべきアプリ等の起動画面に、テンプレート（モデルプロンプト）を表示するといった対応が頻繁に見られる。

　ここで、テンプレートというのは、アンケート作成、議事録作成等、その会社における生成AIの成功事例をもとに、特定の用途を選ぶだけで、自社において有用と判断された指示文（プロンプト〔→第1部コラム〕）を利用して生成AIを活用することができるようにするというものである。例えば、アンケートのため生成AIを利用したいという場合に、生成AIを起動すると、既にテンプレート（モデルプロンプト）が準備されていて、「アンケート」というボタンをクリックすると、利用者が後は「アンケートのテーマ」を入力するだけで、当該生成AIがアンケートの設問と選択肢の原案を示

2. 企業における応用　11

してくれる等、生成AIに詳しくない人でも容易に生成AIの恩恵を享受できるようにするものである。これによって、非常に簡単に有用と考えられる用途で利用することができるようにし、新しもの好きのアーリーアダプターの試行錯誤の成果を、他の多くのマジョリティに普及させることができる。

◆**(4) RAG等データ利用**　上記（2）・（3）の場合であっても一定のデータを生成AIに入力することは想定されているところ、より組織的に大量のデータを生成AIに入力する企業も増加している。具体的には、**4**で述べるRAG（検索拡張生成、Retrieval-Augmented Generation）技術である。これは、一定の条件を満たした様々なデータに検索をかけた上で、そこで検索されてきたデータを入力することである。

　例えば、企業の法務部門は過去の相談データを保有しているだろう。このデータを利用してRAGシステムを構築し、目の前の事案の質問と類似の過去相談を検索し、生成AIに投入することで、「目の前の事案に類似する過去のデータは○○と△△と□□で、これらのデータからは、本件についてこのようにいえそうである。」といった回答を得ることができる。

　多くの生成AIにおいてはハルシネーション（幻覚）と呼ばれる誤りが生じ（→第1部コラム）、その誤りを検証する上で必要な根拠を適切に示すことに課題があり、さらには、その根拠となる学習対象のデータもインターネット上の情報である。そして、まさにこのような点が、業務において積極的に生成AIを活用することに躊躇する重要な理由であった。[*2]

　ところが、RAGを利用して過去の類似データを検索し、検索によって出てきたデータに基づく回答を生成し、その際にそれぞれの回答がどのデータに基づくかの説明がされるようにすれば、例えば、〈元のデータと照らし合わせながら回答の精度を確認・検証する〉〈生成AIの回答が使えそうなものであれば、元となるデータも参照しながら回答を修正して目の前の案件の成果物にする〉等、業務の効率化や高度化につながる可能性がある。

---

*2　松尾・ChatGPT 19頁以下参照。

◆**(5) 第三者へのサービス提供**　　以上の利用形態は主にユーザ（利用者）の利用形態である。一部の企業（主にAI企業）は、生成AIを利用したサービスを第三者に提供することもある。例えば、リーガルテック企業では、生成AIを利用して、ファインチューニング・RAG等（→4）を利用し、リーガルテックプロダクトとしてユーザに提供している（→5）。

◆**(6)（暫定的）禁止**　　なお、厳密にいえば「利用」形態ではないものの、一部の企業は利用を「禁止」している。

　利用を禁止してしまえば、確かに生成AIの利用によるリスクを当面は回避することができる。とはいえ、上記のとおり生成AIがインフラ化する中において、生成AIをいつまでも利用しない状態を継続できるか、という問題はある。例えば、一部の従業員が生成AIを密かに利用するかもしれない。このような問題を「シャドーIT」や「シャドーAI」と呼ぶ（→第12章）。

　そのような観点からは、禁止の場合でも、例えば、〈暫定的に禁止した上で、プロジェクトチームを作って当該プロジェクトチームの中で試用し、自社内でどのような範囲で生成AIを利用すれば、安全かつ有効に利用できるかを検討した上で、ゆくゆくは（一定の制限の下で）利用を認めるようにする〉という方法を採用することが推奨される。

## 3. 弁護士・企業法務担当者の課題

◆**(1) 社内ルールから具体的プロジェクト対応、契約へ**　　2023年初頭からは、いかに社内ルールを策定するかについてご相談を多く頂いた。その後は、徐々に社内ルール策定の比重が減り、そこから、RAG（→4）を利用したプロジェクトを遂行するに当たっての実務対応、生成AIを組み込んだサービスの提供を受けるに当たっての実務対応、ベンダとして生成AIを組み込んだサービスを提供するに当たっての実務対応等の具体的なプロジェクトに対する対応が増加した。また、生成AIが様々なところで利用されるようになるにつれ、AIと一見関係のないような契約において生成AIに対応するための条項に関する実務対応等の案件も増加している。

◆**(2) 利用状況の変化**　当初は、生成AIの利用を全面禁止（→2（6））とする企業も多かった。確かに全面禁止であれば、法務的な検討課題は少ない。また、一定程度利用するとしても、従業員が自分で契約してアカウントを作って利用することを許容するだけ（→2（2））とか、自社で契約するだけ（→2（3））であれば、入力を禁止する情報であるとか、出力情報の利用上の留意点を定めておけばよい。

　その域を越え、データを入れて積極活用する（→2（4））となると悩ましい課題は増えるし、ベンダとして生成AIを組み込んだサービスを提供する（→2（5））のであれば、さらに課題は増加する。

　ある意味では、積極的に活用すればするほど、生成AIによる便益をより多く享受できる反面、検討しなければならない法律問題も増える。その結果、生成AIに関する利用の深化に伴い、実務上対応しなければならない法律問題の内容は豊富になり、複雑性も増したというわけである。

◆**(3) 法改正・解釈明確化等**　生成AIに対応する法改正としては、EUのAI法（→第11章）が代表的である。日本でも2024年7月に設立された「AI制度研究会」において、法制度化に関する議論が進み、筆者も有識者として報告をさせていただいた。

　また、AI事業者ガイドライン（→第11章）、「考え方」（文化庁の「AIと著作権に関する考え方について」）等、様々な形で指針が示され、法解釈は明確になったが、これらは実務対応を詳論したものではない。

---

## 4. ファインチューニング・RAG等

◆**(1) 生成AIをそのまま利用する場合の限界**　ChatGPTのベースとなるGPT（執筆時点での最新はGPTo3）やGemini、Claude、Llama等はいずれも基盤モデル（foundation model）と呼ばれる（基盤モデルについては→第1部コラム）。

　生成AIはあくまでも、学習に利用したデータに基づき〈最もありそうな回答〉をするだけであり、本当の意味で「わかっている」わけではない。そして少なくともChatGPT等、現在の基盤モデルの学習対象はインター

ネット上の情報である。ところが、我々弁護士や法務担当者等が法律の専門的知識をリサーチする際に〈インターネット上の情報だけで事足りる〉ということはおよそあり得ない。法律書・専門論文・判例等のインターネット上に掲載されていない情報を利用して初めて法律分野の専門的回答が可能になる。そこで、インターネット上の情報のみを対象として学習した基盤モデルだけでは専門的回答を十分に行うことができない。また、基盤モデルでは前述したハルシネーションが生じ（→第1部コラム）、その誤りを検証する上で必要な根拠を適切に示すことにも課題がある。そこで、生成AIを実務で活用するには、このような〈生成AIをそのまま利用する場合の限界をどのように突破するか〉という点が問題となる。

◆（2）ファインチューニングによる対応　ここで、追加学習としてファインチューニング（FT）等を行うという対応が考えられる。例えば、インターネット上の情報に基づきAI（基盤モデル）が作られたという場合において、そのAIに対して法律関係のデータを用いて追加して学習を行うことで、学習済みモデルをより法律分野に特化したものにする、ということである。

◆（3）RAGによる対応　また、RAGについては既に２（4）でも簡単に述べているが、ここでより具体的に説明しておきたい。例えば、ある企

図表1-1：事前学習・追加的な学習に伴う著作物の利用行為

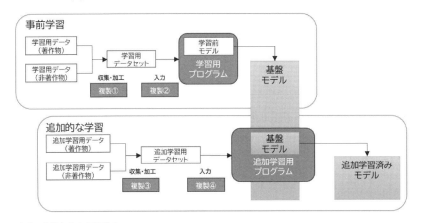

出典：「考え方」18頁より

業の法務部門において生成 AI を導入するという場合において、例えば法務相談の回答作成をする際に何の工夫も行わずに漫然と ChatGPT をそのまま利用するというのは、必ずしも賢明ではない。それは、上記（1）のとおり、ChatGPT が法律分野における質問への深掘りされた回答を得意としないことによる。確かにファインチューニング（→（2））を行うことにより、その回答がより法律家らしい表現等になるかもしれないが、それだけで必ずしも、目の前の問題について内容面においても適切な回答ができるとは限らない。ここで、〈その会社の法務部門に対しては、複数の事業部門から普段より似たような質問がされているところ、それが同じ担当者に来ていれば自分の過去データに基づいて難なく回答をしていたものの、異なる担当者に来た場合には他の担当者の過去の回答データを利用したスムーズな回答を行うことができない〉という課題があったという状況を想像してみていただきたい。このような状況において、例えば、すべての担当者の過去の法律相談回答データを生成 AI に入力し、それに基づき目の前の質問への回答を作成させれば、かなり有用なものになることが期待される。もちろん、個々の担当者として〈この過去の回答データを利用するとよい〉ということがわかっていれば、生成 AI にその過去データをプロンプトとして投入すればよいだろう。しかし、他の担当者の回答のような、必ずしも利用者自身が把握していない過去のデータについては──当たり前ではあるが──当然には生成 AI に入力することはできない。そこで、目の前の質問をもとに過去のデータが一式揃っているデータベースに対して検索をかけ、その中でその目の前の事業部からの質問に類似するものを抽出し、その検索して出てきた過去のデータを生成 AI に入力して目の前の質問への回答を考えさせれば、その回答は、より実用的なものとなる──。これが RAG の基本的な仕組みである。もちろん、このような RAG の場合でも、適切な回答がされないことがある。例えば、過去に類似する回答を行っていなければ、検索をしても有用なデータが出てこないため、適切な回答にならないし、当該類似する回答と目の前の事案が異なれば、過去事案をもとにした回答は目の前の事案にとって適切ではない。このような問

図表1-2：生成AIへの指示・入力に用いるためのデータベースの作成に伴う著作物の利用行為

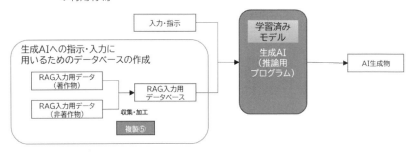

出典：「考え方」19頁より

題については、次の基盤モデル・ファインチューニング・RAGの総合的な技術発展による解決の可能性があるが、少なくとも「完璧」な対策はない。加えて、RAGは検索をして、検索結果をさらに生成AIに投入して回答させることから、検索における検索結果出力までの時間と、生成AIの応答までの時間の双方が必要となる。例えば、回答が1秒や2秒では実現せず、10秒でも実現しない場合があり、場合によっては数分等、かなりの時間がかかるということもあり得る。

このような問題を踏まえ、例えば、社内規程等の限定された分量のデータをもとに回答を生成するのであれば、RAGを利用するのではなく、社内規程データをそのまま生成AIに入れた方が最終的な回答生成速度が早いのではないか等、処理速度の改善を目指して様々な試行がされているところである。

◆ (4) 基盤モデル・ファインチューニング・RAGの総合的な技術発展による解決　このような技術的な動きについては、今後の先行きが必ずしも読めないところであるが、少なくとも、現時点において、優れたAIプロダクトの多くは基盤モデル、ファインチューニングおよびRAGの三層構造になっている[*3]（図表1-3）。そもそも基盤モデルのレベルが「中学生レベル」

---

[*3] 松尾・社内ルールA2Z 29頁。加えてプロンプトエンジニアリングがあるが、この点は上記2 (3) 自社で使えるプロンプトをテンプレート化して他の従業員も使えるようにする等といった話と共通するので割愛する。なお、プロンプトエンジニアリングの基礎については、第1部コラムも参照。

の理解力なのか「大学生レベル」か、場合によっては「若手ビジネスパーソンレベル」かによって、何を学ばせても、できることの限界が変わる。よって、できるだけ優秀な基盤モデルを利用するべきである[*4]。また、たとえば、法律に特化したプロダクトであれば法律系のデータでファインチューニング（追加学習）することにより、法律に関する回答の精度を上げることができ、RAGを利用することで自社の過去データに基づく回答が可能となる。ファインチューニングは、いわば〈ある分野（法律なら法律）の勉強をして「頭が良くなる」こと〉に喩えられるのに対して、RAGは、〈試験会場に参考書を持ち込んで、参考書に基づき解答をすること〉に喩えられる。要するに、基盤モデルがそもそも「中学生レベル」であれば当然司法試験には対応できないものの、これがたとえ「若手ビジネスパーソンレベル」であっても、そのままではやはり司法試験には対応できない。だからこそ、法律分野におけるAIの能力向上のため、特定の法律データでのファインチューニングが行われる。こうした追加学習を通じて、AIは法律に関連する具体的な知識を深めるための「勉強」をするのである。それでも、目の前の問題にスラスラ回答できるかはまだ不安である。だからこそRAG技術を用いて、実際の法律試験に適用可能な参考書から最も適切な箇所を参照し、その情報に基づいて回答を生成する。これにより、AIの回答精度は大きく向上する。このように、（タグ等による検索結果補正等、検索結果の改善による対応も期待されるが）基盤モデル、ファインチューニング、RAGの総合的な技術発展により、さらに有用な回答の生成が期待される。

◆ **(5) 暫定対応としてのUI/UX**　なお、RAGの処理速度については、プロダクトによっては〈検索結果を先に表示し、その後で当該結果に基づく生成結果を表示することで、検索結果を見てそれをもとに直接利用者が回答を作りたければ、それができるようにする〉とか、〈ある質問への回答生成中に、AIに対して別の指示を行うとか、別のタスクを行うことがで

---

*4　もちろん、現実には、必要となる費用や他の基盤モデルからの転換にかかるコスト等、様々な要素を踏まえて総合的に基盤モデルが選択されることになる点には留意が必要である。また、最新版がベータ版の場合もあるが、企業によってはベータ版は利用しないというポリシーを持つところもあるだろう。

18　第1部 総　論 ▏▏▏▏▏第1章　生成AIの技術発展と法律実務にもたらす挑戦

きるようにし、利用者が他のことで時間を使っている間に結果が出るようにする〉といった、UI/UXにおける工夫によって解決を試みるものもある。これらは少なくとも恒久的な改善というよりは、目の前のプロダクトをより使いやすいものにするという「小手先の工夫」に過ぎないという評価も可能である。もっとも、UI/UXが悪いプロダクトは利用されず、利用されなければ、将来的なプロダクトの改善も見込めないことから、個人的には（別途根本的な処理速度の改善対応が行われる前提で）このようなUI/UXの工夫自体は奨励すべきことだと考える。

## 5. アクター

◆（1）はじめに　　生成AIとの関係では、大きく分けて3種類の主なアクターが存在する。

◆（2）ベンダ（開発・提供者）　　まずはベンダ、すなわち、AIの開発や提供を行う事業者である。ここで、開発のみを行う事業者と提供のみを行う事業者、そして開発と提供の双方を行う事業者が存在することに留意されたい。

　また、上記4で述べた基盤モデルおよびファインチューニングとの関係では、基盤モデルを開発するベンダ（基盤モデルベンダ）に加え、自社では基盤モデルを開発しないものの、ファインチューニング、RAG等を利用してプロダクトを構築して提供するベンダ等の様々なベンダが存在する。日本では（自社プロダクト、例えばリーガルテックプロダクトを構築するのか、それともユーザの委託を受けてユーザ向けのプロダクトを構築するのかはともかく）ファインチューニングを中心とするベンダが多く、このようなベンダをファインチューニングベンダ（FTベンダ）と呼ぶことがある。

　AITuber（→第7章）の運営者も、生成AIを利用しているという側面はあるものの、ファンに対し生成AIを利用してサービスを提供するという意味で、ある種のベンダともいえる。

◆（3）ユーザ企業　　ユーザ企業としては、典型的には、生成AIを業務利用する企業が挙げられる。本書の読者の皆様の中では、ユーザ企業の法

務担当者の方とその相談を受ける弁護士の方が多くの割合を占めるのではないだろうか。なお、このユーザ企業は実際に生成AIを利用するその役職員により構成されているところ、ユーザ企業の役職員については、本書ではユーザ企業側のアクターとして扱う。なお、ベンダと対比する際には(4)で述べる顧客等とあわせてユーザと呼ぶことがある。

　なお、このようなユーザ企業が例えば、生成AIを利用したサービスを提供すれば、少なくとも当該サービスとの関係ではベンダとなるだろう。

◆**(4) 顧客等**　　ユーザ企業には顧客が存在する。例えば、コールセンター対応を生成AIに任せるといった動きが進んでいるが、これはまさにユーザ企業の顧客が生成AIとコミュニケーションをしているということである。

　なお、個人でChatGPTを契約するものの、業務利用をしない人はユーザ企業の役職員ではないので、強いて分類すれば「顧客等」に分類されるものの、少なくとも企業法務を念頭に置いている本書の主な議論の対象とはならない。

図表1-3：3層構造＋プロンプト

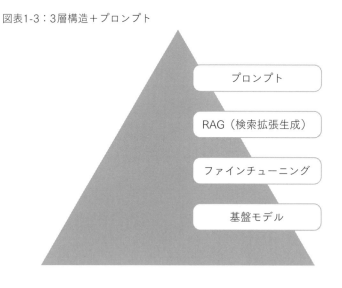

コラム ·······························································································

## 生成AI入門

### 1　はじめに

　読者の皆様の生成AIに関する知見には様々なものがあるだろう。例えばベンダの法務として生成AIにどっぷり浸かって法実務を行っている読者の方は、もしかすると筆者よりも生成AIの技術的側面に詳しいかもしれない。しかし、同時に、これから生成AIについて知りたい、学びたいという読者の方も多くいらっしゃるのではないかと考え、まさにそのような方に向けて、ここで、生成AIの基礎的な内容を補論的に説明しておく。なお、ファインチューニング（FT）およびRAGについては、第1章4で既に述べたとおりである。

### 2　ChatGPTの基本的な使い方

　以下では、校正時時点（2025年2月時点）のChatGPTの基本的な使い方を紹介する。

　読者の方々のうちChatGPTをこれまでに使ったことがない、という方には、ぜひ一度でもいいのでChatGPTを触ってみることを強くお勧めする。「1回試しに使ってみた」というだけでも、その経験によってChatGPTに対する解像度がぐっと高まり、本書をより有効に活用していただけると考える。

　2025年2月時点では、ログインせずにChatGPTを利用できるようになっている。OpenAIのサイト（https://chatgpt.com/）にアクセスすると、「お手伝いできることはありますか？」という記載と、いわゆるGoogleの「検索窓」のようなボックスが見つかるだろう。このボックスが質問や指示（後述のプロンプト〔→3〕）を入力する箇所である。ここに、好きな質問や指示を入れると、ChatGPTが回答してくれる。同時点では、ログインして「推論」ボタンを押すことで、（回数制限はあるものの）無料でo3-miniという基盤モデル（→第1章）が利用可能であった。

　ただし、デフォルトでは学習がオンになってしまい、情報漏洩、つまり入力した内容が学習され、全くの第三者のところで表示されるという状況が発生し得る。

コラム　生成AI入門　21

ログイン前は右下の「？」ボタンから「設定」、ログイン後は右上のアイコンから「設定」「データ　コントロール」で「すべての人のためにモデルを改善する」をオフにしよう。

　なお、Webでの検索や、ファイルを利用した回答生成等を希望する場合には、アカウントを作成してログインする必要がある。

　ChatGPTをよりよく理解するために参考になるプロンプトをいくつか挙げよう。

---

体調が悪いので上司に今日1日休むことを説明するメールを作成して下さい。

---

　筆者は前著にて、生成AIに「若手ビジネスパーソンレベル」の文章作成能力があると述べたが、読者ご自身でもこのプロンプトをお使いいただき、ChatGPTがどのような回答を生成するかを確認いただければ、そのレベル感が理解できるのではないか。

---

体調が悪いので上司に今日1日休むことを説明するメールを作成して下さい。上司はとても怖い人なので、メールは、懇切丁寧で、かつ、誠意をもって一所懸命に謝罪するものにして下さい。

---

　このような、「丁寧に」「誠意をもって」などの細かい指示を与えたプロンプトの場合に生成される文章がどのようになるかを、そのような細かい指示をしない場合と比較してみていただきたい。そうすれば、「プロンプトエンジニアリング」（→3）を行うことがどのような効果を発揮するかを理解することができるだろう。

　また、アカウント作成後に、誰かの名前を入れて「この人はどういう人ですか」と聞いて回答をしてもらい、その後「インターネットで調べて下さい」と回答すると、例えばインターネット上にその質問へのズバリの回答がある場合には、インターネットの情報を踏まえたより良い回答が来る（質問によってはChatGPTの方で勝手にインターネットを利用して調べてしまうかもしれない）。5で後述するとおり、生成AIは、学習したデータに回答がなくても「ありそうな」回答をすることができるが、それによってハルシネーション（幻覚）が生じる可能性があることから、インターネットで調べさせた方が精度が上がる。

　「ピカチュウの絵を描いて下さい。」とか「ミッキーマウスの絵を描いて下さい。」

と指示すると、筆者が知る限りほぼ毎回「生成拒否」をしてくる。つまり、アラインメント（→9）を行っていることから、著作権を侵害する可能性の高い画像は生成しないようになっている。その代わりに、これらのキャラクターとアイディアは共通するが具体的表現は一致しない（とChatGPTが考える）画像を生成するかどうかを聞き返してくることが多い。要するに、ChatGPTとしては、アイディア・表現二分論（→第2章）に基づき、著作権を侵害しないと考える範囲で画像を生成しようとしているとのである（もちろん、それが常に成功しているかは別の話である）。

　また、自分の持っているファイルをアップロードして、「この内容を要約して下さい。」等と言うと、要約を表示してくれる。

## 3　プロンプト（指示文）およびプロンプトエンジニアリングとは

　プロンプトというのは、ChatGPTへの指示や命令のことである。例えば、「貸したお金を返してもらいたいので、返済を求める手紙を書いて下さい。」というのがプロンプトである。

　このプロンプトは、少なくとも現時点の生成AIにおいては、ユーザが直感的に考えたことをプロンプトとして入力しただけでは必ずしも良い結果にならない。そこで、プロンプトの工夫が必要である。この工夫を「プロンプトエンジニアリング（prompt engineering）」と呼ぶ[1]。例えば、「専門弁護士が依頼者を代理して貸金返済を求めるレターを出すので、ドラフトして下さい。」とした場合には、上記の返済を求める手紙を書くだけのプロンプトよりも、より「弁護士らしい」レターがドラフトされる。

　実務での利活用事例を念頭にこの点を敷衍すると、例えば、「スピーチの原稿を書いて下さい。」とか「英文で法務部長スピーチを書いて下さい。」では期待するような精度の原稿が出力されないかもしれない。しかし、例えば以下のように細かく指示をすれば、精度が向上することが期待される（アカウント作成が前提）。

---

*1　松尾・ChatGPT 11-12頁

当社では、毎年一度、当社グループの海外各社の法務部門の担当者が来日し、グループ全体として懇親し、一体感を高める『グローバル法務会議』が開催され、法務部長がスピーチを行います。昨年のスピーチはアップロードしたファイルのものですが、基本的には昨年のものを踏襲しながらも、以下の3点を変更した英文スピーチ原稿を書いて下さい。

・本年当社グループはグローバルで生成AIの業務利用を開始したところ、参加者の皆様にはそのための現地法令の調査等に協力していただいたので、冒頭でその点の感謝の意を表して下さい。

・当社全体の業績については、前々期は昨年のスピーチにあるように売上〇円、利益〇円でしたが、前期は売上〇円、利益〇円となり、売上も利益も大幅に増加しているので、この点に触れて下さい。

・当社グループを取り巻く新たな法的挑戦として今年度から新たな中期計画が始まり、その中では、グローバルに業務プロセスをAIを前提としたものへと大きく見直すという方針が含まれていること、その結果として、さらに参加者の皆様にはこのようなグローバルでのAIな利活用について協力をお願いしたいことに触れて下さい。

　このようなプロンプトエンジニアリングについて、自分ではそれを容易に行うことができないという人も多いだろう。2025年2月時点では、APIのアカウント設定が必要となってしまったが公式のプロンプト作成機能（https://platform. openai.com/playground）があり、例えば「スピーチを書いて下さい。」と入れると、以下のようなプロンプトを出力する。

　スピーチを書くためのガイドラインに従い、特定のトピックに関するスピーチを作成して下さい。

## Steps

1. **トピック選定**：スピーチの主題を明確に述べます。トピックがまだ決まっていない場合は、一般的な興味や最近の出来事から選びましょう。
2. **調査と情報収集**：トピックに関連する事例、データ、または引用を集めます。信頼できる情報源を使用して、スピーチの根拠を強化します。
3. **構成の計画**：
   ◦ 序論：聴衆の注意を引くための興味深い文や逸話。
   ◦ 本論：主なポイントを明確に述べ、それぞれを支持する情報を提供。

。 結論：主題を再確認し、聴衆に行動を促すメッセージまたは考えさせる質問を提案。
4. **文章の作成**：大胆で明確な言葉遣いを心掛け、聴衆に語りかけるようなスタイルで文章を書きます。
5. **推敲と編集**：何度も見直し、重要なポイントが言及されているか、文法ミスや不自然な表現がないか確認します。

## Output Format

・スピーチは、序論、本論、結論の順に段落を設けて書くこと。
・長さは通常のスピーチ（約5分間）に相当する文字数で構成します。
・明確で理解しやすい日本語を用いて下さい。

## Examples

**イントロダクションの例**：「皆さん、こんにちは。私たちの社会は今、驚くべき技術発展の時代にいます。今日は、その可能性と課題についてお話ししたいと思います。」
（これに続けて、本論と結論を続ける）

## Notes

・聴衆の年齢や背景に合わせた言葉遣いを考慮して下さい。
・未回答の質問や強いメッセージで締めくくることで、印象深いスピーチにして下さい。

　このようなプロンプトのフォーマットを利用して、例えばスピーチのテーマを入れる等の修正を行ってそれをプロンプトとしてChatGPTに入力することで、より良いスピーチを生成することができる。

　また、「これを60点として100点のものを下さい。」と指示したり、当該プロンプトに対する回答が来たら、同じプロンプトを入力することを繰り返す（いわゆる「パワハラプロンプト」）ことで元の案文よりもさらなる改善が期待される。

　なお、FTベンダ（→第1章）の多くは、個別のユーザ企業のための成果物において、または多数のユーザのためのプロダクトにおいて、ユーザが入力したプロンプトを解釈して、ベンダが工夫を繰り返してより良い結果となるプロンプトへと変更する、テンプレートやワンクリックボタンのような形で簡単に良いプロン

プトを入力できるようにする等、ベンダ所属のプロンプトエンジニア（プロンプトの工夫を行うエンジニア）が試行錯誤した結果等を享受できるようにしている。

画像生成AIでは（希望する画像に関する指示に合わせて）「masterpiece（傑作）」というプロンプトを入力することで、より高品質の画像が生成されることが知られているものの、その結果としてある程度似通った、いわば「生成AI顔」の絵になる傾向が見られる。このような「masterpiece（傑作）」というプロンプトを入力することで生成される傾向にある顔画像を「マスピ顔」と呼ぶことがある。

## 4　ChatGPTおよびトランスフォーマーの基本的な仕組みとは

AIは学習型とルールベースに分かれる。ルールベースとは、入力されるデータと出力されるデータの性質を人間が指定することによって開発するものである[*2]。いわばそのAIが動作するに当たってのルールを人間が一つひとつ設定するようなものである。これに対し、学習型とは、データの入力のような外部との相互作用を通じて自らの内部状態を変化させ、これによりシステムの性能を向上させるような機能を有するAIをいう[*3]。学習型は、大量のデータを学習させることで、いわばAI自身にAIを構築させるようなものである。ChatGPT等の現時点における生成AIは、後者の学習型AIである[*4]。生成AIは、ある質問に対する回答として既存データはどのようなものを提示している（傾向にある）かを踏まえ、もっともらしい回答を提示する[*5]。このような学習型AIにおいて学習のために利用するデータを「学習用データ」、学習用データを学習の便宜のため一定量集積したものを「学習用データセット」、その学習用データ（セット）で学習をさせて開発したAIを「学習済みモデル」と呼ぶことがある。

ChatGPTは、学習型AIの中でもいわゆる大規模言語モデル（Large Language Model、LLM）と呼ばれる、自然言語処理のため大量のデータセットで訓練を行ったものであり、かつ、GPT（Generative Pre-trained Transformer）という名

---

＊2　松尾＝西村・システム開発2頁
＊3　松尾＝西村・システム開発1頁
＊4　ルールベースで回答を生成するAIはChatGPT以前にも存在したが、現在「生成AI」と呼ばれる学習型AIは、このようなルールベースのAIよりも優れていることから、本書では生成AIという場合には学習型を前提とする。
＊5　松尾・ChatGPT 20頁

が示すように、その中でもトランスフォーマー（Transformer）という技術を利用している。トランスフォーマーとは、要するに、〈その文章につながる可能性が高い単語を予測すること〉を中核とする技術である。以下では、岡野原の議論を参照して説明をしたい。[6]

　岡野原によれば、ChatGPTは精度の高い予測を実現するために（自己）注意機構とMLPブロックを活用している（→図表C-1）。人間は、同時に様々な器官から大量の情報を入手している。しかし、例えば「足元に注意」と看板にあれば足元からの触覚等に注意して処理するというように、実際の処理は一部の情報のみに注目して行っている。ChatGPTが採用している注意機構は、このような特定の情報に集中する仕組みをAIにおいて実現するもので、予測にとって重要な情報が予測と関係ない無数の情報の中に埋もれないよう、注意機構によって必要な部分のみに注意して情報を集めることができる。そしてこれが「自己」注意機構になると、当該AIによる過去の（つまり、その処理の直前までに行われていた）情報処理結果を注意の対象とする。自己の過去の途中処理結果に注意を集めながら情報を集めることでさらに深く分析することができる。この自己注意機構はいわゆる短期記憶（の思い出しの部分）と考えることができる。その上でMLPブロックは自己注意機構で集めた情報をもとに処理を行うところであるが、当該処理においては過去の訓練データで得た記憶を想起するという意味で、長期記憶に対応する部分とみなすことができる。[7]このことを踏まえ、岡野原は以下のように述べる。すなわち、「トランスフォーマーを使って言語モデルを実現する処理は、次のように説明できる。次の単語を予測するのに関連しそうな情報を自己注意機構を使って過去の単語列や途中処理結果から想起するとともに、MLPブロックを使って過去の学習時に見た事例で関連しそうなものを想起する。これらの想起結果に基づき更新された途中状態に対して再度同じように、関係しそうな部分を読み出し、過去の記憶を想起する。この処理を繰り返していくことで、次の単語を予測するのに必要な情報を集めていく。最後にそれらの情報を利用して、次の単語を予想する」。[8]

---

＊6　岡野原・大規模言語モデル
＊7　岡野原・大規模言語モデル112頁

要するに、ChatGPTの中核技術であるトランスフォーマーにおいては、自己注意機構をいわば短期記憶として、そしてMLPブロックをいわば長期記憶として、次の単語を高精度で予想しつつ、文章を生成していくのである。

　なお、ChatGPTのようなモデルは、基盤モデルと呼ばれることが多い。基盤モデルは、大量で多様なデータを用いて訓練され、様々なタスクに適応することができる大規模モデルのことである。[*9]

図表C-1：トランスフォーマー・モデルの仕組み

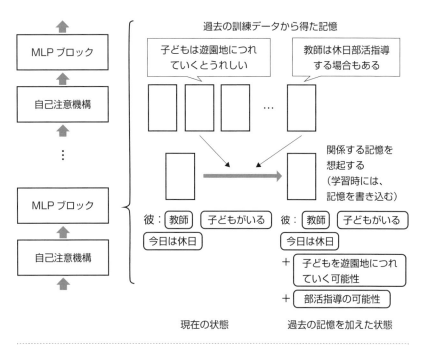

MLPブロックは過去の訓練データで得た記憶を想起する役割を果たす。処理する際は現在の状態に関係する記憶を想起し、学習の際は現在の訓練データで必要な記憶を書き込む。これらの記憶はシナプスのパラメータで表現されている。

出典：岡野原・大規模言語モデル113頁より

---

\*8　岡野原・大規模言語モデル113-114頁
\*9　On the Opportunities and Risks of Foundation Models <https://arxiv.org/abs/2108.07258>

## 5 ハルシネーション（幻覚）とは

　GPTの最大の弱点は、一見信頼できるように見えるものの、実際には信頼できない回答が表示されるということであろう。ChatGPTが不正確な回答を提示する、いわば「嘘」をつくことはハルシネーション（hallucination、幻覚）と呼ばれる。上記4のとおり、ChatGPTは単にその文章につながる言葉として最もあり得そうなものを探しているにすぎないことから、「ありそう」であっても、実際には存在しないものを生成してしまう。[10]もちろん、プロンプトで「わからないならわからないと言ってよい。」とか、「より良い回答になる質問があればそれを教えて下さい。」等と工夫することでハルシネーションを一定程度抑えることはできるが、それでもなお、単純なYES/NOの質問で間違えるとか、一見正しそうに見える長文の回答のうち1カ所だけは極めて重大な誤りを含んでいる等の形で、ハルシネーションは発生する。[11]

　岡野原は、なぜハルシネーションが生じるのかについて、2つの理由を示している。[12]1つ目は、「汎化」である。つまり、学習用データで学習させた場合において、学習済みモデルが学習用データと全く同じ問いに対して回答できるようになることは相当程度以上期待できるものの、それだけではある意味では「検索」機能と変わらない。それが生成AIとして単なる「検索」を超えるためには、学習用データから法則やルールを獲得し、未知の問いに対しても、正しく予測できるようになることが望ましい。未知のデータに対応できるこのような能力を汎化という。しかし、このような汎化のため学習用データから法則やルールを獲得したと考えても、その法則やルールが学習用データではない実社会で、ユーザが投入するデータにも当てはまるとは限らない。そこで、回答を生成するときに、汎化によって本当には存在しないものを作りだしてしまうことがある。2つ目は、「破滅的忘却」

---

＊10　松尾・ChatGPT 8頁

＊11　ハルシネーションの発生率が高ければ、AIの回答は「所詮誤りの多いもの」と受け止められる。本書校正時点のAIの回答の精度は2022年11月当時と比べて段違いに改善している。かつては「有名な刑法の教科書は芦部信喜『刑法総論』です」等と回答していた（松尾・ChatGPT 43頁）ものの、もはやそのような回答は見られない。これはAIがますます便利になっているという評価もできるが、同時に、AIを使いこなす能力がなければ、AIの回答の誤りの部分も容易に信じ込んでしまいやすくなるとも評価可能である。

＊12　岡野原・大規模言語モデル34-36頁

である。現在の機械学習は記憶の仕組みが未発達であり、新しいことを覚えることで、以前覚えたことを忘れたり、壊したりしてしまう。このような現象を破滅的忘却とよぶ。これもハルシネーションの原因である。

　ハルシネーションを抑制する研究は活発に進められている。第1章4で述べたとおり、RAG技術を利用して検索して出てきた類似性の高い資料の関連部分を要約して生成させることは、ハルシネーションを抑える方法の1つである。しかし、ハルシネーションは、汎化や学習効率に関係する本質的な問題であるため、決定的・根本的な解決には時間がかかると思われる。[*13]

## 6　トークン数とは

　トークン数というのは、生成AIにプロンプトとして投入するデータの分量をいい、トークンは生成AIが処理するデータの基本単位を指す。例えば、「この生成AIは一度にXトークン以上は入れられない」とか「1トークンを処理するごとにこの生成AIではYセントかかる」といった表現をすることがある。文字数に近いが、英語の文字と日本語の文字で同じ字数でもその意味が異なるので、「トークン」という概念を利用することでこれを統一的に扱うことができる。もし、生成AIに大量の情報を自由自在に投入することができるのであれば、生成AIに質問するたびに大量の情報を同時に投入して質問することで、簡単に「データに基づく回答」を生成することができる。既に（ChatGPT有料版では）書籍1冊分のデータを投入することができる。そこで、筆者は、自著のデータをChatGPTに入力して、そのデータに基づき質問に回答させる「松尾bot」を作成し、少なくとも回答がそれらの書籍内に存在する範囲ではかなりの精度が出る（→第1章）。しかし、少なくとも本書執筆時点では主要な生成AIには入力できるトークン数に制限があり、例えば、筆者の過去の40冊以上の著書のデータを全て同時に入力して質問に回答させることはできない。このようなトークン数の限界があるからこそ、第1章で述べたRAG等、（データベースを検索して検索結果の上位に出てきたデータのみを投入する等）生成AIに投入するデータを限定する技術が重要となっている。

---

*13　岡野原・大規模言語モデル35頁

## 7　マルチモーダル・I2IやT2Iとは

　マルチモーダル生成AIがもてはやされている。モーダルとは形式や手段のことをいう。生成AIの文脈において、マルチモーダルというのは、複数の形式や手段、例えば、文章・画像・音声・動画等の複数の種類を行き来しながら処理をすることができるということである。典型的な文章から画像の間の処理の例として例えばChatGPT（DALL-E）に「『生成AIの法律実務』（本書）のカバーイラストを描いて下さい。」と依頼すると、イラストを描いてくれる。その他、音声を生成させることもできることから、英語を学習する際に、自分の声を聞いてそれに反応して英語で会話をしてくれというと、無料で英会話の学習ができる。このように様々な方法による生成が可能となっているところ、画像生成においては、I2IやT2Iという言葉が用いられることが多い。I2IはImage to Imageの意味であり、プロンプトとして画像（例：ラフ）を入力し、そこから画像（例：色が塗られた完成画像）を出力するといったものである。T2IはText to Imageの意味で、プロンプトとして文字（例：「masterpiece」等〔→3〕）を入力し、そこから画像（例：色が塗られた完成画像）を出力するといったものである。

## 8　ベクトル検索とは

　RAG技術（→第1章）における検索においては、ベクトル検索と呼ばれる検索技術が利用されることが多い。[*14]検索対象データと、検索のための入力内容（キーワード、自然言語の質問、文章・資料等）をいずれもベクトル化した上で、ベクトル間の距離に基づき類似度が近いもの等を検索して表示するものである。

　ここでいうベクトル化というのは例えば「ネコ」を「0.1,0.002,0.56」に変換するといったもので、入力された内容の意味を保持しているものの、元の内容が文字列でも、画像でも、動画でも、音声でも一律に「ベクトル」というものへと変換できることから、取り扱うデータの種類がマルチモーダル化する（→7）中、

---

＊14　<https://inthecloud.withgoogle.com/introduction-vectorsearch-ebook-jp-24/introduction_vectorsearch.pdf>

ベクトル検索を利用することでどのようなデータでもまとめて取り扱うことができる。

　例えばRAGを利用した過去の法律相談データに基づく現在の法律相談に対する回答生成（→第1章）においては、〈過去の法律相談データと現在の法律相談の内容をいずれもベクトル化した上でその類似度を踏まえて過去の法律相談データのうち類似度上位○件に基づき生成AIに回答させる〉といったベクトル検索技術を利用した対応が多く見られる。

## 9　AIアラインメント、マスタープロンプトとは

　「ミッキーマウスを描いて下さい。」といった質問に対し、ChatGPTは、上記3のとおり、「著作権の問題から描けません。」と回答することが多い。これは、AIを人間の価値観や倫理等との整合性をもって適切に動作させる、AIアラインメントの産物である。

　アラインメントの手法は、設計や学習段階での対応も含め多数存在する。その中で比較的多く利用されるのが、マスタープロンプト（システムプロンプト）である。つまり、そのAIプロダクトに対してユーザが様々な処理を指示するところ、ユーザの指示を上書きして従うべき指示が、マスタープロンプトである。

　なお、（画像生成の際）生成して欲しくない特定の要素を除外するとか、（ユーザにより一定の内容が指示された場合に）回答を拒否するといった、否定的な対応の指示（ネガティブプロンプト）も重要である。

## 10　AITuberとは

　AITuberとは、バーチャルの身体を用いたAIが配信するYouTuberである。[15]人間の「中の人」が直接ファンとやり取りを行うのではなく、ファンとのやり取り等の対話を生成AI等のAIを利用して行う。

　確かに、人間の「中の人」がいないにもかかわらず、コメント等に応じて対話してくれるAITuberは大変興味深いし、学習能力を有するAITuberと対話を繰り

---

＊15　阿部由延『AITuberを作ってみたら生成AIプログラミングがよくわかった件』（日経BP・2023）11頁

返す中で「成長」を実感することができる。その意味では、今後発展が期待されるコンテンツではある。

　もっとも、法的にいうと、学習型で、全くの第三者であるファンと対話し、その対話内容が即時に全世界に公開されるというのは、Twitter上の学習型チャットボットが悪意あるユーザにより、ヒトラー礼賛等を投稿するように学習させられて公開が停止されたTay事件とも類似している。そこで、本書に記載したような名誉毀損リスク（→第7章）等、様々な法律問題を踏まえた対応が必要である。

## 11　「ポン出し」とは

　（生成AI、とりわけ画像生成AIにおける）プロンプトを入れて、AIが出力した画像をそのまま利用することを「ポン出し」と呼ぶことがある。[16]このような生成AIの利用方法は、著作権を得ることができない可能性が高く（→第2章）、また、「マスピ顔」（→3）等、生成AIで生成したことがわかりやすい画像となることも多い。さらに、指が6本ある等、細かく見ると「粗」が出てしまうことも少なくない。もちろん、あえてそのような画像を使うことが当該プロジェクトの意図に沿っている場合には、ポン出しをした画像をそのまま利用することはある。ただし、そうでない場合には、一定以上修正をしてから利用することが多い（→第12章）。

## 12　生成AIエージェントとは

　エージェントは代理人のことであるが、ここでは、生成AIに対し人間が行うような一連のプロセスを代行させることができる高度で適応性の高いAIの開発を指す。[17]

　つまり、例えば何らかのプログラムを作りたい場合に、①生成AI（例：ChatGPT）との対話を通じて必要な要件を決定する、②生成AI（例：Claude）との対話を通じて要件実現に必要な仕様文書を作成する、③生成AI（例：Cursor）を利用して仕様文書からコードを生成するというような一連の手順を踏むことが有用である。[18]このように、ある意味ではその目的を実現するための手順

---

*16　例えば852話ほか「座談会生成AIと共生するために考えておくべきこと」三田評論1278号（2023）12頁以下参照。

*17　西見公宏『その仕事、AIエージェントがやっておきました』（技術評論社・2023）51頁参照。

をユーザ側で考えて、その手順ごとにどの生成AIプロダクトをどのように利用するか、どのようなデータやプロンプトを入れるかを考えて進めることが、生成AIを業務利用して有用な成果を得る上では必須に近い。これは、生成AIをうまく利用できる人だけが生成AIの成果を享受できるということで、ある意味では公平である。しかし、逆にいえば、生成AIについて十分に利用方法を熟知していない多くの人にとっては、生成AIの成果を十分に得られないということでもある。

もし、求める結果（例：欲しいプログラム）を指示すると、どのような手順を採用するべきか、その各手順でどの生成AIにどのようなプロンプトやデータを入れるべきか等をAIの方で考えて実行してくれれば、まさに多くの人が生成AIの成果を得られるようになるだろう。そして、これが生成AIエージェントの基本的なコンセプトである。例えばOpenAIはOperatorというAIエージェントを有料版ユーザに利用可能としている。

まだ、その技術は発展途上であり、（OpenAIの公式プロンプト作成機能〔→3〕の利用を含む）初歩的なプロンプトエンジニアリング等をできるユーザなら、現時点の生成AIエージェントよりも、自分で考えた手順で自分で考えた適切な生成AIに自分で適切として選んだデータ・自分で考えたプロンプトを入れて処理した方が、良い結果になることが多い。しかし、今後その技術が発展すれば、多くの人が現在の「プロンプトエンジニアリング等の能力が極めて高い人」と同程度に生成AIの便益を享受できるようになり、生成AIの導入がさらに進むと期待される反面、その責任の問題も生じ得る。[19]

## 13　クローラ、robots.txtとは

生成AIは上記4で述べたとおり、学習型AIであるから、大量のデータを利用して学習させなければならない。そして、現在インターネット上には大量のデータが存在する。そこでこのようなインターネット上のデータを収集・加工すれば、学習用データとなり得る。

ここで、このようなインターネット上のデータ収集方法の1つがクローリング

---

[18]　<https://x.com/nodahayato/status/1840204048089395445>
[19]　中崎・法務ガバナンス33頁

である。これは、自動でインターネット上のデータを収集するソフトを利用したデータ収集活動のことであり、クローリングのためのソフトをクローラという。

　もともと、検索エンジンが、多くのウェブサイトをクローリングし、そのためにクローラを走らせていた。そこで、既にクローラについては一定の慣行が存在する。例えば、robots.txtというテキストファイルをインターネットに公開しているサーバに置くことで「この範囲でクロールしてよい、ここはクロールして欲しくない」という指示をクローラに対して出すことができ、多くのクローラはそれを尊重する。

　そして、生成AIの学習と著作権の関係を論じる際においても、このようなクローラの活動に対し、robots.txtで学習（学習のための収集）を拒絶した場合の影響等が論じられている（→第2章）。

---

## 14　ウォーターマークとは

　ウォーターマークは電子透かしともいう。そのままでは人間の目には見えないものが多いものの、コンピュータがそのデータを読み取ることで、例えばその画像は「AIで生成したものだ」ということを自動的に判定することができる。ディープフェイク（→第7章、第10章）等の対策としてこのようなウォーターマークを利用する動きが進んでいる（→第11章）。

---

## 15　ローカルLLM

　生成AIは、それがクラウド上で提供されることが多い。その結果として様々な問題が生じている。例えば後述の個人データを入力することができるか（→第4章）といった問題である。ここで、特に文章生成AIについてはある程度コンパクト化しながら、精度を維持する技術開発が進んでいる。その結果として、クラウド上ではなくオンプレミス、すなわち、ユーザのサーバ内に文章生成AIをインストールして、ユーザ社内でデータフローを完結させながら、生成AIを利用することも現実的な選択肢となってきている。ただし、精度の低下等、一定のデメリットもあることから、それぞれの案件ごとにそれがクラウドまたはローカルかということも考慮に入れながら、最適のものが選択されることには変わりはない。

コラム　生成AI入門　　35

## 16　AIを構成するもの

　生成AIを含む学習型AI、例えばGPTモデルは、専門用語で「学習済みモデル」
という。この学習済みモデルは、「学習済みパラメータ」と（推論）「プログラム」
によって構成される。[20]このうち、学習済みパラメータは創作性等が認められない
数値データであって、知的財産権（著作権等）の対象にはならない可能性が高い
ものの、推論プログラム等はプログラムの著作物に該当する可能性がある。[21]

## 17　リアルタイムデータと予測

　加えて、最近では、リアルタイムデータ収集とそれに基づく予測が注目されて
いる。リアルタイムのデータをAIで分析することで数分後の出来事をかなり正確
に予測でき、利便性が高い。ただし、そのためにユーザの詳細なライフログ等が
取得される場合には、プライバシーの保護（→第8章）が問題となるし、予測が
歪められることへの懸念もある。

## 18　蒸留

　DeepSeek社が、ChatGPTの利用規約（→第12章）に反して蒸留を行ったか
が問題となった。蒸留とは、「既存の学習済みモデルへの入力および出力結果を、
新たな学習済みモデルの学習用データセットとして利用して、新たな学習済みパラメー
タを生成すること」である。[22]既存の入力および出力結果を利用することで効率的に
学習が可能となる。知的財産法による蒸留制限には限界があり、契約で対応する。[23]

## 19　ケンタウロスモデル

　ハルシネーション（→3）等の限界がある生成AIは、人馬一体のケンタウロス
のように人間とAIが協働してサービスを提供する（→第6章）等、人間が主体と
なり、AIの支援を受ける形で利用することが少なくとも現時点では現実的である。

---

＊20　経済産業省「AI・データの利用に関する契約ガイドライン」（平成30年6月）<https://www.meti.go.jp/policy/
　　　mono_info_service/connected_industries/sharing_and_utilization/20180615001-3.pdf>14-15頁
＊21　同上27-28頁
＊22　同上16頁
＊23　同上53頁、119-120頁

36　第1部　総　論 ‖‖‖‖‖ 第1章　生成AIの技術発展と法律実務にもたらす挑戦

第**2**部

生成 AI と知的財産法

# 第2章 著作権

## 1. はじめに

◆**(1) 暫定的「到達点」としての「考え方」**　2025年初頭において、〈生成AIと著作権〉を理解する上で読んでおくべきものとしては、何といっても「考え方」（文化庁の「AIと著作権に関する考え方について」）である。

「考え方」は、AIに関して生じる著作権法に関する諸問題の解釈に関するいわば「（「考え方」公表時点における）暫定的到達点」を示している。[*1]しかし「考え方」は、具体的な実務における生成AIの利用実態を理解していない人にとっては、なかなか理解できない部分もある。加えて「考え方」は、解釈を示すだけで、実務対応そのものは示していない。

そこで本章は、実務運用をご理解いただけるよう、「考え方」を補足するとともに、「考え方」に示された特定の解釈を踏まえ、実務でどう対応すべきかについて説明する。その結果、本章は例えば著作権法30条の4（以下、本章では同法について条文番号のみで示す）の改正提案を含む立法論には立ち入らない。[*2]ここで、本章においては、著作権法の前提知識も一定程度補うつもりではあるが、著作権法について全く知識がない読者の方は、例え

---

*1　「考え方」はあくまでも文化庁の委員会がとりまとめた見解に過ぎず、裁判所がこれを支持するかについて不透明なところがないわけではない。とはいえ、これまでの裁判実務・学説の到達点を踏まえて、それをAIに応用するという「考え方」の基本的な態度は、裁判所がAIに関する著作権についての新しい論点に直面した場合の思考回路と同様のものであると考えられることから、相当以上の影響はあると考える。とはいえ、ここでいう「到達点」というのが「正しい」のかとか、知財研究者・実務家の「総意」や全員の一致する見解なのかというと、それはまた別の話であろう。例えば、3 (2) で論じる享受目的に関する「考え方」の立場に関しては、愛知靖之「日本法における権利制限—著作権法30条の4を中心に」上野達弘＝奥邨弘司編『AIと著作権』（勁草書房・2024）や同書巻末座談会の谷川発言（213頁）、鈴木健太「生成AIと著作権の現在地」立法と調査469号（2024）31頁以下等が有力な反対説を打ち出している。

*2　なお、立法論の参考とするため、「AIを含めたデジタル技術の進展に対応した著作権等に係る諸課題に関する諸外国調査」が実施される <https://www.bunka.go.jp/seisaku/bunkashingikai/chosakuken/workingteam/r06_02/pdf/94150601_09.pdf>。

ば文化庁の令和5年度のセミナー資料である「AIと著作権」を読むとか、著作権法の入門書[*3]を読む等して補っていただくと、理解が進むかもしれない[*4]。

◆**(2) 著作権法の目的**　1条は「この法律は、著作物並びに実演、レコード、放送及び有線放送に関し著作者の権利及びこれに隣接する権利を定め、これらの文化的所産の公正な利用に留意しつつ、著作者等の権利の保護を図り、もつて文化の発展に寄与することを目的とする。」とする。つまり、著作権制度の目的は、文化の発展である。

　著作権がなぜ認められるかについて、いわゆる人格権論として、〈本人がその手で創作した著作物には自然権的に著作権が発生する〉という議論と、いわゆるインセンティブ論として、〈適切なインセンティブを与えるため〉という議論があるところ、少なくともインセンティブ論を考慮することは多くの論者により承認されている。表現を保護することで、例えば自分が創作した作品を他人が適法に利用するにはライセンスが必要となることから、ライセンス料（印税等）が支払われ、それがインセンティブになる、という側面は存在する。しかし、同時に、多くの作品は他の作品の表現に触れた上で、その影響を受けて創作される以上、もし1つの先行する創作に権利を与えたがために、広い範囲で他の創作を禁止する結果となれば、むしろ新たな創作のインセンティブが削がれるかもしれない。そのようなバランスを取る観点から、著作権制度が構築されている[*5]。

◆**(3) 生成AIにおいて著作権が問題となる2つの場面**　〈生成AIと著作権〉をめぐっては、主に開発と利用の2つの段階を考えることができる。すなわち、まずは、学習用データとして潜在的には著作物と非著作物の双方を含み得るデータをインターネット上の情報を自動で収集するクローラ（→

---

＊3　例えば島並良ほか『著作権法入門〔第4版〕』（有斐閣・2024）等が考えられる。

＊4　なお、文化庁の令和6年度のセミナー資料である「AIと著作権II」<https://www.bunka.go.jp/seisaku/chosakuken/pdf/94097701_02.pdf>も参考になる。

＊5　なお、50年後、100年後等の将来を構想すれば、むしろAIの方が人間より豊富な文化的所産を産み出し、文化の発展に寄与する、と評価される可能性はないわけではない（松尾・知財A2Z 21頁）。しかし、現時点では、特に学習型AIは既存の人間のクリエイターによる文化的所産を学習してそのような既存作品をもとに生成をしているだけで、それを超える新しいものをどこまで生み出しているかは大いに疑問がある。(5)で後述の、AIのみが創作をし、AI創作物を学習に使うことでAIの性能が劣化する問題も参照のこと。

第1部コラム）といわれるソフトウェアで収集する方法（ウェブクローリング）などで収集し、これを加工し「学習用データセット」を構築する。その上で、学習用プログラムに入力すると、学習が行われ、学習済みモデルができる——、ここまでが開発段階である（図表2-1の上半分を参照。なお、この学習は基盤モデルベンダによる基盤モデル生成のための学習と、FTベンダによる追加学習のための学習の双方があり得る）。その上で、開発した学習済みモデルに対して、著作物や非著作物を入力し、学習済みモデルがAI生成物を生成し、これが、内部利用・公開・販売等の形で利用されていく（図表2-2下半分）。

図表2-1：生成AIの開発と利用の流れ（一般的な例）

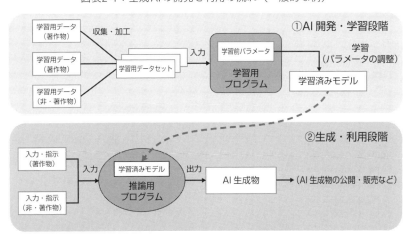

出典：文化庁著作権課「令和5年度著作権セミナー　AIと著作権」令和5年6月 <https://www.bunka.go.jp/seisaku/chosakuken/seidokaisetsu/seminar/2023/pdf/93903601_01.pdf> より

開発段階では、以下の複製等が発生する（「考え方」5（1）ア（ウ））。より詳細には、3（2）を参照のこと。

> ➢ AI学習用データセット構築のための学習用データの収集・加工（図表2-2・複製①・③）
> ➢ 基盤モデル作成に向けた事前学習（図表2-2・複製②）
> ➢ 既存の学習済みモデルに対する追加的な学習（図表2-2・複製④）
> ➢ 検索拡張生成（RAG）等において、生成AIへの指示・入力に用いるためのデータベースの作成（図表2-3・複製⑤）

図表2-2：事前学習・追加的な学習に伴う著作物の利用行為

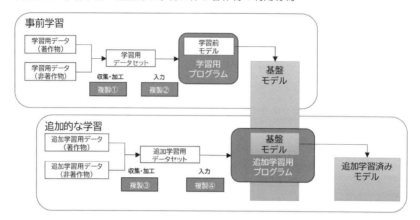

出典：「考え方」18頁より

図表2-3：生成AIへの指示・入力に用いるためのデータベースの作成に伴う著作物の利用行為

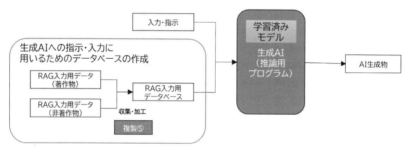

出典：「考え方」19頁より

　これに対し利用段階、例えば、生成物の生成やインターネットを介した送信などにおいては複製、公衆送信等が問題となる（「考え方」5（2）ア）。
　なお、**図表2-2**のとおり、追加学習（→第1章4）も開発段階に含まれる。RAG（検索拡張生成）は、RAGのためのデータベース作成のフェーズは開発段階だが、RAGに基づき結果を表示させるフェーズは利用段階である（図表2-3）。プロンプトとして著作物を投入することは利用段階ではあるものの、主に開発段階で論じられる30条の4が問題となる（「考え方」5（2）ク）。

◆（4）30条の4のみに注目すべきではない──47条の5、非表現等も重要

ここで、非享受利用ともよばれる30条の4が過度に注目され、〈生成AIと著作権〉といえば30条の4、といったような見方がされることがある。しかしこれは大きな誤りである。すなわち、著作権法における様々な生成AIに関連性を有する条文が有機的に結びつきあって生成AIに関する法制度を形成している。そこで、30条の4に過度に注目し過ぎない、バランスの良い議論が重要である。例えば、そもそも学習対象が創作性のある表現ではない（例：数字や事実の羅列等に過ぎない）、生成されたものが元の学習対象と創作性のある表現において共通していないのではないか、偶然に創作的表現の共通性が発生しただけであり依拠性がない（学習対象でもなく、利用者の念頭にもない）のではないか、といったことが考えられるほか、軽微

図表2-4：〈生成AIと著作権〉に関連する、段階ごとの主な制度

**開発・学習**

| 非著作物 | 複製等をするデータの対象に著作物を含ませない |
|---|---|
| 30条の4 | 当該学習により、学習対象の（創作性がある）表現上の本質的な特徴を直接感得することのできる生成物を生成させようとしていない場合には非享受利用 |
| 47条の5 | いわゆる軽微利用として、例えばAI検索エンジン＆スニペットのようなプロダクト等を作るのであればその準備段階は適法 |
| ライセンス | 契約を結ぶ |

**生成・利用**

| 非類似 | 生成物が、既存の著作物（の創作性がある部分）と類似していない |
|---|---|
| 30条の4が利用不可能 | 生成・利用段階は基本的には30条の4が利用できない。結果的に類似性がある生成物が生成された場合、利用または学習による依拠が認められ、侵害となる可能性がある |
| 47条の5 | いわゆる軽微利用として、例えばAI検索エンジン＆スニペットのようなプロダクト等を作るのであればその提供段階も適法 |
| ライセンス | 契約を結ぶ |

1. はじめに　43

利用（47条の5）、ライセンス等の多くの制度が問題となる。したがって、これらを総合した法制度として理解すべきである（図表2-4参照）。

◆（5）クリエイターとのwin-win関係が重要　　もちろん、実務という意味では、現行著作権法の解釈・適用は重要であり、上記のとおり「考え方」は生成AIの文脈における解釈を明確にしている。ただ、筆者は決してそれが全てだとは考えていない。すなわち、かなり先の将来（→終章）においては状況は変化し得るだろうが、この10年、20年を考えれば、AIのみが創作をする状況を想定することは適切ではなく、人間のクリエイターに創作のための適切なインセンティブ（→1（2））を与えることが重要であると考える。[*6]

　この点に関連して、筆者は、日本SF作家クラブが2023年10月14日に公表した「現状の生成AI技術に対する、利用者、運用者、行政・立法、開発・研究者へのSF作家クラブの提言」[*7]に関与した。その中では、生成AIを小説作成等の文脈において利用する際における、現行法令に照らして他者の権利を侵害していないことを十分に確認することの重要性は当然記載されているが、同提言はそれにとどまらない。創作産業において著作者の尊厳が確保され、そのインセンティブが阻害されないことの重要性の理解を求めるとともに、生成AIによる権利侵害の可能性および、生成AIを理由とした不適切なダンピングや未発表著作の学習、契約条件の切り下げが行われるリスク、そのための創作産業保護と制度構築について、保護手段を検討することを求めている。

　人間のクリエイターに創作のための適切なインセンティブを与えるという観点からは、現行著作権法がどのように規定しているかや法的な意味で権利侵害になるかという観点にとどまらず、生成AIによって得られた果

---

＊6　この点については、AIのみが創作をし、AI創作物を学習に使うことで性能が劣化する問題が指摘されている。Ahmed Imtiaz Humayun, "Self-Consuming Generative Models Go MAD," arXiv, 2023/7/4 <https://arxiv.org/abs/2307.01850>

＊7　「現状の生成AI技術に関する、利用者、運用者、行政・立法、開発・研究者へのSF作家クラブの提言」日本SF作家クラブ2023年10月14日 <https://sfwj.jp/news/statement-on-current-generative-ai-technologies-japanese-edition/>

実が、クリエイターの過去の労力を利用しているのであれば、その分をクリエイターに還元する等、生成AI関係者とクリエイターとのwin-win関係を目指すことが重要である。

その際は、そもそも、一定の利用はライセンスを得た上でなければ著作権侵害となるため、そのような利用を行うのであれば、ライセンスを得て、対価を支払うことが大前提となる。そして重要なことは、そうではない場合でも、あえてライセンスを得て対価を支払う場合もある、ということである。例えば「特定の作家団体と契約して、当該団体の作家の全ての作品のデータの提供を受け、学習に利用する代わりに対価を支払う」という場合、インターネット上の情報を利用するよりも遙かに価値の高いデータをまとめて学習に利用することができて便宜であるといった理由で、あえてそのような契約を行い対価を支払う場合もある。[*8]

この点、「中間とりまとめ」では、法・契約および技術の相関関係を指摘し、AI技術の進歩と知的財産権の適切な保護が両立するエコシステム

図表2-5：法・契約および技術の相関関係

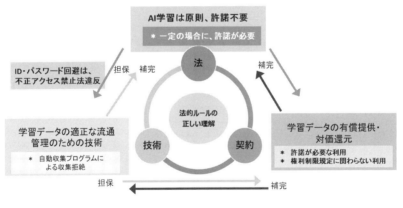

出典：「中間とりまとめ」68頁より

---

\*8　具体的事例として、「中間とりまとめ」47頁参照。なお、OpenAI等がそのような契約を多く締結しその旨を公表している。その理由として、1つはそのような良いプラクティスを広げようというものが考えられるものの、同時に、有償学習を一般的なプラクティスとすることで、同社の競争優位性を脅かす新規参入を減らそうとするというものが考えられる。

の実現を謳っている（図表2-5）。法の側面では、法的ルールの理解と適正な運用が、技術においては、技術的措置の活用によるAI学習・提供・利用の適正なコントロールが、そして、契約においては、良質なAI学習コンテンツに係るライセンス市場の形成と権利者への対価還元が謳われる。[*9]

◆**（6）2つの事例**　以下では、主に2つの事例を念頭に検討していく。2から4の随所でこれらの事例を利用するので、頭に入れておいていただきたい。

---

事例2-1（画像生成の事例）：特定の領域の大量のデータでファインチューニングを行ってその領域に強いAIを生成したい。例えば、アニメ絵等の特定の作風を有する画像を大量に学習させて、当該作風に強い画像生成AIを作成したい。どのようにすればそのような対応を著作権法上適法に行うことができるだろうか。

事例2-2（法律意見の事例）：RAGを利用して特定のデータに基づく、根拠のある回答を生成させたい。例えば、法律関係のデータで追加学習を行った上で、質問に対し、関連する過去の法律意見を検索し、その要約を提示したり、当該法律意見に基づく法務回答案を提示させたい。どのようにすればそのような対応を著作権法上適法に行うことができるだろうか。

---

◆**（7）本書が検討していない議論**　本書はそもそも生成AI固有ではない問題、例えばAI（学習済みモデル）の著作権による保護は検討していない。基本的には、学習済みモデルはプログラム部分とパラメータ部分に分かれるところ、プログラム部分には著作権が生じ得るが、パラメータ部分は著作権の対象とならないとされる。[*10]

　また、本書は、著作者人格権[*11]や著作権法の国際適用[*12]について検討するこ

---

＊9　「中間とりまとめ」67頁以下、特に70〜71頁。なお、画像生成AIによるアバター生成の文脈で同旨を述べる松尾・CA 198-199頁も参照。

＊10　経済産業省「AI・データの利用に関する契約ガイドライン1.1版」（平成元年12月）<https://www.meti.go.jp/policy/mono_info_service/connected_industries/sharing_and_utilization/20200619001.pdf>27-28頁（221-222枚目）

＊11　中崎・法務ガバナンス199頁

＊12　中崎・法務ガバナンス133-136頁。なお文化審議会著作権分科会法制度に関するワーキングチーム第1回会合（2024年7月10日）においては、著作権侵害の国外犯処罰の執行のあり方について検討

とができていない。[*13]

## 2. 前提知識

　まずは前提知識として押さえておくべき著作権法の基本を解説する。1で上述したとおり、著作権法について全く知識がない読者の方は、例えば文化庁のセミナー資料である「AIと著作権」を読むとか、著作権法の入門書を読む等して適宜補っていただきたい。

◆(1) 創作のみで登録なく死後70年保護される　　特許であれば、単に発明しただけでは足りず、出願（特許法36条）の上、登録査定（特許法66条1項）を受けて初めて有効となる。また、存続期間は、特許出願の日から20年（特許法67条1項）である。これに対し、著作権では無方式主義（17条2項）が採用され、「いかなる方式の履行をも要」せずに著作権を享有できる。また、保護期間は自然人であれば、原則死後70年（51条2項）である。[*14]

◆(2) アイディアと表現の二分論　　著作権法は、同法で保護される「著作物」について、「思想又は感情を創作的に表現したものであつて、文芸、学術、美術又は音楽の範囲に属するものをいう」（2条1項1号）と定義し、「表現」のみを保護の対象とする。

　特定のアイディアは様々な形で表現され得るところ、もしもアイディアまでもが独占可能となれば、当該アイディアから派生する全ての表現が（ライセンスを受けない限り）禁止される。アイディアについては、特許等の制度が既に用意され、独占の範囲を限定している。よって、文化の発展（→1(2)）の観点から、著作権はあくまでも表現に限定して保護を行うのであり、思想、学説、作風等のアイディアは保護の対象としない（いわゆる「アイディア・表現二分論」「思想・表現二分論」）。[*15]

---

　が行われている（同WC配布資料3「法制度に関するワーキングチームにおける検討課題について（案）」<https://www.bunka.go.jp/seisaku/bunkashingikai/chosakuken/workingteam/r06_01/pdf/94080501_03.pdf>参照）。

＊13　なお、数藤雅彦「生成AIとデジタルアーカイブに関する若干の法的検討―著作権を中心に」デジタルアーカイブ学会誌 8巻3号（2024）129頁以下も参照のこと。

＊14　なお、中山・著作権法28頁は、著作権の特許と比較した特徴として、長期の保護期間、権利の発生基準の曖昧さ（無方式主義）、侵害基準の曖昧さおよび強力な人格権の保護を挙げる。

生成AIにより既存の作家と類似した作品が大量に生成されるが、それが「印象派の画風」とか「アニメ調」という作風の類似にとどまるのであれば、これはアイディアに過ぎず、著作権侵害にはならない（なお、3（3）オも参照のこと）。

　例えば、事例2-1の事案で、作品Aを含むクリエイター甲の画像を大量に学習させたところ、生成AIが作品Aに類似した画像Bを生成したとする。この場合、Bは甲のAに関する著作権を侵害するのだろうか。この点、もし、AとBの共通部分が表現とはいえない、例えば単なる甲の「作風」だけなのであれば、著作権を侵害しないと判断されるだろう。

◆**（3）創作性が必要**　　加えて、それが表現であるというだけで必ずしも著作権により保護されるものではない。著作物であるためには「創作的に」（2条1項1号）表現する必要がある。この創作性については、「表現の選択の幅」[16]とされることがある。特に生成AIとの関係では、ある思想の表現が1つか、そうでなくても相当限定されていれば著作物性を認めるべきではない（混同理論[17]）ため、ありふれた表現であれば保護の対象とならないことが重要である。上記（2）で検討した事例について、もし、AとBの共通部分が表現ではあっても、その共通部分がありふれた表現であるとか、特定の画風等のアイディアを実現する上でその表現をするほかないとか、表現の幅が相当限定されていれば、著作権侵害にならない。

◆**（4）支分権**　　著作権法上、複製、翻案、公衆送信といった特定の利用形態（法定利用行為）ごとに、複製権、翻案権、公衆送信権といった「支分権」が規定され、その範囲で権利が及ぶ（「考え方」2（1）イ参照）。例えば、著作物の閲覧、鑑賞や、その内容を人間の脳内で記憶すること等、著作物の利用行為であっても、支分権の範囲に含まれなければ（ライセンスを得ることなく）自由にこれを行うことができる。例えば、生成AIとの関係では、生成された画像を鑑賞したり、生成された文章をもとにアイディアを練る

---

＊15　「考え方」2（1）ア、中山・著作権法62-67頁
＊16　中山・著作権法67頁以下（とりわけ73頁）
＊17　中山・著作権法80-81頁

ことそのものは支分権の対象ではない。

◆（5）類似性＋依拠性　　複製・翻案による著作権侵害は必ずしも「元の著作物そのものの再現」に限られない。すなわち、複製も翻案も、依拠性を前提に、類似性がある範囲で元の著作物が有形的に再製されることで成立する。そこで、変更部分がなければ複製、変更部分がある場合でも当該変更部分に創作的付加がなければ複製、創作的付加があれば翻案となる。[18]例えば、機械的に「だ・である」調の文章を「です・ます」調に置き換えた場合、確かに2つの文章は異なるが、これは翻案ではなく複製である。

そこで、複製・翻案がどの範囲で成り立つかが問題となるところ、判例（最判昭和53年9月7日民集32巻6号1145頁〔ワン・レイニー・ナイト・イン・トーキョー事件〕）では、ある作品に既存の著作物との類似性と依拠性の両者が認められる際に著作権侵害となる、とされている（「考え方」5（2）ア）。類似性について、判例（最判平成13年6月28日民集55巻4号837頁〔江差追分事件〕等）は、表現それ自体でない部分や表現上の創作性がない部分について既存の著作物との同一性があるにとどまるものではなく、既存の著作物の（創作性がある）表現上の本質的な特徴を直接感得することのできるものについて類似性を認める（「考え方」5（2）イ（ア））。加えて依拠性、つまり、その元の著作物に触れた上で類似性のある作品を複製・翻案したことも必要とされている。要するに偶然の一致は著作権侵害とされないのである。そして、当該作品を制作した者が既存の著作物の表現内容を認識していたかどうかや、類似性の程度の高さなどにより、その有無が判断されてきた（「考え方」5（2）イ（イ））。

◆（6）権利制限規定

**ア　権利制限規定の考え方**　　確かに、複製・翻案など支分権の及ぶ法定利用行為については著作者等の権利者がこれを独占することが原則である。しかし、それを貫くと、文化の発展（→1（2））を阻害する可能性がある。そこで、権利制限規定が設けられており、一定の場合には、著作権者の許

---

[18]　中山・著作権法312頁

諾なく法定利用行為を行うことができる（「考え方」2（1）ウ）。

かかる権利制限規定については、米国のフェアユース等、権利制限が認められる場合の要素を示し、後は判例法による法形成に委ねるという立法政策もあり得る。しかし、日本は個別の権利制限規定を設ける立法政策を採用した。

生成AIの業務利用を離れた一般的な権利制限規定としては、引用（32条）や私的使用（30条）等が有名である。生成AIとの関係では、主に開発段階で問題となる、著作物に表現された思想または感情の享受を目的としない利用（30条の4）や、非享受軽微利用（47条の5。「軽微利用」と呼ぶことがある）が重要である（「考え方」5（1）ク）。

**イ　柔軟な権利制限規定の導入**　ここで、非享受利用（30条の4）および軽微利用（47条の5）は、いわゆる柔軟な権利制限規定に関する平成30年改正により（旧法の規定を改正して）導入された。[*19] 当該改正においては、権

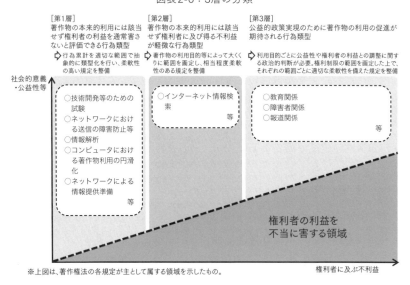

図表2-6：3層の分類

出典：2017年の文化審議会著作権分科会報告書より（一部改変）

---

*19　松尾・ChatGPT 83頁以下も参照。

利者におよび得る不利益の度合い等に応じて分類した3つの「層」に応じた柔軟な権利制限規定が整備された（図表2-6）。

著作物の本来的利用には該当せず、権利者の利益を通常害さないと評価できる行為類型（第1層）については、「柔軟性の高い規定」を設けることにした。そもそも権利者の利益を通常害さない以上、ある程度広い範囲で権利制限を認めるということである。この第1層に対応するものとして設けられた規定の1つが非享受利用（30条の4）である。

著作物の本来的利用には該当せず、権利者におよび得る不利益が軽微な行為類型（第2層）については、権利制限を正当化する社会的意義等の種類や性質に応じ、著作物の利用の目的等によってある程度大くくりに範囲を画定し、「相当程度柔軟性のある規定」を設けることにした。この第2層に対応するのが、軽微利用（47条の5）である（「考え方」2（2）ア）。

◆（7）ライセンス　　ある表現について著作権者が著作権を有しているということは、当該表現について第三者は支分権に対応した法定利用行為——例えば複製や自動公衆送信等——が原則として禁止されることを意味する。そして、例外的に禁止されない場合の典型としては権利制限規定に当たる場合が挙げられる。加えて、当然のことながら、著作権者からライセンス（利用許諾）を受けることで、当該行為を行うことができる。

例えば、事例2-1において、単なる作風だけではなく、具体的な表現まで類似した作品を生成したい場合、ライセンスなしで進めることは実務上容易ではない（3で後述する）。そのような状況においては、著作権者がAI学習のためのデータセットを提供し、追加学習やその後の類似する作品の生成を許諾し、その対価を受領するという契約による対応が考えられる。また、上記1（5）のとおり、クリエイターとのwin-win関係から、厳密な権利侵害の有無を問わずに対価を支払うこともあり得る。

## 3. 開発段階

◆（1）はじめに　　開発段階において、実務上学習を正当化させるためのロジックとしては主に、以下のものが考えられる。

・学習対象が事実の羅列やありふれていて創作性がない等、非著作物である
・非享受利用（30条の4）
・軽微利用（47条の5）

　非著作物については、上記2（3）をご覧いただくとして、侵害が問題となりやすい支分権（→2（4））について述べた後（→（2））、非享受利用（30条の4）（→（3））、および、軽微利用（47条の5）（→（4））について説明していく。

◆**（2）開発段階において侵害しやすい支分権**　　既に1（3）で述べたことの繰り返しになるが、開発段階では、以下の複製等が発生する（「考え方」5（1）ア（ウ）。42頁の図表2-2を参照のこと）。

➢AI学習用データセット構築のための学習用データの収集・加工（図表2-2・複製①・③）
➢基盤モデル作成に向けた事前学習（図表2-2・複製②）
➢既存の学習済みモデルに対する追加的な学習（図表2-2・複製④）
➢検索拡張生成（RAG）等において、生成AIへの指示・入力に用いるためのデータベースの作成（図表2-3・複製⑤）

　すなわち、様々な支分権（→2（4））のうち、開発段階においては複製権が問題となることが多い。[20]

◆**（3）30条の4の適用範囲**

　**ア　30条の4の規定**　　30条の4は以下のとおり定める。すなわち、享受を目的としない利用については、どのような支分権であっても広く権利制限を認め、ライセンスがなくとも利用可能としている。

（著作物に表現された思想または感情の享受を目的としない利用）
第30条の4　著作物は、次に掲げる場合その他の当該著作物に表現された
　思想または感情を自ら享受しまたは他人に享受させることを目的としな

---

＊20　なお、これ以外にも、学習用データの解析結果の譲渡、公衆送信等も生じ得るところ、30条の4がこれらをも可能とすることにつき、中山・著作権法399頁参照。

い場合には、その必要と認められる限度において、いずれの方法による
かを問わず、利用することができる。ただし、当該著作物の種類および
用途ならびに当該利用の態様に照らし著作権者の利益を不当に害するこ
ととなる場合は、この限りでない。

一　著作物の録音、録画その他の利用に係る技術の開発または実用化の
　ための試験の用に供する場合

二　情報解析（多数の著作物その他の大量の情報から、当該情報を構成する
　言語、音、影像その他の要素に係る情報を抽出し、比較、分類その他の解析
　を行うことをいう。第47条の5第1項第2号において同じ）の用に供する場
　合

三　前二号に掲げる場合のほか、著作物の表現についての人の知覚によ
　る認識を伴うことなく当該著作物を電子計算機による情報処理の過程
　における利用その他の利用（プログラムの著作物にあつては、当該著作物
　の電子計算機における実行を除く）に供する場合

　**イ　権利制限規定の趣旨**　　上記2（6）イのとおり、非享受利用（30条
の4）は図表2-6でいうところの第1層、つまり、著作物の本来的利用には
該当せず、権利者の利益を通常害さないと評価できる行為類型として設け
られた。すなわち、「享受」とは、一般的には「精神的にすぐれたものや
物質上の利益などを、受け入れ味わいたのしむこと」とされており、[*21]典型
的には文章の著作物の閲読、音楽の著作物の鑑賞、プログラムの著作物の
実行等が挙げられる。著作権者は印税等の経済的利益を著作物から得てい
るところ、これは通常、思想または感情を享受し、知的・精神的欲求を満
たすという効用の対価として支払われている。そこで、著作物に表現され
た思想または感情の享受を目的としない行為については、著者としての対
価回収の機会を通常阻害するものではなく、権利者の利益を通常害さない。
よって30条の4では、著作物は、当該著作物に表現された思想または感情
を自ら享受しまたは他人に享受させることを目的としない場合には、その
必要と認められる限度において利用することができることとし、著作物に

---

*21　新村出『広辞苑〔第7版〕』（岩波書店・2018）762頁

表現された思想または感情の享受を目的としない行為は広く権利制限の対象とされたのである（「考え方」2（2）イ）。

**ウ　該当性**　ある行為が30条の4に規定する「著作物に表現された思想又は感情」の「享受」を目的とする行為に該当するか否かは、同条の立法趣旨および「享受」の一般的な語義を踏まえ、著作物等の視聴等を通じて、視聴者等の知的・精神的欲求を満たすという効用を得ることに向けられた行為であるか否かという観点から判断される。「享受」を目的とする行為に該当するか否かの認定に当たっては、行為者の主観に関する主張のほか、利用行為の態様や利用に至る経緯等の客観的・外形的な状況も含めて総合的に考慮されることとなる。

30条の4各号では、同条により権利制限の対象となる行為について法の予測可能性を高めるため、同条柱書の「〔その他の〕当該著作物に表現された思想又は感情を自ら享受し又は他人に享受させることを目的としない場合」に当たる場合の典型的な例として、試験（同1号）、情報解析（同2号）等を示している。

AIの文脈でいえば、AI開発のための学習は、情報解析の典型的な事例である。事例2-1でいうと、特定の作風（ここではアイディア・表現二分論にいうアイディアに属するものであることが前提となっている〔→2（2）〕）の画像に強い画像生成AI開発のため、当該作風の画像を多数追加学習させることは、まさに「情報解析」に該当する。そこで、事例2-1における学習段階の行為は、通常は、同条柱書の「当該著作物に表現された思想又は感情を自ら享受し又は他人に享受させることを目的としない場合」に該当し、著作権者のライセンスなく適法に行うことができる（「考え方」2（2）ウ）。

**エ　限界**　他方で、30条の4では「享受」の目的がないことが要件とされているため、（主たる目的が「享受」の場合に同条が適用されるのは当然であるが）仮に主たる目的が「享受」ではないとしても、同時に「享受」の目的もあるような場合には、同条の適用はないものと考えられる（「考え方」2（2）ウ）。生成AIとの関係は、オ以下で類型別に検討する。なお、同条ただし書は「ただし、当該著作物の種類及び用途並びに当該利用の態様に照らし

著作権者の利益を不当に害することとなる場合は、この限りでない。」とするところ、AIの文脈において、どのような場合が具体的にこの「ただし書」に該当し得るかという点は下記キで述べる。

　オ　開発（学習・追加学習）　　特定の作風の画像に強い画像生成AI開発のための追加学習を含む情報解析の用に供する場合は、30条の4に規定する「当該著作物に表現された思想又は感情を自ら享受し又は他人に享受させることを目的としない場合」に該当する（「考え方」5（1）イ（ア））。そこで、学習のための複製（複製①～④。⑤は**カ**を参照）が30条の4により正当化されることは十分にあり得る。

　他方で、一個の利用行為には複数の目的が併存する場合もあり得るところ、30条の4は、「当該著作物に表現された思想又は感情を自ら享受し又は他人に享受させることを目的としない場合には」と規定していることから、この複数の目的のうちに1つでも「享受」の目的が含まれていれば、同条の要件を欠き、同条は適用されない（「考え方」5（1）イ（イ））。

　例えば、既存の学習済みモデルに対する追加的な学習（そのために行う学習データの収集・加工を含む）のうち、意図的に、学習用データに含まれる著作物の創作的表現の全部または一部を出力させることを目的とした追加的な学習を行うために著作物の複製等を行う場合は、享受目的があるとして、同条の適用が排除される（「考え方」5（1）イ（イ））。事例2-1について例外的に享受があるとされる場合としては、単なる作風の模倣にとどまらず、具体的表現を模倣させ、当該表現において共通する画像を生成させるための追加学習であれば、少なくとも30条の4では正当化できない可能性が高い。

　ここで、同条本文は「当該著作物」に表現された思想又は感情を自ら享受し又は他人に享受させることを目的としない場合として、複製等がされた学習対象となる著作物（「当該著作物」）が享受されるかを問題とする。結果的に生成される画像を楽しむとしても、その画像が当該著作物の創作的表現を出力させたものでなければ、「当該著作物」、つまり、学習対象となる著作物に表現された思想または感情を享受する目的がないので、享受目

3.　開発段階　　55

的は（併存し）ないことに留意すべきである（「考え方」19頁脚注21）。要するに、特定の作風、例えばアニメ絵の画像に強い画像生成AI開発のための追加学習をした場合、例えば「アニメ絵の画像」が生成され、その生成された画像を鑑賞する（享受する）ことは十分にあり得るが、そのような享受があるとしても、学習元画像の創作的表現を出力させてそれを享受するのでなければ、なお享受目的は否定され、30条の4で正当化され得る。

なお、「作風」は一般には表現ではなくアイディアと解されていることから（→2(2)）、作風が共通する生成物の生成自体は著作権侵害となるものではない。しかし、特定のクリエイターの作品群は、作風のみが共通しているだけではなく、創作的表現が共通する作品群となっている場合もある。意図的に、当該創作的表現の全部または一部を生成AIによって出力させることを目的とした追加的な学習を行うため、当該作品群の複製等を行うような場合は、享受目的が併存するとして、同条の適用が排除される（「考え方」5(1)イ(イ)）。そこで、本当に単なる作風の模倣に過ぎないものを出力させる目的の学習か、それを超える、複数の作品に共通する創作的表現の模倣も含む目的の学習かにより、30条の4で正当化されるかが決まる。[22]

なお、これは開発段階の問題であるから、30条の4の適用においては、その時点でどのような目的を有していたと評価されるかが直接的には問題となる。もっとも、その後の利用段階において、学習された著作物と創作的表現が共通した生成物の生成が著しく頻発するといった事情は、開発段階における享受目的の存在を推認する上での一要素となり得る（「考え方」5(1)イ(イ)）。

また、契約上、著作権法で許容される利用を禁止する条項（オーバーライド条項）が合意されることがある。例えばクロール（→第1部コラム）先のサイトが学習を禁止する規約を有している可能性はある。そもそも、単にサイトが学習禁止を宣言したのみではその条項がクローラを利用するAI企業を含む当該サイトの閲覧者との間で合意されていない、という解釈が1

---

[22] 単なる作風の模倣に過ぎないなら正当化され得るが、創作的表現の模倣も含むなら正当化されない。すなわち、ここに至る「考え方」の議論の変遷については中崎・法務ガバナンス150-153頁を参照。

つあり得る。また、仮に合意が成立していると判断されれば基本的には契約自由の原則が適用されるわけではあるものの、その解釈として、著作権法上自由にできる学習までは禁止できないと解する余地もあり、また、公序良俗違反を主張できる場合とあるとされる[23]。この点は、同意ボタンがある場合はリスクが一定以上高いことから、ログインや同意ボタンのクリックが必要なサイトからのクロールを避けることが望ましい[24]。

**カ　RAG（検索拡張生成）**　生成AIによって（著作物を含む）データを検索し、その結果の要約等を行って回答を生成する手法（これをRAG——検索拡張生成——という〔→第1章〕）を実施することを目的として、これに用いるため著作物の内容をベクトルに変換したデータベースを作成する等の、著作物の複製等（上記の複製⑤）を行うことはよく見られる（「考え方」5 (1)イ（イ））。例えば事例2-2では、法律意見を出力するための過去の法律相談・法律意見書データ等を利用することになる。

そもそも、RAGの対象となる当該データが著作物を含まないものであれば著作権法上の問題は生じない。また、当該データに著作物が含まれる場合でも、一定の場合には30条4が適用され得る。すなわち、RAG等に用いられるデータベースを作成する等の行為に伴う著作物の複製等が、回答の生成に際して、当該データベースの作成に用いられた既存の著作物の創作的表現を出力することを目的としないものである場合は、当該複製等について、非享受目的の利用行為として30条の4が適用され得る（「考え方」5 (1)ウ）。例えば、結果として生成される要約が極めて短かったりして、そもそも既存の著作物の（創作性がある）表現上の本質的な特徴を直接感得することができなければ、30条の4に基づき、当該RAGのためのデータベース作成等に伴う複製は正当化される。

しかし、生成に際して、当該複製等に用いられた著作物の創作的表現の全部または一部を出力することを目的としたものである場合には、当該複製等は、非享受目的の利用行為とはいえず、30条の4は適用されないと考

---

[23]　<https://www.meti.go.jp/policy/economy/chizai/chiteki/pdf/reiwa3_itaku_designbrand.pdf>
[24]　中崎・法務ガバナンス166-167頁

えられる（「考え方」5（1）ウ）。そこで、47条の5（→（4）エ）の利用を検討すべきである。

　以上を事例2-2の法律意見の要約を出力させる場合に適用して具体的に考えてみよう。学習対象の法律意見は、意見書作成実務の実態に鑑み、「適法である」「違法である」という程度のものではなく、理由が説明されたものであると理解される。もしそうであれば、通常は著作物性が肯定できる。そして、生成される要約が極めて短いとか、生成される法務回答案に学習対象の法律意見の表現を含まないようにしていれば、既存の法律意見の（創作性がある）表現上の本質的な特徴を直接感得することができないとして、30条の4で当該RAGのためのデータベース作成等に伴う複製は正当化される。これに対し既存の法律意見の（創作性がある）表現上の本質的な特徴を直接感得することができるものを出力させる目的であれば、当該RAGのためのデータベース作成等に伴う複製を少なくとも30条の4で正当化することはできない。

　**キ　ただし書**　30条の4ただし書は「ただし、当該著作物の種類及び用途並びに当該利用の態様に照らし著作権者の利益を不当に害することとなる場合は、この限りでない」とする。

　ただし書該当性については、著作権者の著作物の利用市場と衝突するか、あるいは将来における著作物の潜在的販路を阻害するかという観点から、技術の進展や、著作物の利用態様の変化といった諸般の事情を総合的に考慮して検討することが必要と考えられる（「考え方」5（1）エ（ア））。

　ここで、ただし書において「当該著作物の」と規定されているように、著作権者の利益を不当に害することとなるか否かは、AI学習のための学習データとして複製等された著作物等（学習対象著作物）の30条の4に基づいて利用される当該著作物について判断されるべきである（「考え方」5（1）エ（イ））。そこで、そもそも、生成物が学習対象著作物の創作的表現と共通しない場合には、基本的に、著作権法上の「著作権者の利益を不当に害

---

*25　「考え方」5（1）エ（イ）。ただし、「考え方」の同箇所は「他方で、この点に関しては、本ただし書に規定する『著作権者の利益』と、著作権侵害が生じることによる損害とは必ずしも同一ではなく別個

58　第2部　生成AIと知的財産法 ⅢⅢⅢ 第2章　著作権

することとなる場合」には該当しないと考えられる[*25]。

　なお、生成物が学習対象著作物の創作的表現と共通しない場合であっても、当該生成行為が、故意または過失によって第三者の営業上の利益や、人格的利益等を侵害するものである場合は、因果関係その他の不法行為責任および人格権侵害に伴う責任の要件を満たす限りにおいて、当該生成行為を行う者が不法行為責任や人格権侵害に伴う責任を負う場合はあり得ることに留意が必要である（「考え方」5（1）エ（イ）。なお、5（6）も参照）。

◆（4）47条の5の適用範囲

　**ア　47条の5の規定**　　47条の5は以下のとおり規定する。要するに、検索サービスの提供、情報解析等の一定の目的のためのサービス提供段階の軽微な利用についてこれを権利制限の対象としてライセンスがなくても適法とした。その上で、それ以前における当該サービス提供の準備段階の複製等も権利制限の対象としてライセンスがなくても適法としている。

---

（電子計算機による情報処理およびその結果の提供に付随する軽微利用等）
第47条の5　電子計算機を用いた情報処理により新たな知見または情報を
　　創出することによって著作物の利用の促進に資する次の各号に掲げる行
　　為を行う者（当該行為の一部を行う者を含み、当該行為を政令で定める基準に
　　従つて行う者に限る）は、公衆への提供等（公衆への提供または提示をいい、
　　送信可能化を含む。以下同じ）が行われた著作物（以下この条および次条第2
　　項第2号において「公衆提供等著作物」という）（公表された著作物または送信
　　可能化された著作物に限る）について、当該各号に掲げる行為の目的上必要
　　と認められる限度において、当該行為に付随して、いずれの方法によるか
　　を問わず、利用（当該公衆提供等著作物のうちその利用に供される部分の占め
　　る割合、その利用に供される部分の量、その利用に供される際の表示の精度その
　　他の要素に照らし軽微なものに限る。以下この条において「軽微利用」という）
　　を行うことができる。ただし、当該公衆提供等著作物に係る公衆への提供
　　等が著作権を侵害するものであること（国外で行われた公衆への提供等にあ
　　つては、国内で行われたとしたならば著作権の侵害となるべきものであること）

---

に検討し得るといった見解から、特定のクリエイターまたは著作物に対する需要が、AI生成物によって代替されてしまうような事態が生じる場合、「著作権者の利益を不当に害することとなる場合」に該当し得ると考える余地があるとする意見が一定数みられた」ともしている。

3. 開発段階　　59

を知りながら当該軽微利用を行う場合その他当該公衆提供等著作物の種類および用途ならびに当該軽微利用の態様に照らし著作権者の利益を不当に害することとなる場合は、この限りでない。

一　電子計算機を用いて、検索により求める情報（以下この号において「検索情報」という）が記録された著作物の題号または著作者名、送信可能化された検索情報に係る送信元識別符号（自動公衆送信の送信元を識別するための文字、番号、記号その他の符号をいう。第113条第2項および第4項において同じ）その他の検索情報の特定または所在に関する情報を検索し、およびその結果を提供すること。

二　電子計算機による情報解析を行い、およびその結果を提供すること。

三　前二号に掲げるもののほか、電子計算機による情報処理により、新たな知見または情報を創出し、およびその結果を提供する行為であつて、国民生活の利便性の向上に寄与するものとして政令で定めるもの

2　前項各号に掲げる行為の準備を行う者（当該行為の準備のための情報の収集、整理および提供を政令で定める基準に従つて行う者に限る）は、公衆提供等著作物について、同項の規定による軽微利用の準備のために必要と認められる限度において、複製若しくは公衆送信（自動公衆送信の場合にあつては、送信可能化を含む。以下この項および次条第2項第2号において同じ）を行い、またはその複製物による頒布を行うことができる。ただし、当該公衆提供等著作物の種類および用途ならびに当該複製または頒布の部数および当該複製、公衆送信または頒布の態様に照らし著作権者の利益を不当に害することとなる場合は、この限りでない。

　**イ　権利制限規定の趣旨**　　47条の5は、平成30年の著作権法改正において設けられた権利制限である。そして、上記2（6）イのとおり、47条の5に相当する行為は、著作物の本来的利用には該当せず、権利者に及び得る不利益が軽微な行為類型（第2層）に該当するとされた（図表2-6参照）。すなわち、第1層と異なり、確かに権利者に不利益自体は及び得る。しかし、その不利益が軽微であれば、社会的意義等に鑑みて、権利制限規定によって権利者の権利を制限することも正当化され得る。そこで、47条の5を含むこの第2層については、権利制限を正当化する社会的意義等の種類や性質に応じ、著作物の利用の目的等によってある程度大くくりに範囲を画定

し、「相当程度柔軟性のある規定」を設けることになった。

　同条は、サービス利用者が自己の関心に合致する著作物等の書誌情報や所在に関する情報を提供するサービス（所在検索サービス）等のサービスが、電子計算機による情報処理により新たな知見または情報を提供する点において社会的意義が認められることを重視している。そして、これらのサービスで行われる著作物の利用は、サービスの主目的である新たな知見または情報の提供に付随して行われるものであり、著作物の利用を軽微な範囲にとどめれば、基本的に著作権者が当該著作物を通じて対価の獲得を期待している本来的な販売市場等に影響を与えず、ライセンス使用料に係る不利益についても、その度合いは小さなものにとどまる。このような観点から、一定の条件の下でこれらのサービスを権利制限の対象としたものである（「柔軟な権利制限規定」19頁）。

　例えば、検索エンジンを想定すると、検索エンジンサービスが適用されることで、多くの人々が自分の知りたい情報を知ることができるという社会的意義がある。そして、その際にスニペット等という形で自分の検索したいキーワードが各サイトにどのような形で記載されているかを知ることで、例えば20件表示された検索結果から、「これ」と「これ」を優先的に閲覧しようか等と考え、効率的に調べたい情報にたどり着くことができる。反面、そこで表示されるスニペット等は、あくまでも検索の利便性を高めるための付随的なものに過ぎず、分量は少量であって軽微な利用に過ぎない。そうであれば、確かに著作物が複製される、という意味において著作権者に一定の不利益は及ぶものの、スニペット等が表示されるがために本来販売できたコンテンツが販売できなくなる等ということは基本的に生じない。その意味で、不利益の度合いは小さいものにとどまるため、47条の5によって権利制限規定が設けられ、このような検索エンジンサービス提供に伴うスニペット表示が認められている。

　**ウ　一般的該当性**　　政令で定める基準に従って47条の5第1項各号の所在検索サービス（1号）、情報解析サービス（2号）等を提供する者が、これらの行為に付随して、著作物の軽微な利用（複製、翻案等）をする場合に権

利制限規定が適用される（同1項本文）。ただし、著作権者の利益が不当に害される場合には、権利制限の適用を受けない（同1項ただし書）。以下、上記の検索エンジンが検索結果の表示（つまり、特定のサイトのURLの提示）に付随してスニペット（当該検索されたサイトの抜粋）を表示することを想定して、以下この条文の要件の適用関係について説明する（AIの文脈では→エ）。

　47条の5の権利制限の対象となる利用行為は、所在検索等の行為に付随するものである必要があるところ、①情報処理の結果の提供に係る行為と、②著作物を軽微な範囲で提供する行為とをそれぞれ区分して捉えた上で、前者が主たるもの、後者が従たるものという位置付けであることが求められる。検索エンジンでは、検索結果としてのURLの提示という①情報処理の結果の提供に係る行為が主で、②スニペットやサムネイルの提供が従であるから、付随性が肯定される（「柔軟な権利制限規定」22頁）。

　また、47条の5の権利制限の対象となる利用行為は、「軽微」なものでなければならない（軽微利用）。軽微性は、当該著作物の「利用に供される部分の占める割合、その利用に供される部分の量、その利用に供される際の表示の精度その他の要素に照らし」判断される（「考え方」2（2）ウ）。ここでは、「外形的な要素を総合的に考慮して、著作物の本来的な市場に影響を与える可能性が類型的に低い程度の利用態様であるか否か」[26]により判断される[27]。例えば、スニペットが何千字にも及び、検索先の記事を読む必要がなくなっていれば、著作物の本来的な市場に影響を与える可能性が類型的に低いとはいえず、もはや軽微とはいえないだろう[28]。この点、一般的なスニペットは100字〜200字程度であり、少なくとも客観的・類型的にみて、この程度であれば軽微といえることが多いと思われる[29]。

---

[26]　松田政行編『著作権法コンメンタール別冊平成30年・令和2年改正解説』（勁草書房・2022）105頁

[27]　ただし、中山・著作権法495頁が「軽微か否かという判断は、権利者に与える不利益ではなく、客観的・類型的になされる」とすることも参照。

[28]　なお、加戸守行『著作権法逐条講義〔7訂新版〕』（著作権情報センター・2021）414頁では、軽微な場合は、著作権の対価を得る販売市場には影響を与えないからとされている。すると、無料で著作物を公開し、広告収入を得るようなサイトについて、広告収入等が著作物の本来の対価といえるかは難しいところであるが、サイトを無料公開することができるのも広告収入のおかげだと考えれば、当該検索先サイトが無料公開されていても、実際に訪問されなければ広告収入が減る等の影響が生じる。

これらの要件を満たせば「いずれの方法によるかを問わず、利用……を行うことができる」（1項本文）、つまり、どのような支分権対象行為であっても権利制限規定の対象となる。この場合には、30条の4におけるような非享受利用の要件は存在しないので、享受目的（例：スニペットを読むこと）であっても47条の5の適用に支障はない。また、同条2項は、当該軽微利用の準備行為を行う者が軽微利用の準備のために必要と認められる限度において、複製もしくは公衆送信を行い、またはその複製物による頒布を行うことができるとする。つまり、例えば検索サービス提供のための軽微利用が実際に行れる以前の準備段階において、当該検索サービスを構築するための複製等が適法化される。

**エ　生成AIと47条の5**　　事例2-2の法律意見検索システム（47条の5第1項1号）や、情報解析の結果たる法務回答案提供（同2号）等において、そもそも学習対象の既存の著作物の（創作性がある）表現上の本質的な特徴を直接感得することのできないのであれば、そのような非享受目的での（追加）学習（図表2-2の複製①〜④）は、47条の5の要件該当性を検討するまでもなく30条の4で正当化される。これに対し、当該（追加）学習の目的が、仮に学習対象の法律書等の表現と共通するデータが一定程度生成することだとなれば、もはや享受目的が併存するとして、30条の4で正当化されないこともあり得る。しかし、それでも、その分量が少ない場合、軽微利用（47条の5）の権利制限規定の対象となる可能性がある。

軽微利用であれば、要約行為や法務回答案を作成する行為が新たな創作性を付加していて翻案となる（→2（5））ことも問題がなく（→ウ）、また、利用段階（1項）だけではなく学習段階における準備行為（2項）も権利制限規定の対象となる（→ウ）。こうした「享受」の目的がある場合に、開発段階でも利用段階でも一定の範囲で活用可能なのが、47条の5である。

**オ　RAGと開発段階**　　では、複製⑤（図表2-3）はどうか。この場合、

---

＊29　なお、書籍の所在を検索するサービスについての特に軽微性の要件については、著作権情報センター附属著作権研究所『書籍検索サービスに係るガイドラインに関する調査研究：報告書』（著作権情報センター・2020）が公表されている。

そもそもRAGを利用した結果生成されるものが、入力した法律意見の（創作性がある）表現上の本質的な特徴を直接感得することができないのであれば、そのような目的でのRAG等のために行うベクトルに変換したデータベースの作成等に伴う、既存の著作物の複製または公衆送信（複製⑤）も30条の4で正当化される（→（3）カ）。しかし、より長い要約であればもはや非享受目的とはいえず、30条の4は適用されないだろう。このような非享受目的といえないものであっても、例えば100〜200文字程度の要約であったり、法務回答案のうち元の法律意見と創作性のある部分の共通点がその程度であれば、「軽微」として、軽微利用（47条の5）の権利制限規定の対象となる可能性がある。

　47条の5の適用のためには、軽微利用性かつ付随性が必要である。例えば、既存の著作物の創作的表現の提供を主たる目的とする場合は付随性が否定され、同項に基づく権利制限の対象となるものではない（「考え方」5（1）ウ）。しかし、主たる目的が検索結果の提供や法律回答といった情報解析結果の提供であれば、付随性が肯定されるだろう。そして、その場合には、RAG等のために行うベクトルに変換したデータベースの作成等に伴う既存の著作物の複製または公衆送信（複製⑤）も、同条2項に定める準備行為として、権利制限規定の適用を受ける（「考え方」5（1）ウ）。

## 4．利用段階

◆（1）はじめに　　利用段階において、実務上、利用（生成・提供等）を正当化させるためのロジックとしては主に、以下のものが考えられる。

---

・生成物が既存の著作物と表現において共通していない、ないしは、共通性のある表現がありふれている等して、既存の著作物の（創作性がある）表現上の本質的な特徴を直接感得することのできるものではない[*30]

・類似性（表現の共通性）または依拠性のいずれかが「ない」場合

・軽微利用（47条の5）

開発段階（→3（1））とロジックは一定程度共通しているものの、例えば30条の4が含まれない等、重要な相違があることに留意されたい。

◆（2）利用段階において侵害しやすい支分権　　利用段階において生じ得る重要な法定利用行為としては、生成物の生成行為に伴う複製・翻案等や、生成物のインターネットを介した送信などの利用行為に伴う複製、公衆送信等が挙げられる（「考え方」5（2）ア）。

◆（3）プロンプトとしての入力　　ここで、利用段階であるものの、開発段階と同様に30条の4が適用され得るのがプロンプトとしての入力である。例えば、特定の作風の画像が生成されるAIに、特定の要件を満たす画像を生成してほしいと考え、その指示のため、参考として、特定の画像をプロンプトとして投入することが考えられる（I2I〔→第1部コラム〕）。この場合、もちろん、自分で書いたラフ等、著作権の問題がないものもあるが、第三者の著作物である画像を入力することもある。以下では、基本的に第三者が著作権を有する画像をプロンプトとして入力する場合を考えていこう。この生成AIに対する入力は、生成物の生成のため、入力されたプロンプトを情報解析するものであるため、これに伴う著作物の複製等については、30条の4の適用が考えられる。

ただし、生成AIに対する入力に用いた既存の著作物と類似する生成物を生成させる目的で当該著作物を入力するのであれば、入力した著作物に表現された思想または感情を享受する目的も併存するとして同条が適用されないことは3（3）と同様である（「考え方」5（1）ク）。例えば、〈その画像を入力する目的が、単に当該画像のキャラクターの姿勢等を変えるだけで、それ以外は元の画像と同様のものを、当該画像と同じ画風が得意な生成AIを利用して生成しようとしている〉ということであれば、既存の著作物の（創作性がある）表現上の本質的な特徴を直接感得することのできる

---

＊30　例えば、公開資料には著作権が認められても、その公開資料の分析結果たるデータを（データベースの著作物性がある資料については、例えば、そのデータベースがその特殊な体系において創作性が存在する、とされていれば、その体系を引き継がない等、当該著作物性が存在する部分を承継することなく）表示するだけである場合等。また、例えば、画像生成AIで、元の学習用データと作風（→（4）も参照）等のアイディアやありふれた表現においてのみ共通する画像のみを生成させる場合。

ものを生成するためにプロンプトとして入力したとして30条の4が適用されない可能性が高い。これに対し、あくまでも、大まかな構図等のアイディアの部分を参考にするために入力するだけであれば、既存の著作物の（創作性がある）表現上の本質的な特徴を直接感得することのできるものを生成するためにプロンプトとして入力していないとして、なお30条の4が適用される可能性が高い。

　以上、この問題について議論される場合によく引き合いに出される画像生成AIの文脈の議論を紹介してきたが、RAGプロジェクトにおいて文章がプロンプトとして入力される際の複製も同様に考えられる。例えば、生成される要約や法務回答案が、RAGによって入力した法律意見の（創作性がある）表現上の本質的な特徴を直接感得することができないということであれば、非享受目的として30条の4の適用が考えられる。これに対し、RAGによって入力した法律意見の（創作性がある）表現上の本質的な特徴を直接感得することのできるような長さの要約になれば、もはや非享受目的とはいえない（30条の4が適用されない）。しかし、例えば100〜200文字程度の要約であったり、法務回答案のうち元の法律意見と創作性のある表現との共通部分が少なければ、「軽微」として、軽微利用（47条の5）の権利制限規定の対象となる可能性がある。

◆（4）類似性＋依拠性

　ア　類似性　　AI生成物と既存の著作物との類似性の判断についても、人間がAIを使わずに創作したものについて類似性が争われた既存の判例と同様、既存の著作物の表現上の本質的な特徴が感得できるかどうかということ等により、個別具体的な事例に即し、判断される（「考え方」5（2）イ（ア））。

　イ　依拠性　　では、依拠性についてはどうだろうか。考え方は、以下のとおり、①利用者の認識による依拠性と、②学習用データによる依拠性という2種類の依拠性を肯定している。すなわち、①生成AIを利用した場合であっても、AI利用者が既存の著作物（その表現内容）を認識しており、生成AIを利用して当該著作物の創作的表現を有するものを生成させた場

66　第2部　生成AIと知的財産法 ‖‖‖‖‖‖ 第2章　著作権

合（AI利用者が既存の著作物を認識していたと認められる場合）は、依拠性が認められる（「考え方」5（2）イ（イ））。典型的には、「この絵を描いて欲しい」とプロンプトで入力し、その絵（の表現上の本質的な特徴が感得できる）が出力される場合である。

②AI利用者が既存の著作物（その表現内容）を認識していなかったが、当該生成AIの開発・学習段階で当該著作物を学習していた場合（AI利用者が既存の著作物を認識していなかったが、AI学習用データに当該著作物が含まれる場合）については、客観的に当該著作物へのアクセスがあったと認められることから、当該生成AIを利用し、当該著作物に類似した生成物が生成された場合は、通常、依拠性があったと推認され、AI利用者による著作権侵害になり得ると考えられる（「考え方」5（2）イ（イ））。

ただし、当該生成AIについて、開発・学習段階において学習に用いられた著作物の創作的表現が、生成・利用段階において生成されることはないといえるような状態が技術的に担保されているといえる場合もあり得る。このような状態が技術的に担保されていること等の事情から、当該生成AIにおいて、学習に用いられた著作物の創作的表現が、生成・利用段階において出力される状態となっていないと法的に評価できる場合には、AI利用者において当該評価を基礎づける事情を主張することにより、当該生成AIの開発・学習段階で既存の著作物を学習していた場合であっても、依拠性がないと判断される場合はあり得ると考えられるともされている（「考え方」5（2）イ（イ））。

③AI利用者が既存の著作物を認識しておらず、かつ、AI学習用データに当該著作物が含まれない場合、当該著作物に類似した生成物が生成されたとしても、これは偶然の一致に過ぎないものとして、依拠性は認められず、著作権侵害は成立しないと考えられる（「考え方」5（2）イ（イ））。

以上の依拠性に関する議論を事例2-1に即して具体的に検討してみよう。例えば、〈FTベンダが特定の作風を学習させるため$A_1$〜$A_n$の画像データを追加学習させてAIを開発し、当該AIをユーザが利用した結果、Bという既存の著作物の本質的特徴を直接感得できるB'という画像が生成された〉

という場合について考えよう。まず、ユーザがBを認識している場合には、上記①のユーザの認識による依拠性が肯定され、著作権侵害となる。次に、Bというのが$A_1$〜$A_n$（および基盤モデルベンダ）の学習対象かが問題となり、もし、学習対象なのであれば、原則として上記②の学習用データを通じた依拠性が肯定され、著作権侵害となる。そのいずれでもなければ、著作権侵害にはならない（上記③）。

◆**(5) 47条の5**　利用段階と47条の5については、3（4）を参照のこと。

◆**(6) 侵害が生じた場合のベンダの責任**　開発段階は、基本的にベンダのみの責任が問題となっていたところ、利用段階では、例えば、プロンプトを入力したユーザのところで生成されることから、ユーザが第一義的に生成による複製・翻案等を行っていると理解される。しかし、この場合にベンダの責任は生じないのだろうか。いわゆる規範的行為主体論として、既存の判例・裁判例上（最判令和4年10月24日民集76巻6号1348頁〔音楽教室事件〕、最判平成23年1月20日民集65巻1号399頁〔ロクラクⅡ事件〕等）、著作権侵害の主体としては、物理的に侵害行為を行った者が主体となる場合のほか、一定の場合に、物理的な行為主体以外の者が、規範的な行為主体として著作権侵害の責任を負う場合があるとされている（「考え方」5（2）キ）。「考え方」は、生成AIを利用したユーザによる著作権侵害の場合のベンダの責任につき以下のとおり整理した（「考え方」5（2）キ）。

①ある特定の生成AIを用いた場合において、侵害物が高頻度で生成されるのであれば、事業者が侵害主体と評価される可能性が高まるものと考えられる。②事業者が、生成AIの開発・提供に当たり、当該生成AIが既存の著作物の類似物を生成する蓋然性の高さを認識しているにもかかわらず、当該類似物の生成を抑止する措置をとっていない場合、事業者が侵害主体と評価される可能性が高まるものと考えられる。③事業者が、生成AIの開発・提供に当たり、当該生成AIが既存の著作物の類似物を生成することを防止する措置をとっている場合、事業者が侵害主体と評価される

---

＊31　これは、「カラオケ法理」と呼ばれることもある。この点につき松尾・クラウド238頁以下参照。

可能性は低くなるものと考えられる。④当該生成AIが、事業者により既存の著作物の類似物を生成することを防止する措置を施されたものであるなど、侵害物が高頻度で生成されるようなものでない場合においては、たとえ、AI利用者が既存の著作物の類似物の生成を意図して生成AIにプロンプトを入力するなどの指示を行い、侵害物が生成されたとしても、事業者が侵害主体と評価される可能性は低くなるものと考えられる。

なお、「考え方」によれば、AI開発事業者やAIサービス提供事業者が、ウェブサイトが海賊版等の権利侵害複製物を掲載していることを知りながら、当該ウェブサイトから学習用データの収集を行ったという事実は、これにより開発された生成AIにより生じる著作権侵害についての規範的な行為主体の認定に当たり、その総合的な考慮の一要素として、当該事業者が規範的な行為主体として侵害の責任を問われる可能性を高めるものと考えられる、とされている（「考え方」5（1）エ（オ））。

また、海賊版等の権利侵害複製物を掲載するウェブサイトからの学習データの収集を行う場合等において、事業者が学習対象の著作物の創作的表現の影響を強く受けた生成物が出力されるような追加的な学習を行う目的を有していたと評価され、実際にそのような生成物が出力される蓋然性を認識し、かつ、当該結果を回避する措置を講じることが可能であるにもかかわらずこれを講じなかったといえる場合は、当該事業者は著作権侵害の結果発生を回避すべき注意義務を怠ったものとして、著作権侵害について責任を問われる可能性が高まるともされている（「考え方」5（1）エ（オ））。

そこで、作風模倣AIを作成しようとした場合に、そのためのデータ収集対象が海賊版等の権利侵害複製物を掲載するウェブサイトである場合において、アイディアにとどまらず、複数の作品において共通する創作性ある表現まで模倣してしまい、生成された画像が客観的に著作権侵害となっている場合においては、仮に故意はない（意図としては、作風というアイディアの模倣にとどまる）としても、著作権侵害の結果発生を回避すべき注意義務を怠ったものとして、当該生成AIにより生じる著作権侵害について規範的な行為主体として侵害の責任を問われる可能性が高まることになる。

## ◆（7）権利を得ることができるか

　**ア　AI生成物の著作権者**　　「著作者」は「著作物を創作する者をいう。」（2条1項第2号）と定義されている。AIは法的な人格を有しないことから、この「創作する者」には該当し得ない。そのため、利用者が当該AI生成物について著作者になることができるか、それともそうならない（当該生成物が著作物ではないとされる）のかの二択となる（「考え方」5（3）ア参照）。

　そして、AIの支援を受けて著作物を創作する場合には、当該ユーザの関与の程度が「著作物を創作した」といえるほどのものかが問われる。例えば、特定の作風に強いAIを利用して当該作風の画像を生成するようプロンプトで指示し（T2I〔→第1部コラム〕）、そのプロンプトに基づき画像が生成されたり、自分の描いたラフを入れてこれをもとに当該作風の絵として精緻化させるよう指示し（I2I〔→第1部コラム〕）、そのプロンプトに基づき画像が生成された場合において、そのような指示や、ラフの入力が、それをもって、利用者が当該AI生成物（著作物）の著作者となると認めてよいような程度の寄与であるかが問題となる。

　生成AIに対する指示の具体性とAI生成物の著作物性との関係については、著作権法上の従来の解釈における著作者の認定と同様に考えられ、共同著作物に関する既存の裁判例等（最判平成5年3月30日判時1461号3頁〔智恵子抄事件〕、大阪地判平成4年8月27日判時1444号134頁〔静かな焔事件〕等）に照らし、生成AIに対する指示が表現に至らないアイディアにとどまるような場合には、当該AI生成物に著作物性は認められないと考えられる（「考え方」[32] 5（3）イ）。

---

　\*32　国際的にみて、米国は人間の強い関与を求め、中国はより程度の低い関与でよいとする（奥邨弘司「AI生成物は著作権で保護されるか─日米中の考え方の比較」有斐閣Online（2024年1月29日）<https://yuhikaku.com/articles/-/18720>）。そして、人間Aと他の人間Bが共同で著作物を創作するという場合に、Aが共同著作者になりたければ、一定以上の創作的寄与を行う必要がある。例えばAが単なるスポンサーで、お金と基本的なアイディアは出すものの、実際の創作はBが行うという場合にはAは共同著作者になることができない。考え方は、人間がAIを利用してAI生成物を生成する場合にも、人間（Aの立場）とAI（Bの立場だが、本文の（7）ア冒頭で述べたとおり、人間Bと異なりAIが著作権者になることができないことに留意すべきである）がいわば共同で創作する場合のように考えて、人間の創作的寄与の程度が共同著作者になるに値するような十分なものか、というように、共同著作物の基準をいわば「流用」したと評することができるだろう。

そして、「考え方」は、AI生成物の著作物性は個々のAI生成物について個別具体的な事例に応じて判断されるものであり、単なる労力にとどまらず創作的寄与があるといえるものがどの程度積み重なっているか等を総合的に考慮して判断されるものと考えられるとした上で、以下の3点を著作物性を判断する上での要素として例示した（「考え方」5（3）イ）。

---

1　指示・入力（プロンプト等）の分量・内容：AI生成物を生成するに当たって、創作的表現といえるものを具体的に示す詳細な指示は、創作的寄与があると評価される可能性を高めると考えられる。他方で、長大な指示であったとしても、創作的表現に至らないアイデアを示すにとどまる指示は、創作的寄与の判断に影響しないと考えられる。
2　生成の試行回数：試行回数が多いこと自体は、創作的寄与の判断に影響しないと考えられる。他方で、1と組み合わせた試行、すなわち生成物を確認し指示・入力を修正しつつ試行を繰り返すといった場合には、著作物性が認められることも考えられる。
3　複数の生成物からの選択：単なる選択行為自体は創作的寄与の判断に影響しないと考えられる。他方で、通常創作性があると考えられる行為であっても、その要素として選択行為があるものもあることから、そうした行為との関係についても考慮する必要がある。

---

例えば、T2Iの場合（→第1部コラム）には（仮に「Masterpiece」〔→第1部コラム〕等、長々としたプロンプトを入れていても、それが、単に創作的表現に至らないアイデアを示すにとどまる限り）、アイディアを超えて表現を指示したということはなかなか難しい場合が多いと思われる。[33] これに対し、I2Iの場合、入力したのが自分自身の描いたラフであれば、そのラフの表現の程度にもよるが、創作的表現を当該ラフにより具体的に示した、と評される可能性は高まるだろう。

なお、人間による、ある作品の創作に際して、その一部分にAI生成物を用いた場合、AI生成物の著作物性が問題となるのは、当該AI生成物が

---

*33　ただし、プロンプトが、単にアイデアを示すのではなく、具体的な創作的表現に対応したものだといえる場合には、表現を指示したということができる場合もないとはいえない。

4. 利用段階　71

用いられた一部分についてである。仮に当該一部分について著作物性が否定されたとしても、当該作品中の他の部分、すなわち人間が創作した部分についてまで著作物性が否定されるものではない（「考え方」5（3）ア）。

　例えば、T2IであれI2Iであれ、生成された画像をそのまま使う（いわゆるポン出し→〔第1部コラム〕）事案はそこまで多くない。実務上は、むしろ、画像を修正して利用することが多い。そして、その修正部分には（その修正の内容や程度にもよるが）著作権が発生することが多い。筆者は、前著の執筆において生成AIを利用したものの、90%以上修正しており、少なくとも前著の90%についてはその加筆・修正過程によって筆者の著作権が認められることになる。

　**イ　プロンプトに関する権利**　　なお、プロンプトに関する権利も議論されている。[34]自然言語か非自然言語化で区分し、自然言語は著作物性が認められ得るが、非自然言語の場合はいわば呪文のようなものとして著作物性が認められる可能性が低いとする見解もある。[35]しかし、自然言語であっても著作物性が否定されることは少なくない。例えば、「適切な出力を取り出すという極めて機能的な役割機能を果たす表現であると考えられることから、通常の文章表現と峻別なく著作物性について容易に肯定することについては極めて慎重である必要があるように考えられ、その実質からすれば、仮に著作物性を肯定される場合であっても言語著作物よりもプログラム著作物に近似する性質を有するものとしてとらえるほうが適切といえるかもしれない」とするものもある。[36]

　これは、プロンプトの具体的内容に基づき判断されるべき問題である。例えば、筆者が自著データに基づき質問に答えるAIである「松尾bot」（→第1章）を作るため、本書の原稿をプロンプト（の一部）として生成AIに入れる場合、単にそれが「プロンプト」だからというだけの理由で、その瞬

---

＊34　2023年5月19日衆議院文部科学委員会の答弁では創作性があるか、アイディア等ではないか等が問題とされる。

＊35　中崎・法務ガバナンス204-205頁

＊36　平嶋竜太「Generative AIによる生成物をめぐる知的財産法の課題」知的財産紛争の最前線No.9（Law & Technology別冊9号）（民事法研究会・2023）74頁

間に本書が著作物でなくなるわけではないだろう。

## 5. 実務対応

◆（1）はじめに　実務対応については、チェックリスト[*37]が参考になる。

◆（2）事例の検討　ここまでに述べたことを踏まえ、以下、事例を検討していこう。なお、図表2-2および2-3の複製の番号等を利用していることから適宜1（3）を参照されたい。

　ア　画像生成の事例（事例2-1）　まず、開発段階として、基盤モデルベンダによる基盤モデル開発に至る、学習用データセット作成のための収集・加工（複製①）および学習のための入力のための収集・加工（複製②）については、その基盤モデルベンダがどのような画像を生成するAIを開発しようとしているのかにもよるが、特に当該学習により、学習対象の画像の（創作性がある）表現上の本質的な特徴を直接感得することのできる画像を生成させようとしていなければ、30条の4で正当化される可能性がある。その他、そもそも学習対象が（保護期間内の）著作物ではない、ライセンスを得る等による正当化手段もある。

　そして、追加開発段階としてFTベンダによる追加学習用データセット作成のための収集・加工（複製③）および追加学習のための入力のための収集・加工（複製③）においては、（軽微利用の目的がある場合でないことを前提に）追加学習により、学習対象の画像の（創作性がある）表現上の本質的な特徴を直接感得することのできる画像を生成させようとしていなければ、30条の4で正当化される可能性がある。その他、そもそも学習対象が（保護期間内の）著作物ではない、ライセンスを得る等による正当化もある。この点は、まさに単なる作風の模倣を目的とするにとどまるのか（30条の4で正当化される）、作品群に共通する創作的表現の模倣を目的としたのか（30条の4で正当化されない）が問われることになるだろう。

　利用段階においては、例えば、I2I（→第1部コラム）で、第三者が著作権

---

\*37　ただし、法的に必須のことのみを列挙したというよりは、一部は倫理的に望ましい事項を含んでいる。

5. 実務対応　73

を有する画像を利用し、「この画像のポーズを変えて欲しい」等としてプロンプトとして入力することについては、プロンプトとしての入力のための複製がそもそも30条の4で正当化されない。また、生成された画像についても、依拠性が肯定され、一定以上の性能のAIであれば類似性のある画像が生成されるであろうから、著作権侵害となる。それ以外の場合においても結果的に学習対象データの（創作性がある）表現上の本質的な特徴を直接感得することのできる画像が生成されてしまえば、依拠性が①利用者の認識、または②学習用データによって肯定される限り著作権侵害となる。このような著作権侵害については、そもそもベンダが規範的主体として責任を負うか否かを問わずできるだけ回避すべきである（→ (3)）。

　**イ　法律意見の事例（事例2-2）**　　まず、開発段階として、基盤モデルベンダによる基盤モデル開発に至るまでの、学習用データセット作成のための収集・加工（複製①）および学習のための入力のための収集・加工（複製②）については、その基盤モデルベンダが当該学習により、学習対象の文章の（創作性がある）表現上の本質的な特徴を直接感得することのできる文章を生成させようとしていなければ、30条の4で正当化される可能性がある。その他、そもそも学習対象が（保護期間内の）著作物ではない、ライセンスを得る等による正当化もある。

　そして、追加開発段階としてFTベンダによる追加学習用データセット作成のための収集・加工（複製③）および追加学習のための入力のための収集・加工（複製③）においては、（軽微利用の目的がある場合でないことを前提に）追加学習により、学習対象の法律関係データ、例えば書籍データの（創作性がある）表現上の本質的な特徴を直接感得することのできる文章を生成させようとしていなければ、30条の4で正当化される可能性がある。基盤モデルと同様にそもそも学習対象が（保護期間内の）著作物ではない、ライセンスを得るといった根拠による正当化もある。この点は、あくまでもFTの目的が回答における表現の法律文章らしさを学習するためだけであれば、書籍データの（創作性がある）表現上の本質的な特徴を直接感得することのできる文章を生成させようとしていないという評価はあり得るだろ

う。

　なお、一部元データと共通する表現が要約や回答に出現することが想定され、書籍データの（創作性がある）表現上の本質的な特徴を直接感得することのできる文章を生成させようとしている（享受目的が併存する）と評価され、30条の4で正当化することができなくても、それが軽微利用であれば47条の5による正当化の可能性もある。

　RAGの部分については、データセット段階（複製⑤）とプロンプトとしての入力段階が問題となる。RAGにより法律意見を検索して要約を示すサービスであれば、そもそもRAG対象データたる法律意見の作成者が社内の従業員であれば、職務著作（15条）として著作権は会社にある可能性が高い。RAG対象データたる法律意見の作成者に外部弁護士も含まれる場合には、例えば、要約結果をそもそも（創作性がある）表現上の本質的な特徴を直接感得することのできるものではないようにする、ライセンスを得る等も考えられるが、47条の5の利用も考えられる。[38] すなわち、要約の内容が一定範囲で（創作性がある）表現上の本質的な特徴を直接感得することのできるものとなっても（そしてRAGによる当該法律意見の入力が前提なので依拠性が当然認められても）、その翻案行為については、法律意見の検索や、法務回答案という情報解析結果の提供という目的（47条の5第1項1号）に付随し、かつ、軽微である限り、47条の5により正当化される。

◆ **(3) ベンダ**

　**ア　正当化スキームの検討**　　どのスキームで学習および利用段階の行為を正当化するかを検討することになる。例えば、開発から利用まで47条の5で一貫して正当化するとか、ライセンスを受ける等があり得る。

　ここで、例えば、画像生成AIについて、自社は30条の4に基づき開発を行うが、利用段階では、ユーザに著作権を侵害しない範囲で利用（画像を生成）してもらう、ということであれば、I2Iで他人の著作物をプロンプ

---

*38　もし、RAGに入力する法律意見が顧問弁護士により作成されたものであればそこまで難しくないと思われる。

5. 実務対応　　75

トとして投入するような著作権を侵害する態様での利用等を利用規約で禁止した上で、後述の技術的措置（→イ）等を講じることでできるだけユーザが著作権侵害行為を行わないようにするべきである。この点は、「考え方」が「事業者が、生成AIの開発・提供に当たり、当該生成AIが既存の著作物の類似物を生成することを防止する措置を取っている場合、事業者が侵害主体と評価される可能性は低くなる」としている（「考え方」5（2）キ）ことを参照されたい。

**イ　技術的措置**　　「考え方」は、著作権侵害リスクの低減のために一部のベンダが以下のような技術的措置を講じているとする（「考え方」3（3））。

---

①現存するアーティストの氏名等を指定したプロンプト、または既存の著作物と創作的表現が共通した生成物を生成させようとするプロンプト等による生成指示を拒否する技術

②生成AIの学習に用いるデータセットの作成のためのクローラによるウェブサイト内へのアクセスを拒否するために、機械可読な方法により施された技術的な制限措置を尊重する措置

③生成AIの学習に用いるデータセットに含まれているデータについて、権利者等から、将来的な生成AIの学習に用いる際には当該データを学習用データセットから削除する要求を受け付け、実際に削除を行う措置

---

例えば、①としては、第1部コラムで挙げた、ChatGPTにミッキーマウス等を描くように求めてもそれを回避し、アイディアは共通するものの表現において異なる作品を生成しようとするAIアラインメントの例が挙げられる。このような形で、アイディアの範囲で類似し表現が類似しないような技術的措置を講じることが重要である（ただし、実際には表現も類似している可能性のある画像が生成されることがあり、当該技術はまだ萌芽段階にある）。また、②としてはrobots.txtによるクロール拒否（→第1部コラム）を尊重することが考えられる。ベンダとしては、このような技術的措置の利用を積極的に検討すべきである。

◆**(4) ユーザ**

**ア　著作権侵害の回避**　　この点はベンダとも類似するが、〈どのような

76　第2部　生成AIと知的財産法 ‖‖‖‖ 第2章　著作権

スキームを利用して正当化するか〉を考えるべきである。ここで留意すべきは、純粋な著作権の問題だけではないということである。例えば、生成AIを利用するユーザ企業の従業員自身も全く特定の画像に類似する画像の生成を意図せず、かつ、学習過程で当該画像が学習されていないとすれば、著作権法の観点だけからすれば、その画像を利用することは適法かもしれない。しかし、そのような背景を知らない第三者から、まるで著作権侵害行為を行っている企業であるかのように見られてしまう等、著作権侵害以外の実務上の問題が発生することは十分にあり得る（→第12章）。だからこそ、単に著作権侵害をギリギリ回避できればいいという考えだけではなく、例えば、画像検索で検索した上で、（それが生成AIが生成した画像をそのまま利用することに意味があるものでなければ）一定以上修正して（この点はイも参照）、オリジナルの画像として利用することが望ましい。

**イ　知的財産権を得るための実務上の工夫**　　ユーザとしては、これまで人間のみで行ってきた画像の生成等について、その画像をAIの支援を受けて生成することによって、突如として（例：著作権）が得られなくなる、という事態はできるだけ回避すべきである。その観点からは、上記4（7）の議論を踏まえ、いくつかの権利を得る手段を検討するべきである。1つ目はプロンプトにおける創作性である。例えば、ある程度以上創作性を発揮したラフをプロンプトとして入力するといったことが挙げられる。2つ目は修正による創作性である。少なくとも修正した部分については、そこに創作性が認められ得る。このようにして著作権を確保しておかないと、例えば、自社が生成AIを利用して良い広告を創作して大々的に利用した場合、競合他社が全く同一の画像で広告を打っても少なくとも著作権では対抗できなくなってしまう。[39]

**ウ　契約実務**　　近時では、広告会社が広告のための画像を作成する企業（制作会社）と契約を結ぶ場合などに、著作権に関する条項を〈生成AIと著作権〉について意識したものとすることが増えている。この点につい

---

＊39　なお、このような場合においても、商標法、不競法等による対策の余地は全くないわけではない。

5.　実務対応　77

ては、第12章を参照されたい。

◆**(5) 権利者**　権利者としては、まさに法・契約および技術の相関関係を利用し、権利者と生成AIベンダ・ユーザ間のwin-winの関係を構築するよう努力すべきである（→1（5））。例えば、インターネット上のウェブサイトで、ユーザの閲覧に供するために記事等が提供されていることに加え、データベースの著作物から容易に情報解析に活用できる形で整理されたデータを取得できるAPIが有償で提供されている場合において、当該APIを有償で利用することなく、当該ウェブサイトに閲覧用に掲載された記事等のデータから当該データベースの著作物の創作的表現が認められる一定の情報のまとまりを情報解析目的で複製する行為は、30条の4ただし書に該当し、30条の4による権利制限の対象とはならない場合があり得るとされている（「考え方」5（1）エ（ウ））。そこで、あえてAPIを有償で提供することで、30条の4ただし書該当の可能性を高めることが考えられる。

　また、AI学習のための著作物の複製等を防止する技術的な措置が講じられており、かつ、このような措置が講じられていることや、過去の実績（例：情報解析に活用できる形で整理したデータベースの著作物の作成実績、そのライセンス取引に関する実績）といった事実から、当該ウェブサイト内のデータを含み、情報解析に活用できる形で整理したデータベースの著作物が将来販売される予定があることが推認される場合には、この措置を回避して、クローラにより当該ウェブサイト内に掲載されている多数のデータを収集することにより、AI学習のために当該データベースの著作物の複製等をする行為は、当該データベースの著作物の将来における潜在的販路を阻害する行為として、当該データベースの著作物との関係で、30条の4ただし書に該当し、30条の4による権利制限の対象とはならないことが考えられるとされる（「考え方」5（1）エ（エ））。

　そして、例えば、robots.txt（→第1部コラム）において、あらゆるAI学習用クローラをブロックする措置まではとられていないものの、特定のAI学習用クローラについてはこれをブロックする措置がとられているにとどまるといった場合でも、主要なAI学習用クローラが複数ブロックさ

れているといった場合であれば、当該ウェブサイト内のデータを含み、情報解析に活用できる形で整理したデータベースの著作物が将来販売される予定があることを推認させる一要素となると考えられるともされる（同上）。これは、現時点ではAI学習用クローラに限ってこれらを全てブロックするという措置はとることができないという技術的限界を踏まえたものであるから、今後の技術の進展により変わるかもしれないものの、主要なAI学習用クローラを複数ブロックすることがまずは考えられる。

　ただし、単に主要なAI学習用クローラを複数ブロックするだけで必ず30条の4ただし書に該当し、30条の4による権利制限の対象とはならなくなるというわけではなく、「このような措置が講じられていることや、過去の実績（情報解析に活用できる形で整理したデータベースの著作物の作成実績や、そのライセンス取引に関する実績等）といった事実から、当該ウェブサイト内のデータを含み、情報解析に活用できる形で整理したデータベースの著作物が将来販売される予定があることが推認される場合」でなければならない。そこで、例えば、ウェブサイト上で販売予定がある旨を示した上で、遅滞なく販売を開始するという対応が考えられる。[40]

　以上に加え、近時ではAIによる学習を無効化するためのノイズを入れる等、様々な技術的対応が試みられている。ある種の「イタチごっこ」となる可能性もあるが、このような技術の進展にも注目が必要である。

◆（6）ライセンスに関する補定　　学習段階に関するライセンスは、必ずしも利用段階を正当化しない。とはいえ、実務上は、一度のライセンスでその後の利用を含む許諾を得ようとすることが多い。さもなくば、利用の段階で再度ライセンス取得のための交渉が発生してしまうからである。

　ここで、学習段階でその後の利用がかなり明確に想定されていれば、その旨を記載すればよい。例えば、要約を想定していれば、「ライセンス対象著作物を追加学習その他の学習に利用すること、RAG技術に基づくラ

---

＊40　なお、権利者に向けて内閣府知的財産戦略推進事務局「AI時代の知的財産権検討会『中間とりまとめ』―権利者のための手引き』（2024年11月）<https://www.kantei.go.jp/jp/singi/titeki2/chitekizaisan2024/2411_tebiki.pdf>が公表されている。

イセンス対象著作物の利用その他のプロンプト等としてAIにライセンス対象著作物を投入すること（これらに付随する複製等を含む）およびライセンス対象著作物が要約等され、その表現の本質的特徴を直接感得できる内容が出力されること（これに付随する複製、翻案等を含む）といった記載が考えられる。

　しかし、学習後の利用方法が様々なものである可能性がある場合には、「AIからライセンス対象著作物の表現の本質的特徴を直接感得できる内容が出力され、当該出力物が利用されること（これら付随する複製、翻案、公衆送信等を含む）」といった記載とするほかないように思われる。前者の場合には、権利者の納得を得ることができる可能性が比較的高いと思われる。これに対し、後者については、ある意味では何に使われるかわからないため、権利者の抵抗がある場合もある。その場合、まずは目の前で想定されている利用を特定した上で「等」を入れることで、それ以外も含むことを示すといった条項上の工夫で対応することもあるが、どこまでが「等」に含まれるかについて不透明性が残るところである。

◆ **(7) 不法行為？**　　なお、著作権により保護されない創作物についての不法行為による保護も問題となっており、ヨミウリオンライン事件（知財高判平成17年10月6日・平成17年（ネ）10049号）等が存在するが、その後最高裁が北朝鮮映画事件で不法行為成立の範囲を限定したことから、どこまで過去の裁判例が現在も参照に値するかが不明確になっている。[41]

　ここで、最近は棋譜について不法行為による保護を否定する方向の判断が存在する。[42]　そして、最近は楽譜の書き起こしにつき肯定例が出ている。[43]

---

＊41　最判平成23年12月8日民集65巻9号3275頁〔北朝鮮映画事件〕において「ある著作物が同条〔引用者注：著作権法6条〕各号所定の著作物に該当しないものである場合、当該著作物を独占的に利用する権利は、法的保護の対象とはならないものと解される。したがって、同条各号所定の著作物に該当しない著作物の利用行為は、同法が規律の対象とする著作物の利用による利益とは異なる法的に保護された利益を侵害するなどの特段の事情がない限り、不法行為を構成するものではないと解するのが相当である」と判示されているように、著作物の利用による利益と共通する利益しか侵害しないものであれば、不法行為を構成するものではない。

＊42　大阪地判令和6年1月16日Westlaw2024WLJPCA01169002。ただし、控訴審で逆転（大阪高判令和7年1月30日）。筆者の評釈として<https://www.westlawjapan.com/column-law/2024/240308/>も参照。

これらが生成AIの文脈でどのように適用されるかは不明確な部分があるが、引き続き注視すべきである。

---

＊43　東京高判令和6年6月19日LEX/DB 256209339

# 第3章
# 著作権以外の知的財産権
## ——特許、パブリシティ、意匠、商標、不競法——

## 1. はじめに

第2章では、既に〈生成 AI と著作権〉について説明したところである。以下では、生成 AI との関係で生じる著作権以外の知的財産権の問題について検討する。AI と知的財産権一般については、学習用データセットや学習済みモデルの保護等の議論がされているが、不競法（→6）との関係で簡単に触れるにとどめ、あえて詳論しない[*1]。

筆者は、既に2023年末の情報に基づき〈生成 AI と知的財産権〉に関する簡単な論考を公表していたところ[*2]、その後新たな状況も発生しており、特許を中心とする知財のエキスパートである時井真弁護士のお力もお借りして、同論考を大幅にアップデートさせ、より詳細な分析を行った。以下では、柿沼太一「生成 AI と個人情報保護法」（柿沼・A2Z）の示唆も踏まえ、①ユーザとして、どうすれば、生成 AI を知的財産権を侵害することなく利用できるか、②権利者としてどうすれば知的財産権侵害を防止できるか、③生成 AI が生成したものは知的財産法によって保護されるか、という3つの観点に基づき検討する。

## 2. 特許

◆ **(1) はじめに**　生成 AI に関連する分野に投資が集まり、日進月歩の

---

*1　経済産業省「AI・データの利用に関する契約ガイドライン1.1版」（令和元年12月）<https://www.meti.go.jp/policy/mono_info_service/connected_industries/sharing_and_utilization/20200619001.pdf>および福岡真之介『AI の法律』（商事法務・2020）20頁以下等を参照のこと。

*2　松尾・知財A2Z 18-21頁

技術発展が続いている（→第1章）。このことは、当然に生成 AI に関する特許権の出願や紛争[*3][*4]が増加していることを意味する。そして、生成 AI の水準が向上することで、発明において AI の支援を受けることも増え、自律的に AI が発明したと称される特許出願やそれに関する判決も既に日本で出現している。このような状況を踏まえ、以下で検討していく[*5]。

◆ **(2) 生成 AI を特許侵害なく利用するために**

　ア　分析・アイディア生成　　今日において、発明・創作のために様々な AI が利用されている。「中間とりまとめ」は、以下の事例を挙げているので、引用しておこう（「中間とりまとめ」82頁）。

---

〈材料科学分野の AI 利活用事例〉
　2024年1月、マイクロソフトは、米国パシフィックノースウェスト国立研究所と共同で、新たな電池材料の発見のために、AI を活用することにより、3,200万の無機材料候補から有望な18候補までにわずか80時間で絞り込むことに成功したと発表した。
〈創薬分野の AI 利活用事例〉
　NEC は、Transgene と共同で、AI を用いて患者ごとに異なる遺伝子変異を予測し、患者固有の変異に基づいて腫瘍細胞を認識・破壊する個別化がんワクチンの研究開発を行っており、2021年には臨床試験において良好な予備的データが得られたことを発表しており、2024年1月にこれまでの結果を踏まえてさらに臨床試験を拡大することを発表した。

---

　それでは、こうした発明・創作のための生成 AI の利用は、第三者の特許権を侵害するだろうか。例えば、大量の特許公報を学習用データとして生成 AI に学習させて、新しい技術的アイディア（発明）を創出させる場合、学習用データとしての利用は、特許発明の「実施」（特許法2条3項）に該当

---

＊3　特許庁 審査第四部 審査調査室「ビジネス関連発明の最近の動向について」（2024年11月）<https://www.jpo.go.jp/system/patent/gaiyo/sesaku/biz_pat.html> 参照。

＊4　例えば、生成 AI に関する特許訴訟の一例として、パテント・インテグレーション株式会社「Patentfield 株式会社に対する生成 AI に関する特許権侵害訴訟の提起について」（2024年10月29日）<https://prtimes.jp/main/html/rd/p/000000008.000086119.html> 参照。

＊5　なお、生成 AI に限らない機械学習アルゴリズムや学習用データセットの保護は、中崎・法務ガバナンス234-235頁参照。

しない。よって、かかるアイディア創出段階の行為は、当該公報に記載された特許権を侵害するものではない[*6]。ただし、創出されたアイディアの活用段階につき、後述ウを参照されたい。

**イ　生成AIに関する特許権の侵害**　　生成AIそのものが他人の特許発明のクレームの範囲に含まれる可能性がある。例えば、生成AIに関しては国際的にも出願が急増している[*7]ところ、生成AIサービスの提供や生成AIの利用が、第三者が有している特許発明の「実施」[*8]に該当すれば、特許権を侵害する可能性がある。

なお、特許権を取得したからといって、必ずしもその特許の実施が他人の特許を侵害しない、ということにはならない（特許法72条参照）。そこで、生成AIに関するある特許権の権利者が自社の特許権のクレームにストレートに該当するサービスを提供していた場合であっても、なお他社の特許権を侵害する可能性があり得ることには留意が必要である。

**ウ　生成AIの生成したアイディアの「実施」が他人の特許権を侵害する場合**
また、例えば上記の生成AIにより生成したアイディアが、学習対象の特許公報に記載される特許発明のクレームの範囲内であったり、または学習対象外の特許発明のクレームの範囲内のものであれば、特許侵害の問題となり得る。確かに、当該アイディアを単に試験または研究の範囲（特許法69条）で利用するだけであれば基本的に問題はない。しかしそれにとどまらずに「実施」してしまえば、特許権を侵害する可能性がある。

なお、特許権については、依拠性が不要である。例えば、学習対象外の特許発明のクレームの範囲に該当するアイディアを生成AIがたまたま生み出した場合でも、なお、特許侵害は否定されない（この点において著作権〔→第2章〕等と異なる）。

**エ　ベンダとユーザの責任**　　ここで、上記イの場合において、ベンダ

---

＊6　柿沼・A2Z 18頁

＊7　<https://www.wipo.int/web-publications/patent-landscape-report-generative-artificial-intelligence-genai/en/key-findings-and-insights.html>

＊8　例えば、サービスの提供が「生産」（特許法2条3項1号）や「譲渡等」（同号）に該当する可能性があり、サービスの利用が「使用」（同号）に該当する可能性がある。

とユーザ企業のうちいずれが特許侵害の責任を負うかという問題も生じる。この点については、問題となる生成AI関係特許のクレームと、実際の生成AIサービスの仕組みの関係による具体的な判断となるだろう。例えば、（（3）アで後述のとおり、進歩性が否定されるものの）カスタマーセンターにおいて現状では人間が回答を考えているところ、〈入力した顧客の質問への回答を自動で生成する装置〉に関する以下の特許について考えてみよう。

> 事例3-1：質問者による金融商品に関する問合せの質問文を受け付けて前記質問文に対する回答文を自動生成するカスタマーセンター用回答自動生成装置であって、前記質問文を大規模言語モデルに入力することで、回答文を自動生成することを特徴とするカスタマーセンター用回答自動生成装置。

　事例3-1においてベンダがクレームに該当する質問の受付、大規模言語モデルへの入力、回答生成を行っている場合、ベンダこそが当該装置を「生産」（特許法2条3項1号）しているとみなされ、ベンダが上記特許を侵害しているとみなされることはある。しかし、問い合わせの質問文を受け付けるという部分をユーザが行っているという場合には、ベンダにおいてもユーザにおいてもクレームの全ては充足しない可能性がある。このような、特定の行為者の行為が直接的に特許権を侵害しない場合に備え、間接侵害（特許法101条）制度が用意されている。しかし、本件のようなユーザとベンダの行為を合わせた場合にはじめてクレームを充足するという場合、かかる複数者の関与を捉えきることはできない。このような複数者の関与については、数人が分担を決めて共同して実施しているという共同遂行理論や、一方が他方を支配しいわば道具のように利用しているという道具・支配理論、そして先行行為者（ベンダ）の行為を後行行為者（ユーザ）が利用しているという承継的利用等の理屈で責任が認められる可能性がある。[9]

---

[9]　中山信弘『特許法〔第5版〕』（有斐閣・2023）387頁以下および田村善之ほか『プラクティス知的財産法I〈特許法〉』（信山社・2020）59頁以下、田村善之＝清水紀子『特許法講義』（弘文堂・2024）204頁以下。なお、田村ほか・前掲61-62頁および田村＝清水・前掲206-207頁が、クレームが単独の者によって実施されなければならないことになっている趣旨は、特許侵害が成立する技術的範囲を公衆に警告することにしたところであって、この警告機能が果たされている限り、単独の者による

## ◆ (3) 生成AIから発明を守るために

**ア　生成AIに関する発明の権利化**　　生成AIに関する発明を守る上では、特許出願し、権利化することが重要である。ここで、「AI関連技術に関する特許審査事例について[10]」等、既に事例が蓄積されているものの、少なくとも生成AIにフォーカスしたものは公表されていなかった。その中で、2024年に特許庁はAI関連技術に関する審査事例を追加した[11]ところ、まさに生成AI関連技術の事例として、カスタマーセンター用回答自動生成装置および大規模言語モデルに入力するためのプロンプト用文章生成方法に関する事例が追加された。

すなわち、事例3-1のようなカスタマーセンター用回答自動生成装置に関する事例を挙げた上で、人間が行っている業務の生成AIを用いた単純なシステム化であれば、多くのビジネス分野において、人間が行っている業務をコンピュータにより自動化することで効率化を図ることは、当業者が通常考慮する自明な課題であり、当業者であれば容易に想当でき、進歩性が否定されるとする[12]。

また、大規模言語モデルに入力するためのプロンプト用文章生成方法について、単にトークン数の上限を超えないよう、一定の文字数以下でプロンプトを生成することは当業者であれば容易に想当できるため、進歩性が否定されるとする。しかし、質問文から関連文書を取得し、そこからキーワードを抽出した上で、これを利用したプロンプトを生成するものについては（出願当時において）進歩性が肯定されるとする。

今後は、現実に生成AIに関する事例が増加する中、事例集の記載もさらに充実されることが期待される。そのような過程を経て生成AIに関す

---

実施でなくても侵害を認めてよいとしていることを参照。

* 10　<https://www.jpo.go.jp/system/laws/rule/guideline/patent/document/ai_jirei/jirei.pdf>

* 11　特許庁「AI関連技術に関する事例の追加について」（2024年3月13日）<https://www.jpo.go.jp/system/laws/rule/guideline/patent/document/ai_jirei/jirei_tsuika_2024.pdf>

* 12　なお、AIの問題が生じる以前からも、そもそも従来行われていたビジネス方法をコンピュータに移行しただけでは技術的工夫とはいえず、米国特許法101条を否定した事件としてBilski v. Kappos, 561 U.S. 593,130 S.Ct. 3218, 177 L, Ed, 2d 792, 2010, LEXIS 5521, 95 U.S.P.Q 2D（BNA）1001, 78, U.S.L.W, 4802, 2010-1 U.S. Tax Cas（CCI）P50,481,22 Fla.L.Weekly Fed.S 703がある。

る審査基準の解釈が明確になり、ますます生成AIに関する発明の権利化が促進されるという好循環が実現されることが期待される。

**イ　プロンプトの発明該当性**　　プロンプトは発明に該当するか。例えば、一定の記載形式に特徴を有するプロンプト記述形式やプロンプト構成方法が、技術的思想として特許法の発明に該当するだろうか。この点につき、プロンプトが技術的創作としての性質を有することは肯定できるとしても、現状では人為的取り決めに近い性質を有するものとして位置付けられやすい。ここで、ある程度の体系化がなされることによりプロンプト作成者をソフトウェア関連発明に近い者と評価できる者が生じる可能性も考えられるとする見解がある。[13]

**ウ　生成AIが生成したアイディアによる特許侵害に対する対応**　　生成AIがアイディアを生成し、それが「実施」されることで特許権侵害が発生することは、上記（2）ウのとおりである。とりわけ、生成AIがプログラム（ソースコード）等を容易かつ迅速に生成することから、生成AIが生成したアイディアを具体的に実現するプログラムが迅速に完成し、特許侵害のハードルが低くなる側面を指摘することができるだろう。

このような状況に対しては、個々のユーザによる「実施」に対し、警告・通告を行い、必要に応じて訴訟等を行って差止め、損害賠償等を求めるだけではなく、そのような、もしもそれが「実施」されれば特許権を侵害するであろうアイディアを生成するベンダに対して、警告・通告対応をすることも考えられる。もっとも、単にアイディアを生成するだけであれば、それは「実施」ではなく、また、一般に、特許発明が記載された書籍・論文を刊行した特許権者以外の者が、当該発明が特許権者の許諾を得ずに実施された場合において、実施者と共にこれを侵害するとは解されていない（→（2）エ）ことに鑑みれば、単に生成AIによって生成されたアイディアが特許権者のクレームの範囲に入っているというだけで、ベンダに対し法的措置を講じることは困難であるように思われる。

---

*13　平嶋竜太「Generative AIによる生成物をめぐる知的財産法の課題」知的財産紛争の最前線 No.9（Law & Technology 別冊9号）（2023）74頁

## ◆(4) 生成AIにより生成される「発明」の保護

### ア　発明者

（ア）生成AIは発明者とならない（東京地判令和6年5月16日・知財高判令和7年1月30日）　特許法29条1項は「産業上利用することができる発明をした者は、……その発明について特許を受けることができる」と規定している。生成AIを利用した発明が盛んに行われる（→(2)ア）中、生成AIが「発明した者」（発明者）となるかは1つの興味深い問題である。

ここで、特許法36条1項2号では、願書に発明者の「氏名及び住所又は居所」を記載するとしており、特許法は「発明者」として自然人のみを想定していると考えられる。[14]実際に実用新案について、法人が実用新案の考案者になることを否定した裁判例（東京地判昭和30年3月16日下民6巻3号479頁〔ゴム製浮袋事件〕）も存在する。

このような状況を踏まえ、少なくとも日本の特許庁は、「人工知能（AI）等を含む機械を発明者として記載することは認めてい〔ない〕」。[15]学説上も否定説が有力である。[16]

そこで、世界各国でAIによる発明を出願する「ダバスプロジェクト」とよばれるプロジェクトの一環として、日本でも発明者欄に「ダバス、本発明を自律的に発明した人工知能」と記載した出願が行われた。これに対しては、上記の実務運用に基づき、特許庁が出願却下処分をし、審査請求を棄却したことから、出願却下処分の取消訴訟が提訴された。東京地裁（東京地判令和6年5月16日判タ1521号241頁。控訴審の知財高判令和7年1月30日もこれを是認した）は、結論として出願却下処分を維持した。すなわち、「自然人を想定して制度設計された現行特許法の枠組みの中で、AI発明に係る発明者等を定めるのは困難」であり、「原告の主張は、AI発明をめぐる実務

---

＊14　「中間とりまとめ」84-85頁。なお、同85頁は特許法33条1項は「特許を受ける権利は、移転することができる」と規定しており、出願前であっても権利移転することができる権利能力を有する自然人であることを予定しているものであるとする。

＊15　特許庁「発明者等の表示について」（2021年7月30日）<https://www.jpo.go.jp/system/process/shutugan/hatsumei.html>

＊16　麻生典「AI生成物と知的財産法」特許研究74号（2022）<https://www.inpit.go.jp/content/100875849.pdf> 45頁以下

上の懸念など十分傾聴に値するところがあるものの、前記において説示したところを踏まえると、立法論であれば格別、特許法の解釈適用としては、その域を超えるものというほかない」としたものである。

そこで、2024年末時点での特許実務（特許庁・裁判所）上は、AIは発明者になれない、と解さざるを得ない。

（イ）自然人が技術的思想の着想または着想の具体化に創作的に関与していれば生成AIを利用しても当該自然人が発明者になる　特許発明の「発明者」といえるためには、特許請求の範囲の記載によって具体化された特許発明の技術的思想（技術的課題およびその解決手段）を着想し、または、その着想を具体化することに創作的に関与したことを要する。[17]逆にいえば、仮にAIの支援を受けたとしても、発明におけるAIの役割が支援にとどまり、自然人がなお技術的思想の着想または着想の具体化に創作的に関与していれば、当該自然人が発明者になる。

具体的には、AIを利用した発明についても、モデルや学習用データの選択、学習済みモデルへのプロンプト入力等において、自然人が関与することが想定されており、そのような関与をした者も含め、発明の特徴的部分の完成に創作的に寄与したと認められる者を発明者と認定すべきと考えられる（「中間とりまとめ」85頁）とされる。

現時点では、どの基盤モデルを利用するか、どのようなデータで学習させて追加学習させ、より良い結果を出すか、どのようなプロンプトを入力するか等について、自然人による創作的関与の余地がある。[18]

---

*17　知財高判令和3年3月17日裁判所HP（令和2年（ネ）10052号）〔免疫賦活組成物〕ほか。なお、発明者の認定については、あくまでも請求項への貢献を求める立場（高林ほか）と、発明の本質的部分（課題とその課題の解決手段）への貢献で足りるとする立場（田村ほか）があるものの、本書の趣旨と異なるのでこの点には深入りしない。

*18　なお、平嶋竜太「Generative AIによる生成物をめぐる知的財産法の課題」知的財産紛争の最前線No.9（Law&Technology　別冊9号）（民事法研究会・2023）71-72頁は、「LLMによるGenerative AIにおける入力内容とは、比較的簡潔な指示から構成される者が多いと推察されることから、……生成物に対する創作的関与とまで評価しうるものはかなり限定的ではないかと考えられる」とする。この趣旨は、今後、デファクトスタンダード化した「発明AI」のようなものが現れれば、もちろん「このような分野における発明をして欲しい」等というプロンプトは入力するのだろうが、それでもなお当該プロンプトはありふれたものとして、創作的関与性が否定され、結局のところ関与した自然人のいずれもが発明者ではない、と認定される可能性が高まるということと推測される。

（ウ）権利が適切に保護される世界へ　実際に、前述のダバスという AIが当該発明を自律的に行ったのかは明らかではない。ただ、既に発明 をAIが自律的に行ったと称した出願がされているという事実からは、「中 間とりまとめ」85頁のように、現行の取扱いを是認した上で、「今後、AI 技術等のさらなる進展により、AIが自律的に発明の特徴的部分を完成さ せることが可能となった場合の取扱いについては、技術の進展や国際動向、 ユーザのニーズ等を踏まえながら、発明者認定への影響を含め、引き続き 必要に応じた検討を特許庁は関係省庁と連携の上で進めることが望ましい と考えられる」と、まるでAIによる自律的発明を将来の話のように論じ ることには、やや疑問がなくはない。[19] AIによる自律的発明がされる時代 の発明者制度に関する立法論について現時点から検討を開始することが望 ましいだろう。[20]

　ここで、産業政策としての特許制度は、[21] 独占を伴う以上、インセンティ ブを最大化し、コストを最小化する、〈ちょうどいい塩梅〉のものである べきである。そして、仮に現在の特許法がその〈ちょうどいい塩梅〉なの であれば、企業として従来の方法（従来のAIを利用する方法も含む）で権利化 することができていた発明については、将来、発明AIに関する技術が発 展した後においてもなお権利化できるという結論になることが望ましいだ ろう。新しい、より良い生成AIを利用した、その将来の時点における「最 善の方法」で発明をしたばかりに、自然人が発明者になれず、AIもまた 発明者になれないとして権利が得られなくなる、ということであれば、そ れは大きな問題である。そこで、そのような状況を回避するための何らか

---

＊19　なお、「AIを利活用した創作の特許法上の保護の在り方に関する調査研究報告書」<https://www. jpo.go.jp/system/patent/gaiyo/sesaku/ai/document/ai_protection_chousa/zentai.pdf> が、現 時点において、発明の創作過程におけるAIの利活用の影響により、従来の特許法による保護のあり方 を直ちに変更すべき特段の事情は発見されなかったものの、AI関連技術は今後さらに急速に発展する 可能性があるため、引き続き技術の進展を注視しつつ、必要に応じて適切な発明の保護のあり方を検 討することが必要と考えられるとすることについても参照。

＊20　なお、上記東京地判令和6年5月16日において裁判所が「原告の主張内容及び弁論の全趣旨に鑑 みると、まずは我が国で立法論としてAI発明に関する検討を行って可及的速やかにその結論を得ること が、AI発明に関する産業政策上の重要性に鑑み、特に期待されている」としていることも参照。

＊21　田村＝清水・前掲注9）2頁以下参照。

の対応が必要であると考える。[22]

　そして、2025年1月時点においては、政府でAI関与発明の発明者に関する議論が始まっている。具体的には、産業構造審議会知的財産分科会特許制度小委員会において、AI技術の発達を踏まえた検討課題およびこれに対する制度的措置の方向性について、検討を進めるとされており、注目に値する。

　**イ　進歩性**　　AIの利活用により進歩性（特許法29条2項）の程度が変わるかは1つの問題である。そもそも当業者、つまり「その発明の属する技術分野における通常の知識を有する者」が容易に想当できるかが問題となるところ、[23]AIの支援により当業者の知識水準が向上すれば、当然に「通常の知識」の水準も（より高いレベルへと）変化するだろう。その意味で、生成AIを含むAIの利活用が進歩性に影響するのは、いわば必然といえよう。ただし、現時点では、発明創作過程におけるAIの利活用の影響によりこれまでの特許審査実務の運用を変更すべき事情があるとは認められない。したがって、進歩性の判断に当たっては、幅広い技術分野における発明創作過程でのAIの利活用を含め、技術常識や技術水準を的確に把握した上で、これまでの運用に従い、当該技術常識や技術水準を考慮し、進歩性のレベルを適切に設定して判断を行うべきと考えられるとされている（「中間とりまとめ」88頁）。

　**ウ　記載要件その1（実施可能要件およびサポート要件）**　　特定の発明について、AIが「（例えばビッグデータに基づけば）ある機能を持つだろう」と推定したという場合を考えてみよう。この場合に、当該発明は、実施可能要件およびサポート要件を満たし得るか。この問題について、特許庁は、基本的には否定する方向の見解を出している。すなわち、ある機能を持つと推定された物を特許請求の範囲に記載して行われた出願について、それ

---

*22　この点については、高度な発明AIが開発された場合、先願主義により「先にAIに発明を依頼した人」が特許権者になるのではないか、それでよいのか等という観点も含めて検討すべきである。
*23　中山・前掲注9）144頁。なお、進歩性全体につき時井真『特許法における進歩性要件─基礎理論と日本、中国、ドイツ、EPO及び米国の裁判例分析』（信山社・2023）参照。

が単なる AI による推定に過ぎず、実際に製造して物の評価をしておらず、また、学習済みモデルの示す予測値の予測精度は検証されておらず、かつ、AI による予測結果が実際に製造した物の評価に代わり得るとの技術常識が出願時にあったとはいえないという前提の下では、記載要件を満たさないとされる。[24] そして、「中間とりまとめ」においても AI の利活用を踏まえた技術常識や技術水準を把握した上で、これまでの運用に従って判断を行うべきと考えられる、とされる（「中間とりまとめ」88頁）。

**エ　記載要件その2（明確性）**　　AI と明確性要件については、前掲「AI 関連技術に関する事例について」（→2（3）ア）が、請求項の末尾が「プログラム」以外の用語（例：「モジュール」、「ライブラリ」、「ニューラルネットワーク」、「サポートベクターマシン」、「モデル」）であっても、明細書および図面の記載ならびに出願時の技術常識を考慮すると、請求項に係る発明が「プログラム」であることが明確な場合は、「プログラム」として扱われるとしている。この場合は、請求項の末尾が「プログラム」以外の用語であることをもって明確性要件違反とはならない。[25] 一方、末尾が「学習済みモデル」等ではあるが、特許請求の範囲に「コンピュータ」に関する記載が一切なく、明細書等および技術常識を参酌しても、コンピュータに対する指令である「プログラム」を意味するのか否かが判然としない場合には、カテゴリーが不明確として明確性要件を満たさない点に留意が必要（事例55）とする。この点は生成 AI 固有の問題ではなく、AI 関連発明一般の問題と理解される。

　ここで、生成 AI 技術を利用した明細要約サービス[26]等、クレームを含む特許明細書を生成 AI で読み取る技術がますます高度化している。すると、特許請求の範囲の記載を明確とすることで権利の範囲を明確にするという[27]

---

＊24　特許庁審査一部調整課審査基準室「AI 関連技術に関する事例について」（2019年1月30日）記載要件：事例51 嫌気性接着剤組成物、事例52 蛍光発光性化合物参照 <https://www.jpo.go.jp/system/laws/rule/guideline/patent/document/ai_jirei/jirei_tsuika.pd>

＊25　審査ハンドブック附属書 B 第1章 コンピュータソフトウエア関連発明、1.2.1.2 留意事項（1）参照。

＊26　たとえば、サマリア <https://patent-i.com/summaria/> などの AI サービスである。

＊27　中山・前掲洋9）199頁

明確性の趣旨からは、当業者が生成AIを当然のように使いこなす近未来においては、生成AIによる読解サポートを踏まえて当業者がその権利の範囲を明確に判断できるようなものであれば、（仮に現時点では明確性が欠けるとされるようなものでも）明確性要件に欠けることはないと判断されるのではないだろうか。この点は今後の議論の進展を待ちたいところである。

◆**(5) 生成AIと特許実務**　上記の特許「法」に関する問題と異なる、生成AIと特許出願の実務の問題として、「知財テック」といわれる知財分野におけるAI等の活用が問題となる。[28]

　生成AIとの関係では、ChatGPT等の生成AI技術等を利用したAI特許出願支援サービスが相次いでリリースされている。例えばそうしたサービスの1つであるサマリアは、難解な特許関連文書の読解を支援してくれる。[29]

　筆者は、ある特許事務所に招かれて講演をした際、特許事務所の将来像についてこのような見通しを提示した。[30]すなわち、出願すべき実質的内容の検討においても、出願書類の作成のいずれにおいても（生成）AIが弁理士を大いにサポートするものの、最終的に明細書中のどの部分をクレームとする（クレームアップ）かや、その後の特許庁の手続や権利行使を見据えてどのように出願書類に記載するかという最終判断は人間の弁理士が行うのであって、弁理士の仕事はなくならない。この予想が当たるか否かはともかく、生成AIにより特許実務はますます変革されていくだろう。[31]

## 3. パブリシティ

◆**(1) はじめに**　〈生成AIと知財〉にまつわる様々な問題の中で、筆者

---

*28　例えば、平尾啓「機械学習や自然言語処理技術を用いた知財リーガルテックについて」パテント74巻2号（2021）<https://jpaa-patent.info/patent/viewPdf/3748> 42頁以下。なお、知財テックカオスマップ <https://toreru.jp/media/wp-content/uploads/2022/11/Toreru>知財テックカオスマップ2022.pdf> 等も公表されている。

*29　前掲注26）

*30　松尾剛行「ChatGPTの発展と特許法律事務所の将来像」（2023年4月25日講演実施）

*31　なお、2024年11月時点では、ネットワーク関連発明の国際的侵害に対する保護に向けて検討が進んでいる（「特許制度等に関する検討課題について」産業構造審議会知的財産分科会 第50回特許制度小委員会資料令和6年11月6日 <https://www.jpo.go.jp/resources/shingikai/sangyo-kouzou/shousai/tokkyo_shoi/document/50-shiryou/03.pdf>）。

として実務上、著作権および特許の次に重要だと考えるものは、パブリシティ権である。すなわち、生成AIによって芸能人等を含む様々な人について、本物と見紛うような精巧さを有する画像、音声、動画等が極めて短時間に生成される。そして、それらが広告等、商業的目的のために利用され、その結果として芸能人等のパブリシティ権が侵害され得る状況が生じている。そこで、このような生成AIとパブリシティの問題についてどのように対応していくべきかが問題となっている。

例えば、米国ではテネシー州でELVIS法（Ensuring Likeness, Voice, and Image Security Act of 2024）が成立し、2024年7月から施行された。[32]このELVIS法は、同州の従来のパブリシティ権保護法令を改正し、氏名、肖像だけではなく、声やそれを真似をすることを含めて保護対象とした。そして、個人の声の生成を主たる目的または機能とするアルゴリズム、ソフトウェア、サービス等の頒布・送信等を違法としたのである。以下では、肖像を中心としたパブリシティ権について検討するが、声の権利については別途第8章で検討することとする。

◆（2）生成AIをパブリシティ侵害なく利用するために

**ア　パブリシティ権の概要**　　パブリシティ権に関するリーディングケースであるピンク・レディー事件判決（最判平成24年2月2日民集66巻2号89頁）は、「肖像等は、商品の販売等を促進する顧客吸引力を有する場合があり、このような顧客吸引力を排他的に利用する権利（以下「パブリシティ権」という）は、肖像等それ自体の商業的価値に基づくものであるから、上記の人格権に由来する権利の一内容を構成するものということができる」として、パブリシティ権を認めた。ここでは、あくまでも問題となる肖像等に顧客吸引力を有することが前提となっており、全ての人の肖像等にパブリシティ権が認められるものではないことをご理解いただきたい。

その上で、肖像等に顧客吸引力を有する者は、社会の耳目を集めるなどして、その肖像等を時事報道、論説、創作物等に使用されることもあるの

---

＊32　<https://publications.tnsosfiles.com/acts/113/pub/pc0588.pdf>

であって、その使用を正当な表現行為等として受忍すべき場合もあるとした。つまり、最高裁は、パブリシティ権が認められる肖像等が勝手に利用される場合の全てがパブリシティ権侵害に該当する（つまり、許諾を受けない限り違法行為となる）とはいえないとしている。

では、具体的に、どのような場合がパブリシティ権侵害となるのだろうか。最高裁は、「肖像等を無断で使用する行為は、〈1〉肖像等それ自体を独立して鑑賞の対象となる商品等として使用し、〈2〉商品等の差別化を図る目的で肖像等を商品等に付し、〈3〉肖像等を商品等の広告として使用するなど、専ら肖像等の有する顧客吸引力の利用を目的とするといえる場合に、パブリシティ権を侵害するものとして、不法行為法上違法となると解するのが相当である」と判示した。[33]

要するに、顧客吸引力がある肖像等であっても全ての利用態様がパブリシティ権侵害となるのではなく、パブリシティ権侵害となり得るのは、上記ピンク・レディー事件で最高裁が挙げた3類型のような「専ら肖像等の有する顧客吸引力の利用を目的とするといえる場合」に限られる。[34]

また、あくまでも自然人についてパブリシティ権が認められるに過ぎず、「モノのパブリシティ権」は認められない。例えば、競争馬の名称が無断利用された事案において、最高裁は、いわゆる物のパブリシティ権を否定した（最判平成16年2月13日民集58巻2号311頁〔ギャロップレーサー事件〕）。画像生成AIが架空のキャラクターそっくりの画像を生成し、その顧客吸引力が活用されることがあるが、（著作権〔→第2章〕の問題はさておき）それが直ちにパブリシティ権の問題となるわけではないことには留意が必要である。[35]

**イ　生成AIによる学習とパブリシティ権**　　では、生成AIを利用する場

---

*33　同判決の判決文中において「商品等」は定義されていない。ただ、中島基至「判解（最判平成24年2月2日民集66巻2号89頁）」最高裁判所判例解説民事篇平成24年度（上）40頁は『商品等』とは、商品又はサービスとして『商品化』されたものをいい、肖像等の使用が私的なものにとどまれば違法性を欠くというべきであるから、業としての行為（商業的利用行為）に限られると解される」とする。

*34　ここでいう「専ら」について、中島・前掲注33）40頁は「必ずしも100％全てという意味に限られるものではない」『mainly』の意味を含み得るものとして使用するものと思われる」とする。なお、「この文言を過度に厳密に解することは相当でないと考える」とするピンク・レディー事件判決金城補足意見も参照。

*35　松尾・CA 90頁も参照。

合において、パブリシティ権との関係でどのように考えればよいのだろうか。「中間とりまとめ」は、基本的には、生成AIを用いる場合においても、従来のパブリシティ権に関する判断基準が引き続き当てはまるとした。すなわち、学習段階、生成・利用段階において、著名人等の顧客吸引力を有する肖像等が使用される場合があり、それがパブリシティ権を侵害するものといえるかどうかは、専ら肖像等の有する顧客吸引力の利用を目的とするといえるか否かというパブリシティ権侵害に関する一般的な場合と同様に考えられ、その判断基準について、生成AIに特有の問題はないと考えられるとする（「中間とりまとめ」34頁）。

　生成AIは芸能人の写真、広告など顧客吸引力を有する肖像等の、当該顧客吸引力を利用した画像等を学習する。しかし、パブリシティ権は専ら肖像等の有する顧客吸引力の利用を目的とする行為について働くものであって、単に学習をするだけではパブリシティ権侵害には該当しない。[36]

　**ウ　生成AI生成画像と類似性**　　上記のとおり、生成・利用いずれの段階においても、パブリシティ権侵害の有無を判断するに際しては、従来の基準が適用される（「中間とりまとめ」34頁）。そこで、生成AI生成画像がどの程度本人と類似していればパブリシティ権侵害となるかが問題となる。

　パブリシティ権が顧客吸引力の利用を問題とする以上、結果的に当該画像が本人の顧客吸引力を利用できる程度に類似していれば（他の要件が満たされる前提で）パブリシティ権侵害となる。

　ここでは、2種類の経路があることに留意すべきだろう。1つ目は、画像が本人とよく似ていてその結果として消費者（例：ファン）が、その人（例：芸能人）の肖像だと理解し、その結果として本人の顧客吸引力を利用できる場合である。[37]しかし、それだけではなく、2つ目として、そのような

---

*36　なお、著作権法30条の4の享受目的併存とパラレルに、当該学習の結果として特定の画像を生成しその顧客吸引力を利用する態様で利用しようと考えていれば、学習もまた「専ら肖像等の有する顧客吸引力の利用を目的とする行為」である、という解釈の余地が全くないわけではなかろうが、柿沼太一「AI技術により自動生成された人物肖像の利用によるパブリシティ権侵害」法時94巻9号（2022）45頁以下はこれを否定することを前提に、生成・利用との関係での間接侵害的責任を検討している。

*37　中島は、付随的に写り込むのは形式的には「肖像等」に含まれるともいえようがそもそも顧客吸引力が認められないとして否定するところ（中島・前掲注33）41頁)）、これは、この経路を否定しているとい

酷似等といえるものでなくても、なおそれが本人のことだということはわかるため、本人識別情報として類似性が認められるというパターンがあり得る。[*38]

　ただし特に2つ目のパターンについては他の要件、とりわけ、〈専ら肖像等の有する顧客吸引力の利用を目的とする場合〉の充足は問題となる。そこで、ピンク・レディー判決のいう〈1〉～〈3〉のいずれかが満たされる等、専ら肖像等の有する顧客吸引力の利用を目的とする場合といえるかについて、慎重に判断する必要がある。例えば、細部に相違はあるが誰がモデルになっているかはわかるという程度でも、2つ目のパターンとして類似性要件自体はクリアできるのかもしれない。しかし、そのような場合には、相違する部分のパロディとしての面白さにも重要な意義があり、「それ自体」を鑑賞の対象としていない等として、〈1〉「肖像等それ自体を独立して鑑賞の対象となる商品等として使用」という要件が満たされず、他に「専ら肖像等の有する顧客吸引力の利用を目的とする」場合ともいえないと判断され、パブリシティ権侵害にならない場合があり得るだろう。

　**エ　生成AI生成画像と依拠性**　　類似性があり、（ピンク・レディー判決の3要件のいずれかを満たす等）専ら肖像等の有する顧客吸引力の利用を目的とするといえる場合、少なくとも生成AI以外の文脈であれば、（次のオの主観要件や、カの制限を考えなければ）パブリシティ権侵害が肯定できる。しかし、生成AIの文脈では依拠性が問題となる。

　例えば、以下の事例を考えよう。

---

事例3-2：Aは架空の人間がAの販売する商品を持っている画像を生成AIを利用して作成し、広告に利用しようと考えたところ、結果的に、ご当地アイドル甲そっくりの人の画像が生成され、それが広告に利用された。

---

　事例3-2の場合、広告として肖像等が利用されており、例えば特定地域にいる甲のファンにとっては、甲の肖像の吸引力から当該商品を買うこと

---

　うことだろう。

*38　中島・前掲注33）42頁のパロディやモデル漫画等に関する議論参照。

が十分に考えられ、パブリシティ権侵害が肯定できる可能性は高い。

　しかし、生成AIを利用する場合、当該生成AIが甲の画像を学習した結果として甲そっくりの画像が生成されるだけではなく、学習したデータではないのに、いわば「偶然に」甲そっくりの画像が生成されることもあり得る。そこで、このような偶然の一致（または類似）の場合についてパブリシティ権侵害を認めるべきか、この問題がいわゆる「依拠性」の問題である[39]。

　柿沼は、依拠性は著作権法上は要求されるものの、パブリシティ権においては依拠性が必要とされないとし、それが生成AIであっても同様であるとする[40]。

　なぜパブリシティ権において依拠性が必要とされないかについて、柿沼は、特許（→2）において依拠性が不要であるところ、パブリシティ権も特許と同様の経済財としての法的性格を有することが1つの根拠だとする。顧客吸引力という経済財保護のためには、同一・類似の肖像である以上、依拠性がなくとも権利侵害とする必要があるし、パブリシティ権は顧客吸引力がある者にしか発生しないため、（その人が顧客吸引力があるということは、すなわち、芸能人等多くの人に知られていることが通常であるという意味で）一定の公示性があり、行為者にとって酷にならないと説明している[41]。

　その論理的帰結は、あくまでも「偶然」に甲そっくりの画像が生成された（甲の画像の学習による、ある種必然の結果ではない）としても、なおAは甲のパブリシティ権を侵害したことになるということを意味する。

　この点につき、柿沼は、故意・過失の論点によって、偶然に類似画像が生成された場合に常にパブリシティ権侵害になるのは酷ではないかという観点から、合理的制限を加えようとする[42]。つまり、事例3-2の甲は「ご当

---

[39]　なお、121（→第1部コラム）で、甲の画像と商品の画像をプロンプトとして入力し、甲が商品を持っている画像を生成するよう指示したのであれば、学習対象のデータが何であれ、依拠性は肯定できるが、このようなプロンプトによる依拠が存在しないことが前提となる。

[40]　柿沼・前掲注36）43頁

[41]　同上

[42]　同上

地アイドル」であって、その地域に住んでいないＡとしては甲のことは全く知らず、故意・過失はないといえる場合があり、そうであれば不法行為（民法709条）にはならない等と論じることで、結論の妥当性を確保しようとするものである（ただし、柿沼が照合義務等を踏まえたより精緻な議論を試みていることにつき**オ**を参照されたい）。

しかし、パブリシティ権が人格権に由来する権利として差止めの根拠ともなる[43]とすると、故意・過失がなくとも差止めは認められ得る。もちろん、偶然でも顧客吸引力を利用できる程度に似てしまった以上差し止められても仕方がない、という考えはあり得るだろう。もっとも、Ａとして、この商品の宣伝に勝負をかけるとして多くの費用をかけて大々的にキャンペーンを行うこともある。そのようなキャンペーンについて差止めが肯定されることの影響をどのように考えるべきか、さらに検討が必要なように思われる。

**オ　主観要件**　　柿沼は上記のように、パブリシティ権侵害の不法行為が問題になる事例を念頭に、依拠性を要求せず、偶然の一致（または類似。つまりデータセット中に生成された肖像の元となる画像が含まれていない場合）であっても客観的にはパブリシティ権侵害であるとした上で、状況次第では故意・過失が否定されることもあり得るとする。具体的には、過失不法行為が成立するための注意義務の程度として、データセット内のデータと人物肖像を比較照合する義務を求めるものの、世の中の全ての人物肖像との確認を求めない[44]という形の適切な注意義務の設定を通じて、合理的結論を導こうとする。つまり、データセットに元の人物の肖像が入っていれば、照合をすれば判明したとして照合義務違反が認められる。これに対し、データセットに元の人物の肖像が入っていなければ、パブリシティ権侵害の不法行為にはならない[45]とする。

---

＊43　五十嵐清『人格権法概説』（有斐閣・2003）190-191頁。差止めを制限的に解する斉藤・法的保護234-237頁も参照。

＊44　柿沼・A2Z 44頁

＊45　なお、そもそも（例えばＡが）照合していないが、データセットに元の人物（例えば甲）の肖像が入っていない、という場合には、照合義務違反はあるのだろう。しかし、仮に照合義務に反しても、過失とパブリシティ権侵害の間に因果関係がない。そこで、結局のところパブリシティ権侵害の不法行為にはならないだろう。中崎・法務ガバナンス119頁は「パブリシティ権侵害は認められないように思われる」とする

このような柿沼の議論は、一般にデータセットが開示される場合には合理的であり得る。しかし、少なくとも現時点において有力な基盤モデルベンダがデータセットそのものは開示していないところ、柿沼の議論は、データセットを開示してもらえない基盤モデルを利用すると、単にパブリシティ権侵害の客観的な要件が満たされただけで常に不法行為になるという結論を導きかねない。もしそうであるとすると、上記事例3-1のような事案について、主観要件によって適切なバランスをとることができるか疑問がある。

　**カ　制限**　仮に判例のいう要件全てが満たされたとしても、表現の自由の調整との関係で何らかの制限があるのではないか。[46]

　例えば、引用をしているなら「それ自体」を鑑賞の対象としていない等として、ピンク・レディー判決にいう〈1〉「肖像等それ自体を独立して鑑賞の対象となる商品等として使用」という要件が満たされないという見解がある。[47]しかし、〈2〉や〈3〉等のそれ以外の類型であれば引用の場合でもパブリシティ権侵害が否定されなくなるという問題が指摘されている。[48]正当な引用のための生成AIの利用等、正当な利用形態の場合に引用の抗弁等を認めるべきであるが、その具体的な要件については、さらに精緻化が必要であろう。

　なお、消尽が認められる可能性もある。[49]

　**キ　声**　声については、人格権に関する第8章を参照。

　**ク　ディープフェイク**　生成AIが生成するいわゆるディープフェイク

---

　が、差止めが認められるという意味でのパブリシティ権侵害は否定できず、否定できるのは不法行為のみのように思われる。

＊46　それが請求原因か抗弁かは、斉藤邦史の議論が参考になる（斉藤・法的保護229頁以下、特に234頁）。

＊47　中島・前掲注33）58頁

＊48　斉藤・法的保護231頁

＊49　中島・前掲注33）57-58頁、斉藤・法的保護232頁以下参照。なお、学習段階については、上記イのとおり学習そのものはパブリシティ権侵害ではないから、消尽を認めることで学習を促進するという関係にはないだろう。問題は、利用段階であって、類似する画像が生成された場合に、それが単に公表済みの写真を学習した結果だ、というだけで、常に当該AI生成画像の利用がパブリシティ権侵害にならない、とまで結論付けるのは行き過ぎであるように思われる。

において、自らの容ぼう（本物または真実であるかのように誤って表示された類似の容ぼうを含む）が使用された場合や、自らの声（本物または真実であるかのように誤って表示された類似の声を含む）が使用された場合のパブリシティ権侵害が問題となる。

　例えば、芸能人の裸の画像を生成AIを利用して生成して販売する行為については、上記の要件を満たす限り、パブリシティ権侵害になり得る。ただし、第8章でも別途名誉感情侵害の文脈で取り上げる知財高判平成27年8月5日裁判所HP（平成27年（ネ）10021号）は、女性芸能人の肖像写真に裸の胸部のイラスト画を合成した画像を用いた記事が出版物に掲載された事案において、当該合成画像が精巧に作成され、原告らに強い羞恥心や不快感を抱かせるものであり、社会通念上受忍すべき限度を超えて肖像等を使用したとし、人格権としての氏名権および肖像権、ならびに人格的利益としての名誉感情等を違法に侵害するとして、一般不法行為責任（損害賠償責任）を認めた。しかし、パブリシティ権侵害については「専ら肖像等の有する顧客吸引力の利用を目的とする」場合には当たらないとしてこれを否定した。あくまでも当該事案においては、当該合成画像を記事の中における論評の対象としたことから、専ら肖像等の有する顧客吸引力の利用を目的としないと評価されたものと思われる（「中間とりまとめ」61頁参照）。

　**ケ　無料配布**　　なお、生成AIを利用して、アイドルXの写真を追加学習させることで、「アイドルXの写真集」等を作成することができる。もしこれを販売すれば、当然ながら「肖像等それ自体を独立して鑑賞の対象となる商品等として使用」したとしてパブリシティ権侵害となる。しかし、このような画像集を比較的安価に作成できることから、ファン等がインターネット等で無償配布をする場合等はあり得る。そして、このような無償配布は、いわばファン活動の一環に過ぎず、専ら肖像等の有する顧客吸引力の利用を目的とする行為ではなく、パブリシティ権を侵害しない、という解釈はあり得る。

　しかし、肖像等の顧客吸引力を「排他的に利用する権利」というパブリシティ権の定義からは、〈排他性が侵害される限り、最高裁のいう専ら肖

3. パブリシティ　101

像等の有するパブリシティ権の顧客吸引力の利用を目的とする場合とまでは厳密に言い切れなくても、パブリシティ侵害があり得る〉と考える余地はあるのではないか。少なくとも、同様の写真集に対する需要がかかる「無料版」で代替されるなら、なお、パブリシティ権侵害を認めるべきではないかと思われるところである。

**コ　ベンダの責任**　　著作権（→第2章）、特許（→2）と同様に、パブリシティ権侵害についてもベンダの責任が問題となる。上記**イ**で述べたとおり、ベンダが学習をさせて学習済みモデルを作成する段階では少なくともパブリシティ権侵害にはならない。

ここで、「『間接侵害』等に関する考え方の整理」[*50] が著作権法について、以下の3類型を差止請求の対象として位置付けるべきとしている。

---

（ⅰ）専ら侵害の用に供される物品（プログラムを含む。以下同じ）・場ないし侵害のために特に設計されまたは適用された物品・場を提供する者
（ⅱ）侵害発生の実質的危険性を有する物品・場を、侵害発生を知り、または知るべきでありながら、侵害発生防止のための合理的措置を採ることなく、当該侵害のために提供する者
（ⅲ）物品・場を、侵害発生を積極的に誘引する態様で、提供する者

---

柿沼は、これがパブリシティ権侵害にも当てはまるとし、単なる学習用データセットの提供・生成を行うだけのベンダは法的責任を問われることはないとした。その上で、柿沼は、人物肖像生成AIプログラムの生成・提供者の責任について、多数の様々な画像を学習させた結果としてたまたま特定の人物にそっくりの画像が生成・表示された場合と、そうではなく、特定の人物そっくりの画像を生成・表示させるためその人物の肖像を集中的に学習させる場合を区別する。前者、つまりそれが十分な量のデータセットを元データとしている場合には、ベンダはパブリシティ権侵害について法的責任を負わないとする。しかし後者、すなわち特定人物の肖像の自動

---

*50　<https://www.bunka.go.jp/seisaku/bunkashingikai/chosakuken/hosei/h24_04/pdf/sankou_02.pdf>

生成を目的に当該人物の肖像のみ収集して作成したデータセットを用いて学習させたプログラムについて、ベンダは法的責任を問われるとする。[*51]

そもそも、この「『間接侵害』等に関する考え方の整理」は著作権法に関する（まだ条文化されていない）基準である。そこで、このような基準がパブリシティ権侵害に当てはまるかが問題となるものの、いずれにせよ、ベンダの提供するサービスの内容、特に、ユーザの行うパブリシティ権侵害におけるベンダの寄与や役割等を踏まえてこれを判断することになるだろう。そして、その判断の材料として参照するという限りでは、柿沼の整理は有意義と考える。

◆**(3) 生成AIによるパブリシティ侵害を防ぐために**　その肖像等が「顧客吸引力を有する」限り、特に出願をしなくても、パブリシティ権を享有し、これを行使することができる。

ここで、有名芸能人等の画像が生成された場合については、多くのユーザが「少なくとも商業目的で利用すると少なからぬパブリシティ権侵害リスクがある」と考え、慎重に対応することが期待される。

しかし、事例3-2のご当地アイドル甲のようなパブリシティ権は享有しているものの、広く知られていない権利者としては、ある意味ではパブリシティ権侵害になり得ることを知らずに多くのユーザが肖像等を利用してしまう可能性がある。

だからこそ、例えば、Google画像検索やGoogleレンズ等で出力された画像を検索した場合に、簡単に「これはご当地アイドル甲の肖像です」と表示されるよう、SEO対策を行うことが1つの対応となるだろう。

なお、著作権に関して既に述べた（→第2章）、画像にノイズを入れる等の技術的対応も検討の余地がある。

◆**(4) 生成AIにより生成される画像等のパブリシティによる保護**　例えば、タレントの許諾を得て当該タレントの広告を作成する際に、撮影をするのではなく、当該タレントの既存の画像をAIに追加学習させて広告画像を

---

[*51]　柿沼・前掲注36) 45-46頁

生成するといったことはあり得る。このようなAIによって生成された広告用のタレントの肖像についても、パブリシティ権により保護されると解される。

◆ **(5) 生成AIとパブリシティ実務**　　実務上、AIグラビア事件といわれる、架空のモデルの写真集を公刊したところ、その画像が特定の芸能人に似ている等と指摘されて販売終了となった事案[52]が重要である。この事案では、公式には出版社が「制作過程において、編集部で生成AIをとりまく様々な論点・問題点についての検討が十分ではなく、AI生成物の商品化については、世の中の議論の深まりを見据えつつ、より慎重に考えるべきであったと判断するにいたりました」[53]との声明を出している。もちろん、著作権の懸念があった可能性もあるが、むしろ肖像権・パブリシティ権がより重要な懸念点となったという指摘もある[54]。本件において、誰に似ているのかにつき、インターネット上では名前が上がっているものの、パブリシティ権保持者からの通告等を踏まえ、法的な要件該当性を踏まえて出版社側がパブリシティ権侵害と認めて取り下げたというものではなさそうである（そのモデルとされる人物の画像を利用したI2I〔→第1部コラム〕での生成を行ったのか等の事実関係は不明である）。とはいえ、このようなプロジェクトにおいて、（著作権の問題はもちろん重要であるものの）パブリシティ権というものが実務上無視できないものであることを改めて確認する事案といえる。

　依拠性（→（2）エ）や主観要件（→（2）オ）については議論があるものの、少なくとも予防法務としては、I2I（→第1部コラム）で特定人の画像を出力する場合や、学習用データに特定人の画像が含まれてそれが出力される場合はもちろん、結果的に出力された人と異なる人の画像しか学習用データにないとしても、パブリシティ権侵害になり得ることを前提とした対応が必要である。もちろん、パブリシティ権が問題となる、「専ら肖像等の有する顧客吸引力の利用を目的とする」利用態様でなければ、少なくともパ

---

＊52　<https://www.itmedia.co.jp/news/amp/2306/07/news150.html>
＊53　<https://www.grajapa.shueisha.co.jp/post/202306/>
＊54　<https://xtrend.nikkei.com/atcl/contents/skillup/00009/00142/>

ブリシティ権侵害のリスクが高いとはいえない。しかし、広告、商品パッケージ等への人物のデザイン、写真集等、パブリシティ権が問題となりやすい利用態様の場合、パブリシティ権侵害の可能性を減らすための対応が必要である。例えばGoogle画像検索やGoogleレンズ等で出力された画像が類似している人がいないか、その人の顧客吸引力を利用することにならないか等の観点から検証すべきである。[55] もちろん、上記（2）オのとおり、どこまで対応すれば注意を尽くしたといえるかは十分にクリアではなく、また、上記（2）エのとおり、仮に注意を尽くしても客観要件が充足されれば、差止めを求めることはできる可能性が高い。その意味では限界はあるものの、その中で実務上できるだけの注意を尽くしたと説明できるようにしておくことが重要であろう。

なお、以上はあくまでも予防法務対応であって、紛争解決法務、例えば「広告についてご当地アイドル甲と似ている」という申告があった場合の対応とは異なる。この点は、広告分野における紛争解決法務に関する議論が参考になる。[56]

## 4. 意匠

◆ **（1）はじめに**　AIの支援を受けることで、個々の利用者の需要や選好に合わせた意匠を創作することができる。[57]

◆ **（2）生成AIを意匠権侵害なく利用するために**

**ア　学習**　他人の登録意匠が含まれるデータをAI学習に用いる行為は、当該学習過程において、視覚を通じて美観を起こさせる過程が存在しない。よって、「意匠に係る画像」の「実施」（意匠法2条2項）に該当しないため、意匠権侵害には該当しない。[58]

---

＊55　松尾剛行「［特集B：画像生成AIをめぐる法的・倫理的課題］画像生成AIと実務、個人情報保護・肖像権」映像情報メディア学会誌78巻4号（2024）406頁以下参照。

＊56　松尾剛行『広告法律相談125問〔第2版〕』（日本加除出版・2022）240頁以下

＊57　ハサン・イルマステキン「日本及びEUの意匠法におけるAIが生成したデザインに対する責任：比較分析：令和5年度産業財産権制度調和に係る共同研究調査事業調査研究報告書」（2024）<https://www.jpo.go.jp/resources/report/takoku/document/sangyo_zaisan_houkoku/2023_02.pdf> iv頁参照。

**イ　プロンプトとしての入力**　　単に他人の登録意匠が含まれるデータを生成AIに入力すること自体も「実施」に該当しないため、意匠権侵害には該当しない。[59]

**ウ　AIのデザインの実装等**　　AI生成物に他人の登録意匠が含まれている場合、それを「実施」すると意匠権侵害に該当する。[60]特許（→2）と同様に意匠では依拠性が不要であることから、生成AIのユーザとして登録意匠を知らずにAIの生成したデザインを利用して商品を製造・販売した場合でも、当該商品のデザインが当該登録意匠と同一または類似であるならば、なお意匠権侵害が成立し得る。

**エ　ユーザとベンダの責任**　　ベンダによる間接侵害（意匠法38条）や共同遂行等の責任が問われることは特許の場合（→2）と同様であり、基本的には特許法とパラレルに考えることができるだろう。

◆**（3）生成AIによる意匠権侵害を防ぐために**　　権利者としては、出願による権利化や侵害対応を行っていくところ、この点も特許（→2）と同様であり、基本的には特許法とパラレルに考えることができるだろう。

◆**（4）生成AIにより生成されるデザインの意匠権による保護**　　意匠法3条1項は「工業上利用することができる意匠の創作をした者は、……その意匠について意匠登録を受けることができる」として、特許法類似の規定をしており、特許法と同様に、AIが意匠の創作者となることはできない（「中間とりまとめ」25頁）。[61]ただし、特許等と同様に、AIの支援を受けて意匠を創作した自然人が意匠の創作者となることができる可能性がある。[62]

◆**（5）生成AIと意匠実務**　　デザインを考える際に、生成AIでプロトタイプを作成し、それをもとに商品を展開すること等もある。この場合、生

---

\*58　柿沼・A2Z 19頁や、中崎・法務ガバナンス231頁、「中間とりまとめ」24頁
\*59　柿沼・A2Z 19頁。ただし、登録意匠生成のための入力行為がみなし侵害（意匠法38条8号ロ）に該当する可能性に留意が必要である（中崎・法務ガバナンス231-232頁）。
\*60　柿沼・A2Z 19頁
\*61　なお、デロイト トーマツ ファイナンシャルアドバイザリー合同会社「AIを利活用した創作の 特許法上の保護の在り方に関する調査研究報告書」令和5年度 産業財産権制度各国比較調査研究等事業（2024年3月）<https://www.jpo.go.jp/system/patent/gaiyo/sesaku/ai/document/ai_protection_chousa/zentai.pdf>も参照。
\*62　柿沼・A2Z 19頁

成AIからデザインが生成された段階では、直ちに意匠法上の問題がある
とまではいえないものの、遅くとも採用したいデザインが生成された段階
で、意匠調査を行い、それからプロトタイプ作成、上市へと進むべきであ
る。[63]

## 5. 商標

◆(1) はじめに　商標権についてはもともと生成AI以外のAIとの関係
でも問題となっていた[64]ところ、生成AIとの関連性が低いため、生成AIと
の関連性が高い論点に絞って検討する。

　なお、AIを利用した商標検索も行われている[65]が、これも生成AI技術を
利用したものではないことから詳論しない。

◆(2) 生成AIを商標権侵害なく利用するために

　ア　学習　他人の登録商標が含まれるデータをAI学習に用いるだけ
の行為は、登録商標の「使用」(商標法2条3項)に該当しないため、商標権
侵害には該当しない。[66]

　イ　入力　他人の登録商標が含まれるデータを生成AIに入力するこ
とも、それ自体では登録商標の「使用」(商標法2条3項)に該当しないため、
商標権侵害には該当しない。[67]

　ウ　AIのデザインの利用等　しかし、そのAIの生成したデザインを実
際に利用する行為は商標権侵害になり得る。例えば、画像生成AIにポス
ターを生成させたところ、当該ポスターに他人の登録商標やそれに類似す

---

＊63　なお、2024年12月時点では、生成AIによって大量の意匠を創作・公開することで他社の意匠権取
　　　得を妨げる行為への対応への立法的検討が進んでいる(「意匠制度等に関する検討課題について」産
　　　業構造審議会知的財産分科会 第16回意匠制度小委員会2024年12月6日 <https://www.jpo.
　　　go.jp/resources/shingikai/sangyo-kouzou/shousai/isho_shoi/document/16-shiryou/03.pdf>)。
＊64　例えば、AIを活用したXX(サービス等)を意味する「AIXX」という商標が自他識別力がなく商標法
　　　3条1項3号に該当し、登録できないのではないか、という問題に関するAI介護事件(知財高判令和2
　　　年3月25日裁判所HP(令和元年(行ケ)10135号)。なお、同判決は、「AI介護」は商標法3条1項
　　　3号に該当するとした)等。
＊65　<https://www.meti.go.jp/press/2021/03/20220314001/20220314001.html>
＊66　柿沼・A2Z 19頁や、「中間とりまとめ」27頁参照。
＊67　柿沼・A2Z 19頁

る標章が含まれることがある。他人の登録商標が含まれるAI生成物を「使用」すると商標権侵害に該当し得る。[68]商標権侵害の要件として依拠性が必要とされていないことから、対象となった登録商標が学習用データに含まれていない場合や、AI生成物の生成・利用者が当該登録商標のことを知らなかった場合でも、商標権侵害に該当し得る（「中間とりまとめ」27頁）。

実務上、商標的使用かや指定商品・指定役務（およびこれらへの類似）等も問題となるが、この点はAIを利用したかどうかで少なくとも大きくは変わるものではないだろうと思われるため、詳論しない。

**エ　ユーザとベンダの責任**　　ベンダの責任については、（特許〔→2〕と同様の共同遂行による責任も問題となるが）商標法37条各号に該当するかが問題となる。同条8号は「登録商標又はこれに類似する商標を表示する物を製造するためにのみ用いる物」としており、AIシステムは「物」ではなく、また、AIシステムは「登録商標又はこれに類似する商標を表示する物」そのものを生成しない。しかし、この解釈を拡張できないか等はなお問題となり得る。

◆**（3）生成AIによる商標権侵害を防ぐために**　　権利者としては、出願による権利化や侵害対応を行っていくところ、この点も特許（→2）と同様であり、基本的には特許法とパラレルに考えることができるだろう。

◆**（4）生成AIにより生成される画像・ロゴの商標権による保護**　　特許法（→2）および意匠法（→4）では、自然人が発明者（特許法）または創作者（意匠法）となっていた。しかし、商標法の目的は、商標を使用する者の業務上の信用の維持と需要者の利益の保護である。商標法は、人間の創作の保護を目的とするものではない。よって、完全に自律的にAIが生成した標章、例えば、AIに作成させたロゴや図柄であっても、これが商標法3条および4条等に規定された拒絶理由に該当しない限り商標登録を受けることが可能である。[69]

◆**（5）生成AIと商標実務**　　画像生成AIに生成させたポスターを広告日

---

*68　柿沼・A2Z 19頁

*69　柿沼・A2Z 20頁や、「中間とりまとめ」27頁参照。

的で利用する等、AI生成物を商業目的で利用する場合には、そこに含まれる標章が登録商標ではないか、商標調査が必要である。

## 6. 不競法

◆（1）はじめに　　不競法の中には外国公務員贈賄等、様々な内容が含まれているが、生成AIとの関係では、商品等表示（→（2））、形態模倣（→（3））、および営業秘密・限定提供データ（→（4））が重要であることから、これらについてそれぞれ検討していこう。

◆（2）商品等表示

　ア　はじめに　　商品等表示は、「人の業務に係る氏名、商号、商標、標章、商品の容器若しくは包装その他の商品又は営業を表示するもの」と定義されている（商標法2条1項1号）。不競法上、商品等表示については、他人の商品等表示として需要者の間に広く認識されている（に過ぎない）商品等表示（周知表示）を保護する1号と、著名な程度まで至った商品等表示（著名表示）を保護する2号の、2種類の保護が与えられている。1号は周知表示について混同（他人の商品または営業と混同を生じさせる行為）を要求し、2号は著名表示について混同までを要求しない。[70]

　イ　生成AIを不競法違反なく利用するために

　　（ア）学習　　他人の商品等表示が含まれるデータを学習用データとして利用するだけの行為は、周知な商品等表示について「混同」を生じさせる（1号）ものではなく、また、著名な商品等表示を「自己の商品等表示として」「使用」等する（2号）行為ともいえないため、不正競争行為に該当しない。[71]

　　（イ）入力　　他人の周知表示・著名表示が含まれるデータを生成AIに入力するだけであれば不正競争行為には該当しないのは（ア）と同様で

---

＊70　キャラクターのパブリシティ権は認められないが（→3）、これを商標だけではなく商品等表示として保護することができる可能性がある（日原拓哉「生成AIと知的財産法上の諸問題—刑事規制の観点から」立命館大学409号（2023）<https://www.ritsumei.ac.jp/acd/cg/law/lex/23-3/006hihara.pdf> 248頁）。

＊71　柿沼・A2Z 20頁や、「中間とりまとめ」29頁参照。

6. 不競法　109

ある。[72]

（ウ）AIが生成したデザイン等の利用　　AIのデザインした表示等を利用したところ、その中に他人の周知表示・著名表示が含まれている場合、それを「使用」する（そして周知表示については混同をも生じさせる）行為は、不正競争行為に該当する。[73]不正競争の要件として依拠性が必要とされていないので、利用対象となった周知表示等が学習用データに含まれていない場合や、AI生成物の生成・利用者が当該周知表示等のことを知らなかったとしても、不正競争行為に該当する（「中間とりまとめ」29頁）。

**ウ　生成AIによる不競法違反を防ぐために**　　不競法上の商品等表示は、特許・意匠・商標のような出願・登録が必要な権利と異なり、出願等をしなくても当然に保護される。もっとも、特に著名表示については、それが著名であることまでの立証が必要である。実務上は、例えば裁判において、著名であることの根拠となる、例えば、どのようなメディア露出があったか等を証拠提出する必要がある。そこで、そのような証拠を必要に応じてすぐに提出できるよう準備しておくべきである。

**エ　生成AIにより生成されるデータの不競法による保護**　　他人の周知表示・著名表示と「結果的」に同一または類似の商品等表示が使用等されれば不正競争行為となることから、商標と同様、AIにより自律的に生成されたものであったとしても、なお商品等表示として不競法で保護される（「中間とりまとめ」29頁）。

**オ　生成AIと不競法実務**　　画像生成AIに生成させたポスターを広告目的で利用する等、AI生成物を商業目的で利用する場合には、そこに含まれる商品等表示が周知表示・著名表示ではないか、調査が必要である。

◆ **(3) 形態模倣**

**ア　はじめに**　　意匠権は出願・登録が必要であるが、不競法の形態模倣、すなわち、他人の商品の形態を模倣した商品を譲渡等する行為（不競法2条1項3号）からの保護のためには出願・登録が不要である。しかし、最長25

---

*72　柿沼・A2Z 20頁
*73　柿沼・A2Z 20頁

年保護される意匠権と異なり、3年間しか保護されず（同法19条1項6号イ）、かつ、デッドコピーのみが保護される。

**イ　生成AIを不競法違反なく利用するために**

（ア）学習　　商品形態模倣品提供規制においては、他人の商品形態の単なる「使用」は不正競争行為とされていない。あくまでも他人の商品の形態を模倣した商品の譲渡等に該当して初めて不正競争行為となる。そして、他人の商品の形態が含まれるデータを学習用データとして利用する行為は、他人の商品の形態を模倣した商品の譲渡等に該当しない。そこで、学習段階では不正競争行為に該当しない。[74]

（イ）入力　　「模倣する」とは、「他人の商品の形態に依拠して、これと実質的に同一の形態の商品を作り出すこと」をいう（不競法2条5項）。したがって、他人の商品の形態が含まれるデータを生成AIに入力しても、それは「模倣」の定義には入らず、不正競争行為に該当しない。[75]

（ウ）利用　　例えば、生成AIを利用してデザインを行い、当該デザインに基づき商品を譲渡等したところ、当該商品に他人の商品形態と実質的に同一の形態が含まれていれば、不正競争行為となる。もっとも、商品形態模倣品提供規制においては、不正競争に該当するための明文上の要件として、著作権と同様「依拠性」が要求されている（不競法2条5項「他人の商品の形態に依拠して」）。そこで、著作権（→第2章）同様、学習用データとして当該形態データが利用されず、ユーザ（譲渡者）もそのことを知らないのであれば、不正競争行為に該当しない。[76]

**ウ　生成AIによる不競法違反を防ぐために**　　権利者として、生成AIによる形態模倣に対する根本的予防策を講じることは困難であり、著作権について述べたノイズ等の技術的手法（→第2章）を検討することはあり得るが、ウェブ上の写真ではなく、商品そのものについてAIベンダが写真を撮影して学習する場合には、なかなか予防が難しいかもしれない。

---

[74]　柿沼・A2Z 20頁や、「中間とりまとめ」30頁参照。
[75]　柿沼・A2Z 20頁
[76]　柿沼・A2Z 20頁

だからこそ、事後対応が重要である。前述のように依拠性が必要であることから、一見権利者にとって高いハードルが存在するようにも見える。しかし、筆者は、実務上依拠性の立証が極めて困難だとは考えない。すなわち、形態模倣だ、といえるためには、「実質的に同一の形態の商品を作り出す」（不競法2条5項）、つまり、デッドコピーがそもそもの前提である。よって、権利者としては、そのような程度の類似性から、学習用データに入っていないはずがない（偶然の一致とは考えられず、依拠性が推定される）等と主張していくことになるだろう。

**エ　生成AIにより生成されるデータの不競法による保護**　　不競法の商品形態模倣品提供規制は、意匠と異なり、「結果的」に他人の商品の形態を模倣する商品について譲渡等された場合に規制の対象となる。そこで、当該商品形態がAIにより完全に自律的に生成されたものであったとしても不競法で保護される（「中間とりまとめ」30頁）。

**オ　生成AIと不競法実務**　　画像生成AIにプロトタイプを作らせそのデザインを商品に利用する等する場合には、その形態が第三者の商品の形態を模倣することにならないか、調査が必要である。

◆**(4) 営業秘密・限定提供データ**

**ア　はじめに**　　営業秘密は、秘密として管理されている生産方法、販売方法その他の事業活動に有用な技術上または営業上の情報であって、公然と知られていないもの（不競法2条6項）であり、限定提供データとは、業として特定の者に提供する情報として電磁的方法により相当量蓄積され、および管理されている技術上または営業上の情報（営業秘密を除く）である（不競法2条7項）。令和5年改正以前は秘密管理されている非公知情報は営業秘密として保護され得るものの、秘密管理されている公知情報は営業秘密としても限定データとしても保護されなかった。令和5年改正により、秘密管理されている公知情報も限定データとして保護され得ることになった。

　実務上、①他社から提供を受けた営業秘密または限定提供データを生成AIの開発・学習段階や生成・利用段階で利用することが不正競争行為に該当するか、②自社の営業秘密または限定提供データを外部の生成AIに

図表3-1：改正前における保護の間隙

| | | 改正前 | 改正法 |
|---|---|---|---|
| 秘密管理されている情報 | 非公知な情報 | 営業秘密 | 営業秘密 |
| | 公知な情報 | ※隙間 | |
| 秘密管理されていない情報 | 非公知な情報 | 限定提供データ | 限定提供データ |
| | 公知な情報 | | |

出典：西川喜裕「令和5年不正競争防止法改正の概要と実務対応」BUSINESS LAWYERS（2023年8月23日）<https://www.businesslawyers.jp/articles/1322> 6-1の表をもとに作成

入力することにより、営業秘密や限定提供データとしての法的保護が失われるかという点が問題となる[77]。**イ**では、前者を、**ウ**では後者を扱い、それ以外の論点を**エ～オ**で扱う。

**イ　生成AIを第三者の営業秘密等との関係で不競法違反なく利用するために**

（ア）学習　　不競法の営業秘密・限定提供データ規制の特徴は、他の知財関係ではほぼ（著作物について享受目的で行う〔→第2章〕場合を除く）問題がないとされる学習が規制対象となることである。

すなわち、営業秘密保有者から正当に開示を受けた営業秘密を、生成AIの学習に利用する行為については、当該利用行為が営業秘密の「使用」や「開示」に該当し得るため、不正の利益を得る目的で、またはその営業秘密保有者に損害を加える目的で行われた場合には不正競争行為に該当し得る（不正競争防止法2条1項7号）[78]。

また、その保有者から正当に開示を受けた限定提供データを、生成AIの学習に利用する行為についても、当該利用行為が限定提供データの「使用」や「開示」に該当することから、不正の利益を得る目的で、またはそ

＊77　柿沼・A2Z 21頁
＊78　柿沼・A2Z 21頁、経済産業省知的財産政策室編「逐条解説 不正競争防止法 令和6年4月1日施行版」<https://www.meti.go.jp/policy/economy/chizai/chiteki/pdf/Chikujo.pdf>103頁以下

の営業秘密保有者に損害を加える目的で行われた場合（「使用」については、その限定提供データの管理に係る任務に違反して行われた場合に限る）には不正競争行為に該当する（不競法2条1項14号[79]）。

（イ）入力　　営業秘密保有者から正当に開示を受けた営業秘密や、限定提供データ保有者から正当に開示を受けた限定提供データを生成AIに入力する行為は、上記（ア）と同様に、当該入力行為が「使用」「開示」に該当することから、不正の利益を得る目的で、またはその営業秘密保有者に損害を加える目的で行われた場合には不正競争行為に該当する（不競法2条1項7号・14号[80]）。

（ウ）利用　　生成AIが出力したAI生成物の中に他社の営業秘密や限定提供データが含まれていた場合、それを利用する、例えば、当該営業秘密と実質的に同一の内容を含むAI生成物を不正の利益を得る目的等で開示等すれば、当然に不正競争行為に該当する[81]。しかし、このような目的がなければ、必ずしも不正競争行為に該当するとは限らない。

　判断が難しいのが、技術的な情報である営業秘密を不正に生成AIに入力して得られたAI生成物について、それが元の営業秘密と同一性がない場合である。この点、不競法2条1項10号は「第4号から前号までに掲げる行為（……）により生じた物を譲渡し、引き渡し、譲渡若しくは引渡しのために展示し、輸出し、輸入し、又は電気通信回線を通じて提供する行為（……）」として、「技術上の秘密……を使用する行為……により生じた物」の譲渡等も不正競争行為となることから、これに該当する可能性があるとされる[82]。しかし、もはや同一性がなくなっている場合にまで「技術上の秘密」「を使用する行為」「により生じた物」かはなお議論の余地があるだろう[83]。

---

＊79　柿沼・A2Z 21頁、経済産業省知的財産政策室編・前掲注78）181頁以下
＊80　柿沼・A2Z 21頁、経済産業省知的財産政策室編・前掲注78）103頁以下、181頁以下
＊81　柿沼・A2Z 21頁
＊82　柿沼・A2Z 21頁注40
＊83　確かに、ある程度の変更がなされていてもそれが「同一性がある」限りにおいて、「技術上の秘密
　　　……を使用する行為……により生じた物」と解すべきだろうが、同一性がなくなった場合にはもはや該当
　　　性を否定すべきではなかろうか。なお、経済産業省知的財産政策室編・前掲注78）108頁以下はこ
　　　の点を明確にしていない。

**ウ　自社の営業秘密が不競法で保護される形で生成AIを利用するために**

（ア）前提としての営業秘密・限定提供データとしての管理　　ユーザが自社として重要であって営業秘密や限定提供データとして保護したい情報があるとしよう。その情報について、生成AIに投入するか以前の問題として、そもそもそれらの情報について、営業秘密や限定提供データの要件を充足しているかが問題となる。とりわけ、営業秘密であれば秘密管理性、限定提供データであれば電磁的管理性の要件を満たさなければならない。

要するに、重要な情報であって、かつ、それを営業秘密または限定提供データに関する不競法の規定によって保護したいのであれば、それを営業秘密とする、または限定提供データとするといった意思決定を行い、それぞれの要件が満たされることを確保しなければならない。

（イ）自社による生成AIへの入力と営業秘密・限定提供データとしての保護　　ここで、自社従業員が営業秘密・限定提供データを生成AIに入力することがある。

そもそも当該生成AIについての利用の際に入力したデータからの学習が可能とされていれば、当該データが学習され、第三者のところに表示されるおそれがあることから、決して学習可能な状態で生成AIに情報を入力させてはならない。[84]

そして、少なくとも生成AIサービスへの投入を自由に行うことができるとされ、また、事実上投入が黙認されている環境であれば、営業秘密であれば秘密管理意思が示されていない（営業秘密管理指針[85]）として秘密管理性が否定され、限定提供データについても電磁的管理性要件が否定される可能性がある。[86]この点は、極めてセキュアな生成AIもあり得るところで、例えばローカルLLM（→第1部コラム）や、クラウド上で提供される場合であっても、自社のオンプレミスの安全な環境と同様のセキュアな生成AIに投入することを認めるだけで、直ちに当該情報が営業秘密等でなくなる

---

＊84　松尾・ChatGPT 130頁や、松尾・社内ルールA2Z 31頁参照。
＊85　<https://www.meti.go.jp/policy/economy/chizai/chiteki/guideline/h31ts.pdf>
＊86　中崎・法務ガバナンス93-94頁

6.　不競法　115

のか、といった問題意識は存在する。

　個人的には、この点は、クラウドにアップロードしても営業秘密性は否定されないところ[87]、クラウドと同様、少なくともセキュアな生成AIであれば、生成AIに投入しただけでは営業秘密性が否定されないと解すべきではないかとは考える。ただし、まだ議論が続いている[88]。

　（ウ）他社による利用　　なお自社が営業秘密等を他社に提供した後、当該他社が勝手に自社の営業秘密等を生成AIに投入することで、それが漏えいする等の事態も想定される。そこで、営業秘密等を提供する場合には秘密保持契約（→第12章）を締結することで、秘密を保護していかなければならない。加えて、秘密保持契約を締結しているか否かを問わず、そもそも問題のある相手には、重要な営業秘密を渡さないことが肝要である[89]。

**エ　生成AI構築過程のデータ、生成AIそのもの、生成AIにより生成されるデータの、不競法による保護**

　（ア）生成AI構築過程のデータの不競法による保護　　例えば、学習用データセットをオンライン上でクローリングして収集し、一定の整理・加工をしたとしよう。この場合、当該データセットを営業秘密として保護したいと考えるかもしれない。しかし、非公知性の要件が問題となる。確かに、その整理・加工の程度によっては非公知性が認められる可能性はあるが、少なくとも単純に集積したものでは非公知性が否定される[90]。とはいえ、仮に非公知性が欠けるとしても、限定提供データとしての保護の可能性はある[91]。

　（イ）生成AIそのものの不競法による保護　　生成AIそのもの、つまり学習済みモデルのうち、とりわけパラメータ部分は、第2章で述べたとおり著作権法では保護されないが、一定の要件を満たすことで営業秘密とし

---

＊87　松尾・クラウド159頁。なお、経済産業省の営業秘密管理指針（前掲注85）も同旨である。
＊88　松尾・ChatGPT 134頁。なお、中崎・法務ガバナンス94頁が「ピックアップした生成AIサービスのみの利用にする」のであれば営業秘密性を保ちながら利用できることを示唆していることが参考になる。
＊89　松尾・キャリアデザイン33-34頁参照。
＊90　中崎・法務ガバナンス201頁
＊91　同上202頁

て保護することが可能である。[92]

（ウ）生成AIにより生成されるデータの不競法による保護　　営業秘密・限定提供データとして保護されるための要件に、当該データが自然人により創作されたものであることは含まれない。そこで、AIにより完全に自律的に生成されたものであったとしても、秘密管理性等の要件を満たせば不競法で保護される（「中間とりまとめ」32頁）。

**オ　生成AIと不競法実務**　　基本的には自社の営業秘密の保護したいデータ等について安易に生成AIに入力させることは適切ではなく、社内ルール（→第12章）を通じた管理が必要である。

また、第三者から入手した第三者に営業秘密等について、そもそも不正に入手したのであればもちろん、たとえ正当に入手したものでも（それがNDA違反等になり得るという契約の問題は第12章で論じる）、生成AIに入力してよいか、入力した場合の生成物をどの範囲で利用できるかは、特にそれが「不正」に行ったとみなされる可能性を踏まえ、慎重に対応すべきである。

---

[92]　同上203頁

コラム ·······································································································

### 立法論の前提としての解釈論

　筆者は、第2章で言及した、クリエイターとAIベンダ・ユーザのwin-win関係
の重要性を論じた日本SF作家クラブの声明のドラフト段階において、他の団体の
声明を確認した。その際に検討した声明の中には、いわゆる法解釈論、例えば著
作権法30条の4の解釈として疑問が残るものも少なくなかった。例えば、まるで
著作権法30条の4のせいで、出力段階において、現に類似性がある画像が出力さ
れてもそれが野放しになってしまう等と読める議論をするものがあった。

　もちろん、それは、「政治的」な声明であることから、ある意味では「わかった
上」でやっているのかもしれない、とは想像したところである。つまり、運動論
として、（それが「灰色」であって「黒」ではないとわかった上で）「灰色のもの
を黒にして叩く」という対応をすること自体は全く理解できないわけではないと
ころである。そこで、あえて著作権法について知らないふりをして著作権法の改
正等を主張している、という可能性はあるかもしれない。

　しかし、（運動論ではなく）立法論においては、まずは正しく現実（ただし将来
の予測も含む）を把握した上で、そのような事実関係に現行法を正しく解釈して
適用した場合にどうなるか、という点を把握することが必要である。例えば現行
法で対応できるのであれば、法令（実体法）自体を変える必要はなく、エンフォー
スメントの問題を解決することが最善策かもしれない。このような観点からは、
生成AIに関する実務対応だけではなく、立法論においても、その前提となる現行
法の解釈論が重要である。

第 **3** 部

# 生成 AI と公法

# 第 4 章
# 個人情報保護法

## 1. はじめに

◆（1）生成AIに個人情報を入力できるか　　知的財産権（→第2部）に次ぐ、生成AIの実務上の重要問題は、個人情報の保護である。つまり、〈個人情報を生成AIに入力することができるか〉ということである。ここで、個人情報保護法は、「個人情報取扱事業者」（個人情報保護法16条2項。本章では以下、同法について原則として条文番号のみで記す）を規制の対象とする。そこで、以下では、ベンダとユーザのうち個人情報取扱事業者であるものを念頭に置いて、それぞれが、生成AIを開発、利用するにあたり、個人情報との関係でどのような点に留意すべきかを述べる。[*1]　なお、プライバシーについては、第8章で別途触れることとする。

　ここで、2023年6月2日には、個人情報保護委員会が「生成AIサービスの利用に関する注意喚起等について」（以下「注意喚起」という）を公表している。[*2]　そこで、以下では、この「注意喚起」を参照しながら、現時点の最新実務をご紹介したい。[*3]

◆（2）想定事例　　以下の検討においては、以下の事例を想定する（なお、生成AIの開発プロセスにつき、第1章を参照のこと）。

> 事例4-1：ベンダ（個人情報取扱事業者）甲は、生成AIの学習用データを収集するため、インターネットをクローリングする。当該クローリングの対

---

[*1]　つまり、個人的に生成AIを利用する個人ユーザは本章においては念頭に置かれないということである。

[*2]　<https://www.ppc.go.jp/news/careful_information/230602_AI_utilize_alert/>。松尾・ChatGPT 63頁。その中には、ベンダ向け（以下「ベンダ注意喚起」という）とユーザ向け（以下「ユーザ注意喚起」という）が含まれる。

[*3]　なお、5（1）〜（3）は松尾・一橋（個人情報）に多くを負っている。

1. はじめに　　**121**

象となるサイトには、A1〜An（以下「A」と総称する）を本人とする個人情報（要配慮個人情報を含む）が含まれている。甲は、クローリングしたデータを個人ごとに体系的に並べ替えることなく学習用データセットを作成し、当該データセットに基づき、学習をさせて学習済みモデルを作成したい。

事例4-2：ユーザ企業（個人情報取扱事業者）乙は、ベンダ甲の提供する生成AI（学習済みモデル）を、個人情報（要配慮個人情報を含むかもしれない）を入力して利用したい。また、（個人情報が入力されるかを問わず）出力された情報に要配慮個人情報を含む個人情報が含まれる可能性がある。

## 2.「キー概念」と個人情報保護法の基礎

◆（1）「キー概念」の整理　　個人情報保護法にはいくつかの重要な概念があり、筆者はかつてこれを「キー概念」と呼んだことがある[4]。つまり、それぞれの概念ごとに異なる規律が適用される。例えば、安全管理（23条）や漏洩報告（26条）は（下記（2）ウで述べる例外を除けば、）「個人データ」（→（3））に関する規律であって、「個人情報」（→（2））に関する規律ではない。そこで、個々に検討していこう。

◆（2）個人情報

**ア　定義**　　個人情報は生存する個人に関する情報であって、特定の個人を識別することができることを中核とする情報であり、伝統的な個人情報（2条1項1号）と個人識別符号（同2号）に区分される。

個人情報の定義については、実務上、以下の3点が重要である。

1点目は、その情報自体で特定の個人を識別することができることを要しない、ということである。例えば、従業員であるBさん（従業員番号00001）について、人事部門は管理シートのようなものを作成しているだろう。Bさんの氏名、従業員番号、所属、住所、電話番号……このあたりについて「個人情報か？」と問われたら、多くの読者が「イエス」と答えるだろう。では、「Bさんに対する人事考課の内容（2024年度の評価が4であること）」、「Bさんが異動希望を出していること」、「Bさんは親の介護のた

---

＊4　松尾・プライバシー58頁

め転勤をさせられないこと」となれば、どうだろうか。例えば、人事考課が1から5までだとして「4」という数字そのものは単独では個人情報にならない。しかし、それがBさんの管理シート上に掲載されれば、それは個人情報である。それは、「当該情報に含まれる氏名、生年月日その他の記述等……により特定の個人を識別することができるもの」（2条1項1号）が個人情報であり、まさに管理シートに「B」という氏名等が記載されており、管理シートの情報全体（「当該情報」）が個人情報となるからである。

このように、「4」といった、その情報単体で特定の個人を識別することができない情報でも、Aさんの人事考課が4であったこと、というように特定の個人を識別することができる形になっていれば、個人情報となる。

2点目は、個人識別符号（2条1項2号）である。これは政令で限定列挙されており、例えば、指紋、声紋等がこれに該当する。ただし、個人識別符号に該当しない情報でも、例えば「健康アプリに入力されたAさんの歩数情報」は、Aさんの情報として特定の個人を識別することができるので、伝統的な個人情報（同1号）になることに留意が必要である。

3点目は、他の情報と容易に照合することができ、それにより特定の個人を識別することができることとなるものもまた個人情報だということである。例えば、従業員100人分の管理シートの情報（例：氏名、従業員番号、所属、住所、電話番号）をエクセルにまとめるとしよう。これが個人情報かといえば、個人情報性は明らかである。では、そのエクセルから氏名を全部消した場合、やはり個人情報なのだろうか。これも通常は個人情報である。つまり、各企業は従業員番号と個人名を対象とするリスト（従業員名簿等）を持っていて、これと容易に照合できるはずであり、実際にこれと照合すれば、すぐに従業員番号00001イコールAさんだとわかるからである。

**イ　主な規律**　個人情報に適用される主な規律としては、利用目的に関する規律（→3 (2)、4 (2)）、取得に関する規律（→3、とりわけ3 (4)）、適正利用（→4 (3)）等の規律が挙げられる。

**ウ　2024年4月施行の改正**　2024年4月から、安全管理や漏洩報告の対

象となる「個人データ」に、「個人情報取扱事業者が取得し、又は取得しようとしている個人情報であって、個人データとして取り扱われることが予定されているもの」が含まれるようになった（ガイドライン通則編3-4-2、規則7条3号）。「取得しようとしている」とあるように、現に取得済みのものに限らず、これから取得するものも含まれる。例えば、EC企業が自社のサイトで注文を受け付けるとする。当然ながら、個人情報——例えば氏名・住所、場合によってはクレジットカード情報等——がEC企業に送信されてくる。送信時点では単なる個人情報であって、個人データではないが、注文を受け付けた場合には、EC企業はこれを個人データとして管理することを予定している。そして、最近は、ウェブサイトが改ざんされる事案が多数発生している。筆者も、あるサイトが改ざんされ、サイトに入力した情報が、そのまま悪意ある攻撃者の手元に渡るような状態になってしまった事案の対応をしたことがある。

　このような場合において、流出した情報はそもそも個人情報である。加えて、EC企業ではなく直接攻撃者に送信されてしまい、EC企業は取得していない。そこで、2024年3月以前において、EC企業は安全管理措置を講じる義務（23条）や漏洩報告（26条）等の義務を負っていなかった。

　しかし、このような事態を回避することが重要である。改正後には、安全管理措置を講じる対象として、このような未取得の個人情報も含まれるようになった。そこで、ウェブサイトの改ざんを防止する等の安全管理措置を講じる必要が生じている。また、このような未取得の個人情報であっても、漏洩を知った場合には、個人情報保護委員会への報告や、本人への通知等が必要となった（上記のEC企業の事例の場合、何件の漏洩があったかを把握できないこととあるが、その場合でも「不正の目的をもって行われたおそれがある」として報告対象となることに留意されたい）。このような改正は、最近増加している個人情報漏洩事案の内容に即して、よりよく個人情報を保護するためのものと理解することができる。

　そこで、以下で個人データに対する規律について説明する際には、一定の場合にはこのような一定範囲の個人情報も当該規律の適用対象に含まれ

124　第3部　生成AIと公法 ▦▦▦▦ 第4章　個人情報保護法

ることに留意すべきである。

## ◈ (3) 個人データ

**ア　定義**　個人データは「個人情報データベース等を構成する個人情報」とされる（16条3項）。この個人情報データベース等（同1項）の意味はわかりにくいが、概ね、コンピュータで検索することができるように体系的に構成し（同1号）、またはアナログでも容易に検索することができるように体系的に構成し（同2号）したものである。

　ある個人情報が個人データであると判断されるためには、特定の個人情報を検索できるように体系的に構成していることが必要である（Q&A1-38）。例えば、ワードで作成された議事録を考えてみよう。この場合、確かに氏名でも検索可能だが、特定の個人情報を検索するよう「体系的に構成」されていないことから、当該氏名は直ちに個人データにはならない（Q&A1-40）。特定の個人情報を検索できるよう体系的に構成している場合の典型例としては、エクセルで「氏名」等の列を設けてデータベース化したものが挙げられる。これに加え、例えば名刺を50音順に並べた場合の名刺データも個人データである。

**イ　主な規律**　個人データに適用される主な規律としては、安全管理（→4 (4)）、漏洩報告（→4 (5)）、および第三者提供・外国第三者提供（→5）の規律が挙げられる。

## ◈ (4) 保有個人データ

**ア　定義**　保有個人データは開示、内容の訂正、追加または削除、利用の停止、消去および第三者への提供の停止を行うことのできる権限を有する個人データのうち政令で除外されるもの以外のもの（16条4項）である（現行法では保管期間を問わないので、6カ月未満しか保管されないものも含まれる）。例えば、他社から委託して預かっている個人データについては、開示等をする権限は委託者にあるので、受託者の保有個人データではない。

**イ　主な規律**　保有個人データに適用される主な規律としては、開示等（→6 (1)）が挙げられる。

## ◈ (5) キー概念間の関係

ここで、3つのキー概念の間には包含関係が存

2.「キー概念」と個人情報保護法の基礎　125

在することが重要である。つまり、すべての保有個人データは個人データであり、全ての個人データは個人情報なのである（図表4-1）。

図表4-1：キー概念間の関係

そこで、ある情報が保有個人データであれば、保有個人データに関する規律だけではなく、個人情報と個人データに関する規律も当てはまり、個人データであれば、個人データに関する規律だけではなく、個人情報に関する規律も当てはまるということになる。

図表4-2：個人情報保護法上の規律の適用関係

|  | 個人情報に関する規律 | 個人データに関する規律 | 保有個人データに関する規律 |
| --- | --- | --- | --- |
| 個人情報 | ○ | × | × |
| 個人データ | ○ | ○ | × |
| 保有個人データ | ○ | ○ | ○ |

◆（6）生成AIとキー概念

**ア　はじめに**　　生成AIを利用したからといって、これらのキー概念の定義自体が変化するわけではない。しかし、個人情報や個人データについては、生成AIとの関係で難しい問題が生じていることから、以下簡単に整理していきたい。

**イ　個人情報**

（ア）AI生成情報　　生成AIのハルシネーション（幻覚）（→第1部コラム）により、個人に関する不正確な情報が生成される。例えば「松尾剛行は小説家である」という情報が生成されるかもしれない。このような不正確な情報もまた、個人情報である。[*5]

この点を敷衍しよう。すなわち、法が個人データについて内容の正確性の確保（22条）を求め、保有個人データに関し、訂正請求（34条）を認めているのは、個人情報の中に不正確なものがある前提で一定範囲でその正確性の確保を行う趣旨である。そこで、生成AIの生成する個人情報が誤っているからといって、それだけで個人情報にならないというわけではないのである。ただし、個人情報であるためには、その情報が「生存する個人に関する情報」（2条1項柱書）であることが前提となる。つまり、AIが生成した、架空の人物や死者に関する情報は、個人情報ではない。

（イ）AI（学習済みモデル）そのもの　　AI（学習済みモデル）そのものが個人情報であるか否かについては、個人情報保護委員会は学習済みパラメータ（重み係数）と特定の個人との対応関係が排斥されている限りAI（学習済みモデル）は個人情報に該当しないと説明している（Q&A1-8）。

これは、「複数人の個人情報を機械学習の学習用データセットとして用いて生成した学習済みパラメータは、個人情報に当たりますか。」という質問に対し、もし当該パラメータ上において、いわばそれら複数人のグループとしての情報が保持されているだけで、個々人の情報が保持されていないなら個人情報ではない、と回答したものである。そして、これは、統計情報（→6（2））に関する当然のことを述べているに過ぎない。したがって、例えば、A、B、Cに関するデータを学習させ、Aについての情報も、Bについての情報も、Cについての情報も保持し、これを質問に応じて取り出すことができるような生成AI（学習済みモデル）について、当該学習済みモデル（学習済みパラメータ）の個人情報性を否定したものと理解すべきではないだろう。

**ウ　個人データ**

（ア）開発段階　　事例4-1について考えてみると、開発段階では（その収集したデータを学習用データセットとする際の処理内容にもよるが）特に個人情報を検索できるよう体系的に構成してデータベース化しないで学習用デー

---

＊5　岡田淳ほか『個人情報保護法』（商事法務・2024）55頁

2.「キー概念」と個人情報保護法の基礎　127

タセットを作成することは十分にあり得る。もしそうであれば、当該学習用データセットは単なる個人情報であり個人データではない、と評価できる可能性がある[*6]。とはいえ、重要なデータであれば個人データに準じた安全管理措置を講じ、また、学習後不要となれば削除することが望ましい[*7]。

　（イ）提供段階　　事例4-2について考えると、例えば「Aさんについて聞かれたらAさんの生年月日を返す」ようなAIを開発すること自体は、昔ながらのルールベースのAIでも可能であった。例えば、〈Aさんという個人の氏名に生年月日を紐付け、データベース上で管理した上で、Aさんの氏名が入力されれば、データベース上の生年月日を出力する〉という仕組みが考えられる。このようなAIの開発のための準備段階でデータベース化された個人情報は個人データである。また、例えば甲が開発したAIを乙に提供する（元のデータベースそのものは提供しないが、乙がAと入力すると、AIがFの生年月日を返す）という場合、乙もまたAの個人データを（第三者提供を受けて）取り扱っているとみるのが自然である[*8]。

　では、事例4-2のような生成AIの事案はどのように考えるべきだろうか。生成AIは、ニューラルネットワークの重み付けを調整することで、「Bさんはどういう人か」と質問をすると、Bさんの生年月日を返してくることがある。

　この場合につき、当該生成AIのBに関する挙動は、ルールベースAIのAに関する挙動と同様だ、ということを重視すれば、ここまでみてきたように、ルールベースにおいてベンダ甲がユーザ乙に個人データを第三者提供しているとみなされる以上、生成AIであっても、同様に個人データの第三者提供だ、という見解はあり得る。

　しかし、既に（3）アで前述したとおり、文書作成ソフトで議事録を作成した場合、確かに検索機能があるので検索を行うことはできるものの、「特定の個人情報を検索することができるように「体系的に構成」されている

---

[*6]　松尾・ChatGPT 71頁。中崎・法務ガバナンス58頁
[*7]　松尾・ChatGPT 72頁。なお、中崎・法務ガバナンス59-60頁も参照。
[*8]　なお、提供につき、利用権限があれば物理的に提供される必要はないとするガイドライン通則編2-17参照。

ものとはいえない」（Q&A1-40）として、直ちに個人データに該当しないとされている。そして、あくまでも生成AIの事例において存在するのは、重み付けを調整した学習済みモデルにすぎず、それが結果的に文書作成ソフトの検索機能と同様の挙動をするだけであって、それは特定の個人情報を検索することができるような体系的構成ではない、という解釈も十分にあり得る。

　この点につき、中崎は、否定説の前提は、個人情報に該当する情報だけを選別して検索できる場合ではないというものであるところ、その前提が異なれば結論も異なり得るとする。[*9]

　要するに、個人データに該当するかどうかは、問題となる生成AIがどのように学習し、どのように重み付けを調整したかによって判断される。もし、その重み付けというのが特定の個人情報だけを選別して検索できるような重み付けの調整の仕方なのであれば、〈特定の個人情報を検索することができるように「体系的に構成」されている〉とみなされ、なお個人データと評価される可能性があるように思われる。

　ここで、生成AIについてはハルシネーションが発生することがある（例：Bさんの生年月日について、時々誤った日を回答してしまう）。そこで、個人データ該当性が否定され得るのではないかと思われるかもしれない。しかし、ルールベースであってもバグ等によって誤った回答はあり得る。よって、誤りの可能性があるというだけで個人データ該当性を否定することは困難である。よって、その誤答の程度が甚だしく、その結果がもはや「特定の個人情報を検索できるように体系的に構成している」とはいえなくなるものを除き、やはりハルシネーション（幻覚）の存在だけをもっては個人データ該当性を否定できないように思われる。[*10]

---

　＊9　中崎・法務ガバナンス61-62頁。なお、現行の第三者提供の枠組みの妥当性に疑義を呈する岡田ほか・前掲注5）80頁も参照。
　＊10　結論として、松尾・ChatGPT 72頁注24と同じ。

2.「キー概念」と個人情報保護法の基礎　129

## 3. 取得規制とAI

◆（1）はじめに　　生成AIと個人情報の取得に関しては、実務上、利用目的規制、要配慮個人情報規制、そして適正取得規制が重要である。

◆（2）（取得時の）利用目的規制とAI

　ア　利用目的規制の内容　　利用目的規制には、取得段階と利用段階の双方があるので、利用段階は4（2）に譲り、以下では取得段階のみを説明する。[*11]

　個人情報を取り扱うに当たっては、利用目的をできる限り特定する必要がある（利用目的の特定。17条1項）。また、個人情報を取得した場合は、あらかじめ利用目的を公表している場合を除いて、速やかに利用目的を本人に通知または公表しなければならない（利用目的の情報提供。21条1項）。実務上は、事前にプライバシーポリシーをHP等に掲載することを通じて利用目的を公表することが多い。

　なお、「ベンダ注意喚起」では、プライバシーポリシーを日本語にするよう要求しており、OpenAIはプライバシーポリシーの日本語版を公表している（「ベンダ注意喚起」2）。

　イ　AIを利用する場合における利用目的　　ここで、AIを利用して高度なプロファイリングを行うことが従来から問題となっていた。つまり、ターゲット事件等で明らかになったように、AIの利用によって、人間が通常は想定できないような正確な分析・推知等が可能となる。個人情報保護法令和2年改正の施行と同時に施行された、ガイドライン通則編3-1-1[*1]は、「利用目的の特定」の趣旨について、個人情報を取り扱う者が、個人情報がどのような事業の用に供され、どのような目的で利用されるかについて明確な認識を持ち、できるだけ具体的に明確にすることにより、個人情報が取

---

[*11]　利用とは「取得及び廃棄を除く取扱い全般を意味すると考えられます。したがって、保管しているだけでも利用に該当します。」とするQ&A2-3参照。

[*12]　ターゲットというスーパーマーケットが、顧客である女子高生の購買傾向から、その妊娠を予測してダイレクトメールを送付したところ、これをみた父親が「娘は妊娠していない！」と苦情を入れた事案。実際にその女子高生は妊娠しており、親すらもわからない事情を正確に推知できるとして話題となった。ビクター・マイヤー＝ショーンベルガー、ケネス・クキエ（斎藤栄一郎訳）『ビッグデータの正体』（講談社・2013）92-93頁参照。

り扱われる範囲を確定するとともに、本人の予測を可能とすることである
とした。その上で、本人が、自らの個人情報がどのように取り扱われるこ
ととなるか、利用目的から合理的に予測・想定できないような場合は、こ
の趣旨に沿ってできる限り利用目的を特定したことにはならないとした。
このような観点を踏まえ、プロファイリング等、「本人から得た情報から、
本人に関する行動・関心等の情報を分析」する場合について、どのような
取扱いが行われているかを本人が予測・想定できる程度に利用目的を特定
できる方法として、以下のとおり例示した。

> 事例1:「取得した閲覧履歴や購買履歴等の情報を分析して、趣味・嗜好に
> 　　　　応じた新商品・サービスに関する広告のために利用いたします。」
> 事例2:「取得した行動履歴等の情報を分析し、信用スコアを算出した上で、
> 　　　　当該スコアを第三者へ提供いたします。」

　Q&A2-1においても、このような場合には「分析処理を行うことを含めて、
利用目的を特定する必要があります。」とされている。
　これまで、利用目的というのは、過程を問題とするものではなく結果を
問題するものと理解されていた。例えば、オンラインショップは顧客の個
人情報を利用して注文を処理し、商品を手配し、送り状を印刷し、商品に
送り状を貼り付けて、顧客の自宅まで配送していたわけである。これらの
一連の過程は「商品の配送」という目的に向けたものであることから、利
用目的は「商品の配送」であって、「注文処理」「商品手配」「送り状印刷」
「送り状貼付け」等の個々の過程を利用目的として特定する必要はないと
されていた。[*13] ところが、ガイドライン通則編3-1-1*1で特定を求める「分析」
は、まさに「過程」を内容とするものであって、その意味では利用目的制
度に重要な変化をもたらすものである。いずれにせよ、実務においてはど
のような場合にこのような分析処理を行うことを明記すべきかが問題とな
る。プロファイリングを行う場合は典型的であるが、例えば、生成AIに

---

*13　石井夏生利＝曽我部真裕＝森亮二編『個人情報保護法コンメンタール〔第2版〕第1巻』（勁草書
　　房・2024）214頁〔松前恵環執筆〕参照。

3.　取得規制とAI　131

個人情報を入れて質問をすると、回答が生成される。そしてその回答のレベルは、――どの生成AIを利用するかによるが――人間が行う分析と同程度の場合も多い。そうすると、プロファイリングのような高度な分析によって予測不能な結果を出すという性質が存在しない以上、わざわざガイドライン通則編3-1-1*1に従って分析処理を行うことを含めて、利用目的を特定する必要はないのではないか、という点は問題となるだろう。

この点は、現時点でこの問題に対応する明確なガイドライン等が示されていないことから、その生成AIの利用によって（それが高度かつ正確な分析なのか、ハルシネーションなのかはともかく）本人にとって予測不可能な結果が生成される可能性がある以上、少なくとも保守的に考えるならば、（生成）AIによる分析をする旨を記載した方がよいだろう[*14]と考える。

**ウ　AI開発と利用目的**　　ベンダがクローリングにより、学習の対象となる個人情報を含む情報を収集する際には、その旨の利用目的を特定し、かつ、公表・通知しなければならない。それでは、ベンダとしては、どのように利用目的を特定するべきだろうか。

ここで、利用目的は、「できる限り」特定しなければならない（17条1項）。そして、最終的にどのような事業の用に供され、どのような目的で個人情報を利用されるのかが、本人にとって一般的かつ合理的に想定できる程度に具体的に特定することが望ましいとされる（ガイドライン通則編3-1-1）。

開発・提供する生成AIがいわゆる基盤モデルのような汎用性があるモデルの場合、一般には、「機械学習による学習済みモデルの開発・改善に利用する」と記載すべきだろう。しかし、それだけでは、対象となる個人として、どのような利用がされるかがわからず、これでは本人の予測可能性を要件を満たさないのではないかが問題となる。ここで、記載方法を検

---

*14　とはいえ、次の**ウ**で述べる利用目的の変更との関係では、生成AIによる分析が人間による分析と水準が変わらないことが、「変更前の利用目的と関連性を有すると合理的に認められる範囲」と解釈する方向の要素といえると考える。なお、AIの学習という利用形態とは別途に、個人情報を取得し何らかのサービスを提供している以上、そのことに関する利用目的が特定され、通知または公表されている必要はあるが（利用目的の記載例：「サービスの改善」「新サービスの開発・提供」等）、当該目的の実現のため、AIの学習に個人情報を用いた場合でも、このように特定された利用目的を遵守しているものともいえるとする水井・Λ2Zも参照。

討する上では、不利益の重大性のレベルに応じて本人の予測可能性が担保されているかという視点から、どの程度の情報を利用目的として記載するべきか等の対応を検討する必要があるとされる[15]。この点は、開発されるAIが具体的にどのようなものか次第である。例えば、学習対象となる本人に関する分析結果が出力されるようなモデルを構築する場合には、どのような分析結果が出力され、それが本人に対しどのような不利益を与え得るか等の観点から、特定すべき利用目的を慎重に検討すべきことになるだろう。

ただし、上記2（6）イのとおり、開発される学習済みモデルにおいて、特定の個人との対応関係が排斥される限り、当該学習済みモデルは個人情報ではないことから、そのようなAIを開発する旨の利用目的の特定は不要な可能性もある[16]。とはいえ、「利用目的規制の対象となる可能性が有ることを前提に、その対応を検討すべき」とする見解も踏まえ[17]、保守的に対応することも十分検討に値する。

### ◈（3）要配慮個人情報規制とAI

**ア　要配慮個人情報とは**　　要配慮個人情報とは、本人の人種、信条、社会的身分、病歴、犯罪の経歴、犯罪により害を被った事実その他本人に対する不当な差別、偏見その他の不利益が生じないようにその取扱いに特に配慮を要するものとして政令で定める記述等が含まれる個人情報である（2条3項）。

**イ　主な規律**　　要配慮個人情報に関する主な規律としては、以下のものを挙げることができる。

---

・要配慮個人情報の取得時に原則として同意が必要（20条3項）
・個人データの第三者提供の方法のうちオプトアウトは要配慮個人情報が含まれるものについては利用不可（27条2項）

---

[15]　福岡真之介＝杉浦健二＝古川直裕＝木村菜生子編『AIプロファイリングの法律問題―AI時代の個人情報・プライバシー』（商事法務・2023）198-206頁
[16]　中井杏＝曽我部真裕「【連載】実務問答 個人情報保護法　第3回　AI開発における学習用データの利用目的と学習済みパラメータの取扱い」NBL1254号（2023）47頁
[17]　中崎・法務ガバナンス56頁。なお、中井＝曽我部・前掲注16）52頁の、目的の特定が不要ということはすなわち個人情報の取扱いに該当しないことになるのか等と疑問視する曽我部コメント等も参照。

3. 取得規制とAI　133

・要配慮個人情報が含まれる個人データの漏洩等が発生し、または発生したおそれがある事態の報告が必要（26条、規則7条1号関係）
・本人の同意なく要配慮個人情報が取得されたものであるという理由によって、保有個人データの利用停止等の請求を受けた場合であって、その請求に理由があることが判明したときは、原則として、遅滞なく、利用停止等を行わなければならない（35条）。

　このうち、漏洩報告については4（5）を参照されたい。なお、オプトアウトと利用停止に関しては、生成AI固有の問題があるとは認められないので、詳述しない。

**ウ　要配慮個人情報が回答に含まれる場合**

　（ア）はじめに　　事例4-2において、ベンダ甲がユーザ乙に提供する生成AIについて、当該生成AIの回答の一部として、「Aさんが癌を患っている」等の要配慮個人情報が出力されることがある。この場合には、要配慮個人情報を乙がAの承諾を得ずに取得したことにはならないか。

　（イ）意図的な取得　　まず、ユーザ乙（の従業員）が意図的に要配慮個人情報を取得しようとして生成AIを利用することがあり得る。例えば、「A氏は病気に罹患していますか?」等の明らかに第三者の要配慮個人情報が取得できるようなプロンプトを利用して生成された要配慮個人情報を取得すれば、これは本人同意なき要配慮個人情報の取得として違法といわざるを得ないだろう（20条2項）。[18]

　（ウ）偶発的な生成　　なお、プロンプトそのものが要配慮個人情報の生成を意図しているものではないものの、そうであっても結果的に個人の病歴等の要配慮個人情報が吐き出されてしまう可能性はゼロではない。そのような場合、ユーザ乙は、要配慮個人情報を、本人同意なく取得したとして20条2項違反になるのだろうか。

　ここで、AIとは異なるもののインターネット情報の取得の文脈で、Q&A4-4が次のように述べていることが参考になる。すなわち、（適正取得〔20

---

*18　松尾・ChatGPT 69頁

条1項〕の文脈において）個人情報を含む情報がインターネット等により公にされている場合、①当該情報を単に画面上で閲覧する場合、②当該情報を転記の上、検索可能な状態にしている場合、③当該情報が含まれるファイルをダウンロードしてデータベース化する場合は、それぞれ「個人情報を取得」していると解されるか、との質問に対し、「個人情報を含む情報がインターネット等により公にされている場合、それらの情報を①のように単に閲覧するにすぎない場合には『個人情報を取得』したとは解されません。一方、②や③のようなケースは、『個人情報を取得』したと解し得るものと考えられます。」と回答している。

また、Q&A4-8はこのように述べる。「郵便物の誤配など、事業者が求めていない要配慮個人情報が送られてきた場合であっても、事業者（受領側）に提供を『受ける』行為がないときは、要配慮個人情報を取得しているとは解釈されません。すなわち、事業者が手にすることとなった要配慮個人情報を直ちに返送したり、廃棄したりするなど、提供を『受ける』行為がないといえる場合には、要配慮個人情報を取得しているとは解釈されません。」すなわち、郵便物誤配等「受ける」行為がなければ取得ではないとする。[19]

本件は、「インターネット等により公にされている場合」ではないため、確実に要配慮個人情報に関する規律に違反しないとまではいい切れないものの、①画面上で閲覧はするが、②転記や③データベース化をしないといった対応が現実的対応として考えられるだろう。[20]

（エ）推知情報　　生成AIはプロファイリングに特化されているわけではなく、むしろ分析系AIの方が、より高度なプロファイリングを行うことができるように思われる。とはいえ、例えば生成AIにエクセル形式の個人に関する情報をアップロードし、分析させることは可能である。その場合に、元の（要配慮個人情報ではない）情報から、要配慮個人情報を推知

---

[19]　なお、Q&A4-8は、その後半において、Q&A4-4①の閲覧だけでは取得にならないという内容を要配慮個人情報の取得の文脈でも確認している。

[20]　松尾・ChatGPT 70頁

3. 取得規制とAI　135

することができる。このような推知情報は、要配慮個人情報に含まれない（ガイドライン通則編2-3）。この点は学説上批判があるものの、実務上は固まった解釈である。もっとも、個人情報保護法の問題がなければ何をしてもよいということではなく、プライバシー保護やその他の法令の観点から、かかる推知情報を適切に取り扱うべきであろう。[*21]

　（オ）事実か否かにかかわらないこと　　なお、実務上は、ある実在の人物について、その人が病気ではない（病気と公表されていない）にもかかわらず、病気だという回答が生成されることがある。このような場合は〈ただの架空の情報なので要配慮個人情報規制に服しない〉と考えるべきではない。

　内容は不正確かもしれないが、不正確であっても要配慮個人情報であることに変わりはないことは個人情報該当性に関する上記２（6）ウ（イ）と同様である。ただし、上記（エ）のとおり、単なる推知情報に過ぎず、要配慮個人情報には該当しないと評価されることはあるだろう。

　**エ　要配慮個人情報がプロンプトに含まれる場合**　　また、ユーザが入力するプロンプトに要配慮個人情報が含まれていることが、ベンダにとって「取得」に該当するかは問題となり得る。

　ここで、「ベンダ注意喚起」の1（2）は、「利用者が機械学習に利用されないことを選択してプロンプトに入力した要配慮個人情報について、正当な理由がない限り、取り扱わないこと」とする。この記載は非常にわかりにくいものの、そこからは、個人情報保護委員会が、①要配慮個人情報がプロンプトとして入力されたとしても「取り扱わない」ことができる、②機械学習に利用しないというオプトアウトをしていなければ直ちに取扱いは禁止されない、という立場に立っていることが推察される。

---

*21　例えば、放送受信者ガイドライン34条は、「受信者情報取扱事業者は、視聴履歴を取り扱うに当たっては、要配慮個人情報を推知し、又は第三者に推知させることのないよう注意しなければならない」としており、同ガイドラインの解説はこれについて、「一般に要配慮個人情報を推知させる情報に過ぎないものは、要配慮個人情報に当たらないと解されているところであるが、放送受信者等の同意の範囲を超え、膨大なデータに基づく分析により、要配慮個人情報を推知する行為は、「真実らしく受け取られる情報」の取得としてプライバシー権を侵害する可能性や、ひいては、要配慮個人情報の取得につながるおそれも否定できないと考えられる」としており、視聴履歴から要配慮個人情報を推知する行為が「取得」に当たり得ることを正面から認めていることを参照。石井＝曽我部＝森編・前掲注13）313頁〔森亮二執筆〕も参照。

まず、「取扱い」については明確なものがないが、Q&A2-3が「取扱い」とは利用、取得および廃棄をいうとされていること、個人データ取扱いの委託の場面で、ガイドライン通則編3-4-4*1が個人データの入力（本人からの取得を含む）、編集、分析、出力等の処理を行うことの委託等が想定されるとしていることから、かなり広い概念であることは間違いない。しかし、一定の限定があり得ることは、他の文脈でも示唆されている。**ウ（ウ）**でも述べたQ&A4-8からすれば、プロンプトとして入力されても、それを無視する、例えば、「これは実在の人物の健康状態に関するものですので、回答をすることはできません。」と表示する、ということであれば「取り扱わない」とか「取得していない」といえる余地がある。しかし、回答は生成するものの、単に機械学習に使わない、というだけで「取り扱わない」とか「取得していない」といえるのかは必ずしも明らかではない。

次に、学習に利用する場合であっても、利用者が〈機械学習に利用しない〉というオプトアウトをせず、いわば機械学習に同意していれば、これを取得し、取り扱ってよいのだろうか。ユーザがオプトアウトをしていないといっても、やはり当該要配慮個人情報にかかる本人の同意がなければ取得はできないのであって、例えば、個人ユーザが自分の病気について相談する等の本人同意がある場合はともかく、そうではない場合に取扱いが正当化されるのかについては、要配慮個人情報の取得規制の趣旨を踏まえると、なお疑問が残る。なお、意図的な提供であれば漏洩ではないので、ユーザ側が第三者の要配慮個人情報をプロンプトに入れた場合でも、それが意図的であれば漏洩には該当しない（ガイドライン通則編3-5-1-2）。しかし、第三者提供の規律は別途問題となる（→5）。

**オ　クローリングの際に要配慮個人情報が含まれる場合**　ベンダが学習のために様々な情報を収集する際に、その収集対象たるデータに要配慮個人情報が含まれる可能性がある。そして、一定の者により公開されている場合（20条2項7号）には取得の際に本人同意が不要とされる。もっとも、インターネット上のクロール対象情報はそのような「一定の者」により公開されたものに限定されない。「ベンダ注意喚起」の1（1）は、以下のと

3. 取得規制とAI　137

おり、以下の4点に留意するように述べている。

---

1　収集する情報に要配慮個人情報が含まれないよう必要な取組を行うこと。
2　情報の収集後できる限り即時に、収集した情報に含まれ得る要配慮個人情報をできる限り減少させるための措置を講ずること。
3　上記1および2の措置を講じてもなお収集した情報に要配慮個人情報が含まれていることが発覚した場合には、できる限り即時に、かつ、学習用データセットに加工する前に、当該要配慮個人情報を削除するまたは特定の個人を識別できないようにするための措置を講ずること。
4　本人または個人情報保護委員会等が、特定のサイトまたは第三者から要配慮個人情報を収集しないよう要請または指示した場合には、拒否する正当な理由がない限り、当該要請または指示に従うこと。

---

　このような措置を講じれば適法とまではいい切っていないことが悩ましいものの、実務上はこの4点を必ず遵守した上で[*22]、さらに要配慮個人情報を保護するためにどのような措置を講じることができるか、を検討すべきである。

◆ (4) 適正取得規制と生成AI

　ア　はじめに　　個人情報に関しては適正取得が義務付けられており、偽りその他不正の手段により個人情報を取得してはならない（20条1項）。それでは、生成AIの利用に伴って個人情報を取得する場合はどのように考えればよいのだろうか。

　イ　ベンダ　　学習をする上では、データが多ければ多いほど良い（More Data）として、あらゆる入手可能なデータを入手しようとして、様々なところからデータを引っ張ってこようとすると、どこかで適正取得（20条1項）が問題となりかねない[*23]。例えば、Q&A4-5は、「個人情報取扱事業者が、ダークウェブ上で掲載・取引されている個人情報を当該ダークウェブからダウンロード等により取得することは、偽りその他不正の手段による個人情報

---

[*22]　なお、中崎・法務ガバナンス40-41頁は「当局としては、個人情報保護法違反として摘発することはしない、という立ち位置を暗に示そうとしている」という可能性を示唆するが、同時にこの議論を他のベンダが参照することは難しいとする。
[*23]　松尾・ChatGPT 68頁

の取得に該当するものとして、法第20条第1項に違反するおそれがあります。」としている。もしダークウェブやそれに準じるソースからデータをクローリングすれば、同項違反となる。

　なお、Q&A4-2は、ある会社が名簿屋から名簿を購入することそのものが直ちに適正取得違反とはならないとしながらも、その会社として、名簿屋が不正の手段により個人情報を取得したと知り、また、それを容易に知ることができたにもかかわらずその名簿を購入することは同項違反となるとする。そこで、個人情報を名簿屋から購入して生成AIに学習をさせた場合にも同様の問題が生じることがある。[24]

　**ウ　ユーザ**　個人情報を不適正に取得しようとしたと評されそうなプロンプト、例えば、個人データを抜き出す攻撃のためのプロンプトを利用することも適正取得（20条1項）との関係で問題となる。[25]例えば、学習型AIは、学習したデータを抜き出す攻撃を受ける余地があるとされる。[26]そこで、生成AIのこのような脆弱性を利用して個人データを抜き取るような行為は、20条1項違反といわざるを得ない。[27]

## 4. 保管・利用規制とAI

◆**（1）はじめに**　保管・利用規制としては、利用目的による制約、適正利用、安全管理措置、漏洩報告、データの内容の正確性の確保等が重要である。

◆**（2）利用目的による制約**

　**ア　はじめに**　利用目的は個人情報の取得時のみならず、その利用時

---

*24　なお、名簿屋への売却によるデータ漏洩事案につき、<https://www.ntt-west.co.jp/corporate/security/verify.html>を参照。

*25　松尾・ChatGPT69頁

*26　一般的な学習型AIに対するmodel inversion, training data reconstruction, membership inference等の訓練データを推定する攻撃につき森川郁也「機械学習セキュリティ研究のフロンティア」IEICE Fundamentals Review15巻1号（2021）<https://www.jstage.jst.go.jp/article/essfr/15/1/15_37/_article/-char/ja> 42頁以下を参照。

*27　中崎・法務ガバナンス54頁も、これら従来から不適正取得の禁止とされていた形態に該当するとは必ずしもいえないとしながらも、巧妙なプロンプトの入力等何らかの回避手段を用いて回答させた場合に検討の余地があるとする。

にも重要な問題となる。生成AIをめぐってはどのような利用時の問題が生じるのだろうか。

　**イ　利用時の規律**　　個人情報の利用時には、あらかじめ特定した利用目的の範囲でしか個人情報を取り扱うことができず、それ以外の利用を行う場合には、本人同意を取得することが原則となる（18条1項）。例えばベンダの開発、提供、ユーザによるAIの利用はそれぞれ利用目的の範囲内でなければならない。基本的には、プライバシーポリシーを確認した上でそのプライバシーポリシーで特定した利用目的の範囲内といえるかを確認しなければならない。これは、「ユーザ注意喚起」(1) ①が「個人情報取扱事業者が生成AIサービスに個人情報を含むプロンプトを入力する場合には、特定された当該個人情報の利用目的を達成するために必要な範囲内であることを十分に確認すること。」とするとおりである。

　**ウ　AIを利用する場合における利用目的の変更**　　生成AIに個人情報を投入することに伴い、取得時に特定した利用目的を超えて個人情報が利用されることがある。例えばこれまでは、サービス提供や連絡等の目的で顧客の個人情報を取得していたという場合であっても、生成AIを利用すれば、少なくとも技術的にはそれらをマーケティング目的にも利用できるようになるとなれば、企業としては個人情報をそうした目的に利用したくなるかもしれない。しかし、そのような利用は当初の利用目的とは異なっている。

　4 (2)で後述するように、本人の同意を得ずに「利用目的の達成に必要な範囲を超えて、個人情報を取り扱ってはならない」（18条1項）。そこで、上記のような場合において勝手に生成AIに個人情報を投入して、それをマーケティング目的に利用することは、違法である。

　よって、まずは、本人同意を取得することが考えられる。ただし、17条2項は「個人情報取扱事業者は、利用目的を変更する場合には、変更前の利用目的と関連性を有すると合理的に認められる範囲を超えて行ってはならない」としており、変更前の利用目的と関連性を有すると合理的に認められる範囲であれば、利用目的の変更が可能である。これは、変更後の利用目的が変更前の利用目的からみて、社会通念上、本人が通常予期し得る

限度と客観的に認められる範囲内である必要がある（ガイドライン通則編3-1-2）。この判断は本人の主観や事業者の恣意的な判断によるものではなく、一般人の判断において、当初の利用目的と変更後の利用目的を比較して予期できる範囲をいう。当初特定した利用目的とどの程度の関連性を有するかを総合的に勘案して判断される（ガイドライン通則編3-1-2*1）。

　AIとは直接関係ない具体例として、変更が認められるものと認められないものがQ&Aで以下のとおり示されている。

---

【認められるもの―Q&A2-8】
○「当社が提供する新商品・サービスに関する情報のお知らせ」という利用目的について、「既存の関連商品・サービスに関する情報のお知らせ」を追加する場合

○「当社が提供する既存の商品・サービスに関する情報のお知らせ」という利用目的について、「新規に提供を行う関連商品・サービスに関する情報のお知らせ」を追加する場合（例えば、フィットネスクラブの運営事業者が、会員向けにレッスンやプログラムの開催情報をメール配信する目的で個人情報を保有していたところ、同じ情報を用いて新たに始めた栄養指導サービスの案内を配信する場合もこれに含まれ得ると考えられます）

○「当社が取り扱う既存の商品・サービスの提供」という利用目的について、「新規に提供を行う関連商品・サービスに関する情報のお知らせ」を追加する場合（例えば、防犯目的で警備員が駆け付けるサービスの提供のため個人情報を保有していた事業者が、新たに始めた「高齢者見守りサービス」について、既存の顧客に当該サービスを案内するためのダイレクトメールを配信する場合もこれに含まれ得ると考えられます）

○「当社が取り扱う商品・サービスの提供」という利用目的について、「当社の提携先が提供する関連商品・サービスに関する情報のお知らせ」を追加する場合（例えば、住宅用太陽光発電システムを販売した事業者が、対象の顧客に対して、提携先である電力会社の自然エネルギー買取サービスを紹介する場合もこれに含まれ得ると考えられます）

【認められないもの―Q&A2-9】
○当初の利用目的に「第三者提供」が含まれていない場合において、新たに、法第27条第2項の規定による個人データの第三者提供を行う場合

---

4. 保管・利用規制とAI　141

○当初の利用目的を「会員カード等の盗難・不正利用発覚時の連絡のため」としてメールアドレス等を取得していた場合において、新たに「当社が提供する商品・サービスに関する情報のお知らせ」を行う場合

　これらは生成AIの文脈における事例ではないことから、必ずしも生成AIに関する読者の皆様の目の前の状況に類似するものは見つからないかもしれない。とはいえ、目の前の事案に相対的に類似するもの、例えば、既存サービスの提供から新規サービスや提携先のサービスの情報を知らせることが変更として認められ得るとされていること（Q&A2-8）から推認して、具体的に判断していくことになるだろう。

◆**(3) 適正利用規制と生成AI**　　違法または不当な行為を助長し、または誘発するおそれがある方法による個人情報の利用は禁止されている（19条）。これは、法令に違反する行為、および直ちに違法とはいえないものの、個人情報保護法その他の法令の制度趣旨または公序良俗に反する等、社会通念上適正とは認められない行為をいうとされている（ガイドライン通則編3-2）。例えばプロファイリングについては、その内容によっては、この不適正利用禁止規制違反となる可能性があるものの、何が許容され、何が許容されないかは不透明である。[28]

　少なくとも、AIの学習内容により性別や肌の色の違いにより特定の属性の者のみを顔識別機能付きカメラシステムが疑わしい等して検知するというような不当な差別的扱いについて19条違反のおそれがあるとされており、[29]また、フィッシング詐欺等のAIのため個人情報を取り扱うことは、相当程度悪質で、個人情報の不適正利用の禁止（19条）にも抵触する可能性もあると指摘されている[30]ことを踏まえて実務対応を行うべきである。

◆**(4) 安全管理措置規制とAI**

　ア　**安全管理措置**　　個人情報取扱事業者は、その取り扱う個人データ（な

---

*28　中崎・法務ガバナンス75頁
*29　<https://www.ppc.go.jp/files/pdf/kaoshikibetsu_camera_system.pdf>
*30　水井・A2Z 24頁

お、個人情報が一部含まれることについては→2（2）ウ）の漏えい、滅失または毀損の防止その他の個人データの安全管理のために必要かつ適切な措置を講じなければならない（安全管理義務。23条）。

　生成AIの利活用に当たっていかなる留意点があるだろうか。まず、ベンダが生成AIの学習等のために取得した情報が個人データであれば、安全管理措置を講じる必要がある。個人データ該当性については、2（6）における議論を参照のこと。[31] また、ユーザとしては、個人データを生成する生成AIを利用する場合や、生成AIの生成した情報を個人データとして保管・利活用するに際しては、これに対する安全管理を行う必要がある。[32]

　さらに、生成AIに（学習をオフにせず）安易に個人データを入れて漏洩させないという点も重要である。この点については、社内ルール（→第12章）での対応が必要となるだろう。

　**イ　従業者の監督**　安全管理措置には様々なものがあるが、役員、従業員その他の従業者の監督（24条）が重要である。従業者が学習機能をオンにして個人データの投入をしたり、（仮に学習機能がオフであっても、（5）ウで述べるような対応がされていない限り）要配慮個人情報の生成AIへの投入等を行わないよう、自社の社内ルール（→第12章）を策定し、それに基づき監督を行う必要がある。

　**ウ　委託先の監督**　個人情報取扱事業者が利用目的の達成に必要な範囲内において個人データの取扱いの全部または一部を委託することに伴って当該個人データが提供される場合には、第三者提供における本人同意が不要となる（27条5項1号〔→5〕）。しかし、本人の同意なく個人データが提供されることで、本人の個人データに対する安全管理の水準が切り下がることは許されない。そこで、委託者に対しては、受託者に対する監督義務が課されている（25条）。もし、ユーザ企業がAIベンダに対して委託する

---

*31　なお、仮にそれが単なる個人情報であっても、重要な（例えば要配慮個人情報を含む）情報の安全管理をどのように行うかというのは別の問題となる。そこで、データを一度学習させたらすぐに削除をするというのが1つの対応であろう。そして、そうでない場合には、通常は個人データ並みの安全管理をすべきであろう（松尾・ChatGPT 72頁）。

*32　松尾・ChatGPT 73-74頁

と整理するのであれば、例えば個人データの取扱いに関する覚書を締結する等によって、監督義務を果たす必要がある。

◆ (5) 漏洩報告

**ア　はじめに**　個人データ（なお、個人情報が一部含まれることは→2 (2) ウ2）が漏洩等した場合には、個人情報保護委員会への報告および本人への通知等が義務付けられている。ここで、生成AIの学習をオンにしたまま、AIに個人データ等を投入することで、当該情報が学習に利用され、第三者に表示されることによる漏洩の可能性がある。あえて学習を通じて情報を漏洩させよう、と考えて個人データを投入した場合はともかく[33]、学習をオンにしたままAIに個人データを投入した場合には、それが「漏えい」となるかはともかく、漏洩が「発生したおそれがある事態」（規則7条各号）として、報告義務・通知義務をトリガーし得る「漏えい等」となる。そして、これらの義務は、以下のいずれかが生じた場合において発生する。

(1) 要配慮個人情報が含まれる個人データの漏えい等が発生し、または発生したおそれがある事態（規則7条1号関係）
(2) 不正に利用されることにより財産的被害が生じるおそれがある個人データの漏えい等が発生し、または発生したおそれがある事態（規則7条2号関係）
(3) 不正の目的をもって行われたおそれがある当該個人情報取扱事業者に対する行為による個人データの漏えい等が発生し、または発生したおそれがある事態（規則7条3号関係）
(4) 個人データに係る本人の数が1000人を超える漏えい等が発生し、または発生したおそれがある事態（規則7条4号関係）

**イ　ユーザの実務**　大前提として、適切な社内ルールによって、漏洩等を発生させないことが重要である。生成AIに関してユーザ役職員による漏洩が生じる典型的なパターンとしては、要配慮個人情報（規則7条1号）やクレジットカード情報（同2号）、または、大量（本人の数が1000人を超える）

---

[33]　なお、意図的な提供は漏洩ではない。ガイドライン通則編3-5-1-2。

144　第3部　生成AIと公法 ▯▯▯▯▯ 第4章　個人情報保護法

（同条4号）のデータを生成AIに投入してしまう場合が挙げられる。また、生成AIの学習のため構築した個人データを含むデータセットの価値が高いとして、社内のまたは社外の悪意ある者による、不正の目的によるデータ漏洩の被害が生じるかもしれない。[34]

**ウ　ベンダの実務**　　生成AIが、例えば、要配慮個人情報（規則7条1号）やクレジットカード情報（同2号）等の個人データを表示してしまう事態が（少なくとも稀には）発生し得ることをどう整理するかが問題となる。

1つの整理としては、〈意図的に表示させている〉という整理である。例えば、ユーザにおいて本人同意を得た上で、その同意を得た要配慮個人情報を、要配慮個人情報の投入を可能とするベンダの生成AIに投入し、当該ベンダが当該要配慮個人情報を処理した結果を表示するというのは、意図的表示であって漏洩ではない（ガイドライン通則編3-5-1-2）。

これに対し、ベンダとして、マスタープロンプト（→第1部コラム）等で要配慮個人情報等の個人データを表示させないように対応することも十分にあり得るが、それでも、何らかの理由で要配慮個人情報等、表示することを想定していない情報が表示されてしまうことがある。この場合を、漏洩として整理するべきかは具体的状況にもよるが、漏洩ではないと整理したとしても報告は可能であるところ、漏洩ではないと整理するものの報告は行う、という対応もあり得るように思われる。

◆**（6）データの内容の正確性の確保（22条）等**　　22条は「個人情報取扱事業者は、利用目的の達成に必要な範囲内において、個人データを正確かつ最新の内容に保つとともに、利用する必要がなくなったときは、当該個人データを遅滞なく消去するよう努めなければならない」として、データの内容の正確性の確保および、データの消去を求める。

そもそも、生成AIがハルシネーション等の不正確な情報を生成するということは、ハルシネーション対策等を行わなければ、常に不正確な情報

---

[34]　なお、ガイドライン通則編3-5-3-1（3）事例4は従業者が顧客の個人データを不正に持ち出して第三者に提供した場合を不正目的に含めているから、ハッキング等の第三者の不正行為のみならず、そのような価値の高いデータを役職員が持ち出すことも不正目的による漏洩に含まれる。

4. 保管・利用規制とAI　　145

を取り扱うことになりかねないリスクがあるということである。そのリスクを踏まえ、ユーザ・ベンダの協力により、それぞれできるだけ正確な情報が生成されることを確保すべきである。

しかし、それでも誤りはゼロにはならない。個人データの内容が誤っていると思われる場合には、そのデータを訂正する等、正確性確保に努めなければならない。

また、できるだけ多くのデータを利用したいという観点から、例えば従来商品配送のために取得し、配送が終わったので「利用する必要がなくなった」個人データを保持し続けてAIで処理することにより、新たなマーケティング等の便益を享受するニーズ自体は存在する。しかし、その場合には利用目的が変化していることから利用目的の変更手続を行うべきであり（→3(2)ウ）、元の利用目的のまま、元の利用目的の観点から「利用する必要がなくなった」のにもかかわらず保持し続けることは正当化されない。

## 5.（外国）第三者提供とAI

### ◆（1）はじめに

**ア　第三者提供規制の概要**　27条1項柱書は、「個人情報取扱事業者は、……あらかじめ本人の同意を得ないで、個人データを第三者に提供してはならない」とする。すなわち、個人データの第三者への提供（第三者提供）について原則として本人同意を求める。

**イ　第三者の意義**　ここでいう「第三者」とは、本人および問題となる個人情報取扱事業者以外の者（法人格を異にする者）である（Q&A7-1）。そこで、100％子会社等のグループ会社であっても法人格が異なれば「第三者」だが、社内における利用は第三者提供ではない。

**ウ　提供の意義**　提供とは、自己以外の者が利用可能な状態に置くこと（ガイドライン通則編2-17）である。例えば、ハードディスクに入れる等して物理的に渡すことが典型的な提供である。しかし、それだけではなく、クラウド上においてアクセス権限を与えてURLを教えてアクセス可能とすればこれに当たる。

**エ　同意取得以外の規律**　　同意取得以外にも、利用目的に第三者提供が含まれるならその旨を明確に特定（ガイドライン通則編3-1-1）しなければならない。

なお、第三者提供をする場合には記録作成義務（29条）、第三者提供を受ける場合には確認・記録義務が課せられている（30条）。

**オ　生成AIと第三者提供**　　ユーザが生成AIに個人情報を含むデータを投入することが、ベンダに対する個人データの第三者提供ではないかが問題となっている。つまり、ユーザが、生成AIに「個人データ」（16条3項）を投入することを通じて、ベンダに対して個人データを第三者提供しているとみなされ、第三者提供に関する規制が適用される、すなわち、原則として本人同意が必要となるのではないか（27条1項柱書）、という問題意識が存在する。[35]

**カ　理論上の選択肢**　　27条は、ある行為が「個人データ」の「第三者提供」に該当する場合、同意（1項柱書）、法令等（21項各号）、オプトアウト（2項）、委託（5項1号）、事業承継（5項2号）または共同利用（5項3号）のいずれかの正当化根拠が充足されることを求める。そこで、実務では①そもそも27条の規制がトリガーされないという論理を構築するか、または、②当該規制がトリガーされることを前提に、何らかの正当化根拠に基づき、第三者提供規制を遵守しているという論理を構築するか、のいずれかの対応を行う必要がある。

◆**(2)　（少なくとも一般的には）利用することが難しいように思われるスキーム**

**ア　はじめに**　　もちろん、具体的場面によっては、第三者提供を正当化するために以下のいずれかのスキームを採用できることはあり得るが、少なくとも生成AIにおける典型的な場面で以下のスキームを根拠として第三者提供を正当化することは、容易ではなさそうである。

**イ　法令等**　　法令等という正当化根拠が利用可能なのは、「他の法令により個人情報を第三者へ提供することを義務付けられている場合」か、「他

---

[35]　この問題については、松尾・一橋（個人情報）を参照。

の法令に、個人情報を第三者に提供することについて具体的根拠が示されている（が提供すること自体は義務付けられていない）場合」が挙げられる。[*36] もしこのような法令が存在すれば法令等を根拠に（本人同意がなくても）第三者提供を行うことができるが、そのような場合は少なくとも生成AIを利用する場合全般に当てはまるものではない。

**ウ　オプトアウト**　　オプトアウトは実務上、一定の場合（例：住宅地図会社が地図上に所有者の氏名を記載する行為）には利用することもあるものの、いわゆる「名簿屋」対策として届出等の規制が厳しくなっていることから、生成AIの文脈において、少なくとも一般的には利用されていない。[*37]

**エ　事業譲渡等**　　事業承継は合併や事業譲渡等の場面では利用可能であるが、少なくとも生成AIを利用する場合全般に当てはまるものではない。

**オ　共同利用**　　共同利用が可能なのは、「本人から見て、当該個人データを提供する事業者と一体のものとして取り扱われることに合理性がある範囲」（ガイドライン通則編3-6-3（3）③参照）でなければならない。[*38] そこで、例えば、グループ企業間で相互に個人データを提供し合う場面等、実務上共同利用がふさわしい場面も存在するものの、少なくとも、生成AIを利用する場合全般に当てはまるものではない。

**カ　クラウド例外**　　従来、個人情報（とりわけ個人データ）をクラウド上にアップロードすることができるかが問題となっていた。例えば、ユーザ企業A社がクラウドベンダB社のクラウド上に個人データをアップロードする場合、A社からB社への第三者提供（27条）にならないか、その場合に、

---

*36　Q&A7-14参照。
*37　なお、筆者が関与した、悪意を持った元派遣社員が名簿屋に大量のデータを販売したNTT西日本事件につき<https://www.ntt-west.co.jp/corporate/security/verify.html> 参照。
*38　なお、既にユーザの手元にある個人データを生成AIに投入することを通じてベンダという第三者に提供する場合に、共同利用スキームを利用するのであれば、「既に特定の事業者が取得している個人データを他の事業者と共同して利用する場合」として「当該共同利用は、社会通念上、共同して利用する者の範囲や利用目的等が当該個人データの本人が通常予期し得ると客観的に認められる範囲内である必要がある。」ガイドライン通則編3-6-3（3）③。なお、これがどのような場合かについては、「取得の際に通知・公表している利用目的の内容や取得の経緯等にかんがみて、既に特定の事業者が取得している個人データを他の事業者と共同して利用すること、共同して利用する者の範囲、利用する者の利用目的等が、当該個人データの本人が通常予期しうると客観的に認められるような場合をい」うとするQ&A7-52も参照。

本人から同意（同1項）を取得することは実務上容易ではないところ、委託（同5項1号）としようとすると、クラウドベンダはユーザ企業の標準委託覚書を受け入れてくれないという悩みがあった。

そこで、いわゆる「クラウド例外」[39]として、一定の場合に、クラウド上への個人データのアップロードが第三者提供ではないとされた。すなわち、Q&A7-53により、「クラウドサービス提供事業者が、当該個人データを取り扱わないこととなっている場合には、当該個人情報取扱事業者は個人データを提供したことにはならないため、『本人の同意』を得る必要はありません」「当該クラウドサービス提供事業者が、当該個人データを取り扱わないこととなっている場合とは、契約条項によって当該外部事業者がサーバに保存された個人データを取り扱わない旨が定められており、適切にアクセス制御を行っている場合等が考えられます。」[40]という形（いわゆる「クラウド例外」）で一定の要件を満たすクラウドについてはそもそもA社はB社に個人データを第三者提供していない、と整理されることになった。

とはいえ、規制改革ホットラインにおける「検討要請に対する所管省庁からの回答」[41]は、「クラウドサービスの利用と個人データの『取扱い』の明確化」という論点に関し、「一般論として、当該クラウドサービス提供事業者が、サーバに保存された個人データに対して編集・分析等の処理を行う場合には、当該クラウドサービス提供事業者が当該個人データを『取り扱わないこととなっている場合』には該当しないと考えられます。」とする。そして、「この回答を前提とするとSaaSへのクラウド例外の適用は否定的に解されているように思われる」[42]と指摘されている。[43]

---

*39 小川智史「クラウド例外」NBL1250号（2023）4頁参照。
*40 この「等」を重視して、契約条項の定めを中心的要件とする考えも存在することにつき岡田ほか・前掲注5）320頁参照。
*41 令和4年度「検討要請に対する所管省庁からの回答」No.307<https://www8.cao.go.jp/kisei-kaikaku/kisei/hotline/siryou2/k_siryou2_r4.pdf>
*42 小川・前掲注39）9頁
*43 なお、このような議論、つまり〈システムが処理する場合であっても、個人データの取扱いである〉という議論を応用すれば、以下のようなことが指摘できるだろう。つまり、生成AIに関し、人間ではなくAIのみが個人データを取り扱うのであれば、そもそも個人データを取り扱うとはいえないのではないか、といった疑問もある。この点、OpenAIは（**(3)** キで検討するゼロ・データ・リテンションを除き）原則30

5.（外国）第三者提供とAI　149

「ユーザ注意喚起」は「個人情報取扱事業者が、あらかじめ本人の同意を得ることなく生成AIサービスに個人データを含むプロンプトを入力し、当該個人データが当該プロンプトに対する応答結果の出力以外の目的で取り扱われる場合、当該個人情報取扱事業者は個人情報保護法の規定に違反することとなる可能性がある。そのため、このようなプロンプトの入力を行う場合には、当該生成AIサービスを提供する事業者が、当該個人データの記載を機械学習に利用しないこと等を十分に確認すること。」とする。

　確かにこれを第三者提供規制に関するものと捉え、「学習さえオフにすれば、ベンダは個人情報を取り扱っていないので、クラウド例外が使える（本人の同意を取らずにAIに個人データを入れることができる）」という見解自体はあり得る。しかし、この建て付けに飛びつくことは容易ではない。筆者も「一定の場合（学習に利用されず、当該個人データが当該プロンプトに対する応答結果の出力だけの目的で利用される場合）にクラウドの例外が利用可能だという趣旨にも読めなくはないが、不透明である」と評したことがある。[44]

　また曽我部教授は、「ユーザ注意喚起」が「生成AIサービスに個人データを含むプロンプトを入力し、その応答を得るというプロセスに関しては、個人データの『提供』に当たらないとする趣旨だと解釈する可能性」を示したとしながらも、その結論を否定し、上記「ユーザ注意喚起」は、現時点で特に問題となる点を指摘したものにとどまると理解すべきではないかとする。[45]

---

日保管して必要なら従業員が確認するというポリシーを持っており、人間が個人データを取り扱う可能性が残っている。ただ、「絶対に人間が見ない」という扱いを採用した場合にどのように解釈されるべきかは興味深い問題である。そして、上記のとおりシステムが処理する場合であっても、個人データの取扱いであるとすると、AIが処理する場合であっても、個人データの取扱いと解される可能性が高い。そこで、このように考えると、仮に「絶対に人間が見ない」という立場を採用したとしても、第三者提供性をそれだけで否定することはできないだろう。この点については、「従来は入力された情報をもとに分析を行い、出力するという過程を経る場合は、たとえそれが人間の目に触れないとしても『提供』に該当するという考え方が一般的であった」とする岡田ほか・前掲注5）323頁も参照。なお、その観点からは、中崎・法務ガバナンス66頁の「自動的な機械処理によって行われるため、AIサービス事業者自身は関与していない、だから『取り扱わない』といえるという整理はありうるように思われる」という記述については疑問が残る（とはいえ、中崎は同頁でその整理に「リスクが残る」とはしている）。
＊44　松尾・プライバシー79頁
＊45　小川智史（曽我部真裕監修）「実務問答　個人情報保護法　第1回　クラウド例外」NBL1250号

そこで、少なくとも実務対応としては、「従来の見解を前提に保守的に対応していくべき」ともされている。[46] なお、水井は、現在の個人情報保護委員会の見解も定かでない以上、そうした場合でも個人データの第三者提供規制に服することを前提に対応を検討することが無難とする。[47]

結局のところ、これは個別具体的な生成 AI がクラウド例外の要件を満たしているか否かの問題であるから、具体的なベンダとのデータ処理契約（DPA; Data Processing Addendum）次第である。もっとも、例えば OpenAI の DPA は、[48] 1条 a 項で顧客データ（前文によると顧客が OpenAI に提供する個人データであって、OpenAI が顧客に代わって本サービスを提供するために処理するもの）を OpenAI が処理する旨を明記している。少なくとも OpenAI や契約上 OpenAI と同様の条項を設ける生成 AI サービスにおいては、「契約条項」上も、当該ベンダがサーバに「保存された個人データを取り扱わない旨が定められて」いないことから、そのような場合においては、クラウド例外の適用を否定的に解するべき場合が多いだろう。

◈ **（3）利用可能性が十分にあるスキーム**

**ア　はじめに**　上記のとおり個人データを生成 AI に投入することについて、クラウド例外によって正当化することは必ずしも容易ではない。しかし、個人情報を含むデータを生成 AI に投入するニーズは存在する。では、どのようにして適法に個人情報を含むデータを生成 AI に投入すればよいだろうか。

**イ　オンプレミス（ローカルLLM）**　そもそも、第三者提供を発生させない方法はあり得る。すなわち、OpenAI の ChatGPT 等、クラウドで提供される生成 AI は多いものの、近時はローカル LLM（→第1部コラム）と呼ばれる、オンプレミス上で利用することができる LLM もその性能が向上している。[49] その個人データが利用される範囲がユーザの社内で閉じてお

---

（2023）4頁以下、11頁〔曽我部〕

[46]　小川・前掲注45）9頁〔小川〕。なお、生成 AI 注意喚起により生じたクラウド例外の柔軟な解釈が可能ではないかという問題意識に対し、「クラウド注意喚起」が「クラウド例外の安易な拡張解釈に対しては歯止めをかける趣旨とも評価できよう」とする岡田ほか・前掲注5）324頁も参照。

[47]　水井・A2Z 26頁

[48]　<https://openai.com/policies/data-processing-addendum/>

り、ベンダ等の第三者に対して提供されないのであれば、（少なくとも第三者提供規制との関係では）適法に個人情報を含むデータを生成AIに投入することができる。

**ウ 個人情報を投入しない** 一部企業は個人情報を投入しないことで、第三者提供リスクを低減している。とはいえ、一部の従業員がこのルールを破って個人データを投入したことが漏洩になるかという問題があり、この点については上記4（5）を参照のこと。

**エ 同意** また、従業員情報の提供等、一定の場合には本人の同意を得てベンダに第三者提供することが考えられる。なお、その場合には、記録義務（29条）等に留意が必要である。

**オ 個人情報** さらに、27条が個人データの第三者提供を規制することから、個人情報の第三者提供にとどめることで、個人情報保護法上の第三者提供規制を回避することができる可能性がある。[50]議事録生成AIの文脈において、岡田らも、「議事録に出席者や発言者の氏名が記載されていても、それは散在情報としての個人情報に過ぎず個人データには該当しないことが通常であるため、その意味でも個人データの第三者提供規制は問題とならない」としている。[51]この場合、金融機関における個人情報保護に関するQ&AII-7③が「『個人情報データベース等』から紙面に出力されたものやそのコピーは、それ自体が容易に検索可能な形で体系的に整理された一部でなくとも、『個人データ』の『取扱い』の結果であり、個人情報保護法上の様々な規制がかかります。『個人情報データベース等』から紙にメモするなどして取り出された情報についても、同様に『個人データ』に該当します。」とすることに留意が必要である。要するに、従業員名簿等のデータベースから一人分の情報を切り出しても、なお個人データとして扱われる可能性があることに留意すべきである。なお、仮に個人情報であるとして27条の第三者提供規制を回避できても、具体的状況によっては

---

＊49　佐々木峻「ローカルLLMを動かしてみる」Interface 2024年8月号118頁以下
＊50　松尾・ChatGPT79頁
＊51　岡田淳＝堺有光子「文書要約または文書作成に関する社内ルールの整備」ビジネス法務2023年11月号25-26頁

プライバシー侵害の問題が生じる可能性はゼロではないことには留意が必要である。[*52]

　カ　委託　ランサム攻撃を原因とする社労士向けクラウドシステムの情報漏洩事件[*53]をきっかけに、個人情報保護委員会は2024年3月25日に「クラウドサービス提供事業者が個人情報保護法上の個人情報取扱事業者に該当する場合の留意点について（注意喚起）」[*54]（「クラウド注意喚起」）を公表し、クラウド例外の要件該当性に留意を求めるとともに、クラウドサービスを委託として整理する場合の留意点を以下のとおり説明する。

> ・サービスの機能やサポート体制のみならず、サービスに付随するセキュリティ対策についても十分理解し、確認した上で、クラウドサービス提供事業者およびサービスを選択して下さい。
> ・個人データの取扱いに関する、必要かつ適切な安全管理措置（個人データの取扱いに関する役割や責任の分担を含みます）として合意した内容を、規約や契約等でできるだけ客観的に明確化して下さい（ガイドラインQ&A5-8参照）。
> ・利用しているサービスに関し、セキュリティ対策を含めた安全管理措置の状況について、例えば、クラウドサービス提供事業者から定期的に報告を受ける等の方法により、確認して下さい。

　現在、ほぼ全ての国際的クラウドサービスがGDPR対応として、一定の安全管理措置を講じることを自動的に、またはユーザの選択により確約している。そこで、クラウド例外の要件が満たされない場合、これらの3点を満たすことができるかに留意しながら、委託として整理することも考えられる。生成AIサービスの利用の文脈においても、このような各点に留意をした上で、ベンダに対し「個人データの取扱いの全部又は一部を委託することに伴って当該個人データ」を提供（27条5項1号）し、監督（25条）

---

＊52　ただし、議事録作成を想定する場合において、事前に録音してAIで議事録を作成する旨を通知していれば、具体的状況にもよるだろうが、プライバシー侵害として問題となる可能性は低いように思われる。

＊53　なお、ランサム攻撃につき<https://www.jstage.jst.go.jp/article/inlaw/21/0/21_210005/_pdf/-char/ja>参照。

＊54　<https://www.ppc.go.jp/files/pdf/240325_alert_cloud_service_provider.pdf>

を行うという建て付けを採用することも全く不可能ではないだろう。

　この点につき、ベンダが入力された個人データを委託業務の目的外で利用しておらず、かつ個人データを区別せずに混ぜて取り扱っていない（Q&A7-37等）という委託の限界を超えないかについてベンダの利用規約等で確認し、データ処理契約（DPA）の締結等によってベンダに対する監督を行うことが必要と指摘がされていることにも留意が必要であろう。[55]

　なお、委託の場合において、ベンダが投入された個人データを学習に利用することが委託の目的に合致するかという論点は存在する。[56]ただし、一般的なモデル強化のための学習等に利用することは、セキュリティリスクがあることから、一般的なモデル強化のための学習等に利用させないという扱いをするユーザが多いだろう。

　**キ　ゼロ・データ・リテンション**　　最後に、OpenAIはAPIを通じてGPTモデルを利用する場合の一部の場合についてゼロ・データ・リテンション（zero data retention）が利用できるとする。[57]ゼロ・データ・リテンションが適用される場合、ユーザの提供するデータにログを取得せず、リクエストを処理するのに必要な限りでメモリ上に存在するに過ぎない（With zero data retention, request and response bodies are not persisted to any logging mechanism and exist only in memory in order to serve the request.）とされている。[58]

　この点、Q&A4-4は確かに、要配慮個人情報の取得の文脈において、「単に閲覧するにすぎない場合には『個人情報を取得』したとは解され〔ない〕」とする。しかし、単に人間が目で見るにとどまるのではなく、OpenAIは実際にLLM上で個人データを処理する（個人データをGPTモデルに投入して処理結果を出力させる）のであり、むしろ上記「検討要請に対する所管省庁からの回答」でいう「編集・分析等の処理を行う場合」であることは否定できないように思われる。そこで、少なくともゼロ・データ・リテンション

---

＊55　水井・A2Z 26頁
＊56　中崎・法務ガバナンス66-67頁
＊57　<https://openai.com/enterprise-privacy/>の"How does OpenAI handle data retention and monitoring for API usage?"> 参照。
＊58　<https://platform.openai.com/docs/models/how-we-use-your-data>

が適用されるという一事のみをもって直ちに第三者提供にならない、と解釈することはできないだろう。

**ク　匿名加工情報等**　　この点は6（2）で説明する。

## ◆（4）外国第三者提供等

**ア　外国企業による生成AIの文脈におけるデータの取扱い**　　AIの世界ではベンダが外国企業であることが多い。そこで、日本のユーザやFTベンダとしては、外国のベンダと契約してそのAIを利用することが多い。よって、第三者提供が外国第三者提供等、国際的なものとなることが多い。

ただし、2024年に、OpenAIは日本法人を開設したところ、今後は他のベンダにおいても日本法人が開設され、日本法人と取引する動きも増加していくだろう。

**イ　外国第三者提供規制**　　28条により外国第三者提供については原則として本人同意が必要である。その例外としては①法令等（27条1項各号）、②十分性認定（EEA・英国）、③相当措置（契約、グループ規程類）等がある。[59]

①法令等が利用可能な場面は実務上あまり多くない。そこで、EEAや英国の企業であれば、②十分性認定の利用が考えられる。

そのような方法が利用できないとすると、同意または③相当措置を考えることになる。そして、GDPR準拠のData Processing Addendum（データ処理付属書）が合意されることが相当措置と評価される可能性はないわけではない。[60]

**ウ　外国企業への個人情報保護法の適用**　　外国企業への個人情報保護法の適用について、171条は「この法律は、個人情報取扱事業者、仮名加工情報取扱事業者、匿名加工情報取扱事業者又は個人関連情報取扱事業者が、国内にある者に対する物品又は役務の提供に関連して、国内にある者を本人とする個人情報、当該個人情報として取得されることとなる個人関連情報又は当該個人情報を用いて作成された仮名加工情報若しくは匿名加工情報を、外国において取り扱う場合についても、適用する」とする。つまり、

---

＊59　<https://www.jipdec.or.jp/library/report/20220412.html>
＊60　中崎・法務ガバナンス71頁

5.（外国）第三者提供とAI　155

外国ベンダは日本の個人ユーザから個人情報を取得するところ、このような個人情報の取扱いは、「国内にある者に対する物品又は役務の提供に関連して、国内にある者を本人とする個人情報（……）を、外国において取り扱う」といえる限りにおいて、個人情報保護法が適用される。

**エ　外的環境把握**　　実務上は外的環境把握規制も見逃せない。安全管理措置の一環として、外国において個人データを取り扱う場合、当該外国の個人情報の保護に関する制度等を把握し、個人データの安全管理のために必要かつ適切な措置を講じなければならない（ガイドライン通則編10-7）。

生成AIとの関係では、外国企業への委託により外国で取り扱う場合が重要である。つまり、生成AIの第三者提供を委託スキームと相当措置で正当化すると、外的環境把握規制がかかる（Q&A10-24）。

この際には、40カ国と地域について個人情報保護委員会がその規制概要をまとめて公表する[61]ことに留意すべきである。

また、保有個人データに関する事項の公表等（32条1項4号）として、安全管理措置に関する公表等が求められており、その中で、外的環境の把握についても公表等が必要であることについても留意すべきである。

## 6. その他の問題

### ◆(1) 苦情処理、開示等

**ア　苦情処理**　　個人情報に関する義務として、苦情処理（40条）が必要である。生成AIとの関係でも、ベンダやユーザは、例えば「自分の個人情報が生成AIにおいて利用されているところ、その取扱が不適切である」といった本人からの苦情に対し、誠実に対応すべきである。

**イ　本人の請求等への対応**　　保有個人データについては、保有個人データに関する事項の公表（32条）、開示（33条）、訂正等（34条）、利用停止等（35条）が求められる。

そして、学習用データセットは個人データではない（当然に保有個人デー

---

＊61　個人情報保護委員会「外国における個人情報の保護に関する制度等の調査」<https://www.ppc.go.jp/personalinfo/legal/kaiseihogohou/#gaikoku>

156　第3部　生成AIと公法 |||||||| 第4章　個人情報保護法

タでもない。図表4-1および4-2）結果として、開示等請求の対象とならないと思われることについては、２（６）ウ（ア）を参照。[62]

　また、学習済みモデルそのものに対する訂正請求についても同様に、学習済みモデルが（保有）個人データであるかによって判断されるので、学習済みモデルが個人データとして扱われるかについての２（６）ウ（イ）の議論を参照されたい。

### ◈（2）個人情報・個人データ・保有個人データ・要配慮個人情報以外の概念

　**ア　匿名加工情報**　もともと個人情報だった情報について、特定のメリットを享受するために、あえて特定の要件に該当するように加工するのが、匿名加工情報（2条6項）である。

　例えば、２（２）アで述べたとおり顧客名簿等のデータベースから氏名の列だけを削除しても個人情報である。それは、例えば、他の列に顧客IDが含まれている等、氏名を削除してもなお自社内では、（他の情報と容易に照合することによって）それが誰のデータであるかを判別することができるからである。[63]このように、個人情報であることに変わりはないものの、実務上、氏名を削除することは多い。それは、あくまでも〈その取扱いの目的を達成する上で氏名が不要ならば安全のために削除しておく〉という安全管理（23条）のためのものであって、依然として個人情報・個人データ・保有個人データであることには変わりはない。

　これに対し、例えば、「（本人同意なく）第三者に提供したい」といったニーズがある。そして、このメリットを享受するために、あえて一定の加工基準に準拠した加工を行うのが匿名加工情報である。当然のことながら加工基準に従うべきであり、それだけではなく、それ以外にも、例えば、匿名加工情報であれば公表・加工等情報の管理等の規律がかかり、それに対する対応が必要となる。そこで、このような特定の目的がないのであれば、匿名加工情報は利用しないことになるだろう。

---

＊62　中崎・法務ガバナンス72頁も同旨。
＊63　なお、そのデータが単独で識別可能として個人情報になる、識別がされることもあり得る。この点は個人情報保護委員会「仮名加工情報・匿名加工情報　信頼ある個人情報の利活用に向けて―制度編―」<https://www.ppc.go.jp/files/pdf/report_office_seido2205.pdf4.2.1.5.2>を参照のこと。

このように、匿名加工情報の要件に該当することを意図して加工する場合が匿名加工情報であって、偶然加工基準を満たしたとしても、それは匿名加工情報ではない。そのような情報は、個人情報・個人データ・保有個人データに関する規律を遵守する必要がある。

**イ　仮名加工情報**　　仮名加工情報（2条5項）も、もともと個人情報だった情報について、特定のメリットを享受するためあえて特定の類型に該当するように加工するというものであり、その意味では、仮名加工情報も匿名加工情報と同様である。

仮名加工情報は、「利用目的を変更したり、漏洩報告・通知や開示等の義務を免れたい」といったニーズに対応したものである（41条9項）。

仮名加工情報であれば第三者提供禁止（42条）等、いろいろな制約がある。よって、あくまでもこのような目的がある場合についてのみ仮名加工情報制度を利用することになる。

そこで、意図せずに偶然仮名加工基準を満たしても仮名加工情報にはならない。その場合には個人情報・個人データ・保有個人データに関する規律を遵守する必要がある。

**ウ　個人関連情報**　　個人関連情報を個人データとして取得することを知りながら提供する場合の確認義務も存在する（31条）。

**エ　統計情報（非個人情報）**　　例えば、生成AIを利用して従業員に対するアドバイスを生成するという場合に、A、B、C……という個々の従業員の情報を入力・分析すれば、これは個人情報の処理である。しかし、例えば「A社のB部の従業員100名」というグループの情報をまとめて分析し、「A社のB部の人の傾向に基づくアドバイス」を生成AIによって生成する場合等、処理する情報が特定の個人に関する情報ではなく、グループの情報であれば、それは個人情報の取扱いではない。

**オ　実務**

（ア）氏名を消せば自由に投入できる？　　実務では「氏名を削除するからこの情報はもはや個人情報（個人データ）ではなく、生成AIに投入できるのではないか？」等という考えを持つ人がいる。しかし、単に氏名を

158　第3部　生成AIと公法 ▪▪▪▪▪▪ 第4章　個人情報保護法

削除しただけでは個人情報性は否定されない（→ア）。そこで、「どこまで削除すればいいか」ということが問題となるが、結局のところ、その線引きが難しいからこそ、匿名加工情報や仮名加工情報により、（非個人情報ではないものの）一定の要件（加工基準）を満たせば特定の規制を——例えば匿名加工情報なら第三者提供規制を——回避できることが明らかになった。そこで、基本的には、「匿名化したい」という場合に念頭に置かれる規律が第三者提供規制なのであれば、匿名化以外の方法で第三者提供規制をクリアする方がより実務的ではないかを検討の上、最善のスキームが匿名加工情報であれば、基準に沿った加工その他の必要な対応を行うべきことになる。

（イ）AIと統計情報　　統計情報を作成することが個人情報の取扱いの目的となる場合がある。例えば、A1〜Anのデータを利用するものの、実際にはこのグループの傾向に関する情報を生成AIに覚えさせるだけであるような場合である。上記のとおりQ&A1-8はそのような情報は個人情報ではないとする。そして統計データへの加工を行うことを利用目的とする必要がない（Q&A2-5）。そこで、そのような場合には、そのような機械学習による統計情報への加工を利用目的として定める必要はない。[64]

しかし、そのようなものではなく、A、B、Cに関するデータを学習させ、Aについての情報も、Bについての情報も、Cについての情報も保持しているような生成AIを構築するのであれば、なお機械学習を利用目的とすべきである。

◆（3）分野別の規制

**ア　労働**　　例えば採用に関し、職安法の個人情報の保護に関する規定[65]や、関連する下位規範を遵守するべきである。[66]

---

*64　水井・A2Z 24頁

*65　職安法5条の5第1項「公共職業安定所、特定地方公共団体、職業紹介事業者及び求人者、労働者の募集を行う者及び募集受託者、特定募集情報等提供事業者並びに労働者供給事業者及び労働者供給を受けようとする者（次項において「公共職業安定所等」という）は、それぞれ、その業務に関し、求職者、労働者になろうとする者又は供給される労働者の個人情報（以下この条において「求職者等の個人情報」という）を収集し、保管し、又は使用するに当たつては、その業務の目的の達成に必要な範囲内で、厚生労働省令で定めるところにより、当該目的を明らかにして求職者等の個人情報を収集し、並びに当該収集の目的の範囲内でこれを保管し、及び使用しなければならない。ただし、本人の同意がある場合その他正当な事由がある場合は、この限りでない。」

また、労働者の健康情報であれば、令和5年10月最新改正の「雇用管理分野における個人情報のうち健康情報を取り扱うに当たっての留意事項」[67]や「労働者の心身の状態に関する情報の適正な取扱いのために事業者が講ずべき措置に関する指針」[68]を参照すべきである[69]。

　**イ　医療**　　医療分野では、「医療・介護関係事業者における個人情報の適切な取扱いのためのガイダンス」[70]等を参照して、例えば、一定の死者のデータも個人情報と同様に取り扱うべきことや、本人からの請求による本人の情報の開示だけではなく一定の場合遺族に対する情報提供を行うべきこと等に留意すべきである[71]。

　**ウ　金融**　　金融分野では、「金融分野における個人情報保護に関するガイドライン」[72]等を参照すべきである[73]。

## 7. 実務

◆**（1）開発段階の主な個人情報に関する問題と実務**　　冒頭の事例4-1について考えていこう。まずは利用目的を特定すべきである。一定の場合、統計データに加工するだけ、ということで利用目的の特定を免れることができる可能性はあるものの、そのような場合に明確に該当する場合を除き、保守的に「機械学習によるAI開発、改善のため」等と利用目的を特定し、また、必要に応じてより詳細に利用目的を特定すべきであり、実務上はプライバシーポリシーに記載される。

---

＊66　例えば、「職業紹介事業者、求人者、労働者の募集を行う者、募集受託者、募集情報等提供事業を行う者、労働者供給事業者、労働者供給を受けようとする者等がその責務等に関して適切に対処するための指針」<https://www.mhlw.go.jp/content/001003997.pdf>の第五参照。

＊67　<https://www.ppc.go.jp/files/pdf/koyoukanri_ryuuijikou2.pdf>

＊68　<https://www.mhlw.go.jp/content/000922318.pdf>

＊69　なお、労働分野につき松尾・HRテック、山本龍彦＝大島義則編『人事データ保護法入門』（勁草書房・2023）参照。

＊70　<https://www.mhlw.go.jp/content/001235843.pdf>

＊71　なお、医療分野につき松尾・クラウド221頁以下を参照のこと。

＊72　<https://www.ppc.go.jp/files/pdf/240312_kinyubunya_GL.pdf>

＊73　なお、金融分野のAIの利用について、成原慧＝松尾剛行「AIによる差別と公平性─金融分野を題材に」季刊個人金融2023年冬号 <https://www.yu-cho-f.jp/wp-content/uploads/2023winter_articles02.pdf>を参照のこと。

また、クローリング対象のサイトに要配慮個人情報が含まれる場合、ベンダ注意事項記載の対応を最低限実施すべきであるが、それに加えて、要配慮個人情報取得ルール違反を防ぐため、要配慮個人情報が含まれる可能性が高いサイトについては発信者が20条2項7号記載の者であるかを確認する等、より丁寧な対応を検討することが望ましい。

　作成した学習用データセットは個人情報である可能性が高いが、個人データに準じて安全管理を行うことが望ましい。その上で作成した学習済みモデルが、個人との関係が断絶された、単なるグループ（学習させた様々な個人の傾向）の情報であれば、そもそも個人情報・個人データではない可能性がある。ただし、例えば〈A氏について聞くと、学習したA氏の情報が出力される〉というようなものであれば、個人データとして安全管理等の取扱いをすることが望ましい。

◆**(2) 利用段階の主な個人情報に関する問題と実務**　　また、上記の事例4-2においては、（個人情報が入力されるかを問わず）出力された情報に個人情報（要配慮個人情報を含むかもしれない）が含まれる可能性がある。ユーザ各社において個人情報を入れない、要配慮個人情報を入れない、個人データを入れない、（安全管理措置として）匿名化してから入れる、出力内容のチェックを行う等のルール作成を行っている[74]（→第12章）。その際には、例えば利用目的規制の遵守のため、プライバシーポリシーとの関係で適切な範囲の利用なのか、第三者提供規制との関係でどのスキームで適法化するか等、事前に法務的な検討を行った上で、その内容をルールに反映させるべきである。

◆**(3) 個人情報保護法以外を含む総合的な実務対応**　　実際には、個人情報保護法のみを考えるだけでは不十分である。プライバシー（→第8章）や自主ルール（→第12章）等の様々な事項を検討して実務を動かしていくことが必要である。

　例えば人事データについては、「人事データ利活用原則[75]」という業界の自主ルールが存在し、生成AIによる人事データの利活用の際は、このよ

---

＊74　松尾・社内ルールA2Z 31-32頁参照。

＊75　<https://peopleanalytics.or.jp/media/HRDataUtilizationPrinciples.pdf>

うな自主ルールを参照すべきである。

　また、いわゆるLINE事件において問題となったように、経済安全保障[*76]の問題も重要である。なぜその国にデータを置くのか、説明責任が重要である。

　さらに、個人情報を保護する技術はますます進展している。もしかすると10年前の最先端の技術で個人情報を保護していても、現在はそれでは不十分と評価されるかもしれない。その意味では最新の技術動向をウォッチしつつ、生成AI固有のものやそれ以外を含む生成AIに関する個人情報保護を尽くしていかなければならない。

◆(4) 改正動向等　　なお、「個人情報保護法いわゆる3年ごと見直しに係る検討の中間整理[*77]」では、クラウド例外に関する言及はなかった。「個人情報保護法のいわゆる3年ごと見直しに関する検討会[*78]」でも議論がされているが、2024年10月16日には「個人情報保護法のいわゆる3年ごと見直しの検討の充実に向けた視点[*79]」が公表されている。2025年2月時点では、統計作成等、特定の個人との対応関係が排斥された一般的・汎用的な分析結果の獲得と利用のみを目的とした取扱いを実施する場合の本人の同意のあり方等、AIとも密接に関係する改正が論じられている[*80]。

---

＊76　<https://www.lycorp.co.jp/ja/privacy-security/special-advisory-committee/Final-Report-by-the-Specioal-Advisory-Committee_full.pdf>

＊77　<https://www.ppc.go.jp/files/pdf/240626_shiryou-1syuuseigo.pdf>

＊78　<https://www.ppc.go.jp/personalinfo/kentohkai/3nengotominaoshi_kentohkai1/>

＊79　<https://www.ppc.go.jp/files/pdf/minaoshi_jyujitsunimuketashiten_r6.pdf>

＊80　「個人情報保護法の制度的課題に対する考え方について」<https://www.ppc.go.jp/files/pdf/seidotekikadainitaisurukangaekatanitsuite_r6.pdf>

# 第5章
# 弁護士法

## 1. はじめに

　法律・法務分野におけるいわば「業法」に相当するのが弁護士法である。すなわち、弁護士法72条（以下、本章では「弁護士法」を省略することがある）は一定の業務を弁護士が独占する旨を定める。生成AIとの関係では、リーガルテックの提供と弁護士法72条という論点が2022年に大きな話題を呼んだものの、後述の経緯で2024年末時点では、懸念は払拭されている。

　リーガルテックとは、法律や法務の分野に適用されるAIを含むテクノロジーをいう。例えば、契約レビューAI、ナレッジマネジメント、リサーチ等、様々な分野でリーガルテックが利用されている。

　そして、生成AIが続々リーガルテックに搭載されている。例えば、RAG技術（→第1章）を利用して、法律書データから質問への回答を生成する、生成AIを利用したリサーチプロダクト等、生成AI技術の発展に伴う新しいリーガルテックプロダクトが続々登場している。また、契約レビューのように生成AI時代以前から提供されていたサービスにも、生成AIが搭載されるようになっている。例えば、LegalOnTechnologies社は、その提供するLegalForceというプロダクトにおいて、ChatGPTを利用して契約の修正文案を表示する、条文修正アシスト機能を提供している。従前から契約を修正する際に利用可能なサンプル文（照合結果に関して、一般的に規定される文例のサンプルをユーザへの参考として示すもの）を表示していたところ、そのサンプル文言は、どの契約をレビューする場合でも同じ文言が提供されていた。例えば、ユーザが直面している契約が当事者を「委託者・受託者」で表示しているのに、表示されたサンプル文言が「甲乙」で表示されていれば、契約をレビューする弁護士や法務担当者などのユーザが、

1. はじめに　163

その修正をしなければならない。ChatGPTの利用によってユーザが直面する契約の文言と言語的に平仄を合わせることで、ユーザである弁護士や法務担当者の実施する契約レビュー業務の負荷を軽減してくれる。

このような生成AIを含むリーガルテックと弁護士法をめぐっては、とりわけ非弁規制を内容とする72条の問題が重要となる。また、これに加えてその他の問題（例：セキュリティや非弁提携）も存在する。本章ではこれらの問題について説明したい。

## 2. 弁護士法72条

◆**(1) リーガルテック業界の危機!?**　現時点の社会状況からすると、リーガルテックが違法として禁止される、などということは全く想像できないだろう。ここで、グレーゾーン解消制度という、産業競争力強化法に基づき、事業者が、現行の規制が不明確（グレー）な場合に、経済産業省を通じて、所轄官庁に照会を行うことができ、当該照会に対し所轄官庁が回答することで規制が不明確な領域（グレーゾーン）が解消する、という制度がある。2022年6月6日に法務省がこのグレーゾーン解消制度における照会に対し、AIを利用した架空の契約レビューサービスが、72条に違反する可能性があると回答した[*1]（以下「2022年グレーゾーン回答」という）。そして、この回答が不適切に報道されることによって、リーガルテックというものがそもそも違法なのではないか、グレーなのではないかといった不安が生じてしまった。

結果として、2023年8月1日、法務省は「AI等を用いた契約書等関連業務支援サービスの提供と弁護士法第72条との関係について[*2]」（以下「法務省ガイドライン」という）を公表し、これにより、直接的には契約関係のリーガルテック、そして後述のとおり、そこで示された解釈を踏まえれば、リーガルテック一般を弁護士法72条に違反せずに提供することができることが明確になった。

以下では、法務省ガイドライン策定の経緯および法律実務の将来像を説明した上で、生成AIを利用したものを念頭に、リーガルテックを72条に

---

*1　<https://www.moj.go.jp/content/001374148.pdf>
*2　<https://www.moj.go.jp/content/001400675.pdf>

違反せずに提供する方法について説明していきたい。なお、以下の説明は、筆者個人の私見であり、決して、AIリーガルテック協会の代表理事としての説明ではないことを再確認させていただきたい。

### ◆（2）弁護士法72条の特徴

**ア　刑事規制であり、明確性が重要であること**　72条の特徴の1つは、その違反が刑罰に直結することである。つまり、77条3号は「第72条の規定に違反した者」を「2年以下の懲役又は300万円以下の罰金に処する」と規定する。

このような刑罰規定の構成要件である72条については、何がその違反となり、ひいては犯罪となるのかに関する刑罰法規の明確性が非常に重要である。

**イ　弁護士法72条の要件──「かつ」でつながれた各要件がすべて満たされて初めて違法（犯罪）となる**　72条は「弁護士又は弁護士法人でない者は、報酬を得る目的で訴訟事件、非訟事件および審査請求、再調査の請求、再審査請求等行政庁に対する不服申立事件その他一般の法律事件に関して鑑定、代理、仲裁若しくは和解その他の法律事務を取り扱い、又はこれらの周旋をすることを業とすることができない。ただし、この法律又は他の法律に別段の定めがある場合は、この限りでない。」とする。このうち、ただし書部分、および本文のうちの周旋に関する規定はリーガルテックとの関係が薄いことから、検討の対象としない。また、以下で弁護士という場合は弁護士法人を含めることとする。

72条本文のうちの法律事務取扱いに関する要件は①弁護士でない者が、②報酬を得る目的で、③訴訟事件、非訟事件および審査請求、再調査の請求、再審査請求等行政庁に対する不服申立事件その他一般の法律事件に関して、④鑑定、代理、仲裁もしくは和解その他の法律事務を取り扱うことを、⑤業とすること、という①から⑤までの全てを同時に満たした場合に限り、かかる行為を犯罪として禁止している。加えて、本文には明記されていないものの、解釈上、⑥他人性が必要とされる。すなわち、他人の法律事件でない、自己の法律事務は非弁護士が取り扱ってもよいとされている。[3]

ここで、これらの要件の関係は全て「かつ」で結ばれていることが重要である。すなわち、仮に④の鑑定等の要件以外の全ての要件が満たされていたとしても、その業務が鑑定等でなければ、弁護士法72条に違反しないというわけである。

◆ **(3) 法務省ガイドライン**

**ア　法務省ガイドラインに至る経緯**　　2022年グレーゾーン回答の内容は、要するに、「もし、株式会社が、リーガルテックサービスの提供を通じて弁護士と同様のサービスを提供した場合には、弁護士に一定の業務を独占させる72条に違反する可能性がある」というものである。すなわち、弁護士と同様の業務を弁護士でない者が行うなら72条に違反する可能性がある、という、ある意味では至極当たり前の回答であった。

2017年頃からリーガルテックプロダクト——典型的には契約レビューAI——の提供が開始されていたところ、筆者はそれを利用する中で、将来これらがさらに高度化し、いずれ72条との関係が問題となるだろうと推察した。そこで、2019年に筆者は既に「リーガルテックと弁護士法に関する考察[4]」を公表して、リーガルテックが弁護士法に違反する可能性を指摘していた。

多くのリーガルテック企業は、遅くとも2022年グレーゾーン回答公表以前において、既に自社内の専門家による検討を通じて、そして、併せて、この分野に詳しい専門家の助言を得る等して、なぜ自社のプロダクトが弁護士法に違反しないかに関するロジックを組んでいた。つまり、2022年グレーゾーン回答は、多くのリーガルテック企業として「百も承知」の上で、既に対応済みの内容を確認したに過ぎなかったのである。

その意味で、2022年グレーゾーン回答は何らニュースバリューがないものであった。そこで、2022年グレーゾーン回答について報道する場合、本来は、実際に提供されているプロダクトと2022年グレーゾーン回答で照会の対象となった架空のサービスが大きく異なることを説明し、既存事業者

---

*3　高中正彦『弁護士法概説〔第3版〕』(三省堂・2006) 361頁、条解弁護士法651頁
*4　松尾剛行、情報ネットワーク・ロ　レビュー18巻 (2019) 1頁以下

に対する不当な悪影響が生じないよう配慮がされるべきであった。しかし、大変遺憾ながら、不適切な報道がなされた結果、2022年当時において、既に約5年以上にも渡り提供され、また、ユーザ企業数も既に四桁にのぼる通常のAI・契約レビューサービスまで違法の可能性があるのではないかという不安が社会に広まってしまった。

その後、同年11月11日に内閣府規制改革推進会議・第2回スタートアップ・イノベーションWGにて「契約書の自動レビューと弁護士法」に関する議事が行われ、AI・契約レビューテクノロジー協会（当時。現AIリーガルテック協会）の代表理事として筆者も発表を行った。法務省は、現在提供されているAI・契約レビューサービスについて、適法の可能性が高い旨の回答を行い、これにより、事実上、既存事業者のサービスに対する「ホワイト」宣言が行われた。[*5]

そして、同WGでも既に委員から72条の解釈をリーガルテックの文脈において明確化することの必要性が指摘されていたところ、同年12月22日の「規制改革推進に関する中間答申」[*6]、2023年6月1日の「規制改革推進に関する答申」[*7]等でガイドライン策定の必要性が強調された。

**イ　法務省ガイドライン**　　（1）で述べたとおり、2023年8月1日に法務省ガイドラインが公表され[*8]、このことにより、どのようなリーガルテックサービスを提供すれば、弁護士法上適法であるかが明確になった。[*9]

---

＊5　<https://www8.cao.go.jp/kisei-kaikaku/kisei/meeting/wg/2210_01startup/221111/startup02_minutes.pdf>

＊6　<https://www8.cao.go.jp/kisei-kaikaku/kisei/publication/opinion/221222.pdf> 44頁

＊7　<https://www8.cao.go.jp/kisei-kaikaku/kisei/publication/opinion/230601.pdf>21頁。なお、この内容は閣議決定された「規制改革実施計画」（2023年6月16日）<https://www8.cao.go.jp/kisei-kaikaku/kisei/publication/program/230616/01_program.pdf>11頁も参照。

＊8　なお、法務省ガイドラインについては、法務省担当者による解説である加藤経将＝中野浩一『「AI等を用いた契約書等関連業務支援サービスの提供と弁護士法第72条との関係について」の公表』NBL1248号（2023）60頁（以下「法務省解説」という）が公表されている。

＊9　松尾剛行「リーガルテックを適法化した『法務省ガイドライン』が法律実務に及ぼす影響―『AI等を用いた契約書等関連業務支援サービスの提供と弁護士法第72条の関係について』の公表を受けて」NBL1249号（2023）37頁参照。

### ウ　法務省ガイドラインの射程

　（ア）法務省ガイドラインの記載　　法務省ガイドラインは、その冒頭で「AI等を用いて契約書等（契約書、覚書、約款その他名称を問わず、契約等の法律行為等の内容が記載された文書又はそれらの内容が記録された電磁的記録をいう。以下同じ）の作成・審査・管理業務を一部自動化することにより支援するサービス」を「本件サービス」と定義した上で、本件サービスの提供と72条「との関係についての考え方を以下に示した」とする。すなわち、法務省ガイドラインは、少なくとも直接的には、そこで本件サービスと定義される、契約書に関する作成・審査・管理業務をAI等で支援するサービスを対象としている。

　（イ）生成AIも射程に含まれる　　そして、本書との関係では、法務省ガイドラインの冒頭に「いわゆる生成AIを用いたサービスの提供と同条との関係についても、原則として同様の枠組みで判断されるべきものと考えられる」とされていることもまた重要である。つまり、法務省ガイドラインは既に生成AI時代に対応しているのである。すなわち、生成AIを利用することにより、「表面上」はこれまでのサービスとは劇的に異なるサービスを提供することができるようになる。しかし、生成AI、例えばChatGPTの基礎となっているトランスフォーマー（→第1部コラム）という技術は、次に来る可能性の高い単語が何かを予測するものである。要するにあくまでも言語的な観点から処理している（自然言語処理）に過ぎず、法的観点からの処理を行っていないのである。このように、生成AIであることは、決して72条リスクを高めるものではない。そして、法務省ガイドラインが、生成AIが利用されている場合であっても原則として同様に扱うとしていることは、この点を確認する重要な意義がある。

　（ウ）明示的射程と、実務の参照範囲　　上記のとおり、少なくとも法務省ガイドラインの明示的射程は、生成AIを含む契約に関するリーガルテックに限られる。

　とはいえ、法務省ガイドラインのロジックは、弁護士法72条に関する解釈として、他のリーガルテックに関しても十分に参考になる。[*10]

**エ　法務省ガイドライン以降の動き**　　法務省ガイドラインの後、各社がグレーゾーン照会を実施する動きが見られる。

例えば、ある社労士向けビジネスを行う企業は、社労士向け社内規程レビューAIについて照会し、事件性も鑑定等該当性も存在しないとの法務省による2024年7月22日付グレーゾーン回答が公表されている[11]。

このような照会は、いわば法務省ガイドラインに対する自社サービスの「当てはめ」を求めるものである。もちろん、お墨付きをもらわなくても自社サービスが適法なことは明確だとして照会を求めないという立場も考えられ、また、筆者の経験上、グレーゾーン照会は、照会後に事前相談が必要であり、正式提出までの間、なかなかタフな交渉が必要となることもある。しかし、そのような点を踏まえても、なお、お墨付きを得ることの意味が大きい、という考え方は十分あり得るだろう。

なお、2024年5月31日の「規制改革推進に関する答申」92頁以下では、[12]「グレーゾーン解消制度等の透明性向上」が打ち出され、3カ月を目処に事前相談を終えることや、回答により第三者が受け得る影響に関する相談窓口を設けること、制度趣旨に反する回答や責任を回避するような対応を行わないこと等が規定されている。これは、2022年グレーゾーン回答と関連性があるものとも思われるところであるが、もし、2022年グレーゾーン回答において本来の趣旨と異なる利用のされ方や報道のされ方が生じ、第三者である既存リーガルテック事業者に影響が生じたことの反省を踏まえ、グレーゾーン解消制度が少しでも本来の趣旨に沿ったものに近づくのであれば、そのような改善に対しては肯定的に評価をしたい。

◆ **(4) リーガルテックの発展は弁護士・法務担当者の仕事を奪わない**

**ア　はじめに**　　2022年グレーゾーン回答をきっかけにリーガルテックと72条の関係で盛り上がった議論は、〈将来リーガルテックのレベルが向

---

[10]　奥村寿行＝歸山俊祐『AI等を用いた契約書等関連業務支援サービスの提供と弁護士法第72条との関係について』の概要等」法の支配2024年10月号120頁も、他の類型のリーガルテックサービスと弁護士法72条の関係を検討するに当たっても、法務省ガイドラインが一定程度参考になるとする。

[11]　<https://www.moj.go.jp/content/001421946.pdf>

[12]　<https://www8.cao.go.jp/kisei-kaikaku/kisei/publication/opinion/240531.pdf>

2. 弁護士法72条　169

上することで、弁護士・法務担当者の仕事が奪われるのではないか〉とい
う懸念であったと思われる。この点につき、筆者は、将来、例えば2040年
を展望した場合、弁護士・法務担当者の業務は一定程度変化するが、人間
がなお引き続き行うべき重要な業務があり、むしろ、AIによって支援を
受けながら、弁護士業務は発展すると考える。このような考えは、既に前
著（松尾・ChatGPT）でも表明したところであって、以下の記載は前著およ
び松尾剛行「2030年代以降を見越したリーガルテックの発展と弁護士業務
について」[*13]に多くを負っているところであり、一部重複するところがある
ことにつきご了承いただきたい。

　**イ　短期的影響と長期的影響**　　AI・リーガルテックはますます発展し
ており、弁護士や法務担当者の業務に変革をもたらすと期待される。そし
て、この変革については、短期的影響と長期的影響があり得る。短期的、
例えば、今後5年程度で生じる影響としては、リーガルテックが、契約レ
ビュー、リサーチ、翻訳、ナレッジマネジメント（最近の類似する案件のデー
タの参照）等を支援するようになると想定される。しかし、AI・リーガルテッ
クには誤りがあるため、人間のチェックが必須である。

　これに対し、長期的、例えば15年から20年程度を見越して生じ得る影響
としては、〈正解がある〉分野、例えば、一般論のリサーチ、翻訳、3カ
月以内の案件で最も類似するものの提示等では、リーガルテックの出力結
果を信頼できる。しかし〈正解がない〉分野は人の手に残るだろう。

　**ウ　〈正解がある〉分野と〈正解がない〉分野**　　例えば、契約レビューの
際に、〈最近類似した案件で類似した文言を見たが、どういう文言だった
だろうか〉〈この条項について条文・判例・通説はどうなっていたか」「（英
文の場合）日本語でどのような意味か〉等を確認したいと考えることがあ
るだろう。こうした質問には「正解」があり、リーガルテックが速やかに
正しい回答を提示する時代が来る。しかし、弁護士や法務担当者の仕事は、
そのような正解があるものばかりではない。つまり、そのような〈正解が

---

＊13　AIリーガルテック協会（旧AI契約レビューテクノロジー協会）コラム第33回<https://ai-legaltech.org/beca805605ca45ee95770c56557fcd55>

ある〉情報を「参考情報」とした上で、その上でどのような文言にするか、具体的な取引の内容等を踏まえながら検討する。過去に類似した案件で特定の対応をしていても、本件との相違が重要な違いをもたらすと判断されれば、異なる対応をすべきであるところ、その判断に「正解」はない。

　将来の弁護士像や法務担当者像としては、〈正解がある〉分野については、リーガルテックの高度な支援を受けながら、まさに〈正解がない〉分野で活躍することが期待される。これまでは〈正解がある〉分野についても弁護士や法務担当者がリサーチ等を行わなければならず、そこに相当の時間を割いていたところ、将来的には、リーガルテックの支援を受けることで、業務を効率化し、〈正解がない〉分野での業務に注力をすることができる。

　〈正解がない〉分野の具体的な例としては、以下のようなものが挙げられる。

> ・具体的事案に照らしてAIに尋ねるべき内容が何かを考える（または、弁護士の場合においては、依頼者と協力してこれを考えるサポートをする）こと
> ・AIの提示する一般論を具体的事案に適用すること
> ・コミュニケーション
> ・意思決定
> ・ルール作り、組織体制作り
> ・ほかならぬ「この人」の意見が聞きたい、と思われる存在であること

　**エ　大規模事務所におけるリーガルテックの未来像**　ますます多くの大規模事務所は、自事務所の過去データをAIに追加学習させるようになり、「過去事例を速やかかつスムーズに取り出せるようにする」「自事務所に特化した学習により、自事務所らしい表現をAIに実現させる」等、より高度なリーガルテックの便益の恩恵を受けることができるようになるだろう。しかし、いくらリーガルテックが高度になって「もし、過去の事例の修正の内容を本件の文言と平仄を合わせて適用するとどのような修正になるか」を自事務所らしい表現を利用して提示することができるとしても、そもそも「この目の前の事例で過去の事例と同様の対応をするか」についての判断など〈正解がない〉分野では、人間の弁護士が引き続き活躍する。

2.　弁護士法72条　171

**オ　中小事務所におけるリーガルテックの未来像**　　多くのリーガルテックサービス提供企業は、法律分野のデータによって追加学習させ、より法律家らしい表現をAIに実現させたり、一般的な雛形や、一般的な法律情報をスムーズに取り出すことができるようなサービスの開発を行っている。そこで、将来的には、中小事務所も、より高度なリーガルテックの便益の恩恵を受けることができる。そこで、決して大規模事務所でなければリーガルテック時代に生き残れないということではないだろう。

　その場合において、リーガルテックにより提供されるのは、（正確かつ豊富な）「一般論」であり、確かにそれは便利ではあるものの、その一般論を超えた〈正解がない〉部分――例えば、その一般論を具体的事案にどのように適用するか等――においては、人間の弁護士が引き続き活躍する。

**カ　企業の法務部門におけるリーガルテックの未来像**　　企業の法務部門においても、その規模に応じて、法律事務所と同様に「自社のデータに基づき自社に特化したリーガルテックを開発する」方向性か、または「リーガルテックサービス提供企業の提供するリーガルテックを利用することで、法律分野のデータで学習したリーガルテックを利用する」方向性のいずれかが選択されることになるだろう。いずれにせよ、より高度なリーガルテックの便益の恩恵を受けることができる。

　企業においては、組織体制づくり、組織としての意思決定等、〈正解がない〉分野が多い。そして、そのような〈正解がない〉分野では、AIの支援は受けるものの、インハウス弁護士を含む法務担当者が引き続き活躍する。

**キ　一般民事事務所におけるリーガルテックの未来像**　　一般民事事務所においては、一般民事業務における依頼者等とのコミュニケーションの重要性から、将来もコミュニケーションを含む〈正解がない〉分野が多く残ると考えられる。

　もちろん、一部のコミュニケーションを「チャットボット」を通じて行う等、AIによる支援を受けることはあり得る。もっとも、それはあくまでも支援にとどまるのであって、少なくとも依頼者とのコミュニケーショ

ンの全てをAIに「丸投げ」することは想定されない。例えば、一般論について一般的な回答をするAIは出現するかもしれないが、完全にそれに依拠できるものではなく、個別具体的な事案においては弁護士の助力が必要である。むしろ、AIの支援を前提に人間らしいコミュニケーションを通じて依頼者の信頼を獲得できる弁護士こそが、リーガルテック時代に活躍することになると思われる。

**ク　企業法務事務所におけるリーガルテックの未来像**　企業法務事務所においては、企業の法務担当者・インハウス弁護士と二人三脚で、リーガルテックを活用して様々な〈正解がない〉分野の案件を解決していくことになるだろう。特定の案件をよりよく解決する上で、リーガルテックに何を尋ねるべきか、リーガルテックの回答を目の前の事案にどう適用するべきか等は、まさに〈正解がない〉分野である。法務担当者の持つその企業に関する知見や、弁護士の持つ法律や実務に関する知見等をお互いに持ち寄ることで、よりよくリーガルテックを活用し、〈正解がない〉目の前の案件に適切に対応していくことになるだろう。

**ケ　法務担当者・インハウス弁護士におけるリーガルテックの未来像**　企業内における組織体制づくり、組織としての意思決定等は、法務担当者・インハウス弁護士が行う〈正解がない〉対応である。ここで、専門的な法律知識のうち一般論等で〈正解がある〉場合であればリーガルテックに尋ねる、他方、個別具体的な当てはめ等の〈正解がない〉場合であれば専門の弁護士に尋ねるといったように、メリハリのあるリーガルテック活用をすることで、必ずしも法律知識が豊富ではない若手法務担当者であっても、ある程度以上の対応をすることが可能である。もっとも、法律知識が豊富で、かつ、企業の内情や意思決定プロセスを知っているベテラン法務担当者においては、〈正解がない〉部分について、（外部の弁護士と適切に協力しながら）よりよく対応することができるだろう。ただし、そのようなベテラン法務担当者であっても、このようなメリハリは大事である。むしろそうであるからこそ、「ここは自分の知識を使って、リーガルテックの支援を受けながらも自分で対応する」、「ここは専門の弁護士と一緒に対応する」

2. 弁護士法72条　173

等、具体的な案件の性質を踏まえながら最適な分業・協業体制を実現することが可能となる。

**コ　リーガルテックを「自分で」使う必要があるか**　なお、リーガルテックを必ずしも弁護士や法務担当者が自分で使うことまでは必須ではないことを補足しておきたい。少なくとも長期的な未来像を想定すると、業務プロセスのどこかにリーガルテックは導入されるだろう。しかし、例えば「企業の依頼者がリーガルテックを使った上で、リーガルテックの結果を示し、その結果を参照した上での専門弁護士ならではのアドバイスを求める」とか「複数人の法務担当者のいる法務部門や複数人の弁護士がいる法律事務所で、若手法務担当者やアソシエイト（イソ弁）がリーガルテックを使いながら成果物をドラフトし、上司・先輩法務担当者またはパートナー（ボス弁）はその成果物をレビューする」といった形で、必ずしもリーガルテックを「自分で」使わないこともあり得ると考える。

◆ **(5) 事件性とAI・リーガルテック**

**ア　事件性とは**　72条本文の「訴訟事件、非訟事件及び審査請求、再調査の請求、再審査請求等行政庁に対する不服申立事件その他一般の法律事件」という文言の解釈につき、いわゆる事件性が必要か争われている。要するに、当該文言の要件を満たす上で「訴訟事件等の列挙されている案件と同視できる程度に法律関係に争いがあり、『事件』と表現できる程度のものである必要がある」等の限定を必要とする見解（事件性必要説）[14]と、そのような限定が不要であるとする見解（事件性不要説）[15]が対立している。

**イ　法務省ガイドラインの事件性に関する説明**　法務省ガイドラインの2はこう述べる。「一般に、『法律事件』とは、法律上の権利義務に関し争いや疑義があり、又は新たな権利義務関係の発生する案件をいうとされるところ、同条の『その他一般の法律事件』に該当するというためには、同条本文に列挙されている『訴訟事件、非訟事件及び……行政庁に対する不服申立事件』に準ずる程度に法律上の権利義務に関し争いがあり、あるいは

---

*14　福原忠男『弁護士法〔増補版〕』（第一法規・1976）288頁
*15　条解弁護士法648頁

疑義を有するものであるという、いわゆる『事件性』が必要であると考えられ、この『事件性』については、個別の事案ごとに、契約の目的、契約当事者の関係、契約に至る経緯やその背景事情等諸般の事情を考慮して判断されるべきものと考えられる」。すなわち、法務省が事件性必要説を採用していること、および、事件性の有無は個別の事案ごとに判断されるべきことを述べている。

　ここで、法務省が事件性必要説を公言したのは法務省ガイドラインが初めてではないことに留意が必要である。法務省は、司法制度改革推進本部の法曹制度検討会における第24回会合（2003年12月8日）で「グループ企業間の法律事務の取扱いと弁護士法第72条の関係について」（以下「2003年法務省見解」という）[16]を公表し、「契約関係事務→紛争が生じてからの和解契約の締結等は別として、通常の業務に伴う契約の締結に向けての通常の話し合いや法的問題点の検討は『事件性』なし」としていた。

　このような経緯を踏まえ、法務省ガイドラインの3（3）はこのようにいう。「いわゆる企業法務において取り扱われる契約関係事務のうち、通常の業務に伴う契約の締結に向けての通常の話合いや法的問題点の検討については、多くの場合『事件性』がないとの当局の指摘に留意しつつ、契約の目的、契約当事者の関係、契約に至る経緯やその背景事情等諸般の事情を考慮して、『事件性』が判断されるべきものと考えられる」。ここでいう「当局の指摘」は2003年法務省見解のことである。

　要するに、法務省ガイドラインは、このような範囲の業務は事件性がなく、そのような業務の支援をする契約レビューAIサービスについては、弁護士法72条違反にならないとする。[17]

　**ウ　弁護士会は異なる立場**　　なお、前述のとおり、このような法務省の事件性に関する解釈（事件性必要説）を弁護士会は採用しておらず、弁護士会は事件性不要説を採用している。

----

＊16　<https://lawcenter.ls.kagoshima-u.ac.jp/shihouseido_content/sihou_suishin/kentoukai/seido/dai24/24siryou_homu.pdf>

＊17　なお、前述の2024年7月22日付グレーゾーン回答は社労士がその業務の範囲内の就業規則等のレビューを行うことを支援するAIサービスについて事件性を否定している。

## ◆(6) 鑑定等とAI・リーガルテック

**ア　鑑定等とは**　　鑑定等とは、①鑑定、②代理、③仲裁、④和解、⑤その他の法律事務のいずれかを意味する。「『鑑定』とは、法律上の専門的知識に基づいて法律事件について法律的見解を述べること、『代理』とは、当事者に代わり当事者の名において法律事件に関与すること、『仲裁』とは、当事者間の紛争を仲裁判断を為すことによって解決すること、『和解』とは、争っている当事者にお互い譲歩をすることを求め争いを止めさせること[18]」とされる。また、裁判例は[19]「その他の法律事務」を、法律上の効果を発生、変更する事項の処理だとする。[20]仮登記、代金支払い猶予の交渉、催告に対する回答書、訴状に対する答弁書作成、相手方との和解折衝等は「法律事務の中でも、もっとも専門的、弁護士業務的なもの」とされる[21]が、これらに限られない。

リーガルテックの文脈では、あるサービスが主に「鑑定」や「その他の法律事務」のいずれかに該当するのではないかが問題となる。例えば、契約レビューAIサービスが、秘密保持契約（NDA）をレビューするに当たり「秘密情報が定義されていません。一般に秘密保持契約では、秘密保持義務の対象となる秘密情報を明確に定義すべきとされています。秘密情報を定義する場合の文例としてはこのような文例があります。」と示すことは、「法律上の専門的知識に基づいて法律事件について法律的見解を述べる」鑑定ではないだろうか。また、契約レビューAIサービスを利用して、その提案する文例を採用して修正し、契約が締結されれば、法律上の効果が発生するので、これは「その他の法律事務」ではないだろうか。

**イ　法務省ガイドラインの鑑定等に関する説明**　　法務省ガイドラインは

---

＊18　条解弁護士法653頁

＊19　例えば東京高判昭和39年9月29日高刑集17巻6号597頁

＊20　なお、条解弁護士法654頁は『その他の法律事務』とは、（一般に法律上の権利義務に関し争いや疑義があり、又は新たな権利義務関係の発生する案件について）法律上の効果を発生、変更する事項の処理をいう、とする裁判例があるが……それのみではなく、確定した事項を契約書にする行為のように、法律上の効果を発生・変更するものではないが、法律上の効果を保全・明確化する事項の処理も法律事務と解される」とする。

＊21　最判昭和50年4月4日民集29巻4号317頁に関する田尾桃二「判解」最高裁判所判例解説民事篇昭和50年度127頁

---

176　第3部　生成AIと公法 ‖‖‖‖‖ 第5章　弁護士法

その3で鑑定等について説明している。ここでは、法務省ガイドラインの説明のエッセンスを抽出したい[22]。まず、①法律事件「に関して」取り扱われる——すなわち、事件関連性のある——法的処理が、鑑定等に該当する[23]。

例えば、個別の事案に応じた法的リスクの有無やその程度に関する分析、およびそれらを踏まえた個別の法的対応の表示や個別の事案における契約に至る経緯やその背景事情、契約しようとする内容等を踏まえた法的処理は、鑑定等に該当し得る。

これに対し、②個別の事案との結びつきがない場合や、③処理や表示が法的なものではない場合には鑑定等に該当しない。

例えば、契約書等のひな形、一般的な契約書等の条項例または一般的な解説や裁判例等を事前に準備することは、②個別の事案との結びつきがなく、事件関連性の観点から、鑑定等に該当しない。

また、機械的な比較はもちろん、(法的効果の類似性と無関係に)言語的な意味内容に基づき表示・修正等の処理をすることも、それが③法的なものではないことから、鑑定等に該当しない(法務省ガイドライン3(2)イ(イ)および3(2)イ(ウ)の3つ目の中黒参照)。そして、上記の事前に準備された契約書等のひな形、一般的な契約書等の条項例または一般的な解説や裁判例等の文言に対し、ユーザの選択や入力を反映することも、同様に③法的な処理ではなく、鑑定等に該当しない(法務省ガイドライン3(2)イ(ウ)の2つ目の中黒および3(1)イ参照)。

**ウ　契約レビューAIサービスの多くの機能は鑑定等に当たらない**　そして、

---

*22　なお、この点については、既に松尾・一橋(リーガルテック)で述べているが、その議論を発展させたものである。

*23　法務省ガイドライン3(1)ア(ア)および3(2)ア(イ)ならびに3(2)ア(ア)および3(3)ア参照。弁護士法72条は、その他一般の法律事件「に関して」鑑定その他の法律事務を取り扱うことを規制している。このような、法律事件と鑑定その他の法律事務の間の結びつきが「事件関連性」である。事件関連性が要求されるのは、事件性が認められる事案と鑑定等に該当する行為の間の結びつきが前提となっているためである((3)イの法務省解説65頁脚注13参照)。なお、法務省解説は、法務省ガイドラインにおける鑑定等該当性に関する「個別の事案に関して」という記述の趣旨を、かかる事件性が認められる事案と鑑定等に該当する行為の間の結びつきの必要性を示したものだと説明している(同上)。このように、法務省ガイドラインが、鑑定等該当性の文脈で事件関連性を取り上げていることに鑑み、事件関連性を鑑定等に関する考え方①の問題としている。

現在の契約レビューAIサービスの多くの機能は、②個別の事案との結びつきがない機能および／または③処理や表示が法的なものではない機能として整理可能である。そこで、これらのようなものは鑑定等に該当しない。

例えば、契約レビューAIサービスが、秘密保持契約（NDA）をレビューするにあたり「秘密情報が定義されていません。一般に秘密保持契約では、秘密保持義務の対象となる秘密情報を明確に定義すべきとされています。秘密情報を定義する場合の文例としてはこのような文例があります。」と表示することは、あくまでも一定の言語的条件（例：「秘密情報とは」とか、「以下『秘密情報』という。」という文言が存在しないこと）を事前に設定した上で、アップロードされた秘密保持契約を言語的に処理して（キーワード検索等を行って）当該条件が満たされると、事前に準備した文言が表示される、というものに過ぎない。そこで、基本的には、②個別の事案との結びつきがない機能であって鑑定等ではない（なお、そのような処理は単なる言語的処理であり、③処理や表示が法的なものではないともいえる）。

また、近時は生成AI等を利用して、事前に準備されたものと異なる文言を表示する機能も出現している。例えば、もともとの文例が「甲が乙に対し〜」と記載されている場合において、アップロードされた契約が当事者を指す際に「甲・乙」ではなく「委託者・受託者」を利用している場合に、生成AIを用いて「委託者が受託者に対し〜」と文例を変更することで、よりユーザとして利用しやすい文例を表示することがある。このような場合であっても、そのサービスが行っているのは、「甲」を「委託者」、「乙」を「受託者」へと変更するという言語的処理に過ぎず、法的処理ではない。そこで、③処理や表示が法的なものではないため、こうしたサービスは鑑定等ではない。

なお、契約レビューAIサービスを利用して、その提案する文例を採用して修正し、契約が締結されれば、法律上の効果が発生する。しかし、あくまでもユーザである弁護士や法務担当者が提案する文例を採用するかを決定し、それによって法律上の効果が発生するものである。そこで、契約レビュー「支援」サービスである限り、「その他の法律事務」ではない。

## ◆(7) 報酬を得る目的とAI・リーガルテック

**ア　報酬を得る目的とは**　　報酬は「具体的な法律事件に関して、法律事務取扱いのための主として精神的労力に対する対価」である[24]。名目ではなく実質的に判断され、現金に限らず、物品や供応を受けることも含まれ、額の多少や名称のいかんも問わない[25]。

(5)イで述べた2003年法務省見解は、「法第72条本文の『報酬を得る目的』にいう『報酬』には、現金に限らず、物品や供応を受けることも含まれ、額の多寡は問わず、第三者から受け取る場合も含まれる。他方、実質的に無償委任といえる場合であれば、特別に要した実費を受領しても、報酬とはいえないと思われる。この『実費』にはコピー代等が含まれ得るが、人件費のように、当該事務のため特別に費やされたといえないものは、報酬と評価されることが多いと考えられる」としていた。

**イ　法務省ガイドラインの報酬を得る目的に関する説明**　　この点、前述の法務省ガイドライン（→(1)）はその1において、「報酬を得る目的」について次のようにいう。すなわち、「弁護士法第72条の『報酬を得る目的』にいう『報酬』とは、法律事件に関し、法律事務取扱のための役務に対して支払われる対価をいうとされるところ、『報酬』には、現金に限らず、物品や供応を受けることも含み、額の多少は問わず、第三者から受け取る場合も含むと考えられる。また、『報酬』と認められるためには、当該利益供与と本件サービスの提供との間に対価関係が認められる必要があると考えられる」。そこで、契約関係のリーガルテックサービスである本件サービスの提供と何らかの対価関係のある利益の供与が行われるかを問題としている。

その上で、法務省ガイドライン1(2)は、一見すると「報酬」を得ることなく本件サービスを提供する外観を有する場合であっても、本件サービスを提供するに当たり契約関係のリーガルテックサービスである本件サービスの運営形態、本件サービスと他の有償サービスとの関係、利用者・事業者・当該有償サービスの提供者・金銭等の支払主体等の関係者相互間の

---

*24　条解弁護士法643頁
*25　条解弁護士法643頁

関係、支払われる金銭等の性質や支払の目的等諸般の事情を考慮し、金銭支払等の利益供与と本件サービスの提供との間に実質的に対価関係が認められるときには、「報酬を得る目的」に該当し得ると考えられるとし、以下のア〜ウを「報酬を得る目的」に該当し得る場合として例示した。

> ア　当該事業者が提供する他の有償サービスを契約するよう誘導するとき
> イ　第三者が提供する有償サービスを利用するよう誘導するとともに、本件サービスの利用者が当該第三者が提供する有償サービスを利用した際に当該第三者から当該事業者に対して金銭等が支払われるとき
> ウ　顧問料・サブスクリプション利用料・会費等の名目を問わず金銭等を支払って利用資格を得たものに対してのみ本件サービスを提供するとき

　もともと報酬該当性が実質的に判断されるとされていたところ、法務省ガイドラインのこのような記載は、リーガルテックの文脈において報酬該当性の実質的判断の事例を挙げたものといえるだろう。

　**ウ　実務上「報酬を得る目的」の欠缺を主張することは容易ではない**　そして、株式会社等の営利を目的とする企業は、何らかのビジネスモデルを通じて営利を実現する。当然のことながらリーガルテックの開発や提供にはコストがかかる。例えば、リーガルテックを提供しているにもかかわらず、本当に一切報酬を得ていない（法務省ガイドライン1（1））とすると、そのようなリーガルテックの開発や提供のためにコストをかけることを株主に説明することができない。そこで、例えば、リーガルテックと異なる別の有償サービスの利用に誘導する（法務省ガイドライン2ア）、第三者の宣伝をして広告費を受領する（法務省ガイドライン2イ）、直接の「利用料」はもらわないが、別名目で対価を受領する（法務省ガイドライン2ウ）等という形で、より広い視野から見たその会社のビジネスモデルのどこかの部分で実質的にリーガルテックの提供の対価を取得しているからこそ、リーガルテック提供のためのコストが正当化されると説明することが多いだろう。もしそうであるとすれば、法務省ガイドラインにより「報酬を得る目的」があるとされてしまう。

　もちろん、何の報酬を得る目的もないリーガルテックの提供がおよそ「存

在しない」ということではないものの、実務上は、特定のリーガルテック提供が適法と主張する際に、「報酬を得る目的」を主張することは必ずしも容易ではないことに留意すべきである。

◆ (8)（インハウス）弁護士に対する提供

ア　要件が全て満たされたら常に弁護士法違反となるのか　　仮に72条の①〜⑥までの要件が全て満たされれば、当該リーガルテックサービスの提供は原則として違法（弁護士法違反）となる。しかし、例外的に弁護士法違反にならない場合がある。

このような点については、例えば、弁護士に提供するのであれば仮に72条の①〜⑥までの要件を全て満たすようなサービスであっても（ウで述べる、適切な監督がされる限り）適法なのではないかという点を2019年の論考で提起していたところである。[*26] ただ、リーガルテックの文脈における明確かつ公的な解釈は、法務省ガイドライン以前においては表明されていなかった。[*27]

イ　法務省ガイドラインの（インハウス）弁護士に対する提供に関する説明　法務省ガイドライン4は、弁護士法72条の①〜⑥までの要件を全て満たすような、通常は72条に違反するようなサービスであっても、これを弁護士に提供する場合であって、当該弁護士がその業務として法律事務を行うにあたり、当該弁護士が、本件サービスを利用した結果も踏まえて審査対象となる契約書等を自ら精査し、必要に応じて自ら修正を行う方法で本件サービスを利用するとき（法務省ガイドライン4（1））はもちろん、本件サービスを弁護士以外のものに提供する場合であって、当該提供先が当事者となっ

---

[*26]　「弁護士の行う法律事務の過程において、パラリーガルや事務員の支援を受けること自体は禁止されていない」「弁護士や弁護士法人が今後ますます性能が向上すると思われるリーガルテックを利用する場合には、実質的な『監督』をする」必要があるとした松尾・一橋（リーガルテック）20頁等参照。なお、同11頁では正当業務行為にも触れている。

[*27]　むしろ、「本件サービスの利用者を弁護士又は弁護士法人に限定する場合、当該弁護士又は当該弁護士法人がその業務として法律事務を行うに当たって本件サービスを補助的に利用するものと評価されるときは別として、個別具体的な事情の下で当該弁護士又は当該弁護士法人がその業務として法律事務を行うに当たって本件サービスを補助的に利用するものではないと評価されるときは、本件サービスの利用者が弁護士又は弁護士法人に限定されていることをもって同条本文該当性が否定されることにはならない」<https://www.moj.go.jp/content/001382083.pdf>という、その趣旨が不明確な2022年10月14日付グレーゾーン回答が公表されている。

ている契約について本件サービスを利用するにあたり、当該提供先におい
て職員もしくは使用人となり、または取締役、理事その他の役員となって
いる弁護士が上記法務省ガイドライン4（1）と同等の方法で本件サービ
スを利用するとき（法務省ガイドライン4（2））もまた適法であるとする。

　すなわち、法律事務所への提供だけではなく、企業等への提供であって
も、いわゆるインハウス弁護士が本件サービスを利用した結果も踏まえて
審査対象となる契約書等を自ら精査し、必要に応じて自ら修正を行う方法
で利用する限り、適法となるのである。

　**ウ　実務上の意義**　　まず、法務省ガイドラインがこの点を明記したこ
との重要な意義として、法律事務所へのサービス提供が広い範囲で適法で
あることが確認されたことがいえるだろう。すなわち、法律事務所はます
ます高度なリーガルテックを導入し、それによってその便益を享受してい
く（→（4））のであるが、「法務省ガイドライン」によって72条との関係で
のグレーな部分が解消されたわけである。法務省ガイドラインは「弁護士
が、本件サービスを利用した結果も踏まえて審査対象となる契約書等を自
ら精査し、必要に応じて自ら修正を行う方法で本件サービスを利用する」
とするが、これはまさにリーガルテックを利用する上での極めて当たり前
の、いわば「通常の利用方法」であり、そのような通常の利用方法にて利
用する限り弁護士法72条の問題は生じないということが重要である。

　そして、インハウス弁護士がリーガルテックを広く利用できることも明
らかになった。インハウス弁護士個人との契約等のロジックを考えるまで
もなく、企業に提供する場合であっても、「職員若しくは使用人となり、
又は取締役、理事その他の役員となっている弁護士」が法律事務所と同様
に通常の方法でリーガルテックを利用する限り、適法である。[28]

◆**（9）他の要件**

　**ア　はじめに**　　上記（4）～（8）が、「法務省ガイドライン」が明示的

---

[28]　キャリア（松尾・キャリアデザイン参照）の観点からは、法務担当者が弁護士資格を取得することの1
つのメリットとしてこのようなリーガルテックとの関係が存在することが明示されたということである。今後、イ
ンハウス弁護士は「自分を雇えば高度なリーガルテックを利用できるようになる」として企業に売り込むこと
ができる。

に取り上げた論点である。しかし、これら以外にも弁護士法72条の要件は存在する。

**イ　弁護士（でない者）**　「弁護士……でない者」が要件となっているということは、すなわち弁護士が提供するリーガルテックサービスは適法ということである。例えば、ある優秀な弁護士が「要件事実エディタ[29]」というブロックダイヤグラム等を簡単に作成できるソフトを公開しているが、これはまさに上記要件が否定されるので72条に違反しない[30]。

**ウ　業とする**　業とするとは、「反復的に又は反復の意思をもって右法律事務の取扱い等をし、それが業務性を帯びるに至った場合をさす」とされる[31]。「単に反復継続の意思をもってすればたり具体的になされた行為の多少は問わない[32]」とされる。

さすがに、ある企業がリーガルテックビジネスを行うという場合に、これを「業」としていない、と主張することは困難であろう。しかし、例えば、AI企業がGPTsのような生成AIのカスタマイズ機能でリーガルテックを作って、それをあくまでも一時的に公開するだけですぐにやめる、という場合には、「業とする」該当性を否定することができる可能性がある。

とはいえ、例えば、Aリーガルテックを一時的に提供した後、それを改良したBリーガルテックを一時的に提供し、その後さらに改良したCリーガルテックを一時的に提供するのであれば、それはABCの3つのリーガルテックの提供全体として見て〈反復的に又は反復の意思をもって右法律事務の取扱い等をし、それが業務性を帯びるに至った〉として、業務性が肯定される可能性があるだろう。

**エ　他人性**　なお、他人性については、前記のとおり、他人の法律事件でない、自分の法律事件なのであれば、非弁護士が法律事務を取り扱っ

---

[29]　<https://note.com/ymts_law/n/na6acda5b1787>

[30]　しかしながら、単にその「名目」を弁護士による提供にすればよいというものではない。この点は、まさに非弁業者が弁護士の名義貸しを受けて実質的に法律事務を取り扱うことが違法とされるのと同じ話である。

[31]　最判昭和50年4月4日民集29巻4号317頁、最決昭和34年12月5日刑集13巻12号3174頁参照。

[32]　最決昭和34年12月5日刑集13巻12号3174頁についての川添万夫「判解」最高裁判所判例解説刑事篇昭和34年度441頁

てもよいとされている。[33]

　典型的には、企業が自社の弁護士ではない従業員に簡裁の代理をさせることである。この場合、①弁護士ではない者が、②対価として給料を受け取る目的で、（事件性必要説を採用した場合においても）③事件性がある事案において、「代理」という④法律事務の取扱いがあり、実態によってはこれを⑤業としていると評価され得るものの、これはあくまでも当該従業員が所属するところの企業自身の事件であるから、72条に反しない。[34]

　また、他人性を理由に72条違反が否定され得る別の例としては、株式会社がワープロソフトを提供すると、確かに、例えば、企業の担当者が自社の法律事件に関して簡裁で代理人を務め、法律事務を取り扱う、例えば答弁書を作成する際に、当該ワープロソフトを利用する。このようなワープロソフトの提供行為について、なぜ弁護士法に違反しないか、という説明はいくつかあり得るが、ワープロソフト側で法律事務を処理しているのではなく、法律事務を処理しているのは利用者である当該企業担当者であって、処理される事務に他人性がない、という解釈があり得る。[35]

　もちろん、実質的な非弁行為を形式的に「本人が関与している」として他人性を否定することは決して認められるものではなく、ユーザ自身が操作していることの一事のみをもって他人性を否定できるものではない。とはいえ、法的事項の入力を便利にするだけのいわゆるワープロソフトの「マクロ」機能のような、判断そのものをユーザが行うという実質が確保されている前提であれば、他人性を否定することも可能であろう。[36]

◆ **(10) 実務対応**[37]

　**ア　はじめに**　　ベンダとして、自社のプロダクトをどのロジックで適

---

[33]　高中・前掲注3）361頁、条解弁護士法651頁

[34]　なお、非弁業者が、代理報酬を得て簡裁で代理する際に依頼者の役職員の肩書を付させて給与等の名目で報酬を得ることまで正当化されるものではない。

[35]　なお、それが「買い切りのソフトだから」という説明も全く考えられないではないが、そうすると、クラウド方式で提供される最近の多くのワープロソフトが違法となりかねず、また、逆にリーガルテックのソフトウェアをダウンロード販売等すれば、他の要件を全て満たしていても適法になるのか、という問題もあることから、筆者は「買い切りのソフトなら何でも適法」という立場を採用していない。

[36]　松尾剛行「リーガルテックと弁護士法72条　第2回　弁護士法72条と法律文書作成サービス」商事法務ポータル2022年6月22日<https://portal.shojihomu.jp/archives/33433>

184　第3部　生成AIと公法 ▒▒▒▒ 第5章　弁護士法

法に提供するかの検討・確認が必要である。ここでは、単に自社のプロダクトの各機能が適法なものであればよいということではない点に留意が必要である。

例えば、自社の契約レビューAIの機能が完全に法務省ガイドラインに適合している、②個別の事案との結びつきがない機能や、③処理や表示が法的なものではない機能のみで構成されている、としよう。そうであれば、一見72条の問題は何もないように思われる。しかし、法務省ガイドラインの3は、「本件サービスにおいて提供される具体的な機能や利用者に対する表示内容から判断されるべきものと考えられる」として、機能だけではなく、「利用者に対する表示内容」もあわせて考慮するべきことを示している。

このような言及はどのように理解すればよいだろうか。例えば、特定のAIについて、その機能そのものは上記のような問題のないものであっても、表示、例えば広告表示として「弁護士サービス」や「弁護士いらず」等と表示していれば、これは、もはや弁護士と同様のサービスまたは弁護士に代替するサービスを提供していると表明したといわざるを得ないだろう。すると、「利用者に対する表示内容」もあわせて考慮することで、鑑定等該当性が肯定される可能性は否定できないということである。もちろん、このような実態と異なる表示は、景表法等の観点から別の問題が生じ得るが、それだけではなく、弁護士法違反にもなり得ることには十分留意すべきである。

なお、ChatGPTの利用規約において法律の専門的サービス提供に利用することが禁止されていることについては、第12章を参照のこと。

**イ 契約関連** 契約関連については、法務省ガイドラインが単に契約レビューについてのみ検討しているのではなく、契約作成や契約管理についても検討していることが重要である。

例えば、契約管理リーガルテックにおいては、自動更新契約について、

---

*37 以下は筆者の商事法務ポータル連載(<https://portal.shojihomu.jp/archives/33427>、<https://portal.shojihomu.jp/archives/33433>、<https://portal.shojihomu.jp/archives/33439>、<https://portal.shojihomu.jp/archives/33446>、<https://portal.shojihomu.jp/archives/33458>)における検討結果をもとに、その後の法務省ガイドラインの公表を踏まえて議論を深化させたものである。

不更新の通知を送付すべき日の数週間前等に「契約を終了させるには、○月○日までに不更新の通知を送付しなければならない」といったアラートを出すことがある。

このような機能について法務省ガイドラインの3（3）イ（イ）は、「管理対象となる契約書等について、同サービスの提供者又は利用者があらかじめ登録した一定の時期や条件を満たした際に、当該事実とともに、同システムの利用者が契約書等に関してあらかじめ登録した留意事項等が表示されるにとどまる場合」には適法であるとした。

これは、ある意味ではスケジュール管理機能といったものと同様に、法的な機能ではないものであるから当たり前の結論ではある。しかし、これを明示したことに意味がある。

契約関連のサービスについては、「法務省ガイドライン」に例示があるものはその例示をもとに、例示がない場合には、例えば、上記（6）の分析結果を踏まえて、自社のサービスが適法というロジックをより精緻化していくべきである。

**ウ 書面作成** 契約作成については、法務省ガイドラインの3（1）が例示をしている。しかし、それ以外の書面作成については、2021年に離婚協議書の作成サービスについてグレーゾーン回答が既に出されている。[*38]

それが①法律事件「に関して」取り扱われる、すなわち、事件関連性のある法的処理、例えば弁護士が作成するのと同様の離婚協議書の作成であれば、弁護士法違反といわざるを得ない。

しかし、③処理や表示が法的なものではない場合、例えば契約書作成において「利用者があらかじめ設定された項目について定型的な内容を入力し又は選択肢から希望する項目を選択することにより」「特定のひな形が選別された上で、利用者が入力した内容や選択した選択肢の内容が当該選別されたひな形に反映されることで、当該選別されたひな形の内容が変更されて表示される」（法務省ガイドライン3（1）イ）ようなサービスであれば、

---

*38 <https://www.moj.go.jp/content/001339374.pdf>。ただ「具体的な事情によっては」弁護士法72条に違反し得るとするだけで、どのような事情の下で違反するかは不明である。

適法となるだろう。

　このように、書面作成については、法務省ガイドラインをベースにロジックを組んだ上で、適法にこれを提供していくべきである。

　**エ　法律相談**　　既に多くの弁護士がインターネット上に法律相談回答を掲載している。例えば、事務所のウェブサイトに法律相談事例とその回答を公表することで、同様の悩みを持つ潜在的顧客にその事務所の存在を知ってもらうといった状況はよく見られる。また、いわゆる「弁護士に対する匿名Q&Aサイト」でユーザが行った質問に弁護士が回答した法律相談回答が既に多数蓄積している。そこで、これらを利用して機械学習で学習させれば、法律相談AIのようなものを開発することは可能である。

　このような法律相談AIについて、筆者はChatGPTが出現する前の、2022年6月の段階で、〈既に事前に用意済みの一般的抽象的法律情報である回答が自然言語で検索可能で、自然言語で質問を入力すると、それが検索結果として提示されるサービス〉は、いわば多数の質問を準備した電子書籍版Q&A本と同様であって問題がないとした。その上で、機械学習型の新たに回答を生成するようなサービスとなると、これとは異なり頭が痛い、と述べたことがある。[*39]

　ここで、ChatGPTは「法的アドバイスは弁護士に相談するように」といった留保文言を出すことが多いものの、法律に関する回答も生成することがある。

　この点については、基本的には、ChatGPTのインタフェースであれば、それを弁護士のアドバイスと誤解する人はあまりいない、という点を指摘することができるだろう。つまり「利用者に対する表示内容」もあわせて考慮すると、弁護士のアドバイスではなく、学習した内容に基づきAIが生成している情報だと理解できるはずだ、という解釈が可能である。

　しかし、例えば非弁業者が、まるで人間の弁護士と相談しているかのような表示を行った場合、実際に裏で動いているのがChatGPTであっても、

---

*39　松尾剛行「リーガルテックと弁護士法72条　第3回　弁護士法72条とチャットボット法律相談」商事法務ポータル2022年6月29日<https://portal.shojihomu.jp/archives/33439>

弁護士法72条違反の可能性は否定できない。

**オ　リサーチ**　　リサーチについては、リサーチ系リーガルテックの技術が向上し、ユーザの求めているものにぴったり対応した情報・回答が提供されるサービスとなれば、その利便性は高まるものの、ユーザの具体的状況に応じて、その法的意味を分析した上で法的意見を述べたとして、鑑定になるのではないかという疑義が生じてしまうと述べたことがある。[40]

要するに、リサーチを行うユーザは、リサーチをすることそのものを目的としているのではなく、あくまでも目の前の案件をどう処理するかという観点でリサーチをしている。だからこそ、目の前の案件に関して条文・判例・通説・実務はどうなっているのか等が一瞬でわかるリーガルテックは非常に便利だろう。ただし、それは法律相談AIとも近接する。

筆者としては、それが入力された内容をもとに、関係する資料を探し、それを的確に要約している、ということであれば、それは鑑定等ではなく、既存の資料を検索してくるという②個別の事案との結びつきがない機能や、検索された資料を要約する③処理や表示が法的なものではない機能のみで構成されているといい得ると考える。ただし同時に、その具体的な「表示」内容も重要であって、そのような鑑定等に該当しない処理を行っていることがユーザにとって明確になるように表示すべきである。

**カ　業界全体としての対応**　　以上のような個別の企業に加え、業界全体としても、例えば、原則やガイドラインを公表し、それを遵守する企業のプロダクトであれば安心だというようにする等、業界全体でコンプライアンスを遵守していくことが重要である。この点については4を参照のこと。

### 3.　その他の問題

◆**（1）セキュリティ**　　弁護士法23条は「弁護士又は弁護士であつた者は、その職務上知り得た秘密を保持する権利を有し、義務を負う。ただし、法律に別段の定めがある場合は、この限りでない。」とする。入力データが

---

[40]　松尾剛行「リーガルテックと弁護士法72条　第4回　弁護士法72条とリーガルリサーチツール」商事法務ポータル2022年7月6日<https://portal.shojihomu.jp/archives/33446>

ベンダにおける学習に利用される場合、同条違反は否定できない[41]。では、学習に利用されない場合はどうだろうか[42]。

　ここで、弁護士情報セキュリティ規程3条2項は、「取扱情報の情報セキュリティを確保するための基本的取扱規程」の作成を義務付ける。同規程のサンプル規程では、委託に関し、適切なセキュリティ対策を行っている委託先を選定し、委託先との間で、提供する取扱い情報に関し、（a）内容、利用目的および保管方式の定め、（b）第三者提供および目的外利用の禁止、（c）委託終了時の返還または消去に関する取り決めを行うか、これらの事項について適切に設定されていることを定める。そして、その解説では、「委託先には取扱情報の取り扱いをさせる外部の者全ての者が含まれ、クラウドサービスを使用する場合には、当該クラウドサービスも委託先に含まれます。委託先が明らかにしているセキュリティ対策を確認したり、委託先との契約にセキュリティ上の安全管理措置を講ずることが記載されているかの確認を行うことが考えられます。」とされている[43]。

　そこで、ケースバイケースでこの該当性が判断されることになる[44]。一部の法律事務所は、生成AIを利用したリーガルテックに事務所のデータを入力する旨を公表しているが、これは、上記のとおり当該リーガルテック企業に対して、必要なセキュリティ対策の確認を行ったり、必要な安全管理に関する条項が設けられていることを前提としていると思われる。

　筆者としては、具体的な安全管理が適切にされていることを前提とすると、生成AIに弁護士が守秘義務の対象となるデータを入れることと、クラウドに弁護士が守秘義務の対象となるデータを入れることは実質的に同じだと考えている[45]。とはいえ、守秘義務のかかった情報は筆者もまだ

---

＊41　柿沼太一「弁護士・弁理士などの知財専門家の業務と知財紛争関連ツールとしてのChatGPTの可能性」（2024年2月20日）<https://www.ip-adr.gr.jp/news/2024/01/240220JIPAC.pdf>44頁

＊42　なお、生成AIを前提としないリーガルテック一般につき水井大＝角川正憲「AIによる契約書レビューと弁護士法・弁護士職務基本規程に関する考察」ビジネス法務21巻9号（2021）40頁以下参照。

＊43　日本弁護士連合会「弁護士情報セキュリティ規程　情報セキュリティを確保するための基本的な取扱方法について」5頁

＊44　柿沼・前掲注41）

＊45　要するに「社会受容性」が既に認められるクラウドと、現在社会受容性を高めている真っ最中の生成AIという相違はあれど、それ以外の実質的相違はないということである。

3.　その他の問題　189

図表5-1：リーガルテックと非弁業者の相違

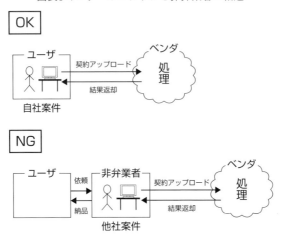

ChatGPTには入れていない。

◆**(2) 非弁提携**　27条は「弁護士は、第72条乃至第74条の規定に違反する者から事件の周旋を受け、又はこれらの者に自己の名義を利用させてはならない。」として非弁提携を禁止する。

　弁護士としては、非弁業者が生成AI等を利用してサービスを行うことはできず、そのような非弁業者との提携は、人間がサービスを行う場合と同様に禁止されることに留意が必要である。例えば、「リーガルテックを使って業務を行っている」と謳う非弁業者が、弁護士の名前を使わせて欲しいといってきた場合、リーガルテックを利用している、ということは何ら免罪符にならない。生成AI等の支援を得ているかを問わず、非弁業者が第三者の法律事件に関して法律事務を取り扱っているという場合は、例えば法務担当者が「自社」の法律事件に関してリーガルテックを利用して書面を作成する（典型的には、簡裁代理のための答弁書を作成する〔→（9）エ〕）場合とは全く異なるのである。

　そこで、弁護士がそのような非弁業者と提携し、例えば、実質的監督をせず、当該非弁業者の業務をその弁護士の名義で遂行することを認める等すれば、27条違反になることが重要である。

## 4．リーガルテックとAIに関する原則について

　2025年1月10日、リーガルテックに関する業界団体であるAIリーガルテック協会は、リーガルテックとAIに関する原則を公表した。[46] 既に弁護士法72条に限定すれば、法務省ガイドラインによって多くの問題が解決済みである。しかし、利用者がより安心して利用できる、信頼性の高いリーガルテックを提供するという観点からは、弁護士法72条以外を含む広い視野に基づく自主ルールが必要と考えられた。リーガルテックとAIに関する原則は以下を内容とする。

---

【原則1　コンプライアンス原則】
　サービス提供者は、弁護士法72条をはじめ、あらゆる法令を遵守し、また関連する重要なソフトローにも対応する。
【原則2　Lawyer-in-the-loop原則】
　サービス提供者は、リーガルテックサービスの開発の過程に、弁護士等の法律有資格者を適切に関与させることにより信頼性を確保する。
【原則3　データ保護原則】
　サービス提供者は、リーガルテックサービスの設計、開発および提供にあたり、関連法令および利用者と締結した契約に基づき、データの適正な取扱いを実現する。
【原則4　サービス理解増進原則】
　サービス提供者は、リーガルテックサービスの利用者が、そのサービスの利点と制約を含む特性を踏まえ適切に利用できるよう、利用者に対する理解増進の機会を提供する。

---

　このような原則をリーガルテックベンダ各社が遵守し、さらに便利かつ安心してリーガルテックを利用できるようにすることが重要である。

---

＊46　<https://ai-legaltech.org/legaltech-ai-principle>

# 第6章

# 業法等

## 1. はじめに

　ここまで、個人情報保護法と弁護士法という、生成AIに対する公法的規制の問題を考える上で重要性の高い2つの法令を検討してきた。しかし、これら以外にも多数の行政法が、生成AIと関係している。

　これらの法令は大きく、「民間における生成AIの利用に対する規律」と、「行政における生成AIの利用に対する規律」の2類型に分類される。

　前者、つまり、民間における利用に関する規律については、いわゆる業法が多い。ある種の事業を営むことに対する行政的な規制を根拠づける法律を講学上、業法という。[*1] 業法の代表的規制としてはライセンス規制と行為規制が挙げられる。まずライセンス規制は、例えば特定の許可を得ないと特定の業務ができないといった規制である。次に行為規制とは、例えば特定の契約を締結する際に書面で一定の事項を明示する、勧誘方法を制限するといった規制である。[*2]

　これら業法規制が各アクターによる生成AIの利用とどのような関係にあるかを考える上では、「生成AIを組み込んだ場合において、それだけで業法の縛りが解けるものではない」という点が重要である。つまり、各事業者は、一部は人間により、一部はソフトウェアにより、そして一部は生成AIを含むAIにより、総合的に何らかの事業（商品やサービスの提供等）を遂行している。そして、現時点では、まだ「AI規制法」が存在しない（→第11章も参照）ところ、法はあくまでもAIを規制するのではなく、事業者が何を行うかに着目してライセンス規制や行為規制を発動させる。よって、

---

*1　落合誠一ほか『商法I〔第6版〕』（有斐閣・2019）141頁
*2　松尾剛行・キャリアプランニング100頁以下

生成AIが業法との関係でどのように評価・判断されるかを考える上では、（AIをその事業の一部として利用する）事業者の行動全体を包括的に眺めた上で、〈当該行動が何らかの業法の定める発動要件を満たしそうか〉という観点から検討する必要がある。このような視点に基づき、2〜5において前者の民間による利用の規律を説明し、その後、6において後者の行政による利用の規律を検討する。その上で、7では憲法について簡単に触れる。

　なお、本章においては外為法の問題を検討することができていない。[*3]

## 2. 金融法

◆（1）はじめに　　既に金融庁も、生成AIやフィンテック等の新たな展開に向けた対応を表明している。すなわち、「金融分野においても、生成AIをはじめとするAIは業務効率化や新たな金融サービスの創出等を通じた生産性向上につながることが期待される一方、利用者保護や金融システムの安定・信頼の確保の観点から潜在的なリスクも指摘されている」として、金融機関における健全かつ効果的なAIの積極的な利活用を慫慂するためのディスカッション・ペーパーの策定を行う旨を公表している。[*4]また、金融分野におけるAI活用について様々な民間ガイドライン等が提案されている。[*5]このように、今後実務がさらに進展する中で、金融法も変化をしていくことが予想されるが、本書ではあくまでも現時点の素描を行いたい。

◆（2）ライセンス規制　　生成AIに、「将来成長や株価上昇が見込まれるセグメントはどこか」と尋ねると、まるでアナリストのように、この業界の株を買うと株価が上がる、といった回答をしてくれる。また、RAG（→第1章）等を利用して様々な企業の株価推移情報や、有価証券報告書の情報等を読み込ませることで、それぞれのユーザの希望（例：「10万円で買える、

---

＊3　中崎・法務ガバナンス97-98頁を参照。

＊4　<https://www.fsa.go.jp/news/r6/20240830/20240830_main.pdf>。なお、<https://www.fsa.go.jp/news/r6/sonota/20241003/ai-survey.html> および <https://www.nikkei.com/article/DGXZQOUB13AGP0T11C24A1000000/>も参照。

＊5　例えば「金融機関における生成AIの実務ハンドブック（第1.0版）」や「金融機関における生成AIの開発・利用に関するガイドライン（第1.0版）」<https://www.fdua.org/activities/generativeai>等を参照。

ITセグメントの高配当銘柄」）を踏まえた推奨銘柄を示すことができる。このような推奨銘柄を示す対話型AIサービスは、金融商品取引業、金融商品仲介業または金融サービス仲介業等に該当するのだろうか。

　例えば、金融商品取引法2条8項11号は「当事者の一方が相手方に対し」有価証券の価値等に関し、「口頭、文書（新聞、雑誌、書籍その他不特定多数の者に販売することを目的として発行されるもので、不特定多数の者により随時に購入可能なものを除く）その他の方法により助言を行うことを約し、相手方がそれに対し報酬を支払うことを約する契約（以下「投資顧問契約」という）を締結し、当該投資顧問契約に基づき、助言を行うこと」を金融商品取引業（投資助言・代理業、28条3項）とする。すると、生成AIを利用して、有価証券である株式の価値について報酬を得て「助言」を行うことは、この定義に該当しないだろうか。

　ChatGPTにおけるトランスフォーマーの仕組み（→第1部コラム）を念頭に置くと、生成AIの仕組みは、単に次に来る可能性の高い単語を表示するというものに過ぎない。例えば「推奨される上場株式」というユーザがプロンプト入力したテキストデータに対応して次に来る可能性の高い単語たる銘柄情報を表示させているだけで、推奨の「意思」はないため、金融業法の規制対象ではない、というロジックは1つあり得るものの、このロジックがどこまで通じるかは不明とされる。[*6]

　上記1で述べたとおり、この点は、生成AIの機能のみにフォーカスするのではなく、問題となる者（ベンダかもしれないし、生成AIのユーザ企業として金融分野において生成AIをそのサービスに利用している者かもしれない）が生成AIを組み込んでどのようなサービスを提供をしようとしているのか、という点を踏まえて検討しない限り判断できないだろう。例えば、実質的に投資助言・代理業を営む金融商品取引業者がその業務の一部に生成AIを利用しているだけとみなされれば、生成AIを利用しているという一事をもっ

---

＊6　増田＝輪千・入門77頁。なお、同76頁では「金融サービスの提供に関する法律」とあるが、同法の現在の名称は「金融サービスの提供及び利用環境の整備等に関する法律」である。

て金融商品取引法上の規制を免れることはできないだろう。これに対し、実質的には有価証券報告書をはじめとする企業の財務情報を検索するサービスを提供しているだけならば、直ちに金融法（例：金融商品取引法の投資助言・代理業等に関する規制）は適用されないかもしれない。

◆ **（3）行為規制**　　なお、行為規制、例えば不実告知禁止義務がかかる場合には、生成AIを利用したサービスにおいてハルシネーションにより虚偽のことを顧客に告げてしまう等、行為規制違反が発生する可能性があるとも指摘されている[*7]。

　例えば、金融商品取引法38条1号は、金融商品取引業者等またはその役員もしくは使用人が「金融商品取引契約の締結又はその勧誘に関して、顧客に対し虚偽のことを告げる行為」、例えば有価証券の売買（同法2条8項1号）契約の勧誘に関して、顧客に対し虚偽のことを告げる行為を禁止する。生成AIを利用した結果、生成AIのハルシネーションにより、特定の有価証券について、生成AIが「虚偽」の事項を回答・表示することは十分に考えられる。このような場合には同号違反となるのだろうか。

　この点は、生成AIをどのようにサービスに組み込むかと密接に関係する。すなわち、例えば顧客に対して金融商品の情報を説明する部分について、AIの回答がそのまま「自社の回答」として利用される場合、そのような回答は、顧客にとっては「自社の公式見解」と受け止められる。そこで、そのような自社の公式回答と受け止められるような利用方法で生成AIサービスに組み込んだ場合において、もしも、当該生成AIの回答が誤っていれば、それに対する業法上のペナルティを受けることを回避することは、必ずしも容易ではないだろう。

　もっとも、事業者による生成AIの利用方法を工夫することでリスクを軽減することができる可能性がある。つまり、AIの提示する内容をそのまま「事業者の回答」とするのではなく、それとは異なる生成AIの位置付けを工夫すべきである。例えば、①確かに消費者も生成AIの回答を読

---

＊7　増田＝輪千・入門78頁

むことはできるものの、それを名実ともに参考情報にとどめるとか、②
AIの回答は事業者内の参考資料にとどめ、それを踏まえて事業者が精査
をした上で事業者としての回答を行う等が考えられる。このような対応を
行うことで、顧客がハルシネーションによって不利益を受ける可能性が最
小化される。そして同時に、このような対応によって、業法上の行為規制
違反を最大限回避することもできるだろう。

◆**(4) 実務対応**　　実務においては、上記の業法の適用や行為規制を踏まえ、
自社サービスのどこに生成AIを位置付け、生成AIには誰（消費者、従業員）
がプロンプトを入力し、生成AIの回答は誰（消費者、従業員）が閲覧する
のか等を工夫することで、金融規制を遵守していくことになるだろう。

　なお、金融関係では基盤モデルベンダの利用規約において金融サービス
提供目的での当該基盤モデル利用が一定以上制限されている可能性にも留
意すべきである（→第12章）。

## 3. 医療行政法

◆**(1) 医療分野における生成AIの活用**　　医療分野では、もともと Da Vinci
のような医療ロボット[8]や、画像認識AIを利用した AI診断等[9]のAIの活用
が積極的に行われていた。生成AIの利用拡大に伴い、生成AIを利用した
カルテ等の文書作成や、生成AIを通じた問診等、様々な生成AIの利活用
が進んでいる[10]。

◆**(2) 医師法**

　**ア　はじめに**　　上記（1）で挙げたものを含む生成AIを利用して医療

---

* 8　松尾剛行「医療分野におけるAI及びロボットに関する民刑事責任─手術用ロボットを利用した手術
における医療過誤の事案を念頭に」Law & Practice 12号（2018）<https://sd6ed8aaa66162521.
jimcontent.com/download/version/1571381456/module/8922561376/name/12_4.pdf> 83頁
* 9　松尾剛行「健康医療分野におけるAIの民刑事責任に関する検討─AI画像診断（支援）システムを
中心に」Law & Practice 13号（2019）<https://sd6ed8aaa66162521.jimcontent.com/download/
version/1602141751/module/9076032076/name/13-7.pdf>151頁
* 10　「生成AIの医療分野での活用に向けた3つの提言」<https://www.tkfd.or.jp/research/detail.
php?id=4553>、「ヘルスケア領域に特化した生成AI活用のガイドラインを策定〜生成AIによるサービ
スを生活者が安心して利用できる基盤づくり〜」<https://jadha.jp/news/news20240118.html>、「ヘ
ルスケア事業者のための生成AI活用ガイド」<https://www.jri.co.jp/pdf/company/media/2024/
0118-02/20240118-02-01.pdf>等も参照。

健康分野のサービスを提供する企業や、生成AI（や生成AIを組み込んだプロダクト）をその提供するサービスに利用する医療機関は、様々な医療関係法令に留意してサービスを設計・提供すべきである。以下ではその代表的なものについて説明していこう。

　**イ　医師法とAIの関係**　　医師法17条（「医師でなければ、医業をなしてはならない」）との関係では、2018年には厚生労働省が「人工知能（AI）を用いた診断、治療等の支援を行うプログラムの利用と医師法第17条の規定との関係について[11]」という通達を出している。当該通達は、「人工知能（AI）を用いた診断・治療支援を行うプログラムを利用して診療を行う場合についても、診断、治療等を行う主体は医師であり、医師はその最終的な判断の責任を負う」としている。つまり、医師がAIを参考として利用することは可能であるが、AIの提供した情報以外の諸要素を踏まえて医師がその責任で最終判断する必要がある[12]。

　**ウ　医行為の定義**　　ここで、このような規制はあくまでも医行為に該当する場合であることに留意が必要である。つまり、医師法17条の医業は、医行為を業とすることと解されるところ[13]、タトゥー事件最決（最決令和2年9月16日刑集74巻6号581頁）によれば、医行為とは、医療および保健指導に属する行為のうち、医師が行うのでなければ保健衛生上危害を生ずるおそれのある行為をいい、ある行為が医行為に当たるか否かについては、当該行為の方法や作用のみならずその目的、行為者と相手方との関係、当該行為が行われる際の具体的な状況、実情や社会における受け止め方等をも考慮した上で社会通念に照らして判断するのが相当である、とされている。

　そこで、このような「医行為」に該当しない行為の範囲では、医師法に違反することなく、医師の判断を介在しないAIを利用したサービスを提

---

*11　<https://www.pmda.go.jp/files/000227450.pdf>
*12　ここでは「治療等」という文言があるので、画像診断AI等に限られない。ただし、画像診断AIであれば、人間の医師がダブルチェックすることが想定されているが、リアルタイムで治療を提供するAIにおいては必ずしも医師が十分なダブルチェックを行うことができない可能性がある。この点は、薬機法（→(2)）上の承認等によって安全性が担保されることが前提となると理解される。
*13　厚生省健康政策局総務課編『医療法・医師法（歯科医師法）解 第16版』（医学通信社・1967）428-429頁

供することができる余地がある。

**エ　オンライン診療の適切な実施に関する指針**　　上記の最高裁の基準は医行為外縁を抽象的に示すものの、オンライン診療をどう考えるか等、その外縁はなお不明確である。この点、例えば「オンライン診療の適切な実施に関する指針[*14]」は、以下の表のような分類を行う。

図表6-1：オンライン診療等に関する分類

| オンライン診療 | 医師－患者間において、情報通信機器を通して、患者の診察および診断を行い診断結果の伝達や処方等の診療行為を、リアルタイムにより行う行為 |
|---|---|
| オンライン受診勧奨 | 医師－患者間において、情報通信機器を通して患者の診察を行い、医療機関への受診勧奨をリアルタイムにより行う行為であり、患者からの症状の訴えや、問診などの心身の状態の情報収集に基づき、疑われる疾患等を判断して、疾患名を列挙し受診すべき適切な診療科を選択するなど、患者個人の心身の状態に応じた必要な最低限の医学的判断を伴う受診勧奨 |
| 遠隔健康医療相談（医師） | 医師－相談者間において、情報通信機器を活用して得られた情報のやり取りを行い、患者個人の心身の状態に応じた必要な医学的助言を行う行為。相談者の個別的な状態を踏まえた診断など具体的判断は伴わない |
| 遠隔健康医療相談（医師以外） | 医師または医師以外の者－相談者間において、情報通信機器を活用して得られた情報のやり取りを行うが、一般的な医学的な情報の提供や、一般的な受診勧奨にとどまり、相談者の個別的な状態を踏まえた疾患のり患可能性の提示・診断等の医学的判断を伴わない行為 |

**オ　生成AIの活用と医師法**

（ア）はじめに　　以上を踏まえ、上記（1）の各応用のような生成AIを利用して医療健康分野のサービスを提供・利用する場合には、医師法を遵守するために、①確かにそれは医行為だが医師の監督の下で行っているという建て付けや、②（「オンライン診療の適切な実施に関する指針」等を参照し、）そもそも医行為ではないという建て付けを検討すべきである。

（イ）医師の監督の下で利用するという建て付け　　例えば、医師の診断のための資料として、カルテや検査結果を生成AIによってまとめ、関連するガイドラインの記述や、その記述に当該検査結果等を当てはめると特

---

＊14　<https://www.mhlw.go.jp/content/001126064.pdf>

定の疾病の可能性があることを示す生成AIは、とりわけ、それが患者に直接提供されれば、医行為を行っているとみなされる可能性がある。

しかし、医療機関がそのような生成AIの生成する回答を、医師の判断の参考資料として利用することには大きな問題はないだろう。その際は、上記通達のとおり、医師の実質的監督が入り、最終決定は医師がするといえること、および、医師がその確定診断に責任を負うことが重要である。

なお、〈医師の代わりに問診を行う生成AI〉も、このカテゴリに入る可能性はある。そして、それが医師の代わりであれば、医師の監督の下で利用するものではないことから、医師法違反とみなされる可能性がある。もっとも、患者とのやり取りを踏まえた生成AIによる診断結果を患者に直接伝達するのではなく、いわば、受付時に書かせるアンケートのような問診票を作成する方法として、患者が自ら問診票に記入する代わりに生成AIがやり取りをするに過ぎない（その後、当該やり取りの結果を参照して、医師が別途問診する）のであれば、大きな問題はなさそうである。

（ウ）医行為ではないという建て付け　　例えば、生成AIを利用して、医療機関へのアクセスが困難な地域などにおいて、医師によらない遠隔健康医療相談を行うことはどうだろうか。

一般的な医学的な情報の提供や、一般的な受診勧奨にとどまるものであれば、医行為ではないことから、生成AIを利用してそのような範囲の情報提供をすることは直ちに医師法に違反しない。例えば、生成AIを利用して家庭医学百科事典等の内容を、患者が簡単に検索できるようなサービスを提供することは、利便性が高い反面、リスクは比較的小さい。

ただし、医行為ではないからといって不正確な情報の提供を行うこと等は許されない。したがって、ハルシネーションによって不正確な情報が提供されることがないよう対策を講じるべきである。例えば、上記の家庭医学百科事典の検索結果の提供にとどまるようなサービスであっても、ハルシネーションによって禁忌の行動を誤って推奨してしまう可能性があり、それが仮に医師法に違反しないとしても、例えば、債務不履行や不法行為（→第9章）となる可能性は否定できない。そのような事態を回避するため

3. 医療行政法　199

の対策を講じるべきである。

◆（3）薬機法等　　上記で述べた医師法に加えて、生成AIやそれを組み込んだデバイスが医療機器であれば承認等の取得が必要となる。なお、ハードウェアとの関係でのみ医療機器該当性が問題となるのではなく、プログラムであっても、疾病診断、治療、予防用のプログラムやそれを記録した媒体は医療機器に含まれ得る[*15]。よって、例えば生成AIソフトウェアのみを提供する企業であっても、薬機法の適用を受ける可能性に留意が必要である。

　さらに、情報の利活用においては、個人情報に関するガイダンス[*16]だけではなく、「医療デジタルデータのAI研究開発等への利活用に係るガイドライン[*17]」等も踏まえながら適法かつ適切な利活用を行っていくべきである。

　なお、基盤モデルベンダの利用規約で医療目的の利用が一定範囲で禁止されている可能性にも留意が必要である（→第12章）。

## 4.　電気通信事業法

◆（1）はじめに　　生成AIサービスの内容によっては、電気通信事業法上の登録・届出が必要な可能性がある。そこで、生成AIとの関係で電気通信事業法が問題となる。

◆（2）登録・届出の要否[*18]　　電気通信事業とは「電気通信役務を他人の需要に応ずるために提供する事業……をいう」（電気通信事業法〔以下、この章において「電気通信事業法」を省略する〕2条4号）。ここでいう電気通信役務は「電気通信設備を用いて他人の通信を媒介し、その他電気通信設備を他人の通信の用に供すること」（同3号）である。メールやダイレクトメッセージのような、他人の通信を媒介するサービスが典型的な対象である。ただ、電

---

＊15　「プログラムの医療機器該当性に関するガイドラインの一部改正について（薬生機審発0331第1号、薬生監麻発0331第4号）」（2023年3月31日）<https://www.mhlw.go.jp/content/11120000/001082227.pdf>

＊16　個人情報保護委員会＝厚生労働省「医療・介護関係事業者における個人情報の適切な取扱いのためのガイダンス」<https://www.ppc.go.jp/files/pdf/01_iryoukaigo_guidance7.pdf>

＊17　<https://www.mhlw.go.jp/content/001310044.pdf>

＊18　松尾・CA 163-165頁参照。

気通信役務は「その他電気通信設備を他人の通信の用に供すること」(2条3号)という定義であるから、他人の通信を媒介するサービスでなくても広く「電気通信事業を営む者」にはなる。

「電気通信事業を営む者」は登録または届出義務を原則として負う(9条・16条)。もっとも、電気通信事業を営む者であっても、他人の通信を媒介せず、かつ、電気通信回線設備を設置しない場合(164条1項3号)には登録等の義務を負わない。[19]

AIを利用したサービスについてみると、単にAIを利用しているという一事をもって「電気通信事業を営む者」該当性が肯定されたり否定されるものではない。むしろ、具体的なサービス次第である。

例えば、ベンダが自社サービスにユーザが入力した内容を、APIを利用して基盤モデルに送信し、その回答をユーザに戻すという場合、自社サービスというのが単に「入力支援」を行うだけであって、ユーザが入力したデータがそのまま基盤モデルに入り、その回答をユーザに提供するというものであれば、加工・編集を行わず、ユーザが送信時の通信の宛先として受信者、つまり当該基盤モデルベンダを指定しているとして「電気通信事業を営む者」該当性が肯定される可能性はある。ただし、この点はベンダにおいて本質的な内容の改変(例:フォーマット変換、メディア変換等の外形的形式的改変を超えた改変)を行えば、加工・編集を行っているとして媒介に該当しないことになる。[20]

また、例えば、生成AIによって質問に対する応答がされるというに過ぎないサービスであれば、各種情報のオンライン提供と同様に、利用者(他人)の需要に応ずるために電気通信役務の提供(情報の送信)自体を目的として行っていることから電気通信事業には該当するものの、自己と他人(利用者)との間の通信であり、他人の通信を媒介していないため、(電気通信回線設備を設置していない場合には)登録および届出が不要な電気通信事業と

---

[19]　総務省「電気通信事業参入マニュアル[追補版]」<https://www.soumu.go.jp/main_content/000477428.pdf>は、具体的な状況に応じて、電気通信事業該当性や登録等の義務の有無に関する分類・整理を行う。

[20]　総務省・前掲注19) 24頁、中崎・法務ガバナンス249-250頁

判断される可能性がある。[21]

　なお、専らその質問が自社に対する顧客等からの問い合わせで、生成AIの回答は当該問い合わせに対する回答だ、ということであれば、「メールフォーム・チャットボット」のようなものとして「顧客や住民等からの問合せ等を受け付けるに当たって電気通信役務を提供することは、自己の需要に応ずるものであって、他人の需要に応ずるものではないことから、このサービスは、電気通信事業に該当しないと判断される」可能性もある。[22]

◆（3）通信の秘密等　　このような登録・届出の要否のいわゆるライセンス規制の問題に加えて、通信の秘密の保護等の行為規制も遵守していく必要がある。[23] この点は、生成AI関連のサービスを提供する以上、顧客の情報を保護すべきということ自体はある意味一般的な内容ではあるものの、もしそれが電気通信事業となると、通信の秘密の保護が罰則付き（179条）で義務付けられるようになることに留意が必要である。

## 5. 独禁法[24]

◆（1）はじめに　　既に、AIによる独禁法の問題は多数発生しており、例えば、米国ではAIを利用した家賃カルテルの疑いから、司法省が不動産管理ソフト大手を提訴している。[25] 以下では、AI一般ではなく、生成AIに特化して検討したい。[26] ここで、2023年11月の公正取引委員会「生成AIを巡る独占禁止法上及び競争政策上の論点」（以下「論点」という）[27]は、生成

---

＊21　同上24頁
＊22　同上26頁
＊23　電気通信事業法4条1項「電気通信事業者の取扱中に係る通信の秘密は、侵してはならない。」
＊24　以下につき「（令和6年10月7日）G7競争サミットの開催結果について」<https://www.jftc.go.jp/houdou/pressrelease/2024/oct/241007_G7_result.html> および『生成AIを巡る競争』に関する情報・意見の募集について」<https://www.jftc.go.jp/houdou/pressrelease/2024/oct/241002_generativeai.html>を参照のこと。
＊25　<https://www.nikkei.com/article/DGXZQOGN23DP70T20C24A8000000/>
＊26　以下につきFederal Trade Commission, "Generative AI Raises Competition Concerns" <https://www.ftc.gov/policy/advocacy-research/tech-at-ftc/2023/06/generative-ai-raises-competition-concerns>、<https://forbesjapan.com/articles/detail/71521>、<https://www.icr.co.jp/newsletter/wtr423-20240627-naritomi.html> 等も参照。
＊27　<https://www.jftc.go.jp/cprc/events/symposium/2023/231109sympo1.pdf>

AIが提起する競争政策上の論点を、アクセス、自社優遇、抱き合わせ・囲い込みおよびクリエイティブなデータによる学習の4類型に分けて論じている。また、2024年10月に出された公正取引委員会の「生成AIを巡る競争（ディスカッションペーパー）」（以下「競争DP」という）[28]は、アクセス制限・他社排除、自社優遇、抱き合わせ、生成AIを用いた並行行為、およびパートナーシップによる高度人材の囲い込みの5点を論点として整理している。以下、（2）において論点の4類型それぞれを囲みにして掲げ、簡単に説明を加えた上で、（3）において競争DPについても簡単に解説する。

◆ (2)「論点」について

ア　アクセス

> 基盤モデルの事前学習またはファインチューニングには、大規模またはファインチューニング後の利用目的に特化したデータセットが必要である。既に当該データセットへの広範なアクセスが可能な事業者は、既に強固な競争優位性を確立し、それが長期間存続する可能性があり、また、新規参入者にとって、当該データセットへのアクセスの困難性が参入障壁となる可能性もある。既に当該データセットへの広範なアクセスが可能な事業者が、新規参入者や競合他社等による当該アクセスを制限することにより、新規参入者による競争の機会が失われる可能性がある。基盤モデルの提供事業者が、生成AIを活用したサービスも提供している場合において、生成AIを活用したサービスの分野の競争者による当該基盤モデルへのアクセスを拒否または制限することにより、生成AIを活用したサービスの分野における競争が阻害される可能性がある。

学習用データセットについては、基盤モデルの学習用データとして一般に入手可能なデータセット自体は存在し、データセット取得自体が有力なAIモデル開発に直結するわけではないとした。もっとも、有力な地位を有する事業者がデータ収集への不服申立てを牽制する行為や、個人情報保護法、著作権法の制約に違反した行為等のデータ収集が競争法の問題となる余地が皆無ではないとされている。[29] その意味では、データへのアクセス

---

*28　<https://www.jftc.go.jp/houdou/pressrelease/2024/oct/241002_generativeai_02.pdf>（令和6年10月2日）

が制限されることで具体的にどのような競争制限効果が生じるのかを含む、具体的なデータ収集の態様等も踏まえたきめ細やかな検討が必要だろう。[30]

　基盤モデルの提供については、特にAPIを通じた提供について合理的理由なく自社グループのアプリケーションとの連携のみを優位に扱う不当に差別的なAPIの接続条件を設定したり、予見可能性を確保せず（クローズドなエコシステムで提供する等の）重大な条件変更を行うことは競争法上の問題となる可能性があるとされる。[31]この点は、オープンソースの基盤モデル等の誰でもアクセス可能なモデルが今後どの程度有力な地位を占めるのかや、生成AIに関するクローズドなエコシステムがどの程度一般化するか等の具体的な競争環境の展開とも関わってくるだろう。

### イ　自社優遇

> 　基盤モデルの提供事業者が、自社が提供する商品やサービスが他の商品やサービスと比べて有利に出現するように当該基盤モデルを開発すること、または基盤モデルを利用したサービスを提供している事業者が、当該サービスにおいて、同様に、自社商品やサービスを優遇する取り扱いをする可能性がある。

　例えば、ショッピングモールプラットフォーム事業者が、当該プラットフォームに他社の出店を認めるだけではなく自らも販売する際、検索結果について自社を優遇し、他社を劣位させることは競争法上問題となる。そして、同様の自社優遇を生成AI分野で行うことも同様に問題となり得る。

### ウ　抱き合わせ、囲い込み

> 　あるレイヤーにおける有力な事業者が、他のレイヤーにおいて自社が提供するサービスを抱き合わせて提供することにより、当該他のレイヤーに

---

*29　角田龍哉「生成AIと競争法─デジタル・経済安全保障・環境政策を踏まえて」NBL 1252号（2023）47頁

*30　この点は、第2章で述べた、OpenAIの著作権者に対価を支払ってデータを学習する動きが、他の競争事業者によるデータへのアクセス制限に向けた動きなのか、そうではないかとも関係するだろう。

*31　角田・前掲注29）49頁

おける競争が阻害される可能性がある。例えば、クラウドサービスにおいて有力な地位を有する事業者が、それを提供する条件として、自社の生成AIの基盤モデルの使用を抱き合わせて提供する場合には、基盤モデルの分野で競合する事業者が競争する機会が損なわれるおそれがある。また、そのような場合に、他のクラウドサービスへのデータ移転送に高額なデータ転送料を設定することにより、顧客の移動が制限される可能性がある。技術若しくは保有データの取込みまたは高度なスキルを持つ専門人材の囲い込みを企図する企業結合や提携等が行われる可能性がある。

生成AIにおける有力な地位が他分野における地位の強化に活用され、競合他社が不当に排除される可能性がある。[32]生成AIそのものではないものの、生成AI等に利用される半導体に関し、NVIDIAに対する抱き合わせ販売疑惑に基づき調査手続が開始されている。[33]

**エ　クリエイティブなデータによる学習**

生成AIの開発に際して用いられる大規模なデータには、文章表現のみならず、動画、デザイン、音声などクリエイティブなデータが広範に含まれ得る。このようなクリエイティブなデータは生成AIの開発等における重要なインプットとして、様々なサービス展開や高品質なアウトプットの実現に資する可能性がある。他方、そのようなデータを用いて学習された生成AIは、潜在的に、クリエイティブをビジネスとする事業者と競争関係にあるため、当該生成AIが当該事業者に対する強固な競争優位性を確立・固定化し、結果的に当該事業者の競争機会を損なう可能性がある。

学習用データ取得の文脈であれば、著作権侵害の場合や著作権者に対する収益配分の有無や内容が不透明・不公正な場合であり、不当に競争上の優位性を得ていたときには競争法上問題となる可能性があるとされる。[34]そこで、知的財産におけるクリエイターとAIのwin-win関係の構築という考え方（→第2章）を逸脱すると――結論としてどのように判断されるか

---

*32　同上49頁
*33　<https://www.nikkei.com/article/DGXZQOGN040Q60U4A900C2000000/>
*34　角田・前掲注29）47-48頁

は、「不当」といえるか否かの評価に依存するところがあるものの――、場合によっては競争法に違反する可能性も出てくるだろう。

◆(3) 競争DP

競争DPは、生成AIにはイノベーションのポテンシャルがあるものの、同時に競争政策上の観点からの潜在的リスクがあるとする（2頁）。その上で、生成AI関連市場の市場構造をアプリケーション（生成AIを活用したサービスの提供）、モデル（基盤モデルを含む生成AIモデルの提供）およびインフラ（計算資源、データおよび専門人材）の3レイヤーで整理した（図表6-2参照）。

図表6-2：生成AI関連市場の市場構造

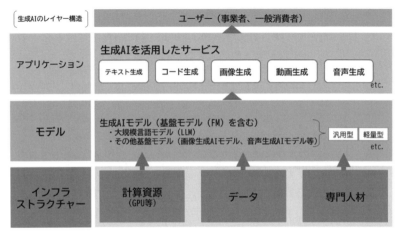

出典：競争DP 4頁より

そして、それぞれの市場における競争動向を踏まえ、以下のように論点を整理した。

まず、アクセス制限・他社排除として、データやGPU等において大手が有力な地位を有していることから、アクセス制限等が行われることで新規参入が困難となり、競争に影響を及ぼす可能性があるとする。この点は上記（2）アを参照されたい。

自社優遇については、推論結果において自社の商品やサービスを優遇することが問題となるが、これは上記（2）イを参照されたい。

抱き合わせについては、あるサービスにおいて有力な地位を有する事

業者が、例えばそのサービス提供の条件として自社の生成AIモデルの使用を抱き合わせて提供することが問題となるが、これも上記（2）ウを参照されたい。

　競争DPは、生成AIを用いた並行行為という、「論点」とは異なる問題を提起した。すなわち、基礎となるデータやアルゴリズムが一致することで、多くの同業者が生成AIを利用する結果、価格戦略、生産目標等が同一または類似する状況が想定され、競争に影響を及ぼす可能性があるとする。この点は、もともと、上記（1）で述べた家賃カルテル等、この問題は分析系のAIで論じられてきた。[35] しかし、最近は生成AIの分析力が向上することで、生成AIの利用の場合でも、同様の問題が論じられるようになってきた。

　最後が、パートナーシップによる高度人材の囲い込みであり、高度スキルを有する専門人材の囲い込みを企図し、パートナーシップを締結することによって、実質的に事業譲渡と同様の効果を生じさせる場合には、競争に影響を及ぼす可能性があるとする。人材獲得競争については様々な議論があるところ、[36] 生成AI分野における人材獲得競争の熾烈性から、このような点が論点として挙げられているのだろう。

◆(4) 議論の進展に注視を　　公正取引委員会は「競争DP」を公表した上で実態調査を行う。今後とも〈生成AIと独禁法〉の議論について注視が必要である。

## 6. 行政による生成AIの利活用とその規律[37]

◆(1) 行政による積極的な生成AI利活用[38]　　行政は既に生成AIの積極的な利活用を開始している。[39] 例えば、デジタル庁の調査では90％以上の利用者

---

＊35　<https://www.jftc.go.jp/houdou/pressrelease/2021/mar/210331_digital/210331digital_hokokusho.pdf>11頁以下参照。

＊36　<https://www.jftc.go.jp/cprc/conference/index_files/180215jinzai01.pdf>

＊37　<https://www.soumu.go.jp/main_sosiki/kenkyu/gyousei_tsusokuho_ai/index.html>も参照。

＊38　久末弥生編『都市行政の最先端 法学と政治学からの展望』（日本評論社・2019）第6章「都市行政とAI・ロボット活用」を担当、松尾剛行「行政におけるAI・ロボットの利用に関する法的考察」情報ネットワーク・ローレビュー17巻（2019）92頁以下、松尾・戸籍時報連載(1)〜(4)、松尾・一橋（行政）、およびAIに限らないブレインテックについて、松尾・一橋（ブレインテック）参照。

＊39　なお、「ChatGPT等の生成AIの業務利用に関する申合せ(第2版)」（2023年9月15日、デジタル社

が生成AIは業務効率化および成果物の品質向上に効果があるとした。[*40] 具体的な利用形態として、「都職員のアイデアが詰まった文章生成AI活用事例集」[*41] においては、企画・アイディア出し、文案作成、要約、メール作成、会議の開催、広報発信、ローコード等の生成、翻訳が挙げられている。

特に、生成AIを利用して行政文書のドラフトを行うことや、行政処分等の判断に供する資料が大量の場合に生成AIに検索・要約等をさせることで、利便性が高まる可能性がある。同時に、生成AIの誤りが誤った行政処分を生じさせるのではないか、という問題意識をも生じさせる。[*42]

◆ **(2) 行政による生成AIの利活用の２類型**　　行政による生成AIの利活用形態には2類型が存在する。1つはAIに公共サービスを任せる、すなわち「代替」である。もう1つは人間が確認・検証しつつAIが人間の公務員をサポートする、すなわち「支援」である。

ここで留意すべきは、名目が支援であっても、実質的には代替なのであればもはや代替として扱うべきだ、ということである。例えば、名目としては「支援」として、AIが作成した処分案を人間の公務員がレビューするという形をとっていても、AIの判断を処分の決め手とすれば、実質的には代替が行われたと評するべきである。

◆ **(3) 危険な（実質的）代替としての生成AIの利活用**　　そして、生成AI

---

会推進会議幹事会申合せ）<https://www.digital.go.jp/assets/contents/node/basic_page/field_ref_resources/c64badc7-6f43-406a-b6ed-63f91e0bc7cf/e2fe5e16/20230915_meeting_executive_outline_03.pdf>も参照。

*40　「デジタル庁R5年度 検証結果共有　行政における生成AIの適切な利活用に向けた技術検証の環境整備」<https://www.digital.go.jp/assets/contents/node/information/field_ref_resources/19c125e9-35c5-48ba-a63f-f817bce95715/e03a8092/20240510_resources_ai_r5mainresults.pdf>

*41　<https://www.digitalservice.metro.tokyo.lg.jp/documents/d/digitalservice/ai_prompt>

*42　近時では、国税庁が申告漏れ調査対象の選定にAIを活用するなど、効率的に調査を行った結果、申告漏れ所得金額の総額及び追徴税額の総額は過去最高を記録したと公表し、話題になっている（国税庁「令和5事務年度 所得税及び消費税調査等の状況」（2024年11月）<https://www.nta.go.jp/information/release/kokuzeicho/2024/shotoku_shohi/pdf/shotoku_shohi.pdf>）。ただし、国税庁の資料を確認する限り、いわゆる分析型AIが想定されていて、生成AIではない可能性が高い（浦東聡介「ICT・AI技術の税務行政における活用可能性について―（データ分析及びその体制論を含む）―」税務大学校論叢110号（2023）375頁 <https://www.nta.go.jp/about/organization/ntc/kenkyu/ronsou/110/05/05.pdf>参照）。

の実質的代替による利活用は、既に問題を引き起こしている。これは翻訳AIを生成AIの一種とみなせるのであれば、という留保付きの例であるが、浜松市が台風のため川に近づくなと警告をする際、自動翻訳を利用してポルトガル語の警告文を作成したところ、元の日本語とは真逆の川へ避難するよう求める内容になっていた、という深刻な事案がある。[*43]この事案では、週末の台風対応という緊急時においてポルトガル語を解せる職員がたまたまおらず、そのような職員のレビューなく自動翻訳結果を配信してしまったという事案であり、広報文作成業務をAIにまさに実質的に「代替」させてしまったことのリスクが現実化した事案と評することができる。[*44]

　だからこそ、山本隆司は、法治国原理が求められる範囲では、最終的には人間が判断し、AIを補助にとどめるべきとする。[*45]寺田も、憲法上重要な権利に関わる決定は人間に留保されるべきとする。[*46]須田は、処分の自動化の文脈において、責任ある調査が全事案で実際に存在する必要はないが、その余地が奪われてはならないとする。[*47]

　このような先行研究は、まさに（実質的）「代替」としての生成AIの利活用のリスクを指摘したものである。そこで、AIの役割を支援にとどめるため、AIの判断を人間が確認し、最終判断は人間の公務員が下すことが重要である。[*48]

　ただし、一切の「代替」が許されないのかというと、そこまではいい切れないだろう。例えば、地方自治体がウェブサイト上でQ&Aを公表しているが、これは窓口で公務員が案内する業務を一部「代替」している。し

---

＊43　<https://www.asahi.com/articles/ASMBK4R65MBKUTPB00W.html>

＊44　幸いにも、ブラジル人等が川へ避難して被害に遭うといった事態は生じなかったようであるが、これは単なる「結果オーライ」であって、十分に警戒に値する。

＊45　山本隆司「情報秩序としての行政過程の法問題（上）」法時93巻8号（2021）127-128頁

＊46　寺田麻佑「人工知能（AI）技術の進展と公法学の変容」公法研究82号（2020）212頁および同「AIとガバナンス（規制）の枠組み―規制等に適する分野、適さない分野」情報法制研究5巻（2019）29頁参照。

＊47　須田守「全自動発布処分を追試する（行政の正統性をめぐる現代的諸問題2）」法時91巻9号（2019）148頁

＊48　「自治体におけるAI活用・導入ガイドブック」<https://www.soumu.go.jp/main_content/000820109.pdf> 30頁参照。

かし、（正確性等の留意すべき点は存在するものの）このようなQ&Aの公表そのものが違法であるとか、行うべきではない、という議論は存在しないと思われる。これと同様に考えれば、例えば生成AIを利用したチャットボットを作成し、Q&Aデータに基づき質問に自動で回答させるといった場合においても、一定範囲の「代替」を認める余地があるだろう。

　以上を踏まえると、法治国原理が求められる範囲や憲法上重要な権利に関わる分野では「代替」が禁止される。これに対し、それ以外の分野においては、「代替」は一律禁止まではされないものの、人間の公務員が生成AIの回答のレビューを行わず、生成AIの回答が市民に直接提示されるといったリスクに対する対応が必須であると思われる。[49]

◆ **（4）行政法を遵守しながら行うべき支援としての生成AIの利活用**

　**ア　支援にとどめることが行政にとってのより良い生成AIとの付き合い方**

上記のとおり「代替」は一切不可能とまではいえないものの、限定的であるべきである。これに対し、例えば、ポルトガル語を解せる職員がAIの翻訳したポルトガル語広報文を確認するといった、「支援」的な利活用においては、そのリスクは限定的であって、むしろ行政事務の効率化等が期待できるだろう。この点、AIと人間の役割分担に関して、人馬一体のケンタウロスのように人間とAIが協働してサービスを提供するという「ケンタウロスモデル」が提唱されている[50]（→第1部コラム）。まさに、行政における生成AIの利活用においても、このようなケンタウロスモデルによることが模索されるべきであろう。原田は、将来的に行政処分が全自動化され、人間が決定に関与しなくなった場合、その誤りを正すため人間の判断が下され得るプロセスが重要であるとし、その方法として不服申立てや行政訴訟に注目する[51]。少なくとも、AIの判断に対し市民から異議が出た時点で、実質的レビューを怠れば、職務上尽くすべき注意を怠った等と判断され、国賠法1条違反となる可能性がある[52]。

---

＊49　松尾・戸籍時報連載(3)52-53頁参照。

＊50　例として、松尾・HRテック67頁参照。

＊51　原田大樹「情報技術の展開と行政法」太田匡彦＝山本隆司編『行政法の基礎理論―複眼的考察』（日本評論社・2023）16頁

**イ　行政法を遵守すべきこと——透明性を例に**　　生成 AI 利活用を「支援」にとどめる場合であっても、行政法を遵守すべきことに変わりはない。以下では行政手続法（行手法）上の透明性を例に考えよう。

行手法 8 条や14条は、申請の拒否処分や不利益処分の理由提示を義務付ける。そして、最判平成23年 6 月 7 日民集65巻 4 号2081頁は、処分基準を用いた処分において「いかなる理由に基づいてどのような処分基準の適用によって当該処分が選択されたのか」の説明を必要とする。この判決の射程が及ぶ事案において、AI を用いた結果として、適用した処分基準と当該処分の選択理由を明らかにできなければ、理由提示義務違反となる可能性が高い。[53]

すなわち、生成 AI の（「支援」としての）利用自体は可能であるものの、典型的には学習型の（生成）AI を利用した結果として、「AI は X テラバイトのデータを学習し、それをもとに結論を導き出している。レビューを担当する人間の公務員にもなぜその結果になったかはわからないが、これまで AI が誤っていると指摘されたことはなく、特に反対する理由はないので、AI の提案する内容で処分をした」という状況になっていれば、（もしかするとその結論は正しいかもしれないが）それをもって「いかなる理由に基づいてどのような処分基準の適用によって当該処分が選択されたのか」の説明がされていないとして、理由提示義務違反となるだろう。

ここで、理由提示義務違反を回避するため、結論は AI が出し、人間（や生成 AI）が後付けで（理由提示義務違反にならない程度に詳細な）理由を付すことも考えられる。しかし、当該理由が真の理由なのか検証できないという批判がある。[54] 理由提示の趣旨は、恣意抑制と不服申立ての便宜とされる[55]

---

＊52　なお、筆者は、VTuber が国際動画共有プラットフォームによって不当に規約違反とされた事案で、プラットフォーム事業者を訴えて勝訴した経験を有するところ、この事案において、プラットフォーム事業者が AI を利用してスパムアカウントに対する対応等を行うこと自体はあり得るが、もし、その判断に対し「AI による誤った判断である」との異議申立てがなされたならば、その段階で、その誤りを正すため、人間の担当者に責任をもって実質的レビューをさせるべきと主張しており、その趣旨は行政においても共通すると考えられる（松尾・戸籍時報連載(3)53-54頁）。

＊53　なお裁判所が、電算化を理由とする理由提示の程度の緩和を許していないことにつき、大阪地判平成31年 4 月11日判時2430号71頁参照。原田・前掲注51) 4-6頁。

＊54　原田・前掲注51) 22頁

6. 行政による生成 AI の利活用とその規律　211

ところ、結論まで生成AIに出させるといった実質的代替であれば、どのような理由でどのような結論となるかを説明できるように人間が考えを巡らせて適正な処分とするということができなくなるし、その「後付け」の説明は実際のAIの判断の根拠ではない以上、不服申立てをする上では不便である。よって、AIがなぜその結論を出したかという意味における「真の理由」が示されなければ、行手法違反になると解すべきであろう。[56]

**ウ　行政による民間事業者に対する監督等**　　生成AIを利用する際に、公務員が実質的確認・検証をするとしても、生成AIの利活用が広がるにつれて、民間のベンダの果たす役割は大きくなるだろう。そこで行政は、AIに関する基準形成等を検討する必要がある。例えば、AIのアルゴリズムや業界内の規格・規準、当該AIの仕様等がAIの判断を決定する「決め手」となってしまうと、法に基づく行政の原理等の関係で問題が生じる可能性がある。

また、例えば行政が国家賠償責任を負う場合に、ベンダに対し適切な求償ができるよう、行政と民間企業の責任区分を明確にする必要もある。[57]

上記のリスク対応のために、保障責任の考えを利用する可能性が指摘されている。[58]行政活動の一部を私的部門に委ねた後も、当該私的部門の監督、指示、最後は再公営化等の役割（保障責任）を国家は果たさねばならない。再公営化とは、例えば民間企業が提供するAIの窓口対応に問題が起こり、AIの修補やその他の監督措置では対応できない場合に、人間の公務員が再度窓口対応を行うといったことである。もし、AIに頼りすぎて職員のスキルが低下すれば、民間企業の適切な監視や、いざという時の再公営化も困難になるのだから、頼りきりになるべきではない。[59]

---

＊55　宇賀克也『行政法概説I　行政法総論［第8版］』（有斐閣・2023）481頁

＊56　松尾・戸籍時報連載(1)66-67頁参照。なお、Naomi Aoki et al., "Explainable AI for government: Does the type of explanation matter to the accuracy, fairness, and trustworthiness of an algorithmic decision as perceived by those who are affected?" *Government Information Quarterly*, Vol. 41, Issue 4 (2024)も参照。

＊57　総務省「自治体におけるAI活用・導入ガイドブック〈実証要点まとめ編〉」（2021年6月）<https://www.soumu.go.jp/main_content/000757187.pdf>10頁および松尾・戸籍時報連載(3)49-51頁参照。

＊58　松尾・前掲注30）（行政におけるAI・ロボットの利用に関する法的考察）107頁

仮に、AIの知見において民間企業の方が圧倒的に強いとすると、上記のような行政として求められる役割を果たすことができない。その意味では、行政の組織としては、（民間人の兼任等の場合もあるだろうが）民間と伍することができる程度のAI人材を確保すべきである。[60]

### エ　行政情報法

（ア）個人情報　　生成AIを利活用するにあたり、例えば、住民一人ひとりに対して個別化された連絡を行うために、住民の個人情報を生成AIに投入する等、行政が生成AIに個人情報を投入する状況が生じ得る。ここで、民間であれば、個人情報保護法の第三者提供ルール（個人情報保護法27条）が問題となるが、行政においては、利用目的の実現のために保有個人情報を提供することは可能である（同69条1項参照）。その意味では、行政の方が、個人情報保護法のルールを遵守しながら生成AIを利用する上で障壁が少ないといえるかもしれない。

（イ）情報公開　　行政機関の保有する情報の公開に関する法律（情報公開法）5条2号イでは、「公にすることにより、当該法人等又は当該個人の権利、競争上の地位その他正当な利益を害するおそれがあるもの」が不開示事由であるところ、AIのアルゴリズムは企業秘密として同号に該当するかが問題となる。同法の解釈上、まずはそのアルゴリズムを開示しないことにつきどのような「正当な利益」があるのかを、個別具体的に検討すべきであり、アルゴリズムであれば一律不開示という考え方は不適切である。例えば、アルゴリズムのうちの結果を決定する上での主要な事項[61]について開示しても正当な利益を害するおそれはない、という解釈は十分にあり得るように思われる。[62]

---

*59　松尾・戸籍時報連載(3)51-52頁参照。

*60　松尾・戸籍時報連載(4)80頁

*61　プラットフォーム透明化法5条2項1号ハが「当該特定デジタルプラットフォームにより提供される場において、一般利用者（……）が検索により求める商品等に係る情報その他の商品等に係る情報に順位を付して表示する場合における、当該順位を決定するために用いられる主要な事項（商品等提供利用者からの当該特定デジタルプラットフォーム提供者に対する広告宣伝の費用その他の金銭の支払が、当該順位に影響を及ぼす可能性がある場合には、その旨を含む）」を開示すべきとしていることも参照。

*62　松尾・戸籍時報連載(1)70-71頁

なお、そもそも、わざわざ情報公開法上の手続を経なければ行政が利用するAIのアルゴリズムについて市民が何も知らされないということ自体が不適切である。そこで積極的に行政機関のHP等における公表を行うべきである。その場合には、一部のアルゴリズムが審査基準（行手法8条3項）、処分基準（同12条1項）に該当すると解し、行手法に基づきこれを公にするべきことを導く議論に加え、立法論として一定範囲の開示を義務付けることもあり得るだろう。

**オ　トラブル発生時の事後的精査**

（ア）トラブルはいつか必ず生じる——検証可能性の重要性　　行政による生成AIの利活用が進展するにつれて、ヒヤリハットレベルではないトラブルがいつか必ず生じてくるだろう。そこで、トラブルのリスクがあるから生成AIを使わない、という態度をとるのではなく、トラブルのリスクを最小化するための方策、および、トラブルがいざ生じても適切に対応できるような措置を講じた上で利活用するという態度をとるべきである。例えば、自動運転車においては、トラブル発生後の検証可能性を確保するため、作動状態記録装置が必要とされているところ[*63]、行政における生成AIの利用においても、どのモデルにどのような追加学習をし、どのようなデータをRAG用データとして、そこにどのようなプロンプトを入れた結果どのような出力がされたか等を記録することで検証可能性を保持することが重要である。

（イ）ハルシネーションと信頼保護　　生成AIはハルシネーションを起こし、誤った回答を生成する（→第1部コラム）。ここで、上記のQ&A集の代替程度のものであれば、仮にハルシネーションが発生しても、「生成AIは誤った回答をすることがあります。回答に基づき行動をするに当たって

---

\*63　道路運送車両法41条2項が「……『自動運行装置』とは、プログラム……により自動的に自動車を運行させるために必要な、自動車の運行時の状態及び周囲の状況を検知するためのセンサー並びに当該センサーから送信された情報を処理するための電子計算機及びプログラムを主たる構成要素とする装置であつて、当該装置ごとに国土交通大臣が付する条件で使用される場合において、自動車を運行する者の操縦に係る認知、予測、判断及び操作に係る能力の全部を代替する機能を有し、かつ、当該機能の作動状態の確認に必要な情報を記録するための装置を備えるものをいう」としていることを参照。

は、回答の根拠となるQ&A集のURLをクリックして再度確認し、疑義が
あればご相談下さい。」といった注意書きを記載することでこの問題を解
決することができる可能性はあるだろう。

　これに対し、例えば、生成AIの回答を鵜呑みにした人間の公務員が誤っ
た教示をした場合や、いわば「AI公務員」として、（Q&A集の表示のレベル
にとどまらず）AIが実質的な判断をし、人間の公務員を経ずに直接市民と
やり取りする場合においてハルシネーションに基づく誤った回答がされた
ときには、事後的救済が問題となる。

　ここでは、自治体の工場誘致を受けて工場建設予定者が費用を支出した
ものの、その後の選挙で誘致反対派が首長になり、工場建設を断念した事
案における信頼保護（最判昭和56年1月27日民集35巻1号35頁）等、信頼保護
が問題となった類型ごとに判例が存在することから、生成AIにおいて信
頼保護が問題となる場合においても、そのような先例をもとに検討するこ
とになるだろう。ただし、例えば、裏で生成AIは利用していてもあくま
で人間の公務員が人間の公務員の回答として教示をするという場合と、「（誤
りの可能性のある）AIの回答」と表示されるという場合では、当該回答に対
する信頼の程度は変わる可能性が高いだろう。[64]

　（ウ）国賠法1条　　AIの作動に一切人間が関与しないことは実務上考
えられず、AI投入の判断や運用時の監視等で関与すると思われる。[65] そこで、
生成AIがトラブルを発生させ、市民に被害が生じた場合、当該関与公務
員の過失等を問うことになる。なお、職務行為基準説に基づく職務上尽く
すべき注意義務の内容を考える際には、国や自治体のガイドライン等が参
照される。そのため、AI利用について1条責任の追及の余地がある。[66]

　例えば、前述のAI翻訳事案でもし実害が生じたのであれば、翻訳AIを
投入するとする決定、チェック体制に関する決定、ポルトガル語のできる

---

＊64　もちろん、かなり先の将来には、人間の公務員よりも生成AIの回答の方が信頼できるという世界線は
　　　来るかもしれないが、本書はそのような未来を考察の対象としていない。
＊65　松尾剛行「都市行政とAI・ロボット活用」久末弥生編『都市行政の最先端―法学と政治学からの
　　　展望』（日本評論社・2019）134-138頁および松尾・前掲注58）102頁
＊66　松尾・戸籍時報連載(2)62-63頁

6. 行政による生成AIの利活用とその規律　215

職員が確認しないまま配信したこと等について、それぞれに関与した公務員の過失等が認められる可能性があるだろう。

（エ）国賠法2条　　ロボットを人工公物と捉えることができる可能性がある。[*67] ロボットの回路がショートして爆発した場合等、ロボットが「公の営造物」で、そこに「瑕疵」があるといえる場合はあり得る。では、どこまで2条責任を広げられるだろうか。

宇賀は、「公の営造物」は動産も含むが、動産自体に物理的欠陥がある場合に限定しなければ、例えば物理的瑕疵のない拳銃が盗まれたといった、保管行為に関する安全確保義務の懈怠等の1条責任を問うべき場面で、2条責任を問うことになり疑問とする。[*68] 確かに上記の例で2条責任を問うことは不当だろう。しかし、AI等のソフトウェアの欠陥も、そのソフトウェアがロボット等に組み込まれた場合には「公の営造物」の「瑕疵」と評すべき場合があると思われ、常に同条の「瑕疵」を狭義の「物理的」欠陥に限るべきかは疑問である。また、AIを用いたインフラ管理（当該管理の際にAIは必ずしもハードウェアに組み込まれる必要がないことに留意されたい）においてAIが瑕疵を見逃し、インフラが修理されずに事故が生じた場合、被害者は2条責任を追及できる可能性があるだろう。[*69]

（オ）取消訴訟等　　取消訴訟では、覊束処分であれば要件が充足されているかが問題となり、AIのハルシネーションにより要件が充足しているのにされていないと判断したり、あるいはその逆の判断がされれば、行政処分が取り消されるだろう。

これに対し、裁量処分においては、AIを利用することで裁量判断の事後審査が困難となるリスクがある。[*70] もっとも、理由付記（→イ）等が適切にされるような程度に人間が関与しているのであれば、仮にAIが関与していても、提示された理由に基づき事後審査が行われる。その際は、裁量

---

*67　原田・前掲注51）13頁
*68　宇賀克也『行政法概説II　行政救済論〔第7版〕』（有斐閣・2021）495頁
*69　松尾・戸籍時報連載(2)64頁参照。
*70　松尾・一橋（行政）55頁以下

基準から乖離していれば原則として裁量の逸脱・濫用（最判平成27年3月3日民集69巻2号143頁）となり、裁量基準に従う場合でも、裁量基準の合理性および裁量基準の適用の合理性が問われ、また、個別事情を考慮すべきでなかったかが検討されるべきことになるだろう。例えば、生成AIが裁量基準に事案を適用するとこの判断になるとして提示してきたものを無批判に受け入れ、個別事情考慮義務の履行を怠っていれば、裁量の逸脱・濫用となる可能性がある。[71]

## 7. 憲法

◆（1）はじめに　　これまで、〈AIと憲法〉をめぐっては、プロファイリング等、AIがデータを分析するという観点から主に論じられてきた。例えば、銀行がその融資判断をAIに委ねた場合、自分にはどうしようもない理由で差別的に融資を断られるかもしれないし、事実上全ての銀行が同一の融資判断AIを採用する時代には、どこの銀行からも融資を受けられなくなるかもしれない。[72][73]

　本書ではこのような〈AIと憲法〉の議論全般を扱うのではなく、あくまで〈生成AIと憲法〉ということで、生成AI時代ならではの問題がどのように実務において立ち現れるか、特にこれまでAIと憲法として論じられてきた問題がどのように生成AI時代に変貌するかにフォーカスして検討する。また、本書は（6で述べた行政によるAIの利活用以外は）基本的には民間企業による生成AIの利用にフォーカスしていることから、国会での質問や答弁、政策立案の準備等への生成AIの利用の可否といった問題はあえて論じず、主に、いわゆる間接適用等の結果、私人間においてどのような憲法原理が考慮されるかという側面から憲法論を検討することとする。

　なお、名誉権（→第7章）、プライバシー（→第8章）は重要なAI関係の憲法問題でもあるが、別章に譲る。

---

＊71　松尾・一橋（行政）参照。
＊72　成原慧＝松尾剛行「AIによる差別と公平性—金融分野を題材に」季刊個人金融2023年冬号 <https://www.yu-cho-f.jp/wp-content/uploads/2023winter_articles02.pdf>11頁
＊73　いわゆる「バーチャル・スラム」。山本龍彦編『AIと憲法』（日本経済新聞出版・2018）61頁

## ◆（2）自律と尊厳

**ア　はじめに**　〈AIと憲法〉、とりわけ、民間事業者のAIの利用の憲法問題をめぐっては、従来、マーケティング手法としてのプロファイリングとそれに基づくターゲティング広告や融資判断等が大きな問題とされていた。そこで、最初にこのような議論を簡単に紹介した上で、生成AI時代にこれらの議論が変わるのか、あるいは変わらないのかにフォーカスして論じていきたい。

**イ　プロファイリングを念頭に置いた議論**　山本龍彦は、憲法13条の尊厳に関する原理を①人間の尊厳（個人は人間として尊重されなければならないという類型的尊厳）、②狭義の個人の尊重（個人は人格的存在として平等に尊重されなければならないこと、集団的拘束からの自由）、③個人の尊厳（個人の自律、主体的に自己の人生をデザインすることの尊重）、および④多様性・個別性の尊重（個人が自律的・主体的に選択した結果として生じる多様性・個別性の尊重）の4層によって構成される複層的な原理とした上で、このうち②と③が核心だとする。[74]

ここで、AIを用いたプロファイリングにおいては例えば「40代」「男性」「大学院卒」「弁護士」等という属性が大量に掛け合わせられることで、その人の消費傾向や、融資返済率等を精緻に予測することができるようになる。こうした状況は、上記の山本の議論からはどのように評価されるだろうか。以下、瞥見していこう。

確かに、セグメントを細分化することで、より個人の実態に近づくことになるが、具体的存在としての個人は、どこまで行っても「属性の集合」（セグメント）には還元されない。[75]AIの予測が鵜呑みにされることによって、セグメントに回収されない個人の特性や潜在的能力が捨象されてしまう。[76]そこで、いくら精緻であってもセグメントに基づき評価・判断をすることは、個人の尊厳原理と抵触し得る。

また、データを長期にわたり蓄積することで、いわば「若気の至り」を

---

*74　山本編・前掲注73) 64-66頁
*75　同上68頁
*76　同上

いつまでもプロファイリングの基礎として考慮し続けるということは、「更生を妨げられない利益」[77]、つまりは人生をやり直す自由を奪うことになりかねない。[78] さらに、セグメントが大量・複雑化することで、もはやなぜそのような判断がされたかを推測できなくなる。例えば融資拒否が行われる場合に、その理由が示されず、ブラックボックス化することで、何を変えれば融資を受けられるかがわからなくなり、個人が自律的・主体的に自己の人生をデザインすることが困難となる。[79] 特に、融資AIが特定のAIベンダによる寡占状態となり、ほとんどの金融機関が同一のAIエンジンを利用するようになれば、〈属性（例：人種、国籍、性別等）について特定の組み合わせを有する人は、どの銀行に行っても融資を断られ続ける〉、すなわち「バーチャル・スラム」と呼ばれる状況も生じ得る。加えて、そのようなプロファイリングによるマーケティング手法が、自社製品・サービスへの「中毒化」を招いたり、精神的に弱っている瞬間に購入を推奨する等、まさに〈カモを作り出す〉ものとして、個人の自律的な意思形成を阻害する。[80] このように、プロファイリングを念頭に置きつつAIによって個人の尊厳や自律が害されると評されていた。

**ウ　ベクトル検索の類似度に基づく推奨**　　上記のような議論は、生成AIの場合においてどこまで当てはまるのだろうか。

もちろん、生成AIを利用する場合に、「分析は従来の分析型AIを利用し、表示する広告のみ生成AIでその人が興味を持つ訴求ポイントを強調したテイラーメイドの広告クリエイティブを作成する」といった形で、特に上記イの議論を変更しない（むしろ、その分析結果に忠実な広告が瞬時に作成されるという意味で、その議論がより当てはまりやすくなる）利用方法もあり得る。ただし、Pinterestという写真共有サービスがベクトル検索を利用して本人の興味関心の対象と類似度が高い写真を表示する、[81] eBayがユーザの探し

---

＊77　松尾・プライバシー186頁以下参照
＊78　同上75頁以下
＊79　同上74頁
＊80　同上134頁
＊81　<https://medium.com/pinterest-engineering/pintext-a-multitask-text-embedding-system-

7.　憲法　　**219**

ている商品に近い写真を表示できるようベクトル検索を利用する、日本で
もZOZOTOWNがベクトル検索の導入を検討する等[*82]、分析の部分において、[*83]
従来のセグメントではなく、近時流行しているベクトル検索（→第1部コラ
ム）の類似度を利用することも増加している。

　このような場合において、セグメントに基づく区分を精緻化させること
による高度な予測、という従来のプロファイリングと少なくとも「同一」
の機序は存在しない。しかし、だからといって、上記イで論じられている
問題が存在しない、とまで即断することもできない。

　すなわち、データをベクトルに変換した上で、その類似度に基づきクラ
スタリングを行い、データを分類することができる。そうすると、例えば
顧客の商品購買行動データに対するクラスタリングによって、「このクラ
スタに属する、このような商品購買行動を行う顧客に対しては、このよう
なマーケティング施策を講じる」といった決定をすることはなお可能であ
る。そうすると、これは一種の、個人ではない属性・グループの特徴に基
づく対応なのであって、ベクトル検索の類似度に基づく推奨等も、なお、
上記で指摘されている憲法上の問題が当てはまり得ると考えざるを得ない
だろう。そして、そのような憲法論の私法的反映として、例えば、一定の
不適切なクラスタリングに基づく広告施策を不法行為（民法709条）としたり、
当該広告に基づく契約を公序良俗違反で無効（同90条）とすることは十分
に考えられる。ただし、民法の一般条項を利用するよりは、消費者法等（→
第9章）によって対応する方が実務的かもしれない。

### エ　自己決定をAIに委ねる

　（ア）はじめに　　生成AIは今や優秀な「アドバイザー」でもある。
その結果として、他人に関する決定（どのような広告を表示させるか、融資をす
るか等）だけではなく、自分に関する決定をも生成AIに委ねる傾向が見ら

---

in-pinterest-b80ece364555>

[*82]　<https://innovation.ebayinc.com/tech/engineering/how-ebays-new-search-feature-was-inspired-by-window-shopping/?ref=hackernoon.com>

[*83]　<https://techblog.zozo.com/entry/vector-search-introduction>

れる。例えば、旅行日程を生成AIに作成してもらうことができるところ、[84]このような自己決定のAIへの委託についても、憲法上の問題がある。

　（イ）ルーティン的自己決定が「乗っ取られる」危険性　　まず、ルーティン的な日常的自己決定については、生成AIに代行させることが可能となる。自分でそれを代行させると決めるなら問題は少ない。例えば、「今日の夕食」について、いずれ生成AIは、昨日までの食事、今日の朝食、ランチ、冷蔵庫の中身と近所のスーパーの特売情報等から的確に助言をしてくれるようになるかもしれず、また、それは自分で考える場合と比較して、健康的で好みにあっている等、より優れた内容かもしれない。このように、生成AIに様々な決定を任せることで、我々を日常のルーティンワークから解放し、より質の高い生活を実現させてくれるかもしれない。[85]

　しかし、そのような生成AIに委ねられた決定が、誰かに〈乗っ取られる〉という事態は想定される。例えば、実は本人にとって一番幸福な夕食のメニューが表示されるのではなく、近所のスーパーの売りたいものを買わせるような夕食のメニューが表示されるようになる、というようなリスクは、やはり存在する。山本も、AIスピーカーを念頭に「AIスピーカーがマーケティングのための誘導装置に変わる可能性がないとはいえない」と指摘している。[86]当時のAIスピーカーよりも現在の生成AIの方が生活に深く入り込み、センシティブな情報をより多く収集していることから、まさに従来の議論が生成AI時代においてよりダイレクトに当てはまるようになっているといえるだろう。

　このような自己決定の「乗っ取り」は、法的には広告であるのに、広告ではないもの、つまり、単なる生成AIがビッグデータに基づき最適なレコメンドをするだけのもののように見せかけるという意味で、ステルスマーケティング規制を適用することができる可能性がある（→第9章）。[87]すなわち、

---

[84]　<https://prtimes.jp/main/html/rd/p/000000350.000026884.html>参照。
[85]　山本編・前掲注73）71頁
[86]　同上51頁
[87]　「一般消費者が事業者の表示であることを判別することが困難である表示」令和5年3月28日内閣府
　　　告示第19号 <https://www.caa.go.jp/policies/policy/representation/fair_labeling/public_notice/

7. 憲法　**221**

「事業者が自己の供給する商品又は役務の取引について行う表示であって、一般消費者が当該表示であることを判別することが困難であると認められる」場合[88]がステルスマーケティングとして違法（景表法5条3号違反）となるところ、〈AIベンダという第三者が表示しているように見えるものの、それは実際には、広告を行うスーパーマーケットという「事業者」の表示であって、それが明瞭に示されていないため、一般消費者としてスーパーマーケットの「表示であることを判別することが困難」だ〉という解釈である。しかし、消費者庁の運用基準[89]において生成AIの事例が挙げられていない現状において、どの範囲でこのような行為を規制できるか現状は不明確であり、解釈の明確化が求められるところである。

　（ウ）　重要な自己決定まで生成AIに任せる未来？　　さらに、仮に第三者の作為や誘導がないとしても、重要な自己決定まで生成AIに任せることには別の問題があるだろう。つまり、2040年にもなれば、生成AIのレコメンドに従って1日を過ごすことが、もしかするとその人の人生を最も充実させることにつながるかもしれない。その結果、多くの人が「この生成AIのいう通りにしていけば一番幸福度が上がる」と考え、生成AIに全面的に依存して決定を行うようになるかもしれない。例えば、生成AIが「あなたは法律が得意なはずだ」と推奨するので、それに従って司法試験の勉強をして弁護士になる、といった状況も想定できないわけではない。しかし、そのような重要な自己決定の全てをAIに委ねる個人が果たして〈自律的な個人〉といえるのか、という点は今後重要な問題となり得るだろう。

◆ **(3) 平等**

　**ア　アルゴリズムによる差別**　　筆者は、2023年の論考「AIによる差別と公平性——金融分野を題材に[90]」において、融資判断等を念頭に、アル

---

assets/representation_cms216_230328_07.pdf>

＊88　松尾・広告法律相談実践編115頁

＊89　『一般消費者が事業者の表示であることを判別することが困難である表示』の運用基準」<https://www.caa.go.jp/policies/policy/representation/fair_labeling/guideline/assets/representation_cms216_230328_03.pdf>

＊90　成原＝松尾・前掲注72）

ゴリズムがいかに差別を行うかについて論じたことがある。[91]生成AIにおいても、特定の職業を描かせるとジェンダーバイアスがかかった生成結果となった等、[92]差別の可能性があることは広く知られている。

　例えば、データの代表性の欠如に起因する差別として、クレジットカード利用履歴をもとに与信判断を行う場合において、何らかの理由で、特定の属性を有する個人がクレジットカードを発行してもらいにくくなり、仮に発行されても限度額が低いため、良好なクレジットカード利用履歴が得られなくなった場合に、AIが学習ないし解析の対象とするデータプールと、現実世界における各コミュニティのデータとの関係が歪み、差別や誤りが容易に生じやすくなるという問題が想定される。[93]またデータに反映された既存の社会のバイアスに起因する差別については、従来特定の属性を有する人々に対して不当に不利益を与えるように人間（銀行員）が融資判断をしていた場合において、当該融資判断の内容をAIに学習させることで当該差別が再生産されるといったことが懸念される。[94]さらに、相関関係に基づく不正確な予測に起因する差別については、確かに特定の属性を持つ人々の融資返済率が低いもののそれと当該属性の間に何ら因果関係はないといった場合に、AIがうわべだけの相関関係を読み取ってしまって、誤った融資拒絶が発生する可能性がある。[95]

　そして、生成AIもまた大量のデータに基づいて回答を出すことから、差別を行う可能性がある。例えば、学習用データに差別的偏見が存在すれば、生成AIの回答も、学習用データに引きずられた、差別的な偏見に基づくものになるかもしれない。実際に、画像生成AIが、特定の職業の人の画像を生成する際、男性の画像ばかりを出力する職業と女性の画像ばかりを出力する職業があるとされており、これは1つの生成AIにおける差

---

＊91　松尾剛行「アルゴリズムに対する透明性・公正性・公平性等の観点からの法的統制」Law & Practice17号（2023）151頁以下も参照。

＊92　<https://www.asahi.com/sp/articles/ASS3823D5S38UHBI001.html>

＊93　成原＝松尾・前掲注72）16頁、山本編・前掲注73）44頁も参照。

＊94　山本編・前掲注73）44頁

＊95　同上96頁も参照。

別的偏見の例である。その意味では、生成AIについても上記のアルゴリズムによる差別のリスクが重要となる。

そして、説明や透明性がこれらの問題を解決する鍵となっている。つまり、例えば、融資差別の場面でも、なぜその人が融資を断られたかがわかれば、AIの予測や評価に実質的に反論を加えられるだろう。その理由が明らかにされないまま、差別が継続・再生産されることが問題である。

この点は筆者も、上記「AIによる差別と公平性——金融分野を題材に」において、私法の一般条項に加え、金融法等の業法による対応等を提案したところである。とりわけ、プラットフォーム透明化法5条2項1号ハは「当該特定デジタルプラットフォームにより提供される場において、一般利用者（特定デジタルプラットフォームを利用するものに限る。以下この条において同じ。）が検索により求める商品等に係る情報その他の商品等に係る情報に順位を付して表示する場合における、当該順位を決定するために用いられる主要な事項（商品等提供利用者からの当該特定デジタルプラットフォーム提供者に対する広告宣伝の費用その他の金銭の支払が、当該順位に影響を及ぼす可能性がある場合には、その旨を含む。）」とする。すなわち、ショッピングプラットフォームにおける商品検索結果の順位決定の「主要な事項」の開示を求めており、それが広告費に影響されるならその旨も開示しなければならないとする。このような説明や透明性を求める法令や条項が徐々に増加しつつあることは、生成AIを含むAI時代の差別に対抗する透明性確保の手法として合理的である。ただし、現時点では、説明や透明性を直接的に義務付ける条項が存在しない分野も多いところであり、解釈による対応および立法による対応が望まれるところである。

**イ　AIディバイド**　さらに、AIを利用できる人と利用できない人の格差（AIディバイド）という問題も出てくるだろう。日本には、AIはもちろんパソコンすら触ったことがない人もいるし、スマートフォンを含む携帯電話も普及率は約90％といわれるが、それはすなわち10％＝約1000万人が携帯電話を持っていない、ということを意味する。その結果、生成AIを利用できる人の能力がますますその支援を受けて伸びていくのに対し、

利用できない人が能力を向上させる機会を失い、ますます差が開いていく。その理由が金銭的な問題によるのかやそれとも教育なのかといった問題の根元によるのだろうが、例えば、今後は生活保護の対象にAI購入資金や維持費等が当然に算定される時代が到来したり、職業訓練でAIに関するリスキリングが提供される時代が来る可能性も十分にあるだろう。

◈(4) 冤罪リスク・適正手続　生成AIは、不正対策に利用可能である。例えば、RAG技術（→第1章）を利用し、大量のデータを要約させる、大量のデータの中から一定のものを抽出させるといったことが可能であるところ、そのような能力を不正対策等に利用することができる。

ただし、例えば企業内で生成AIで不正を調査し、その調査結果をもとに懲戒処分を行うといった場合、冤罪リスクには十分に留意しなければならない。オランダでは、社会保障や税の不正受給・還付等を特定するための機械学習アルゴリズムが、貧しい地域に住む人に対し不当に育児手当を返還させる等の問題を起こし、大きな問題となった。[*96] また、日系企業が買収した英国のIT企業が提供した郵便局システムの欠陥により700人以上の郵便局長らが横領や不正経理の無実の罪を着せられたとされる事案も指摘されている。[*97] 例えば、生成AIが誤った要約を示したり、データの抽出において誤ったデータを抽出するということ自体はあり得ることであり、それを鵜呑みにすることはこのような冤罪リスクにつながる。

そのような冤罪リスクを軽減するためには、本人の手続保障、すなわち、反論の機会を与え、その反論を真摯に検討し、もしその反論を踏まえて生成AIのミス等が明らかになれば、適時に是正することが重要である。

また、従業員の不正を理由に懲戒解雇をする場面等を想定すると、その際に要求される説明として、単に「生成AIが不正があると述べたから」

＊96　有限責任あずさ監査法人「AIの適切性検証への取組み」（2022年2月15日）<https://www.soumu.go.jp/main_content/000826719.pdf>、岩佐淳士「突然、詐欺犯のぬれ衣…オランダ、AIが標的にした2万6000人」毎日新聞2022年6月1日<https://mainichi.jp/articles/20220530/k00/00m/030/196000c>

＊97　Mariko Oi "How a Japanese firm became part of the Post Office scandal," BBC October 14, 2022〈https://www.bbc.com/news/business-61020075〉

では不十分といわざるを得ない。つまり、重大な結果を招来する場面が想定される不正検知等においては、労働法等に基づき法的に説明が要求されるところ、AI、特に機械学習型のAIの説明では不十分な可能性がある[*98]。そのような説明ができるようにするという観点からも、人間が不正に関する最終判断を下し、生成AIの情報はあくまでもその参考資料として利用する、ケンタウロスモデル（→第1部コラム）が重要であろう。

　その意味では、冤罪が生じないよう、生成AIの結果を鵜呑みにせず、また、手続の適正という観点を踏まえた対応を行い、そして、適切な人間と生成AIの役割分担を行うべきであろう。

◆(5)「憲法」を持つ生成AI　　最後に、ここまでとは異なるトピックとして、生成AIの一部が「憲法（Constitution）」を持ち、そのようないわば倫理原則が生成AIに組み込まれていくというトレンドについて指摘したい。

　Anthropic社のClaudeという生成AIにおいては、AIに適切な出力を生み出させるようにするため、人間が訓練するのではなく、AIが「憲法（Constitution）」と呼ばれる原則に基づき訓練することで、訓練する人間のバイアス等が入らない形で出力を適正化する手法が取り入れられている[*99]。

　このような手法が生成AIにおいて一般化するのかはまだ未知数であるものの、巨大な権力（リヴァイアサン）たる国家権力を統御するために利用されてきた「憲法」が、巨大な権力となり得る生成AIを統御するために利用される、という時代が到来してもおかしくないだろう。

---

＊98　松尾＝成原・前掲注72）39頁

＊99　<https://arxiv.org/abs/2212.08073>

コラム ·················································································································

## （生成）AI時代の憲法の重要性

　筆者は、（意外に思われる方もおられるかもしれないが）実は大学学部時代は憲法ゼミに属していた。筆者として、さすがに「20年後の世界線では、AI時代のプライバシーと表現の自由が重要になる」とまで、深く考えていたわけではない。ただ、企業法務弁護士になるにあたり、会社法や訴訟法は実務で学ぶだろうから、大学生のうちに是非とも憲法を学んでおきたい、という発想で憲法を学んだところである。

　その結果として、憲法に対する興味が継続し、実務に出てからも憲法の書籍や論文は読んでいた。そのような土壌の下で、弁護士として、情報法の実務経験を積む中、（確かに多くは私人間効力の問題ではあるが）人格権や表現の自由を考える機会が多く、いわば「隣接領域」として憲法の学びが生きることが非常に多い。

　特に生成AIとの関係では、生成AIに対して規制をすることで人格権等を保護する必要性がある一方、生成AI規制が表現の自由、学問の自由や営業の自由を侵害してはならない。このような観点から、中国の生成AI規制を紹介した上で、生成AIの弊害と規制の必要性に関する中国の問題意識は日本でも十分に参照されるべきだが、（日本の憲法における人権保障の観点からは）アルゴリズム等について広範に届出をさせたり、政府が直接的に表現内容に介入するといった、中国の具体的な規制内容を日本に直接持ち込むことは難しいと述べたことがある。[1] 今後も、生成AIはインフラ化し、生成AIの法律問題がますます重要になってくる。このような時代こそ、憲法が重要なのである。

---

[1]　第2回AI制度研究会 <https://www8.cao.go.jp/cstp/ai/ai_kenkyu/ai_kenkyu.html>

# 生成 AI と民事法

# 第7章
# 名誉毀損

## 1. はじめに[*1]

◆**(1) 生成AIによる深刻な名誉毀損の問題**　生成AIによる名誉毀損の問題は深刻である。例えば、2020年にはディープフェイクで顔をすり替え、まるで芸能人がアダルトビデオに出演しているようなビデオを作ったとして、逮捕事例が出ている[*2]ところ、その後も生成AIが多く利用されるに伴い、岸田総理（当時）の偽画像等[*3]、生成AIによる様々なディープフェイクが問題となっている（下記（2）の事例7-1参照）。

　また、2016年頃にソニー・ミュージック・エンタテインメントが「AIにより罵倒される（してもらえる？）」サービスを試験公開する等[*4]、社会的評価を低下させたり、名誉感情（→第8章）を侵害し得る回答を生成するAIサービスは既に出現していたが[*5]、SNSアカウントを分析して（場合によっては社会的評価を毀損し得るような）辛辣な評価をするRoastというサービス[*6]が2024年8月に話題になり、同年12月にはXAIのGrokを利用してX（旧Twitter）の投稿内容をもとにアカウントを分析させることが流行する等、このようなプロダクトは数多くリリースされている（→（2）事例7-2）。

　さらに、2016年の、SNS上で対話できるように設計されたAIが悪意あるユーザに学習機能を悪用されてヘイトスピーチ等を発信するようになっ

---

＊1　本章、とりわけ本章におけるAITuberに関する検討内容は、松尾・CA第14章の議論を発展させたものである。

＊2　<https://www.asahi.com/articles/ASNB23PX3NB1UTIL052.html>

＊3　<https://www.sankei.com/article/20231114-LLOVR22LSNOVNFWVGOIRN5JIBU/>

＊4　<http://www.pixiv.net/special/batoshojo/>

＊5　筆者はこのサービスについて、2016年に「ウェブ連載版『最新判例にみるインターネット上の名誉毀損の理論と実務』第24回」<https://keisobiblio.com/2016/08/18/matsuo24/2/>の注7で取り上げたところである。

＊6　<https://twitter.wordware.ai/>

1.　はじめに　**231**

たTay事件[7]はもはや古典的なケースとなっている。その後も、最近はAITuberが問題となり、暴言を理由にアカウントを停止される等の事案[8]が発生している（→（2）事例7-3）。

◆**（2）事例を用いた検討**　このように、生成AIによる深刻な名誉毀損の問題が発生する中、生成AIとの関係でどのような名誉毀損の問題が生じ、それに対し実務的にどのように対応していくべきかを読者の皆様によりよくご理解いただくため、以下では、主に3つの類型の事例について検討する。

> 事例7-1【ユーザのみ表示＋ユーザ行為介在】：ユーザに対してのみ生成物が表示される生成AIにおいて、当該生成物がユーザ以外の第三者の名誉を毀損し得るものであったところ、ユーザは当該生成物をSNSにアップする等の行為を行い、その結果として、第三者の名誉毀損の疑いが生じる。

この類型としては、例えば（ユーザ以外の）ある人が犯罪をしているかのようなディープフェイク画像が生成され、その画像をユーザがSNSにアップしたため、その人の名誉が毀損されるといった場合が考えられる。

> 事例7-2【ユーザのみ表示＋直接名誉毀損】：ユーザに対してのみ生成物が表示される生成AIにおいて、当該生成物が、ユーザ自身または第三者の名誉を毀損し得るものであった。

この類型としては、例えば、いわゆる「ユーザを罵倒してくれるAI」のように、ユーザが自分の情報を入力すると侮辱的コメントを生成するAIを使って自分だけがその結果を見ている状態や、ユーザが（ユーザがAさんとは別人である前提の下で）「Aさんについて教えて下さい。」と入力すると「Aさんは詐欺を行った犯罪者です。」と表示される場合等が考えられる。この場合、Aさんについて何らかの形でユーザが尋ねると、いつもそのAさんの社会的評価を低下させる回答（例：「Aさんは犯罪者だ。」）が生成され

---

＊7　<https://blogs.microsoft.com/blog/2016/03/25/learning-tays-introduction/>
＊8　<https://automaton-media.com/articles/newsjp/20230112-233413/>。なお、VTuberアカウント停止については、松尾剛行「プラットフォーム事業者によるアカウント凍結等に対する私法上の救済について」情報法制研究10号（2021）66頁以下を参照。

るのか、それとも特定の質問（例：「Aさんの詐欺事件が社会問題となっていますが、Aさんに対しどのような刑罰が課されますか。」等）に対して、Aさんの社会的評価を低下させる回答（例：「Aさんに対しては、詐欺罪で懲役刑が言い渡されます。」等）が生成されるようなものであるかが問題となる。

> 事例7-3【インターネット公開】：AITuber等、生成AIの生成物が、例えばインターネット上への投稿等の形で直接第三者に表示される場合において、当該生成物が、ある人（典型的には第三者だが、ユーザの可能性もある）の名誉を毀損し得るものであった。

　この類型の典型例としては、AITuberが挙げられる。YouTube上で送信されるコメントを自動的に読み込んで、あらかじめ設定したパーソナリティに基づき回答するAITuberは、時にそのコメントに反応して名誉やプライバシーに関するコメントを発信してしまい、それが直接閲覧されてしまう。なお、生成AIによる表示を視聴する第三者は通常は不特定多数の公衆であるが、ユーザ企業が企業内で利用する企業内SNSにおいて投稿される場合等、限定された特定多数の場合もある。なお、生成AIエージェント（→第1部コラム）に「Aさんにこういう内容のメールを送っておいて下さい。」と頼んだところ、侮辱的内容のメールがAさんに送られるといった特定少数の場合も、例外的ながらあり得る。

◆（3）憲法の問題？　　ここで、名誉権は、憲法13条で保護される憲法上の権利として、表現の自由との対立等の文脈で論じられることも多い。そこで、AIと名誉毀損の問題を、憲法の問題として位置付けることももちろん可能である（憲法と生成AIについては→第6章）。とりわけ、名誉権を保護するため、いわゆる情プラ法等に基づきプラットフォームに対し一定の投稿の削除体制構築を求めることとプラットフォームの営業の自由や投稿者の表現の自由との関係等、生成AI時代の立法論や法政策論においては、名誉権を憲法上の権利と位置付けて検討することが有益である。

　もっとも、本書は、生成AIに関する立法論や法政策論の検討をその役割としていない。むしろ、ベンダやユーザに対する関係における、現行法

1. はじめに　　233

の解釈論に基づく法律実務の描写をその役割としている。そこで、あえて民事法の問題として検討を進める。[*9]

◆ **(4) 刑法の問題？**　　また、刑法230条1項は「公然と事実を摘示し、人の名誉を毀損した者は、その事実の有無にかかわらず、3年以下の懲役若しくは禁錮又は50円以下の罰金に処する。」として名誉毀損罪を定めている。そこで、刑法でも名誉権は保護される。

そして、名誉権と表現の自由（→（3））の調整のため、刑法230条の2第1項は、「前条第1項の行為が公共の利害に関する事実に係り、かつ、その目的が専ら公益を図ることにあったと認める場合には、事実の真否を判断し、真実であることの証明があったときは、これを罰しない」として真実性の抗弁を規定する。そして、刑事上、真実であると誤信し、その誤信したことについて確実な資料、根拠に照らし相当の理由があるときは、犯罪の故意がないとして不可罰とされる（最判昭和44年6月25日刑集23巻7号975頁等）。

そこで、このような生成AIと名誉毀損の問題は刑法の問題でもある。しかし、これは刑事法（→第10章）で簡単に検討することにする。

◆ **(5) 民事名誉毀損**

**ア　不法行為**　　ここで、民事人格権の侵害は不法行為（民法709条）となり得る。

不法行為責任は、契約がない場合でも発生する責任である民法709条は「〔(a)〕故意又は過失によって、〔(b)〕他人の権利又は法律上保護される利益を、〔(c)〕侵害した者は、これに〔(d)〕よって（因果関係）生じた〔(e)〕損害を賠償する責任を負う。」とする。そこで、まず(b)被害者の側に生命・身体・健康・財産権等の権利・法律上保護される利益が存在する必要があり、[*10]これに対する(a)故意・過失による(c)侵害行為が行われると、当該行為と(d)因果関係のある(e)損害を賠償しなければならない。

---

＊9　なお、名誉権ではないが、氏名・肖像等について憲法と私法の双方の観点から検討する斉藤・法的保護も参照。

＊10　なお、典型的には法律上保護される利益の場合、それが違法かが別途問われることがある。

また、このような不法行為については、財産的損害について賠償が問題となるだけではなく、慰謝料が問題となることが多い。[11]

　**イ　差止め**　ここで、不法行為については故意過失が必要である。しかし、人格権が客観的に侵害されてさえいれば、故意過失がなくとも差止め（削除）を認めるべきという考え方がある。しかし、同時に特に言論が公表される前の差止め（事前差止め）については表現の自由との関係でそれを抑制的に考えるべきともされている。生成AIとの関係では、生成AIが問題のある表示をする場合に、差止めとして具体的に何を求めることができ、何をするとその差止義務を履行したことになるか等が問題となる（→8）。[12]

　**ウ　謝罪広告**　なお、民法723条は、謝罪広告など「名誉を回復するのに適当な処分」を命じることができる旨を定める。[13]

◆**（6）名誉毀損を基礎として、他の人格権については「差分」を検討すること**
筆者は、生成AIブーム前の2020年に、既に「対話型AI（チャットボット、スマートスピーカー（AIスピーカー）、AIアシスタント等を含む）に関する法律問題」を著してAIと名誉毀損、名誉感情侵害、プライバシー侵害、ヘイトスピーチ、フェイクニュース等について検討していた。その後前著において、その検討を深め、また、AITuberという限られた分野ではあるものの、2024年にさらに検討を進めた。[16]

　このような経緯を踏まえ、本章は、人格権の代表格であり、生成AIとの関係で問題となることも多い名誉毀損について、いわば人格権の「代表例」としてできるだけ深い検討を試み、その後第8章において、その他の

---

＊11　民法710条「他人の身体、自由若しくは名誉を侵害した場合又は他人の財産権を侵害した場合のいずれであるかを問わず、前条の規定により損害賠償の責任を負う者は、財産以外の損害に対しても、その賠償をしなければならない。」
＊12　松尾＝山田・インターネット名誉毀損348頁以下参照。
＊13　「他人の名誉を毀損した者に対しては、裁判所は、被害者の請求により、損害賠償に代えて、又は損害賠償とともに、名誉を回復するのに適当な処分を命ずることができる。」
＊14　松尾・L＆P 71頁
＊15　松尾・ChatGPT149頁以下
＊16　松尾剛行「AI・ロボットとサイバネティック・アバターにおける新たな課題〜季刊連載第1回〜」InfoCom T&S World Trend Report 422 号（2024）<https://www.icr.co.jp/newsletter/wtr422-20240530-keiomatsuo.html>。なお、これは松尾・CA 196頁以下に所収されている。

1.　はじめに　　235

人格権を扱い、本章とのいわば「差分」として名誉毀損と異なると思われる部分の検討を行う。

## 2. 名誉毀損の成立要件とその判断

◆(1) 不法行為に基づく損害賠償請求　　不法行為に基づく損害賠償請求の要件は、①原告の権利または法律上保護される利益の侵害、②違法性、③被告の故意・過失、④損害、および⑤因果関係である（→1 (5) ア）。そこで、まずは名誉毀損の不法行為の成立要件について検討する。[17]

　まず、①原告（対象者）の権利または法律上保護される利益の侵害については、名誉権は「権利」であるから、被告（表現者）の行為が原告の名誉権を侵害する、つまり、公然と（公然性）社会的評価を低下させる（社会的評価低下）ものであれば、この要件を充たすことになる。民事不法行為では、その方法が事実の摘示であれ、意見論評であれ、結果的に原告の名誉権を侵害すればこれに該当する。なお、ここで「原告」の権利、すなわち原告の名誉権が侵害されなければならないということは、インターネット上の名誉毀損においては、対象者の特定（同定可能性）という問題として頻繁に問題となり、このことは生成AIと名誉毀損でも同様である。

　次に、②違法性については、不法行為一般で論じられる、正当行為や被害者の承諾等のほか、判例法によって、真実性・相当性の法理といわれる独自の違法性阻却事由が認められている。これは、上記の刑事名誉毀損における刑法230条の2を参考とし、民事においても同様の判例法理を発展させたものであり、判例は、（ア）名誉毀損行為が公共の利害に関する事実に係り、（イ）その目的が専ら公益を図ることにあり、（ウ）摘示した事実が真実である（真実性）か、または、真実と信じるについて相当の理由がある場合（相当性）に抗弁が認められるとしている（最判昭和41年6月23日民集20巻5号1118頁）。なお、意見・論評によって名誉を毀損する場合については、公正な論評の法理といわれる抗弁が適用される。

---

*17　松尾＝山田・インターネット名誉毀損23頁

③被告の故意・過失については、名誉を毀損すれば、それが故意をもってなされたか、少なくとも過失によってなされたといえる場合が多いことから、この点が独立に問題となることはあまり多くない。もっとも、いわゆる相当性の法理については、過失を否定するとされることが多い。また、事例7-1のようにAIベンダとして想定していない、または（ベンダが想定した上で）利用規約で禁止しているような利用をユーザが行い、その結果として第三者の名誉が毀損された場合のAIベンダの責任については、Aベンダの故意は認定できないことから、過失が問題となる。

④損害および⑤因果関係については、名誉毀損が認められれば、通常は相当額の慰謝料（精神的損害）が因果関係のある損害として認められる（民法710条）。しかし、事案によっては、例えば反論費用や逸失利益等の具体的損害が主張されることもあり、それが相当因果関係の範囲内の損害かが問題となる。[18]

他の人格権侵害の不法行為でも、②違法な①人格権侵害、③故意・過失、④損害および⑤因果関係が必要である点において名誉毀損と共通する。

なお、名誉権侵害の不法行為については、名誉感情侵害等と異なり、謝罪広告を救済として得る余地がある（民法723条）。

◆**(2) 人格権侵害を理由とする差止め等**　上記のうちの①名誉権侵害が存在し、それが②違法であれば人格権侵害は認められる。③故意過失、④損害および⑤因果関係は不要である。

名誉毀損を理由とする事前差止め、すなわち特定の投稿を行う前にそれを禁止すること等については、北方ジャーナル事件（最大判昭和61年6月11日民集40巻4号872頁）が「その表現内容が真実でないか又は専ら公益を図る目的のものでないことが明白であつて、かつ、被害者が重大にして著しく回復困難な損害を被る虞があるとき」という基準を示している。[19]

しかし、インターネット名誉毀損の文脈においては、投稿がネット上に残存することが多い。例えば、事例7-1でユーザがディープフェイク画像

---

*18　同上
*19　同上388頁

2.　名誉毀損の成立要件とその判断　237

をSNSの本人のアカウント上に一度投稿したら、当該ユーザが削除したり、SNS運営者が送信防止措置を講じたりしない限り、名誉を毀損する投稿は残存し続ける。インターネット上の名誉毀損に関する、投稿者本人に対する事後的削除請求については、対象者の人格権（名誉権）侵害の存在、具体的には、対象者と同定できるような公然たる社会的評価低下行為が行われ、それが継続していれば裁判所は当該投稿の削除を命じることが多い[21]。

　なお、いわゆる真実性はないが相当性があるという場合について、不法行為は成立しないとしても人格権侵害を肯定して削除するべきかが問題となる。結果的に誤っている（真実性が欠ける）以上、事後的に削除をすべきだ、という立場は十分にあり得るだろう。ただし、6で述べるとおり、実務上相当性の抗弁のハードルはかなり高く、真実性を肯定するだけの証拠があるとまではいえなくても十分に調査をしていて、確実な資料・根拠があるという場合が相当性が肯定される場合である。そうすると、裁判所が積極的に真実ではないと判断したのであればともかく、「真実性の証明度には至らないが、少なくとも相当性の証明度には至った」と判断した場合において削除を認めるべきかについては、慎重な検討が必要だろう。

◆**(3) 契約責任と名誉毀損**　なお、名誉毀損については、債権的な問題もあり得る。例えば、伝統的には、タレントの写真を利用を許諾するにあたり「タレントの名誉を毀損するような利用をしない」という条件を設けていたところ、具体的な利用態様が具体的な契約内容を踏まえ、名誉を毀損するか等が問題となっていた[22]。

　そして、生成AIとの関係では、例えば、ベンダAがユーザ企業Bに提供する、生成AIを利用した「カスタマーセンター業務を行うチャットボット」が、他人の名誉を毀損するような発言をするものであれば、これは「品質に関して契約の内容に適合しない目的物を買主に引き渡した」（民法566条）

---

*20　この点については、プロバイダ責任制限法（プロ責法）を改正・改名した情報流通プラットフォーム対処法（情プラ法）第5章が大規模プラットフォームに対して申し出の受付方法や送信防止措置の基準の公表、調査の実施、申し出に対する通知、状況公表等を義務付けているが、本書では詳論しない。

*21　同上384頁

*22　同上51頁

として契約不適合となるのではないか等という形で、契約責任の文脈でも、名誉毀損が問題となり得る。[23]

◆**(4) 判断基準──一般読者基準**　上記のとおり、名誉権侵害の部分に限れば、公然と、その対象者の社会的評価を低下させることが名誉権侵害となるところ、この要件の充足はどのように判断されるのだろうか。

この点は、判例上、一般読者基準が利用されることになる。すなわち、最高裁は、表現の解釈（どのような内容を摘示しているか）[24]および当該摘示事項が社会的評価を低下させるか[25]についていずれも、一般読者（インターネット上の投稿については「一般の閲覧者」という表現を用いることも多い）の観点から判断するとする。

この基準を適用すると、AIが生成した生成物が、何を摘示し、その摘示内容が特定の対象者の社会的評価を低下させるかは、一般読者（一般の閲覧者）の観点から判断されることになる。

## 3. 生成AIと公然性

◆**(1) 公然性要件**　公然性を有する行為でなければ、相手の社会的評価は低下しない。例えば、「Aが犯罪を行った」という旨を本人Aのみに伝えても、少なくとも名誉毀損にはならない（その態様が侮辱的な場合に名誉感情侵害になる可能性はある）。それは、名誉毀損の本質は社会的評価の低下であるところ、特定少数者に対して事実を摘示したところで、その社会における評価が低下するとはいえないからである。[26]公然性は不特定または多数人への伝達の場合に認められる。[27]特定少数であれば公然性が否定されるが、

---

*23　ただし、紛争を予防するため、できるだけ契約や契約書別紙仕様等で名誉毀損を含む禁止事項を明記することが望ましい。

*24　最判昭和31年7月20日民集10巻8号1059頁、松尾＝山田・インターネット名誉毀損64頁

*25　前掲注24）最判昭和31年7月20日、最判平成15年10月16日民集57巻9号1075頁、最判平成24年3月23日判タ1369号121頁等、松尾＝山田・インターネット名誉毀損96頁

*26　松尾＝山田・インターネット名誉毀損140頁。なお、この点を理論的に突き詰めると、公然性は結果的に社会的評価を低下させたか、または、低下させる現実的危険性があったかに帰着される以上、公然性を現在の判例・通説のように独立要件として理解すべきではなく、公然性は社会的評価低下要件に吸収されるべきだ、と考える余地もあるだろう。

*27　松尾＝山田・インターネット名誉毀損139頁

3. 生成AIと公然性　239

不特定少数や特定多数であれば公然性は肯定され得る。例えば、社内SNSに社会的評価を低下する情報が書き込まれ、企業内の1万人に閲覧された、ということであれば、特定ではあるが、多数人として公然性を肯定することが可能である。

◆**（2）生成AIと公然性**　　事例7-3のAITuberや生成AIが直接SNSに投稿するような、生成物が直接不特定多数の第三者に閲覧可能となる場合には公然性が肯定されるだろう。[28][29]

これに対し、事例7-2のように、回答内容を見ることができるのが一次的には（特定の）ユーザだけであれば、まさに〈一対一の関係で生成・表示されるに過ぎない〉として、公然性が否定される可能性がある。

とりわけ、悪意あるユーザが「Aさんの詐欺事件が社会問題となっていますが、Aさんに対しどのような刑罰が課されますか。」といった特殊なプロンプトを入れた場合に限って「Aさんに対しては、詐欺罪で懲役刑が言い渡されます。」といった社会的評価を低下させる回答が生成されるような場合や、「Bさんが殺人をしている画像を生成して下さい。」と指示した場合にのみ殺人シーンの画像が生成されるような場合、そのような生成物はそのような特殊なプロンプトが入力されない限り生成されないのであって、これを事例7-3のような生成物が直接インターネット上に公開される場合等と同視すべきではなく、通常は公然性を否定すべきであろう。ただし、以下の2つの問題があるだろう。

◆**（3）プロンプトの内容と公然性**　　では、事例7-2のような1対1の関係なら常に公然性が否定されるのだろうか。確かに、上記（2）のとおり、生成AIが特殊なプロンプトを入力したユーザに対してだけ特定の対象者の社会的評価を低下させる回答を生成しても、公然性を肯定し難い。つま

---

*28　つまり、直接「特定少数」の第三者に閲覧可能となるだけでは足りない。直接「特定少数」の第三者に閲覧可能となるにとどまり公然性が否定される場合として、生成AIエージェントに「Aさんにこういう内容のメールを送っておいて下さい。」と頼んだところ、Aの名誉を毀損する内容のメールがAさんに送られる、といった場合が挙げられる。

*29　仮に、悪意あるユーザがAITuberに、AITuber側として想定しないような、問題のあるコメントを投げかけ、それによってAITuberが社会的評価を低下させる発言をした、という場合であっても、「公然性」要件そのものには影響はないだろう。

り、まさにそのようなユーザが特殊なプロンプトを「たまたま」入力したことから、その結果、たまたま特殊な回答が生成された、というだけである。そこで、それをもって公然性ありと評価することは難しいだろう。

　しかし、一般的なプロンプトの場合、例えば、ある人について何を聞いてもその人の社会的評価が低下する回答が生成される場合まで同様に考えることはできるのだろうか。

　ここで「一般的なプロンプト」としては、例えば、「Xさんについて教えて下さい」等とXさんについて尋ねると必ず「Xさんはこういうことをした犯罪者です」と表示されるような場合が考えられる。例えば、インターネット上で犯罪者だという虚偽の内容を継続的に書き込まれる被害にあっている人（Xさん）について[30]、生成AIがインターネット上の情報を学習すると、このように、Xさんについて聞かれたら必ずその生成AIは「Xさんは犯罪者だ」という回答を生成する事態が発生し得る。

　これは、検索エンジンが生成AIに代替されるといわれる中、これは[31]、いわば「インターネットでAについて検索した場合にAの名誉を毀損する投稿が表示される」ケースと類似するといえる。

　そこで、そのような場合においては、一定の範囲で公然性を肯定すべきである。この点は、巧妙なプロンプトエンジニアリングをしないと社会的評価を低下させる生成物が出現しないならば公然性を否定する方向、簡単に社会的評価を低下させる生成物が出現するだけなのであれば公然性を肯定する方向ではあるものの、その間のどこで線引きすべきかの判断は必ずしも容易ではない問題である。

　最高裁が名誉毀損の表現内容の特定や社会的評価低下の有無を判断する際に利用する基準（→2（3））である「一般読者基準説」を応用して、〈一般の生成AIユーザの通常の利用の範囲で生成される生成物については、

---

*30　スマイリーキクチ『突然、僕は殺人犯にされた』（竹書房文庫・2014）参照。

*31　"Gartner Predicts Search Engine Volume Will Drop 25% by 2026, Due to AI Chatbots and Other Virtual Agents" <https://www.gartner.com/en/newsroom/press-releases/2024-02-19-gartner-predicts-search-engine-volume-will-drop-25-percent-by-2026-due-to-ai-chatbots-and-other-virtual-agents>

3.　生成AIと公然性　241

公然性を肯定する〉というような線引きは一応考えられる。しかし、仮にそのような基準を採用するとしても、具体的に何が「一般の生成AIユーザの通常の利用の範囲」なのか、という問題は残るだろう。

◆**（4）伝播性の理論**　〈一人に名誉を毀損させ得る内容を伝えても社会的評価は低下しないから特定少数人にそれを伝えても原則として公然性が否定される〉という上記のロジックを採用する場合でも、〈たとえ1人にしか名誉を毀損させ得る内容を伝えないとしても、その人が例えば「噂好き」な人で、その話を多くの人に広めれば、やはり「社会」からの評価は低下するのではないか〉という問題意識があり得る。このような問題意識に応じて、伝播性の理論が認められている。

伝播性の理論とは、当初の伝達の相手が特定少数人であっても、「不特定もしくは多数人にその話が伝播する場合に公然性を肯定する」法理である。もともと刑事名誉毀損において発展したこの理論は、現在では民事名誉毀損にも持ち込まれている。[32]

生成AIの文脈でいえば、例えば、事例7-2のように、特定のユーザにのみに向けて、かつ、特殊なプロンプトを入力した場合等、上記（3）の基準から公然性が否定される場合に限り名誉毀損が問題となる生成物が生成されるとしても、そのユーザの中には事例7-1のように他の人に伝える、典型的には、インターネット上に投稿する者が存在しないとは限らず、そこから先に伝播する可能性がある以上、もはや公然性は否定されるのではないか。

この点は、例えば秘密保持義務を負う人に対して伝達しても、そこから第三者（社会）に伝播しないとして伝播性の理論による公然性が肯定されないことが多い。[33]つまり、利用規約において（さすがに「生成物を一切転載するな」とまでは規定しないことが多いとしても）「名誉権等の他人の人格権・人格的利益を侵害する生成物を転載・公表し、その他、生成物を利用して人格権・人格的利益を侵害すること」等を禁止することは可能と思われる。

---

*32　松尾＝山田・インターネット名誉毀損142頁
*33　同上144頁

242　第4部　生成AIと民事法 ┊┊┊┊┊┊ 第7章　名誉毀損

そしてそれによって（少なくとも伝播性の理論による）公然性を回避することができる可能性は十分にあるだろう。つまり、事例7-2において、特定のユーザにのみ生成された回答が閲覧可能で、かつ、特殊なプロンプトを入力しない限り社会的評価を低下させる投稿が生成されない、とすれば、その特定のユーザとAIベンダの間において利用規約で少なくとも名誉権を侵害する生成物を第三者に提供することが禁止されるような合意がされている限り、「そのユーザに対して閲覧可能となった」ことに公然性はなく、少なくともその段階における名誉毀損の成立は否定されるだろう。[*34]

## 4. 生成AIと社会的評価低下の成否

◆ **(1) 内容と利用形態次第** ある生成物が誰かの社会的評価を低下させるかは、その生成物の内容と利用形態次第である。例えば、内容としてそもそも（本人として不快に思っても）社会的評価低下にまでは至らないものはあるだろう。また、そのディープフェイク画像単体ではその意味を一般読者として理解できないため、必ずしも社会的評価は低下しないものの、その画像にユーザが（典型的には虚偽の）説明を付して投稿したことでそれと相まって初めて社会的評価が低下するということもあり得る。

◆ **(2) AI生成物だと判明する場合** 生成AIの生成物、例えばdiffusionモデルに基づき生成される画像なら、あくまでも（逆）拡散過程の学習に基づきプロンプトに従って生成したものに過ぎない。また、文章、例えばトランスフォーマー・モデルに基づき生成される文章は、大規模言語モデルが次に来る可能性の高い単語をつなげているだけに過ぎない（→第1部コラム）。そこで、一般読者にとってそれがAI生成物であるとわかれば、単にAIが紡ぎ出しただけのものに過ぎないとして、そのようなもので社会的評価は低下しないという理解はあり得る。

とりわけ、現在は、AI生成物につき、ウォーターマーク（電子透かし）

---

*34　ただし、特定のユーザに閲覧可能となった後、そのユーザが当該生成物を（利用規約に反して）インターネットに投稿し、それによって名誉毀損が現に生じたという事例7-1の状況においては、公然性は肯定されるため、その場合に投稿をしたユーザが責任を負うことはもちろん、その場合のベンダの責任は別途問題となる。

4. 生成AIと社会的評価低下の成否　**243**

の義務付け等が議論されており（→第12章）、今後はAI生成画像であれば自動的にその旨が判別できるようになることが期待される。このような状況になった場合において、ディープフェイク等は、①電子透かし付きの、それがAIによって生成されたものであることがわかるものと、②電子透かしが何らかの方法で除去される等して、AIによって生成されたものであることがわからないものに分かれるだろう。この項目では①を検討し、②は（3）で検討しよう。[35]

そして、①のような場合、一般読者にとって、生成AIにより生成されたことがわかれば、それだけで社会的評価は常に低下しないとしてよいのだろうか。

例えば、事例7-1の応用事例として、Aが、Bが殺人をしている姿を描いたディープフェイク画像を生成し、これをSNSに掲載したところ、ウォーターマークにより、一般の読者（閲覧者）はこれがAI生成物であることを理解することができた、としよう。この場合、一般の閲覧者として、Bが殺人をしたとの認識を持たず、その結果として社会的評価が低下しない、という場合がないとはいえない。

しかし、この点については、なりすまし投稿、例えばAがBになりすまして「私（B）は犯罪をした」と告白する投稿について、従来から2つの名誉毀損（社会的評価低下）ルートが指摘されていることを踏まえて検討すべきだろう。[36] 1つのルートは一般読者がなりすましに気づかず、Bが本当にそのような告白をしていると信じてBの社会的評価が低下するというもの、もう1つのルートは、一般読者はなりすましに気づくものの、その投稿の趣旨を第三者（A）が、「Bが犯罪をした」と指摘している、というものと理解し、それにより、やはりBの社会的評価が低下するというものである。

このように、なりすましについて、一般読者がなりすましである、つまり（その告白が）本物ではないと理解していても、なお第三者（A）が「本

---

*35　なお、ウォーターマークの有無を問わず、AITuberのように、中に人がいる（VTuber）のではなく、AIが「中の人」をやっていると明示しているような場合も、この①のパターンとして取り扱うことができるだろう。

*36　松尾＝山田・インターネット名誉毀損165頁以下

人が語る」という形式を利用して本人（B）の名誉を毀損する投稿をしたと判断して社会的評価が低下する。AI生成物、このなりすましのアナロジーを用いることができるのではないか。すなわち、例えば、上記のウォーターマーク付きディープフェイク画像についても一般の視聴者として、いわば「再現映像」「イメージ映像」という形式で、「第三者（A）がBが殺人したとの発信をしている」と判断して社会的評価が低下することはあり得るだろう。このように考えれば、いわゆる写真様のディープフェイクだけではなく、例えばイラスト調のAI生成画像を利用した場合であっても社会的評価を低下させることが可能であろう。

◆ **（3）AI生成物と判明しない場合**　　ディープフェイク等の社会的評価を低下させ得るAI生成物のうち、②の電子透かしを除去したものについては、（その仕上がり、例えば迫真性にもよるが）一般の視聴者としてはそれがAI生成物であるとわからず、本物の画像という理解をし得るという前提の下で社会的評価低下が判断されるだろう。[37]

なお、仮に不幸にして電子透かしを除去したAIによるディープフェイクが横行する未来が到来すると、「画像も動画も偽物が多く、ただちに信用できない」というのが一般読者の理解となってしまうかもしれない。そうすると、「一般読者」が画像や動画を信用しない時代が到来するのであれば、社会的評価は低下しなくなるのだろうか。

この点は、いわゆる〈「東スポ」の抗弁〉との関係が問題となる。東京地判平成4年9月24日判時1474号77頁は、スポーツ新聞における芸能レポーターの連載欄は、社会的事象を専ら読者の世俗的関心を引くように面白おかしく書き立てるリポート記事を掲載する欄であるとの世人の評価が定着しているものであって、読者はその記事を真実であるかどうかなどには関心がなく、専ら通俗的な興味をそそる娯楽記事として一読しているのが衆人の認めるところであるとして、当該連載欄の記事による名誉毀損を否定した。しかし、この事案では、控訴審でスポーツ新聞側が逆転敗訴した（東

---

[37]　なお、電子透かしがなくても、その仕上がりが迫真的ではないとか、その他の形でAIにより生成されたことが説明され、AIにより生成されたと理解されるとして（2）のパターンになる場合もあるだろう。

京高判平成5年9月31日判時1474号76頁）。つまり、単に一般に信用性が低いとされている、というだけで一切名誉毀損の問題とならないわけではないのである。[38] そこで、そのような画像・動画の信用性が一般に低いものとみなされる未来が仮に到来しても、なお社会的評価低下自体がおよそ否定されるというものではなく、個別に判断されるだろう。

## 5. 生成AIと同定可能性

◆（1）はじめに　2（1）で述べたとおり、特定の表現が、一般読者にとって「その対象者に関するものだ」と判明する限りにおいて、社会的評価を低下させる内容のものだとしても、それが誰に対するものかわからなければ、対象者が特定できないとして同定可能性が否定され、問題となっている対象者の名誉を毀損するとはいえない。

そして、AI生成物の同定可能性、すなわち、それが対象者に関する事項を摘示するものであるかが問われることは十分にあり得る。例えばAIの生成した（例えばある人が犯罪を行う様子を描いた）ディープフェイク画像は、特定の人物に「類似した」画像かもしれないが、しかし、見方によっては、それは別人と評価されるかもしれない。また、インターネット上の「あだ名」を学習した生成AIがそのあだ名を利用して、その「あだ名」の人の社会的評価を低下させるような回答を生成する場合において、その「あだ名」からそれが誰のことかを認識することができる人は必ずしも多数とはいえないかもしれない。以下ではこのような点についても検討を加えたい。

なお、匿名アカウント等の匿名で活動する者に対してハンドルネーム等で呼称する場合の同定可能性については、生成AI固有の問題ではないので詳論しない。[39]

◆（2）一般読者基準　2（4）で前述のとおり、同定可能性も一般読者基準に基づき判断される。例えばあるディープフェイク画像について、一

---

＊38　松尾＝山田・インターネット名誉毀損105-106頁
＊39　VTuber等アバターに対する名誉毀損の文脈でこの点を論じた、松尾剛行「仮名・匿名で活動する主体に関する名誉権等の人格権法上の保護：サイバネティック・アバター時代を背景として」学習院法務研究18号（2024）35頁を参照。

246　第4部　生成AIと民事法 ▍▍▍▍▍▍ 第7章　名誉毀損

般の読者を基準とすると当該映像が誰の映像であるかわからなかったり、むしろ別人と判断されるのであれば、基本的に（つまり、(3)で述べる点を除き）同定可能性はないとされる。しかし、仮に「瓜二つ」とまではいえなくても、何らかの形でその人のことだとわかる限り、同定可能性は肯定される。この点は、4(1)で前述したことが参考になるが、その人の本物の画像であると勘違いする場合だけではなく、AI生成画像（偽画像）であることは理解できるものの、それでも、その人に関するものであると判明する場合や、（似ている画像という程度でも）「第三者がその人について言及している」と理解することができれば、同定可能性要件自体は充足される。

◆(3)「一部」の特定の知識がある人による特定でも同定可能性要件は満たされる　　ここで、一般読者基準は、必ずしも平均的読者が「これはこの人のことだ」と同定することができるかを問題としないことに留意が必要である。すなわち、犯罪報道に関するいわゆる長良川事件判決（最判平成15年3月14日民集57巻3号229頁）において、最高裁は、「被上告人〔注：対象者〕と面識があり、又は犯人情報あるいは被上告人の履歴情報を知る者は、その知識を手がかりに本件記事が被上告人に関する記事であると推知することが可能であり、本件記事の読者の中にこれらの者が存在した可能性を否定することはできない」として同定可能性を肯定し、名誉毀損、プライバシー侵害等を認定している。

要するに、普通の人にとって誰のことかわからなくても、「履歴情報」等の特別な情報を知っている一部の人が、その知識を手がかりにその記事が対象者のことであるとして同定することができ、かつ読者の中にそのような者が存在した可能性があれば、同定可能性の要件は満たされ得るということである。

よって、誰の顔かがわかりにくいディープフェイクであっても、例えばほくろ等の特徴から、たとえ閲覧者の一部であるとしても、その情報を知っている人がそれを手がかりにして特定することができ、かつ、当該ディープフェイクの閲覧者の中にそのような特定が可能な者が存在した可能性を否定することはできないのならば、同定可能の要件は充足する。また、一

5. 生成AIと同定可能性　　247

部で使われるあだ名が利用される場合でも、そのあだ名が誰を指すか知っている人が、その知識を手がかりに同定することができるとして、同定可能性が肯定されることもあるだろう。

## 6. 生成AIと真実性・相当性・公正な論評の法理

### ◆（1）各抗弁の概要

**ア　真実性の抗弁**　　刑法230条の2第1項は、「前条第1項の行為〔引用者注：刑法230条1項につき→1（4）〕が公共の利害に関する事実に係り、かつ、その目的が専ら公益を図ることにあったと認める場合には、事実の真否を判断し、真実であることの証明があったときは、これを罰しない」として真実性の抗弁を規定する。なお、刑事名誉毀損に関し、真実であると誤信し、その誤信したことについて確実な資料、根拠に照らし相当の理由があるときは、犯罪の故意がないとして不可罰とされる（前掲最判昭和44年6月25日等）。

　事実摘示による民事名誉毀損について、前述の最判昭和41年6月23日は、刑事名誉毀損の議論を参照した上で、ある行為が対象者の社会的評価を低下させるとしても、その行為が公共の利害に関する事実に係り専ら公益を図る目的に出た場合には、摘示された事実が真実であることが証明されたときは、その行為には違法性がなく、不法行為は成立しないものと解するのが相当とした。

　すなわち、①「公共の利害に関する事実」に関するもので（公共性）、かつ、②専ら「公益を図る目的」に出ているのであれば（公益性）、③摘示された事実が真実であると証明される（真実性）のであれば、真実性の抗弁が認められ、違法性が阻却される。[*40]

　**イ　相当性の抗弁**　　アで前述の最判昭和41年6月23日は、上記判示に続けて、もし、摘示された事実が真実であることが証明されなくても、その行為者においてその事実を真実と信ずるについて相当の理由があるときには、当該行為には故意もしくは過失がなく、結局、不法行為は成立しな

---

＊40　松尾＝山田・インターネット名誉毀損202頁

248　第4部　生成AIと民事法 ┊┊┊┊┊┊ 第7章　名誉毀損

いとした。

すなわち、事実摘示による民事名誉毀損について、「公共の利害に関する事実」に関するもので（公共性）、かつ、②専ら「公益を図る目的」に出ているのであれば（公益性）、それが真実ではない、違法性が阻却されない場合でも、④その事実を真実と信ずるについて相当の理由があるとき（相当性）には、故意・過失がないとして不法行為は成立しない。[41]

**ウ　公正な論評の法理**　上記の真実性（ア）および相当性（イ）はいずれも事実摘示による名誉毀損に関する判例法理である。それでは、意見論評による名誉毀損の場合にはどのような抗弁が成立し得るのだろうか。

最高裁（最判平成9年9月9日民集51巻8号3804頁）、以下のように、いわゆる公正な論評の法理を示した。すなわち、「ある事実を基礎としての意見ないし論評の表明による名誉毀損にあっては、その行為が公共の利害に関する事実に係り、かつ、その目的が専ら公益を図ることにあった場合に、右意見ないし論評の前提としている事実が重要な部分について真実であることの証明があったときには、人身攻撃に及ぶなど意見ないし論評としての域を逸脱したものでない限り、右行為は違法性を欠くものというべきである。そして、仮に右意見ないし論評の前提としている事実が真実であることの証明がないときにも、事実を摘示しての名誉毀損における場合と対比すると、行為者において右事実を真実と信ずるについて相当の理由があれば、その故意又は過失は否定されると解するのが相当である」とした。

最高裁が示すポイントは4点である。①論評が公共の利害に関する事実に係ること（公共性）、②論評の目的が専ら公益を図るものであること（公益性）、③その前提としている事実が重要な部分において真実であることの証明がある（真実性）か、または、真実と信ずるについて相当の理由があること（相当性）、および、④人身攻撃に及ぶなど意見ないし論評としての域を逸脱したものでないこと（意見論評の域）の4要件を全て満たすと、不法行為が成立しないというわけである。[42]

---

＊41　同上
＊42　同上302-303頁

このうち、①〜③は真実性・相当性とほぼ同じであるものの、③が真実性・相当性であれば「問題となる摘示された事実そのもの」の真実性・相当性が問題となるのに対し、公正な論評の法理では、「前提事実」の真実性・相当性が問題となっている。また、④意見論評の域を逸脱するかという要件が加わっている。

すなわち、意見論評は言論の自由市場の観点から歓迎すべきであって、特定の③真実性のある（少なくとも相当性のある）事実を前提に、①公共性のある事項に関して主観的にも②公益性を有して行われる意見論評は、それが仮に意見として筋が通っていなかったりするものであっても、それは言論の自由市場の中で反対意見が提出されることで反論されればよく、結果的に意見・論評の質が低いからといってそれだけで抗弁の成立を否定しないというわけである（抗弁が成立し、不法行為とならない可能性が十分にある）。

そこで、前提事実の真実性が肯定され（少なくとも相当性があり）で、公共性、公益性もあれば、多くの場合には公正な論評の法理に基づき抗弁が成立することになる。しかし、さすがに④論評の域を逸脱するようなものについては、抗弁が成立しない。とはいえ、この④論評の域を逸脱したとは評価されにくい。そこで、穏当ではなくとも、配慮に欠けても、ややいきすぎた面があっても直ちに意見ないし論評としての域を逸脱したものとはならない。[*43] その結果として、かなり広い範囲の論評が正当化される。

その意味で、日本の民事法上、事実の摘示による名誉毀損よりも、意見論評による名誉毀損の方が抗弁がより広く認められる。

◆ **(2) 公共性** 　公共性とは、多数の人の社会的利害に関係する事実で、かつ、その事実に関心を寄せることが社会的に正当と認められるもの等といわれる。[*44] 公共性は客観的なものであるから、生成AIが生成物が社会的評価を低下させた（事例7-2、7-3）、または社会的評価低下をさせる投稿に生成AIが生成物が利用された（事例7-1）という一事をもって、一律に公共性が否定されるものではない。そこで、生成AIが生成したものであっ

---

*43　同上307頁
*44　同上204頁

ても、内容が客観的に公共性のあるものである場合、すなわち、「もし人間が表現したなら公共性が認められる」ような事項に関する摘示であれば、公共性は肯定される。例えば、犯罪等の内容であれば一般には公共性が認められる（なお、昔の逮捕歴等については、いわゆる「忘れられる権利」の問題があり、この点については、後述9（3）ウの2つの最高裁判例を参照のこと）。

なお、マスタープロンプト等を利用して、公共性のないテーマの出力を禁止したり、積極的に公共性のある内容を出力するように設定する（具体例として後述（3）ウ（イ）bの政治家情報AIを参照）ことは（3）で述べる公益性の判断との関係において、意味があるだろう。しかし、そのようなプロンプトを設定したとしても、トランスフォーマー技術（→第1部コラム）に確率論的な要素が含まれる結果として、現に公共性がない内容が出力されてしまえば、真実性・相当性・公正な言論の法理の抗弁そのものは少なくとも成立しないだろう。[45]

## ◆（3）公益性

**ア　公益性とは**　　公益性とは、すなわち、専ら公益を図る目的に出たという主観[46]の問題である。公益性の判断においては、問題となる表現を行った主体の意図が問われる。

**イ　公益性否定のロジック**　　ここで、生成AIと公益性に関する1つの考えとして、AIそのものに公益性要件を満たす意図があるかを考え、人間ではないAIには主観がないことから、AIに法が要求する公益性要件を満たすような主観的意図は存在せず、AI生成物について、およそ公益性が否定されるという考え自体はあり得るだろう。

**ウ　公益性肯定のロジック**　　しかし、以下のとおり公益性を肯定するロジックも存在する。

**（ア）人間のユーザがAI生成物を利用して投稿する場合**　　これまでも、写真を撮影してSNSに投稿し、その写真が特定の名誉を毀損する事実を

---

[45]　公共性があることを出力させようとして十分注意を払った、ということが過失を否定するか、はなお問題となり得る。

[46]　松尾＝山田・インターネット名誉毀損216頁

摘示している等として、公益性が問題となり、具体的事案における判断としてそれが肯定されることは多く存在した。その場合において、当然のことながら機械的に撮影するカメラそのものに意図はなく、公益性はないとは考えられていない。

　生成AIを利用した場合であっても、事例7-1のように、人間のユーザが投稿等したのであれば、まさに写真の投稿の場合と同様に、その投稿したものが写真なのかAI生成物かの違いしかないのだから、その人間のユーザの主観を踏まえて判断すべきだろう。

　（イ）AIが出力した生成物がダイレクトに名誉を毀損する場合

　　a　はじめに　　悩ましいのが、事例7-2や7-3のような、AIが生成物を出力し、それがダイレクトに表示され、対象者の名誉を毀損するものである。

　このような場合、「生成AIによる生成後、名誉毀損の発生までの間に人間が介在しない」という意味で、上記（ア）の写真投稿による名誉毀損のアナロジーをそのまま利用することはできない。

　その場合には、積極的に背後者の意図を認定するロジック1（→b）と、特段の事情がない限り公共性から公益性を肯定するロジック2（→c）という、2つの公益性肯定のロジックがあり得る。以下でこれらについてそれぞれ説明したい。

　　b　ロジック1：積極的に背後者の意図を認定　　1つ目は、その生成物を生成させた者（人間）の意図を踏まえて、当該意図が積極的に公益性があるものかを考える、というものである。例えば、「有権者が選挙において政治家を選択する際の参考となる情報を提供するため、政治家の資質等に関する情報をAIを通じて簡単に提供することで、有権者として自分の選挙区の候補者に関する情報を入手できるようにする」という意図を持った者が、マスタープロンプト（→第1部コラム）やRAG（→第1章）で読み込ませるデータを工夫して、政治家の資質に関わる情報だけを出力するように設定された公職選挙候補者情報提供AIを提供したところ、当該AIが特定の政治家の名誉を毀損するものの、公共性のある情報を生成したと

いうような場面においては、まさにこのような背後にいる人間の意図を積極的に認定し、公益性を肯定することができるだろう。

### c　ロジック2：特段の事情がない限り公共性から公益性を肯定

2つ目は、公益性が公共性から推認されることが多いということから、AIによる名誉毀損も同様に考える、という考え方である。すなわち、一般に、公共性がある事柄に関する言及は公益性が推認され、その言及の目的が特に嫌がらせ目的等である等の特段の事情がなければ公益性があるとする一連の裁判例が存在する[47]。そこで、例えば写真を入れるとリベンジポルノ様のディープフェイクを生成するAIを典型とする、そのAIの性質そのもの等から公益性を否定するだけの「特段の事情」が認められない限り、摘示内容に公共性があれば公益性を肯定するという考え方もあり得る[48]。

### d　私見

ロジック1について公益性を肯定する考えに賛同する人は多いと思われるが、ロジック2の公益性肯定には直ちに賛同できない、という立場があり得ること自体は理解ができるところである。そこで、以下、2つ目のロジックを採用するかによって結論が変わる事例を検討することで、この点についてさらに深掘りしていきたい。

例えば「雑談系AITuber」がたまたま政治家の不正等に関する公共性のあるコメントを拾って、その結果として、公共性のある事項について名誉を毀損するような発言をした場合、2つ目のロジックからは特段の事情はなく公益性が肯定できるものの、1つ目のロジックからは公益性が否定される、という状況はあり得るだろう。このような場合には、2つ目のロジックを認めるか否かで結論が変わり得る。

筆者個人の見解は、1つ目のルートだけではなく2つ目のルートも肯定してよいというものである。それは、生成AIによるという一事をもって、従来の「公共性からの公益性の推認」という議論を変えるだけの理由はないと考えるからである。そこで、積極的に公益性が認められる場合にはもちろん公益性を肯定すべきである。そのことを前提に、まさに上記の雑談

---

*47　同上216頁以下
*48　松尾・L＆P 87頁参照。

系AITuberの事例を考えると、これは、まさに公共性がある事項について、特にその政治家に対する恨み等の特段の事由なく発信を行っているわけであるから、前提事実の真実性等の他の要件を満たす限り、仮に積極的に背後者の公益性を認定することができなくとも、公益性を認めてよいと考える。

◆**(4) 真実性**　真実性については、摘示された事実の重要部分が真実であるかが問題となる。[49]

　これは当該摘示された事実が真実か（真実であることが立証できたか）どうかという客観面の問題であって、生成AIが生成したかは無関係である。なお、相当性と異なり、真実性は、表現当時において表現者が認識していた証拠・根拠にのみ依拠するのではなく、それ以外の証拠に基づき認定することも可能である。

　そこで、その（一般読者基準に基づき認定される〔→2 (4)〕）摘示内容の重要部分が客観的に真実である限り、生成AIが生成したものであっても、真実性要件は充足されるだろう。これに対し、いわゆるハルシネーション（幻覚〔→第1部コラム〕）により客観的に誤った表現をしていれば、少なくとも真実性は否定される。

◆**(5) 相当性**　難しいのは相当性である。相当性とは、その事実を真実と信ずるについて相当の理由があるとき（前掲最判昭和41年6月23日）とか、行為者がその事実を真実であると誤信し、その誤信したことについて、確実な資料、根拠に照らし相当の理由があるとき（前掲最判昭和44年6月25日）といわれる。[50]

　これは、一般に過失に関する要素と解されており、公益性（→ (3)）と一定程度パラレルに考えられる部分がある。とはいえ、判例上、相当性が肯定されるためには確実な資料・根拠に基づくことが求められ、合理的根拠や詳細な裏付け取材等が必要とされている。[51]つまり、確かに相当性は主観要素ではあるが、その認定においては、（真実性と異なり）表現時点にお[52]

---

＊49　松尾＝山田・インターネット名誉毀損228頁
＊50　同上247頁
＊51　同上250頁
＊52　同上249頁

いて表現者がどのような資料を集めていたか、という客観的要素が重要となる。そうすると、事例7-1〜7-3のような生成AIを用いた表現であっても、例えば厳選した資料に基づくRAGを利用する等、合理的根拠に基づき生成した内容であれば、その生成内容の根拠——つまり、RAGに利用された資料——が「確実な資料・根拠」である限り、相当性が肯定される可能性がある。

やや難しいのは、確実な根拠によって裏付けられていない内容を生成しないように工夫をしたものの、結果的には確実な根拠によって裏付けられていない内容を生成してしまった、という場合である。例えば、厳選した資料に基づくRAGによって正しい内容を生成しようとしたが、ハルシネーション（幻覚）により根拠のない内容が生成された、という場合である。

この場合について、真実性の否定される内容の生成を回避するための努力等を評価して相当性を肯定するということも理論的には考えられなくもないが、現に確実な根拠に基づいていない内容が生成されている以上、それを伝統的「相当性」の枠内で考えることは困難なようにも思われる（ただし、相当性とは異なる、真実性のない発言を回避するための最善の努力を尽くしたから過失はない、という議論は別途行い得るだろう）。

◆ **(6) 公正な論評の法理の適用**

**ア　事実と意見の相違**　　公正な論評の法理は意見・論評に対して適用される。そこで、「事実」と「意見」の区別が問題となる。最高裁は〈証拠等をもってその存否を決することが可能な他人に関する特定の事項かどうか〉を基準とし、証拠等をもってその存否を決することができないものを「意見」とする（前掲最判平成9年9月9日）。

**イ　AIによる意見・論評（証拠等をもってその存否を決することが不可能なAI生成物）**　　ここで、AI生成物であっても、それが証拠等をもってその存否を決することが可能なものであるかは、客観的に判断可能である。そこで、この基準から「意見論評」と判断されるようなAI生成物はあるだろう。例えば、特定の事実に法律を当てはめた結果である法的見解等は、証拠等をもってその存否を決することが不可能と判断される可能性は十分

にあるだろう。[*53]

　そうすると、特定の人の行為について違法である等とするAI生成物によって、社会的評価が低下するような場合において当該AI生成物が上記の最高裁の基準からは「意見論評」にカテゴライズされる場合自体は十分にあり得るだろう。その結果として、AI生成物に対して公正な論評の法理を適用する余地は存在すると思われる。そこで、AI生成物についても、公共性・公益性、前提事実の真実性（→（4））・相当性（→（5））が肯定され、その表現が客観的に論評の域を超えていない限り、非AI生成物と同様に、公正な論評の法理の抗弁が適用される、という考え自体はあり得る。

　**ウ　公正な論評の法理の趣旨との関係**　　しかし、公正な論評の法理というものは、表現の自由の保護を行うために、事実よりも強く意見・論評を保護するものである（→（1））。最高裁は、公正な論評の法理の趣旨として、「意見ないし論評については、その内容の正当性や合理性を特に問うことなく、人身攻撃に及ぶなど意見ないし論評としての域を逸脱したものでない限り、名誉毀損の不法行為が成立しないものとされているのは、意見ないし論評を表明する自由が民主主義社会に不可欠な表現の自由の根幹を構成するものであることを考慮し、これを手厚く保障する趣旨によるものである」（最判平成16年7月15日民集58巻5号1615頁）としている。

　つまり、意見ないし論評を表明する自由が民主主義社会に不可欠な表現の自由の根幹を構成するということから、意見・論評についてインセンティブを与え、思想の自由市場にできるだけ多くの意見・論評が投入されることを期待しよう、という趣旨から意見・論評が手厚く保護されているわけであり、それが公正な論評の法理の基礎として存在する。

　このような表現の自由の保護という趣旨が生成AI生成物に当てはまるか、というのは難しいところである。むしろ、AI生成物がインターネットの表現空間を汚染しているとの批判すらある。例えば、AIによって生成された空虚なブログ記事等が大量にアップロードされ、検索結果の「ノイズ」

---

[*53]　同上282頁

として作用し、このようなノイズは、リサーチ等に悪影響を与えるだけではなく、インターネット上の情報で学習することが多いAIの精度の低下さえをもたらし得る。[54] AI生成物と公正な論評の法理を考える上では、このような観点も併せて検討すべきであろう。

**エ　AI生成物と公正な論評の法理**

（ア）AI生成物を利用して人間が意見・論評を発表する場合には公正な論評の法理を適用すべきであること　　従来も必ずしも自分自身で考えた表現でなければ公正な論評の法理が適用しないとは考えられていなかった。例えば、他人の意見の引用を通じて表現を行う場合でも、公正な論評の法理が適用されると解されていた。

そうすると、意見・論評を行う際に、他人の表現を利用する代わりに、AI生成物を利用すること自体はあり得るだろう。例えば、ある意見・論評を多くの人にわかりやすく伝えたい、という場合に、「この意見についてより多くの人が納得できるよう、わかりやすく説明する文章を作って下さい。」等というプロンプトを利用することはあり得る。このようにして生成されたAI生成物をそのまま、または加工した上で自己の意見・論評のために利用するという場合があり得る。典型的には事例7-1の場合において、背後に存在する人間が、自己の意見論評を発表するためAI生成物を利用するという場合であれば、上記の他人の意見を利用して意見論評をする場合でも、公正な論評の法理を成立させる上で支障がないと考えられている、という点を踏まえれば、なお公正な論評の法理が適用されると考えて差し支えない。

このような場合については、人間が「民主主義社会に不可欠な表現の自由の根幹を構成する」意見・論評を行う場合として、最高裁のいう公正な論評の法理の趣旨が当てはまるだろう。

（イ）意見・論評に分類されるAI生成物が直接名誉を毀損する場合　　難し

---

*54　勝村幸博「生成AIのデータがインターネットを汚染、基盤モデルを崩壊させる『再帰の呪い』」日経XTECH（2023年7月26日）<https://xtech.nikkei.com/atcl/nxt/column/18/00676/072300140/>参照。

いのは、典型的には事例7-2や7-3のような、意見・論評に分類されるAI生成物が直接、名誉を毀損する場合である。

この場合であっても、背後者（例：AITuberの運営者）としてAITuberに特定の意見・論評（例：AIとクリエイターの間の望ましい関係のあり方に関する意見・論評）を発表させたいと考え、そのように設計したAITuberを利用して当該意見・論評をファンとの対話の中で発信させるようなケースであれば、AI生成物を利用して人間が意見・論評を発表するとみなすことができ、上記（ア）と同様に解されることはあり得るだろう。

それでは、そのような場合ではなく、例えば〈AITuberの運営者として想定していないコメントが投稿され、そのコメントを読み込んだ結果として、AITuberの運営者として想定していない社会的評価を低下するような意見・論評に分類されるAI生成物が公表される〉という場合はどうであろうか。

このような場合、まさに上記**ウ**で述べたような、AIによる意見論評の公表は公正な論評の法理適用の前提を欠くのではないかという問題が、クローズアップされてくるだろう。AIを利用してデータを生成してそれを人間がその表現の一部として活用するならともかく、少なくともそれがインターネット上等において直接、公開され、生成物が公然性のある形で世に出ることを奨励すべきではない、という考え方もあり得るだろう。

公正な論評の法理という「抗弁」が問題となるのは、公然と社会的評価が低下させられた場合のみである。そこで、そもそもAIにより生成されたかかる表現が公然性がある形で世に出る状況が奨励されないなら、公正な論評法理という抗弁の適用の前提を欠く、という考え方もあるかもしれない。また、何らかの保護をするとしてもAI生成物には少なくとも上記のような「民主主義社会に不可欠な表現の自由の根幹」という趣旨までは当てはまらず、公正な論評の法理のような広範な程度の保護までは与えるべきではない、となるかもしれない。とはいえ、公正な論評の法理の適用を完全に外してしまうと、特定の事実を前提にそこから当然に導かれるような意見・論評が生成された場合など、（事実部分については真実性・相当性の

258　第4部　生成AIと民事法 ⅢⅢⅢ第7章　名誉毀損

抗弁が成立しても）意見・論評部分が存在するというだけで抗弁が成立しなくなるという結果となりかねず、それでよいのかという問題意識も存在する。

これらは現時点でもオープンな論点ではあるが、このような議論が存在することを前提に、具体的な事案における公正な論評の法理の適否を検討するべきである。

## 7. 生成AIと同意

◆（1）はじめに　名誉毀損においても、被害者（すなわち、社会的評価を低下させるような摘示の対象者）による同意は抗弁事由である[55]。例えば、反省の意を示すため、自分の名誉を毀損する記事の作成のための取材に積極的に応じ、それに基づく記事を書いてほしいというのであれば、当該記事により社会的評価が低下しても、同意により違法性が阻却される。

生成AIと同意については、①生成AIを悪用しないという旨、ユーザが同意することによるベンダの責任の限定の問題と、②ユーザに対してその生成AIが辛辣なコメントをするので、その結果として名誉権を含む何らかの人格権が侵害される[56]ような場合の問題の双方が考えられる。このうち、①は、9のベンダの責任の項目で検討し、以下では②を検討する。

◆（2）生成AIによる名誉権侵害に対する同意　ユーザが、辛辣なコメントをするAIをあえて利用し、もって、自分の名誉権等が侵害される摘示が生成AIによって行われることに同意していれば、それは同意により名誉毀損の不法行為にはならない。

名誉毀損に対する同意は、（生成AIの文脈とは異なるが）例えば、不祥事があった場合に自らそれを公表し、報道してもらう、という不祥事対応においてよく見られる。そうした報道は通常であれば（真実性の抗弁等が成立しない限り）名誉権を侵害するものであるが、本人の同意があるので、これにより正当化されるというわけである。

---

*55　松尾＝山田・インターネット名誉毀損355頁
*56　なお、本人にのみ伝わっても公然性要件により名誉毀損にはならない。そこで、インターネット上に直接コメントが公表されるのが、名誉毀損と同意が問題となる典型例である。ただ、名誉感情侵害等では、本人のみが閲覧する場合でも同意の問題は発生する。

もっとも、「同意の範囲」の問題はあるだろう。例えば、辛辣なコメントを生成するあるAIが、SNSアカウントのデータをもとに辛辣なコメントを直接SNSに投稿する（事例7-3のパターン）と自称し、ユーザA本人が、それを自らのSNSアカウントの「公開投稿」のみを分析してコメントをすると認識して同意したものの、実は、当該コメントAIはDM等も分析するものであった。そこで、その生成AIはSNS上に「Aは女性のアカウントを見つけると手当たり次第に『デートしよう』とDMを送る人だ。」という投稿をした。このような場合には、この投稿がAの社会的評価を低下させ、かつ、Aの同意の範囲を超えている、と判断される可能性は具体的状況次第で、ないとはいえないだろう。

この点については、当該生成AIの利用規約や説明等を踏まえた、客観的な同意内容が模索されるべきである。例えば「公開投稿だけではなくDMも分析する」等が利用規約に明記されていれば、客観的にはDMも含めて分析し、辛辣なコメントをSNSに投稿する範囲で同意がされた、とみなされる可能性が高い[57]。これに対し、他の公開投稿のみ分析するサービスの名称を表示して「このような他のサービスと同様の分析結果を直接SNSに投稿する」というだけの説明しかされていない場合、客観的な同意内容としてもDMの分析は含まれていないと判断される可能性もある。

## 8. 生成AIと差止め・謝罪広告

◆ **（1）救済としての損害賠償**　誰が賠償すべきかという問題は9で別途検討するとして、慰謝料（民法710条）等の損害賠償を受けられることについては、生成AIの文脈であっても理論的な問題は少ない。しかし、以下に述べるとおり、生成AIとの関係では差止めや謝罪広告について理論上の問題が生じる。

◆ **（2）差止め**　まず、名誉を毀損する生成AI生成物がインターネット上で公開されている場合、削除（事後的差止め）が認められることが多い（→2(2)）。また、例外的な場合には、事前差止めが命じられる余地もある。こ

---

*57　Aが勘違いしていたことについては別途、錯誤（民法95条）の問題があり得る。

のうち、事後的差止め、例えば生成AIが自動で、またはユーザが自身でSNSに投稿した生成物のSNSからの削除に関する限り、既に特定のSNS上に存在する投稿を、例えばそのアカウントの管理権限を有する者（生成AIのユーザ等）が手作業で削除すればよいため、そこまで問題がないかもしれない。

　しかし、例えば、「今後この生成AIに対してXについての質問があっても、『Xが犯罪者だ』という趣旨の回答をさせてはならない」というのは、実質的には事前差止めである。そして、仮に事前差止めのための要件が満たされたとした場合に、それをどのように差し止めるかは問題となる。

　確かに、マスタープロンプトで特定の内容の回答（例：「X氏についての質問には回答できません。」）をするよう指示したり、特定の回答を回答しない（例：「Xは犯罪者です。」等と回答しない）ように指示したりすること自体は可能である。しかし、（ルールベースと異なり）学習型AIである以上は、マスタープロンプトが存在するからといって、確実にそのマスタープロンプトどおりに動作するとは限らない。そこで、マスタープロンプトの設定のみをもって差止義務を履行したことになるのか、もしマスタープロンプトによる指示がされたものの、現に差止めの対象となる、（X氏の）名誉を毀損する回答が生成されてしまった場合にどのように評価されるかは疑問が残るところである。

　この点は、絶対に特定の表現を出さないことまでが求められるとなると、AIサービスそのものを停止させるくらいしか方法はないものの、マスタープロンプトを工夫することで、「多くの場合」に意図どおりの動作をさせることはできることが重要である。筆者としては、例えば99.9％は意図どおりに（X氏の）名誉を毀損する回答を生成させないことができる以上、実質的に差止命令に応じたと考える余地があるとは考えるものの、具体的な状況次第というところはあるだろう。

◆（3）謝罪広告　　民法723条は「他人の名誉を毀損した者に対しては、裁判所は、被害者の請求により、損害賠償に代えて、又は損害賠償とともに、名誉を回復するのに適当な処分を命ずることができる。」とする。

謝罪広告につき、ウェブサイトであればトップページに掲載するという扱いがよく見られる。しかし、生成AI、とりわけ、アプリに組み込まれた生成AIの場合、一般読者はトップ画面を見ない、という特徴がある。例えば、契約レビューリーガルテックがChatGPTを利用してサンプル文を修正する（→第5章）という場合に、そのリーガルテックのユーザはChatGPTのトップ画面を見ないかもしれない。

これに対する対応として、「Xさん」に関する質問が生じた場合に、「Xさんについて過去に犯罪者であった等という回答が生成されていましたが、かかる回答は事実と異なっており、Xさんの名誉を毀損してしまいました。申しわけありません。」といった回答を生成させることで、謝罪広告の掲載方法とするということも1つの方法であろう。

そして、上記のとおり、あくまでも「名誉を回復するのに適当な処分」こそが法文上求められているに過ぎない。そこで、ウェブサイトのトップページへの掲載が、これまでのウェブサイトの名誉毀損においては「適当」だっただけであると考えれば、謝罪広告を内容とする回答を生成することが生成AI時代において「適当」なのだという解釈はあり得るだろう。

ただ、（2）で差止めについて論じたのと同様に、マスタープロンプトを入力するだけで常に同じ表示をすることが確保できるものではないことから、実際に行われた対応が謝罪広告を命じる判決に従ったものであるか等の論点は、なお問題となるだろう。

## 9. 誰が責任を負うか

### ◆（1）責任主体論の概観

**ア　はじめに**　　生成AIに限らず、AIを利用した名誉毀損においては複数の関与者が登場する。そこで、そのような複数の関与者のうち誰が責任を負うのかが問題となる（もちろん、複数人が責任を負うという判断もあり得る）。例えば、事例7-1の場合に、ディープフェイクを投稿したユーザに加え、ベンダも責任を負うのかは重要な問題であるし、事例7-3のAITuberによる名誉毀損の場合には、AITuber運営者とファン（コメント投稿者）の責任

が問題となるだろう。

**イ　一次的に責任を負う者が明らかな場合**　　ここで、利用形態にもよるが、一次的に責任を負う者が明らかな場合も多い。

例えば、事例7-1では、SNSにAI生成物を投稿したユーザが少なくとも一次的責任を負うだろう。

また、事例7-2が名誉毀損の要件を満たすような場合（つまり、一般的なプロンプトを入れただけで名誉毀損回答が生成される場合〔→3 (3)〕）ならば、当該AIを提供するベンダが一次責任を負うだろう。

すると、このような場合には、まずは一次責任を負う者について不法行為であれば不法行為の要件を吟味するべきである。

とはいえ、そうであっても、例えば、事例7-1におけるユーザの責任の問題の後に、ベンダの責任は別途問題となるし、事例7-2のベンダの責任の問題の後で、例えばなぜそのような回答が生成されるかを調べたところ、悪意あるユーザがAIの学習機能を悪用して生成AIがそのような回答をするよう"調教"したのだ、ということが判明すれば、そのユーザの責任も問題となる。

このように、一次責任を負う者が誰なのかが比較的明らかな場合であっても、単にその者の責任だけを考えればよいのではなく、他の主体の責任もまた問題となることに留意が必要である。

**ウ　責任を負う者がわかりにくい場合**　　これに対し、事例7-3のAITuberを考えると、確かにAITuberの運営主体は、まさにAITuberの背後者として、AITuberの言動に対して責任を負うようにも思われる。しかし具体的にAITuberがどのような回答をするかはどのようなコメントが入力されるか次第であり、ある意味では、コメント投稿者がプロンプトとしてそのコメントをAITuberに入力しているようなものであると評することもできる。そうすると、コメント投稿者の方がむしろプロンプト入力者として責任を負うようにも思われる。

とはいえ、このような場合に、コメント投稿者の責任だけが問題となるわけではない。例えば、〈AITuber運営者が、マスタープロンプト等で、

9. 誰が責任を負うか　263

そのようなコメントをもとにAITuber名誉毀損発言をしないよう予防できなかったのか〉という形でAITuber運営者の責任もまた問題となる等、その責任が相互に絡み合い、わかりにくくなる場合もある。

**エ　その他の者の責任**　　上記以外にも様々な主体の責任が問題となるところ、本書では、後述（5）において生成AIを利用していないSNS利用者と学習用データセットを提供するデータセット提供事業者の責任を検討する。

◆**（2）ユーザ**

**ア　不法行為責任が主に問題となる**　　ベンダの場合には、契約相手であるユーザの名誉を毀損した等として、契約責任が問題となることがある。しかし、ユーザの場合には、契約責任よりは不法行為責任が主に問題となることから、以下では不法行為責任を論じる。[*58]

**イ　ユーザが責任を負う可能性が高い場合**

（ア）事例7-1でユーザが投稿する場合　　事例7-1において作成したディープフェイク画像をSNSに投稿するユーザについては、上記2から8までで論じてきた名誉毀損の成立要件が充足される限り、名誉毀損不法行為の責任を負い、また、人格権に基づき削除等を求められる。[*59]

（イ）悪意あるユーザが問題のある生成を引き起こすためにプロンプトを工夫する場合（事例7-3）　　例えば、事例7-3において、悪意あるユーザが、AITuberに他人の名誉を毀損する発言をさせようと考え、コメントを工夫する場面が考えられる。[*60]これはある意味では、自分で直接他人の名誉を毀損する投稿をするのではなく、AITuberという道具を利用して同様の内容を発言させるというものであって、AITuberの発言内容が名誉毀損

---

＊58　ただし、社内SNSにおいて生成AIを利用して問題のある回答が生成・投稿されるような場合、ユーザ企業が被害者である従業員から労働契約上の付随義務たる安全配慮義務や職場環境調整義務等を問われることがある。

＊59　なお、ディープフェイクは確かに「嘘」画像、「偽」画像ではあるが、嘘や虚偽だから必ず名誉毀損が成立するのではなく、名誉毀損の各成立要件を全て充足する必要があることには留意されたい。例えば、不快ではあっても誰かの社会的評価を低下させない偽画像は名誉毀損にはならない。

＊60　なお、事例7-2において、特定のユーザが特殊なプロンプトを入力することで、そのユーザに対して生成AIが他人の名誉を毀損する回答を生成させる、という場合もこの場面の1つと見ることはできるものの、上記3で論じたとおり、公然性が否定される可能性が高いように思われる。

の要件を満たす限り、ユーザが責任を負う可能性は高い（なお、AITuber運営者の責任との関係は→（3）ア（ウ））。

（ウ）悪意あるユーザが問題のある生成を引き起こすために学習機能を悪用する場合（事例7-2）　（イ）とも類似するが、直接特定のプロンプトを投げかけて、それに対して他人の名誉を毀損する回答を生成させるのではなく、学習機能を利用して、特定の質問には特定の回答をすべきだと教え込み、それによって、他のユーザが類似のプロンプトを入れた場合に、意図どおり他人の名誉を毀損する回答を生成させるというものである。典型的には、ある悪意のあるユーザが生成AIの学習機能を悪用した結果、事例7-2で「Xさんについて教えて下さい。」と聞くと必ず「Xさんは詐欺をする犯罪者です。」と生成されるようになったという場合である（また、事例7-3でも、AITuberの学習機能を利用して他のユーザのコメントに対し、AITuberが他人の名誉を毀損する発言をするようにする"調教"、という場合は一応考えられる）。

この場合も、生成AIの生成内容（やAITuberの発言内容が）名誉毀損の要件を満たす限り、ユーザが責任を負う可能性は高い（なお、ベンダやAITuber運営者の責任との関係は→（3）ア（エ））。

### ウ　それ以外の場合

（ア）たまたま入力したプロンプトが問題のある生成を引き起こした場合

例えば事例7-2において、あるユーザがたまたま「Xさんについて教えて下さい。」と入力し、その結果、生成AIが「Xさんは詐欺をする犯罪者です。」と回答した場合、仮に利用規約上その回答について秘匿義務が課せられず、伝播性の理論等によって公然性要件を満たすとしても（→3（4））、ユーザは単に利用規約を遵守して利用しているに過ぎない。このような状況を「ベンダが名誉を毀損する行為をした」とみなすことができても、「ユーザが名誉を毀損する行為をした」とみなすことは難しいだろう。そこで、ユーザが責任を負う可能性は必ずしも高くない。[61]

とはいえ、例えば、事例7-3においてあるユーザがAITuberに行ったコ

---

*61　松尾・L&P 78-79頁

9. 誰が責任を負うか　265

メント（例：「Bさんに殴られて痛かった。」）がきっかけとなってAITuberが名誉毀損発言をしたような事例の場合、イ（イ）のような悪意（故意）がある場合だけではなく、過失による名誉毀損も成立し得る。そうすると、そのようなコメントがどの程度AITuberによる名誉毀損発言につながりやすいか等を踏まえて、ユーザが注意を尽くしたといえるかどうかが問題となるだろう。その場合には、AITuberとの交流に関してどのようなルールが設定されているかや、AITuber運営者が通常どの程度マスタープロンプト等によって名誉毀損発言を抑制しているかが、コメントを行うユーザの尽くすべき注意の程度とも関係してくるだろう（→（3）ア（イ））。

（イ）たまたま入力した内容が学習され、（第三者のところにおける）問題のある生成を引き起こした場合　　例えば、事例7-2において、あるユーザが「オレオレ詐欺を啓発するための物語を書いて下さい。加害者はXさん、被害者はYさんです。」等と架空の物語を書かせるプロンプトを入れたところ、その物語の内容が学習され、その後Xについて他の人が質問をすると、常にXが詐欺を行った人だ等と表示されるようになるという場合はあり得るだろう。

この場合、ユーザとして、Xさんを知っていれば、生成AIの学習により、Xの名誉を毀損する内容が他人に表示される可能性がある以上、そのような名前を回避する注意義務を認め、過失を認定する余地はあるだろう。

ただ、ユーザとしてXさんを知らず、むしろ架空の物語の主人公として、架空の名前を考えただけだ、というだけであれば、物語の主人公の名前を考える際に、実在の人物である可能性を踏まえ、どの程度の調査を尽くすべきだったかが問題となるだろう。具体的事案に応じて、そのような調査を尽くす必要がない、とされる可能性もあるが、学習が反映された名誉を毀損する内容の生成物の問題がより深刻化し、社会的に問題となる反面、セキュリティ等の観点から学習機能をオフにする人が多いとすれば、他の多くの人と異なり、あえて学習機能をオンにした以上、慎重な対応が必要として注意義務違反が肯定されるかもしれない。また、不当な学習を防ぐためのベンダの対策とその有効性の程度も関係するだろう（→（3）

ア(イ))。

◆ **(3) ベンダ**

**ア　ベンダの生成したものによる名誉毀損が直接問題となる場合**

（ア）はじめに　　例えば、事例7-3のAITuberの場合、まさにベンダの生成したものによる名誉毀損が直接問題となる。また、事例7-2でも、ベンダの生成したものによる名誉毀損が直接問題となる。

（イ）責任転嫁が困難な場合　　そして、事例7-2において、何らユーザによる学習機能の利用（悪用）がないにもかかわらず、ユーザによる通常のプロンプト、例えば「Xさんについて教えて下さい。」に対し、生成AIが「Xさんは犯罪者です。」と回答したという場合は、ユーザのプロンプトや学習が原因だとはいえない。また、事例7-3においてユーザが「Xさんを知っていますか。」といった通常のコメントをしただけで、AITuberが、「Xさんは犯罪者です。」と回答した場合もユーザのコメントが原因だとはいい難い。

このような場合において、ベンダとしてXさんの名誉を毀損したいとか、毀損するかもしれないがそれでもよいという故意を認定できることはあまり多くないだろう[62]。そこで、多くの場合には過失の認定が問題となる。

ここで、過失の認定の際には、なぜそのような名誉を毀損する事態が引き起こされたか、ベンダとして何をすべきだったか等が重要となる。ロボットの責任の側面においては、自律性と学習能力の強弱による予測困難性の程度、出力、重量、パワー、強弱および人との身体的接触、侵襲の有無・可能性の程度等をベースに危険制御の程度が変わる[63]と論じられているが、少なくとも、自律性と学習能力の強弱による予測困難性の程度は生成AIでも重要な考慮要素であろう[64]。

この場合、AIを設計、開発、実装・提供、追加学習する際にAIを安全

---

＊62　なお、以下述べる名誉毀損を防ぐための措置が全く不十分であれば、過失は容易に認定されると思われるが、過失にとどまらず、不十分さの程度が激しいため、具体的な被害者は想定せずとも、誰かの名誉を毀損するかもしれないがそれでもよいという未必の故意があったと認定される可能性がある。

＊63　近内京太「AI搭載ロボットによる不法行為責任のフレームワーク」NBL1157号（2019）27頁

＊64　松尾・L&P 80頁

にする——名誉毀損の文脈でいえば、名誉毀損を防ぐ——というベンダの注意義務への違反がベンダの過失を基礎付ける。単に結果的に誰かの名誉を毀損する回答が生成されたというだけで結果責任を問うことはできない。

　そこで、重要なのはAIベンダとしてどのような水準の注意を果たすべきかであり、その水準を下回った場合に初めて注意義務違反が肯定される。この場合においては、そのAIがどの程度の名誉毀損リスクがあるものとして設計され、開発のためどのようなデータが利用され、学習・追加学習におけるリスクに対してどのように対応し、実装・提供時に（例えばマスタープロンプト等を含む）どのような安全策が講じられて実装・提供されているのかといったことが問われるだろう。

　一例を挙げよう。「噂AI」として、積極的にかつ公然と噂を流すようなチャットボットを提供するとすれば、そのような噂の中に他人の社会的評価を低下させるものが含まれることは容易に予見される。このような場合、当該生成AIの社会的評価を低下させやすいという性質から、当該社会的評価低下の回避のために尽くすべき注意の程度は高まると思われる。[65]

　（ウ）プロンプト入力者の責任を問題とできる場合　　例えば、〈確かにAITuberが名誉を毀損する発言をしたが、それはそもそもコメントとして入力されたものに問題があったからだ〉という場合に、AITuber運営者は責任を回避できるだろうか。

　ここで、これと全く同じAIに関するシチュエーションについての裁判例は見当たらなかった。もっとも、このような場合に類似する、質問と名誉毀損をめぐる問題に関する裁判例が参考になると思われる。すなわち、東京地判平成28年10月25日（第一法規28250488）は、インターネット番組の対談において、2人の対談者の一方が主に発言したものの、他方についても主たる発言者の発言の否定、訂正にわたる発言がないのみならず、主たる発言者の発言の根拠を確認する発言もなく、主たる発言者の発言の摘示する事実を当然の前提として対談を進めているとして対談者双方に関す

---

＊65　松尾・L&P 80頁。なお、単に噂を流す、というだけの目的であれば公益性（→6 (3)）が否定される可能性が高い。

268　第4部　生成AIと民事法 ‖‖‖‖ 第7章　名誉毀損

る共同不法行為を認めている。

　また日本法の下では、リツイート（リポスト）など他人の投稿を単純に転載しただけでも責任を負い得る[66]。さらに、いわゆる配信サービスの抗弁の法理[67]による救済を受けるためには、少なくとも最高裁（最判平成23年4月28日判時2115号50頁）の議論によれば、元の発信者と、転載者の間の実質的一体性が必要であるところ、AITuberに対するコメントをする者とAITuber運営者間に一体性を認めることは容易ではない[68]。したがって、単にコメント入力者の摘示する事実をもとに会話を進め、AITuberが名誉毀損発言を行ったというだけである場合、AITuber運営者として、「もともとのコメント入力者が名誉を毀損する事実を摘示したことが悪いのだ」として責任を回避することは、実務上困難であるといわざるを得ない。

　とはいえ、AITuber運営者として問題あるコメントが入力された場合において、かかるコメントに基づきAIが問題のある発言を回避するための対策を講じていることはあり得る。例えば、どのコメントを対話（応答）の対象とするかというコメントの選択の点において問題のあるコメントを弾くようにし、また、どのような発言をさせ、また、させないかという点に関するシステムプロンプトの設定において、問題のある発言をしないようなネガティブプロンプトによる指示等を行うことが考えられる[69]。

---

*66　大阪高判令和2年6月23日裁判所HP（令和元年（ネ）2126号）は、「単純リツイートに係る投稿行為は、一般閲読者の普通の注意と読み方を基準とすれば、元ツイートに係る投稿内容に上記の元ツイート主のアカウント等の表示及びリツイート主がリツイートしたことを表す表示が加わることによって、当該投稿に係る表現の意味内容が変容したと解釈される特段の事情がある場合を除いて、元ツイートに係る投稿の表現内容をそのままの形でリツイート主のフォロワーのツイッター画面のタイムラインに表示させて閲読可能な状態に置く行為にほかならないというべきである。そうであるとすれば、元ツイートの表現の意味内容が一般閲読者の普通の注意と読み方を基準として解釈すれば他人の社会的評価を低下させるものであると判断される場合、リツイート主がその投稿によって元ツイートの表現内容を自身のアカウントのフォロワーの閲読可能な状態に置くということを認識している限り、違法性阻却事由又は責任阻却事由が認められる場合を除き、当該投稿を行った経緯、意図、目的、動機等のいかんを問わず、当該投稿について不法行為責任を負うものというべきである」とした。

*67　佃・名誉毀損530頁以下参照。

*68　松尾・L&P 81頁

*69　なお、生成AIがシステムプロンプトによって一定の事項を一切話題にしないことが、言論の自由に悪影響を与えるという議論もあるものの、これは生成AIモデルの話であり、当該モデルを利用したAITuber等の個々のプロダクトとは異なる話と思われる（Jacob Mchangama & JordiCalvet-Bademunt, "Report: Freedom of Expression in Generative AI – A Snapshot of Content Policies," *THE FUTURE OF*

要するに、上記のような、AIが名誉を毀損する発言を回避するために通常必要とされる対応を行うことで、名誉毀損等AITuberが加害者となる状況を回避すべきであったのであり、当該適切な対応のための注意を尽くしていなければ過失があるとされる可能性は高いように思われる。逆にいえば、その時点で相当とされる水準のシステムプロンプト対応等を行っていたものの、予想外の事態が生じたため問題のある発言をした、という場合には無過失の主張の余地もあるように思われる。[*70]

　（エ）学習機能利用者の責任を問題とできる場合　　例えば、事例7-2で悪意あるユーザが問題ある学習をさせ、その結果として「Xさん」についての質問をすると常にXの名誉を毀損する回答が生成されるという場合のように、悪意ある第三者の攻撃により誤った学習をしたとしても、ベンダとして、このような第三者の攻撃だからというだけの理由で直ちに責任を回避することは容易ではない。とりわけ、そのAIに学習機能が存在する以上、Tay事件等、これまで学習機能が悪意あるユーザによって悪用されてきた経験に学ぶべきである。具体的には、そのような悪意あるユーザの行為があっても、容易に他人の名誉を毀損する回答が生成されないよう、例えば、特定の入力を（学習がオンになっていても）学習の対象から外す、問題のある学習をさせるユーザの入力を学習の対象から外す等一定の対応を行うべきである。そこで、そのような観点から必要な注意を尽くしていたかが問題となるだろう。

　**イ　ベンダが生成したものがユーザに利用される場合**　　事例7-1を考えると、あるAIがディープフェイクを生成するとしても、ベンダが、利用規約でそのようなディープフェイク画像等を他人を名誉毀損するために利用することを禁止することは、十分にあり得る。そのような禁止された利用をユーザがあえて行った場合、ユーザが第一義的に責任を負う（→（2）イ）。では、ベンダも責任を負うのだろうか。この点については、〈利用規約およびそ

---

*FREE SPEECH* (March 1, 2024)<https://futurefreespeech.org/report-freedom-of-expression-in-generative-ai-a-snapshot-of-content-policies/>)。

＊70　松尾・CA 205-206頁

れに基づく契約はユーザとベンダの間でしか効力がなく、それをもって直ちに被害者に対抗できない〉ということはできるかもしれない。とはいえ、ベンダとしてユーザによる悪用を最小限に抑える措置（利用規約、ウォーターマーク〔電子透かし〕などを含む）を講じることで注意義務を尽くしたとみなされれば、それによって過失が否定される可能性があるだろう。

　ウ　検索エンジンとの類似性？　　ここで、〈生成AIが検索エンジンと類似しており、検索エンジン運営者と同様にベンダの責任が制限される〉という解釈の余地はあるだろう。最決平成29年1月31日民集71巻1号63頁（Google事件）が、検索エンジンの検索結果からの過去の犯罪情報の削除という文脈で「情報の収集、整理及び提供はプログラムにより自動的に行われるものの、同プログラムは検索結果の提供に関する検索事業者の方針に沿った結果を得ることができるように作成されたものであるから、検索結果の提供は検索事業者自身による表現行為という側面を有する」とした上で、当該事実を公表されない法的利益が優越することが明らかな場合に削除を求めることができるとして、（単に優越するだけで削除を求めることができるのではなく優越が「明らか」な場合にのみ削除を求めることができるという、いわゆる）「明らか」要件を課している[*71]。これに対し、Twitter事件（最決令和4年6月24日民集76巻5号1170頁）で最高裁は、「明らか」要件を求めていない。

　大島は、これらを比較した上で「Google的なものであれば『明らか』要件が課される一方で、ツイッター的なものであれば『明らか』要件は課されない」と指摘する。つまり、Googleは表現行為性や情報流通の基盤性を備えているため削除を求める上でハードルが高いが、Twitterはそのような性質を備えていないため、削除を求める上でのハードルが低いということである。そこで、（メタバースの文脈において）Googleのように表現行為性や情報流通の基盤性を備えるようにするか否かが、差止め基準の設定

---

*71　「明らか」要件が損害賠償請求の場合においても適用されるかどうかについては、明示的な判断をした裁判例は見当たらない。この点については、「明らか」要件を積極的に評価するかどうかによっても考え方が異なり得るところであり、今後の検討が待たれるところとする「インターネット上の誹謗中傷をめぐる法的問題に関する有識者検討会　取りまとめ」（令和4年5月）<https://www.shojihomu.or.jp/public/library/728/report202205.pdf>97頁参照。

9. 誰が責任を負うか　271

の際には重要なポイントになるとする。[72]

　そもそも、この議論を生成AIに適用できるか、という点は不明確である。また、仮に適用できるとして、現時点では、生成AIがGoogle的に評価されるか、Twitter的に評価されるかは不明確である。

　中崎は「ネットに散在するどこの誰が書いたかわからない情報をただ打ち返しているわけではなく、学習済みモデルを運用し、そこから出力結果を返していることを踏まえると、どこまで検索エンジンにおける議論を流用できるかは明確ではないように思われる」とする。[73]〈Google事件 vs Twitter事件〉という枠組みを単純に生成AIに転用することは容易ではないだろう。

　とはいえ、検索エンジン「的」な生成AIの利用法もまた存在する。例えば、検索結果をスニペット表示する代わりにAIで要約するという仕組みの場合には、Google的なものとして評価することができる可能性がある。そしてそのような場合には、上記Google最高裁決定の枠組みに基づき、検索エンジンが責任を負わないとされるような場合についてまで、生成AIベンダは責任を負わない、という判断は可能ではないかと思われる。[74]

　**エ　申告の無視**　　一般には被害者から「自分の名誉を毀損している」等という、権利侵害に関する連絡を受けた後、引き続き権利侵害状態を継続すれば、過失の認定が相対的に容易になるだろう。[75]とはいえ、SNSプラットフォームであれば、当該投稿が特定されてさえいれば、その投稿に対する送信防止措置を講じれば、送信防止という目的は容易に実現できる。これに対し、生成AIの場合には、いくら特定の回答を生成したくないとしてそのための措置を講じても、それが学習型AIである以上、常に100％、そのような回答の生成を防ぐことはできない。例えば、マスタープロンプト等でできるだけ名誉を毀損する回答の生成を防止する努力をしていても、

---

＊72　大島義則「メタバースにおける人格権と表現の自由」法セ2023年2月号35頁
＊73　中崎・法務ガバナンス123頁
＊74　松尾・L＆P 82-83頁。ただし、検索エンジンが責任を負うとされる場合には、単に「検索エンジンと同様」というだけの理由では生成AIベンダはその責任を回避できないだろう。
＊75　松尾・L＆P 88頁

100分の1、1000分の1、場合によっては1万分の1の確率で名誉を毀損する回答が生成されてしまう。そこで、結果的に名誉を毀損する回答が生成されても、注意を尽くしたとしてベンダの過失が否定されることはあるだろう。

**オ　ベンダ間の責任分担**　　基盤モデルベンダ、ファインチューニングベンダ等、複数のベンダが関係する場合（→第1章）、例えば、その名誉毀損が、ファインチューニングベンダが準備したRAG用データを原因とするのであれば、ファインチューニングベンダのみが責任を負い、基盤モデルベンダは責任を負わない等という議論はあり得る。とはいえ、他の基盤モデルを利用していれば問題のある出力をしないRAG用データなのにもかかわらず、その基盤モデルのみにおいては名誉毀損など問題のある出力がされるということであれば、基盤モデルベンダの問題だとされる可能性も否定できない。この点は、どのような機序でそのような出力がされるのか等がどこまで解明されたかにもよるかもしれない。

**カ　契約責任**　　名誉を毀損するような生成AIチャットボットシステムを引き渡すことが、「品質に関して契約の内容に適合しない目的物を買主に引き渡した」（民法566条）とされる等、名誉毀損が契約責任を発生させる可能性がある[76]。この点は、契約内容次第であるところ、多くの場合、契約上の免責事項として、ベンダとしては全ての発言に責任を負うことができないとして、ユーザは〈発言の中に名誉毀損が含まれるというだけではベンダの責任を追及できない〉旨を合意することも多いだろう。とはいえ、故意・重過失がある場合にはかかる免責を享受できない[77]。よって、ベンダとしては故意・重過失があったと認定されないよう、名誉毀損を生じる可能性を最小化するための措置を講じるべきである。

◆**（4）ユーザ企業の業務利用**　　前著では、ユーザ企業の業務利用の場合の利用態様について検討した[78]。すなわち、ユーザ企業が、例えば社内SNS

---

＊76　同上79頁

＊77　筆者は、ベンダとして、単に生成AIに確率的な要素があって、名誉を毀損する結果が生成される確率をかなり低い程度にとどめることはできても、絶対に排除することができない、という事実を認識しているだけで、（結果的に名誉を毀損する生成物が生成された場合において）故意があるとは考えていない。

＊78　松尾・ChatGPT 149頁以下

における投稿内容（候補）生成や顧客との間のコミュニケーション（補助）といった形で生成AIを利用するところ、ユーザ企業の利用態様として、①生成AIの生成した結果が直接（例えば社内SNSへの投稿内容として社員全員に、またはチャットボットの回答として消費者に）閲覧されるのか、それとも、②社内SNSにおける投稿内容の候補や顧客への回答案を生成AIが表示するものの、それはあくまでも候補や案に過ぎず、ユーザ企業従業員がその内容を確認して最終的な内容を決定するのかという点が、ユーザ企業の法的責任と関係するという点を指摘した。

　例えば、事例7-2の、Xさんについて尋ねると生成AIがいつもその名誉を毀損する回答を生成するという場合、ユーザ企業として単に社内利用のため生成AIを契約して従業員に利用させるだけであって、②従業員はその生成物を確認して必要に応じて修正した上で業務利用するものであれば、ユーザとして、直ちに当該名誉毀損について責任が発生するとは思われない。しかし、同様の状況であっても、例えば、①社内SNSにおいて、生成AIの回答が直接表示されるように設計し、Xについて尋ねると、社内の全従業員に対してXの名誉毀損をする回答が表示されるといった状況では、まさにユーザ企業こそが（生成AIベンダの生成AIを利用して）名誉毀損をする回答を表示させている、としてユーザがベンダ類似の立場に立ち、上記（3）でいうベンダが責任を負う場合において責任を負うことになりかねない。もちろん、従業員の行為であっても、業務利用であれば使用者責任（民法715条）を負い得ることは間違いない。とはいえ、生成AIの回答が公然と表示される前に従業員による確認プロセスを入れることは、結果的に内容が適正になる可能性が高まるという意義があり、少なくとも2024年時点のベストプラクティスとしては、このような〈人間の介在〉（ケンタウロスモデル〔→第1部コラム〕）を積極的に検討すべきであろう。

◆ **(5) その他の主体**

　**ア　SNS利用者の責任**　　その他、例えば、生成AIを利用していないSNS利用者が、「Xは詐欺を行う犯罪者」等と投稿したところ、それをベンダが生成AIの学習に利用し、その結果事例7-2のように、Xさんについ

て尋ねると生成AIがいつもその名誉を毀損する回答を生成するようになったという場合のSNS利用者の責任も問題となる。[*79]

　SNS利用者が行ったXに対する投稿については、（抗弁がなければ）名誉毀損が成立し、責任を負う可能性が高いだろう。問題は、生成AIの回答についてSNS利用者が責任を負うかである。SNS利用者がSNSベンダと主観的・客観的に共同関係にあり共同不法行為（民法719条1項）の責任を負うといえるか否かは、オープンな問題である。筆者としては、例えば、X（旧Twitter）はそこにおけるユーザの投稿（ポスト）をGrokという生成AIの学習に利用する等と公言しており、このような状況であえてXに投稿したとすれば、その投稿が学習され回答に利用されるという客観的共同関係と、回答に利用されると認識し、または認識すべきだった、ということから主観的共同関係があるとして、SNS利用者について、生成AIによる回答についても共同不法行為を認める余地はないわけではないと考える。

　ただし、実務的には、元の投稿の名誉毀損の損害賠償を算定する際に、そのような生成AIに利用され被害が拡大したことを増額要素として考慮する方が受け入れやすいかもしれない。

　**イ　データ提供者の責任**　　生成AI開発ベンダはデータ提供者が「クリーン」な学習用データセットを提供すると説明したのでそれを信じて学習させたところ、実際には名誉毀損を内容とする投稿が学習用データセットに含まれており、その結果としてベンダの提供するAIが名誉を毀損する内容を生成したという事例についても考えてみよう。生成AI開発ベンダとの契約責任と、名誉毀損の被害者との不法行為責任が問題となるだろう。

　契約責任については、例えば、データについてキーワード等で確認をして明らかに権利侵害等の問題があるデータを削除するものの、新しい隠語が使われる等して権利侵害が実際には存在してもその旨を確認できず、削除できない部分がある等、「クリーン」さの基準について合意がされることが多い。そこで、そのような合意内容を踏まえ、契約上の義務が履行さ

---

＊79　松尾・L＆P 81頁

れたかが判断されるだろう。

　これに対し、不法行為責任については、生成AIのための学習用データセットを提供する際に、どの程度の注意を払うべきかが問題となる。例えば、「クリーン」にすると謳う以上、その時点において用いられる標準的方法が何かという点がその時点において注意義務を尽くしたといえるかと密接に関連するだろう。そして、注意義務を尽くしていれば過失が否定されることになるだろう。[80]

## 10.　生成AIによる名誉権侵害に関する実務対応

◆（1）事例の簡単な帰結

　**ア　事例7-1**　　事例7-1のユーザのみに表示され、その上でユーザによるSNSへの投稿というユーザの行為が介在する場合、SNSの公開アカウントでの投稿の公然性（→3）は否定できない。それを前提に、ディープフェイクとわかる場合とそれとわからない場合に分けて、社会的評価低下（→4）や同定可能性（→5）が検討されることになる。その結果として名誉を毀損するとなれば、抗弁が問題となる（→6）ところ、公益性や相当性等は当該ユーザという人間の主観によって判断される。その結果、ユーザが名誉毀損の不法行為責任を負う可能性もあるし、負わない可能性もある。

　ユーザが名誉毀損の不法行為責任を負う場合、ベンダもまた、そのようなディープフェイクを生成したことによる責任を負うかが問題となり、その場合には、利用規約やウォーターマーク（→9（3）イ）等でこのようなユーザによる名誉毀損を防ぐための注意を尽くしたかが問題となり、注意を尽くしていれば過失がないとしてベンダは責任を負わない。

　なお、ユーザが名誉毀損の不法行為責任を負わない場合でも、なおベンダの責任を観念することは理論上可能である。しかし、ユーザの責任が否

---

＊80　いわゆるジャンクデータの提供のように、クリーンにしていない大量のデータをクローリング（→第1部コラム）して提供する、という契約の場合において、それをもって直ちにデータ提供ベンダが注意を怠ったとまではいえず、その後、生成AI開発ベンダにおいてクリーンにすることが合意されている場合に、そのような一連の過程のどこかでクリーンにすることが予定されていることをもって注意義務を尽くしたといえるかが、別途問題となるだろう。

276　第4部　生成AIと民事法 ⅢⅢⅢ 第7章　名誉毀損

定される理由が、例えば、真実性の抗弁が肯定されるからだという場合、そのようなユーザの投稿に利用された画像を生成したベンダは、真実性のある写真を写真機の利用者が投稿する際における写真機の提供者と同様であって、ベンダのみが責任を負うという状況は一般にはなかなか考えにくいように思われる。

**イ　事例7-2**　ユーザのみに生成物が表示直接され、それが名誉毀損となる場合、そもそもプロンプトが特殊であれば、公然性が否定される可能性が十分にある（→3）。これに対し、一般的なプロンプトによって名誉が毀損される場合、すなわち、Xさんについてどのような質問をしても、Xの名誉を毀損する回答が生成されるという場合には、公然性は肯定され（→3）、後はそれ以外の社会的評価低下（→4）や同定可能性（→5）、抗弁（→6）の問題となるだろう。ただ、抗弁（→6）については、特に公益性や相当性等の主観が関係する部分において議論がある。そして、ベンダとしては、名誉を毀損する生成物の生成を回避するため注意を尽くしたという抗弁も主張することが可能である（→9(3)ア（イ））。

**ウ　事例7-3**　生成AIの生成物が直接インターネット等に公開され、名誉を毀損する場合において、公然性は肯定される（→3）。後は、それが生成AIの生成物だとわかるか否かを踏まえながら社会的評価低下（→4）や同定可能性（→5）が検討される。その結果として名誉を毀損するとなれば、抗弁が問題となる（→6）ところ、抗弁（→6）については、特に公益性や相当性等の主観が関係する部分において議論がある。そして、ベンダとしては、名誉を毀損する生成物の生成を回避するため注意を尽くしたという抗弁も主張可能である（→9（3）ア（イ））。

### ◈(2) ベンダの実務

**ア　はじめに**　ベンダとしては、人格権を侵害し得るユースケースを特定し、それを回避する方法を検討すべきである。

これまでも、そういった制御をかいくぐろうとする「ジェイルブレイク」との闘いがあり、ユーザーが制限をかいくぐって出力したようなケースやニュートラルな技術を違法行為・犯罪に悪用された場合は、一定の対策を

10. 生成AIによる名誉権侵害に関する実務対応　277

していたことをもって、ベンダの責任主体性および幇助責任の前提としての注意義務違反を争うことが想定される。[81]

**イ　生成内容がSNSに投稿される等して公表される場合**　典型例は、事例7-3のような、その生成AIの生成内容がそのまま複数人に閲覧可能となる場合である。SNS上に投稿される場合や、リアルタイムでコメントを生成AIさせて応答を生成するAITuber[82]においては、まさに生成AIが問題のある発言をして、被害者の人格を傷つける可能性が高い。

このような場合、法的にはベンダ（AITuberであれば運営者）こそが、当該生成内容を公表することで不法行為等を行っているとみなされる可能性が高いことが重要である。

そこで、マスタープロンプト（→第1部コラム）等で、禁止される回答を設定したり、そもそも問題のある入力を弾いたり、出力を弾いたりする等の対応が望ましい。例えば、AITuberに対して、「Aさんに殴られた」とBがコメントした場合に、そのまま入力をして応答を出力させると「かわいそう！Bさんを殴るなんて、Aさんはひどい人ですね！」のようなAさんの名誉を毀損する応答が生成されるのはある意味では必然である。そうすると、1つの方法としては、AIに対してマスタープロンプトを利用して、そのような質問に回答しないようにすることが考えられる。また、情報が入力されるところで、「殴る」という内容を検知してそれを入力させないという方法や、LLMの出力に名誉毀損の可能性がある回答が含まれていることを検知してそれを出力しないという方法もあるだろう。

なお、そもそも一部のユーザは、悪意を持ってコメントを送ったり、学習機能がある場合には、悪意を持ってAIに学習をさせることがある。[83]ベンダとしては、このようなユーザの存在を予見すべきである。そして、当該予見結果を踏まえて対策を講じるべきである。具体的には、そのような

---

＊81　田中浩之「企業による生成AIの利用態様と法的検討のポイント」有斐閣Online（記事ID: L2311008）（2024）<https://yuhikaku.com/articles/-/18713>

＊82　松尾・CA 196頁以下参照。

＊83　<https://japan.cnet.com/article/35140462/>

行為を利用規約等で禁止したり、そのような行為をしたユーザの入力に対して反応や学習をしない、どうしても必要な場合にはアカウントを停止する等の対応が考えられる。

このような措置をどの程度まで講じれば注意を尽くしたとして不法行為の過失が否定されるかについては、やや不明確なところがあるものの、そうであっても、このような人格権侵害投稿を防ぐ措置を実務上合理的な範囲で尽くすことが重要である。

**ウ　特定のユーザのみに生成内容が表示される場合**　　これは、事例7-1や7-2の場合である。上記のとおり、事例7-2のように特定のユーザのみに対して生成内容が表示される場合であってもそのベンダの行為が権利侵害となる可能性はある。しかし、むしろ多いのは、事例7-1のように、ディープフェイク等の生成された問題のあるコンテンツをユーザが投稿する等して権利侵害を発生させるパターンである。この場合には、ユーザが不正行為を行うことをいかに防ぐか、という点が問題となる。例えば、OpenAIは、そのVoice Engineという15秒の音声から本人そっくりの音声を合成する音声合成技術について、事前に厳格なポリシーへの同意を要求し、限られたパートナーのみが利用できるようにし、かつ、電子透かしを入れる等、不正対策を行っている。この点についても、どのような水準の不正対策が行われれば注意義務を果たしたといえるかは、必ずしも明確ではない。とはいえ、最低限、ポリシーを定めてこれに同意させること、当該生成物がオリジナルではなく生成されたものであることの判別手段の提供等の措置は検討すべきである。

◈ **(3) ユーザの実務**

**ア　ユーザ企業**　　ユーザ企業が、自社の従業員に生成AIを利用させること自体には大きな問題はないと考えられるものの、2種類の対応を行うべきである。

1つ目は、ベンダ類似の立場に立つことをできるだけ避けるということである。そして、もし、ある企業が、従業員がプロンプトを入れると生成結果が社内SNSに直接反映されるような生成AIを導入した場合、当該生

10. 生成AIによる名誉権侵害に関する実務対応　**279**

成結果に関し、当該企業はベンダ類似の立場に基づく責任を負う可能性がある。そのような場合には、ベンダと同様の様々な対策を講じることでその責任を回避しなければならない。そこで、そもそもベンダ類似の立場に立つことを回避すべきである。例えば、できるだけ個々の従業員のみに生成結果を示した上で、その従業員の判断でその生成結果を適宜修正して利用させるという対応をすることで、その責任を最小化することができる。

2つ目は、社内規程や教育等で、AI生成物を利用して従業員が問題のある対応をしないようにすることである。例えば、生成AIの生成物には、名誉毀損その他問題のある内容が含まれる可能性がある。そこで、そのまま利用するのではなく内容等を吟味した上で、その内容につき自ら、そしてユーザ企業自身が責任を負うという自覚を持った上で利用すること等を定めるべきである（→第12章）。

**イ　個人ユーザ**　ユーザ企業の従業員を典型とする個人ユーザとしては、ベンダおよびユーザ企業の定めるルールを遵守して利用する、ということになるだろう。多くの場合そのルールにおいて、名誉を毀損するような（そのような内容を学習をさせるような）入力をしてはいけないとか、生成物について他人の名誉を毀損する等問題のある利用をしてはならないといった内容が規定されているだろう。

よって、個人ユーザとしては、それらのルールを遵守すべきであって、そのルールに違反して問題のある利用をした場合には、名誉毀損を理由に被害者から不法行為等に基づく損害賠償等の請求を求められるほか、ベンダ等による不正利用対策の結果として生成AIの利用が継続できなくなるといった可能性があることに留意すべきである。

---

*84　ただし不当なアカウントの凍結については、松尾・CA 168頁以下参照。

# 第8章
# 名誉権以外の人格権

## 1. はじめに

　人格権とは、主として生命・身体・健康・自由・名誉・プライバシーなど人格的属性を対象とし、その自由な発展のために、第三者による侵害に対し保護されなければならない諸利益の総体をいうとされる。[*1]

　生成AIの文脈においては、確かに生命に関するもの等、一部の人格権は少なくとも典型的な問題とはならない。[*2] しかし多種多様な人格権が問題となる。例えば、生成AIによって、ある人の肖像等を利用し、本当はそのような事実は存在しないのにもかかわらず、その人がまるで犯罪等を行っているかのような写真や動画（ディープフェイク）を簡単に生成することができるようになってしまった。その結果として、そのような生成AIの生成物によって、名誉感情、プライバシーや肖像権等の人格権が侵害される可能性がある。このように、生成AIにおいては人格権が重要な問題となる。

　ここで、前章で既に人格権の代表格である名誉権について論じた。そこで、本章では、そうした代表的な人格権との関係で、上記の名誉感情侵害といったその他の人格が生成AIによって侵害される場合の、名誉権と異なる特色、すなわち、いわば「差分」のようなものについて検討することとする。[*3]

---

*1　五十嵐清『人格権法概説』（有斐閣・2003）10頁
*2　ただし、生成AIによって自殺が促進される等、一定の状況の下で問題となることはある。
*3　インターネットにおける権利侵害全般について「インターネット上の誹謗中傷をめぐる法的問題に関する有識者検討会　取りまとめ」（令和4年5月）<https://www.shojihomu.or.jp/public/library/728/report202205.pdf>を参照。

## 2. 名誉感情

◆ (1) はじめに

　ア　名誉毀損との類似性　　名誉毀損と名誉感情侵害は類似しており、特定のAI生成物が、同時に、同一人物の名誉権と名誉感情の双方を侵害することもあり得る。もっとも、名誉毀損は、社会的評価の低下（外部的名誉の侵害）であるのに対し、名誉感情は自己が自分の価値について有している意識や感情（主観的名誉）の侵害である。侵害の対象が異なる以上、名誉毀損の要件・効果と名誉感情侵害の要件・効果は異なっている[*4]。そこで、具体的な状況において相違が生じ得る。

　イ　事例の変化　　以下でも、前章で取り上げた事例7-1〜7-3の3つの事例において、名誉権ではなく名誉感情が侵害される場合を想定しながら検討していきたい。

　事例7-1であれば、ユーザに対してのみ生成物が表示される生成AIにおいて、当該生成物がユーザ以外の第三者の名誉感情を侵害し得るものであったところ、ユーザが当該生成物をSNSにアップロードする等の行為を行うというものになるだろう。

　知財高判平成27年8月5日裁判所HP（平成27年（ネ）10021号）は女性芸能人らの顔を中心とした肖像写真に、一見しただけでは写真と誤解する可能性がある程度には精巧さを備えた裸の胸部のイラストを合成した画像について、自らの乳房や裸体が読者の露骨な想像（妄想）の対象となるという点において、強い羞恥心や不快感を抱かせ、その自尊心を傷付けられるものであるということができる上、芸能活動に関係する性的な表現を含むコメントや、露骨な性的関心事を評価項目とするレーダーチャートが付されており、これらによって読者の性的な関心を煽り対象者らに羞恥心や不快感を抱かせるものであるということができるとして、社会通念上受忍すべき限度を超えて対象者らの名誉感情を不当に侵害するものとした。

---

＊4　松尾＝山田・インタ　ネット名誉毀損401頁以下

すると、閲覧者の性的関心を煽り、対象者に抱かせる羞恥心や不快感の程度が受忍限度を超えるような画像をSNSにアップする場合が名誉感情侵害となると考えられる。そして、生成AIは、それがSNSに投稿されれば対象者の名誉感情を侵害し得るような対象者の顔と裸体を合成したディープフェイク画像を生成することができる以上、かかる画像をユーザがSNSに投稿し、対象者の名誉感情を侵害することは十分にあり得る。

　事例7-2であれば、ユーザに対してのみ生成物が表示される生成AIにおいて、当該生成物がユーザの名誉感情を侵害し得るものであった、という「罵倒AI」等がユーザを罵倒する場合がまず考えられる。加えて、いわゆる「リベンジポルノ作成AI」のように、「顔写真さえ入力すれば、その人の顔と裸体を合成した、まるでその人が裸になっているような画像（AI生成物）を合成できるAI」を利用して、ユーザが画像を生成はしたものの、事例7-1と異なり、SNSへの投稿等の公開をしない場合も考えられる。この場合には、そもそも対象者が自分の顔を利用したそのような画像の存在を知らないことはあり得るが、例えば、アイドルである対象者に対するストーカーである行為者が「あなたの顔写真をリベンジポルノ作成AIに入れて画像を合成した」と伝える等のシチュエーションはあり得るだろう。

　事例7-3であれば、生成AIの生成物がインターネット上の投稿等の形で直接第三者に表示される場合において、当該生成物が対象者（典型的には第三者だが、ユーザの可能性がある）の名誉感情を侵害し得るものであった場合である。例えば、AITuberがコメントに反応して行った回答が、ある人を馬鹿だと罵るような内容のものであったケース等が考えられる。

◆**（2）名誉毀損と比較した場合の名誉感情侵害の成立要件**　名誉感情侵害については、名誉感情が侮辱という方法で侵害された場合[5]に関するものであって、かつ、傍論ではあるものの、最高裁は、掲示板に「気違い」といった投稿がされたことが問題となった最判平成22年4月13日民集64巻3号758頁において、以下のとおり述べ、社会通念上許される限度を超える侮辱行

---

＊5　侮辱以外でも名誉感情が侵害され得ることにつき同上398頁

為であると認められる場合に初めて不法行為が成立するとした。

「〔問題の投稿は〕本件スレッドにおける議論はまともなものであって、異常な行動をしているのはどのように判断しても被上告人〔注：対象者〕であるとの意見ないし感想を、異常な行動をする者を『気違い』という表現を用いて表し、記述したものと解される。このような記述は、『気違い』といった侮辱的な表現を含むとはいえ、被上告人の人格的価値に関し、具体的事実を摘示してその社会的評価を低下させるものではなく、被上告人の名誉感情を侵害するにとどまるものであって、これが社会通念上許される限度を超える侮辱行為であると認められる場合に初めて被上告人の人格的利益の侵害が認められ得るにすぎない。そして、本件書き込み中、被上告人を侮辱する文言は上記の『気違い』という表現の一語のみであり、特段の根拠を示すこともなく、本件書き込みをした者の意見ないし感想としてこれが述べられていることも考慮すれば、本件書き込みの文言それ自体から、これが社会通念上許される限度を超える侮辱行為であることが一見明白であるということはでき〔ない〕」。

このように、名誉感情侵害を肯定するためには「社会通念上許される限度を超える」ことまでが求められるのはなぜだろうか。それは名誉感情が、自己の人格的価値に対する評価であって、主観的な感情の領域の問題であるからである。そこで、名誉毀損と比較した場合において、保護が限定的である。[*6] 要するに、①侮辱その他の名誉感情侵害行為が、②社会通念上許される限度を超える場合に限り、名誉感情侵害が成立するのである。

ここで、名誉毀損の要件には公然性が含まれていた。しかし、名誉感情侵害においては公然性が不要であり、例えば対象者だけに対する発言であっても名誉感情侵害は成立し得る。それは、不特定多数の人にその表現が伝わったか否かとは関係がなく、対象者が自らの名誉感情を侵害する行為（例：侮辱的発言）の存在を知ることで侵害結果が生じるからである。逆にいえば、対象者に伝わらなければ、名誉感情は侵害されない。[*7] 名誉毀損において、

---

*6　同上400-401頁

事例7-2を検討する際に公然性が問題となった。しかし、名誉感情侵害においては、公然性の問題はなく、社会通念上許される限度を超える等の他の要件を満たす限り、名誉感情侵害の不法行為となる。

また、名誉毀損では同定可能性が必要であった。しかし、名誉感情侵害に同定可能性は不要とする裁判例がある（例：福岡地判令和元年9月26日判時2444号44頁。福岡高判令和2年3月24日Westlaw2020WLJPCA03246017で是認）。この点の議論はまだ流動的であるが、匿名の者に対する誹謗中傷でも、自己の人格に対する主観的評価である「名誉感情」の侵害は成立し得るとの見解は有力であり、[8]少なくとも、名誉毀損より名誉感情侵害においては同定可能性の要件が緩いとはいえるだろう。[9]

なお、侮辱については一般に真実性・相当性・公正な論評の法理等の抗弁は適用されない。この点は、例えば、辛辣な内容ではあるものの公正な論評の法理で名誉毀損にならないとされる、論評の域を超えない投稿は、名誉感情侵害を検討する場合においても、社会通念上許される限度を超えないと解すべきではないかいった議論が考えられる。[10]

◆ **(3) 名誉毀損と比較した場合の名誉感情侵害の効果**　　名誉毀損と同様に、名誉感情侵害においても、差止めや損害賠償等の救済を得ることができる。

ここで、最判昭和45年12月18日民集24巻13号2151頁は、民法723条で謝罪広告が認められる「名誉」には、人が自己自身の人格的価値について有する主観的な評価、すなわち名誉感情は含まないとした。そこで、名誉感情が侵害されても謝罪広告を請求することができない。

---

＊7　同上402頁。なお、事例7-2の、リベンジポルノ事例に関し、対象者が実際にその合成画像を閲覧することが必要か、合成画像が存在することを知るだけで十分か、というのは1つの論点である。ここで、この点が争われたものの、「原告が本件各投稿を現実に見ていないこと、又は損害賠償請求をするために見たにすぎないことを裏付ける客観的な証拠はな」いとした裁判例は存在する（東京地判令和4年5月30日第一法規29070965および東京地判令和4年1月13日第一法規29069009）。生成AI時代に向けてこの点の議論が進展することが期待される。

＊8　佃・名誉毀損200頁

＊9　さらに、法人については名誉毀損は成立するが、名誉感情侵害は成立しない（松尾＝山田・インターネット名誉毀損397頁）

＊10　松尾剛行「第321回『クソ野郎』等という投稿が意見ないし論評の域を逸脱しておらず、社会通念上許される限度を超える侮辱でもないとされた事案〜東京高裁令和6年3月13日判決〜」WestlawJapan 判例コラム<https://www.westlawjapan.com/column-law/2024/240618>

2.　名誉感情　　285

## ◆（4）生成 AI の利用によって変わり得る名誉感情侵害の判断

**ア　はじめに**　　ここで、同様の投稿が問題となっている場合であっても、それが人間の手による投稿なのか、それとも生成 AI が利用されたものなのかによって、社会通念上許される限度を超える名誉感情侵害になるか否かの判断が変わり得ることには留意が必要である。

**イ　名誉感情侵害か**　　そもそも、生成 AI の利用の有無が、一律に名誉感情侵害か否かを左右するとはいえない。少なくとも〈（人間ではなく）生成 AI が生成したのであれば名誉感情を侵害しない〉とか、〈それが生成 AI が生成したとわかるのであれば、名誉感情を侵害しない〉ということにはならない。

すなわち、例えば、事例 7-1 において、裸体のイラストに顔写真を合成したディープフェイク画像を生成 AI で生成して SNS に投稿したものの、ウォーターマークが残っているので生成 AI により作られたことがわかるといった場合において、被害者として「誰かが私を辱めようとしてこのような画像を AI で生成して投稿している」という羞恥心や不快感を覚えることは十分あり得るものであり、当該投稿が名誉感情を侵害することは十分にあり得るように思われる。

とはいえ、事例 7-2 の罵倒 AI や事例 7-3 の AITuber を想定すると、「人間がそのようなことを言っているわけではない場合——例えば、生成 AI が、ユーザのことを馬鹿だ等という回答を生成した場合——、それが AI によって（例えばトランスフォーマー・モデル〔→第 1 部コラム〕であれば、次に来る可能性が一番高い単語を紡ぐことで）生成されたものであり、誰か人間がそう言っているわけでない、と対象者が理解できる限り、そもそも名誉感情侵害ではない、という解釈も全くあり得なくもないかもしれない。しかしながら、もしそれが人間が作成したものであれば名誉感情侵害になり得るものである限り、一応名誉感情侵害そのものは肯定した上で、次の**ウ**で述べる社会通念上許される限度で考慮した方が実務的かもしれない。

**ウ　社会通念上許される限度を超えるか**　　社会通念上許される限度を超えるかの判断においては執拗性等が問題となる。[*11] 例えば、罵倒 AI を利用

して作成した、ウォーターマーク等を通じて生成AIによる生成物であることが明示されている罵倒文が（AIにより直接〔事例7-3〕）、またはそのAIのユーザによって〔事例7-1〕）投稿されたとしよう。そして、それが仮に人間によって生成されたとすると「この人を（ネット）ストーキングして執拗に個人情報を集めて、事細かに罵倒するもの」として社会通念上許される限度を超える可能性があるような投稿だったとしよう。これがAI生成物と明示されている場合にも、同様に社会通念上許される限度を超えるのだろうか。

やはり、それがAIによる生成物が投稿されるに過ぎないと容易に判明する場合には、単にSNSアカウント上の公開投稿の内容をAIが分析して、その投稿に応じた罵倒文を自動生成しているだけであって、そのことが対象者を含め、誰にでもわかるとして、社会通念上許される限度を超えないと判断される可能性はあるだろう。

また、事例7-2の罵倒事例を念頭に、あるユーザが悪意を持って生成AIに学習をさせ、例えば「ユーザを煽るキャラ」等のキャラ付けをした結果として、他のユーザが当該生成AIに質問をすると「そんなことがわからないなんて馬鹿だ。」といった回答を繰り返し生成するようになった、といった場合において、（上記イの名誉感情侵害がそもそも発生しているかという論点に加えて）それが「誰かが自分を罵っている」というよりはむしろ、「生成AIのエラー」だとわかるのであれば、（仮に繰り返しの罵倒が社会通念上許される限度を超える方向に働くとしても）総合的に考慮した結果として、社会通念上許される限度を超えない、とされるかもしれない。

とはいえ、生成AIが使用されているという事実は、必ずしも社会通念上許される限度を超えない方向に働くとは限らない。例えば、生成AIを利用して長文の多岐に渡る罵倒文を大量に生成させ、場合によってはAIを利用して自動投稿させること等で、人力ではできない程度の名誉感情侵害が可能となるところ、その罵倒文の詳細さや数の多さ、執拗さといった要素は、社会通念上許される限度を超える方向に働くだろう。

---

＊11　松尾＝山田・インターネット名誉毀損413-414頁

また、事例7-2の罵倒事例の派生形態としての、インターネット上のデータを学習した結果、単に目の前のユーザを「馬鹿」と罵るのではなく、「Xさんについて教えて下さい。」と尋ねると常にXについての悪意ある罵詈雑言が表示されるという場合、このような〈自分について尋ねる多くの人のところに自分を侮辱する内容の回答が生成される〉ということ自体が、社会通念上許される限度を超える方向に働き得るだろう。[*12]

　なお、事例7-1の裸体画像がSNSに投稿される事例はもちろん、事例7-2のような、ユーザしか当該画像を見ることができない場合であっても、その画像の内容次第では、十分に社会通念上許される限度を超えるだろう。

◆**(5) 同意による違法性阻却**　　例えば、自分を罵倒してほしいと考えている人が罵倒AIに罵倒されたというケースでは、同意があったとして違法性が阻却される。ここで、同意の範囲が問題となることは名誉毀損と同様である（→第7章7）。なお、事例7-2において、自分を罵倒する回答が通常のプロンプトでは生成されないため、「自分を罵倒するように特殊なプロンプトを工夫して、自分を罵倒する回答を生成させたい！」として特殊なプロンプトを工夫する場合には、そのような工夫（プロンプトエンジニアリング〔→第1部コラム〕）そのものから同意があったとみなすことができる場合もあるのではないか。

◆**(6) 名誉毀損との相違を踏まえた事例ごとの検討**

　**ア　事例7-1【ユーザのみ表示＋ユーザ行為介在】**　　まず、SNS等に投稿された具体的な表現が、本人を①侮辱し、その他その名誉感情を侵害するものであって、その程度が②社会通念上許される限度を超えるか、AI生成物であるという性質（および、それが読者に判明すること/しないこと）による影響を踏まえながら判断することになる（→(4)）。例えば、「馬鹿」と一回書いただけであれば、その文脈にもよるだろうが、（生成AI生成物であれ、人間が考えたものであれ）②社会通念上許される限度を超えていないとされ

---

＊12　もちろん、単にネット上に投稿が存在するだけで、社会通念上許される限度を超える方向に働くとまではいえないことからは、〈人々がXについて知りたいと思ったらまずはその生成AIに尋ねるといえるような代表的な生成AIにおいてXについて尋ねると、常にそのような回答が生成される〉といった場合に初めて、社会通念上許される限度を超える方向に大きく働くかもしれない。

る可能性が高い。これに対し、執拗に繰り返す等であれば、②社会通念上許される限度を超えると解釈される場合も十分にある。加えて、ユーザが第三者の裸体画像等を作成してインターネット上に投稿した場合等は、多くの場合、社会通念上許される限度を超える名誉感情侵害となる。

このように、ユーザの行為が名誉感情侵害の不法行為とされた場合において、ベンダが責任を負うかについては、名誉毀損の議論と同様に、注意を尽くしていたか等が問題となるだろう（→第7章）。

イ　事例7-2【ユーザのみ表示＋直接名誉感情侵害】　ユーザのみに表示される事例7-2については、名誉毀損の場合には公然性が問題となっていた。しかし、名誉感情侵害においては、これと異なり公然性は要件とならない。そこで、事例7-1と同様、本人を①侮辱し、その他その名誉感情を侵害するものであって、その程度が②社会通念上許される限度を超えるか、が問題となる。特に、ユーザが生成AIにより第三者の裸体画像等を悪意を持って作成した場合において、少なくとも当該第三者がそのことを知った場合には、当該画像が公開されていなくても（場合によっては当該画像そのものを当該第三者が見ていなくても）名誉感情侵害を認めるべき場合があるだろう。

とはいえ、その生成AIの性質が罵倒AIで、その設定に従って罵倒した場合には、（仮に本人を①侮辱し、その他その名誉感情を侵害するものであって、その程度が②社会通念上許される限度を超えるとしても）同意による違法性阻却が認められるだろう。また、かなり巧妙なプロンプトを入れないと自分を罵倒する表現が出力されないという場合に、プロンプトを工夫して出力を目指す場合等には同意による違法性阻却が認められ得る。

ウ　事例7-3【インターネット公開】　事例7-3のような場合にも、事例7-1と同様、本人を①侮辱し、その他その名誉感情を侵害するものであって、その程度が②社会通念上許される限度を超えるかが問題となる。その場合には、本人だけに表示される場合と比較した場合、相対的には社会通念上許容される限度を超える方に働きやすいと一応いえるものの、程度問題であろう。[*13]なお、AITuberに自分を罵倒してもらいたくてファンがコメントを工夫するのであれば、同意があったとされる可能性もある。

2.　名誉感情　289

# 3. プライバシー

◆ (1) はじめに

**ア　名誉毀損との類似性**　　プライバシーと生成AIをめぐる問題も、名誉毀損の場合と一定程度類似している。特定のAI生成物が、双方を侵害することもあり得る。もっとも、名誉毀損は、社会的評価の低下（外部的名誉の侵害）であるのに対し、プライバシーは一定事項の秘匿や自己情報コントロール等（→（2））であるから、一定の相違が存在する。例えば、ある評判の良いVTuberの「中の人」が声優のAさんである、という旨の摘示は、特段、声優Aの社会的評価を低下させないかもしれない（むしろ上昇させるかもしれない）が、そのことを秘匿していたのであれば、プライバシー侵害にはなり得る。

**イ　事例の変化**　　以下でも、事例7-1〜7-3の3つの事例においてプライバシーが侵害される場合を想定しながら検討していきたい。

事例7-1であれば、〈ユーザに対してのみ生成物が表示される生成AIにおいて、当該生成物がユーザ以外の第三者のプライバシーを侵害し得るものであったところ、ユーザが当該生成物をSNSにアップする等の行為を行う〉というものになるだろう。例えば、上記のようなプライバシーを侵害する摘示を生成AIを利用して生成して投稿する場合が挙げられる。ここで、(2)アで後述のとおり、「私生活上の事実」にとどまらず、「それらしく受け取られるおそれのある事柄」に対してもプライバシーとしての保護が与えられる。例えば、虚偽の内容であっても、あたかもその人の私生活を撮影したかのような画像を生成AIで生成して投稿する場合も事例7-1に含まれる。

事例7-2であれば、〈ユーザに対してのみ生成物が表示される生成AIにおいて、当該生成物がユーザのプライバシーを侵害し得るものであった〉というものになるだろう。例えば、生成AIがユーザのSNSアカウントを分析し、その結果、「あなたは実はX教の信者ですね」等という内容を生

---

＊13　生成AIを用いた全裸画像等がインターネット上に直接公開されるという場合、事例7-1と同様に原則として名誉感情侵害を肯定することが可能だろう。

成することがあり得る。また、学習機能を有する生成AIが、ある人が当該生成AIに対して入力した内容を学習した結果、当該AIを利用する第三者のところに、その人のプライバシー情報が表示されることもある。

なお、後述のとおり、名誉毀損が（典型的には）公然と事実や意見・論評を摘示することで社会的評価を「低下させる」ことで生じるところ、もちろん特定の事実の摘示によってプライバシーが侵害されることはあるが、例えば生成AIによる情報分析等、特に摘示行為を行わなくてもプライバシーが侵害されることがある（→（2）イ）点に留意が必要である。

事例7-3であれば、〈生成AIの生成物が例えばインターネット上の投稿等の形で、直接第三者に表示される場合において、当該生成物がある人（典型的には第三者だが、ユーザの可能性がある）のプライバシーを侵害し得るものであった場合〉である。例えば、AITuberがコメントに反応して上記のようなプライバシーを侵害する摘示を行う場合が考えられる。

◆ (2) 名誉毀損と比較した場合のプライバシー侵害の成立要件

**ア　一定の情報の無断公開によるプライバシー侵害——「宴のあと」事件**

「宴のあと」事件（東京地判昭和39年9月28日下民集15巻9号2317頁）は、プライバシーを「私生活をみだりに公開されない法的保障ないし権利」とした上で、情報の無断公開によるプライバシー侵害について、以下の3要件を満たすとプライバシー侵害となるとした。

---

① 私生活上の事実、またはそれらしく受け取られるおそれのある事柄であること（私事性）
② 一般人の感受性を基準として当事者の立場に立った場合、公開を欲しないであろうと認められるべき事柄であること（秘匿性）
③ 一般の人にまだ知られていない事柄であること（非公知性）

---

現時点でも様々な裁判例において、この「宴のあと」基準が適用されている。[*14]生成AIとの関係では、上記（1）イのとおり、「それらしく受け取

---

*14　松尾・プライバシー91頁

られるおそれのある事柄」（私事性）であればプライバシー侵害が成立すると
とされたことが重要である。

　なお、犯罪報道等、一定の場合には、上記3要件を満たす事実であっても公表する必要があり、かかる公表が正当とされる場合がある。ノンフィクション「逆転」事件（最判平成6年2月8日民集48巻2号149頁）において最高裁は、「ある者の前科等にかかわる事実を実名を使用して著作物で公表したことが不法行為を構成するか否かは、その者のその後の生活状況のみならず、事件それ自体の歴史的または社会的な意義、その当事者の重要性、その者の社会的活動及びその影響力について、その著作物の目的、性格等に照らした実名使用の意義及び必要性をも併せて判断すべきもので、その結果、前科等にかかわる事実を公表されない法的利益が優越するとされる場合には、その公表によって被った精神的苦痛の賠償を求めることができるものといわなければならない」として、比較衡量の基準を立てた。

　前述（→第7章5（2））の長良川事件（最判平成15年3月14日民集57巻3号229頁）においても、最高裁は、上記ノンフィクション「逆転」事件判決を引用した上で、「プライバシーの侵害については、その事実を公表されない法的利益とこれを公表する理由とを比較衡量し、前者が後者に優越する場合に不法行為が成立する」とした上で、「本件記事が週刊誌に掲載された当時の被上告人〔注：対象者〕の年齢や社会的地位、当該犯罪行為の内容、これらが公表されることによって被上告人のプライバシーに属する情報が伝達される範囲と被上告人が被る具体的被害の程度、本件記事の目的や意義、公表時の社会的状況、本件記事において当該情報を公表する必要性など、その事実を公表されない法的利益とこれを公表する理由に関する諸事情を個別具体的に審理し、これらを比較衡量して判断することが必要」としている。[15]

　このようないわゆる「宴のあと」型プライバシーについては、確かに一

---

*15　これを抗弁と理解するか、請求原因と理解するかは問題となる。家庭裁判所調査官論文事件（最判令和2年10月9日民集74巻7号1807頁）の調査官解説は、諸事情の総合考慮によって請求原因としての違法性を考えるという枠組みを示唆する（村田一広「判解」曹時74巻12号（2022）317-320頁、特に320頁注18）。この点につき斉藤は「優越的利益の主張立証を抗弁ではなく請求原因と位置付けていると読むのが自然」（斉藤・法的保護121頁）としている（松尾・CA 68頁参照）。

292　第4部　生成AIと民事法 ‖‖‖‖‖ 第8章　名誉権以外の人格権

定の情報の公開が問題となっている点において、一定の事項を公然と摘示等する名誉毀損と類似しているものの、その情報は上記3要件を満たす情報であって、社会的評価低下を問題とする名誉毀損とは異なっている。また、名誉毀損においては、比較衡量を基準とするプライバシーと異なり真実性・相当性・公正な論評等の法理が利用されているところにおいて相違する（なお、脚注15の斉藤説によれば、抗弁か請求原因かの相違もある）。

**イ　自己情報コントロール——江沢民・ベネッセ事件**　その後、〈プライバシーとして保護されるのは、このような「宴のあと」事件型のプライバシーだけなのか〉という問題意識から、議論が進展した。氏名や住所等、我々に関する多くの「秘密」とはいえないような情報が収集され、処理され、提供される中で、例えば大規模なデータ漏洩事件等が発生しており、このような状況に対し、「宴のあと」型のプライバシーでは十分に対応することができない。そこで、情報プライバシーといわれる、「自己に関する情報をコントロールする権利（自己情報コントロール権）」もプライバシーとして保護されるべきとされるようになった。

江沢民事件（最判平成15年9月12日民集57巻8号973頁）で最高裁は、私立大学が警備のため講演参加者である学生の学籍番号、氏名、住所および電話番号を警察に提供したことにつき、「このような個人情報についても、本人が、自己が欲しない他者にはみだりにこれを開示されたくないと考えることは自然なことであり、そのことへの期待は保護されるべきものであるから、本件個人情報は、上告人〔注：対象者〕らのプライバシーに係る情報として法的保護の対象となるというべきである」として、本人に無断での警察への提供を違法とした。

また、ベネッセ事件（最判平成29年10月23日判時2351号7頁）においても最高裁は、氏名、性別、生年月日、郵便番号、住所および電話番号等について「上告人〔注：対象者〕のプライバシーに係る情報として法的保護の対象となるというべきである」とした。原審（大阪高判平成28年6月29日判時2351号9頁）は、「〔これらの情報〕が名簿業者に売却されて漏えいすると、通常人の一般的な感覚に照らして、不快感のみならず、不安を抱くことがあ

るものと認められる。しかし、そのような不快感や不安を抱いただけでは、これを被侵害利益として、直ちに損害賠償を求めることはできないと解するのが相当である。本件においては……不快感や不安を超える損害を被ったことについて主張、立証はない」として、損害賠償を求めることができないと判断していた。これに対し、最高裁はかかる情報が漏えいしたことで対象者は「プライバシーを侵害された」以上、これによる対象者の精神的損害について十分審理すべきだったとして、高裁判決を破棄し、差し戻した。[16]

　ここで重要なのは、提供や開示だけがプライバシー侵害ではないということである。そのほかにも、収集・保管・管理等もプライバシー侵害となり得る。例えば、JAL労組事件（東京地判平成22年10月28日労判1017号14頁）においては、JAL労組が対立する労組の従業員等について、そのセンシティブな情報等を収集し、保管・管理していたことをもってプライバシー侵害とした。

　**ウ　その後のプライバシー理論の発展**　　その後もプライバシー理論は発展している。有名なのは「構造論」である。山本は、高度な情報システムやデータベースの存在が特定の発言を本人の特定等につなげる可能性をますます高め、萎縮効果を生じさせているという意味で、情報システムやデータベースは畏怖の対象であるとする。そして同時に、現代人の生活が情報システムやデータベースに強く依存しており、それなくして生活があり得なくなっており、それらの利用は不可避である。このような恐ろしさと不可避性、という両義性を有していることから、システム構築を前提に、その構造やアーキテクチャをどのように設計すべきか、どのように濫用の危険を防ぐかという点について関心が高まり、いわば建造物の耐震構造検査にも似た構造審査が行われるべきとする。[17]これによれば、住基ネット最高

---

[16]　なお、松尾剛行「日本における民事サイバーセキュリティに関する判例法を探る」Law&Practice15号（2021）<https://www.lawandpractice.net/app/download/9342638676/103-139.pdf?t=1662887731>も参照。

[17]　山本龍彦『プライバシーの権利を考える』（信山社・2017）7頁以下、とりわけ8 9頁。

裁判決等の最高裁の判断は、〈ある構造（法制度やシステム技術上の構造等）が存在し、それによって法令等の根拠に基づかずにまたは正当な行政目的の範囲を逸脱して第三者に開示または公表される具体的な危険が生じているか否か〉を問題としたものと理解される[18]。もっとも、生成AIに関する立法論（すなわち、生成AIベンダの行為をどのような基準で規制するか）との関係では構造論は重要であるものの、本書のテーマである企業の実務との関連性の深さという観点から、これ以上は詳述しない[19][20]。

　エ　**個人情報保護法との関係**　　プライバシーとりわけ、情報プライバシーは個人情報保護（→第4章）と関係が深い。例えば、個人情報保護法は漏洩等防止のための安全管理措置を義務付け（同法23条）、漏洩等があった場合に本人への通知等を求める（同法26条）。しかし、個人情報保護法の目的は多元的とされており、プライバシー保護だけではない[21]。

　そこで、確かに、個人情報保護法を遵守した情報の収集・管理・提供がプライバシーを侵害しない（特に→(6)イ）とされることもあり、また、個人情報保護法違反が同時にプライバシー侵害となることもあるものの、必ずしもそのような場合だけではない。例えば、第三者提供（同法27条）は個人データのみが規制対象であるが、（個人情報保護法で規制されていない）個人情報を第三者提供する場合でも、その内容によっては、プライバシー侵害になり得る。

　オ　**抗弁にならないもの**　　なお、プライバシー侵害において真実性が抗弁にならないことについても一言言及しておきたい。プライバシー侵害

---

＊18　最判平成20年3月6日民集62巻3号665頁

＊19　松尾・CA 65頁以下

＊20　なお、曽我部説（例：曽我部真裕「憲法上のプライバシー権の構造について」毛利透編『講座立憲主義と憲法学　人権II』（信山社・2022）所収）や音無説（音無知展『プライバシー権の再構成―自己情報コントロール権から適正な自己情報の取扱いを受ける権利へ』（有斐閣・2021））等も注目されている（その批判的検討につき、斉藤・法的保護28頁以下）が、ここでは詳論しない。斉藤は、最高裁がプライバシーに「属する」情報（プライバシー固有情報）と「係る」情報（プライバシー外延情報）を区別（斉藤・法的保護84頁以下）するとした上で、人格的自律権説では自己情報コントロール権の枠外とされるプライバシー外延情報につき私人間における手段的・予防的保護法益を補完的に提供するものとして、信頼としてのプライバシーの意義を論じる（斉藤・法的保護101頁）。

＊21　この点については、大島義則「仕組み解釈論と個人情報保護法の法目的」慶應法学50号（2023）72頁を参照。

3.　プライバシー　　295

は、虚偽（「私生活の事実らしく受け取られるおそれのあることがら」）を公表等する場合はもちろん、真実（私生活上の事実）を公表等する場合にも成立する（上記アの「宴のあと」事件の私事性要件参照）。このことは真実性の抗弁がプライバシーについて認められないことを意味する。これに対し学説上反対があるが[*22]、裁判例は真実性の抗弁を否定している[*23]。

◆**(3) 名誉毀損と比較した場合のプライバシー侵害の効果**　　名誉毀損と同様に、プライバシー侵害においても、差止めや損害賠償等の救済が得られる（民法723条の謝罪広告等は名誉毀損のみに与えられる救済であり、プライバシー侵害では与えられない）。なお、特定のプライバシー侵害行為が個人情報保護法に違反する行為である場合、個人情報保護法に基づくペナルティ等が、個人情報取扱事業者であるユーザやベンダに課されることがある。

◆**(4)「宴のあと」事件の3要件は生成AIにどのように適用されるか**

　ア　**①私生活上の事実、またはそれらしく受け取られるおそれのある事柄であること（私事性）**　　この点は既に（1）イで上述したとおり、「事実」（真実）に限られず、仮に虚偽であっても、「それらしく受け取られるおそれのある事柄」であれば全てこの要件に該当することが重要である。例えば、ディープフェイクはそれが「フェイク」である以上、実際に発生したその人の「私生活上の事実」そのものではないが、それが「それらしく受け取られるおそれのある事柄」である限り、私事性は肯定される。

　なお、写真調の、まるで本人が何かをしている写真が撮影されたかのようなディープフェイクだけではなく、例えば、生成AIで作成したイラスト等であってもプライバシー侵害が成立し得る。生成AI以前から、ある人が「この人がこういうことをしているのを見た」と言って、その様子をイラストで再現することが、私事性のある事項についての開示になり得るとされていた。そこでそのイラスト調のAI生成物が、その人の私生活上の事実を再現したもの「らしく受け取られるおそれ」がある限り、私事性の要件は肯定される[*24]。また、例えば、公務員が公務としてどのような活動

---

＊22　佃・プライバシー209頁
＊23　松尾・プライバシー140頁

296　第4部　生成AIと民事法 ⅢⅢⅢ 第8章　名誉権以外の人格権

を行ったか等、「私生活上の事実」と関係がないものであれば私事性が否定されることは当然である。[*25]

イ　②一般人の感受性を基準として当事者の立場に立った場合、公開を欲しないであろうと認められるべき事柄であること（秘匿性）　全ての私的な事項が「宴のあと」型プライバシーで保護されるのではない。秘匿性要件を満たすことが必要である。この点は生成AIだからといって判断が変更されるというようなものではないと考えられる。そこで、従来の裁判例上秘匿性があるとされているような事項、例えば、病気、前科前歴等が生成AIを利用した場合であっても、引き続き秘匿性が肯定されるだろう。[*26]

ウ　③一般の人にまだ知られていない事柄であること（非公知性）　この点も生成AIとの関係で従来の判断が変更されるとは思われない。ここで、一部の人に知られているからといって、それだけで直ちに非公知性が否定されるものではないことは実務上重要である。例えば、SNSで最初にAの病気についてBが書き込み、その直後にCが書き込んだ場合に、Bの書き込みによってもはやAの病気が公知になったのであるからCの行ったことについて非公知性が否定され、プライバシー侵害にならないかというと、一般にそのようには解されていない。Bの書き込みを見た一部の人以外の人にとってはなお非公知な事柄として、非公知性は肯定され、Cの投稿についてもプライバシー侵害は成立し得る。

例えば、事例7-2で生成AIに「Aさんはどういう人か」と聞くと必ず「病気」だと回答がなされるケースは、インターネット上にそのような情報が公開されている場合と類似する（→エも参照）。そこでこれと同様に、非公知性を直ちに否定することはできない。既に別の人がAさんについて尋ね、病気だと回答済みであった、という一事をもって非公知性を否定できない。

---

*24　ただし、あくまでも、当該摘示を読んだ者（受け手）がそのように受け取るおそれがある場合に限られる以上、あまりにも虚構性が明らかな荒唐無稽のもの等は、私事性が否定される可能性がある。

*25　なお、いわゆる公人といわれる人であってもプライベートはある以上、プライベートに関する事柄については私事性は肯定される。

*26　ただし、AI時代において、例えばプロファイリングの高度化により「一般人の感受性」が変更され、これまでは「この程度のものは公開されてもよい」とされてきた事項が秘匿性があると判断されるようになる可能性はあるだろう。

ただし、公知の情報を学習した生成AIがこのような回答をしているとなると、非公知性がないとされる可能性はあるだろう。[*27]

**エ　公開**　例えば、事例7-2で〈プロンプトを入れたユーザにのみ、そのユーザ自身についての私事性・秘匿性・非公知性がある内容を生成する〉という場合も考えられる。例えば、「罵倒AI」が「お前は病気だ」等とユーザ自身を罵るといった場合である。この場合、公開がされたとはいえないとして、少なくとも「宴のあと」型プライバシー侵害にはならないとされる可能性がある。

このようなユーザ自身の情報と異なり、生成AIが生成する情報がユーザに関するものではない場合に、公開要件を満たすか。例えば、Xさんについて聞くと常に「Xさんは病気です。」と出力するような場合である。また、このような一般的プロンプトの場合ではなく、「Xさんの病気はそろそろ治りますか？」というような特殊なプロンプトの場合にのみ「Xさんは病気がまだ治っていません。」と出力する場合等も考えられる。このような場合、名誉毀損（→第7章）とパラレルに、前者の一般的プロンプトであれば公開といっていいように思われるが、後者の特殊なプロンプトだけの場合、公開がされたとはいえないとして、少なくとも「宴のあと」型プライバシー侵害にはならないとされる可能性がある。

## ◆（5）公表する理由との利益衡量

### ア　正当な理由

（ア）はじめに　その事実を公表されない法的利益とこれを公表する理由に関する諸事情を個別具体的に審理し、これらを比較衡量して判断する（前掲長良川事件〔→第7章5（2）〕）という基本的なフレームワークが生成AIの場合において根本的に変わるとまでは考えられない。もっとも、いくつかの留意点はあるだろう。

（イ）生成AIによってよりビビッドでセンセーショナルな画像を作成することができること　現にその人の行動を撮影した写真なのか、それとも、それが生成AIで作成した再現写真なのかは一定の影響を与えるかもしれ

---

*27　松尾・L＆P 89頁

ない。つまり、生成AIを利用することで、よりビビッドでセンセーショナルな画像が作成でき、それによってプライバシーを侵害する度合いが高まるといえる。そこで、そのようなAI生成画像を利用して公開することの必要性がどこまであったか、という点は別途問われるだろう。その際、「生成AIによる再現」だということが（ウォーターマーク等を通じて）明示されることで、そのネガティブインパクトを「減らす」ことはできるだろうが、それによってネガティブインパクトが「なくなるか」は不明であり、なくならないことも十分にあり得るだろう。

（ウ）生成AIのみが自律的に生成・公表する場合における利益衡量の変化の可能性　事例7-3においては、コメント等をもとに生成AIがプライバシー情報を生成し、それが人間の手を経ずに直接公表される。このような場合にも同様の枠組みが利用できるかは、現時点においてオープンな問題である[28]。

**イ　忘れられる権利**　なお、ここでいわゆる「忘れられる権利」についても一言補足しておきたい。例えば、犯罪が発生したその時点では、それを報道する理由があり、公開をする理由との利益衡量の結果として、公開が正当化されることは十分にあり得る。しかし、例えば、それから10年経過した段階において、なお公開が正当化されるかといった問題は別途存在する。特にインターネット上の情報が残り続けることから、そのような古い報道が消されないことによるプライバシー（または更生を妨げられない利益）侵害は、重大な問題となり得る。

ここで、最高裁は、前掲Google事件（→第7章9（3）ウ）において、検索エンジンに対する削除請求の場合に関する「明らか」要件を求め、単に削除の利益が後悔の利益に優越するだけではなく、それが優越することが

---

[28]　筆者の見解は、長良川事件の枠組みを利用した上で、当該生成AIの運営者における公表する理由を考える考え方に親和的である。例えば、報道系AITuberがその時点で話題となっている事案について、ファンのコメントに反応して第三者のプライバシーに関する事項を公表したといった場合においては、運営者が当該AITuberをどのような目的のものとして運営したか（例えば報道目的か）、どの範囲の情報であれば公表し、どの範囲の情報は公表しないというルールとしてどのようなものを定めていたか（例えばネガティブプロンプト〔→第1部コラム〕を利用してどの範囲で情報を公表させないように意図していたか）等を踏まえながら検討していくことが考えられる。

3.　プライバシー　299

「明らか」であることまで認められないと削除されないとしたが、前掲Twitter事件においてSNSに対する削除請求の場合に関して「明らか」要件を求めていない。生成AIにおいて、このような最高裁判例の規範が適用できるか、および、仮に適用できるとして、Google類似のものと捉えられるか、またはTwitter（現X）類似のものと捉えられるかについては名誉毀損（→第7章9（3）ウ）について論じたこととパラレルに考えられるだろう。そして、このような観点を踏まえて、ハードルの高さは変わるものの、プライバシー等保護の観点から、一定の場合に削除が認められることには留意が必要だろう。[29]

◆ (6) 情報プライバシー

　**ア　広範な保護範囲**　　例えば、生成AIベンダが学習のため個人情報を大量に収集した後、それが、例えば、ハッカーによる、生成AIモデルから個人情報を抜き取る攻撃手法（例：Model Inversion Attackと呼ばれる攻撃手法）[30]によって大量に漏洩させられたとしよう。これは、典型的な情報プライバシーの問題である。もちろん、その情報が「宴のあと」事件の3要件を満たしていれば、「宴のあと」型プライバシーの侵害を問題とすれば済む場合も多いだろう。しかし、例えば氏名と住所といった必ずしも秘匿性を有さず、社会生活上、ある意味では必然的に一定範囲で開示せざるを得ない情報は少なくとも「宴のあと」型プライバシーとして保護はされない。そのような場合には、まさに情報プライバシーが問題となる。

　**イ　正当な目的**　　ここで、何らかの正当な目的のため、情報を収集、管理、保管を行う場合には、一定の範囲でこれらの情報の取扱いが正当化される場合がある。

　例えば、上記のJAL労組事件判決では、「本件原告ら〔注：対象者〕各情報のうち原告らがその収集について同意したと認められないものについても、被告組合が正当な目的に基づいて収集したと認められる場合には、プライ

---

＊29　松尾・プライバシー179頁以下
＊30　Model Inversion Attackにつき <https://www.nri-secure.co.jp/blog/model-inversion-attack-principles-and-risks>を参照。

バシー侵害について違法性が阻却される場合があると解するのが相当」として、正当な目的に基づく収集等が違法性を阻却する可能性を示している。

　すなわち、（7）で述べる、同意を得て情報を利用する場合に加え、ベンダやユーザにおける業務遂行目的等、正当な目的のために情報を収集、管理、保管することは、一定範囲において、必ずしも本人の同意がなくても実施可能である。

　とはいえ、正当な目的のための情報の収集・管理・保管が正当化されるのは、あくまでも一定範囲にとどまる。例えば、前掲JAL労組事件判決は「データ化する情報の収集及びそのデータ化が個人のプライバシーとの関係において問題のないものかどうかについて吟味、検討することなく、何かの役に立つのではないかという漠然とした理由から持てる情報の全てをデータ化したというのであるから、プライバシー侵害の違法性を阻却するに足りる正当な目的が維持されていたとは、到底認めることができない」とした。

　このような判示からの示唆を生成AIに適用すると、確かに、生成AIに関する情報の取扱いが、正当な目的と関係性が深いといえるのであれば、当該取扱が正当化されることはあり得る。しかし、いくら目的が正当でも、それとの関係性を見失った情報の取扱い（この場合は過剰な情報の収集等）はもはや正当化されないということである。

　**ウ　漏洩等の過失形態の場合**　　漏洩等の過失形態の場合には、（それが過失なのだから）正当な目的で漏洩したということは少ない。しかし、当該漏洩が不法行為（民法709条）となるかを判断する際は、過失、すなわち注意義務違反があったかが検討される。その判断のため、当時において求められる安全管理水準が遵守されたかを検討することが多い[*31]。

　なお、受忍限度論を出した裁判例も若干は存在し、例えば、東京地判平成21年12月25日Westlaw2009WLJPCA12258005は、メールマガジン配信時にBCCではなくCCで送付したためメールアドレス等が流出した事案で、メールマガジンの受信者が、対象者のメールアドレスと氏名を読んで、こ

---

*31　松尾・前掲注16)

れらを同姓同名の他の者ではない、対象者その人のものと認識するということ、すなわち、これが対象者その人の個人情報であると認識するということは、いささか考え難いとした上で、本件配信行為は、不快であったとしても、社会生活上受忍すべき範囲内にあるというべきとした。[*32]

　エ　**生成AIとのやり取りによるプライバシー情報の収集**　ここで、生成AIを含むAIとのやり取りについては、特殊なプライバシーの問題があるとされる。例えばRyan Caloは、ソーシャルロボットがお世辞、羞恥心、恐怖など、説得によく使われるテクニックを利用して情報を引き出したり、チャットボットが対話相手との関係を育みながら同時にマーケティング目的での情報の抽出等を行う事例等を指摘した。[*33]このような性質は、生成AIにおいても同様である。例えばChatGPTに人生相談をすると、かなりの精度の参考になる情報を出力する。確かに、ユーザとしては、相談に乗ってもらうことで悩みが解決する等、一定以上の有用性がある。しかし、その中で人生の機微に触れるような情報がAIベンダに提供されることで、それが例えば入力内容の学習がオフにされていないと、その結果として第三者のところで表示されたり、生成AIに対する攻撃やベンダの故意過失により漏洩等したりすることにより、ユーザのプライバシーに対する多大な影響が生じ得る。このような観点からすれば、リスクに関する説明に加え、例えば、一定以上繊細な内容が入力された場合においてこれを自動的に学習対象から除外し、そのようなデータをできるだけ保持しない等、設計による対応（プライバシー・バイ・デザイン）が必須である（→（8））。

　オ　**人格の同一性を偽る「なりすまし」**　生成AIを利用することで、容易にディープフェイク等の形で他人になりすますことができる。例えば、動画配信の際に、本当はAさんが配信しているにもかかわらず、生成AI技術で顔や声をリアルタイムで変換して、まるでBさんが話しているように見せかけることができる。例えば、Bが同意していることを前提とすれば、

---

*32　ただし、これは前掲ベネッセ事件最高裁判決（→（2）イ）の前に下された判決であることから、同判決の射程との関係は慎重に検討されなければならない。

*33　M. Ryan Calo, "Robots and Privacy," in Patrick Lin et al.(eds.), *Robot Ethics: The Social Implications of Robotics* (MIT Press, 2011), pp. 195, 197

Ａとして自分の顔を出して自分の声で配信することに抵抗感がある人でも、別人（Ｂ）の「アバター」で、別人（Ｂ）の声（→下記（6）も参照）を利用して配信することができるといった形で、このような技術に一定の有用性はある。しかし、なりすまされた本人（Ｂ）が同意していないところでこのようななりすましが行われると、本人の権利利益に重大な影響を与える可能性がある。もちろん、そのなりすましそのものによってプライバシーが侵害されることはあるだろう。加えて、例えば、知り合いになりすまして個人情報を聞き出す、「普通のアカウント」に見せかけていわゆる鍵アカウントの承認を引き出すための投稿内容を生成する等、なりすましを「利用」したプライバシー侵害のリスクも高まる。

このような行為は、例えば「なりすまし形態で本人のプライバシーに関する情報を公開する」ということであれば、いわゆる「宴のあと」型プライバシー侵害となり得る。しかし、実際には公開される情報がそのような性質のものでないとしても、人格の同一性を偽る行為であって、大きな問題がある。この点は、プライバシーを「自己イメージコントロール」に関する権利と捉えれば、まさにこれをなりすましにより侵害されたとして[34]、プライバシー侵害を認めることができる可能性がある。

なお、なりすましについて、下記5（3）で論じるアイデンティティ権も参照。

**カ　プロファイリング**　　AIは、様々な情報を分析し、本人が想像もしなかった情報を推知することができる[35]。例えば、有名なターゲット事件においては、スーパーで女子高生の購入した商品の傾向から、父親も知らなかった妊娠の事実をAIは正確に推知した[36]。このような本人や周囲の人に驚きを与えるプロファイリングの事例は、個人情報を預けることの帰結に関する一般の期待とは大きくかけ離れた利用がされるおそれがあることを

---

＊34　石井夏生利「アバターのなりすましを巡る法的課題—プライバシー保護の観点から」情報通信政策研究6巻1号（2022）<https://www.soumu.go.jp/main_content/000875490.pdf>
＊35　ただしプロファイリングについては、生成AIよりもこれに特化した分析系AIの方が得意な可能性が高い。
＊36　ビクター・マイヤー＝ショーンベルガーほか（斎藤栄一郎訳）『ビッグデータの正体—情報の産業革命が世界のすべてを変える』（講談社・2013）92-93頁参照。

示している。スーパーが購買履歴をもとに、顧客が購入を希望するであろう商品を提案すること自体は予測可能でも、妊娠を予測することまでは多くの場合、想定外だろう。

とりわけ、上記エのとおり、生成AIとの対話を重ねるにつれ、大量の繊細な情報提供・蓄積され得ることから、これらを利用したプロファイリングのリスクは大きくなる。

この点については、ガイドライン通則編3-1-1*1が利用目的としてプロファイリングを含む分析について定め、これをプライバシーポリシーに明記したり、通知したりすることを求めている。そこで、このような対応が一定程度プロファイリングリスクを軽減することは間違いないところではある。とはいえ、プライバシーポリシーは読まれないことも多い。そこで、「NO SURPRISE」の原則——つまり本人に対して「驚き」を与えることをできるだけ回避する原則——を参照して対応すべきである。[37] 例えば、ターゲット事件のような情報の利用を行う場合には、事前に丁寧に説明をすることで、できるだけユーザを驚かせないようにすべきであろう。

◆ (7) 同意による違法性阻却

　ア　名誉毀損との類似性　　同意による違法性阻却は、一定程度名誉毀損（→第7章）とも類似している。例えば、〈アカウントを分析して分析結果をSNSにそのまま（公開）投稿する生成AIに、自分の鍵アカウントの投稿を分析させたところ、当該鍵アカウントでかつて投稿した、プライベートな情報が公開投稿されてしまった〉といった場合を考えてみよう。そもそも分析結果をそのままSNSに（公開）投稿するという性質のAIであるとわかって、その上で当該AIの利用に同意していたのであれば、実際にどのような内容の分析結果となるかを事前に把握していなくても、同意を利用とする違法性阻却があり得るだろう。他方、単に本人に分析結果が伝えられるだけだという説明がされ、そのような説明に基づいて同意をしたに過ぎないのにもかかわらず、実際にはSNS上に（公開）投稿された、といっ

---

*37　山本龍彦＝大島義則編『人事データ保護法入門』（勁草書房・2023）117頁〔松尾剛行執筆部分〕参照。

た場合には、同意の範囲を超えるとされる可能性が高いだろう。

**イ　名誉毀損との相違**　ここで、プライバシーの場合、ある情報について本人自身が公開している情報であれば、（それだけで直ちに同意が認定されるものではないものの）同意を推定させる要素である。もちろん、このような公開の結果として「宴のあと」型プライバシーの非公知性要件が否定されることはあるだろう。そして、仮に非公知性が肯定されても、生成AIが本人の公式サイトや公式SNS等の情報をもとに生成した情報について、同意があったと認定される可能性がある。

　その同意の範囲の判断の際には、情報が安全に保管されていることが同意の前提となることに留意する必要がある。例えば前掲JAL労組事件判決（→（2）イ）は「本件原告ら各情報の一部については、被告組合から流出することのないように保管されるという措置が十分に整えられておらず、その流出の具体的危険があったものというべきであり、容易には第三者に開示又は公表されない状態にあったといえる程度の保管がされていたとはいえないから、本件原告ら各情報のうち、その収集について原告らの同意があるものについても、その保管については、当該同意の範囲を超えた態様のものというべき」とした。要するに、収集・保管そのものに同意していても、その「同意」というのは、当然のことながら流出の危険がないような態様での保管を前提とするものである以上、流出の危険がある態様の保管であれば、同意の範囲を超えたとみなされる可能性が十分にあるのである。

　このように、プライバシー侵害における同意は、大きなフレームワーク（同意の有無および存在する場合の範囲の検討）自体は名誉毀損とも類似しているものの、具体的な同意の有無や同意の範囲の判断においてはプライバシー特有の性質が考慮されるべきである。

### ◈(8) 生成AIにおいてプライバシーを保護するために

**ア　プライバシー・バイ・デザイン**　生成AIのプライバシーについても、プライバシーの保護のため、プライバシー・バイ・デザインの利用が叫ばれている。[*38]　しかし、生成AIを含む学習型のAIについては、学習による変化という性質上「バイ・デザイン」、すなわちアーキテクチャの設計段階

3.　プライバシー　305

におけるリスク抑制に限界があるとも指摘されている。この点については、（追加）学習による変質というものが一定程度発生し得るとしても、それらを見越した上で、それでもなお、できるだけプライバシーを保護するような設計とすべきである。

例えば、その生成AIについて、そもそもプライバシーに関する事項を学習・生成する設計とするのかを検討し、当該生成AIの目的上不要であれば、そのような事項を学習せず、できるだけ生成もしないようにすべきである。また、UI/UX上ユーザとしてどこまで自分のプライバシー情報を暴露しやすくする設計にするのかも考慮すべきである。加えて、もしその生成AIが（例えばRAG〔→第1章〕検索能力等により）プライバシー情報をより発見しやすくするものである場合において、プライバシー情報の発見のコストを増加させることで対応できないか等を検討すべきである。[39]

**イ　バイ・デザインの限界への対応**　　その上で、上記アで述べた、AIが学習することによるバイ・デザインの限界の点については、設計に加えて、それ以外の対応を併用することで対処すべきである。例えばクローリング条件等の設定によってプライバシー情報をできるだけ収集しない努力が考えられる。また、データクリーニングによるプライバシー情報をできるだけ学習に利用しない努力も挙げられる。その他、情報の安全管理や、ユーザへの丁寧な説明等が考えられる。

**ウ　これらの対応の法的意味**　　これらの対応は、正当な目的の範囲の行為か否かや（典型的にはユーザへの説明を経てユーザが情報を提供した場合等における）同意の範囲か否か等を判断する上での考慮要素となるだろう。

◆**(9) 名誉毀損との相違を踏まえた事例ごとの検討**

**ア　事例7-1【ユーザのみ表示＋ユーザ行為介在】**　　まず、SNS等への公開投稿は、公開であることから、「宴のあと」事件の3要件——すなわち、私事性・秘匿性・非公知性——が満たされれば、その事実を公表する理由

---

＊38　以下、松尾・L&Pも参照。
＊39　この点については、Woodrow Hartzog（山本龍彦ほか訳）『プライバシーの青写真（Privacy's Blue Print）（仮）』（勁草書房・近刊）参照。

306　第4部　生成AIと民事法 ‖‖‖‖‖ 第8章　名誉権以外の人格権

との利益衡量の結果次第でプライバシー侵害となる。ここで、私事性については「それらしく受け取られるおそれ」のある事項もまたプライバシー侵害であることから、虚偽であってもプライバシー侵害が成立し得ること、および、イラスト調のAI生成物による「再現」であっても内容次第でプライバシー侵害が成立し得ることに留意が必要である。

　イ　事例7-2【ユーザのみ表示＋直接プライバシー侵害】　　この場合には、そもそも「宴のあと」型プライバシーが問題となる公開類型であるか否かが問題となる。そこで、例えば、特殊なプロンプトを入れなければならないのであれば「公開」とみなせない可能性が高い。しかし、「Aさんはどういう人か」と尋ねた場合に、必ず「病気」だと回答がある場合等は、公開とみなせることもあるだろう。なお、「宴のあと」型プライバシーが問題とならなくても、そのような表示がされるような情報の収集・保管・提供が情報プライバシーとの関係で問題となるという議論はあり得る。このような議論については、AIベンダによる情報の取扱いが正当な目的に基づき、かつ、その情報を適切に保護した上で行われたものであるかどうか等が問われるだろう。

　ウ　事例7-3【インターネット公開】　　AIが直接回答を公開する場合も、「宴のあと」事件の3要件（私事性・秘匿性・非公知性）が満たされれば、公開をする理由との利益衡量次第ではプライバシー侵害となる。この場合、事例7-1とも近接するものの、例えば、報道AITuberがコメントに応答してその時点で注目されている事件について回答を生成・公開することが、その事実を公表する理由となるか、なるとして利益衡量上どのように評価されるか等に関しては、まだオープンな問題が残っており、それは具体的な状況を踏まえながら判断されることになるだろう。

---

## 4.　肖像権

◆（1）はじめに

　ア　名誉毀損との類似性　　名誉毀損と肖像権侵害の間にも共通点があり、特定のAI生成物が、双方を侵害することもあり得る。もっとも、名誉毀

損は、社会的評価の低下（外部的名誉の侵害）であるのに対し、肖像権は、肖像等をみだりに利用されない権利である。そこで要件・効果は異なっており、具体的な状況において相違が生じ得る。

**イ　事例の変化**　　以下でも、事例7-1～7-3の3つの事例において肖像権が侵害される場合を想定しながら検討していきたい。事例7-1であれば、〈ユーザに対してのみ生成物が表示される生成AIにおいて、当該生成物がユーザ以外の第三者の肖像権を侵害し得るものであったところ、ユーザは当該生成物をSNSにアップする等の行為を行う〉というものになるだろう。例えば、ユーザがある有名人の写真のような画像を生成AIを通じて生成し、これをインターネット上にアップロードするといった場合を挙げることができる。例えばAIグラビアで特定の人に類似した画像となっている場合にもこの事例7-1の問題が生じる。事例7-2であれば、〈ユーザに対してのみ生成物が表示される生成AIにおいて、当該生成物がユーザまたは第三者の肖像権を侵害し得るものであった〉というものになるだろう。例えば、ユーザや第三者の顔写真様の画像を生成するが、それを見るのはユーザだけといった場合である。事例7-3であれば、〈生成AIの生成物が例えばインターネット上へ直接投稿される等の形で、直接第三者に表示される場合において、当該生成物がある人（典型的には第三者だが、ユーザの可能性がある）の肖像権を侵害し得るものであった〉という場合である。例えば、AITuberがファンの「Xさんの絵を書いて下さい。」というコメントに反応して、Xさんの肖像画を描いてこれを生成する場合等が考えられる。

◆ **(2) 名誉毀損と比較した場合の肖像権侵害の成立要件**　　伝統的な学説は、肖像権を「自己の肖像を、他人が権限なくして絵画、彫刻、写真その他の方法により作成・公表することを禁止できる権利」としていた。[40] リーディングケースである最大判昭和44年12月24日刑集23巻12号1625頁（京都府学連事件）は、刑事手続の文脈であるものの、憲法上「みだりにその容ぼう・姿態……を撮影されない自由」があるとした。民事上の肖像権について、

---

[40]　五十嵐・前掲注1) 163頁

最判平成17年11月10日民集59巻9号2428頁（以下「平成17年最判」という）は「人は、みだりに自己の容ぼう等を撮影されないということについて法律上保護されるべき人格的利益を有する」「人は、自己の容ぼう等を撮影された写真をみだりに公表されない人格的利益も有すると解するのが相当」としている。なお、パブリシティ権（→第3章）に関するものであるが、ピンク・レディー事件（最判平成24年2月2日民集66巻2号89頁）が「人の氏名、肖像等……は、個人の人格の象徴であるから、当該個人は、人格権に由来するものとして、これをみだりに利用されない権利を有すると解される」としており、この判示を肖像権を絶対的権利として初めて承認したと評価するものもある。そして、あくまでも「みだり」に肖像を利用されない、つまり受忍限度を超えた利用に対して肖像権侵害が生じるにとどまる。この点は、名誉毀損とは異なっている（以上につき「肖像権ガイドライン」も参照）。

◆**（3）名誉毀損と比較した場合の肖像権侵害の効果**　名誉毀損と同様に、肖像権侵害においても、差止めや損害賠償等の救済が得られる。他方、肖像権が侵害されても名誉毀損で認められる謝罪広告（民法723条）を請求することはできない。

◆**（4）「みだり」に肖像を利用されない利益（受忍限度）**

　**ア　様々な侵害手法**　肖像権が問題となる典型的事例は、写真撮影や公開である。しかしそれ以外の、例えばイラストの作成形態での侵害に対しても、肖像権による保護の余地がある。平成17年最判も「人は、自己の容ぼう等を描写したイラスト画についても、これをみだりに公表されない人格的利益を有すると解するのが相当である」としている。つまり、写真撮影や公開に限らず、イラストの作成等様々な利用形態を含み得る。ただし、そのような利用が全て違法なのではなく、受忍限度を超える場合のみが違法となる。

　**イ　写真の場合について**　受忍限度に関し、平成17年最判は比較衡量アプローチを採用した。すなわち、「ある者の容ぼう等をその承諾なく撮

---

＊41　中島基至「判解」最高裁判所判例解説平成24年度27-28頁。なお、同「知的財産訴訟における肖像権判例の最前線」知的財産紛争の最前線9号（2023）76頁も参照。

4.　肖像権　　309

影することが不法行為法上違法となるかどうかは、被撮影者の社会的地位、撮影された被撮影者の活動内容、撮影の場所、撮影の目的、撮影の態様、撮影の必要性等を総合考慮して、被撮影者の上記人格的利益の侵害が社会生活上受忍の限度を超えるものといえるかどうかを判断して決すべきである」と判示している。多数の要素の総合考慮であるから、これだけで直ちに具体的な事案の判断が定まるわけではない。

　加えて、ここでは、肖像の利用形態のうち写真撮影を問題とするため、例えば生成AIによる写真様画像の生成にそのまま当てはまるものではない[*42]。このような留保は必要であるものの、一定以上参考になる。

　**ウ　イラストについて**　　そして、イラスト化の場合には、それが容ぼう等をそのまま写し取ったのではなく、作者の主観や技術を反映しており、読者としてもその分を割り引いて受け取るため、受忍限度を超えるとは判断されにくくなる。平成17年最判は、まず、イラスト画の描写は作者の主観や技術が反映するもので、それを前提とした受け取り方をされる旨を述べた。その上で、「人の容ぼう等を描写したイラスト画を公表する行為が社会生活上受忍の限度を超えて不法行為法上違法と評価されるか否かの判断に当たっては、写真とは異なるイラスト画の上記特質が参酌されなければならない」とした。

　**エ　AI生成物について**

　（ア）柿沼の提案　　柿沼は博士論文の中で、AI生成物による肖像権侵害について詳細に検討している[*43]。すなわち、①実在の人物の容ぼうと生成された人物肖像の同一性、②実在の人物の容ぼうと生成された人物肖像の結びつき（関連性）の程度、③利用行為の態様、④侵害者の主観的要素、⑤元データの撮影行為の違法性、⑥打消し表示の有無を総合的に考慮して判断すべきであるとする。この判断基準は、上記の平成17年最判をAIの

---

\*42　例えば「撮影の態様」というのは「盗撮」の場合に受忍限度を超えたとしやすくするものと理解されるが、生成AIとの関係では（学習対象画像に盗撮されたものが含まれることはあり得るものの）直接利用できないことは明らかであろう。

\*43　柿沼太一「AI技術を利用して自動生成した人物肖像の利用による権利侵害」神戸大学博士論文 <https://da.lib.kobe-u.ac.jp/da/kernel/D1007977/D1007977.pdf> 47-48頁

310　第4部　生成AIと民事法 ‖‖‖‖‖ 第8章　名誉権以外の人格権

文脈において適用しようとするものとして十分に参考になるだろう。そこで以下、各要件について見ていこう。

　（イ）　①実在の人物の容ぼうと生成された人物肖像の同一性　　①実在の人物の容ぼうと生成された人物肖像の同一性については、「似ていない」「似ていると言われれば似ているようにも思える」という程度のものから、「似ている」「酷似している」「同一人物」という程度まで、グラデーションがあるだろう。そして、「同一人物」や「酷似」であれば、当然肖像権侵害が問題となる。

　ここで、類似性が一定以上低い場合でも、肖像権に近接した人格利益としてこれが保護された事例があることが、生成AIの文脈においても参考になる。東京地判平成18年3月31日判タ1209号60頁は、あるお笑い芸人がアダルトビデオ販売店の防犯カメラに写った旨が週刊誌で公表された。この事案で原告であるお笑い芸人は、その写真が自分自身かどうかわからないとした上で、あたかも自分の如く（他人の）写真を掲載することが肖像権類似の人格権を侵害すると主張した。これに対して東京地裁は、肖像権に近接した人格的利益侵害を認めたのである。

　このような考え方を生成AIと肖像権の文脈に引き直すと、以下のようになるだろう。まず、同一人物といえる場合はもちろん、ある程度以上の類似性があれば、肖像権侵害、または肖像権に近接した人格利益侵害の可能性は生じる。しかし、その類似性が低ければ低いほど、他の要素と総合して受忍限度がないとされる可能性も高まる。その意味で、類似性が低い場合でも一律に肖像権・肖像権に近接した人格利益侵害の可能性は否定されないものの、そもそも類似性が低いことそのものが受忍限度を超える侵害の存在を否定する方向に働くということが重要である。

　（ウ）　②実在の人物の容ぼうと生成された人物肖像の結びつき（関連性）の程度　　この点は5で後述する。

　（エ）　③利用行為の態様　　ここで、③利用行為の態様についていうと、上記ウ・エのとおり、平成17年最判がイラストと写真を区別したことから、生成AIによる生成をイラスト的なものと見るべきか、それとも写真的な

4.　肖像権　　311

ものと見るべきかが問題となる。写真と区別がつかないほどにリアルに再現されたCGは、むしろ写真に類似するものとして扱うべきと論じられていることからは、この判断は具体的な画像の態様によるだろう。[44]

また、利用の態様の中でもなりすましによる利用は（下記（6）の同意による違法性阻却が認められる場合を除き）、一般にはその違法性を肯定する方向の事情と思われる。

なお、検索エンジンのような働きをする生成AIが、「ある人について教えてください」というプロンプトに反応してその人に関する情報を要約した結果として、その人の肖像を提示したという場合において、それが単にインターネット上に掲載された画像のサムネイルに過ぎない、といった場合には、態様として受忍限度内という方向に傾くだろう。[45]

（オ）　④侵害者の主観的要素　　例えば、〈特定の人の肖像権を利用してフェイクニュースを流そう〉とか〈ある人のディープフェイクを作ろう〉といった主観があれば、侵害肯定の方向で考慮されると思われる。これに対し、例えば、あるベンダのAIがある人の肖像そっくりのものを生成したもののベンダとしては肖像権を侵害しないように必要な対策を講じていた、という場合、後述の故意過失（注意義務）の問題以前に、当該対策の結果、受忍限度を超えないと判断される可能性がある。

（カ）　⑤元データの撮影行為の違法性　　特定のデータを学習して生成され、その元データの要素が色濃く残る場合において、その元データの撮影行為が違法であることは、当該元データのいわば「派生物」たるAI生成画像の違法性を高める方向に働く。

（キ）　⑥打消し表示の有無　　例えば、ある生成AIが生成した画像について、それが生成AIで生成したイメージ映像であり、実際の現場を撮影したものではないという注記がされる場合はどうだろうか。こうした場合、それだけで直ちに肖像権侵害が否定されるわけではないものの、肖像

---

＊44　メタバース上のコンテンツ等をめぐる新たな法的課題への対応に関する官民連携会議「メタバース上のコンテンツ等をめぐる新たな法的課題等に関する論点の整理」（2023）33-34頁参照。
＊45　肖像権ガイドライン14頁が「画質が悪く容ぼう・姿態を判別しづらい」場合を侵害否定の方向で評価していることを参照。

権侵害否定の方向（受忍限度内と認められる方向）に働く事情ではあるだろう。

◆ **(5) 肖像権と「依拠性」「関連性」の要否**　　上記（4）エ（ウ）のとおり、AI生成物と肖像権に関し、いわゆる「依拠性」または「関連性」が議論されている。つまり、写真であれば、（上記（4）エ（イ）の肖像権に近接する人格的利益の点を除外すれば）その被写体（肖像権の権利者）を撮影したからこそ肖像権侵害が問題となる。しかし、AIは当該被写体の写真を学習して類似する画像を生成するだけではない。当該被写体の写真は1枚も学習していないものの、プロンプトの調整や、場合によっては純粋な偶然等によってその人の顔にそっくりな画像を生成することもできる。このような、当該権利者の写真を一切学習させていない場合に、肖像権侵害をどのように判断すべきだろうか。これが、「依拠性」または「関連性」の問題である。

　前述（4）のとおり、柿沼は、②「実在の人物の容ぼうと生成された人物肖像の結びつき（関連性）の程度」を考慮要素の1つとするものの、これは必須の要素ではないとする[46]。これは要するに、関連性を「要件」ではないとしながらも、受忍限度の判断における一考慮要素の限りでは考慮する、ということである。

　この問題の本質は、「自分そっくりのまさに『自分の写真』だと受け手が受け取るようなものが簡単に生成され、利用されることに対して、自分の権利を侵害したとして権利を行使したい」という（権利者側の）要請と、「たまたま似通うことはいくらでもあり得るところ、広く規制されるのでは規制範囲が不明確になる」という（AI関係者側の）要請のバランスであろう[47]。

　仮にある人の画像を1枚も学習していなくても、例えば、画像生成AIに対して詳細なプロンプトを利用して指示を出したり、出力画像に対して何度でも修正を繰り返せば、いわばペンでその人のイラストを描くのと同様にその人そっくりの画像を生成することができる。このような、いわば生成AIを絵筆としてユーザのコントロール下に置いて画像を生成する場[48]

---

＊46　中崎・法務ガバナンス111-112頁は結論においてこれに賛同する。
＊47　松尾剛行「画像生成AIをめぐる法的・倫理的課題―画像生成AIと実務、個人情報保護・肖像権」映像情報メディア学会誌78巻4号（2024）405（41）頁以下

4.　肖像権　313

合を念頭に置くと、厳密に依拠性を要求することには違和感がある。そこで、筆者としては、〈依拠性・関連性を絶対要件として求め、ある人の画像を1枚も学習していない限り、絶対に肖像権を侵害しない〉という立場を採用しない。もちろん、学習をしていないことからは、そのような本人の肖像と一定以上類似した画像が生成される可能性は低くなるし、仮に生成されたとしても単なる偶然として、侵害を否定すべき場合が増えるだろう。そのような意味で、関連性が薄いこと（例：偶然類似の画像が生成されたに過ぎないこと）を否定方向の要素とするものの、それだけで一律には否定しないという柿沼の立場は、賛同に値する。

◆（6）同意による違法性阻却　例えば、その結果として自分の肖像をネット上に公表されるとわかった上で、あるAITuberのファンが、そのAITuberに「私の肖像を描いて下さい。」とコメントした結果、AITuberがその人のイラストを公開した場合には、同意があったとして、違法性が阻却される。そして、同意に関しては、同意の範囲が問題となることは名誉毀損（→第7章）の場合と同様である。

◆（7）肖像権侵害を防ぐために　肖像権侵害を防ぐため、どのような実務対応を行うべきだろうか。基本的には、I2I（→第1部コラム）で、ある人物の肖像写真のポーズを変えたものを生成AIに出力させる場合等、明らかにモデルがいるのであればそのモデルから同意を取得することで肖像権侵害を防ぐべきであろう。また、例えばその生成方法が〈特定の人の肖像を大量に（追加）学習させてその人「風」の画像を作る〉というようなものである場合も、モデルがいる場合と同視して対応すべきである。

　難しいのは、例えば「疲れた50代のおじさん」というプロンプトを入れたところ、特定の人物そっくりの肖像が生成されたといったような、特に具体的な人の肖像と似せるつもりがないのに、いわば偶然類似してしまった場合である。このような場合については、基本的には、Google画像検索やGoogleレンズ等を利用して、そのデータが特定のインターネットに

---

*48　これはあくまでも比喩であり、どこまで詳細なプロンプトを利用しても、完全にコントロールすることまではできない。

公開された写真を学習してそれそっくりに出力されたものかどうか等を確認した上で利用するのが実務的であろう。ただ、今後はインターネットに公開された画像以外の画像を利用することも増えるため、学習用データのうちどの画像に似ているか等を開示する等、この点に配慮したAIをベンダが開発することが、ユーザが安心して利用する上で重要となるだろう。[*49]

◆ (8) 名誉毀損との相違を踏まえた事例ごとの検討

ア　事例7-1【ユーザのみ表示＋ユーザ行為介在】　　基本的には柿沼の提示する各要素（→ (4) エ）をもとに判断することになるが、SNS等で公開するとかAIグラビアとして出版することは、一般には態様として受忍限度を超える方向に働く要素であろう。

イ　事例7-2【ユーザのみ表示＋直接肖像権侵害】　　この場合も事例7-1と同様であるが、例えば、巧妙なプロンプトを入力して初めてその問題となる画像が出力されるのか、「Aさんはどういう人か？」等という一般的なプロンプトに対しそのような画像が出力されるかで異なってくるだろう。そして、後者（一般的）の方が、前者（巧妙）よりも受忍限度を超え、違法となりやすい。ただし、上記のとおり、インターネット上に掲載された画像のサムネイルに過ぎない場合はもちろん、それがAIによって生成されたものであっても、その趣旨がインターネット上に掲載された画像をまとめたものである（AI生成画像による一種のサムネイル的な趣旨のもの）場合には、一般的なプロンプトを入れた場合にそのような画像が生成される場合でも、直ちに肖像権を侵害するとはいえず、具体的な検討が必要だろう。

ウ　事例7-3【インターネット公開】　　この場合事例7-2よりも態様として肖像権侵害が認められやすくなるとは一応いえるだろうが、受忍限度を超えるかは他の要素と総合して判断されることになるだろう。

---

[*49]　松尾・前掲注47）405（41）頁以下

## 5. その他人格権

◆**(1) はじめに**　生成AIは、名誉権および本章1から4までにおいて取り上げた以外にも様々な人格権と関係する。これらのうち、氏名権、アイデンティティ権、および生活の平穏を取り上げたい。

◆**(2) 氏名権**　なりすましは、上記のとおり、プライバシー（→3）や肖像権（→4）等でも問題となる。しかし、なりすましの際に名前を利用すれば、人格権たる氏名権の侵害にも当たり得る。最高裁は「氏名は、その個人の人格の象徴であり、人格権の一内容を構成するものというべきであるから、人は、その氏名を他人に冒用されない権利を有する」（最判平成18年1月20日民集60巻1号137頁）とする。したがって、生成AIによるなりすましに対しては、氏名権侵害を理由として対応することも可能である。[*50]

◆**(3) アイデンティティ権**　なりすましに対しては、例えば他の権利が侵害されていなくても、アイデンティティが偽られるというだけをもってして権利・利益侵害を認めるべきではないかという問題意識が存在する。大阪地判平成28年2月8日判時2313号73頁は、次のように述べて、初めていわゆる「アイデンティティ権」（ただし後述のとおり法律上保護される利益である）を承認した。すなわち、「他者との関係において人格的同一性を保持することは人格的生存に不可欠である。名誉毀損、プライバシー権侵害及び肖像権侵害に当たらない類型のなりすまし行為が行われた場合であっても、例えば、なりすまし行為によって本人以外の別人格が構築され、そのような別人格の言動が本人の言動であると他者に受け止められるほどに通用性を持つことにより、なりすまされた者が平穏な日常生活や社会生活を送ることが困難となるほどに精神的苦痛を受けたような場合には、名誉やプライバシー権とは別に、『他者との関係において人格的同一性を保持する利益』という意味でのアイデンティティ権の侵害が問題となりうると解される」。この事案では、結論として権利侵害は認められていないが、そ

---

[*50]　なお、実名以外の氏名権につき松尾・CA 107頁参照。

れ以降もアイデンティティ権を承認した裁判例（大阪地判平成29年8月30日 Westlaw2017WLJPCA08309007および東京地判平成31年3月20日 Westlaw2019WLJPCA03208020等）が存在する。[*51]

◆（4）生活の平穏　　平穏生活権（私生活の平穏の利益を保障する権利）というのが「みだりに私生活（私的生活領域）へ侵入されたり、他人に知られたくない私生活上の事実、情報を公開されたりしない権利」[*52]のことであれば、これはプライバシー（→3）と同一である。

　しかし、生成AIは時に、脅迫文を生成したり、「殺す」等と言って、被害者の生活の平穏を害することがあり得る。このような意味における平穏な生活は（プライバシーとは別個の）人格的利益として保護されており、これを害する場合には人格権侵害の不法行為等となり得る。[*53]

　具体的事案で不法行為が成立するか否かは、当該事案の具体的なシチュエーション次第であり、決して、AI生成物だからとか、AI生成物とわかるからといって一律に平穏が害されなくなるものではない。例えば、相手を確実に畏怖させるような脅迫文を書きたいものの自分に筆力がないという場合において、生成AIを利用して脅迫文を作成し、それを利用して脅迫をするということは十分にあり得るし、その場合には、生成AIが作ったかどうかよりも、迫真的でそれをもって本当に身の危険を感じさせるものか、という点が重要となるだろう。なお、そのAI生成物が脅迫として稚拙であって、本当に殺されるとは通常人なら思わないようなものであれば、生活の平穏は害されないかもしれない。しかし、それでも「死ね」とか、「死ぬべき人」等として生きる価値を否定されたのであれば、別途名誉感情侵害（→2）の問題は残るだろう。

◆（5）その他　　その他、パブリシティ権については第3章において論じた。

　ヘイトスピーチについては、生成AIが悪意のあるユーザが学習機能を悪用した結果、ホロコースト否定やユダヤ人に対してヘイトスピーチを始

---

*51　これらの裁判例につき松尾・CA 108頁

*52　曽我部真裕＝林秀弥＝栗田昌裕『情報法概説〔第2版〕』（弘文堂・2019）323頁〔栗田執筆〕参照。

*53　五十嵐・前掲注1）244頁

5. その他人格権　317

めた事案（Tay事件）が有名である。[54] もし名誉毀損等にならないヘイトスピーチを垂れ流す行為について「違法ではないから何をやってもいい」という態度をとってしまえば、生成AI技術に対する社会的受容性は得られないだろう。ただし、だからといって、例えば「ヒトラー」という言葉を生成AIに対する禁忌語にしてしまえば、歴史に関する文章を生成するAIがヒトラーに関する文章を生成することすら不可能となってしまう。[55] だからこそ、その間でバランスを取っていかなければならない。

また、著作者人格権については詳論しない（なお、こうした既に論じられてきた類型以外の一般的〔バスケット条項的〕人格権があるかについてはそれを否定するような判示をする東京地判令和6年2月26日判時2608号67頁参照）。[56]

## 6. 声の人格権

◆**(1) 声の人格権とは**　　最後に声の人格権について簡単に触れたい。

生成AIは、ある人の声を再現することができる。例えばOpenAIの技術を利用すれば、わずか15秒の録音データから、その人の声そっくりの声を生成できるとされる。[57] そして、その結果として、特定の声優の音声のみを繰り返し追加学習し、その結果として、その声優とそっくりの音声を生成する等の問題のある生成AIの利用が行われている。例えばOpenAIが無断で俳優のスカーレット・ヨハンソンそっくりの声を生成AIを通じて利用可能とし、抗議を受けて取り下げる事件が生じている。[58] このように、生成AIによって生成した本人そっくりの声についてどのように権利を保

---

＊54　ヘイトスピーチ解消法やヘイトスピーチ条例に関する最判令和4年2月15日民集76巻2号190頁も参照。
＊55　松尾・L&P 89-90頁
＊56　「人格権ないし人格的利益とは、明文上の根拠を有するものではなく、生命又は身体的価値を保護する人格権、名誉権、プライバシー権、肖像権、名誉感情、自己決定権、平穏生活権、リプロダクティブ権、パブリシティ権その他憲法13条の法意に照らし判例法理上認められるに至った各種の権利利益を総称するものであるから、人格的利益の侵害を主張するのみでは、特定の被侵害利益に基づく請求を特定するものとはいえない。」
＊57　<https://www.sbbit.jp/article/cont1/141279>
＊58　Kate Knibbs「OpenAIの『そっくり』な合成音声に抗議したスカーレット・ヨハンソン、法廷で争う可能性と見えてきた論点」WIRED 2024年5月23日 <https://wired.jp/article/scarlett-johansson-v-openai-could-look-like-in-court/>

護するべきかについては、重要な問題がある。

◆（2）声の人格権論文の議論　　ここで、声の人格権については、荒岡草馬ほか「声の人格権に関する検討」[*59]が本書執筆時点における第一の参照対象である。すなわち、荒岡らは、声に関する権利として人格権と経済的利益があるとした上で、結論として声の人格権を検討することが重要だとする。その理由としては、①一般に経済的利益については、これが侵害されて経済的な損失が発生したとしても、損害賠償等の事後的な救済が比較的容易である。他方、人格価値（ないし人格的利益）については、一旦これが侵されると、回復困難な影響をもたらすおそれがある[*60]。②また、最高裁はパブリシティ権を「人格権に由来する権利」とするため、「声のパブリシティ権」を議論する前提として、声の人格権の存在が必要である[*61]。これら①および②を根拠として、声の人格権を検討するとした上で、荒岡らは、人の声も「個人の人格の象徴」として人格権の対象となるとし、アバターから発せられる声の権利主体については権利主体を中の人たる自然人とするよりもアバターとした方が適切な場合がある可能性があり、AITuber時代には、アバターの声の人格権主体性について議論されるべきとする。

　荒岡らの指摘につき、筆者も、概ね賛成である。それを前提に、過去にAITuberの文脈で行った議論の内容を補足しながら敷衍する[*62]。

　まず、「声の人格権」という表現が用いられているところ、この表現は、様々な人格権を全て声に対しても賦与するもの、というようにも理解され得る。しかし、荒岡らは、（全ての態様の侵害に対して包括的に対抗する権利利益ではなく）「人の声が音声合成等によって無断で再現され、それが本人の意図しない形で使われる」[*63]ことを拒絶する権利を念頭に置いているとする[*64]。このように、荒岡らは、実質的には肖像権とパラレルのものを声に対して

---

＊59　荒岡草馬＝篠田詩織＝藤村明子「声の人格権に関する検討」情報ネットワーク・ローレビュー22巻（2023）24頁以下 <https://www.jstage.jst.go.jp/article/inlaw/22/0/22_220002/_pdf/-char/ja>

＊60　同上28頁

＊61　同上28頁

＊62　松尾・CA 208頁以下

＊63　荒岡ほか・前掲注59）35頁

＊64　この結論については、筆者もあまり違和感はない。つまり、生成AIを用いた音声に関する名誉毀損

与えるよう求めるもののように思われることから、（内容ではなく）表現の問題として、「声の人格権」という、声の人格的権利利益一般の議論を行うのではないかと読めるような表現を用いるのではなく、肖像権類似の保護の話を中心的な議論の対象とすることが、よりわかりやすくなる表現とすることが望ましかったのではないか。

　また、荒岡らの「声のパブリシティ権」を認めるためには声の人格権が観念されるべきだという点には異論があり得るだろう。すなわち、前掲ピンク・レディー事件の調査官解説は、声や、動物の図柄さえもそれが人物識別情報であれば、肖像「等」として、パブリシティ権の保護の対象となるとする。[*65]もちろん、動物の図柄であっても一定の場合にはそれが肖像権の対象となるという立場を採用し、だからこそパブリシティ権を認めるためには人格権が観念されるべきだ、という議論自体は全くあり得ないものではない。しかし、同調査官解説のより自然な読み方は、同解説は動物の図柄が肖像権の対象となるかではなく、当該図柄が人物識別情報かを問題とするものだ、というものではなかろうか。つまり、一般にそれが「その人のことだ」とわかる、個人識別情報となっている限り、そもそも肖像権等の形での人格権による保護の対象とならない（例えば動物の図柄のような）ものであっても、パブリシティ権で保護され得るという読み方が自然である。そして、だからこそ、一般に声が肖像権等の他の人格権によって保護されないにもかかわらず、前記ピンク・レディー事件調査官解説は「声」をパブリシティ権の保護対象としたのではなかろうか、というものである。

　このように筆者は、声の人格権の問題意識には共感するものの、声の人格権を確立するまでもなく、下記（5）のとおり、パブリシティ権でダイレクトな保護が可能であると考える。また、声に対して肖像権的な権利・利益を承認することで、生成AIによる声の無断再現・利用を防ぐことの

---

（例：歌手の声を利用してわざと音痴に歌ったAIカバーを公表し、その歌手が音痴だとの事実を摘示する）や名誉感情侵害（例：歌手の声を利用してわざと音痴に歌ったAIカバーをその歌手のみに送付する）は確かにあり得る。しかし、そのような場合には、ダイレクトに名誉毀損や名誉感情侵害を認めればよく、あえて声の人格権というものを別個に観念する必要はないだろう。

＊65　中島基至「判解（最判平成24年2月2日民集66巻2号89頁）」最高裁判所判例解説民事篇平成24年度（上）41頁

意義は理解できるが、その際に、どのような場合に権利侵害とするべきか、基準の立て方はなお問題となるだろう。

◆(3) 中間取りまとめ　　既に、第3章で「中間とりまとめ」（AI時代の知的財産権検討会「中間とりまとめ」）について説明しているところ、この「中間とりまとめ」は、「声の保護」として、「昨今、声優をはじめとする人の声を学習させ、本人類似の音声を生成できる AI が無断で開発されてウェブサイト上で販売され、これを購入した者が生成した音声をウェブサイト上にアップロードするなどの事例が見られている。他方で、権利者から許諾を受けて提供を受けた声優の声を学習し、本人類似の音声を生成できる AI を展開する事例も見られる。意見募集においても、「声」がどのように保護されているのかということに対する懸念も示されたことから、「声」の保護に関する法の適用関係について、整理を行う必要がある」とし、比較的詳細な整理を行った（「中間とりまとめ」55頁以下）。そこで、以下、「中間とりまとめ」を参考に、肖像権（→ (4)）、パブリシティ権（→ (5)）、著作隣接権（→ (6)）、商標権（→ (7)）、（現行）不競法（→ (8)）等の保護について検討していこう。

◆(4) 肖像権による保護の有無　　「中間とりまとめ」によれば、判例は「人は、みだりに自己の容ぼう等を撮影されないということについて法律上保護されるべき人格的利益を有」していると判示しているところ、そこでいう「容ぼう等」とは「容ぼう」および「姿態」であると定義されているという。しかし、これをさらに抽象化・一般化して、「容ぼう等」に「声」が含まれると解することは文言上困難と考えられ、「声」が上記判例でいうところの肖像権により保護される可能性は高いとはいえないとした（「中間とりまとめ」55頁）。

　「中間とりまとめ」の指摘するとおり、声について「肖像権類似」の保護を考えることは可能であっても、声が肖像権そのものによって保護されるというのは、これまでの肖像権に関する判例の枠組みを大きく踏み越え

---

＊66　上記4の平成17年最判（最判平成17年11月10日民集59巻9号2428頁）のことである。

6. 声の人格権　**321**

るものになるだろう。ただし、肖像権による保護が認められないことは決してこれとは別個の「声の人格権」による保護を否定するものではないことに留意が必要である。

◆ (5) パブリシティ権による保護の有無　「中間とりまとめ」は、前記ピンク・レディー事件調査官解説が、パブリシティ権の客体である「肖像等」については、本人の人物識別情報を指し、「声」は「肖像」そのものではないとしても、「肖像等」には「声」が含まれると明示されているため、「①肖像等それ自体を独立して鑑賞の対象となる商品等として使用し、②商品等の差別化を図る目的で肖像等を商品等に付し、③肖像等を商品等の広告として使用するなど、専ら肖像等の有する顧客吸引力の利用を目的とするといえる場合」に該当する場合、すなわち、①声自体を独立して鑑賞の対象となる商品等として使用する場合、②商品等の差別化のために声を商品等に付している場合、③声を商品等の広告として使用している場合には、「声」についてパブリシティ権に基づく保護が可能と考えられるとした。

その上で、同判例が示したパブリシティ権が及ぶ3つの場合は、あくまで例示に過ぎず、パブリシティ権により「声」が保護される場合が、上述した3つの場合に限定されることを示すものではないことには留意する必要があり、具体的な利用態様や状況に鑑み、「専ら肖像等の有する顧客吸引力の利用を目的とするといえる場合」であれば、「声」に対するパブリシティ権による保護は及ぶと考えられるとした（「中間とりまとめ」55-56頁）。実際に声のパブリシティ権を認めたアメリカの事例もある。[67]この点は、まさに現行法に基づき声が保護されることについて、最も争いの少ないところだといえるだろう。

とはいえ、純粋に声のパブリシティ権侵害だけが問題となり、それが肯定される事案がどの程度あるか、という点には留意が必要である。つまり、例えば、有名な声優の声をAIによって再現した音声作品を、「声優○○の声」として売り出せば、その氏名のパブリシティ（顧客吸引力）が利用され

---

＊67　内藤篤＝田代貞之『パブリシティ権概説〔第2版〕』（木鐸社・2005）211頁以下参照。

ているので、声のパブリシティを論じるまでもなく、(氏名の)パブリシティ権侵害となる。そこで、「声」のパブリシティが固有の問題となる事例としては、当該作品に対しては「あの有名声優の声」といった、声優名等を伏せた形でしか説明せず、その上でその声を聞かせる場合が考えられる[68]。このような場合には、当該声について存在するその声優の顧客吸引力を利用したといえる限り、パブリシティ権侵害となるだろう。

逆にいうと、特定の声優が〈その名前を示したり、顔写真を示せばその名前や顔を見て、その声を聞きたいと思ってもらえるが、声だけを聞いても、それだけではその人の声だと特定されず、それを聞きたいと思ってもらえない〉という状況にあれば、その声優について、確かに氏名や肖像はパブリシティ権で保護されるが、声の顧客吸引力はないので声は保護されないということになる。なお、同じ声優が複数の種類の声を使い分ける場合には、その人が利用する「メジャーな」声は顧客吸引力があるが、「マイナーな」声は顧客吸引力がない、ということがあるかもしれない[69]。

◆ **(6) 著作隣接権による保護の有無**[70]　「中間とりまとめ」は、音声データが著作権法上の「実演」に該当する場合は、著作隣接権によって保護されるとする。ただし、あくまでも「実演」が保護されるものであり、「声」そのものが著作隣接権で保護されるものではないことには留意する必要があるとした(「中間とりまとめ」56頁)。

要するに、ある歌手が特定の歌を歌うという場合、その特定の歌に関する実演は保護されるが、〈その歌手の声でどんな歌でも歌うソフト〉はそ

---

*68　声優名などを示さないで多数の有名声優の音声をまとめた学習用データセットを頒布する事例等が現に存在する。中崎・法務ガバナンス128頁

*69　その他、パブリシティ権が人間についてのみ認められ、物やキャラクターについて認められないこととの関係が実務上問題となり得る。例えば、アニメなどのキャラクターのパブリシティとその(複数種類のうちの1つの)声が一体化している場合に、その声に顧客吸引力があっても、その顧客吸引力が個人に属している(パブリシティ権により保護される)のか、キャラクター等に属していて個人に属していない(パブリシティ権によっては保護されない)のかは別途問題となり得る。

*70　ここで、著作権では保護されないか、という向きもあるかもしれない。確かに、ある音楽を歌手が歌い、それをAIが学習し、その本質的特徴を感得できるものを(同じ声または異なる声で)生成すれば、著作権(複製権・翻案権)侵害となり得る(→第2章)。しかし、それは声が保護されているのではなく、そのメロディーや歌詞が保護されているに過ぎない。なお、歌手の実演部分は著作隣接権で保護される。

6.　声の人格権　**323**

の「実演」の保護の範囲に入っていないということである。

◆ **(7) 商標権による保護の有無**　「中間とりまとめ」によれば、人の音声を含む標章は、音の商標として商標登録の対象となる（商標法2条1項）が、その保護範囲は、当該商標および指定商品または指定役務と同一または類似の範囲において、商標として使用する場合に限定される（商標法25条・26条・37条）ところ、音商標の類否の判断は、音商標を構成する音の要素および言語的要素（歌詞等）を総合して、商標全体として考察するものであり、「声」そのものの類否は問題とならないと考えられる点には留意する必要があるとした（「中間とりまとめ」56頁）。

　例えば、X社のCMの最後にいつも歌手Aの声による特定のサウンドロゴが流れ、それが音商標として保護されていても、保護されるのは歌手Aの声なのではなく、あくまでもサウンドロゴにかかる会社名・商品名およびその歌い方を五線譜等に表現したものが保護されるに過ぎない。よって、他社の競合する製品の宣伝のために、同じサウンドロゴを別の歌手Bが歌えば、たとえAとBで「声」が類似していなくても商標権侵害となり得る。しかし、仮に（生成AIで合成することで）歌手Aの声そっくりの声を利用してサウンドロゴを作成し、それを宣伝に利用しているとしても、会社名・商品名およびその歌い方が類似の範囲になければ、商標権侵害にはならない。

◆ **(8) 現行不競法による保護の有無**　「中間とりまとめ」は、音声データが不競法上の「営業秘密」、「限定提供データ」、周知または著名な「商品等表示[*71]」（→第3章）、「品質」等に該当する場合や、音声データを用いて他人の営業上の信用を害する虚偽の事実を告知・流布する場合など、一定の要件および対象行為に対して規制が及ぶ（不競法2条1項各号）ものの、当該規定は、「声」そのものを直接的に保護しているわけではないことに留意する必要があるとする（「中間とりまとめ」57頁）。

　要するに、現行不競法の各規定は必ずしも声を直接のターゲットとした

---

＊71　人の業務に係る氏名、商号、商標、標章、商品の容器もしくは包装その他の商品または営業を表示するもの

規制ではないものの、結果として不競法の要件を満たす限りにおいて——例えば声が周知または著名な「商品等表示」（2条1項1号・2号）になっていれば——保護の余地があるといったことである。

◆(9) その他の保護　　「中間とりまとめ」は「その他の保護」として、生成AIにより生成された音声を用いて他人になりすます等の行為は、詐欺罪（刑法246条）、偽計業務妨害罪（同233条）などの刑事罰（→第10章）を負う可能性がある上、名誉毀損（→第7章）、名誉感情侵害（→2）等に基づく民事上の責任が生じ得るとする（「中間とりまとめ」57頁）。

　ここで、「中間とりまとめ」は、パブリシティ権侵害以外に関する声に対する人格権（人格的利益）侵害があり得ることを明示的には認めていない。その結果として、生成AIによる他人の声の利用が顧客吸引力を利用する態様の行為としてパブリシティ権侵害となる場合以外において、どのような場合に声が人格権等によって保護されるかが明示されなかった。

　ここで、「中間とりまとめ」がパブリシティ権による声の保護を認めたということは、暗に声に対しても人格的利益が認められるということを前提としている可能性も十分にある。もしそうであれば、「中間とりまとめ」において、当該声に関する人格的利益を侵害すれば、不法行為等となり得るという点を明示すべきだったように思われる。

　筆者としては、上記(2)のとおり、生成AIを念頭に置くと、人格権（とりわけ、保護の対象が声か肖像かという相違はあるものの、保護の態様が肖像権と類似する、みだりに声を利用されない権利）によって声を保護し、差止めや人格権侵害の不法行為を理由とした損害賠償を認めることが望ましいと考える。もっとも、現時点ではその要件、特にどのような場合に生成AIの利用が受忍限度を超える声の人格権侵害となるのか等が明らかではない。よって、ガイドライン等を公表することによって、特に生成AIの文脈において、この点を明確にすることが望ましいと考えているところである。

◆(10) 不競法改正による対応　　ここで、知財推進計画およびクールジャ[72]

---

*72 <https://www.kantei.go.jp/jp/singi/titeki2/chitekizaisan2024/pdf/siryou2.pdf>

6. 声の人格権　325

パン戦略は以下のとおり定めた（強調筆者）。[*73]

> 生成AIにおける俳優や声優等の肖像や声等の利用・生成に関し、不正競争防止法との関係について、考え方の整理を行い、必要に応じ、見直しの検討を行う。また、他人の肖像や声等の利用・生成に関し、その他の関連法についても、法的考え方の整理を行う

　このような方向性というのは、要するに不競法を改正して、声に対する新たな保護を与え、声の権利を侵害する行為が一定範囲で不正競争行為となるようにしよう、というものと理解される。そして、これは、韓国が同国の不正競争防止法の中に類似の規制を入れていることが影響していると理解される。

　しかしながら、そもそも、事業者による競争といった経済的側面であれば、パブリシティ権による保護が当てはまる可能性が高いことは、上記（5）において述べたとおりである。もし既にパブリシティ権によって保護されているのであれば、その上に不競法の保護を追加したところで、屋上屋を架すだけではないかという問題意識は存在する。もしかすると別に法改正をしなくてもそもそも違法なパブリシティ権侵害となるような態様の（生成AIによる）声の利用が違法である旨が確認されるというような、単なる確認的な改正になる可能性もあるように思われる。

　とはいえ、不正競争行為は刑罰規定も定めている（不競法21条・22条）。声の不正利用の一部に対しては刑事罰をもって抑止すべき場合があり、その外縁を明確に枠付けた上で刑事罰の対象とするという意味でこの不競法改正には意味がある、という考え方はあり得る。[*74]

◆（11）実務対応　　声優等の仕事という観点からは、例えば生成AIを使えばある人の声をわずか15秒学習させるだけでその人そっくりの声を生成できるとなると、声優の声を一度学習させてしまえば、それ以降はその声

---

＊73　<https://www.kantei.go.jp/jp/singi/titeki2/chitekizaisan2024/pdf/siryou2.pdf>
＊74　ただし、それが刑事規制である以上、明確性や謙抑性等の刑事法の原則との関係で適切な、有用なAIの開発・提供に対する萎縮効果のないものとなるべきことはいうまでもない（〉第5部コラム）。

優本人を使わなくても同じ声を利用することができてしまうので、いわば「買い切り」となってしまうという問題が考えられる。その場合はライセンスという形による、声優等への利益還元が考えられるだろう。[75]

とはいえ、声優の活動形態としては確かに「特定のキャラクターの声をあてる」という形態のものが一般的には直ちに思い浮かぶところであるが、実際は声優の活動範囲は、それだけにとどまらない。例えば、当該キャラクターに関する歌唱、対談、イベント出演、そのキャラクターの声優としてのオンライン配信等、そしてもはや自分が声をあてるキャラクターに限定されない、1人のアーティストやタレントとしての活動を行う声優も多い。そうすると、確かに声部分のみの需要はAIによって代替され得るとしても、そのような「総合的な活動」が全てAIにより代替されるとは到底思われない。

また、何らかの理由で声が出せなくなったり、もはや自分自身の理想の声ではなくなったと感じる声優が、昔の声を生成AIに学習させることで、理想の声で活動する等の形で生成AIが声優を支援する状況も想定可能である。初音ミクのようなボーカロイドの出現によって、歌手が絶滅したわけではなく、初音ミクと人間の歌手のコラボ等、むしろ現時点で、ボーカロイド技術は人間の歌手と共存しているように思われる。

筆者は、生成AIと声優の関係もこれと同様になると考える。確かに声優の活動の一部はAIによって代替される部分はあるかもしれない。そうであっても、筆者は、声優がAIと共存する将来像が望ましいと考えており、かつ、声の権利を適切に守ることで、そのような将来像も十分に実現可能だと考える。[76]

---

＊75　ライセンスに関しては、一般社団法人「日本音声AI学習データ認証サービス機構（AILAS（アイラス））」等の認証済みデータの活用も考えられる。

＊76　本書の再校の段階で、中島基至「人声権（Right of Human Voice）の生成と展開」Law & Technology106号（2024）1頁以下、および、成原慧＝荒岡草馬「AIと『声の権利』」同13頁以下に接した。いずれもこの論点を考えていく上での必読文献であり、これらの議論の進展を踏まえた私見については他日を期したい。

6.　声の人格権　　327

# 第9章
# その他の民事法

## 1. はじめに

　民事法の代表的な問題として、ここまで名誉毀損（→第7章）やその他の人格権（→第8章）を検討してきた。しかし、当然ながら生成AIの民事法関係の問題は人格権だけではない。以下では、生成AIと契約・取引（→2）、消費者契約（→3）、不法行為（→4）、会社法（→5）、および民事手続法（→6）等について検討していく。なお、生成AIの開発・提供・利用のための契約については、実務対応を扱う第12章で検討するので、そちらを参照されたい。

## 2. 生成AIと契約・取引

◆**(1) 代理人・使者にはなれないが、意思表示伝達の方法としては利用可能**
生成AIを含むAIには権利能力（人格主体性）が認められない。したがって、AIは契約主体、代理人、使者等になることができない。その意味で、AIを「エージェント（agent）」とする議論が、もし日本の民法上の「代理人」となるという意味であれば、少なくとも日本の現行法の解釈論としては成立しない（なお、いわゆるAIエージェントにつき→第1部コラム）。

　しかし、生成AIを利用するユーザが、生成AIを道具として用いて取引を行い契約を締結することは可能である。例えば、申込や承諾の意思表示を電子データ交換ソフトウェア（EDI）を通じて行うことは可能である。インターネットを通じた通信販売等においてはもはや一般的と言っても過言ではないだろう。そこで、現行法上も、そのようなソフトウェアの一種として生成AIを通じて意思表示を行う（生成AIをいわば「意思伝達手段」として、申込や承諾の意思を表示する）ことは可能である。

> 事例9-1：売主である企業は、特定の商品を販売したい。販売価格について、最高価格5000円、最低価格4000円の範囲で生成AIを利用して契約交渉を行い、契約を締結しようと考える。そこで、売主は、上記の範囲で買主と価格に合意したらその価格での販売を当該企業の意思表示の内容にするとの意思を持ち、そのようなプログラムを組んで生成AIを利用する。[*1]

この事例のような状況は十分にあり得るだろう。[*2]このような場合において、（一連の生成AIを通じた買主のやり取りを経て）買主が4500円で買いたいと申し込み、上記のプログラムに従って生成AIが4500円で売るとして、売主による承諾の意思を表示すれば（申込・承諾の順番が逆のこともあり得る）、これをもって契約が成立すると考えることは可能である。[*3]

### ◆（2）契約の成立

**ア　契約の成立が問題となる事案**　上記事例9-1において、4000円以上5000円以下ならいくらであっても売りたいと考えている売主企業と、4500円で買いたいと考えている買主の間の契約が成立すると考えても、大きな問題はないかもしれない。しかし、生成AIがハルシネーション（→第1部コラム）を起こしてしまう場合等、契約の成立に関する問題が生じる場合はあり得る。例えば、契約の成立が問題となるパターンとして、以下のような事例が挙げられる。

> 事例9-2：生成AIがハルシネーションにより、「1万円が定価のところ、その半額である特価5000円で売りたい」と述べ、買主が半額なら安いと考え、「ぜひ買いたい」と述べた。
> 事例9-3：買主は500円で買うつもりであったものの、実際には誤って生成

---

＊1　なお、実際には、買主側も生成AIを利用することがあり得る。特に消費者をエンパワーするデジタル技術が注目されている <https://www.cao.go.jp/consumer/iinkaikouhyou/2024/doc/202412_digital_technology_houkoku.pdf>。このうち、マルチモーダル対話エージェント（23-24頁）やパーソナルAI（30-34頁）が生成AIと特に関連が深い。しかし、以下では便宜上、売主側（そして便宜上売主である企業）のみが生成AIを利用する場合を考えたい。

＊2　なお、この事例はあくまでも民事関係のみを問題としている。生成AIの利用態様、特に生成AIが問題のある内容を生成した場合の（主に行政法上の）規制との適合性については、第6章を参照のこと。

＊3　松尾・L&P71頁参照。

AIに、（桁を間違えた）「5000円で買う」と伝え、生成AIが「了解」と述べた。

事例9-4：生成AIが、ハルシネーションにより、企業の意図する額より一桁少ない「500円」で売ると述べ、買主がこれを受け入れた。

事例9-5：買主からの（企業の意図する下限を割る）3900円での申込に対して、生成AIがハルシネーションにより「わかりました」と述べてしまった。

　このような場合について（特に事例9-2のような場合を念頭に置いていると思われるが）、企業がAIシステムを利用しているのであれば、その不具合によって個人に不利な契約が生じた場合にその責任を個人に押し付けるのは公正な結論ではないといった議論も見られる。[4]このような問題の解決のためには、まずは契約の成否を分析し（→イ）、その上で、錯誤等の成否を考えることになるだろう（→ウ）。

　**イ　契約の成否**　企業が契約を締結する場合に、基本契約で申込や承諾の方法を定めることがある。また、基本契約が存在しなくても、取引の際に自社の正式な承諾方法を明記することもある。例えば、ネットショップにおいて、特定の価格で特定の商品の宣伝はしているものの、それをあくまでも申込の誘引と位置付け、それに対して買主が、カートに入れて注文をしたことが申込となり、それに対して企業側が正式に承諾のメール等を送付して初めて契約が成立するという建て付けはあり得る。そしてそのような建て付けが、当事者間で締結済みの基本契約（典型的には会員登録等している場合が考えられる）に基づく場合だけではなく、一回きりのスポットの契約でも、そのような仕組みが明確に記載され、そのような前提の下で買主がカートに入れて注文していれば、同様に解釈されることはあるだろう。

　かかる建て付けを生成AIとの関係でも採用し、生成AIとのやり取りを通じて「決まった」価格で買主が申し込み、売主が別途承諾を通知する場合、事例9-4において、下限を大きく上回る額での生成AIの提示額を単なる「申込の誘因」とし、買主の「申込」に対して企業が「承諾を拒絶する」

---

＊4　増田＝輪千・入門66頁参照。

330　第4部　生成AIと民事法 ⫶⫶⫶⫶⫶ 第9章　その他の民事法

という対応をすることで、契約不成立とできると思われる[*5]。このような建て付けを前提に、事例9-5についても、「100円はサービスする」と考えれば承諾し、そうでなければ事例9-4と同様に扱うことになるだろう。

とはいえ、事例9-2や事例9-3については、企業として承諾を断れば別であるが「この価格で買主が買いたいなら、売主側として有利だ」等と考え、承諾のメール等を送付する限り、客観的にみて意思表示は合致し、契約自体は成立して、後は錯誤等の問題となる。

なお、上記のような、明確な申込・承諾プロセスが規定されていない場合、具体的な状況に基づき、契約の成否が判断される。例えば客観的には、事例9-4、事例9-5のいずれも、企業の（生成AIを通じた）意思表示と買主の意思表示が合致したとして、契約が一応成立したと見る余地もある。

**ウ　錯誤取消等**　　もし、上記**イ**における検討の結果として、契約自体は客観的に成立していると言わざるを得なくても、例えば一方当事者において意思表示に瑕疵がある等の事情があれば、それを理由とした取消し、例えば民法95条の錯誤取消し等は、当然のことながら考えられるところである[*6]。この場合には、例えば事例9-2のような動機の錯誤（基礎事情錯誤）[*7]と事例9-3のような表示に対応する意思を欠く錯誤（意思欠缺錯誤）に応じ

---

＊5　ただし実務上は、生成AIのハルシネーションにより「ぬか喜び」させたことに対して丁寧にお詫びすべきであろう。

＊6　民法95条「意思表示は、次に掲げる錯誤に基づくものであって、その錯誤が法律行為の目的および取引上の社会通念に照らして重要なものであるときは、取り消すことができる。／一　意思表示に対応する意思を欠く錯誤／二　表意者が法律行為の基礎とした事情についてのその認識が真実に反する錯誤／2　前項第2号の規定による意思表示の取消しは、その事情が法律行為の基礎とされていることが表示されていたときに限り、することができる。／3　錯誤が表意者の重大な過失によるものであった場合には、次に掲げる場合を除き、第1項の規定による意思表示の取消しをすることができない。／一　相手方が表意者に錯誤があることを知り、又は重大な過失によって知らなかったとき。／二　相手方が表意者と同一の錯誤に陥っていたとき。／4　第1項の規定による意思表示の取消しは、善意でかつ過失がない第三者に対抗することができない。」

＊7　詐欺（民法96条）も考えられる。もっとも、詐欺については、詐欺の故意が必要とされる（川島武宜＝平井宜雄編『新版注釈民法（3）総則（3）　法律行為（1）　90条〜98条【復刊版】』（有斐閣・2010）471頁）。すなわち、①相手方を欺罔して錯誤におとしいれようとする故意と、②さらに、この錯誤によって意思表示をさせようとする故意の双方が必要であり、「2段の故意」と呼ばれることがある）。そうすると、少なくとも（ハルシネーションがあり得る）生成AIを利用していた、という一事をもってかかる詐欺の故意を認定することは容易ではないように思われる。とはいえ、生成AI利用上の注意を怠った過失をとらえて契約締結上の過失の問題とすることは可能であろう。

て要件が異なる[*8]。

ここで、典型的には事例9-3のような買主のミスの回避のため、買主の注文内容を買主に通知し、買主からそれでよいという確認が得られた場合に注文を確定するというような確認措置を講じることが有用である。事例9-3において、例えば「本当に5000円で注文するのか？」と確認し、そのような発注内容に誤りがないかを確認する確認措置が組み込まれている場合には、確認措置にもかかわらずなお錯誤を訂正せずに発注した買主には重過失があると認定される可能性がある（電子消費者契約法との関係につき→3）。これに対し、かかる措置が行われていないのであれば、そのことを1つの理由として、具体的状況において重過失までは存在しないとして錯誤取消しを肯定することができる可能性がある。

加えて、リスク分担という観点についても併せて検討することが適切である[*9]。例えば、ある企業が売買の意思表示を生成AIを利用して行い、自動で売買をして儲けていたところ、ある日当該生成AIに不具合が発生して想定しない取引をして損したとしよう。そのような場合であれば、リスクを取っていたと評価されてもやむを得ないように思われる。例えば、（上記イのとおり、生成AIを通じた行為を申込の誘因として位置付けず）売主として生成AIを通じて申込を行い、それに買主が承諾をすることで直接契約が成立するような形態の取引を売主があえて選択したという場合には、まさにハルシネーション（→第1部コラム）を一定の確率で発生させることが広く知られている生成AIを通じて正式な申込をする仕組みとするというのが

---

[*8] その要件の詳細には入らないものの、基礎事情錯誤の要件は、①意思表示が基礎事情錯誤に基づくこと、②錯誤が法律行為の目的および取引上の社会通念に照らして重要なものであること、③当該事情が法律行為の基礎とされていることが表示されていたこと、④表意者に重大な過失がないこと、および、⑤表意者による取消権の行使とされている。また、意思欠缺錯誤の要件は、①意思表示が意思欠缺錯誤に基づくこと、②錯誤が法律行為の目的および取引上の社会通念に照らして重要なものであること、③表意者に重大な過失がないこと、および、④表意者による取消権の行為とされている（原田昌和＝寺川永＝吉永一行『民法総則〔第2版〕』（日本評論社・2022）37頁、39頁）。

[*9] 自己決定の誤りのリスクは自己責任が原則で、それを逆転して相手方にリスクを転嫁できるためには、リスク転嫁を認めることを正当化する事由（リスク転嫁正当化事由）の存在が必要とする平野裕之『新債権法の論点と解釈 〔第2版〕』（慶應義塾大学出版会・2021）37頁参照。なお、山本敬三『民法講義Ⅰ　総則〔第3版〕』（有斐閣・2011）198-199頁も参照）。

売主の判断であり、リスクテイクである。そうであれば、それをもって売主側に重過失がある（そこで、事例9-4や事例9-5において売主として錯誤取消しを主張できない）と評価されることもやむを得ない場合があるように思われる。

◆**（3）債務不履行・善管注意義務**

　**ア　生成AIを利用した契約と債務不履行**　　以下では、より一般的な債務不履行等に関する理論面を検討していこう。生成AIを開発・利用する契約や、生成AIを利用して広告の作成を依頼する契約等は実務対応を扱う第12章に委ねる。

　**イ　善管注意義務**　　準委任契約等に基づき善管注意義務を負う受託者が生成AIを利用する場合における具体的な善管注意義務の内容として①業務が適法・適正であること、②業務が委任者の目的に合致していること、および③委任者の不利益を回避することの3類型に整理する論稿がある[10]。

　要するに、生成AIを利用することで生じるリスクについて、適切な対策を講じた上で、適法・適正に生成AIを利用し、かつ利用させなければいけないということと思われる。そして筆者としても、このような総論的な議論自体に反対するものではない。ただ、同論稿も「当該業務での業務について、なにをどこまでできるかを双方で認識を合わせ、文章化しておく」[11]ことの重要性について強調するように、少なくとも実務対応の観点からは、このような総論的な話よりも、個別具体的な業務に即して何をすべきかの方が重要である。

　そのような観点からは、当該案件において行われる個々の業務について、それぞれ生成AIが利用されるのかされないのか、されるとしてどのように利用されるのか、その利用に伴いどのようなリスクが生じ、それに対しどのような対応を行うのか、等について契約前に相互にやり取りをした上で、双方の合意次第で、例えば以下のようなリスク配分が行われる可能性があるだろう。

---

*10　丸山修平＝古川直裕【論説】生成AIと善管注意義務に関する一考察―業務委託契約を例に」
　　　NBL 1267号（2024）46頁
*11　丸山＝古川・前掲注10）50頁

2. 生成AIと契約・取引　333

- 委託者としては、受託者に生成AIを是非利用してもらいたい。双方で合意したリスク対策を講じることは受託者の責任であるものの、そのようなリスク対策を講じたにもかかわらず生じたリスクは委託者が取る
- 委託者としては、受託者が生成AIを利用すること自体は許容するが、合意したリスク対策を講じるべきことに加え、そのリスク対策を講じたにもかかわらず生じたリスクは受託者が取ることを条件とする
- 生成AIの利用を禁止する

　特に生成AIがまだ新しく、便益をもたらす可能性がある反面、リスクももたらし得るようなものであることからは、具体的な業務と具体的な生成AIの利用態様とそのリスクに即し、このようなコミュニケーションをとった上で、合意したリスク配分の内容を明確化することが実務上、最も重要であるように思われる。なお、第12章で述べる、広告等の制作委託に伴う生成AIの利用に関する議論は、このような善管注意義務の議論においても参考になると考える。

　**ウ　複数関係者と債務不履行**　　続いて、準委任契約に限らず、生成AIに関連する契約の債務不履行において生じる、関係者の増加について一言指摘しておきたい。すなわち、生成AIについては例えばデータを準備したベンダ、学習をさせたベンダ、基盤モデルを提供するベンダ、追加学習をさせたベンダ等様々な主体が関係する。

　そうした多種多様な主体の責任（求償を含む）を考える際は、クラウドにおける「責任分解点」ないし「責任共有モデル」の考え方が参考になる。[12]つまり、データ準備ベンダはデータクリーニングを実施することができる、学習ベンダは（例えば過学習を防ぐような）適正学習を実施することができる等、それぞれの役割に応じて実施できる対策は異なる。そこで、それぞれの役割ごとに行うべき対策をそれぞれが分担することが重要であり、逆にいうと、それぞれが対応ができる部分に応じた責任範囲・責任分担を契約で明記し、その範囲では合意に従い、適切な対策を講じることが重要である。

---

[12]　松尾・クラウド89頁

エ　免責条項　　このような責任範囲を超えるものについては契約責任を負わない[13]と解される。これに加え、特別損害、付随的損害、間接損害、逸失利益等を免責とする条項（免責条項）を設けることは多い[14]。特に基盤モデルは様々な目的に利用可能であるため、その利用方法次第で様々な損害が生じ得ることから、一定の責任範囲の限定は合理的である。

ただ、故意・重過失の場合における免責や生命身体に対する損害についての免責は公序良俗違反となる可能性が高いだろう[15]。

◆（4）定型約款[16]　　なお、とりわけ、基盤モデルベンダとの生成AIに関する契約が、定型約款（民法548条の2以下）である可能性が高いところ、定型約款については、クラウドと定型約款に関する議論が参考になる[17]。

ある契約が定型約款に該当すれば、例えば、契約に「利用規約をベンダが一方的に変更できる」と規定されていても、それだけで直ちにベンダが一方的に変更することはできず、あくまでも民法の定型約款の変更手続に関する規定に従うことが重要である[18]。

また、一定の不当条項は契約内容に組み込まれない[19]。そこで、生成AIに関してベンダが定める利用規約の中にユーザに対して一方的に不利益な条項がある場合、ユーザとしては、定型約款規制を根拠に組み込まれないことを主張する余地もないではない。

なお、生成AIの利用規約というよりは、生成AIが新たに組み込まれる

---

[13]　とはいえ、その旨を契約において確認的に明記することには一定以上の意義があるだろう。

[14]　クラウドサービスと免責につき、同上94頁、104頁以下。

[15]　同上

[16]　2025年に電子商取引及び情報財取引等に関する準則<https://www.meti.go.jp/press/2024/02/20250212003/20250212003-1.pdf>が改訂された。特に定型約款に関する記載が充実しているため、定型約款に関しては参考になる。

[17]　松尾・クラウド179頁以下を参照。

[18]　民法548条の4第1項2号が「定型約款の変更が、契約をした目的に反せず、かつ、変更の必要性、変更後の内容の相当性、この条の規定により定型約款の変更をすることがある旨の定めの有無及びその内容その他の変更に係る事情に照らして合理的なものであるとき」（強調筆者）として、変更ができるという定めの有無を合理性の判断の要素に過ぎないとしていることを参照。

[19]　民法548条の2第2項「前項の規定にかかわらず、同項の条項のうち、相手方の権利を制限し、又は相手方の義務を加重する条項であって、その定型取引の態様およびその実情並びに取引上の社会通念に照らして第1条第2項に規定する基本原則に反して相手方の利益を一方的に害すると認められるものについては、合意をしなかったものとみなす」参照。

ようになるWebサービス等の多くのサービスの利用規約について、定型約款性が否定される可能性が生じていることについても一言触れておきたい。すなわち、定型約款が利用可能なのは、「その内容の全部又は一部が画一的であることがその双方にとって合理的なもの」に限られる[20]。そして、生成AIはサービス内容をパーソナライズすることができる。例えば、同じ「健康管理」サービスであっても、生成AIを利用することで、それぞれの人に応じた健康管理のための提案や、データの利活用が行われるようになり、提供されるサービスの内容が顧客一人ひとり全く異なるものとなるだろう。例えば、ある人には高血圧対策が、ある人には運動不足対策が、ある人には睡眠不足対策が、当該サービスの内容として提供されるかもしれない（なお、健康医療分野と行政法につき→第6章）。もしサービスが個別化されるのであれば、そのような個別化されたサービス内容に応じて契約条項もまた個別化することが合理的になる。そして、その結果として、民法の定型約款の定義上、定型約款の利用が不可能となってしまうかもしれない[21]。そして、そのような状況が生じた場合、生成AIが個別の取引内容に応じてテイラーメイドで作成した条項が利用されるようになるかもしれない（ただし、契約業務は完全に自動化されるものではなく人間の確認・検証が入ることにつき→第5章）。この点は、将来的にどの程度、生成AIによるサービスの個別化の動きが生じるかにもよるが、引き続き注視に値する点と考える。

## 3. 生成AIと消費者契約

◆（1）はじめに　　生成AIに「関する」消費者被害、例えば生成AIプロダクトに関する誇大広告の問題は存在するが[22]、これは従来の消費者法の問

---

＊20　民法548条の2第1項柱書「定型取引（ある特定の者が不特定多数の者を相手方として行う取引であって、その内容の全部又は一部が画一的であることがその双方にとって合理的なものをいう。以下同じ）を行うことの合意（次条において「定型取引合意」という）をした者は、次に掲げる場合には、定型約款（定型取引において、契約の内容とすることを目的としてその特定の者により準備された条項の総体をいう。以下同じ）の個別の条項についても合意をしたものとみなす。」（強調筆者）

＊21　とはいえ、共通する範囲で共通の「利用規約」を作成してそれを定型約款とした上で、個別化される範囲については（本文で述べるような、生成AIが作成した条項を利用して）別途当事者間で合意すること等はなお考えられるだろう。

題と同様であり、ここでは論じない。以下ではむしろ生成AIを「利用した」広告や、消費者との取引に向けたやり取りを問題とする。[*23]

◆ **(2) 生成AIによる広告と景表法**　生成AIは様々な広告クリエイティブを生成することができる。例えば、複数案を利用し、どちらの広告クリエイティブがより多くの人の興味を引いたかをテストするいわゆるABテストについては、これまでは多数の種類の広告クリエイティブを作成することが現実的ではないことから、限られた枚数で行うことが通常であった。生成AIを利用することで大量のパターンの広告クリエイティブを用意して実施し、それを踏まえて最善の広告を決定することができる。

　また、生成AIにより、ターゲットとなる潜在顧客一人ひとりに応じた最適な広告文言を考えることができる。例えば、その人が気にしているのが価格なら「価格が安い」、品質なら「高品質」、人気であるかどうかなら「大流行」等というような形で、同じ商品の特定の側面を強調した広告文言を自動的に作成して提示することもできる。

　加えて、生成AIをアイディア出しやイメージ等に利用することで、生成AIの利便性を享受しながら、同時に知的財産権（→第2章・第3章）のリスクを低下させることも考えられる。[*24]

　このような生成AIの作成した広告が、その内容次第で広告規制、例えば景表法の優良誤認（景表法5条1号）や有利誤認（同2号）の問題を引き起こす可能性があることは当然である。例えば、いくら「日本一」と表示することで売れ行きを改善することができる可能性が高いとしても、客観的に日本一でないものについて「日本一」と表示することは許されない。その意味で、確かに、生成AIに自動的に広告文言を考えさせること自体をもって直ちに違法とはならない。しかし、その内容を人間が確認・検証せず、その結果として優良誤認等の法令違反となれば、生成AIが作成したとい

---

[*22]　米国FTCのプレスリリース<https://www.ftc.gov/news-events/news/press-releases/2024/09/ftc-announces-crackdown-deceptive-ai-claims-schemes>を参照。

[*23]　なお、消費者をエンパワーするAIとして<https://www.cao.go.jp/consumer/iinkaikouhyou/2024/houkoku/202412_digital_technology.html>を参照のこと。

[*24]　松尾・広告法律相談実践編35頁、205頁

3. 生成AIと消費者契約　337

う理由でもってその責任を回避することはできないだろう。

　また、景表法上、広告審査体制の構築が求められている（景品類の提供および表示の管理上の措置。26条）。生成AI時代の審査体制は消費者庁の指針に明記されていないものの、アラインメント（→第1部コラム）として、例えば〈安さを強調する際に、現時点で値引き額の基準とできる価格は1000円で、10カ月前に1日だけ販売した2000円を基準とすることはできない〉等、景表法等の関係法令に基づく制約を組み込み、その制約が遵守されているかを確認し、いざ制約が遵守されていないと判明した場合に速やかに対応するというような、一連の管理上の措置を講じることが必要である。

◆**（3）生成AIによる不当な勧誘**　このようなパーソナライズされた広告は、もはや消費者法における「勧誘」に至っている可能性がある。すなわち、消費者法は、例えば消費者契約法12条が「勧誘」に関する消費者団体による差止めを認めることを典型として、「勧誘」をベースに規制をしていることが多い。

　そして最高裁（最判平成29年1月24日民集71巻1号1頁）は、新聞に折り込まれたチラシのような「広告」が、時には「勧誘」として差止請求の対象となる余地があることを、以下のとおり認めている。すなわち、「事業者が、その記載内容全体から判断して消費者が当該事業者の商品等の内容や取引条件その他これらの取引に関する事項を具体的に認識し得るような新聞広告により不特定多数の消費者に向けて働きかけを行うときは、当該働きかけが個別の消費者の意思形成に直接影響を与えることもあり得るから、事業者等が不特定多数の消費者に向けて働きかけを行う場合を上記各規定にいう『勧誘』に当たらないとしてその適用対象から一律に除外することは、上記の趣旨目的に照らし相当とはいい難い。したがって、事業者等による働きかけが不特定多数の消費者に向けられたものであったとしても、そのことから直ちにその働きかけが〔消費者契約〕法12条1項および2項にい

---

\*25　「事業者が講ずべき景品類の提供及び表示の管理上の措置についての指針」（平成26年11月14日内閣府告示第276号、最終改正令和6年4月18日内閣府告示第92号）<https://www.caa.go.jp/policies/policy/representation/fair_labeling/public_notice/assets/representation_cms216_240418_01.pdf>

う『勧誘』に当たらないということはできない」。

　最高裁は、おすすめ表示等の広告全般が「勧誘」として消費者法（この場合は消費者契約法12条）の規制対象となるとまではしていない。しかし、「消費者が当該事業者の商品等の内容や取引条件その他これらの取引に関する事項を具体的に認識し得る」か等を踏まえ、「個別の消費者の意思形成に直接影響を与える」ものについては、不特定多数の消費者に向けた働きかけであっても「勧誘」該当性を肯定している。[26]

　この最高裁判例を生成AIを通じた消費者とのコミュニケーションに敷衍すると、仮に単なる「おすすめ」文言の生成の程度を超えて、個別の消費者の意思形成に直接影響を与えるような態様のやり取りが行われるのであれば、消費者契約法上の「勧誘」該当性が肯定される可能性もあるということになるだろう。例えば、その対話過程で「重要事項について事実と異なることを告げる」（消費者契約法4条1項1号）等、生成AIの具体的挙動によっては当該消費者契約が取り消し得るものとなる可能性がある。[27]

　そして、このような現行消費者契約法の不当勧誘に関する規定は、人間の販売員が実施してきた不当勧誘行為が類型化されたものである。現時点において、生成AIの方が人間の販売員よりも「口が達者」というほどには至っておらず、筆者として、生成AIがこれまでにない新たな不当勧誘を行っているとまでは認識していない。しかし、現在、AIによって交渉を行う技術が発展している。[28]つまり、少なくとも、5年先、10年先の将来を見据えれば、生成AIをいわば「営業担当者」とする方向の技術発展が十分に想定されるのである。そして、もし、今後生成AIがますます消費

---

*26　松尾剛行『広告法律相談125問〔第2版〕』（日本加除出版・2022）164-165頁。なお、増田＝輪千・入門70頁は「消費者の意思形成に直接影響を与える不特定多数向けの広告が「勧誘」に該当し得ると考えられていることからも、消費者が生成AIに一定のワードを打ち込んだことに対応して、当該ワードに関連する商品やサービスを生成AIにより「おすすめ」のものとして提案する場合、それが広告の目的で表示されているのであれば、事業者による「勧誘」に該当するといえます。」とするところ、単に生成AIが「広告の目的」で「おすすめ」を提案するだけで、直ちに上記最判の射程に入るとはいい切れないように思われる。

*27　増田＝輪千・入門71頁参照。

*28　藤田桂英「マルチエージェントシステムにおける自動交渉の研究動向」システム／制御／情報67巻1号（2023）25頁以下

者の勧誘に利用され、その際において、これまでとは異なる新たな類型の不当勧誘によって消費者被害を生じさせる場合には、消費者契約法を改正して、そのようなAI特有の不当勧誘類型を、新たな取消し可能な不当勧誘の類型として明記することが必要になるかもしれない。[29]

◆（4）不当な契約条件　　消費者契約法は、消費者の利益を一方的に害する契約条項を無効とする。条項の類型別に、事業者の損害賠償の責任を免除する条項（8条）、消費者の解除権を放棄させる条項（8条の2）、事業者に対し後見開始の審判等による解除権を付与する条項（8条の3）、消費者が支払う損害賠償の額を予定する条項（9条）等が無効となる場合を定める。その上で、10条でいわばバスケット条項として、「法令中の公の秩序に関しない規定の適用による場合に比して消費者の権利を制限し又は消費者の義務を加重する消費者契約の条項であって、民法第1条第2項に規定する基本原則に反して消費者の利益を一方的に害するもの」を無効とする。

　AIを利用した契約交渉の結果として成立する契約やAIに関する利用規約等についても、それが消費者契約であり、かつ、これらの要件に該当する場合には無効である。特に、特定のAIサービスが、消費者と事業者双方をユーザとする場合の利用規約の記載方法として、消費者契約法等の消費者法を前提としていない場合には、少なくとも消費者との関係で無効となる可能性がある。また、例えば、ChatGPTのようにいわゆるフリーミアムのビジネスモデルを採用して、無料でも有料でもサービスを利用することができるという場合に、「過去1年分の利用料金を上限に責任を免除する」という責任制限規定を置いた場合、有料ユーザとの関係では責任の一部免除であるが、無料ユーザとの関係では全部免除となり、消費者契約法8条1項1号により無効となる可能性がある（実務的には、○○円または過去○カ月分の利用料金のうちの低い方を上限とすることが考えられる）。

◆（5）電子消費者契約法における錯誤に関する例外　　なお、生成AIを利用

---

＊29　もしかすると「生成AIを利用した勧誘によって成立した消費者契約」全般についてのクーリングオフ等が定められるかもしれないが、逆に消費者側も「交渉がうまい消費者向け生成AIエージェント」を利用して対抗することで、交渉力を現在よりも向上させることができるかもしれない（前掲注23参照）。

することで、消費者と対話をしながら契約交渉を行い、契約を締結することができる。ここで、このような対話型のAIを利用した契約との関係では、電子消費者契約法3条[30]の規律の適用の可否が問題となる。

この規定を理解するためには、民法95条の錯誤取消しについて理解することが必要である。要するに、錯誤取消しについて、民法95条3項は表意者に重過失がある場合の取消しの制限を定めている（→脚注6）。そして、電子消費者契約法3条は、電子的な商取引において、錯誤（正確には、事例9-3のような表示した内容に対応した意思を欠く錯誤）があった消費者は、重過失があってもなお取消しが可能であるとした。このような規定の趣旨は、電子的なやり取りで意思表示を行う消費者が操作ミスにより意図しない意思表示を行うおそれが高いからとされている[31]。

しかし、同条但書は「ただし、当該電子消費者契約の相手方である事業者（その委託を受けた者を含む。以下同じ）が、当該申込み又はその承諾の意思表示に際して、電磁的方法によりその映像面を介して、その消費者の申込み若しくはその承諾の意思表示を行う意思の有無について確認を求める措置を講じた場合又はその消費者から当該事業者に対して当該措置を講ずる必要がない旨の意思の表明があった場合は、この限りでない。」としている。

つまり、消費者として、確認の機会を与えられることで、まさに上記の操作ミスによる意図しない意思表示を回避することができる。だから、事業者はそのような機会を与えるべきであり、そうすれば重過失がある消費者が錯誤取消しを主張することを妨げることができる。よって、生成AI

---

[30] 「民法第95条第3項の規定は、消費者が行う電子消費者契約の申込み又はその承諾の意思表示について、その意思表示が同条第1項第1号に掲げる錯誤に基づくものであって、その錯誤が法律行為の目的および取引上の社会通念に照らして重要なものであり、かつ、次のいずれかに該当するときは、適用しない。ただし、当該電子消費者契約の相手方である事業者（その委託を受けた者を含む。以下同じ）が、当該申込み又はその承諾の意思表示に際して、電磁的方法によりその映像面を介して、その消費者の申込み若しくはその承諾の意思表示を行う意思の有無について確認を求める措置を講じた場合又はその消費者から当該事業者に対して当該措置を講ずる必要がない旨の意思の表明があった場合は、この限りでない。／一　消費者がその使用する電子計算機を用いて送信した時に当該事業者との間で電子消費者契約の申込み又はその承諾の意思表示を行う意思がなかったとき。／二　消費者がその使用する電子計算機を用いて送信した時に当該電子消費者契約の申込み又はその承諾の意思表示と異なる内容の意思表示を行う意思があったとき。」

[31] 曽我部真裕＝林秀弥＝栗田昌裕『情報法概説〔第2版〕』（弘文堂・2019）419頁

を利用した取引でも、この要件を満たすことが望ましい。

　もっとも、電子消費者契約を定義する同法2条1項は「この法律において『電子消費者契約』とは、消費者と事業者との間で電磁的方法により電子計算機の映像面を介して締結される契約であって、事業者又はその委託を受けた者が当該映像面に表示する手続に従って消費者がその使用する電子計算機を用いて送信することによってその申込み又はその承諾の意思表示を行うものをいう」とする。すなわち、①「映像面を介して締結される契約」という要件と②「当該映像面に表示する手続に従って消費者がその使用する電子計算機を用いて送信することによってその申込み又はその承諾の意思表示を行うもの」という要件が付されている。そこで、生成AI等のチャットボットと口頭で対話して契約をし、「映像面を介」さない場合には、これに該当しないことになる。

　経産省の電子商取引準則も「取引がAIスピーカーによる音声での説明や案内と消費者からの音声での発注で完結する仕組みの場合は、AIスピーカーにより締結される契約は同法の『電子消費者契約』には該当せず、したがって同法第3条本文による民法第95条第3項の適用排除はなされない。よって、発注者が消費者であっても民法第95条第3項が適用され、発注者に重過失がある場合には、錯誤取消しを主張できなくなる」とする。[32]

　この点は時代にそぐわないことから、筆者は既に、スマートスピーカーを通じた契約締結を念頭に、電子消費者契約法3条の類推適用を行うべきであって、仮に解釈論として、同条を適用できないのであれば、迅速に同法を改正すべきであると論じていたところである[33]。そして、この問題は、まさに生成AI時代においてより重要性を増している。生成AIを通じた音声での契約締結についてもスマートスピーカーと同様に電子消費者契約法3条の類推適用を行うべきであり、仮に解釈論として、同条を適用できないのであれば、迅速に同法を改正すべきである。

---

*32　同準則<https://www.meti.go.jp/policy/it_policy/ec/20220401-1.pdf>150頁（なお、前掲注16のパブコメ版においては156頁）

*33　松尾・L＆P 108頁

もちろん、生成AIと文字ベースでチャットを行って消費者契約を締結する等、「映像面を介して」契約を締結する場合において、同時にその映像面に示した内容をより理解しやすくなるように読み上げるというだけであれば、同条の適用の余地はより大きくなるだろう。

◆(6) 生成AIに対する消費者団体訴訟　　生成AIが消費者被害を生じさせた場合、消費者団体訴訟による差止めや賠償請求等が1つの実効性のある対応となり得る。ここで、消費者裁判手続特例法の改正により、財産的請求と併せて請求される慰謝料と事業者の故意によって生じた慰謝料が消費者団体訴訟の対象となった。これは、慰謝料については一定の定額化の傾向が見られ、本制度においても相当多数の消費者に同一額ないしは共通の算定基準により算定される額が認定される場合には対象とすることが許容されるとの考え方に基づいている。そして、事業者の行為態様、消費者の被害状況が相当多数の消費者について共通するかを考慮して該当性が判断されるとされる。[34] その結果、例えば、生成AIにより生じた慰謝料を消費者団体訴訟で請求する余地も発生している。

　しかし、そもそも過失による情報漏洩等の事案であれば、故意による慰謝料ではない。そして、単に情報が漏洩しただけであれば、ほかに財産的請求はない。また、そして、定額化が定着していない、例えば取引的不法行為や債務不履行による慰謝料については、算定の基礎となる主要な事実関係が共通していないものとして訴訟要件を満たさないと考えることも可能とされている。[35]

　このような意味で、今回の消費者裁判手続特例法の改正によって生成AIに関する消費者団体訴訟が可能な範囲が少なくとも劇的に広がったとはいえない。そうであっても、生成AIベンダとの交渉力の格差を埋める1つの方法として、なお消費者団体訴訟は有益であり得る。

---

＊34　伊吹健人＝土田悠太＝西川功＝久保美奈海＝水上優貴「【論説】消費者裁判手続特例法改正の概要」NBL 1224号（2022）77頁

＊35　玉置貴広＝犬飼智香子「【論説】消費者裁判手続特例法改正が企業実務に与える影響」NBL 1254号（2023）29頁

## 4. 生成AIと不法行為等

◆（1）はじめに　　不法行為（民法709条）に関し、人格権侵害の不法行為について第7章および第8章で既に論じている。そこで、重複するところはそちらに譲り、以下では簡潔にポイントのみを述べたい。

◆（2）故意不法行為　　例えば、〈生成AIを利用して顔や声を上司のものと似せて、ビデオ会議において送金指示を行い多額の金銭を送金させる詐欺行為〉や、〈生成AIを利用してウイルスを作成してシステムを破壊する〉といったユーザの故意に基づく行為が不法行為に該当することは、争いがないだろう。つまり、生成AIは単なるツールに過ぎず、そのツールを利用して不法行為を行った場合、そのツールが生成AIだということを理由として免責を受けることはできない。

◆（3）過失不法行為　　これに対し、過失による不法行為も発生し得る。典型的には生成AIを利用したチャットボットを提供していたところ、当該チャットボットがハルシネーションにより誤った指示をして、それに従ったユーザが損害を被った場合のチャットボット提供者の責任等である。このような場合には、「どのような注意をすべきか」が問われる。このような注意義務については、人格権（→第7章〔特に9〕・第8章）について論じた部分とも重複するところがあるのでそちらを参照されたい。

　いずれにせよ、それぞれの生成AIがどのようなリスクが存在し（予見でき）、そのリスクに対して現にどのように対応したのか、どのように対応すれば結果を回避することができたのか等を踏まえて個別に判断されるところであろう。なお、例えばハルシネーションが問題である場合に、その回避方法としては、ハルシネーションをなるべく出さないという方向での対応も当然存在するだろう。そして、それ以外にも「ハルシネーションが起こり得るので、内容を鵜呑みにせず、依拠する場合には内容の正確性を別途確認するように」といった注意書きをする、といった方向の対応もあり得ることには留意が必要である。

◆（4）共同不法行為　　多くの関与者が存在する場合、それぞれの不法行

為者の関係において主観的・客観的関連共同性があれば共同不法行為（民法719条）となり得る。

　ここでは、上記の複数の行為者と債務不履行の議論も参考になると思われる（→2（3）ウ）。その場合、必ずしも契約上の役割分担は不法行為の免責の根拠にはならないものの、そもそもその役割において果たすべきことを果たしていれば、不法行為にはならないとされる可能性が高まるだろう。

◆ **(5) 免責条項**　　免責条項については、債務不履行に関連して述べたこと（→2（3）エ）や消費者契約について述べたこと（→3（4））が参考になる。ここで、不法行為との関係では、契約関係にない第三者に対しても不法行為責任が生じる可能性があるところ、当該第三者との関係では必ずしも免責条項を主張することができないことに留意が必要である。上記のとおり（→2（3）ウ）複数の主体が生成AIに関連するところ、契約外の第三者から自己の役割分担では対応できないことについて不法行為が主張されることもあり得るだろう。この場合に、当該契約外の第三者との関係では、いくら契約において免責条項を定めていても、当該条項の適用を主張することには困難があるだろう。仮にそのような事態が生じた場合には、事後的対策としては、その部分は役割分担に含まれず注意義務がないと主張することになるだろうが、予防的対策として、他のベンダとの間の契約で、自己の役割分担に含まれないことに関して、第三者から提訴された場合の求償や防御義務等を入れることを検討すべきである。[36]

◆ **(6) 製造物責任**　　製造物責任は「製造物」すなわち「製造又は加工された動産」（製造物責任法2条1項）について発生する。よって生成AIソフトウェアを含む単なるソフトウェアには適用されない。しかし、生成AIを含むソフトウェアが特定の動産に組み込まれた場合には、「製造物」となり、その責任の範囲は組み込まれたソフトウェアを含む。

　そこで、例えば生成AIが組み込まれた携帯電話が、（例えば、本来バッテリーを冷やすように指示すべきところ）生成AIのハルシネーションにより「バッテ

---

[36]　かかる対応は、他のベンダに資力がなければあまり意味がないかもしれない。

リーを温めるように」と指示し、バッテリーが過熱して爆発した場合、当該携帯電話には欠陥が存在する、すなわち「通常有すべき安全性を欠いている」（製造物責任法2条2項）として、当該携帯電話の製造者に製造物責任が認められるだろう。

ただし、単なる品質不良（例：レンジに食べ物を入れても十分に温まらないこと）はただちに欠陥とはいえないところ[37]、ハルシネーションで虚偽の回答をする組込みシステムが直ちに「欠陥」とはいえない[38]。そこで、その具体的なハルシネーションがいかなる意味で「安全性」の問題を生じさせるかが問われるだろう（そして、上記事例のとおり、バッテリーを爆発させるようなハルシネーションは安全性に問題があると評価できる場合もあると考える）。

なお、「その損害が当該製造物についてのみ生じたとき」は製造物責任を追及できない（製造物責任法3条但書）ところ、生成AIを搭載したロボット等はユーザが強い愛着を感じる可能性があり、特にユーザとの対話で学習をした「そのロボット」がかけがえのないものである可能性がある。例えば生成AIを搭載したロボットが（通常有すべき安全性を欠くため）壊れたものの、それ以外の損害を生じさせないという場合において、何ら製造物責任を追及できないのだとすると、それはAI・ロボット時代において正当な結論なのか疑問が残る[39]。

## 5. 生成AIと会社法・ガバナンス

◆（1）はじめに　生成AIは会社法やガバナンスとも密接な関係を持つ。以下は拙稿をもとにした主要なトピックの概観である[40]。

なお、その他のトピックとしてAI利用に関する企業情報の開示や、株主総会対応がある[41]。

---

[37]　山本庸幸『注釈製造物責任法』（ぎょうせい・1994）36頁
[38]　松尾・L＆P 84-85頁も参照。
[39]　松尾・CA 194頁
[40]　松尾・AIとガバナンス26頁以下
[41]　三浦法律事務所「AIウォッシングと開示」（2024年9月20日）<https://note.com/miuraandpartners/n/n39085c73da38>、生方紀裕「生成AIがもたらす株主総会実務への影響」ビジネス法務2024年3月号110頁

◆（2）生成AIの利用のため必要な社内手続　　会社法上、一定の重要性の
ある事項については、手続が法定されている。例えば、取締役会設置会社
においては、「重要な業務執行の決定」（会社法362条4項）を代表取締役等
の個々の取締役に委ねることはできない。そのような重要な事項の例示と
して「取締役の職務の執行が法令及び定款に適合することを確保するため
の体制その他株式会社の業務並びに当該株式会社及びその子会社から成る
企業集団の業務の適正を確保するために必要なものとして法務省令で定め
る体制の整備」（同6号）が含まれる。

　そこで、生成AIを導入するとしても、（代表）取締役限りでの判断では
導入することができないのではないか。つまり、生成AIの導入が「重要
な業務執行の決定」とみなされたり、生成AIのもたらすリスクに対応し
た「職務の執行が法令及び定款に適合することを確保するための体制」の
「整備」が必要とされたりする結果、取締役会の決議が必要ではないか。

　この点は、現時点において定説はないように思われるものの、クラウド
においても同じ問題が論じられていた[*42]。この点は、各社に取締役会付議基
準のような、自社としていかなる事項を「重要な業務執行の決定」と理解
するかを明確にする内部ルールが設けられているはずである。そこで、ま
ずは各社の社内の基準が問題となる。そして、社内の基準上も明確ではな
い場合（例えば、その社内の基準が、一定金額以上の取引、一定金額以上の借入れ等
を例示した上で、最後に「その他前各号に準ずる重要な業務執行の決定」としてバスケッ
ト条項を定めている場合において、例示事由には該当しないことから、バスケット条項
に該当するかが問題となる等の状況が考えられる）において、生成AIを単に（例
えば試行的に）利用するというだけで、常に機関決定が必要となるとは思わ
れない。しかし、その生成AIの利用が企業や現在および将来のビジネス
やリスクにどのような（コンプライアンス上またはその他の）影響を与えるか
に基づき判断されるべきであろう。例えば、生成AIを業務に取り込んで、
大きな改革をするであるとか、具体的な生成AIの利用方法が大きなリス

---

＊42　松尾・クラウド99頁

クをもたらすという場合には、取締役会の決定が必要となることもあり得るだろう。

いずれにせよ、会社幹部が知らないうちに、現場で生成AIが業務利用されていた（シャドーAI〔→第12章〕）という事態は回避すべきである。また、生成AIの利用のリスクを軽減するための内部ルールを設定してから利用を開始すべきである（→第12章）。

◆**(3) 生成AIの利用と取締役の善管注意義務**　　筆者は、よく、生成AIの利活用に伴い、取締役が（法的）責任を負うことはないかという質問を受ける。この点については、取締役として、生成AIの利用に関していかなる（善管）注意義務を負うかという点を考える必要があるだろう。以下では、業務に関して従業員により生成AIが利用されたところ、当該利用の過程で生成AIのリスクが発現した場合（→ア）と、より積極的に、社内でその経営判断に生成AIを活用する場合（→イ）に分けて、取締役が負う善管注意義務の内容について検討していきたい。

**ア　生成AIの利用のリスクが発現した場合**　　例えば、ある会社が生成AIを業務に取り入れたところ、現場における生成AIの利用に伴い、（個人）情報漏洩（→第4章）が発生したり、著作権侵害（→第2章）が発生してしまう、という事態は考えられないわけではない。このような場合、取締役はどのような責任を負うのだろうか。例えば、事例9-6として、A取締役の管掌する事業部門において生成AIを利用したいとして（取締役会決議〔→(2)〕に基づくのではなく）B社長の決裁で生成AIの導入が決定されたところ、当該部門による生成AIの利用の過程で、情報漏洩が発生した。この場合のB社長、A取締役および、生成AI導入について報告を受けていなかった社外取締役Cの責任を考えたい。

この場合、前提として、内部統制システム構築義務と、信頼の原則が重要である。[43]すなわち、取締役は監視義務を負うものの、全ての従業員の行為を取締役本人が個別に監視することは現実的ではない。そこで、合理的

---

*43　内部統制システム体構築義務について、田中亘『会社法〔第4版〕』（東京大学出版会・2023）290頁以下、信頼の原則（信頼の権利）について同288頁以下を参照のこと。

な内部統制体制さえ構築されていれば、信頼の原則が適用される。すなわち、個々の現場の活動に対して特段監視監督をしていなくても、それだけをもって監視義務違反とはならない。これに対し、自身が関与したり、レッドフラッグ等と呼ばれる内容の適正さに疑いを抱かせる事情を認識している場合、信頼の原則は適用されない。

　本件で、B社長およびA取締役は、（個別の利用を把握していないとしても）生成AIの利用開始に関与している。そうであれば、そのリスクとしてどのようなものがあり、それに対してどのようにリスクを軽減するための対応を行ったかが問われる可能性がある。

　ここで、そのような経営判断は、経営判断原則によって保護される可能性がある。[44]例えば、テーオーシー判決（東京高判平成28年7月20日金判1504号28頁）を引いて、情報収集分析検討において取締役の裁量が認められるため、案件の規模や性質によっては、事業評価やリスクアセスメントを実施することなく「とりあえずやってみる」という意思決定さえ（それが自覚的リスクテイクである限り）尊重されるとする見解もある。[45]

　とはいえ、そのような場合であっても、リスクテイクすることに自覚的になって、そのようなリスクテイクに必要と判断される情報（どの範囲の情報がリスクテイクに必要と判断されるかについても、経営判断原則が適用され得ることに留意されたい）を収集した上で、リスクを取るという経営判断を行う必要がある。また、その過程と内容が著しく不合理であってはならない。

　生成AIについては、情報の入力による漏洩等のリスクや、出力結果の不適切な利用による著作権侵害等のリスク等の様々なリスクが存在する。[46]すると、そのようなリスクについて十分な情報を収集したのか、そして、それを踏まえてどのような判断をしたのかが問題となるだろう。リスクについて情報を収集した上で、例えば、リスクが少ないと見込まれる範囲を特定し、その範囲に限定して生成AIの利用を開始するという判断を行う

---

[44]　同上283頁以下
[45]　倉橋雄作「経営判断原則と信頼の原則を『よき意思決定』に活かす」商事法務2369号（2024）27頁参照。これはスモールスタート（→第12章）の後押しをする見解である。
[46]　松尾・ChatGPT 61頁以下参照。

ということ自体はあり得るだろう。そして、このような内容は（当該範囲の特定が適切である前提で）著しく不合理とはいえないことから、判断過程が著しく不合理でない限り、そのような判断をしたA社長やB取締役は、経営判断原則により保護され得る。また、よりリスクの大きい範囲の大々的な生成AIの利用であれば、上記（2）で述べた、必要な社内手続をとったか（このようなリスクの高い案件を社長決裁で進めても問題がないか）が問われることとなり、それを前提に、そのようなリスクに関する（専門家の意見聴取等の）より慎重な情報収集がされたか、および、生じ得るリスクに対応する具体的な対策を講じているかが問われることになるだろう。

　生成AI導入の経営判断に関与していないC取締役については、まず、会社の内部統制体制が合理的かが問題となるだろう。そして、合理的な内部統制体制が構築されている限り、取締役会には上程されない社長決裁で進んだ本件について必ずしもCが責任を負うものではないものの、例えば、社長決裁で生成AIの利用を開始するという限りでも取締役に報告されていたか、そのような報告がもしされていれば、それを踏まえて、C取締役としてどのような対応を行ったかが問われ、それに基づき監視義務違反の有無が判断されるだろう。

　なお、以上と異なり、生成AIに関する適切なルール（→第12章）が制定されていない場合、生成AIの作成した信頼性のない情報が社内の（とりわけ部下による、取締役自身の介在しない部分における）意思決定過程に混入する可能性があるとして、信頼の原則に影響がある可能性もあるだろう。[47]

　**イ　生成AIを経営判断に活用する場合**　　上記とは異なる問題として、生成AIを経営判断に活用する場合に生ずる課題が挙げられる。例えば、事例9-7として、ある投資案件の判断の際に、生成AIに意見を述べさせ、その意見を参考に投資判断を行ったという場合を考えよう。事例9-7で、結果的にその投資が失敗に終わった場合、かかる取締役の経営判断は経営判断原則により保護されるのだろうか。

---

＊47　中村直人「生成AIの普及と経営判断手続の見直し」NBL1245号（2023）64-65頁

事例9-7のように、経営判断に生成AIが活用される場合には、当該具体的な経営判断における手続および内容の合理性が問題となるところ、単に「生成AI」が利用された、という一事のみをもって著しい不合理性が「ある」とも「ない」とも軽々に結論付けることはできない。

　まず、どのような生成AIなのかが問題となる。例えばChatGPTについてファインチューニングもせず、RAGも利用せず、そのまま利用する（前著〔松尾・ChatGPT〕でいう「生の」ChatGPTを利用する）のであれば、当然ハルシネーション（→第1部コラム）は発生してしまうだろう。また、そこで得られる情報もそこまで有用なものは少なく、少なくとも「専門家に確認する」場合に比べて圧倒的に情報の質において劣る。しかし、例えば、投資にとって有益な情報（例：有価証券報告書等の財務情報）を大量にRAG等で読み込ませることで、より有用な情報を提供する生成AIも作成可能である。

　次に、その生成AIをどのように利用したかが問題となる。例えば、単に生成AIに投資すべきかを尋ね、（特に理由の説明もなく）「投資すべき」とだけ回答があったことをもって、それだけで多額の投資を決断したのであれば、経営判断の過程が著しく不合理と評されてもやむを得ないと思われる。これに対し、例えば様々な専門家の意見や他の投資先候補の情報その他の情報を収集した上で、それに加えていわば追加的参考情報として生成AIの提示する情報を利用したという場合に、仮に生成AI以外の情報収集過程が既に著しく不合理ではない程度のものであれば、生成AIを使ったことのみで著しく不合理とはならないだろう。また、仮にRAG等を利用することで生成AIがある程度の有用な情報をもたらすようなものとなっている場合、それ以外の情報だけでは著しく不合理だが、生成AIを利用したことをもプラスに評価して著しく不合理とまではいえなくなるという状況も想定し得るだろう。

　ここで、生成AIが提供する情報というのは、ハルシネーションの可能性を踏まえれば、真実性の明らかではない場合がある。このような情報の利用につき、中村は、東電事件判決（東京地判令和4年7月13日判時2580・2581号5頁）等を引いて、真実性の確認できない情報に関しては、その実質的

根拠や出典などで信頼度を測ることが重要であって、それができれば、そ
れを意思決定の前提事実の1つに加えることが直ちに取締役の義務違反と
ならないとする。[48] ただし、そもそもRAGを利用してハルシネーションを
十分に抑えた生成AIであれば、場合によっては「人間並み」の信頼性の
ある情報の提供をしているといえるかもしれない。その意味では、単に生
成AIが提供する情報だ、という一事のみをもって、真実性の明らかでは
ない情報だと即断すべきではない。

　最後が内容である。つまり、一定の注意を払えば、それがハルシネーショ
ンであることがわかるような著しい不合理なものではないかは問われるだ
ろう。例えば、「こんなにこの投資対象は問題がある」として多数の投資
すべきでない理由を列挙した上で最後に「よって投資すべきである」と結
論づける生成AIの回答は、ハルシネーションによる誤ったものであるこ
とが明らかであり、そのような著しく不合理な内容を鵜呑みにすれば、そ
れは内容が著しく不合理となりかねない。また、根拠らしきものの名前が
列挙されているが、例えばそのURLをクリックしても404 Not Foundと
なる等、AIが創作したことが明らかな場合も同様の問題があるだろう。[49]

◆**（4）会社法法定書類の作成**　　オンライン会議の方法で取締役会等が開
催されることはよく見られるが、技術的にはその会議の録音をもとに、生
成AIによって議事録を作成することは可能である。AIを利用して、例え
ば取締役会議事録等の会社法が法定する各種書類を作成することができる
だろうか。

　ここで、議事録の作成主体は議事録への署名（電子署名を含む）者である
取締役会に出席した取締役・監査役（369条3項）と解されている。[50] しかし、
このようなエグゼクティブが自ら議事録を一から十まで作成することはむ
しろ珍しい。議事録の作成実務においては、これまでも事務局や顧問弁護

---

＊48　中村・前掲注47）63頁
＊49　筆者が大学でレポートの採点をする際にも、大変残念なことに参考文献欄に存在しない（またはクリッ
　　　クしても当該ファイルに到達しない）ような参考文献を挙げてくる学生が少数ながら存在する。
＊50　落合誠一編『会社法コンメンタール8　機関［2］』（商事法務・2009）302-303頁。ただし「会社
　　　の合理的実務としては、議事録作成に係る職務を行う取締役を定めておくことが妥当」ともされている。

士の支援を受けていた。その意味で、あくまでも従来と同様の支援の範囲であれば、生成AIを利用することは適法と解すべきである。要するに、議事録作成の方法としてワープロソフトで作る、人間の反訳者の作成した反訳文から作成するといったいくつかの方法があったところ、生成AIの作成する議事録ドラフトに対して実質的な確認・検証を加えて作成することが支援のための新たな選択肢として登場しただけであって、そのような方法の採用もまた可能だということである。

　ここで、議事録等の作成主体が決して生成AIそのものやベンダではないことに留意が必要である。そこで、議事録等の作成を生成AIに「丸投げ」することは許されない。また、作成主体たる署名者の中に異議を出す者がいれば、それにもかかわらず生成AIを利用すべきではないだろう。[51]

　加えて、会社法施行規則の定める記載事項を満たすことが必要である。例えば、会社法の規定により取締役会において述べられた意見または発言があるときは、その意見または発言の内容の概要（会社法施行規則101条3項6号）を記載しなければ違法である。よって、AIの支援を受けた結果として、かかる法定の要件を満たさなくなった場合には、（AIの支援を受けたからではなく）法定の要件を満たさないことを理由に違法となる。

　なお、取締役が議事録に異議を留めなければ当該議案に賛成したものと推定される（会社法369条5項）。そこで、特定の議案に対し反対した取締役がいた場合には、その旨を、議事の経過または結果として記載すべきである。[52]例えば反対意見を述べたのにもかかわらず生成AIが誤って賛成と議事録に記載したり、単に「賛成多数で可決された」としか書かれていなければ、反対だった取締役は、反対した旨を議事録において明記するよう求めるべきである。

---

＊51　もちろん、最初は疑問を持った取締役がいたが、その利用範囲が支援の範囲にとどまると説明した結果、了解を得られたということであれば、既に異議はなくなっているのだから、利用することに差し支えはないだろう。

＊52　森・濱田松本法律事務所編『新・会社法実務問題シリーズ7　会社議事録の作り方─株主総会・取締役会・監査役会・委員会〔第3版〕』（中央経済社・2022）51頁

## ◆（5）生成AIの利用に伴うガバナンス上の課題（AIに対するガバナンス）

**ア　はじめに**　　生成AIが企業内で利用されるにあたり、経営陣は、その利用に伴うガバナンス上の課題に対応していかなければならない。その際の個々の法律論は本書の各箇所で述べているとおりであるし、実務対応は実務対応の項目（→第12章）で述べる内容を参考に対応をしていただくことになる。ただ、総論的なガバナンス上の課題として3点を指摘したい[53]。

**イ　透明性低下の可能性に対する打ち手を**　　まず、代表的な生成AIが学習型AIであるということは、すなわち、「これまで学習してきた多くのデータ」をもとに、「多くの場合においてそれらしい」と思われる回答が提示される、ということである。そのような回答は、有用ではあるものの、常に正確とはいえず、また、一般論として正しくとも、それが当てはまらない場合もある。そして、そのような回答が生成された根拠について十分な説明はされない。これはある意味では、生成AIを利用することによる透明性の低下の問題とも称することができる。

筆者は、ガバナンスと透明性との関係で手続の透明性や適切な情報開示等が重要とされるところ、説明可能性が低いAIによって判断した結果をそのまま利用するのであれば、手続は不透明となるし、情報開示をしようにも、「AIがそのように判断したからそのような経営判断を行った」という説明以上の説明が不可能となるかもしれないと論じたことがある[54]。

経営者としては、生成AIの透明性のリスクがガバナンス上の問題を含む企業にとっての重大な問題とならないよう、人間が生成AIの提示する回答を確認・検証して、「人間の回答」として責任を持って提示するような組織体制を構築しなければならない。

そのためには、いわゆる「ケンタウロスモデル」（→第6章）を踏まえながら、生成AIを利用する各従業員として〈私はよくわかっていないものの、生成AIがそうしろというので、それに対し何の確認・検証もせずこうした〉

---

\*53　なお、中崎・法務ガバナンス406頁以下、とりわけ経営者がAIガバナンスを必須の責務として取り組むべきとする同410頁も参照。

\*54　松尾・AIとガバナンス29頁

354　第4部　生成AIと民事法 ⅲⅲⅲ 第9章　その他の民事法

というような対応をさせないようにすることが重要である。むしろ、生成AIの回答に対する責任を持った確認・検証プロセスの整備が肝要である。

　また、対外的な説明においても、〈部下が生成AIに尋ねたところ、このようにするようにとの回答を得たので、こうしている〉ということでは説明にならないのであって、生成AIの提示する内容をあくまでも参考として、他の情報と総合してどのように考えて意思決定をしたかを対外的に説明することができる程度には、生成AIの回答内容を検証しなければならない。

　逆にいうと、そのような生成AIに関する適切な利用がされている限り、透明性は少なくとも大きく切り下げられることはないだろう。

**ウ　「使わない」ならその旨の「経営判断」が必要**　各社において生成AIの利用の程度や、その全社的意義や戦略的重要性はまちまちである。そして、筆者は、社内受容性、つまり、それぞれの会社における生成AIを受容する程度は異なると考える（→第1章）。そこで、永遠に生成AIを使わないという判断はともかく、少なくとも自社従業員のAI・ITリテラシーに鑑み、当面は生成AIを利用しないという判断も含めて、各社のあり得る経営判断の範囲に入ってくると考える[55]。しかし、そのような〈（暫定的に）使わない〉という判断も含まれる生成AIの利用に関する判断は、一種の経営判断である。

　そこで、（上記（2）のとおりそれが取締役会で議論されることが絶対に必要とまでは考えないものの）例えば、〈使わないなら使わない、使うのであればこの範囲で使う〉ということが、様々なリスクと便益を検討の上で、経営判断として決定されるべきと考える。もし、この点の判断を行わないまま、例えば〈（生成AIの利用に関するルールが何もないまま）生成AIの利用実態が積み重なる〉といった状況（シャドーIT、シャドーAI〔→第12章〕）が生じた場合には、経営判断をしていない、と評価され、経営判断原則による救済が得られない可能性がでてきてしまうだろう。

**エ　会社の業務や組織の見直しの契機となること**　生成AIについてまだ

---

*55　ただし、その場合、例えばプロジェクトチームを組成してその中で自社において利便性が高く、リスクの低い利用範囲を検討し、スモールスタートをする方向で検討すべきとは考える。

5.　生成AIと会社法・ガバナンス　355

よく知らないという人は多い。例えば、役員のスキルを開示するためのスキルマトリクスがあるところ、(それを実際に開示するかはともかく、仮にITやAIのスキルマトリクスを考えた場合、)情報関係の経験のある役員について、「IT」には○がついても「AI」には○がつかないことも多いかもしれない。また、生成AIに関する取組みは骨が折れ、簡単に成果が出ない。このような状況においては、〈社内に生成AIについて理解している者がおらず、少し試行しても、そこまで有用な結果にならない、だから、生成AIは使わない（または利用を制限する）〉という判断を行うこと自体は理解できる。

　もっとも筆者は、そのような簡単に大きな成果が出ない中で生成AIの利活用の推進に取り組む企業に対する助言経験を積んできた。その中で、生成AIを真の意味で活用して大きな成果を上げるためには、業務のあり方や、組織体制、場合によっては企業文化も含めて大幅な変革が必要であると考えている（→第12章）。

　つまり、既存の業務をそのまま生成AIに置き換えることは不可能である。例えば「明日からコールセンター業務は全て生成AIに置き換える」といった対応を可能にするような精度を有する生成AIは、筆者が知る限り現時点では存在しない。ただ、例えば、コールセンター業務を分解して〈これまでは、過去多数回のやり取りをした顧客とコミュニケーションをする場合、長文の過去のやり取りを読まなければならず、逆に、読んでいないと、顧客から『前の担当者に言ったのに』というクレームになるという問題があった。生成AIで過去の履歴を要約させることで、スムーズに引き継げるのではないか〉等という形で、生成AIを導入することができる部分を見つけ、それによって業務の効率化・高度化を進めていくことになる<sup>*56</sup>。このように、生成AIを導入することで、真に業務にプラスの影響を与えたいのであれば、業務改革は必須である。

　そして、このような生成AIの導入を契機に、会社としての組織体制や場合によっては企業文化も含めて改革を行うことは非常に有益である。例

---

*56　なお、最近は、顧客満足度低下を覚悟の上で、カスハラ対策等のために顧客対応のAI化を進める企業も存在する。このような場合も、大幅な業務の変更が必要となる。

えば、生成AIを導入しようとしても、「情報が属人的になっていて、何を進めるにしても複数の人に確認しないと何もわからない」といった状況が仮に発生していれば、適切なデータを生成AIに投入することができず、なかなか効果は出ないだろう。そうすると、生成AI導入前に取り組むべきは、情報の属人化という組織体制上の課題かもしれない。このような生成AI導入を契機とした会社の業務や組織の見直しは、新たな時代に会社が対応する上では有益なものが多いと考える。

もちろん、改革のための改革では意味がないし、改革に反対する人の抵抗等もあるだろう。しかし、今後新たな技術革新があっても、〈情報が属人的になっていて、何を進めるにしても色々な人に確認しないと何もわからない〉といった状況が続いている限り、技術革新の恩恵を享受できないものと思われる。その意味では、〈生成AIという現在のトレンドを1つの契機として、会社全体の改革につなげることが、会社の長期的発展につながる可能性がある〉という視点を持つべきであろう。

◆ (6) 生成AIを利用したガバナンスの高度化（AIによるガバナンス）

**ア　AIをガバナンスに利用することについて**　　上記（5）は、生成AIが利用されることで、ガバナンス上の新たな課題が生じるという話であった。しかしこれとは逆に、（生成）AIの利用によってガバナンス上の課題を解決・解消するという方向性もあり得る。[*57]

**イ　IT・AIの利用によるガバナンスの高度化**　　「財務報告に係る内部統制の評価及び監査に関する実施基準」[*58] Ⅱ3（3）⑤は、ITを利用した内部統制としてコンピュータ・プログラムに組み込まれて自動化されている内部統制、人手とコンピュータ処理が一体となって機能する内部統制を指摘し、これらに対する評価および監査について論じている。このように、（広い意味におけるITの一種である）AIを利用して内部統制を高度化・効率化させるという発想自体は特に新しいものではない。

そして、中村は、AIを利用した社内記録の確認ツール、電子メール等

---

＊57　以下の説明は、松尾・AIとガバナンス27頁以下の議論を加筆修正したものである。

＊58　<https://www.fsa.go.jp/news/r1/sonota/20191213_naibutousei/1.pdf>

のモニタリング、電話等の音声モニタリング、人事管理、品質検査等を想定して、AIを利用したガバナンスの高度化について論じた。[*59]まず、会社法が整備することを求めているのはあくまで「体制」、すなわち仕組みであって（会社法362条4項6号）、内部統制システムのすべてにおいて人が担わなければならないといった制約はもともとないとしてガバナンスの高度化のためにAIを利用することを肯定した。その上で、AIの利用により新たな事情を認識し得ることで内部統制システムのレベルは向上し、人間の担当者はむしろAIシステムからのアラートを適切に処理するという、より重要な役割を担うことになるとする。その上で、内部統制にAIを入れた場合のいわゆる信頼の原則（→（3）ア）の適用について、信頼の原則が適用されるためには、他の取締役や従業員等を信頼してよいような適切な体制が構築されていることが前提となるという指摘を踏まえ、AIを織り込んだ内部統制システムが存在することをもって免責の主張をする場合にも、そのAIのシステムが適切に機能するようにモニタリングし、必要な改善を行っていた等といった説明ができるようにしておくことが求められるとする。

　AIを組み込んだ内部統制システムが信頼の原則の適用を主張できるようなものであるためには、AIシステムや、AIシステムと人間が協働して（ケンタウロスモデル〔→第6章〕）取り組むガバナンス体制は信頼に値するような適切なものでなければならない。しかし、中村の議論は、そこでいう適切性は必ずしも「完璧」を意味せず、「必要な改善」を継続的に実施する限り、合理的なものでよいという考え方と理解できる。そして、これは日本システム技術事件（最判平成21年7月9日集民231号241頁）等の判例の考え方とも軌を一にしているところである。

　**ウ　リーガルテックによるガバナンスの高度化**　　リーガルテック（→第5章）——例えば契約審査を支援するテクノロジー等——をはじめ、まさにガバナンス・コンプライアンス強化を目的としたテクノロジーが発展している。このようなテクノロジーを積極活用することが、新たな時代のガバナンス

---

＊59　中村直人編『コンプライアンス・内部統制ハンドブックⅡ』（商事法務・2019）192頁以下

として望ましい。[*60]

　すなわち、各企業が法務の人手不足に直面している。とりわけ、法務分野における実力のある人材が転職市場で取り合いになっているという現象を踏まえ、リーガルテックの活用によって法務業務を効率化・高度化して時間を作り、その時間で戦略法務等のより付加価値の高い業務に注力することが重要となる。そのような対応が行われることで、内部統制システムが強化されるだけではなく、例えば、できた余裕を活かして企業戦略構築の初期から法的観点の検討を行うことができるようになり、ガバナンスのさらなる高度化が期待される。

　**エ　生成AIの利用によるガバナンスの高度化**　　ここで、生成AIを利活用することにより、ステークホルダーに対する説明をわかりやすく、かつ、それぞれのリテラシーや問題意識に応じて個別化するといった形でガバナンスの高度化につながるだろう。同じ上場企業の株主であって、プロであるファンドやアナリストが必要とする情報と、アマチュアである（例えばNISA等で株を初めて投資するような）学生や会社員が必要とする情報は異なる。また、それぞれの投資家ごとに、長期的成長なのか、短期的利益最大化なのか、配当なのか、株式優待なのか等、関心は異なる。さらに投資家以外にも、労働者、債権者（銀行等）、取引先、消費者、近隣住民等、様々なステークホルダーが存在し、それぞれ異なる関心を有している。もちろんこれまでも各企業は様々な説明の工夫をしてきたわけである。その工夫の延長線上で、うまく生成AIにこれまでの企業の既開示情報等をRAG（→第1章）を利用して読み込ませることで、それぞれのステークホルダーのリテラシーや関心に合わせて適切な回答をすることも不可能ではないだろう。

　また、そのような対応を試みる中で、「この質問に対しては生成AIが回答できない」とか「この質問への生成AIの回答が不適切だった」といったフィードバックを収集することができる。もちろんそれは生成AIの問題（基盤モデルそのものの問題やファインチューニング〔→第1章〕不足等）が原因

---

[*60]　松尾・AIとガバナンス29頁

かもしれない。しかし、それだけではなく、それまでその企業が、特定の
ステークホルダーの特定の関心事について適切な粒度の説明をしてこなかっ
たため、RAGにおいて利用される既開示情報等の中にそのような質問に
対する適切なものがないのかもしれない。このような観点で生成AIを利
用することで、自社の開示や説明責任の果たし方において、これまでより
さらに工夫できるポイントが見つかるかもしれない。

　このような個別化された説明以外にも、例えば、取締役会上程予定の議
案に対して、「仮想社外役員」として、生成AIに（例えば過去の取締役会議事
メモや反訳等を読み込ませることで）法律のプロの観点からのコメント、会計
のプロの観点からのコメント、経営のプロの観点からのコメント等をさせ
ることで、上程前に社外役員から指摘を受けそうな部分を把握し、事前に
打ち手を講じておく、という方法もある。もちろん、実際に各企業が選任
する社外取締役は、このような生成AIが考えもつかないようなコメント
をするだろうし、当然ながら、生成AIが完全にその「代役」を務めるこ
とはできない。そうではなく、生成AIを利用して様々な観点を踏まえた
検討を上程前に行うことで「社外役員に見せられる最低ラインを満たすも
の」を上程できるようにし、それによって、まさに取締役会においてレベ
ルの高い議論ができるようにする、という趣旨である。

## 6. 生成AIと民事手続

◆（1）はじめに　　AIが続々と裁判等の紛争解決に対して導入されている。
例えば、中国では2019年には「AI裁判官」が導入され[61]、米国連邦最高裁
判所のジョン・ロバーツ長官も、2023年末に「AIが裁判官の仕事を変える」
と発言している[62]。また、米国ではインテリダクト社のAIが訴状審査を自
動化している[63]。以下では、生成AIによる民事手続の変革の可能性と、そ

---

＊61　<https://www.afpbb.com/articles/-/3222714>
＊62　"Chief Justice Roberts Says AI Will Transform How the Courts Work," Bloomberg
　　　2024/1/1<https://www.bloomberg.com/news/articles/2023-12-31/ai-and-the-supreme-
　　　court-justice-roberts-says-it-will-transform-judges-work>
＊63　薦田淳平「裁判所で使われる人工知能（AI）」判タ1513号（2023）19頁

れに伴う法的課題について素描したい。[*64]

◆（2）現時点の技術水準と将来の技術発展

　**ア　現在の技術水準**　　今日、既に生成AIは簡単な文章作成であれば十二分に行うことが可能であるところ、特に、RAG（→第1章）等の「データを利用した生成」という能力が魅力的である。

　リーガルテックの発展については前著（松尾・ChatGPT）および第5章を参照されたい。

　訴訟業務においては、証拠を大量にアップロードをするとその作成日付に基づき時系列表を作成する等、いわゆるパラリーガルに依頼していたような業務を効率化することは現時点においても可能である。

　このように、訴訟分野において業務を支援する（生成）AIは存在し、既に実務において利用されている。

　**イ　将来の技術発展**　　今後、判決文公開等も影響して生成AIが利用することができるデータはますます増加すると思われる。[*65]それにより、生成AIの精度が向上することは間違いないだろう。

　しかし、その技術発展には、一定の限界がある。例えば、〈相手方代理人がどのような事実を前提にどのような規範が当てはまると主張しているのかを分析し、例えば、「この事実に当てはめるべき規範としては、この最高裁判決が適切であるところ、最高裁判決の規範を利用すると、逆の結論になる」といった分析結果を提示する、「判例の射程分析AI」のようなもの〉が完成すると、相当程度以上、弁護士の訴訟実務における利便性を向上させることができるだろう。そして、ベクトル検索（→第1部コラム）技術を利用して、特定の準備書面をアップロードし当該準備書面と類似度が高い裁判例を探すことは可能である。しかし、類似度が高い裁判例を探すということを超えて、特定の事実関係が特定の判例の射程内であるか否かという法的な分析にまで深掘りしたAIサービスを高精度で構築するこ

---

＊64　より詳細には松尾剛行「司法のAI化と法―統治機構の機械化と法研究の一環として―」Law&Practice18号（2025）掲載予定参照。

＊65　<https://www.moj.go.jp/content/001423117.pdf>

とは、少なくとも短期的には難しそうである。そこで、生成AIによって法曹の業務はますます支援されるものの、それは「代替」ではなくあくまでも「支援」である（→第5章も参照）。このような高度な分析等は、引き続き人間の法曹こそが行うべき業務として残ると予想される。

**ウ　ChatGPTで作られた証拠等が裁判所に提出される時代が到来しつつある**　確かに、現状において、生成AIを利用して作成した準備書面等の裁判資料は、その成果物の水準が必ずしも高いとはいえない。そこで、「賢明な弁護士」であれば、生成AIを利用しないか、仮に利用するとしても「叩き台」的な利用や、上記の時系列表の作成のような、前提資料・事実の整理のための利用しかしないだろう。

　しかし実際には、ChatGPTで作られた資料等が裁判所に提出されてもおかしくない時代が既に到来している。前著（松尾・ChatGPT）8～9頁のとおり、米国では、NY州弁護士がChatGPTを利用して判例を調べた結果、ハルシネーション（幻覚）により架空の判例を準備書面に引用してしまったとしてペナルティを受けている。また、刑事事件ではあるが、起訴前の段階の被疑者が被害者に謝罪する際、謝罪文を弁護士がChatGPTを利用して作成したとして問題となっている[66]（この点については→第10章）。（筆者は絶対にそのようなことはしないものの、）例えば、刑事事件で弁護士がChatGPTを利用して謝罪文を作成し、被告人の反省を示す証拠として裁判所に提出する事態は、近い未来において想定可能である。

◆ **(3) 支援対象場面**

　**ア　はじめに**　生成AIが民事手続を支援するとして、生成AIが「何を」（どの箇所を）支援するかがまず問題となる。民事手続は、事実に法律を適用し、その結果が書面や口頭での説明等の形に落とし込まれながら進んでいくので、それぞれを分けて検討していこう。

　**イ　事実**　まず、その事案における具体的事実が何かについて、生成AIが支援することが考えられる。例えば、録音が存在する場合に生成AI

---

＊66　<https://www.yomiuri.co.jp/national/20240405-OYT1T50081/>

で文字起こしを行う、（争点に即して）重要な記載・発言を抽出する、大量の資料から時系列表を作成する等、様々な支援が期待される。[*67]

**ウ　法律（規範）**　次に、適用される可能性のある法律の存在や判例を含むその解釈等の「規範」のリサーチについて生成AIが支援することが考えられる。もちろん、（ハルシネーション〔→第1部コラム〕の可能性のある）ChatGPTに単に質問をして生成されたものを検証もせずにそのまま訴訟書面に貼り付けることは許されない。しかし、いわゆるリサーチに関するリーガルテックは、弁護士等が利用する法律書・判例・法律雑誌等を踏まえたものとなっている。[*68] そうすると、それぞれのプロダクトに応じた適切な確認・検証がされる限りにおいて、このような「支援」を受けることは十分にあり得るところである。

**エ　落とし込み**　さらに、訴状、答弁書、準備書面、判決書等の書面や、期日での口頭の質問や回答等についても生成AIによってドラフト等の支援がなされることが期待される。すなわち、事実と規範が明らかになれば、生成AIは法的三段論法に基づく説明と少なくとも外観上は類似した説明を生成することが可能であり、書面形式への落とし込みを行うことができる。

もちろん、これは単に人間の法曹の行う法的思考過程の記述と外形的に類似したものを作成するに過ぎず、実際にAIがそれと同じ推論をしているものではない。[*69] 現状も、高度な議論ができるというよりは、いわば書式に事案を埋めるという程度のものである。しかし、結果的には、「下書き」「叩き台」が作成可能である。

そして、今後は精度がますます向上すると予測され、（リサーチ機能で自動的に関連する判例・裁判例を収集した上で）最初に最高裁の規範、次に下級審裁判例を踏まえた下位規範を示し、それに対し、本件の事情を当てはめるといった、表面上の記載だけを見れば「よく書けた判決」と見られるような

---

*67　これは3番目の「書面に落とし込む」に分類されるかもしれないが、ここでは、法的三段論法に即した落とし込みを「書面に落とし込み」としている。

*68　松尾・ChatGPT228頁

*69　ChatGPTの原理であるトランスフォーマー・モデル（→第1部コラム）であれば、次に来る可能性の高い単語を生成するのであり、人間の法的推論とは大きく異なる。

6. 生成AIと民事手続　363

ものを作成することができるようになってもおかしくないだろう。

**オ　法的課題**　　（ア）　支援対象者（→（4））を問わない、一般的な問題として、精度の問題がある。つまり、ハルシネーション等が原因となって生成AIが客観的に誤った事実、法解釈（や、その前提となる条文・判例等）、そして誤った落とし込みをする可能性は常に存在する。このような精度の問題がある以上は、少なくとも生成AIに全てを任せず、ユーザが確認して、責任を取ることは必須である。

　　（イ）　また、証拠に関し、証拠捏造リスクも指摘せざるを得ない。生成AIを、倫理規範を持った法曹自らが利用する場合に、少なくとも意図的な証拠捏造の問題が生じる可能性は低いと思われる。しかし、〈依頼者や第三者が生成AIで捏造した証拠を（依頼者がまたは第三者が）代理人に渡す〉というような状況はあり得るだろう。例えば、死亡した女子プロレスラーの遺族が、第三者によって捏造された投稿画像を根拠に、濡れ衣で投稿者とされた被告を訴え、それに対して被告が遺族に対して反訴した事案がある（大阪地判令和6年8月30日Westlaw2024WLJPCA08309001）。この事案は従来[*70]の画像加工ソフトによるものの可能性があるが、今後生成AIを利用したディープフェイクによる同様の事態も生じ得るだろう。

　その場合に、①提訴が不当訴訟として不法行為となるか、および、②例えば、捏造を見過ごした弁護士が注意義務違反として依頼者に対して損害賠償責任を負うか等の論点があり得る。

　①については、最判昭和63年1月26日民集42巻1号1頁が、訴えの提起が裁判制度の趣旨目的に照らして著しく相当性を欠くと認められるときに不法行為となるとし、具体的には、提訴者の主張した権利等が事実的、法律的根拠を欠くものである上、提訴者が、そのことを知りながらまたは通常人であれば容易にそのことを知り得たといえるのにあえて訴えを提起した場合などを挙げた。そこで、重要な証拠が捏造されたことによって事実的根拠が欠けていることを「容易」に「知り得た」かが問題となる。なお、上記の女子プロレスラー事案では、反訴は棄却された。[*71]

---

＊70　<https://www.yomiuri.co.jp/national/20230622-OYT1T50090/>

②についてはそもそも依頼者が提供したものであれば依頼者として弁護士がそれが捏造されたことが不注意であると主張することが信義則上許されるかは別途問題となる。仮にそれが第三者が提供したものである場合、弁護士が行うべき注意としては、証拠そのものに不自然なものはないか、その提供経緯（提供者がその証拠を持っている理由等）に不自然なものはないか、その内容が他の証拠や争いのない事実との関係で特異ではないか等があるだろう。そして、かかる注意の程度については、生成AIによる証拠捏造がその時点その時点でどの程度一般的となっているかにもよるだろう。

　（ウ）　ここで、捏造について異議を述べたり、捏造であるとしてそれを前提に判断を行うことに関する責任が誰にあるかという点が問題となる。この点については、事実なのか法律なのかによって相違が生じ得るだろう。それが事実であれば、基本的には、証明責任を負う当事者が立証活動を行うところ、少なくとも民事裁判では、相手方が自白すれば、証明は不要となる（民訴法179条）。そこで、相手方の態度次第という部分がある。しかし、それが法律であれば、「裁判官が法を知る」という格言のとおり、相手の態度を問わず、裁判官として正しい法を模索すべきである。原告が生成AIを利用して特定の法規範を主張しても、それを裁判官として（例えばハルシネーションによるものではないか等を）検証し、正しい法規範に基づく判断を行わなければならない。[72]

　その結果、例えば、原告がSNSの投稿による名誉毀損の請求原因を基礎付ける証拠として特定の投稿画像を提出したという場合、その請求原因事実を争い、それが生成AIによる捏造だと指摘すべきは少なくとも第一義的には被告である。しかし、仮に原告がある被告の投稿に対して法的評価を行った結果、名誉毀損に該当すると主張し、被告がこれを争っていな

---

*71　通常人であればその人が誹謗中傷した事実がないことを容易に知り得たか否かを検討し、訴え提起の時点において、通常人であれば本件画像が捏造されたものであることを容易に知り得たとまでは認められない等と判示している。

*72　なお別途、不意打ちを避けるための釈明や争点形成の問題は生じ得るだろう。また、事実上相手方に弁護士が代理人としてついている場合には、原告の主張する法規範が間違っていれば、相手方として反論し、それが裁判所の判断において参考になるだろう。

くても、裁判所は独自に名誉毀損ではないと法的評価をすることは可能である。その意味では、第一義的にはユーザが確認・検証すべきであるものの、他のアクターについても、特に事実面は相手方代理人が、法律面は裁判官が重点的に確認・検証を行い、万が一にも生成AIを利用することに伴う誤判が生じないようにしなければならない。

◆**(4) 支援対象者**

**ア　はじめに**　　上記（3）は、どの箇所を支援するかによる分類であったが、生成AIが「誰を」支援するかによっても議論が変わりうる。そこで、以下では、弁護士、裁判官、書記官、および当事者に分けて、生成AIが誰を支援するかによる相違について説明していく。

**イ　弁護士**　　生成AIは今後、民事手続において代理人である弁護士を様々な面から支援していくだろう。弁護士は、司法試験に合格して修習を終えており、したがって民事手続において〈何があるべき事実・法律・書面等であるか〉を基本的に理解しているはずである。これが意味するところは、生成AIは時にはハルシネーションを含む誤ったものを生成するものの、それを弁護士が確認・検証することで、適切なものとすることができる可能性が高い、ということである。そうであれば、そのようなしっかりとした確認・検証が行われる前提で、生成AIに弁護士の民事手続関連業務の支援を行わせることの弊害は少なく、その便益は生成AIの能力が向上するにつれ、ますます高まることが期待される。逆にいうと、生成AIの便益を真に享受するためには、そのような確認・検証能力を有する弁護士等がこれを利用することが重要である。

**ウ　裁判官**　　裁判官も、弁護士について述べたのと同じ意味において確認・検証能力を有する者であって、適切に生成AIの支援を受けることができる。

　例えば、裁判官は、これまでは当事者の主張を整理することに手間を取られていて、そのために準備書面のワードファイルの提出を求めた上で、その記載をコピー＆ペーストする等の状況が発生していた。今後は生成AIが主張の整理について支援をするだろう。例えば、生成AIに当事者の

提出した書面を読み込ませて、判決の当事者の主張欄を作成させることができるようになるだろう。また、生成AIは訴状や準備書面をもとにブロック・ダイアグラムを作成することができるようになるかもしれない。

このように、生成AIにできることは生成AIにさせることで、人間の裁判官こそが行うべき、より重要な考察や判断に集中することができるようになるだろう。また、判決の結論やロジックは裁判官が決めた上で、それをどのように判決文に表現するかという部分を生成AIに支援してもらうといった形の支援も期待することができるだろう。

とはいえ、実質的に裁判官ではなく生成AIが判断するという状況が万が一発生してしまえば、「裁判所」が判決を下し（民訴法243条）、当該裁判所が裁判官で構成される（裁判所法26条参照）こととの関係で問題となるし、憲法上の「裁判所において裁判を受ける権利」（憲法32条）の侵害の可能性も否定できない（憲法につき→第6章）。その意味で、裁判官による生成AIの利用は、裁判官が実質的に判断を行うといえるような状況の下でのみ行われるべきである。

なお、裁判官が生成AIをリサーチに利用することについては裁判官がインターネットで情報を収集することとある程度パラレルに考えられるだろう。[73]そして、顕著な事実（民訴法179条）であればこれを判決の基礎にする余地があるところ[74]、生成AIを利用してそのような顕著な事実を調べるという限りでは大きな問題はない可能性がある。しかし、その事実が本当に顕著であるかとか、不意打ちにならないか等の論点はあるだろう。[75]

**エ　書記官**　　生成AIは反訳・議事録作成機能を有する。そして、「裁判所書記官は、裁判所の事件に関する記録その他の書類の作成及び保管その他他の法律において定める事務を掌る」（裁判所法60条2項）。そして、調書を含む記録を作成することが典型的な「記録」である。そして、これまでは通常の期日においては要約形式で書記官が調書を作成し、尋問期日に

---

＊73　例えば道垣内弘人ほか「現代における裁判所の情報収集や裁判のための証拠等収集の在り方をめぐる問題」論ジュリ25号（2018）124頁以下を参照。

＊74　同上127頁参照。

＊75　同上130頁も参照。

は速記官が一問一答形式で速記を行い、書記官はそれに基づき調書を作成していた。[76]

　今後、生成AIの反訳・議事録作成機能を利用することで、例えば、通常の期日においても、一問一答形式での調書作成が可能になると予想される。また、証人尋問期日でも、リアルタイムで一問一答の正確な反訳が裁判所や当事者において利用可能となり、例えば、「あなたは先ほどこう回答していませんか？」という質問に対し「覚えていない」というようであれば「タイムスタンプ10:59:59の記載を読み上げます」等として、リアルタイムで生成AIの作成した尋問の記録を利用して尋問すること等も可能となるだろう。このような生成AIの利用自体は極めて魅力的である。

　しかし、（精度が低い場合の確認・検証の問題に加え）実際には、調書への「残し方」が問題となることがある。例えば、尋問で異議が出される場合等において、異議に関する代理人同士や裁判官の一問一答は通常は必ずしもそのまま反訳して調書に記録されるものではない。もちろん、実際にどのようなやり取りがされたかを記録化することそのものには相当以上の意義があり、それを当事者との間で共有すること自体は重要であるとは考えるものの、正式な調書としてどの部分をどのように残すか等は、書記官の行うべき重要な任務であろう。

　**オ　当事者**　　当事者、典型的には本人訴訟の原告や被告が生成AIを利用して書面を作成する状況は確かに全く想定できないわけではない。しかし、既に**イ**や**ウ**において繰り返したとおり、確認・検証を行うことができる能力がない人が生成AIを利用することには問題がある。例えば、生成AIが創作した架空の判例を準備書面に掲載する等で、民事訴訟手続に混乱が生じさせる可能性がある。そこで、弁護士ではない当事者に対して直接紛争に関するリーガルテックを提供することの一部が弁護士法（→第5章）で制限されることに加え、民事手続法の観点から、当事者による利用を一定範囲で制限するべきである。

---

＊76　または民事訴訟規則170条2項に基づき「録音テープ」へ「証人等の陳述又は検証の結果を記録」していた。

◆(5) 紛争解決手続の種類による相違

**ア 民事訴訟** 民事訴訟においては、民事訴訟法が適用されることから、そのような手続法の規定に基づき、生成AIの利用に対して厳格に対応することが可能となる。例えば、民訴法は証拠能力において一定の制限を設けている。提出された証拠が文書であれば、「文書は、その成立が真正であることを証明しなければならない」（民訴法228条1項）。そこで、例えば、契約の締結の有無が争われる場合において、契約書らしきものが証拠提出され、これに対し、契約の締結を否定する側の当事者が「生成AIで作成した偽物だ」と主張する場合には、いわゆる二段の推定等に基づき偽物か本物かが判断され、真正との証明がされなければ、証拠としては用いることができないということになるだろう。[77] なお、例えば裁判所の訴訟指揮権（民訴法148条）の行使として、生成AIの利用を禁止するということ自体はあり得るように思われる。また、今後は、法改正により下記（6）のような内容が入るかもしれない。[78]

**イ 訴訟上の和解** 民事訴訟が開始しても判決手続に至らず、和解で解決することも十分にあり得る。そして和解の場合においては、当事者の互譲によって解決が行われる。例えば、双方の主張を踏まえると、このようなラインであればギリギリ和解ができるのではないか等というラインの和解案を生成AIで作成することは考えられる。また、判決では（名誉毀損以外）獲得することが難しい謝罪等について、謝罪文言等を入れて和解することも見られるところ、謝罪文を生成AIで作成することも考えられる。[79]

この点は、基本的には、和解の場合には判決と異なり、要件事実論に縛られない柔軟な解決となる。そして、Proleg等の従来のAIでもガチガチの要件事実論の処理はある程度できていたが、柔軟な対応は困難であった。[80]

---

＊77 ただし、生成AIによって精巧な印影が生成される時代に成立の真正性を訴訟法上どのように判断するか、例えばウォーターマーク（電子透かし）等の技術的手段の利用をも視野に入れた検討が必要となるように思われる。

＊78 なお、現時点でも裁判所の訴訟指揮権で下記（6）のような内容の一部を実現することは可能かもしれない。

＊79 ただし、生成AIを利用したことで「反省の気持ちが見られない」として問題となる可能性には留意が必要である。

6. 生成AIと民事手続　369

生成AIは学習型であるから、柔軟に「大体このあたりが相互の折り合い得る点であろう」ということを考えられる点に強みがある。かつ、和解については判決手続よりも手続そのものが柔軟であることから、もしかすると判決文作成に生成AIが活かされるようになるよりも先に、和解において生成AIが活かされていくかもしれない。

　**ウ　交渉**　交渉の場合には、（民訴法132条の2以下の訴えの提起前における証拠収集の処分等を除き）必ずしも民事訴訟法の制約を受けないことが重要である。そこで、当事者の生成AIの利用を、例えば、訴訟指揮権（同148条）を根拠に制約することはできない。とはいえ、例えば、生成AIで捏造した証拠に基づき和解をした場合、当該和解が錯誤取消し（民法95条）の対象となる可能性がある（→2も参照）。

　なお、将来的に判決予測技術が向上した場合、生成AIが行う判決予測に基づき、事前にこの事案ではこの幅の判断になるだろうと想定した上で、その範囲で折り合いをつけるように試みることが訴訟前交渉の定番になる可能性は高い。例えば「損害賠償として認められる額はおおむね400万円から600万円の間」だと生成AI判決予測ソフトが示した場合においては、「その間で折り合いをつける」形で交渉がまとまる可能性は高い。

　ただし、十分に理由が示されない生成AIであれば、生成AI判決予測ソフトAは勝訴率90％、ソフトBは勝率10％等という異なる結果を示し、その理由がわからないため、裁判に行く必要があるという場合もあるだろう。また、定評のある生成AI判決予測ソフトは過去の判決から勝率10％という評価を出しており、その分析自体は正しいものの、どうしても判例変更をすべき事案だとしてあえて裁判に訴え出る場合もあるだろう。

　将来的には、定型的・機械的に判断することができる分野においてはそもそも訴訟外の和解で解決し、そもそも提訴されない可能性が高まるだろう。そこで、そうではない、判断が難しい分野（AIの評価が分かれる分野）や、判例変更が求められるもの等のまさに〈人間の叡智が試される分野〉にお

---

＊80　佐藤健ほか「PROLEG：論理プログラミングをベースとした民事訴訟における要件事実論の実装」
　　　人工知能学会知識ベースシステム研究会92号（2011）1頁

いて人間の判断を求めて訴訟が提起されることが増えると予測される。

　エ　ADR　　なお、オンライン上の紛争解決であるOnline Dispute Resolution（ODR）が既に行われ、その中で生成AIを含むAIが利用されている。生成AIを利用することで、少額事案を迅速かつ低コストで解決することは、いわゆる「泣き寝入り」防止の観点からは優れている。[81]調停や仲裁におけるODRの利用は今後ますます推進されることが期待される。ただし、そのような「簡易迅速」性が重視される案件以外の案件でどこまで生成AIを利用するべきかは課題であり、例えば、数十億円やそれ以上の規模の国際仲裁等においては少なくとも実質的な判断までAIに代替させるという議論は見られない。[82]

◆**（6）生成AIのプラスの影響を最大化させ、マイナスの影響を最小化させるために**　　上記のとおり、適切な確認・検証がされる限り、生成AIを支援のために用いることは、民事手続にプラスの影響があると考えられる。しかし、証拠の捏造等、マイナスの影響が生じる可能性自体は否定できない。

　この場合、もちろん、現行法を前提とすること自体は考えられるが、民事手続における（生成）AIの利用に関しては、何かのルールを設けることが望ましいように思われる。例えば、以下のような内容が考えられる。

---

・民事手続において、生成AIを利用することが禁止されるべき部分があればそれを明示する。（例えば、証人尋問において証人がリアルタイムで〔尋問中に〕生成AIのサポートを得て回答を考える等を禁止することが考えられる。かつ、当事者訴訟では本人が生成AIを利用することを禁止し、生成AIを利用する場合には、弁護士である代理人による精査を要求するということ自体は、生成AIのリスク回避のためにあり得るルールかもしれない）

・それ以外の生成AIの利用そのものが禁止されない箇所について、生成AIを利用する方法について明示する。（例えば、法曹または書記官が実質的に関与しない生成AIの裁判手続における利用を禁止するとした上で、実質的関

---

＊81　例えば、フリマサイトの3000円のトラブルの解決のため、着手金10万円を払って弁護士に依頼して訴訟を提起する人は少ないが、ODRで迅速に「1500円」で解決できた場合、確かに完全に満足ではないかもしれないが、泣き寝入りするよりはマシ、となる可能性は高い。
＊82　この点については、2025年中に論考を公表する予定である。

6.　生成AIと民事手続　371

与として確認・精査を挙げ、自己が生成AIを利用する場合と第三者の手による
AI生成物を利用する場合に応じて具体的な確認・精査上の留意点を明記する等）
・生成AIの利用の有無や範囲等の明示義務等も検討するべきである。（例
えば、証拠に関して生成AIを利用した場合に証拠説明書上に何らかの説明をす
るべき旨を民事訴訟規則137条を改正して明記する等）[83]
・当該ルールに違反した場合のペナルティ等も検討すべきである。

　このような、ルールに則った民事手続における適切な生成AIの利用が
行われることで、生成AIのプラスの影響が最大化し、マイナスの影響が
最小化するだろう。

---

[83]　利用したAIの種類、バージョン、プロンプト、出力結果に対する修正の有無等が考えられる。とはい
え、プロンプトにはノウハウが含まれているとすると、その全てをそのまま開示すべきかという問題があろう。
また、修正の有無だけの場合、同じ「有」でも、具体的な修正の程度によってその影響は全く異なるだ
ろう。そうすると、生成AIでポン出し（→第1部コラム）したものを対比のために提出させること等も考え
られるだろう。

コラム ･････････････････････････････････････････････････････････････････････････････････

### AI法とアバター法

　筆者は、NTTグループのシンクタンクである情報通信総合研究所の刊行する World Trend Report誌における約2年にわたる連載を踏まえ、2024年12月に VTuberやAITuber（→第1部コラム）を含むサイバネティック・アバター（CA）をめぐる様々な法的論点（すなわち「アバター法」）について論じた『サイバネティック・アバターの法律問題』（弘文堂・2024）（松尾・CA）を上梓した。皆様は CAという言葉を聞いたことがないかもしれない。CAとは身代わりとしてのロボットや3D映像等を示すアバターに加えて、人の身体的能力、認知能力および知覚能力を拡張するICT技術やロボット技術を含む概念で、Society5.0時代のサイバー・フィジカル空間で自由自在に活躍するものとされている（同書3頁）。一番有名なCAとしてはVTuberがあり、それ以外にも、メタバースで利用するアバターはCAであるし、身代わりロボット等もCAである。

　同書や同書のもととなった連載を振り返ると、かたやアバター、かたや生成AIと、異なる対象を扱うものであるにかかわらず——同一著者によるものという点を差し引いても——本書とかなり問題意識が近接していることが印象的であった。

　すなわち、アバターについても生成AIについても、名誉毀損、プライバシー、肖像権の人格権や、著作権、パブリシティ権等の知財が重要な問題となっている。そして、これまでの議論を基本的にはアバターに対しても生成AIに対してもそのまま（いわば「新たな当てはめ」の問題として）適用することができるものの、一部、そのような過去の議論の応用では解決できないまたは解決が難しい問題があり、そのため、解釈論の変更の可能性や立法論についても扱っている。さらに、AITuberの問題は、まさにアバター法と生成AI法の共通問題であり、例えば本書第8章でも扱った、AITuberと声の人格権をめぐる問題は、まさにホットな話題である。

　なお、アバター法と（生成AI法に限られない）AI法一般の交錯点としては、いわゆる身代わりロボット（OriHime等）の問題がある。ここで、例えば、背後にいる操作者の指示どおりに動かすことができ、その結果、操作者が物理的に遠くにいても、その人の身代わりとして活動することができるロボットというのは、

確かに何らかのAIは組み込まれているからこそ、そのような動作が実現するのだろう。しかし、少なくともこれまでのアバター法と身代わりロボットという文脈においては、例えば、操作者は物理的には自宅にいるが、身代わりロボットを利用して接客する等のシチュエーションが想定されている。このような場合においては、操作者の指示どおりロボットの身体を動かすよう操作するためのAI等が主に問題となるのであって「生成AI」が問題とならないことが多そうである（ただし、一人の操作者が同時に身代わりロボットAとBという複数の身代わりロボットを操作し、例えば、操作者として身代わりロボットAを直接操作しているため、Bを直接操作しているわけではないというタイミングにおいて、Bについては生成AIを組み込んで自律的に周囲と交流できるとすれば、そのような身代わりロボットは、生成AIと関連が深いだろう）。

　これら2つのテーマにほぼ同時に取り組むことは、相互にシナジーがあり、「この問題はこの論文で検討した問題と同様に考えられるのではないか」等として、理解を深めることができた。ぜひ、本書とあわせて、『サイバネティック・アバターの法律問題』をお読みいただければ幸いである。

第 **5** 部

生成 AI と刑事法

# 第 10 章
# 刑事法

## 1. はじめに

　AIは、刑事法にも様々な挑戦を投げかける。筆者はこれまで、広い意味での〈AIと刑事法〉に関し、自動運転と犯罪[1]、医療ロボットと犯罪[2]、医療AIと犯罪[3]、AIの収集したデータに対するリモート差押え[4]、国際的ガバメントアクセス[5]等の研究を行ってきたところである。もっとも、本書では、単なる〈AIと法律実務〉ではなく〈生成AIと法律実務〉が問題となっている。そこで、以下では、広い意味での〈AIと刑事法〉の話ではなく、〈生成AIが新たに提起する刑事実体法および刑事手続法上の問題〉に限定して論じる（なお、条文引用の際に「刑法」を省略することがある）。

## 2. 刑法各論1——生成AIと関連の深い犯罪類型

◆**(1) はじめに**　生成AIはツールであって、そのツールを利用して犯罪の構成要件に該当する行為を行えば、（違法性・責任を阻却する事情がない限り）当然のことながら当該行為につき犯罪が成立する。

◆**(2) 生成AIを利用した詐欺**　生成AIは犯罪、例えば詐欺等の知能犯を促進する可能性がある。すなわち、これまでは文章を人間が作成してそ

---

＊1　松尾剛行「自動運転車と刑事責任に関する考察——ロボット法を見据えて」Law&Practice 11号（2017）73頁以下

＊2　松尾剛行「医療分野におけるAI 及びロボットに関する民刑事責任——手術用ロボットを利用した手術における医療過誤の事案を念頭に」Law&Practice 12号（2018）83頁以下

＊3　松尾剛行「健康医療分野におけるAI の民刑事責任に関する検討——AI 画像診断（支援）システムを中心に」Law&Practice 13号（2019）83頁以下

＊4　松尾剛行「AI・ロボットと刑事法——取得情報とプライバシーを中心に」ビジネス法務 18巻2号（2017）90頁

＊5　（松尾剛行＝胡悦「中国——データ主権原則と越境捜索」指宿信＝板倉陽一郎編『越境するデータと法』（法律文化社・2023）104頁以下および松尾剛行＝胡悦＝楊燦燦「中国のガバメントアクセス——プラットフォームを中心として」情報法制研究14号（2023）48頁以下も参照。

れに対して場合によっては宛先や宛名のみを変更して、例えば犯罪のための メールやメッセージ（国際ロマンス詐欺のメッセージ、標的攻撃やフィッシングメール等）を送付していた。こうした類の個別化されていない詐欺メール等であれば、多くの人は詐欺に気付くので、被害を回避できる。しかし、生成 AI を使うことで、個別の人の状況に応じた「それらしい」[6]詐欺メールや詐欺メッセージを簡単に生成し、非常に騙しやすくなってしまう。特に、国際的な詐欺事案であれば、日本語がネイティブではない外国人が日本人を騙そうとすると、日本語の不自然さで詐欺が判明することが多かった。しかし、生成 AI を利用することで、任意の言語でのそれらしい文章の作成ができるので、詐欺であることがわかりにくくなってしまった。

　2023年のインターネットバンキングの不正送金被害は前年の15.2億円から80.1億円へと5倍強も増加しているところ[7]、このような犯罪の増加の背景には、上述したように、生成 AI を利用することで、日本語ネイティブでなくても「クオリティの高い」フィッシング用のおとりメールやショートメッセージを作成できるということが含まれると推測される。

◆ **（3）生成 AI を利用したウイルス等の作成**　　生成 AI は、プログラミングに関して大きな威力を発揮する。ペンシルバニア大学は、プログラマーが生成 AI の影響で大量に失業するとの予測を公表している[8]。このように、生成 AI に指示することで、「任意の」プログラムを生成できることということは、コンピュータウイルス等の違法で有害なプログラムの作成にも生成 AI を利用することが可能だということを意味する。

　2024年には、生成 AI を利用してウイルスを作成したとして不正指令電磁的記録作成罪（いわゆるウイルス罪。刑法168条の2。以下、本章では条文番号のみで示す）を理由に逮捕された事案が発生した[9]。

---

* 6　むしろ「主人がオオアリクイに殺されて1年が過ぎました」（いわゆる「アリクイスパム」）等、笑い話になることも多かった。とはいえ、犯罪組織があえて「リテラシーの低い人」を選別するために普通のリテラシーを持っていれば詐欺だと気づくようなメールを送付するということもあると聞く。
* 7　金融庁「フィッシングによるものとみられるインターネットバンキングによる預金の不正送金被害が急増しています。」(2024年6月1月24日最終更新)<https://www.fsa.go.jp/ordinary/internet-bank_2.html>
* 8　<https://president.jp/articles/-/78697?page=1>
* 9　<https://piyolog.hatenadiary.jp/entry/2024/05/31/005050>、<https://www.yomiuri.co.jp/

もちろん、各ベンダは、こうした悪用を防ぐ、いわゆるアラインメントのための措置を講じている（→第1部コラム）。そこで、多くの生成AIはあからさまな「ウイルスのプログラムを生成して下さい。」といったプロンプトに対しては、「生成できません。」等としてこれを断る。報道によれば、この被疑者は、OpenAIのChatGPTではない、（不正対策が不十分な）複数の生成AIを併用して、（直接的ではない）遠回しな質問を繰り返すことで、ウイルスを作成したとされている。そして実際に被害者に送付したものの、何らかの理由で作動しなかったそうである。[*10]

◆ (4) 生成AIに対するハッキング等　　逆に、生成AIに対する情報漏洩やデータ破壊等を狙った攻撃も見られる。ここで、そのような攻撃のことを「プロンプトインジェクション」と呼ぶことがある。プロンプトインジェクションは、大規模言語モデルに入力する文脈を工夫することによって、システムに想定外の挙動を示させる試み[*11]といった広い意味で用いる場合と、AIシステムに悪意ある命令や隠しコマンドを挿入しようとする入力操作攻撃[*12]というような狭い意味で用いる場合の双方が存在する。ここで、前者の中には単なるプロンプトエンジニアリングも含まれているところ、出力が想定外であってもそれが「想定外のより良いもの」であれば大きな問題がないこともあることから、以下では、後者を想定する。

　この、後者の意味におけるプロンプトインジェクションの例としては、RAGを利用して、特定のデータベースのデータを検索して回答を生成するAIシステムを利用しているユーザ企業を攻撃のターゲットにして、当

---

national/20240528-OYT1T50125/>、<https://www.jiji.com/jc/article?k=2024052800315&g=soc>

＊10　メディアにより報道のニュアンスが異なっており、「実用化のためのプログラムは入手できなかった」という時事通信の報道<https://www.jiji.com/jc/article?k=2024052800315>からすれば、そもそも「人が電子計算機を使用するに際してその意図に沿うべき動作をさせず、又はその意図に反する動作をさせるべき不正な指令を与える」（168条の2第1項1号）電磁的記録に至っていなかったのかもしれない。いずれにせよ、第一審の有罪判決が下されている（東京地判令和6年10月25日〔判例集未登載〕で有罪判決が下っている）。

＊11　近藤拓未ほか「大規模言語モデルを用いた質問応答文の自動評価とプロンプトインジェクションへの対処」人工知能学会全国大会論文集（2024）1頁以下<https://www.jstage.jst.go.jp/article/pjsai/JSAI2024/0/JSAI2024_2G4GS601/_pdf/-char/ja>

＊12　内閣サイバーセキュリティセンター「人工知能（AI）への取組（仮訳）」<https://www.nisc.go.jp/pdf/policy/kokusai/Provisional_Translation_JP_Engaging_with_AI.pdf>

該RAGのデータベース名等の保護されている情報を不正に聞き出し、そのデータベースを破壊するコマンドを実行させること等が考えられる。[*13]

このような意味におけるプロンプトインジェクションは、不正指令電磁的記録作成罪（168条の2）等に該当する可能性もある。そして、保護されている情報を不正に入手することを支援するためのプロンプト等の提供は、技術的制限手段の効果を妨げる装置等の提供（不競法2条17号・21条3項4号）の可能性もあり、また、データベース破壊等は電子計算機損壊等業務妨害罪（234条の2）に該当する可能性もある。[*14]

なお、上記とは異なる種類の攻撃として、生成AIに誤った回答をさせるために、学習用のデータを汚染することも、電子計算機損壊等業務妨害（234条の2）に該当する可能性がある。

## 3. 刑法各論2——既に論じてきた問題の刑事的側面

◆（1）はじめに　加えて、既に知的財産権（→第2部）・公法（→第3部）・民事法（→第4部）等で論じられてきた問題にも、刑事的側面が併存することが多い。

◆（2）人格権侵害と犯罪

　ア　はじめに　「人格権侵害罪」といった犯罪は存在しないものの、それに相当するような一部の行為は犯罪となっている。

　イ　名誉毀損罪・侮辱罪　まずは、名誉毀損罪（230条）・侮辱罪（231条）である。ここで、いずれの犯罪も、保護法益が社会的評価であり、名誉感情ではないことが重要である。両者を分かつ相違点は、社会的評価を低下させる方法が事実摘示か（名誉毀損罪）そうでないか（侮辱罪）、である。[*15]　なお、生成AIとは直接関係ないものの、インターネット上の侮辱行為が深刻な問題となり、令和4年改正において侮辱罪が重罰化されている。

　ウ　個人情報保護法（個人情報データベース等不正提供罪）　プライバシー

---

＊13　<https://xtech.nikkei.com/atcl/nxt/column/18/00989/090200158/>

＊14　丸山修平「生成AIとセキュリティ及びその他の課題」（2023年7月21日）<https://www.jlf.or.jp/wp-content/uploads/2023/07/itsympo2023siryou5.pdf>も参照のこと。

＊15　松尾＝山田・インターネット名誉毀損21頁

侵害について、いわゆる覗き（軽犯罪法1条23号）等の形態であれば犯罪が成立するものの、これは生成AIで問題となるような態様ではない。

生成AIの観点からは、個人情報保護法179条に、個人情報データベース等不正提供罪が規定されていることが注目される。同条は「個人情報取扱事業者……若しくはその従業者又はこれらであった者が、その業務に関して取り扱った個人情報データベース等……を自己若しくは第三者の不正な利益を図る目的で提供し、又は盗用したときは、1年以下の懲役又は50万円以下の罰金に処する」と規定している。そこで、例えば生成AIベンダの従業員が学習用データとして収集した個人情報データベース等を第三者に不正な利益を図る目的で提供するといった形態のプライバシー侵害について、刑事処罰を行うことが可能である。[*16]

**エ　著作権等**　なお、例えばなりすましのために生成AIで作成した画像・動画を利用するといった場合は、その画像・動画が著作権侵害をしていれば、刑事処罰を行うことができる（著作権法119条）。

## ◆（3）ディープフェイク・フェイクニュース等「偽」情報への（刑事的）対応

**ア　はじめに**　「ディープフェイク」とは、「ディープラーニング（深層学習）」と「フェイク（偽物）」を組み合わせた造語で、本物または真実であるかのように誤って表示し、人々が発言または行動していない言動を行っているかのような描写をすることを特徴とする、AI技術を用いて合成された音声、画像あるいは動画コンテンツのことをいう。[*17]

プラットフォームサービスに関する研究会第三次報告書[*18]は、「大規模言語モデル（LLM）は、偽情報を含む文章生成ツールに用いられるリスクもある一方で、偽情報を検知するためのツールに用いられる可能性もある」とする。

アダルトビデオの身体に芸能人の顔を合成したとして逮捕された事案が

---

*16　具体的なベンダの収集・保管態様が個人情報データベース等を構成する形であったかは別途問題となり得るだろう。この点は第4章を参照のこと。

*17　総務省「特集②　進化するデジタルテクノロジーとの共生」<https://www.soumu.go.jp/johotsusintokei/whitepaper/ja/r06/html/nd141210.html>

*18　プラットフォームサービスに関する研究会「プラットフォームサービスに関する研究会　第三次とりまとめ」（令和6年1月）<https://www.soumu.go.jp/main_content/000928309.pdf>39頁

複数発生し、刑事事件にはなっていないが、台風による水害時にstable diffusionで偽の画像を作成して投稿したことが問題となった事案もある。[*19]

現在、日本においては、「偽情報作成罪」や「偽情報流布罪」といった、ディープフェイクを直接のターゲットとした犯罪類型は存在しない。韓国が性的なディープフェイクの作成、所持等を犯罪化している中、日本でもこのような法改正が必要かは、現在ディープフェイクにより生じている問題のうち、現行法の解釈では対応できないものが存在するかをもとに判断すべきであろう。そこで、以下、偽情報に関するどのような行為がどのような犯罪とされているかを説明していく。

**イ　名誉毀損罪**　かなり昔から〈AI（少なくとも学習型AI）を利用していないフェイク画像〉は作成されており、刑事事件で摘発されていた。例えば、東京地判平成18年4月21日Westlaw2006WLJPCA04210003（アイドルコラージュ事件）は、アイドルがまるで裸体を露出しているかのようなコラージュ写真を作成した事案において、「極めて精巧な合成写真であって、画像を見るだけでは、これが合成写真であることを見抜くことはほとんど不可能であって、その生々しい臨場感の故に、アイコラ画像についての前提的な知識を有している者に対しても、対象とされたアイドルタレントがあるいは真実そのような姿態をさらしたのかもしれないと思わせかねない危険性をはらんだものであったことは否定できない」という事実認定の下、名誉毀損罪（230条）の成立を認めている。

このような名誉毀損罪を利用した処理は、確かに、ディープフェイク技術を利用して、特定の人が、その社会的評価が低下するような行為をしているといった誤解を招く画像や映像を生成した場合には適切なものである。アダルトビデオ動画の身体と芸能人の顔を合成した2つの事案においては、そのいずれも名誉毀損罪で有罪となっている。[*20][*21]

しかし、例えば、水害の画像（→ア）を偽造しても、それは必ずしも名誉毀損にはならない。

---

*19　<https://www.itmedia.co.jp/news/amp/2209/26/news180.html>
*20　東京地判令和2年12月18日Westlaw2020WLJPCA1218060U/
*21　東京地判令和3年9月2日判例秘書L07631177

382　第5部　生成AIと刑事法 ⅢⅢⅢ第10章　刑事法

**ウ 業務妨害罪** ここで、日本では伝統的に、（他人の名誉を毀損しない）デマに対しては業務妨害罪（233条・234条）で処理している。例えば熊本地震の際に、動物園からライオンが逃げたというデマを述べたことで、動物園の業務が妨害されたとして、偽計業務妨害罪（233条）で逮捕された事案がある。2024年の能登半島地震でも、虚偽の救援要請投稿が、助けに行った警察の業務を妨害したとして、逮捕者が出ている。[*23]

業務妨害については、特に警察の業務に対する妨害について議論がある。つまり、警察としては「投稿の真偽を確認する」という通常業務を実施しただけではないか、それを業務妨害と評価できるのか、という問題である。

ここで、YouTuberが警察官の前で覚醒剤の「パケ」の袋に砂糖を詰め、これを落とし、警察官に簡易鑑定等の業務を行わせたことが偽計業務妨害罪か争われた事案で、最決平成31年2月26日Westlaw2019WLJPCA02266011は、偽計業務妨害罪の適用を認めた高裁（名古屋高金沢支判平成30年10月30日Westlaw2018WLJPCA10306003）の判断を確定させた（上告理由に当たらないとした）。高裁は、それがなければ、本来遂行できたはずの業務が妨害されているとして警察への業務の妨害を広く認めた。

このような判断をディープフェイク事案に適用すると、かなり広い範囲で業務妨害罪の成立が肯定され得るであろう。もちろん、ディープフェイクの事案を担当した警察官が、そのディープフェイクが明らかなデマだとして無視した等であれば、本来遂行できたはずの業務への妨害はないものの、それに基づく確認や問い合わせ対応等の業務が発生したのであれば、広く業務妨害を認定することが可能である。そこで、デマによって警察等の関係機関において確認や問い合わせ対応等が発生した場合、当該機関に対する業務妨害を理由として処罰を行うことができる可能性が高い。

**エ その他** なお、ディープフェイクが特定の画像の著作権を侵害する場合には、著作権法違反であり、これは犯罪でもある（著作権法119条）。また、生成AIによる偽文書が文書偽造罪（例：159条）の構成要件に該当

---

\*22 <https://www.huffingtonpost.jp/2016/07/20/lion-escape_n_11081056.html>
\*23 <https://www.nikkei.com/article/DGXZQOUE242390U4A720C2000000/>

することもある。ディープフェイクを利用して他人を騙す（例：上司を装って送金をさせる）等による詐欺事件であれば、詐欺罪（246条）で処理される。

◆**(4) その他の刑事規制**　　その他、金融分野、医療分野、消費者分野等生成AIが利用する分野ごとに行政規制が存在し（→第3部）、これらについて刑事罰が規定されている。[*24]

---

### 4. 刑法総論

◆**(1) 故意**　　例えば、AITuberが名誉毀損を行う場合において、当該AITuberの運営者は名誉毀損罪（230条）の責任を負うか。このような場合、運営者がYouTubeの配信において自ら発言する代わりに、自分の指定した発言をAITuberに発言させるような態様であれば、（他の要件が満たされる前提で）犯罪成立に疑義はないだろう。もっとも、AITuberが「コメントをするファンと会話する」ような性質のもので、特定のコメントを拾った結果として名誉毀損を行うという場合、そのような発言を当該AITuberが行ったのは単なる偶然であり、故意が否定されるという状況はあり得る。

とはいえ、積極的な意図まではなくても、認識・認容があれば、故意を肯定することが可能である。そのような観点から、いわば〈このAITuberが名誉毀損等をするかもしれないが、それもやむをえない〉といった内心があれば、（未必の）故意が認められることがある。これに対し、AITuber運営者において、様々なマスタープロンプトの工夫等（→第1部コラム）で名誉毀損等の犯罪が成立する発言をAITuberが行うことを防ごうとしていたものの、いわば偶然、その防止措置をかいくぐってAITuberが名誉毀損発言をしてしまった、ということであれば故意が否定される可能性も十分にあり得るだろう。

なお、AITuberに名誉毀損発言をさせようと考えて、意図的なコメントをAITuberに対して行い、結果的に名誉毀損発言をさせた者は間接正犯的な立場として責任を負う可能性がある。[*25]

---

*24　例えば生成AIを利用したサービスが医業の独占を定める医師法17条違反とみなされた場合、「3年以下の懲役若しくは100万円以下の罰金に処し、又はこれを併科する。」（医師法31条1項1号）

## ◆（2）共犯（中立的幇助）

**ア　中立的行為による幇助事案において参考になるWinny事件**　　上記2（3）では、生成AIを利用してユーザがウイルスを作成した事案を紹介したところ、この事案では、ユーザだけではなくベンダの刑事責任もまた問題となりうる。すなわち、事例10-1として、ベンダが、その提供した生成AIサービスにより結果的にユーザによるいわゆるウイルス罪構成要件該当行為の実施を支援してしまっている事案について、共犯、典型的には幇助犯（62条）が成立しないかを以下検討していこう。

幇助犯の成立要件としては、一般に①正犯の実行を促進する幇助行為、②幇助の故意、③正犯の実行行為および④幇助行為と正犯の実行行為との間の因果関係とされる*26。そして、事例10-1のような、適法用途にも違法用途にも利用することができる生成AIに関するサービスを提供し、相手方ないし第三者が当該サービスを利用してウイルス罪等の犯罪を実施した場合に、いかなる要件を満たせば幇助犯の成立が認められるか、という点については、最決平成23年12月19日刑集65巻9号1380頁（以下「Winny事件」または「本決定」などということがある）が参考になる。

**イ　Winny事件の判断**　　Winny事件では、ファイル共有ソフトであるWinnyの開発者である被告人が、ウェブサイト上でWinnyを不特定多数の者に対して公開、提供していたところ（以下「本件公開行為」という）、正犯者である第三者がWinnyを利用して他人が著作権を有する作品をアップロードする等して、著作権侵害行為に及んだ。そこで、被告人による本件公開行為が著作権侵害罪（同法119条）の幇助罪（62条）に当たるとして起訴された事案である。ここで、Winnyは、情報発信主体の匿名性を確保する機能とともに、ファイルの検索や送受信を効率的に行うための機能を備えており、それ自体は適法な利用が可能なソフトであるものの、著作権を侵害する態様で利用することも可能である。このようにWinnyは侵

---

＊25　ただし、通常の間接正犯は実行犯が人間であるが、この場合には「実行犯」が人間ではないAITuberだという相違がある。

＊26　山口厚『刑法総論〔第3版〕』（有斐閣・2016）336頁

4. 刑法総論　**385**

害用途にも非侵害用途にも利用できるソフトであるところ、このようなソフトを、ウェブサイト上で無償公開するという方法で、不特定多数の者に対して公開、提供することが幇助に当たるかが問題となった。

　確かに、正犯者は、Winny を利用して著作権侵害行為に及んでおり、正犯者の観点だけからすれば、被告人の提供する Winny が物理的に正犯者による著作権侵害を容易にするという促進効果を発揮して、著作権侵害罪の実行行為に及んでいるといえ、上記の①正犯の実行を促進する幇助行為、②幇助の故意、③正犯の実行行為、④幇助行為と正犯の実行行為に因果関係があることの4要件のうち、③、④は問題なく認められる。よって、残りの2要件、すなわち、被告人による Winny の提供が①正犯の実行を促進する幇助行為か、および②幇助の故意があるかが問題となる。

　ここで、Winny の提供は現に①正犯の実行を促進しており、客観的に見て幇助行為の性質を有することは否定できないようにも思われる。また、②幇助の故意についても、故意とは構成要件該当事実、すなわち幇助行為の認識、認容をいうところ、かかる幇助の故意の意義を、〈Winny を使えば著作権侵害行為を行うことができるという一般的可能性があることを認識、認容していることをもって足りる〉と理解すれば、②幇助の故意も認めることは可能である。

　もっとも、本決定は、Winny が価値中立的なソフトであること、ソフトの開発行為に対する萎縮効果を生じさせないという要請があることに鑑み、①幇助行為および②幇助の故意の成立範囲を限定した。

　具体的には、本決定は以下のとおり述べている（❶やa等は筆者が付け加えている）。すなわち、「ソフトの提供者において、❶当該ソフトを利用して現に行われようとしている具体的な著作権侵害を認識、認容しながら、その公開、提供を行い、実際に当該著作権侵害が行われた場合や、❷a当該ソフトの性質、その客観的利用状況、提供方法などに照らし、同ソフトを入手する者のうち例外的とはいえない範囲の者が同ソフトを著作権侵害に利用する蓋然性が高いと認められる場合で、b提供者もそのことを認識、認容しながら同ソフトの公開、提供を行い、実際にそれを用いて著作権侵

386　第5部　生成AIと刑事法 ⸿⸿⸿ 第10章　刑事法

害（正犯行為）が行われたときに限り、当該ソフトの公開、提供行為がそれらの著作権侵害の幇助行為に当たると解するのが相当である」と。

　要するに、❶の場合には、具体的な①幇助行為および②幇助の故意が肯定されるとして、幇助犯が成立する。もっとも、具体的な幇助行為や具体的認識・認容がなく、あくまでも抽象的蓋然性に過ぎない場合については、❷aの要件を満たさなければそもそも①幇助行為とは評価できず、また、仮に❷aの要件を満たして幇助行為と評価されるとしても、❷bの要件を満たさなければ②幇助の故意があったとは評価できないとした。このように、本決定は、幇助犯の成立範囲を狭める解釈を行ったものである。

　Winny事件の事案において、被告人には、❶のような認識はなく、また、❷については、Winnyの匿名性や、当時のWinny内のデータの4割が著作権違反物であったこと、被告人が対象を限定せずに無償かつ継続的にWinnyを公開、提供していたことに照らし、❷a該当性は肯定されるとした。もっとも、被告人が本件公開行為に伴い、利用者に対し著作権侵害のために利用しないように警告を発していたことからすると、❷bを充足せず、故意は認められないとして、無罪であるとした。

　**ウ　Winny事件の射程**　　本決定は、Winnyというソフトウェアを無償で不特定多数の者に提供した事案であり、問題となったのは著作権侵害の幇助犯であるうえ、調査官解説によれば、あくまで事例判断に過ぎないことから、この判示を無制限に一般化できるものではない。事例10-1において問題となる生成AIサービスは、通常は利用契約の相手方へ提供されるものであり、かつ、著作権法違反ではなくウイルス罪の幇助罪の成否が問題となるため、本決定の射程が問題となる。

　この点、本決定は、「新たに開発されるソフトには社会的に幅広い評価があり得る一方で、その開発には迅速性が要求されることも考慮すれば、かかるソフトの開発行為に対する過度の萎縮効果を生じさせないためにも、単に他人の著作権侵害に利用される一般的可能性があり、それを提供者に

---

＊27　矢野直邦「判解」最高裁判所判例解説刑事篇平成23年度382頁

図表10-1：Winny事件決定の判旨と生成AIへの（試論的）当てはめ

| Winny事件決定の場合分け | 幇助行為・幇助の故意との関係 | Winny事件決定の判断 | 生成AIへの（試論的）当てはめ |
|---|---|---|---|
| ❶当該ソフトを利用して現に行われようとしている具体的な著作権侵害を認識、認容しながら、その公開、提供を行い、実際に当該著作権侵害が行われた場合 | ❶の場合には、具体的な①幇助行為および②幇助の故意が肯定されるとして、幇助犯が成立する。 | Winny事件の被告人には❶のような認識はないとされた。 | ❶（生成AIを利用した）サービスを利用して現に行われようとしている具体的なウイルス罪に違反する行為を認識、認容しながら、その提供を行い、実際に当該ウイルス罪に違反する行為が行われた場合には、具体的な①幇助行為および②幇助の故意が肯定され、幇助犯が成立する。 |
| ❷a当該ソフトの性質、その客観的な利用状況、提供方法などに照らし、同ソフトを入手する者のうち例外的とはいえない範囲の者が同ソフトを著作権侵害に利用する蓋然性が高いと認められる場合で、b提供者もそのことを認識、認容しながら同ソフトの公開、提供を行い、実際にそれを用いて著作権侵害（正犯行為）が行われたとき | ❷aの要件を満たさなければそもそも①幇助行為とは評価できず、また、仮に❷aの要件を満たしていても、❷bの要件を満たさなければ②幇助の故意があったとは評価できない。 | Winny事件では、Winnyの匿名性や、当時のWinny内のソフトの4割が著作権違反物であったこと、被告人が対象を限定せずに無償かつ継続的にWinnyを公開、提供していたことに照らすと、❷a該当性は肯定されると判断された。もっとも、被告人が本件公開行為に伴い、利用者に対し著作権侵害のために利用しないように警告を発していたことからすると、故意は認められず、❷bは充足しないとして無罪とされた。 | ❷a（生成AIを利用した）サービスの性質、その客観的な利用状況、提供方法などに照らし、サービスを利用する者のうち例外的とはいえない範囲の者がサービスをウイルス罪に違反する用途に利用する蓋然性が高いと認められる場合であって、かつ、b提供者もそのことを認識、認容しながらサービスの提供を行い、実際にそれを用いてウイルス罪の実行行為（正犯行為）が行われたときに限り、生成AIの提供者にウイルス罪の幇助犯が成立する。 |

おいて認識、認容しつつ当該ソフトの公開、提供をし、それを用いて著作権侵害が行われたというだけで、直ちに著作権侵害の幇助行為に当たると解すべきではない」として、ソフトウェア開発における萎縮効果という観点から、幇助犯の成立範囲を狭める解釈をした。

つまり、本決定の要点は、提供行為の客体であるWinnyが侵害専用品ではなく、適法行為にも違法行為にも利用することが可能な価値中立的なソフトであって、そのようなソフトウェアの開発・提供について萎縮効果を発生させたくない、という点にあるのであり、価値中立的なソフトの開発・提供事案全般と幇助行為の判断において（直接の「射程」内であるかはともかく）本決定を参照するのが相当である。

　そして、確かに、事例10-1で問題となっているのは、ウイルス罪であって著作権侵害ではないし、提供の方法も特定人に対する（有償）提供であって不特定多数への公開ではないという点で、本決定の事案とは相違している。もっとも、生成AIサービスはWinnyと同様、適法にも違法にも利用できる価値中立的なツールであり、「社会的に幅広い評価があり得る一方で、その開発には迅速性が要求されることも考慮すれば、かかるソフトの開発行為に対する過度の萎縮効果を生じさせない」ことが重要である。よって、Winny事件と同じような判断枠組みに基づき検討すべきである。

　上記の特色を踏まえ、Winny事件の判断枠組みを生成AIを用いたサービスに適用すると下記のようになるだろう。すなわち、❶現に行われようとしている具体的なウイルス罪に違反する行為を認識、認容しながら、その提供を行い、実際に当該ウイルス罪に違反する行為が行われた場合や、❷aサービスの性質、その客観的利用状況、提供方法などに照らし、サービスを利用する者のうち例外的とはいえない範囲の者が当該生成AIサービスをウイルス罪に違反する用途に利用する蓋然性が高いと認められる場合で、b提供者もそのことを認識、認容しながらサービスの提供を行い、実際にそれを用いてウイルス罪該当行為が実施されたときに限り、幇助行為に当たると解するのが相当である。

　このような議論は、生成AIに関する価値中立的ソフトを利用した犯罪であればウイルス罪以外でも同様に当てはまるだろう。

4. 刑法総論　389

## 5. 刑事手続法

◆（1）刑事手続における生成AIの利用

**ア　はじめに**　　本書第9章で既に、民事手続における生成AIの利用について検討してきた。以下では、刑事手続であることにより、民事手続と異なってくる可能性のある点について検討しよう。[28]

**イ　伝聞法則**　　民事訴訟では文書を証拠として提出する場合には文書成立の真正（民訴法228条）が必要であるが、伝聞証拠だからといって直ちに証拠能力が否定されるものではない。それに対し、刑事手続では伝聞法則が問題となる（刑訴法320条）。例えば、Aが被告人の犯行を目撃したという陳述内容を録取した書面について、被告人がそれを生成AIで生成された架空の、または少なくとも信用性のない書面だと考えれば、同意を拒み、Aを証人として尋問することができる。

ただし、特定の証拠については例えば、非伝聞として伝聞法則が適用されないこともある。例えば現場写真については、最決昭和59年12月21日刑集38巻12号3071頁が、伝聞法則は適用されないとした。よって、被告人が検察が「現場写真」だとして提出しようとする証拠に対し、それがAIによって生成されたディープフェイクと考えても、撮影者の尋問を求める際に必ずしも伝聞法則は根拠とならない。しかし、関連性——すなちち、それが真にその現場を撮影したものであること——は必要であり、この点を争うことはできるだろう。[29]

**ウ　取調べ**　　取調べにおいて、従来から「コピペ調書」として共犯者Aの調書と共犯者Bの調書がほぼ一字一句同じであること等が特に特捜部型捜査等で見られると指摘されている。このような調書を生成AIを利用して量産すること自体は技術的には可能だろう。しかし、生成AIを「支援」として利用することはあり得るとしても、実質的に生成AIが調書を作成

---

[28]　なお、強制捜査の対象として生成AIを含むAIに蓄積された情報が利用されることも指摘可能だが、この点については、松尾・前掲注4)を参照されたい。

[29]　なお、袴田事件についての静岡地判令和6年9月26日裁判所HP（平成20年（た）1号）はねつ造を認定した証拠について関連性を否定している。

していて、人間が関与しないのであれば、取調べを行う意味がなくなってしまう。かつ、「被疑者の供述」を「録取」する（刑訴法198条3項）とは、捜査官等の供述者以外の者が「聞き取って記録した書面[30]」を作成することとされているところ、人間が聞き取って記録しているわけではない以上、その要件を満たさなくなるだろう。とはいえ、確かに人間の捜査官が聞き取るものの、被疑者等の説明をそのまま記載したのでは冗長になったり言いたいことがうまく伝えられない等といった場合において、被疑者の説明をより正確に記録する（犯罪捜査規範179条1項1号）等の目的で生成AIを補助的に利用することはなお正当化されうるだろう。

**エ　テキストマイニングと生成AIによる対抗**　　最後に、特に刑事方面でよく利用されるテキストマイニングについて述べたい。テキストマイニングは、いわばその人その人の文章に残された「指紋」である、文章の特徴を抽出することで作者を同定する技術である[31]。例えば匿名の脅迫文が送付された場合において、その脅迫文の文章の複数の特徴を脅迫をする可能性のある被害者の周辺の人の文章と特徴をそれぞれ比較対照し、〈この点も、この点も、この点も一致しているのはもはや偶然の一致ではなく、作者はこの人に違いない〉と同定するのである。このような技術は既に刑事事件の解決に利用されている。

　しかし、テキストマイニングに対しては、生成AIの利用が対抗策になってしまう。つまり、脅迫文を自分で書くからこそ、（いくら気をつけていても）知らず知らずのうちに文章の特徴が一致してしまうため、テキストマイニングが有用である。しかし、生成AIに書かせれば、簡単に自分の文章と特徴が一致しない文章を作成することができてしまう。このような生成AIを利用した捜査回避手段に対する対抗手段を今後は検討していく必要

---

*30　池田修＝前田雅英『刑事訴訟法講義〔第7版〕』（東京大学出版会・2022）418頁。なお、最判平成18年11月7日刑集60巻9号561頁で問題となった書証につき、「本件書証は他人の供述を聞き取って記述した書面である以上あくまでも供述録取書であり……本判決もそのような立場を取っている」とする「判解」最高裁判所判例解説刑事篇平成18年度414頁も参照。

*31　金明哲監修『犯罪捜査のためのテキストマイニング―文章の指紋を探り、サイバー犯罪に挑む計量的文体分析の手法』（共立出版・2019）

があるだろう。

◆ **(2) 刑事弁護と生成AI——謝罪文作成への利用を例にとって**　　刑事弁護において、謝罪文を生成AIで作成したことが問題となった。[32]謝罪文が意味を持つのは、被疑者が真に反省し、その悔悟の情が反省文という形に結実するからこそである。ところが、生成AIで謝罪文を生成すればその意味が失われてしまう。もし謝罪文をAIで生成して、それでよしとする態度をとるのであれば、それは、不適切な弁護といわざるを得ないだろう。

もちろん、生成AIをアイディア出しの際に参考にする等、1つの参考資料として生成AIを使うこと自体は、直ちには否定されないだろう。ただし、これが仮に参考・支援であっても、被疑者が事件に向き合って真に反省する、という反省文の本質を没却するような利用方法は失当である。

---

＊32　<https://www.yomiuri.co.jp/national/20240405-OYT1T50081/>

**コラム** ...........................................................................................

### 生成AI規制の刑事法的側面

　生成AIに対する行政規制を含む多くの業法的な規制や行政規制には、刑事法の側面がある。

　例えば景表法の優良誤認規制（行政規制は5条1号、刑事規制は48条1号）のように行政と刑事で構成要件を分けて規定するところもあるが、弁護士法のように、ストレートに違反行為を犯罪とすることも多い（72条およびそれを犯罪とする77条3号〔→第5章〕）。

　このような刑事規制については、明確性の原則が重要である。すなわち、何が犯罪で何が犯罪でないかが不明確であれば、規制対象の側の萎縮を招く。例えば、生成AIを利用したリーガルテックサービスのうち、何が違法で何が適法かがわからない場合、日本の多くの企業のメンタリティからすれば、〈怖いのでリーガルテックサービスを提供しない、利用しない〉という方向に向かいかねない。それでは、生成AIの便益を享受することはできない。例えば、リーガルテックの文脈でいえば、幸いなことに、第5章で取り上げた法務省ガイドラインにより、生成AIを含むリーガルテックについては解釈が明確になった。

　しかし、本書で取り上げた行政規制の中で、生成AIに特化したガイドラインが公表されているものは少ない。その結果として、行政規制を遵守しながら生成AIを適切に利用する方法が明確ではない。上記のとおり行政規制違反が犯罪となることも多いところ、明確性の原則の観点から、今後、ガイドライン等の方法で解釈が明確化され、生成AIを利用したプロダクトの開発が萎縮しない方向に進むことを願うばかりである。

第 6 部

# 生成 AI 規制の動向を踏まえた
# 実務対応

# 第11章
# 国際的視野を踏まえた生成AI規制の動向

## 1. はじめに

　世界、そして日本におけるAI規制の潮流は急速に変わりつつある。2023年頃までは、AIをターゲットとした新たなハードロー（法律等）による規制を試みるEUと、（既存の法令の解釈や手直しの可能性は留保しながらも）AIをターゲットとしたハードローの制定ではなく、ソフトロー（ガイドライン等）による規制を志向する米国・日本という構造が存在した。しかし、後述のとおり2023年10月に米国が法的規制に舵を切るようになり、日本はその中でいかに対応すべきかについて検討を開始した。2024年8月には、立法を念頭に置いた「AI制度研究会」を立ち上げ、筆者も有識者の一人として意見を述べた[1]（翌2025年2月、AI制度研究会は「中間とりまとめ」を公表した）。2025年1月には、トランプ大統領はバイデン政権のAIに関する大統領令を無効とし、「蒸留」（→第1部コラム）規制が論じられている。以下では、このような急速な変化の中における、あくまで本書校正時点までの最新情報のまとめであることに留意いただきたい。

　本章における国際比較としてはEU（→2）、米国（→3）および中国（→4）のみを挙げたが、それ以外の国も、例えば韓国ディープフェイク規制等、注目に値する動きはある[2]。

## 2. EUのAI規制の全体像

◆**（1）はじめに**　　EUのAI規制といえば、既に2024年8月に発効してい

---

* 1　松尾剛行「中国のAIに関する制度」（2024年8月23日）<https://www8.cao.go.jp/cstp/ai/ai_kenkyu/2kai/shiryou5.pdf>
* 2　英国、韓国、シンガポール、インドおよびブラジルにつき、中崎・法務ガバナンス351-355頁でそれぞれ簡単に言及している。

るいわゆる「AI法*3」を思い出す人が多いだろう。確かに、EUのAI規制を理解する上で、AI法が最も重要な法令であることは間違いない。しかし、AI法はEUとしてAI対策のために用意した一連のパッケージの一部に過ぎない。そこで、本書では先にAI法を説明した上で（→（2））、それ以外の対応についても触れたい*4（→（3））。

◆（2）AI法

**ア　はじめに**　　EU・AI法は、細かく見ていけば、様々な論点がある。本項は、あくまでも日本企業が興味を持つであろう部分に絞ってダイジェストで紹介するに過ぎないものであることをご了承いただきたい。

**イ　立法経緯**　　AI法立法までは、紆余曲折があった。例えば2021年に欧州委員会が公表した、いわゆるAI規則案*5は有名であり、総務省のHPで和訳も公表されている*6。ただし、後述のように、特に生成AI時代に対応するための修正がその後多数入っていることから、この段階の案文および和訳はあくまでも参考と位置付けるべきである。

その後、EU理事会は、2022年12月にGeneral Approach*7を採択し、同様に、欧州議会も2023年6月に修正案*8を採択した。立法段階で各機関が行った修正は多岐に渡るが、最も重要なのは基盤モデルや汎用目的AIと呼ばれる、OpenAIのGPTモデル等を念頭に置いた規制である。

そして2023年12月9日、ついに政治的合意が成立し*9、合意内容が条文に

---

＊3　Regulation（EU）2024/1689 of the European Parliament and of the Council of 13 June 2024 laying down harmonised rules on artificial intelligence and amending Regulations（EC）No 300/2008,（EU）No 167/2013,（EU）No 168/2013,（EU）2018/858,（EU）2018/1139 and（EU）2019/2144 and Directives 2014/90/EU,（EU）2016/797 and（EU）2020/1828（Artificial Intelligence Act <https://eur-lex.europa.eu/eli/reg/2024/1689/oj>. もともと「AI規則（案）」と呼ばれていたが、現在では「AI法（Artificial Intelligence Act）」と呼ばれることが多いので、本書もこれに従う。

＊4　なお、本節は、松尾剛行「成立間近のEU『AI法』で留意すべきAI利用者への影響―政策パッケージの動向を国内金融機関として注視すべし」金融財政事情75巻9号（2024）34頁以下および、松尾剛行「ユーザの立場から見たEU AI法を含むグローバルAI規制の最新動向」国際商事法務研究所 2024年12月20日 <https://www.ibltokyo.jp/series/a001/5912> を大幅に加筆修正したものである。

＊5　<https://eur-lex.europa.eu/legal-content/EN/TXT/?uri=CELEX:52021PC0206>

＊6　<https://www.soumu.go.jp/main_content/000826706.pdf>。

＊7　<https://data.consilium.europa.eu/doc/document/ST-14954-2022-INIT/en/pdf>

＊8　<https://www.europarl.europa.eu/doceo/document/TA-9-2023-0236_EN.html>

＊9　<https://ec.europa.eu/commission/presscorner/detail/en/ip_23_6473>

落とし込まれ、2024年8月1日の発効に至った。実際には、その24カ月後の2026年から全面的に適用を開始する。ただし、提供が禁止されるAIシステムに関する規定などは施行から6カ月後の2025年2月に適用が開始され、生成型AIに関する規定などは施行から12カ月後の同年8月に適用を開始する。[*10]

　ウ　概要──リスクベース・アプローチ　　AI法は、AIに関する包括的規制を行うに当たり、「リスクベース・アプローチ」を採用した。すなわち、AIの類型ごとにどのようなリスクがあるかを踏まえ、そのリスクの高低に応じて異なる規制を行う。

　すなわち、最もリスクが高いAI（→エ）は禁止類型とされ、その利用等が禁止される。

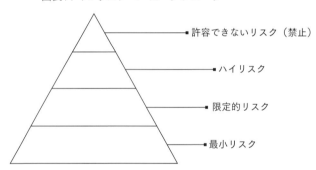

図表11-1：リスクベース・アプローチ

　また、ハイリスクのAIは後述の（→オ）重い義務を負う。限定的リスクのAIについては、透明性に関する義務（AI法50条）を負うにとどまる。最後に、最小リスクのAIには法的規制は適用されず、行動規範（同95条）の遵守が期待されるにとどまる。

　AI規制のための規制機関については日本においても、AI規制庁[*11]やAI規制委員会[*12]等の設置が既に提案されているところであるが、EUレベルに

---

*10　<https://www.jetro.go.jp/biznews/2024/05/4a706cd3034c4706.html>
*11　寺田麻佑「先端技術の発展と行政組織─人工知能に関する議論を中心に」一橋法学18巻2号（2019）96/436頁
*12　新保史生「AI規正論」情報通信政策研究7巻1号（2023）<https://www.soumu.go.jp/main_content/000912925.pdf> 69-100頁

おいてはAIオフィス（AI法64条参照）、欧州人工知能委員会（the European Artificial Intelligence Board、同条参照）、科学パネル（scientific panel、同68条参照）等によるガバナンスが行われる。

　同じEUのGDPRの罰則が厳しく、罰金が高額であることは有名であるが、AI法でも最大3500万ユーロまたは前会計年度における全世界売上高の7%という高額な罰則が規定されている（AI法99条3項）。

　この点に加えて、以下述べるようなAI法が課す様々な義務を知った読者の皆様の目には、AI法がいわば「AI禁止法」のように見えてくるかもしれない。しかし、実際には、AI法はイノベーション促進のため、AI規制のサンドボックス（AI法57条以下）を設ける等、同時に、AIに関するイノベーション促進をも企図していることに留意が必要である。

　**エ　どのようなAIが「禁止」されるのか**　禁止類型としては、以下の類型が挙げられる（AI法5条）。これらは、立法以前または立法過程で問題視された、プライバシー、尊厳等を侵害し、不当な差別を生成・強化するようなAIである。

---

- サブリミナル的技法等（5条1項（a））[13]
- 脆弱性の悪用等（5条1項（b））[14]
- 差別的スコアリング（5条1項（c））。[15]
- 犯罪予測AI（5条1項（d））[16]
- 顔認識（5条1項（e））[17]
- 職場や教育機関における感情推測（5条1項（f））[18]
- バイオメトリクスからプロファイリングによりセンシティブな個人情報を推知すること（5条1項（g））[19]
- リアルタイムの遠隔生体認証システム（5条1項（h））[20]

---

＊13　人の意識を超えたサブリミナル的な技法、または意図的に操作的もしくは欺瞞的な技法を展開するAIシステムを、十分な情報に基づいた意思決定を行う能力を著しく損なうことにより、人またはグループの行動を実質的に歪め、それにより、その人、他の人またはグループに重大な損害を与えるか、与える可能性のある方法で、その人が他の方法では行わなかったであろう意思決定を行わせることを目的としてまたはそのような効果を発生させる形で市場に投入、稼働、または使用すること。

＊14　年齢、障害、または特定の社会的もしくは経済的状況に起因する、人または特定のグループの脆弱性を悪用するAIシステムをその人またはそのグループに属する人の行動を、その人または他の人に重大

**オ　どのようなAIが「ハイリスク」とされるのか**

（ア）はじめに　　　AI法6条1項の定めるAIが「ハイリスク」とされる。加えて、同条2項の要件を満たし、かつ同条3項の例外に当てはまらないAIも「ハイリスク」とされる。

（イ）6条1項　　　EU整合法令（Union harmonisation legislation）は、EUで製品を流通させるに当たり、特定分野の製品が満たすべき要件をEU指令や規則によって整合（ハーモナイゼーション、調和）させているものを指す[21]。そして、AIシステムにおいても、(a) AIシステムが、附属書Ⅰに列挙されたEU整合法令の対象となる製品の安全構成部品として使用されることが意図されているか、またはAIシステム自体が製品であること、かつ、(b) (a) に基づく安全構成部品がAIシステムである製品または製品としてのAIシステム自体が、附属書Ⅰに列挙されたEU整合法令に従って当該製品

---

な危害をもたらすか、またはもたらす可能性が合理的に高い方法で著しく歪めることを目的としてまたはそのような効果を発生させる形で市場に投入、稼働、または使用すること。

*15　社会的行動または既知、推論もしくは予測される個人的もしくは人格的特徴に基づき、一定期間にわたり自然人またはグループの評価または分類を行うことを目的としたAIシステムを、社会的スコアが次のいずれかまたは双方を導く形で市場に投入、稼働、または使用すること。(i) データがもともと生成または収集された文脈とは無関係な社会的文脈において、特定の自然人またはグループ全体を不利益または不利に扱うこと、(ii) 特定の自然人またはグループに対して、その社会的行動や重大性に不当または不釣り合いな不利益または不利な扱いをすること。

*16　自然人のプロファイリングまたは人格的特徴および特性の評価のみに基づいて、自然人が犯罪を犯す可能性を評価または予測するために、自然人のリスクアセスメントを行うためのAIシステムを市場に投入、稼働、または使用すること。なお、この禁止は、既に犯罪活動に直接関連する客観的かつ検証可能な事実に基づいている、犯罪活動への人の関与に関する人間の評価を支援するために使用されるAIシステムには適用されない。

*17　インターネットや監視カメラ映像から顔画像を無制限にかき集め、顔認識データベースを作成または拡張するAIシステムを市場に投入するためのAIシステムを市場に投入、稼働、または使用すること。

*18　職場や教育機関の分野で自然人の感情を推測するためのAIシステムを市場に投入、稼働、または使用すること。ただし、それが医療または安全上の理由から意図されている場合を除く。

*19　人種、政治的意見、労働組合員、宗教的または哲学的信条、性生活または性的指向を推測または推論するために、バイオメトリクスデータに基づいて個々の自然人を分類するバイオメトリクス分類システムを市場に投入、稼働、または使用すること。この禁止は、バイオメトリクスデータに基づいて、合法的に取得された画像などのバイオメトリクスデータセットのラベリングまたはフィルタリング、または法執行の分野におけるバイオメトリクスデータの分類には適用されない。

*20　法執行のための公共スペースにおけるリアルタイムの遠隔生体認証。

*21　JETROロンドン事務所海外調査部「移行期間終了後の英国ビジネス関連制度　輸入事業者・販売事業者・認定代理人」（2021年2月）<https://www.jetro.go.jp/ext_images/world/europe/uk/referendum/report_5_202102.pdf>1頁

2. EUのAI規制の全体像　401

の上市または使用開始を視野に入れた第三者適合性評価を受けることが要求されていること、という双方の要件が充足される場合には、当該AIシステムはハイリスクに分類される。EU整合法令リストが附属書Iにおいて列挙されている。

　（ウ）6条2項　　同条1項において言及されるハイリスクのAIシステムに加え、附属書Ⅲにおいて列挙された分野に関するAIシステムもハイリスクとみなされる。附属書Ⅲが挙げるものは下記のとおりである。

---

・バイオメトリクス（附属書Ⅲ1項）[22]
・重要インフラ（附属書Ⅲ2項）[23]
・教育および職業訓練（3項）[24]
・雇用、労働者管理および自営業へのアクセス（4項）[25]
・必要不可欠なサービス（5項）[26]
・法執行（6項）[27]
・移民、亡命、国境管理（7項）[28]
・司法行政および民主的プロセス（8項）[29]

---

*22　その使用が関連するEU法または国内法で認められている限りにおいて：(a) 遠隔バイオメトリクス識別システム。これには、特定の自然人が本人であることを確認することのみを目的とするバイオメトリクス照合に使用されることを意図したAIシステムは含まれない、(b) センシティブな、または、保護された属性または特性に基づき、それらの属性または特性から推論に基づくバイオメトリクス分類のために使用されることを意図したAIシステム、(c) 感情認識に使用されることを意図したAIシステム。

*23　(a) 重要なデジタルインフラ、道路交通、水、ガス、暖房、電気の供給における管理・運用の安全コンポーネントとして使用されることを意図したAIシステム。

*24　(a) あらゆるレベルの教育・職業訓練機関へのアクセスや入学を決定したり、自然人を割り当てたりするために使用されることを意図したAIシステム、(b) 学習成果を評価するために使用されることを意図するAIシステム（これらの成果が、あらゆるレベルの教育および職業訓練機関における自然人の学習プロセスを指導するために使用される場合を含む）、(c) 教育機関および職業訓練機関との関連において、または教育機関および職業訓練機関内において、個人が受けるまたは受けることができる教育の適切なレベルを評価する目的で使用されることを意図するAIシステム、(d) 教育機関および職業訓練機関においてまたはその内部において、試験中の生徒の禁止された行動を監視および検知するために使用されることを意図したAIシステム。

*25　(a) 自然人の採用または選考のために使用されることを意図したAIシステム、特に、的を絞った求人広告の掲載、求人応募の分析およびフィルタリング、ならびに候補者の評価のために使用されることを意図したAIシステム、(b) 労働関係の条件、労働関係の契約関係の促進または終了に影響を及ぼす決定を行うため、個人の行動または個人の特性もしくは特徴に基づいて仕事を割り当てるため、またはそのような関係にある者の業績および行動を監視し評価するために使用されることを意図するAIシステム。

*26　(a) 公的機関または公的機関に代わって、医療サービスを含む不可欠な公的扶助給付およびサービスに対する自然人の適格性を評価し、ならびに当該給付およびサービスを付与し、減額し、取り消し、ま

（エ）6条3項による同条2項の例外規定　　同条2項の各類型に該当した場合であっても、自然人の健康、安全または基本的権利に危害を及ぼす重大なリスクをもたらさない場合には、ハイリスクとはみなされない（AI法6条3項）。

このように、例外的にハイリスクとはみなされないためには、以下の（a）

---

は請求するために使用されることを意図するAIシステム、（b）自然人の信用度を評価するため、または信用度を確立するために使用されることを意図したAIシステム（ただし、金融詐欺を検出する目的で使用されるAIシステムはこの限りではない）、（c）生命保険および医療保険に関連して、自然人に関するリスク評価および価格設定に使用されることを意図したAIシステム、（d）自然人による緊急通報の評価および分類、もしくは警察、消防、医療救助を含む緊急初動対応サービスの派遣、もしくは派遣における優先順位の設定に使用されることを意図したAIシステム、および緊急医療患者のトリアージシステム。

＊27　その使用が関連するEU法または国内法で認められている限りにおいて：（a）自然人が犯罪の被害者となるリスクを評価するために、法執行当局、または法執行当局を支援するEUの機関、団体、事務所もしくは機関が、または法執行当局のために使用することを意図したAIシステム、（b）ポリグラフまたは類似のツールとして、法執行当局によって、または法執行当局のために、もしくは法執行当局を支援するEUの機関、団体、事務所または機関によって使用されることを意図したAIシステム、（c）犯罪の捜査または訴追の過程で証拠の信頼性を評価するために、法執行当局によって、または法執行当局に代わって、または法執行当局を支援するために、EUの機関、団体、事務所または機関によって使用されることを意図したAIシステム、（d）指令（EU）2016/680（注：法執行指令）の第3条（4）にいう自然人のプロファイリングのみに基づかない、自然人の犯罪または再犯の可能性を評価するため、あるいは自然人またはグループの性格的特徴および特性または過去の犯罪行動を評価するために、法執行当局によって、または法執行当局に代わって、あるいは法執行当局を支援するEUの機関、団体、事務所または機関によって使用されることを意図したAIシステム、（e）犯罪の発見、捜査または訴追の過程において、指令（EU）2016/680（注：法執行指令）の第3条（4）にいう自然人のプロファイリングのために、法執行当局によって、または法執行当局のために、または法執行当局を支援するEUの機関、団体、事務所または機関によって使用されることを意図したAIシステム。

＊28　その使用が関連するEU法または国内法で認められている限りにおいて：（a）所轄の公的機関がポリグラフや類似のツールとして使用することを意図したAIシステム、（b）所轄の公的機関が、または所轄の公的機関のために、もしくはEUの機関、団体、事務所または機関が、加盟国に入国しようとする自然人または加盟国に入国した自然人がもたらす安全保障上のリスク、不規則な移住のリスクまたは健康上のリスクを含むリスクを評価するために使用することを目的とするAIシステム、（c）所管公共当局が、または所管公共当局のために、もしくは、EUの機関、団体、事務所または機関が、亡命、査証または滞在許可の申請の審査、および、証拠の信頼性の評価に関連するものを含む、資格を申請する自然人の資格に関する関連する苦情の審査のために、所管公共当局を支援するために使用することを意図するAIシステム、（d）移民、庇護または国境管理の文脈において、自然人の検出、認識または識別を目的として、EUの機関、団体、事務所または機関を含む所轄の公的機関によりまたはそのために使用されることを意図したAIシステム。ただし、渡航文書の検証を除く。

＊29　（a）司法当局が事実と法律を調査・解釈し、具体的な事実に法律を適用する際に司法当局を支援するため、または裁判外紛争解決において同様の方法で使用するために、司法当局によって、または司法当局に代わって使用されることを意図したAIシステム、（b）選挙もしくは国民投票の結果または選挙もしくは国民投票における自然人の投票行動に影響を与えるために使用されることを目的とするAIシステム。これには、管理上または物流上の観点から政治キャンペーンを組織、最適化または構成するために使用されるツールなど、自然人が直接さらされないAIシステムの出力は含まれない。

2．EUのAI規制の全体像　403

～（d）のいずれかに該当する必要がある。

> （a）AIシステムが、狭い範囲の手続上のタスクを実行することを意図している
> （b）AIシステムが、以前に完了した人間の活動の結果を改善することを意図している
> （c）AIシステムは、意思決定のパターンまたは以前の意思決定のパターンからの逸脱を検出することを意図しており、人間による適切なレビューなしに、以前に完了した人間の評価に取って代わる、または影響を与えることを意図していない
> （d）AIシステムが、附属書Ⅲに掲げるユースケースの目的に関連する評価の準備作業を行うことを意図している

　なお、AIが自然人に対するプロファイリングを行う場合、常にハイリスクであるとみなされる。

　**カ　ある「AI」が「ハイリスク」とされると、どのような主体がどのような義務を負うのか**

　　（ア）AIそのものに関する義務　　次の（イ）で述べる各義務は、例えば「ハイリスクAIの提供者は～しなければならない」という形で書かれている。しかし、例えば、AI法9条1項が「ハイリスクのAIシステムに関し、リスク管理システムが構築、実施、文書化され、かつ、これらが維持されなければならない。[*30]」とするように、これらの義務は、AIに関して定められている。

> リスクマネジメントシステム（AI法9条）
> データおよびデータガバナンス（AI法10条）
> 文書化（AI法11条）
> 記録保持（AI法12条）
> 透明性と実装者への情報提供（AI法13条）
> 人間による監視（AI法14条）
> 正確性・堅牢性・サイバーセキュリティ（AI法15条）

---

＊30　A risk management system shall be established, implemented, documented and maintained in relation to high-risk AI systems.

（イ）提供者の義務　　AIシステムの提供者（→ク）は以下の義務を負う。

> AIそのものに関する義務の遵守（→（ア））の確保（AI法16条（a））
> 事業者名等の明示（AI法16条（b））
> 品質マネジメントシステム（AI法16条（c）・17条）
> 文書化（AI法16条（d）・18条）
> 記録保持（AI法16条（e）・19条）
> 適合性評価手続（AI法16条（f）・43条）
> EU適合宣言（AI法16条（g）・47条）
> CEマーク（AI法16条（h）・48条）
> 登録義務（AI法16条（i）・49条1項）
> 是正措置・情報提供（AI法16条（j）・20条）
> 国内の所轄当局の要求に応じた適合性の証明（AI法16条（k））
> アクセシビティに関する要求の遵守（AI法16条（l））
> 上市後の監視（AI法72条）
> 重大インシデントの報告（AI法73条）

　　（ウ）共同規制　　これらのルールについては、単に公権力がルール（AI法）を決めて一方的に遵守させるのではなく、整合規格（harmonized standards、AI法40条）[31]や実践規範（code of practice、AI法56条）等による対応もなされており、いわゆる共同規制の枠組みを採用している。[32]

　キ　汎用目的AIとその規制

　　（ア）　上記イで述べたとおり、2021年の当初の法案（いわゆるAI規則案）は、生成AIを前提としたものではなかった。しかし、2022年11月のChatGPT提供開始以降、生成AI時代に規制を対応させることの必要性が議論されるようになった。そのような中で、AI法に汎用目的AI規制が導入されることとなった。

　　（イ）汎用目的AIとは何か　　AI法3条63号は、汎用目的AIモデル（general purpose AI model）を、以下のように定義する。すなわち、「大規模

---

＊31　European Commission, Harmonised Standards for the European AI Act <https://publications.jrc.ec.europa.eu/repository/bitstream/JRC139430/JRC139430_01.pdf>参照。
＊32　生貝直人『情報社会と共同規制―インターネット政策の国際比較制度研究』（勁草書房・2011）参照。

2. EUのAI規制の全体像　405

な自己監視を使用して大量のデータで学習される場合を含むAIモデルであって、有意な汎用性を示し、そのモデルが市場に投入される方法に関係なく、様々な下流のシステムまたはアプリケーションに統合することができ、様々な異なるタスクを適切に実行することができるもの」等とする。

　非常にわかりにくい定義となっているものの、筆者は「（ChatGPTの利用する基盤モデルである）GPTモデルを念頭に置いていると考えるとよい」と説明している。つまり、ChatGPT等の生成AIが出現し、特に少数の有力なモデルが様々なアプリケーションにおいて利用されるようになった現下の状況を踏まえ、そのリスクに対して適切に対応するために汎用目的AI規制が導入されている。そこで、もちろんGPTモデル以外であっても上記定義に入る限りにおいて汎用的AIに関する規定は適用されるものの、読者の皆様が汎用目的AI規制を理解する上ではまずGPTモデルの提示するリスクに対する規制として理解することが効率的だと考える。

　ここで、汎用目的AI（general purpose AI）と混同してはならないのが、汎用AI（Artificial General Intelligence, AGI）である。[33]汎用AIは、あらゆる知的タスクを人間と同等かそれ以上にこなすことができるAIのことである。汎用AIについては、実現するか否かといった議論や、既に実現しているのではないか、そして近々実現するのではないかという議論がある。例えば、GPT-o1がIQ120を示した等として、既に汎用AIが存在するとか、もしくはGPTモデルが驚異的な速度で進化する中、近々汎用AIとなるのではないか、という議論は存在する。そこで、汎用AIをどのように規制していくかは1つの将来的な議論の焦点ではある。しかし、少なくとも、EU・AI法においては、汎用AI規制ではなく、汎用目的AI規制が行われていることに留意が必要である。

　また、2023年6月に欧州議会が採択した修正案では、基盤モデル[34]（foundation model）という表現が利用されていた。そして、汎用目的AIもその定義上、「様々な下流のシステムまたはアプリケーションに統合する

---

＊33　中崎・法務ガバナンス32-33頁参照。

＊34　<https://www.europarl.europa.eu/doceo/document/TA-9-2023-0236_EN.html>

406　第6部　生成AI規制の動向を踏まえた実務対応 ▏▏▏▏▏▏ 第11章　国際的視野を踏まえた生成AI規制の動向

ことができる」ものを意味することから、様々なシステムやアプリケーションの「基盤」となること自体は念頭に置かれている。だからこそ、汎用目的AIは、かなりの部分で基盤モデルと重なり合っている。ただし、そのモデルが様々なアプリケーション等の基盤となるか、という観点ではなく、様々な目的に利用することができるAIか、という観点で定義されていることが汎用目的AIの特徴である。

なお、AI法3条63号の定義上、市場に投入される前の段階の、研究、開発、プロトタイピング活動に使用されるAIモデルは汎用目的AIモデルから除外される。

（ウ）システミックリスクを招く可能性による分類　このような汎用目的AIモデルのうち、以下の2つのいずれかに該当すると、システミックリスクをもたらし得る汎用目的AIモデルとされる（AI法51条1項柱書）。

> ・指標およびベンチマークを含む適切な技術的ツールおよび方法論をもとに評価された高度な影響を及ぼす能力を有する場合（AI法51条1項(a)）[35]。
> ・附属書Ⅷの規定する基準を考慮し、職権により、または、汎用目的AIモデルが上記(a)の能力または影響力に相当するものを有しているとの科学パネルからの的確な警告に基づき、委員会が決定した場合（AI法51条1項(b)）

要するに、汎用目的AIは2種類に分かれることになる。つまり汎用目的AI一般に対する規制のみが適用される、①単なる汎用目的AIと、汎用目的AI一般に対する規制に加え、システミックリスクをもたらす汎用目的AIに対する追加的な規制もかかる②システミックリスクをもたらす汎用目的AIの2種類である。

（エ）汎用目的AI一般に対する規制　汎用目的AIの定義に該当するAIの提供者に対しては、（システミックリスクの有無を問わず）委員会に通知する義務等が課せられ（AI法52条）、その他、モデルの技術文書の策定と更新（同53条1項(a)）、汎用目的AIモデルをAIシステムに統合したAIシス

---

[35] なお、高度な影響を及ぼす能力（high-impact capabilities）は、AI法3条64号で最先端の汎用目的AIモデルにおいて記録された能力に匹敵するかそれを超越するものを意味するとされる。

テム提供者に対する情報提供等（同（b））、著作権法を尊重するポリシーの実施（同（c））、AIオフィスの提供するテンプレートに基づき汎用AIモデルの訓練に用いたコンテンツに関する十分に詳細なサマリーを策定し、公表する（同（d））義務、（EU外の場合に）代理人を置く義務（同54条）等を負い、監督に服する（同88条以下）等の義務が課せられる。

　（オ）システミックリスクを招く汎用目的AIに対する追加的な規制　これに加えて、システミックリスクを招く汎用目的AIに対しては追加的な規制がかかる。もちろん、システミックリスクをもたらし得る汎用目的AIモデルというだけでその提供等が直ちに禁止されるものではない（上記（エ）の禁止類型に分類されたわけではない）。しかし、当該リスクを踏まえた追加的義務を履行しなければならない。そこで、システミックリスクをもたらし得る汎用目的AIモデルに対しては、上記（ウ）で述べた義務に加え、以下の義務が課せられる（AI法55条1項）。

---

（a）システミックリスクを特定し軽減することを目的としたモデルの敵対的テストの実施および文書化を含む、最先端技術を反映した標準化されたプロトコルおよびツールに従って、モデル評価を実施する
（b）システミックリスクを伴う汎用目的AIモデルの開発、市場投入、または使用に起因する可能性のあるシステミックリスクを、その発生源を含め、EUレベルで評価し、軽減する
（c）重大なインシデントおよびそれに対処するための可能な是正措置に関する関連情報を把握し、文書化し、AIオフィスおよび必要に応じて各国の所轄当局に過度の遅滞なく報告する
（d）システミックリスクを有する汎用目的AIモデルおよび当該モデルの物理的インフラについて、適切なレベルのサイバーセキュリティ保護を確保する

---

　（カ）生成AI　生成AIと汎用目的AIの関係については、AI法前文において、大規模言語モデルが汎用目的AIの典型例である（AI法前文99）とか、汎用目的AI、とりわけ生成AIがユニークなイノベーションの機会と共に、芸術家、作家および他のクリエイター等への挑戦を投げかけてい

る（同105）等として、関連の深さが説明されている。その上で、AI法50条は生成AIに限定されず、それ以外の場合でも、各項の要件に該当する限り適用されるものの、生成AIに関連が深い以下の義務を課す。

まず、同条1項で、「自然人と直接対話することを意図したAIシステム」について、自然人がAIシステムと対話することを知らされるような方法で設計および開発されていることを保証する義務を課す。

次に、同条2項で、「汎用目的AIシステムを含む、合成音声、画像、映像、テキストコンテンツを生成するAIシステムの提供者」に対し、AIシステムの出力が機械可読性を有する形式で表示され、人為的に生成または操作されたものであることを検知できることを保証する義務を課す。つまり、生成AIシステムの提供者はそれがAIが作成したものであるとわかるようなウォーターマーク（電子透かし）等を設けなければならない。

さらに、同条4項前段で「ディープフェイクを構成する画像、音声または映像コンテンツを生成または操作するAIシステムの実装者」に対し、「当該コンテンツが人為的に生成または操作されたものであることを開示」する義務を課す。この内容は上記の2項の義務と類似しているものの、2項が「AIシステムの提供者」に義務を課しているのに対し、4項前段がAIシステムの実装者（いわばユーザ側）に義務を課していることに留意されたい。[*36]

**ク　ユーザとベンダ**

（ア）はじめに　　ここまでの議論の中では、ベンダを指す言葉として提供者という用語が用いられたり、ユーザを指す言葉として実装者という用語が用いられていた。以下では、簡単にこれらの表現の意義について説明しよう。

（イ）提供者・輸入者・頒布者　　まず、ベンダ側のプレイヤーとしては主に提供者（AI法16条以下）、輸入者（同23条以下）、頒布者（同24条以下）

---

*36　なお、AI法3条60号は、「ディープフェイクとは、AIが生成または操作した画像、音声、映像コンテンツで、実在する人物、物体、場所、その他の実体や出来事に類似しており、人に本物または真実であると偽って見せるようなものを意味する」とする。

2. EUのAI規制の全体像　　409

等が定義されている。上記**カ**で述べたとおり、ハイリスクAIに関する義務は、提供者を主語として規定されることが多い。

提供者は、自然人または法人、公共機関、代理店その他の組織であって、AIシステムもしくは汎用目的AIモデルを開発する者、AIシステムもしくは汎用目的AIモデルを開発させ、市場に投入する者、または自らの名称または商標の下でAIシステムをサービスとして提供する者を指し、有償か無償かを問わない（AI法3条3号）。

輸入者は、EU域内に所在または設立された自然人または法人であり、第三国に設立された自然人または法人の名称または商標を有するAIシステムを市場に投入する者を指す（AI法3条6号）。

頒布者は、提供者または輸入者以外のサプライチェーン上に存在する自然人または法人であり、AIシステムをEU市場で利用可能にする者を指す（AI法3条7号）。

（ウ）実装者　　それでは、この提供者、輸入者または頒布者の要件に該当しなければ、何も義務を負わないのだろうか。ここでは、AI法上、ユーザ側の主体たる、実装者もまた一定の義務を負うことに留意が必要である。

実装者とは、AIシステムが個人的な非専門的活動の過程で使用される場合を除き、自然人または法人、公的機関、代理店またはその他の機関がその権限に基づいてAIシステムを使用することを意味する（AI法3条4号）。そこで多くのユーザが実装者となることに留意が必要である。

そして、実装者は、利用上の義務を遵守するための技術的・組織的措置を講じること（同26条）、基本権影響評価を行うこと（同27条）等の義務を負う。

（エ）ユーザがベンダと同様の義務を負う場合　　このように、基本的にはユーザとしては実装者の義務を考えていればよいことになる。しかし、一定の場合、実装者やその他の第三者であっても、提供者としての義務を負う可能性がある。つまり、AIシステムの実質的変更（substantial modification）や意図された目的の変更（modify the intended purpose of an AI system）を行うことによってAI法上提供者と同様の義務を負う可能性があ

るのである（AI法25条1項（b）・（c））。

**ケ　域外適用**

（ア）外国法であるが日本企業にも適用されること　　AI法はあくまでもEUの法令である。そこで、日本企業には全く影響がないと思われる節もあるかもしれない。しかし、その理解は誤っている。以下のとおり、日本企業に適用される可能性は十分にある。

（イ）AI法の域外適用規定等　　AI法2条は域外適用規定をも定めており、様々な日本企業の活動にAI法は適用され得る。

まず、いわゆるベンダを念頭に置くと、提供者がEU内でサービスを提供する場合、提供者が設立され、または所在しているのがEUの内外いずれであるかにかかわらずAI法が適用される（AI法2条1項（a））。そこで、例えば日本企業が、EU内でAIサービスを提供する場合には、EU子会社からサービスを提供する場合はもちろん、日本本社からサービスを提供しても、AI法が適用され得る。

また、ユーザを念頭に置くと、EU内において設立され、または、EU内に所在しているAIシステムの実装者[37]にはAI法が適用される（AI法2条1項（b））。例えば、日本企業のEU子会社その他のEUにあるグループ会社が、AIシステムを実装する場合である。

さらに、ベンダ・ユーザ共通で適用されるものとして、設立され、または所在しているのがEU外である提供者および実装者であっても、そのシステムにより作成されたアウトプットがEU内で利用される場合等には、AI法が適用される（AI法2条1項（c））。

AI法が域外適用される場合には代理人設置義務（AI法22条）が生じる可能性がある。

**コ　日本企業の対応**

（ア）はじめに　　日本企業は、定義該当性を確認し（→（イ））AI法の適用範囲について確認し（→（ウ））、一定範囲でベンダは支援するがお任

---

*37　deployers of AI systems that have their place of establishment or are located within the Union

せはできないと心得て（→（エ））、ブリュッセル効果（→（オ））にも留意すべきである。

　（イ）定義該当性　　まず、各企業は、①自社の活動が提供者・輸入者、頒布者または実装者の定義に該当しないか（→ク）、実質的変更、目的変更等によって、義務が加重されないかを確認するとともに（→ク（エ））、②自社（グループ）に対するAI法の（域外）適用の有無（→ケ）を検討し、自社に課せられ得る義務を把握すべきである。

　ここで、問題となるAIシステムがリスクベースの分類において、どのようなリスクのAIとして分類されているか（→ウ～オ）、および汎用目的AIか（→キ）、仮に汎用目的AIである場合には、システミックリスクをもたらすか（→キ（ウ））によって規制が変わる。そこで、AIの分類について検討する必要がある。

　そしてFTベンダ（→第1章）であれば、FTベンダそのものが汎用目的AIを提供するというよりは、何らかの目的に従って基盤モデルの上でAIサービスを提供していると思われる。そこで、当該FTベンダが具体的にその基盤モデルを「何に使うか」、とりわけ、それがどのようなリスクをもたらす利用なのか、という観点が重要となる。要するに、自社のプロダクトのリスクを踏まえながら、EU・AI法のリスクベースの分類のどこに当てはまるかを踏まえ、対応を検討・実施していくことになる。

　上記ク（ウ）のとおり、ユーザ企業は実装者となる可能性が高く、そうであれば利用上の義務を遵守するための技術的・組織的措置を講じる義務遵守や基本権影響評価等の義務を検討することになる。とはいえ、たとえユーザ企業とはいえども、実質的変更、目的変更等を行うことによってより重い義務が課される可能性にも留意が必要である（→ク（エ））。

　（ウ）AI法の適用　　②提供者・輸入者、頒布者または実装者等の類型に応じてAI法の適用の有無が問題となる。この点は、基本的には、AI法2条のいずれかの規定に当てはまれば、AI法を遵守する必要が出てくる。[*38]

---

*38　なお、例えば2条2項のような、一定の要件の下で一定範囲の条項が当てはまるというものがあることには留意が必要である。

これに対し、「AI法は適用されない」と主張するのであれば、2条のそれぞれの規律に照らし、いずれも当てはまらないと結論付ける必要がある。この判断においては、専門家の助言を得るべきことが多いだろう。

　（エ）ベンダが対応してくれる？　　これらの実装者の義務についてベンダが対応してくれるのか。例えば、「このAIシステムさえ使っていれば全てAI法を遵守できる」といったシステムをベンダは提供してくれるのだろうか。確かに、ベンダはAIアラインメント（→第1部コラム）として、コンプライアンス等の観点から出力物をコントロールしたり、電子透かし等を入れる。例えばAI法50条4項で実装者が負う、「ディープフェイクを構成する画像、音声または映像コンテンツを生成または操作する」場合の「当該コンテンツが人為的に生成または操作されたものであることを開示」する義務であれば、例えばベンダが「既にそのような表示や透かし等が付された生成物しか生成されないAI」を提供することで、ユーザとしてはあまりこの義務を考えなくても自然に遵守できるといった状況は考えられる。

　しかし、26条の組織的措置を講じ、当該AIがどのようなものでどのようなリスクがあるかを説明することや、27条の基本権評価を行うことについては、もちろん、ベンダ側がしない限り、適切な対応はできないのだろうが、やはりユーザ側でも相当以上にやることが残るだろう。そういう意味では、「ベンダにお任せ」という姿勢はとれないだろう。

　（オ）ブリュッセル効果　　さらに、以上のような直接効果に加え、GDPRと同様のブリュッセル効果、すなわち、AI規制の世界的なデファクトスタンダードが作られる効果には留意が必要であろう。つまり、AI法制定以前において、各国で問題となり得る様々な論点について既にEUにおいて議論が蓄積されていることから、日本を含む各国が独自のAI規制を検討する場合でもAI法を参照せざるを得ない。また、民間企業の観点からも、グローバルにサービスを提供するAIベンダとして、EUだけにサービスを提供しないという選択肢を採ることが難しいことから、多くのAIベンダは、AI法対応を行うことになる。その結果、特に有力な企業は、

2. EUのAI規制の全体像　413

各国に対し〈AI法と同様の規制であれば既に対応済みであるから受け入れるが、それと異なる独自の規制は困る〉という方向でロビイングを行うことが多い。このように、今後の日本を含むEU以外の各国におけるAI規制の方向性を占う上でもAI法を理解することは、日本企業にとって重要である。

◆(3) その他のEU域内で適用される法規制

　ア　機械規則提案　　既に機械指令つまり、機械類に関するEU加盟国[39]の法律の整合性をとるための指令が存在するところ、ロボット・AI等の新技術に対する対応をすることを主な目的としてこれを規則に格上げする提案がなされている。具体的には、「AIシステムを含む、安全機能を確保するソフトウェア」や「安全機能を確保するAIシステムを組み込んだ機械」をハイリスクの機械製品として追加し、機械一般において用いられるAIシステムの安全を総合的に保証しようとする。

　イ　AI責任指令案　　AIシステムが関係して生じた損害に対する契約外の民事責任の一部について統一的な規則を定めようとするものである[40]。一定の場合には、ハイリスクAIの提供者等に対して証拠開示を要求することができるとする。そして、それにもかかわらず証拠が開示されない場合においては、注意義務違反が推定（反証は可能）されるとする（同3条）。また、過失が認められ、AIの出力（不作為を含む）にその過失が影響している可能性が高いと合理的に認められる場合であって、かつ、AIの出力（不作為を含む）が損害の原因となったと証明した場合等においては因果関係が推定（反証は可能）されるとする（同4条）。

　しかし、2025年2月に欧州委員会はこのAI責任指令案を撤回したと報じられている。

　ウ　製造物責任指令改正案　　「ソフトウェア」を製造物責任の対象となる「製造物」に該当させる提案が含まれる[41]。すなわち、製品とは、全ての

---

＊39　Directive 2006/42/EC of the European Parliament and of the Council of 17 May 2006 on machinery <https://eur-lex.europa.eu/eli/dir/2006/42/oj/eng>

＊40　<https://eur-lex.europa.eu/legal-content/EN/TXT/?uri=celex:52022PC0496>

動産を意味し、他の動産または不動物と一体化している場合も含むとした上で、製品には、電気、デジタルマニュファクチュアリングファイルおよびソフトウェアが含まれるとする。

**エ　その他**　そしてGDPR、データガバナンス法[42]やデータ法[43]等のデータに関する法令が包括的にAIを規制する。[44]

このように、EUにおけるAIに関する規制の実務に対する影響を検討する上では、AI法だけを見ていればよいのではなくそれ以外の関連諸法令を踏まえた「政策パッケージ」に注目すべきである。

◆ **(4) AI条約**　欧州評議会の「欧州評議会 人工知能並びに人権、民主主義及び法の支配に関する枠組み条約」[45]は「AI条約」とも呼ばれることがある。同条約は2024年5月18日に既に採択されており、同年9月5日には10カ国が署名した。

AI条約は、AIに関し、人権、民主主義および法の支配を貫徹することを各国に求める。もっとも、これはあくまでも枠組み条約に過ぎない。すなわち、これらをどのように実現するかという手段について各国が裁量を有している。例えば、AI条約4条においては「各締約国は、人工知能システムのライフサイクル内の活動が、適用される国際法及び国内法に明記されている人権を保護する義務と両立することを確保するための措置を採択又は維持する」としている。ここで、「維持」（maintain）というのは、既存のAIに適用される法令を維持し、それによって、要求を満たす余地はあることを示唆している。

AI条約が求める内容を知り、現行法と対比して、当該内容を満たしているかを検討することは、日本における AI制度を検討する際に役に立つ

---

* 41　4条（1）号2文。<https://single-marketeconomy.ec.europa.eu/document/download/3193da9a-cecb-44ad-9a9c-7b6b23220bcd_en?filename=COM_2022_495_1_EN_ACT_part1_v6.pdf>
* 42　<https://eur-lex.europa.eu/legal-content/EN/TXT/?uri=celex:32022R0868>
* 43　<https://eur-lex.europa.eu/legal-content/EN/TXT/?uri=CELEX%3A32023R2854>
* 44　新保史生「AI規制の国際動向」都市問題2024年2月号22頁参照。
* 45　Council of Europe Framework Convention on Artificial Intelligence and Human Rights, Democracy and the Rule of Law<https://rm.coe.int/1680afae3c>

だろう。そして、AI条約はEU加盟国だけではなく、例えば日本も　加盟することは可能である。加えて、報道によれば2025年2月11日に日本はAI条約に署名した。

---

## 3. 米国のAI規制

◆(1) 権利の章典　　米国は2022年10月には「AI権利章典の青写真[46]」を公表した。

その中では、以下の5原則が示されていた。

> ①安全で効果的なシステム
> ②アルゴリズムによる差別からの保護
> ③データプライバシー
> ④告知および説明
> ⑤人間による代替手段、配慮およびフォールバック

ただし、2022年の段階では、これらの内容を法制化するという動きは見られなかった。

◆(2) ボランタリーコミットメント　　2023年7月21日に、ホワイトハウスは、OpenAI、Google、Microsoft、Amazon、Meta、Anthropicおよび Inflectionにボランタリーコミットメント[47]として以下の各内容を誓約をさせた（同年9月には8社が追加され、合計15社となった）。

> ①レッドチームテスト
> ②危険に関するリスクの共有
> ③サイバーセキュリティに対する投資
> ④第三者による検証
> ⑤ウォーターマーク（電子透かし）

---

＊46　Blueprint for an AI Bill of Rights <https://www.whitehouse.gov/ostp/ai-bill-of-rights/>

＊47　<https://www.whitehouse.gov/briefingroom/statements-releases/2023/07/21/fact-sheet-biden-harrisadministration-secures-voluntary-commitments-from-leadingartificial-intelligence-companies-to-manage-the-risks-posedby-ai/>

⑥能力、利用等に関する公表
⑦社会的リスクに関する研究
⑧社会課題解決に向けた開発促進

　このような AI によるリスクを軽減するための対策を講じることを自発的に誓約させることで AI のリスクに対応するというのは、(3) で検討する大統領令以前に見られた米国のソフトロー重視の姿勢の現れと評することができるだろう。

◆(3)　安全で安心で信頼できる人工知能に関する大統領令

　**ア　はじめに**　　バイデン政権は2023年10月30日に、安全で安心で信頼できる人工知能に関する大統領令(以下「大統領令」という)[*48]を公表した。大統領令の最も重要なポイントは、デュアルユース、つまり、民生用だけではなく軍事用にも用いることができる基盤モデル開発者に報告義務を課す等という形で、(それまでソフトロー中心であった米国が)ついにハードローによる AI 規制に踏み込んだ、ということである。

　**イ　ポリシーと原則**　　大統領令は、以下のポリシーと原則を示した。

1　AI の安全性(safe)とセキュリティ(secure)
2　イノベーション、競争、コラボレーションの促進
3　労働者支援
4　公平性と公民権向上
5　消費者等の保護
6　プライバシーと市民的自由の保護
7　連邦政府による AI 利用のリスク管理等
8　国際社会をリード

---

＊48　Executive Order on Safe, Secure, and Trustworthy Artificial Intelligence, October 30, 2023 <https://web.archive.org/web/20250115010337/https://www.whitehouse.gov/briefing-room/presidential-actions/2023/10/30/executive-order-on-the-safe-secure-and-trustworthy-development-and-use-of-artificial-intelligence/>

すなわち、AI技術に関するイノベーション自体は重要であるが、同時にAI技術には米国における重要な価値を害するリスクがあることから、国際社会をリードしながら、リスクが管理されたAI技術の発展を実現しようとした。

**ウ　デュアルユース基盤モデルについて**　　大統領令は、国防生産法（Defense Production Act）に基づき、民生と軍事両方に利用可能な「デュアルユース基盤モデル」（dual use foundation models）の開発者に対し連邦政府への報告義務を課すことを求めた。すなわち、大統領令4.2項(a)は、「安全で、信頼でき、効果的なAIが継続的に入手可能なことを確保し、確認するために、国防と重要インフラ保護を含み、大統領令発令日から90日以内に、アメリカ合衆国商務長官は、改正を含む国防生産法（50 U.S.C. 4501 et seq.）に基づき、以下を要求しなければならない」として、一定の要求を行った。そのうちの事業者に対する義務の内容として、潜在的なデュアルユース基盤モデルを開発する／開発する意図を示す企業が連邦政府に対して継続的に以下に関する情報、報告書または記録を提供する義務を課した。

---

(A) 高度な脅威に対する訓練プロセスの完全性を保証するために講じられた物理的およびサイバーセキュリティ保護を含む、デュアルユース基盤モデルの訓練、開発または製造に関連する進行中または計画中の活動

(B) デュアルユース基礎モデルのモデルウェートの所有権および保有権、ならびにこれらのモデルウェートを保護するために講じられた物理的およびサイバーセキュリティ対策

(C) 関連するAIレッドチームテストにおける、開発されたデュアルユース基盤モデルの性能の結果、および、これらのレッドチームテストにおける性能を向上させ、全体的なモデルセキュリティを強化するための緩和策など、安全目標を達成するために企業が講じた関連措置の説明

---

要するに、潜在的なデュアルユース基盤モデルを開発する企業、または開発する意向を示す企業は、デュアルユース基盤モデルの訓練、開発または製造に関連する、現在進行中または計画中の活動やレッドチームテスト

の結果に関する情報、報告書または記録を継続的に連邦政府に提供する義務を定めていた。

ここで、「デュアルユース基盤モデル」とは、広範なデータで学習され、一般的に自己教師学習を使用し、少なくとも数百億のパラメータを含み、安全保障、国家経済安全保障、国家公衆衛生もしくは安全に対する深刻なリスクをもたらし得るAIモデルをいう（大統領令3項(k)）。

2024年1月29日にホワイトハウスの公表したファクトシートにおいて、大統領施行状況が記載されている。[49]

**エ　クラウドサービス提供者の負う義務**　さらに、大統領令は、米国のクラウドサービス（IaaSサービス）が外国の悪意あるサイバー攻撃に利用されないよう、外国人が、悪意あるサイバー対応活動に使用される可能性のある能力を有する大規模なAIモデルの訓練を行うために、米国のクラウドベンダと取引を行った場合、クラウドベンダに対し、報告書を提出することを義務付けた。[50]

**オ　その他**　また、ディープラーニングによるリスクにつき、デジタルコンテンツ認証（digital content authentication）や生成コンテンツの電子透かし（ウォーターマーク）等に関するガイダンス策定を求めた（大統領令4.5項）。

◆**(4) 各州の動きにも留意**　なお、これは、あくまでも連邦レベルの規制である。既にテネシー州のELVIS法について紹介している（→第3章）ところ、それ以外にもカリフォルニア州等でAI規制に向けた動きが見られる。このような各州の動きにも留意が必要である。

◆**(5) トランプ政権**　以上はバイデン政権時代の政策であったところ、本章冒頭で述べたとおり、トランプ大統領は大統領令を廃止したことから、引き続き注視が必要である。

---

[49]　<https://web.archive.org/web/20250114210613/>、<https://www.whitehouse.gov/briefing-room/statements-releases/2024/01/29/fact-sheet-biden-harris-administration-announces-key-ai-actions-following-president-bidens-landmark-executive-order/>
[50]　大統領令4.2項(c)

## 4. 中国のAI規制

◆（1）はじめに　　中国は、AI推進政策を実施するとともに、同時にAI規制も行っている。以下、筆者のAI制度研究会における報告をベースに簡単に説明したい。[51]

　AI推進策として、例えば、2015年の「中国製造2025」が重要である。これは、AIを組み込んだ製品の製造等を2025年の中国の製造業の姿として打ち出された。その後、2016年の第13次五カ年計画綱要（2016-2020年）および2021年の第14次五カ年計画（2021-2025年）ならびに同年の2035年長期目標綱要において、AI推進が打ち出された。2017年には次世代人工知能発展計画が公表され、2020年にはAI技術全体において世界における先進的水準を、2025年は一部の分野で世界をリードする水準を、2030年にはAI技術全体において世界をリードする水準を目指すとした。

　その結果、中国においては多数の国産生成AIが発表されており、有名な中国企業のものとしては、DeepSeek社の「DeepSeek」、百度（Baidu）の「文心一言（Arnie Bot）」、科大訊飛（iFLYTEK）の「訊飛星火（SparkDesk）」、騰訊（Tencent）の「混元（Hunyuan）」、華為（HuaWei）の「盤古（Pangu）」、阿里巴巴（Alibaba）の「通義千問（Qwen）」等が挙げられる。

　以下では、重要な生成AI規制として3つの法令を紹介するものの、例えば、中国個人情報保護法24条がGDPR類似の自動決定に関する条項を設けているように[52]、AIに特化していない法令がAIに対応した規定を設けていること、および、著作権については、春風事件やウルトラマン事件等[53]、[54]

---

＊51　より詳しくは松尾剛行「中国のAIに関する制度」（AI制度研究会（第2回）資料5）<https://www8.cao.go.jp/cstp/ai/ai_kenkyu/2kai/shiryou5.pdf>を参照されたい。

＊52　1項「個人情報取扱者が個人情報を利用して自動的決定を行う場合には、決定の透明度及び結果の公平性・公正性を保障しなければならない。本人に対し、取引価格等の取引条件において不合理な差別的待遇を実施してはならない。」；2項「自動的決定の方法によって本人に対し、情報配信、商業的マーケティング活動を実施する場合には、同時に当該本人の特徴に基づかない選択項目を提供し又は本人に対し便宜な拒絶方法を提供しなければならない。」；3項「自動的決定の方法で、本人の権利利益に対し重大な影響を及ぼす場合、本人は、個人情報取扱者に対し説明を求める権利を有し、かつ、個人情報取扱者が自動的決定の方法のみをもとに決定を行うことを拒絶する権利を有する。」

＊53　京0491民初11279号（2023）<https://baijiahao.baidu.com/s?id=1788727594330750463&w

既存の著作権法を生成AIにより生成された画像に適用した事例が登場している。このような既存の法律の解釈で対応できる範囲では、既に既存の法令に基づき実務が動いていることについても留意が必要である。

◆(2) インターネット情報サービスアルゴリズム推薦管理規定　　インターネット情報サービスアルゴリズム推薦管理規定は、国際比較という意味ではかなり早期の2021年12月31日に制定され[*55]、2022年3月1日施行に施行された。

　それ以前から、アルゴリズムを悪用することで、常連客を差別する等の問題が生じていた。例えば、高い値段でも購入する「常連」には、こっそり高い値段で売りつけ、新規顧客には安い値段で売りつけるアルゴリズムによる価格差別等である[*56]。また、アルゴリズムを悪用して自社のインターネットサービスの「中毒」にする等のアルゴリズムによる消費者被害が問題となっていた。このような状況を背景として、アルゴリズム規制を行うのが本規定である。

　規制対象は、アルゴリズム推薦サービス、すなわち「アルゴリズム推薦技術」を応用してインターネット情報サービスを提供することである（同規定2条1項）。ここで、「アルゴリズム推薦技術」は、生成合成類型、パーソナライズされた情報送信類型、順序をソートして選択する類型、検索およびフィルタリングを行う類型、ならびに、スケジュール調整と意思決定を行う類型等のアルゴリズム技術を利用してユーザに情報を提供することをいう。生成合成類型は、生成AIが典型的であり、パーソナライズされた情報送信類型は、例えば、個人のこれまでの購買履歴・閲覧履歴から購入を希望するであるものを推薦することが典型的である。順序をソートして選択する類型は、ニュース情報サイトがニュースをアルゴリズムにより表示順序を定めるもの、検索およびフィルタリングを行う類型は、検索エ

---

　　fr=spider&for=pc>

＊54　粤0192民初113号（2024）

＊55　互联网信息服务算法推荐管理规定　国家互联网信息办公室令第9号 <https://www.cac.gov.cn/2022-01/04/c_1642894606364259.htm>

＊56　なお、松尾剛行＝胡悦「個人情報の保護と国家のデータ利用」石本茂彦ほか編『中国のデジタル戦略と法』（弘文堂・2022）72頁および松尾剛行＝劉淑珺「情報分野における中国競争法の動向—プラットフォーム関係を中心に」同144頁も参照。

4. 中国の AI 規制　**421**

ンジン、スケジュール調整と意思決定を行う類型は、道路状況データに基づく自動運転アルゴリズム等が典型的である。

具体的な規制として、ネットワーク情報部門はアルゴリズム推薦サービス提供者に対して分級分類管理制度を実施し（同規定23条）、世論属性または社会動員能力を有するアルゴリズムに関する届出制度（同24条）およびセキュリティ評価制度（同27条）が設けられている。

◆**(3) インターネット情報サービスディープシンセシス管理規定**　インターネット情報サービスのディープシンセシス管理規定も[57]、2022年12月25日に制定され、2023年1月10日に施行された。

ディープラーニングを利用した合成により生じていた違法情報の合成、名誉毀損やなりすまし等の問題への対応として本規定が制定された。

本規定の規制対象は、ディープシンセシス技術である。ディープはディープラーニング、シンセシスは合成を意味する。同規定においては、ディープラーニング、バーチャルリアリティ等の、生成合成類型のアルゴリズムを利用して、テキスト・画像・音声・映像・バーチャルシーン等のネットワーク情報を作成する技術をいうと定義された（同規定23条）。

その上で、ディープシンセシス技術の具体例が以下のとおり例示列挙された。

---

(1) 文章作成、テキストスタイル変換、問答対話等の、テキストコンテンツを作成または編集する技術
(2) テキストから音声への変換、音声変換、音声属性編集等、音声コンテンツを生成または編集する技術
(3) 音楽生成、効果音編集等、非音声コンテンツを生成または編集する技術
(4) 顔の生成、顔の入れ替え、人物属性の編集、顔の操作、姿勢の操作等、画像、ビデオコンテンツ中の生体的特徴を生成または編集する技術
(5) 画像生成、画像強調、画像修復等画像、ビデオコンテンツにおける非

---

[57]　互联网信息服务深度合成管理规定　国家互联网信息办公室 工业和信息化部 公安部令第12号 <https://www.gov.cn/zhengce/zhengceku/2022-12/12/content_5731431.htm>

生体的特徴を生成または編集する技術
(6) 三次元再構築、デジタルシミュレーション等のデジタル人物、バーチャルシーンを生成または編集する技術

　このようなディープシンセシスについては、提供者、技術支持者および利用者に応じて以下の義務が課せられている。

提供者の義務：ディープシンセシスであることの表示義務（同規定17条）、アルゴリズム届出義務（同19条）等
技術支持者の義務：訓練データ管理の強化および生体識別情報編集機能に関する告知および個別同意取得義務（同14条）、合成類アルゴリズムメカニズムの定期的な監査評価義務およびセキュリティ評価義務（同15条）等
利用者の義務：虚偽のニュース情報の作成・複製・配信・伝播の禁止義務（同6条）

◆**(4) 生成AIサービス管理暫定弁法**　　世界に先駆けた生成AI規制立法として、フェイクニュース、個人情報、著作権等の生成AIのもたらすリスクへの対応のため、2023年7月10日に生成AIサービス管理暫定弁法[58]が制定され、同年8月10日に施行された。これは2024年にEU・AI法が制定される約1年前のことであり、その意味では、中国が迅速にAI規制を導入していることが注目される。

　本弁法の規制対象たる生成AI技術とは、テキスト、画像、音声、動画等のコンテンツを生成する能力を有するモデルおよび関連技術を指すとされている（同弁法22条1号）そして、規制がかかるのは、「中国国内」の「公衆」に生成AIサービスを提供する場合（域外適用あり。同弁法2条3項）、公衆に提供しなければ規制がかからないので、学術研究のための内部利用等を除外している。

　本弁法は、モデル開発段階の、学習に関する義務、ラベリングに関する

---

*58　生成式人工智能服务管理暂行办法　国家互联网信息办公室令第15号 <https://www.gov.cn/zhengce/zhengceku/202307/content_6891752.htm>

義務およびその他の義務、サービス提供段階の分類等級監督管理制度、過度の依存の防止義務、個人情報保護義務、安定性に関する義務等を課している。なお、別途上記のインターネット情報サービス・ディープシンセシス管理規定に基づく表示義務や、インターネット情報サービスアルゴリズム推薦管理規定に基づくアルゴリズム届出義務等がかかる。

## 5. 日本のAI規制

◆（1）ソフトロー中心であった日本　　日本は従来の（すなわち、3（3）で述べた大統領令以前の）米国と歩調を合わせてソフトローを中心に対応してきた。

　2023年10月の「高度なAIシステムを開発する組織向けの広島プロセス国際指針[59]」、「高度なAIシステムを開発する組織向けの広島プロセス国際行動規範[60]」、および同年12月の広島AIプロセスG7デジタル・技術閣僚声明附属書1「全てのAI関係者向けの広島プロセス国際指針[61]」等、日本主導で国際的なガイドラインが練られてきた。そして、2024年4月19日にはAI事業者ガイドライン[62]が策定された。

　しかし、本当にソフトロー中心のアプローチでよいかについては疑義が呈されていた。例えば、2024年2月に筆者が共著した、プロトタイプ政策研究所「『AI事業者ガイドライン案』に対する意見[63]」の中では、「我が国でも、透明性に関する義務やフェイクニュースに関する義務等、一定の義務をソフトローレベルより上へと高める必要性を検討することは有用」等、ハードローの検討の必要性が提起されていた[64]。

---

＊59　<https://www.mofa.go.jp/mofaj/files/100573469.pdf>
＊60　<https://www.mofa.go.jp/mofaj/files/100573472.pdf>
＊61　<https://www.soumu.go.jp/hiroshimaaiprocess/pdf/document02.pdf>
＊62　<https://www.meti.go.jp/press/2024/04/20240419004/20240419004-1.pdf>
＊63　<https://policy-ri.jp/policy_advocacy/20240219>
＊64　なお、必ずしも政府においてAIの負の影響への対応に消極的だったということではなく、例えばAIによるフェイクニュース等については、プラットフォームサービスに関する研究会「プラットフォームサービスに関する研究会 第三次とりまとめ」（2024年1月）<https://www.soumu.go.jp/main_content/000928314.pdf>やデジタル空間における情報流通の健全性確保の在り方に関する検討会「とりまとめ」（2024年9月）<https://www.soumu.go.jp/main_content/000966997.pdf>等において議論が進んでいる。

◆（2）「責任あるAIの推進のための法的ガバナンスに関する素案」　2024年2月16日に自由民主党「AIの進化と実装に関するプロジェクトチーム」のワーキンググループ有志は「責任あるAIの推進のための法的ガバナンスに関する素案」を公表した。[65]

同素案は以下の内容を打ち出し、それを共同規制の枠組みで実施することを提案する。

・特にリスクの高い領域におけるAIについては自社・外部による安全性検証（Red team test等）を行う
・リスク情報を企業・政府間で共有する
・未公表の重み付けを守る
・サイバーセキュリティへの投資
・第三者による脆弱性等の検出と報告
・生成AIの利用を利用者に通知する仕組みの採用
・AIの能力、限界等の公表
・AIがもたらす社会的リスクの研究推進

その後、2024年4月に自由民主党は「AIホワイトペーパー2024」を公表し、「日本においては、ガイドライン（ソフトロー）に基づく事業者等の自発的な対応を基本とする。一方、リスクの大きさや諸外国の動向も踏まえ、必要に応じて最小限の法規制（ハードロー）も適用する柔軟で多層的なアプローチによって、安心・安全な環境を整備し、イノベーションを促す必要がある」とした。[66]なお、別紙4として「責任あるAI推進基本法（仮）の骨子」[67]が添付されている。

◆（3）AI制度研究会

　ア　悩ましい立場のAI制度研究会　2024年8月からAI制度研究会が始[68]

---

＊65　<https://note.com/api/v2/attachments/download/93c178c2f3e28c5b56718c9e7c610357>

＊66　<https://www.taira-m.jp/>AIホワイトペーパー2024.pdf>

＊67　なお、民間の動きとして「フロンティアAIの開発に関する法制度の論点整理」<https://smart-governance.co.jp/2024/11/15/news20241115/>も公表されている。

＊68　<https://www8.cao.go.jp/cstp/ai/ai_kenkyu/ai_kenkyu.html>

5. 日本のAI規制　425

まった。当初からリスクベースでの法制化の検討が打ち出されていた（図表11-2）。筆者も同月24日の第2回研究会で有識者として報告をさせていただいた。

AI制度研究会は、かなり悩ましい状況の中で日本のAI制度の方向性を研究することとなった。すなわち、研究会立ち上げ時点では、欧州に続いて米国も法規制の方向性を示す中で、日本としても何らかのハードローの利用を検討しなければならないのではないか、という問題意識が広く共有されていた。しかし、その後、同年11月のトランプ候補の当選により状況は変わった。すなわち、米国の方向性が不透明な中、日本が現段階でどのような方向性を示すべきかを検討しなければならなくなったのである。

　イ　中間とりまとめ

　　（ア）はじめに　　そのような中、2025年2月4日には「中間とりまとめ」（以下「とりまとめ」という）[*69] が公表された。この内容を以下素描しよう。「とりまとめ」は、基本的な考え方としてイノベーション促進とリスク対応の両立および国際協調を、具体的制度・施策の方向性として全般的事項、政府による利用および基盤サービス等における利用に分けて論じているので、これらをそれぞれ概観したい（図表11-3）。

　　（イ）基本的な考え方　　イノベーション促進とリスク対応の両立および国際協調が強調されている。イノベーション促進とリスク対応の両立（「とりまとめ」6頁以下）においては、研究開発促進、新たな研究の成果の事業者による利活用の支援等のイノベーション促進策が論じられると共に、リスクに対しては既存の法令で一定の対応がなされていることを前提に、さらなる制度の検討を行う必要があるとする（「とりまとめ」8頁）。そして、リスク対応としてはハードローとソフトローの双方があり、いずれにもメリットデメリットがあることから、「イノベーション促進とリスクへの対応の両立を確保するため、法令とガイドライン等のソフトローを適切に組み合わせ、基本的には、事業者の自主性を尊重し、法令による規制は事業

---

＊69　<https://www8.cao.go.jp/cstp/ai/interim_report.pdf>

図表11-2：AI関係者をめぐる制度検討のイメージ

| | 影響大・リスク大 | 影響小・リスク小 |
|---|---|---|
| AI開発者 | ① 確実なリスク対応<br>米国では大規模なモデルに報告義務<br>EUではハイリスクなAIに様々な義務 | ② リスク対応<br>ルールを遵守していることの開示等 |
| AI提供者・利用者 | ③ 個別業規制等による基準遵守等<br>リスクの高い装置・機械類等の安全基準等 | ④ リスク対応<br>AIガバナンスポリシーの策定・公表等 |
| | ⑤ 政府による適切なAIの調達・利用<br>リスクに関する情報の収集・公表 | |
| プロバイダ | ⑥ 不適切なコンテンツへの対応<br>オンラインプラットフォーマーによる違法情報への対応（EUのデジタルサービス法）<br>テック企業による欺瞞的AI選挙コンテンツの削除等 | |

出典：内閣府 科学技術・イノベーション推進事務局
「AI政策の現状と制度課題」（第1回AI制度研究会事務局資料）<https://www8.cao.go.jp/cstp/ai/ai_senryaku/11kai/shiryo1.pdf> より

者の自主的な努力による対応が期待できないものに限定して対応していくべき」（「とりまとめ」10頁）という方向性が打ち出された。また、「AIの開発、利用等に関する実態を調査・分析し、社会全体で認識を共有した上で必要な対応を適時適切に行うことが重要」（「とりまとめ」11頁）として、情報収集の必要性が強調された。なお、国際協調においては、国際整合性・相互運用性の確保の重要性が強調されている（「とりまとめ」12頁）。

　（ウ）具体的制度・施策の方向性　　全般的事項、政府による利用および基盤サービス等における利用が論じられている。

　全般的事項としては、政府の司令塔機能の強化や戦略策定については司令塔による関係行政機関に対し協力を求めることができる等の権限を明確化するため、法定すべきとされている（「とりまとめ」13頁）。安全性の向上、特に、透明性の確保を含む適正性の確保については、調査等により政府が事業者の状況等を把握し、その結果を踏まえて既存の法令等に基づく対応を含む必要なサポートを講じるべきであるとされているところ、「政府に

5. 日本のAI規制　427

よる事業者の状況等の把握や必要なサポートについては、事業者の協力なしでは成り立たないため、国内外の事業者による情報提供等の協力を求められるように、法制度による対応が適当」とされた（「とりまとめ」14頁）。また、重大インシデントの調査や情報発信（必要な場合の関係者への指導・助言を含む）についても、事業者の協力なしでは成り立たないため、国内外の事業者による情報提供等の協力を求められるよう、法制度による対応が適当とされた（「とりまとめ」14頁）。

政府による利用については、政府調達に関するガイドライン等を整備し、適正な調達が行われることが重要であり、利用に応じては、申し合わせ等[*70]を遵守し、また、利用の際の留意点についても諸外国における取組も参考にしつつ、必要に応じてアップデートしていくことが重要であるとされた。

最後に、基盤サービス等における利用としては、生命・身体の安全、システミックリスク、国の安全保障等に関わるものとして医療機器、自動運転車、基盤サービス等が挙げられ、現時点では各種業法等で対応するものの、「今後、新たなリスクが顕在化し、既存の枠組で対応できない場合には、政府は、関連する枠組の解釈を明確化したうえで、制度の見直しあるいは新たな制度の整備等を含めて検討すべき」とされた（「とりまとめ」18頁）。

**ウ 「とりまとめ」に対する誤解**　ここで、AIによる被害、例えばディープフェイクによる被害等を強調する立場からは、なぜ情報提供等の緩やかな内容となっているのか、より強硬な内容でAIを「規制」すべきではないか等という批判がある。しかし、この批判の一定部分は誤解に基づく。すなわち、「とりまとめ」は既に既存の各法令によってディープフェイク等のリスクに対する対応が行われていることを前提に（図表11-4）、追加で行うべき制度のあり方を検討したものである。そこで、「とりまとめ」は決してAIによる被害を野放しにしようというものではなく、多くの問題は既存の法令で対応可能である中で、政府の司令塔機能強化、戦略策定、

---

＊70　「ChatGPT 等の生成 AI の業務利用に関する申合せ（第2版）」（2023 年〔令和5年〕9月15日デジタル社会推進会議幹事会申合せ）<https://www.digital.go.jp/assets/contents/node/basic_page/field_ref_resources/c64badc7-6f43-406a-b6ed-63f91e0bc7cf/e2fe5e16/20230915_meeting_executive_outline_03.pdf>

図表11-3:「とりまとめ」の概要

## AI戦略会議・AI制度研究会 中間とりまとめ 概要

2024年7月以降、AI制度研究会[1]を計6回開催し、計15の研究者、事業者等からのヒアリングを含む議論を行い、中間とりまとめ案を作成。

### 背景

- AIは我が国の発展に大きく寄与する可能性がある一方、**様々なリスクが顕在化**。
- AIに対する不安の声が多く、諸外国と比べても**開発・活用が進んでいない**との指摘。
- ▶ AIの透明性など、**適正性を確保し、AIの開発・活用を進める**必要がある。

### 基本的な考え方

- **イノベーション促進とリスク対応の両立**（Ⅱ.3.）
  - 研究開発支援、人材育成、データや計算資源の整備などイノベーションの促進
  - 法令とガイドライン等の適切な組合せ
  - OECD原則、広島AIプロセス国際指針等の共通的な指針等と個別の既存法令の活用

- **国際協調**（Ⅱ.4.）
  - AIガバナンスの形成に向けて議論をリード
  - 国際整合性・相互運用性の確保

  信頼できるAI

### 具体的な制度・施策の方向性

- **全般的な事項**（Ⅲ.1.）

  AIの研究開発・実装が最もしやすい国を目指す

  速やかな法制度化が必要
  世界のモデルになるような制度

  - 政府の司令塔機能の強化、戦略の策定
    ・全体を俯瞰する司令塔機能強化
    ・AIの安全・安心な研究開発・活用のための戦略（基本計画）の策定
  - 安全性の向上等
    ・国による指針（広島AIプロセス準拠）の整備、事業者による協力
    ・国による調査・情報収集、事業者・国民への指導・助言、情報提供等

- **政府等による利用**（Ⅲ.2.）
  - 適正なAI政府調達・利用 等

- **基盤サービス等における利用**（Ⅲ.3.）
  - 各業法等による対応 等

1) 官房長官が議長、全閣僚が構成員となっている「統合イノベーション戦略推進会議」の下に「AI戦略会議」を設置。その下に「AI制度研究会」を設置。
2) 上記の政策を講じた上で、今後のリスク対応のため引き続き制度の検討を実施すべき。

出典：「とりまとめ」1頁より

国による指針整備、事業者による協力、国による調査・情報収集、事業者・国民への指導・助言、情報提供等については追加で法制度化が必要と提言するものである。

筆者としては、「とりまとめ」に対しては様々な意見があり得るところと考えているが、批判するにも賛成するにも、まずは「とりまとめ」を正確に理解することから始めるべきであろう。その上で、生成AIに伴い「法制度が必要」とされる理由のうち、どの部分が（生成）AI固有の（リスクの）問題で、どの部分が汎用的に利用することができる生成AIを犯罪等のために利用するという「悪用」の問題なのか、という視点を踏まえながら、「とりまとめ」で示された方向性で制度を構築した場合において、その新制度と現行法の内容を総合することで、必要なリスク対応を行ったものといえるかを検討していくというアプローチが望ましいと考える。

なお、人工知能関連技術の研究開発及び活用の推進に関する法律が、2025年2月28日に国会に提出された。[*71]

---

＊71　<https://www.cao.go.jp/houan/217/index.html>

図表11-4：AIのもたらし得るリスクの例に関する「とりまとめ」の整理

| AIのもたらし得る<br>リスクの例 | 具体事例・想定ケース | 主要法令等 |
|---|---|---|
| AIへの秘密情報の入力 | 外部のAIサービスに企業の秘密情報を入力し情報が漏洩 | 不正競争防止法、民法（契約）<br>※2024年2月「秘密情報の保護ハンドブック」においてAI利用時の留意点を整理（経済産業省） |
| AIの開発・学習及び生成・利用の過程での他者の著作権の侵害 | 特定の漫画・アニメのキャラクター等のイラストに類似した画像を生成する目的での学習や、そうしたイラストに類似する画像の生成・利用 | 著作権法<br>※2024年3月「AIと著作権に関する考え方について」を公表し、解釈を明確化（文化庁） |
| AIの開発・利用の過程での他者の産業財産権の侵害 | 他者の登録商標を学習して、登録商標と同一又は類似の商標を作成し、その指定商品・役務と同一又は類似の商品・役務について使用 | 意匠法、商標法<br>※2024年5月「AI時代の知的財産権検討会中間とりまとめ」を公表し、法的ルールの考え方を整理（AI時代の知的財産権検討会） |
| AIの開発・利用の過程でのプライバシー侵害・個人情報保護違反 | 本人の同意なしに個人情報を含むデータをAI学習に利用 | 憲法（プライバシー権、パブリシティ権）、個人情報保護法<br>※2024年6月「個人情報保護法　いわゆる3年ごとの見直しに係る検討の中間整理」を公表し、AI利用時の論点を整理（個人情報保護委員会） |
| AI搭載製品の誤作動 | 自動運転車が誤作動により生命・身体の安全に影響 | 道路運送車両法、薬機法、労働安全衛生法、民法（不法行為等）、製造物責任法、自動車損害賠償保障法、国家賠償法 |
| ディープフェイク（AIで合成した肖像・声等の悪用） | 本人の同意なしに個人の画像をポルノその他の性的な画像に合成し拡散する行為や、AIにより有名人・知人になりすました音声通話による詐欺 | 民法（人格権・不法行為）、刑法（脅迫罪、名誉毀損罪、わいせつ物頒布等罪、詐欺罪、偽計業務妨害罪等）、児童ポルノ禁止法 |
| バイアス（差別・偏見）の助長 | 不適切なAIによる採用や退職に関する判断の実施 | ヘイトスピーチ解消法、雇用関係法令、民法、個人情報保護法、障害者差別解消法、部落差別解消法 |
| 偽・誤情報による情報操作 | 立候補者に関する偽情報をAIで作成し、SNS等で拡散し選挙を妨害 | 民法（人格権・不法行為）、刑法（名誉毀損罪）、行政法規、公職選挙法、情報流通プラットフォーム対処法（権利侵害情報） |
| 国民の権利利益の侵害 | AIの誤った判断で個人が行政サービスを受けられない等不利益を被る可能性 | 憲法（適正手続）、行政手続法 |
| ウイルスの作成等のサイバー攻撃 | 生成AIを悪用しコンピュータウイルスを作成 | 刑法（不正指令電磁的記録に関する罪）、不正アクセス禁止法 |
| ハルシネーション（AIが虚偽の情報を作成） | 生成AIが虚偽の情報を作成し利用者を誤解させる | 民法（不法行為、契約） |
| 環境負荷の増大 | AI開発過程での電力需要等の増大に伴うCO2排出量増大 | 地球温暖化対策の推進に関する法律 |
| 人間とAIの負の相互作用 | AIとの対話にのめり込んだ人が人生に悲観して自殺 | なし |
| AGIが制御不能になる懸念 | 人間がAGIを制御不能になり社会混乱を引き起こす可能性 | なし |

※AI事業者ガイドライン（第1.01版）において、上記リスクの複数について記載があり、10個の共通の指針（人間中心、安全性、公平性、プライバシー確保、セキュリティ確保、透明性、アカウンタビリティ、教育・リテラシー、公正競争の確保、イノベーションの促進）の下にその対応の在り方について示している。

出典：「とりまとめ」9頁より

# 第12章
# 契約・社内規程等の実務対応・ELSI

## 1. はじめに

◆**(1)「リスク」はいくらでもある**　「生成AIに関するリスクを挙げて下さい。」とChatGPTに質問すると、偽情報、情報漏洩、著作権、肖像権、プライバシー等のリスクを、100個でも200個でも挙げてくれる。ある意味では、生成AIを「活用しない」理由はいくらでも見つけることが可能な状況にある。

◆**(2) 各社のチャレンジ／リスクに対する「感度」次第**　筆者は、「社会受容性」ならぬ「社内受容性」という表現を頻繁に利用している。例えば、ある会社では到底取れないリスクを別の会社が取って生成AI関係のプロジェクトに取り組んでいるというような状況はよく見られる。

　その意味では、生成AIをどの程度利活用するかは、各社のチャレンジ／リスクに対する感度次第である。そこで、多くの生成AIプロジェクトにはリスクは存在するものの、その多くは絶対に取れないリスクというわけではなく、法務部門がリスク低減策および低減後の残存リスクに関する情報を正確に伝えた上で、ビジネスとして当該残存リスクを取るという決断をすれば、生成AIに関するプロジェクトを進めることは可能である。

◆**(3) リスクはゼロにならないが、リスク低減方法は存在する**　ここで、リスクはゼロにはならないものの、低減が可能であることが重要である。確かに、何も法務的な対応を行わなければ、生成AIプロジェクトは極めて危険なものとなりかねない。しかし、例えば、適法性を確保するためのスキームの選択（例：個人情報保護法の第三者提供規制に対応するためのスキームの選択〔→第4章〕）等、適切な打ち手を講じることでリスクを低減することが可能である。

　だからこそ、生成AIを利活用するプロジェクトを進める上では、法的リスクを中心とした実務的なリスクとしてどのようなものがあるかをきち

んと把握した上で、そのリスクに対しどのような打ち手を講じるかを考え、リスク低減のための対応を行うことが重要である。

◆ **(4) 法律だけではない複合的対応を**　そして、ここでいう実務的リスクとそれに対するリスク低減のための対応においては、純粋な法律の面はもちろん重要であるが、それ以外にも、契約による対応、社内ルールによる対応、セキュリティに関する要求を取引相手が満たしているかの確認等、様々な対応が存在することに留意が必要である。すなわち、単なる法的対応にとどまらず、複合的対応を行うべきである。[*1]

◆ **(5) ELSIの重要性**　加えて、生成AI関係では、画像生成AIの利用が多くの批判を浴びる等の多くの炎上事件が生じている。このような観点から、法（Law）のみならず倫理（Ethics）や社会への影響（Social Impact）も踏まえてリスクを検討する必要がある。これらのような問題を頭文字をとってELSIと呼んでおり、これについては6において論じることとする。

◆ **(6) 現在動いている分野であること**　この問題は本書校正時点で動いている分野である。例えば、三校中の2025年2月18日に、経済産業省は「AIの利用・開発に関する契約チェックリスト」を公表した。[*2] このチェックリストは、主に以下の3点を目的としている（同チェックリスト2頁参照）。

---

・AI技術を用いたサービスの利用者が、サービスの提供者に対して提供するデータの利用範囲や契約上のベネフィット（サービスの水準、AI生成物の利用条件等）について十分な検討を行うために必要な基礎的な知識を提供すること
・提供されるデータの不適切な利用等を避けられるよう、利用者において、契約時にチェックするべきポイント（チェックポイント）を具体的に記載すること
・幅広い想定読者や利用場面を念頭に置き、AI利活用の契約実務に有益な参考資料とすること

---

＊1　その生成物がどのモデルやプロンプトから作られたのかを特定するためのフォレンジック技術等も発展している。
＊2　経済産業省「AIの利用・開発に関する契約チェックリスト」（令和7年2月）<https://www.meti.go.jp/policy/mono_info_service/connected_industries/sharing_and_utilization/20250218003-ar.pdf>

このような流動性を前提に、以下では筆者の理解する最新実務を解説していく。

## 2. 利用態様に応じたユーザ実務[*3]

◆**（1）はじめに**　実務——典型的にはユーザ実務——においては、（少なくとも2025年に）〈特定の業務を生成AIに全面的に代替させることは不可能である〉という現実を直視することが重要である。すなわち、実務で生成AIを利用する上では、業務をタスクレベルに分解して、それぞれのタスクのうちどれを人間が遂行し、どこでAIを利用するか等を考えることが必要である。また、AI成果物のチェック等の新たなプロセスが入ったり、プロセスそのものが変更されることも多いという点に留意すべきである。そして、その検討の結果、ある業務に最適なのは従来の情報システムであったりRPA（ロボティック・プロセス・オートメーション[*4]）であることが判明するかもしれない。そして、仮にある業務にAIを入れるべきだということになったとしても、最適なAIを模索した結果として、生成AIではなく、いわゆる分析系のAIを入れるべきだとなるかもしれない。

　なお、本章では契約対応等を扱うが、契約外の実務も重要である。例えば、「生成AI保険」も出現している[*5]。その意味では、総合的検討を行うことが重要である。また、近時様々な生成AI基盤モデルが選択肢として提供されており、ある意味では選択肢が増えているものの、それぞれの基盤モデルごとにリスクが異なること[*6]にも留意が必要である[*7]。

---

＊3　本節全体につき、松尾・AI将来展望A2Zを参照。
＊4　松尾・HRテック80頁
＊5　<https://www.aioinissaydowa.co.jp/corporate/about/news/pdf/2024/news_2024022701277.pdf>
＊6　Will Knight「主要AIモデルをリスク評価でランク付け、見えてきた大きな差」WIRED 2024年8月19日 <https://www.meti.go.jp/policy/mono_info_service/connected_industries/sharing_and_utilization/20200619001.pdf><https://wired.jp/article/ai-models-risk-rank-studies/>
＊7　筆者が知る限り、リスク感覚に優れたベンダは、現時点では特定の基盤モデルを利用しているものの、常に新しい基盤モデルを試し、「乗り換え」可能性を探ることで、基盤モデルの提供が停止したり、価格が大幅に引き上げられるリスク（→**4**）に対応している。ただ、ユーザが試用する段階においてはそこまでの対応までは不要かもしれない。

434　第6部　生成AI規制の動向をも踏まえた実務 ‖‖‖‖‖ 第12章　契約・社内規程等の実務対応・ELSI

なお、以下では具体的な対応を例示しているが、そのような対応を行う上では、社内ルール（→5）との関係も問題となる。もし、社内ルール上特定の対応（例：個人情報の入力）が禁止されているのに、個人情報を投入したいとなれば、社内ルールを変える方向で検討する必要が出てくるだろう。[*8]

## ◆（2）画像生成AIの業務利用

**ア　事案の概要**　筆者が知る限り最も相談が増加傾向にあるのが、本書で事例12-1と呼ぶ〈ユーザ企業として、広告その他の画像（動画を含む）を利用するプロジェクトにおいてAI生成画像を利用する〉というものである。確かに、画像生成AIの能力は急速に向上しており、また、とりわけ「たくさんの作例を瞬時に作成することができる」という、人間には到底できない対応が可能である。そこで、「自社の次の広告プロジェクトにおいて生成AIを活用したい」という声が出たために法務で検討することになる、というような状況は比較的頻繁に発生する。

**イ　多種多様な活用方法**　まず、一口に「画像生成AIを活用する」といっても、多種多様な活用方法が存在することが重要である。[*9]

---

- ・AI生成物が成果物になるのか、成果物作成過程のアイディア出しやイメージ伝達のためのラフか
- ・同じ、AI生成物が成果物になる場合でも、「ポン出し」（→第1部コラム）か、人間の手による修正が行われるか
- ・AIで生成するのは全体か、一部であっても中心となる部分か、それとも背景等か
- ・その画像が人間なのか、風景等か
- ・画像なのか、動画なのか、音楽が含まれるか、音声が含まれるのか

---

このように、「画像生成AIプロジェクト」という言葉で全てを一括りにして一律の対応を行うべきではなく、それぞれの案件のリスクを踏まえた

---

＊8　社内ルールの不断の変更の必要性に鑑みるとこのような変更自体は問題なく、むしろアップデートを繰り返すことで最新の実務利用を「法律上適法なのに社内ルール違反」とならないようにすることが重要である。

＊9　松尾・広告法律相談実践編33頁以下および205頁以下

2. 利用態様に応じたユーザ実務　**435**

対応を行うべきである。

### ウ　事例12-1の主なリスクとその対応

（ア）著作権　　まずは、著作権侵害のリスクが指摘できる。この点は第2章を参照されたいが、実際の利用・生成場面である本件において、結果的に依拠性と類似性のある画像が生成されれば、（損害賠償請求に対して故意過失を争う余地があっても）客観的には（差止請求をされ得る）著作権侵害となる。つまり、ユーザとして何ら特定の第三者に著作権がある画像を複製・翻案するつもりはなくても、生成AIベンダが学習過程で当該画像を学習に利用し、その結果として類似性のある画像が出力されることで、著作権侵害が生じるリスクがある。

また、少なくとも「ポン出し」（→第1部コラム）しただけでは著作権は取得することができず、例えば広告におけるコピー以外の部分が全て「ポン出し」した画像のみで構成されるという極端な場合を仮定すると、全く同じ画像を同業他社が利用しても、少なくとも著作権を理由に利用差止めを認めることはできないことになる。

この点は、利用態様を変えることによりリスクを減らすことができることを踏まえて検討すべきである。すなわちそもそもI2I（→第1部コラム）で特定の画像をもとにそれを加工した画像を作るというプロジェクトであれば、通常は当該画像の著作権者の許諾を得て進めるべきである。しかし、そのような特定の画像と類似性のある画像を作成しようとしない場合には、許諾を得ないで進めることもあるし、そもそもその画像と類似する画像が存在するのかどうかや、それがどの画像かが不明の場合には、許諾を得ることは困難である。そのような場合、〈「ポン出し」ではなく人間のクリエイターが十分な修正を行うことで——たとえ元のAI生成画像において類似性があったとしても——成果物においては類似性がないものになる可能性を高める〉といったことが、1つの良いプラクティスとなる。[10][11]

---

＊10　なお、後述のGoogle画像検索で類似画像がないかを調べる等の対応と並行してこのような対応を行うということが前提である。

＊11　もちろん、「AI生成画像をそのまま使う」ことが広告意図との関係で重要な場合等、この方法が採用できないこともあるだろう。その場合には、例えば商標法による保護を受ける等、著作権以外の対応を

また、ラフやイメージを伝えるための画像としての利用であれば、もちろんそれが客観的に類似性・依拠性があれば差止めの対象となりうるものの、具体的な状況によっては、そのリスクは許容範囲にとどまると判断されることはあるだろう。また、そのラフやイメージにおける表現の本質的特徴が完成品に残存することによるリスクはあるものの、この点は上記のとおり、十分な修正を行うことで低減できる可能性がある。

　そのような対応を行う前提の下で——それでもリスクはゼロにはならないものの——Googleフォト等で画像検索をかけて類似の写真がインターネット上にないかを確認することは、少なくとも「簡単に検索して調べることで著作権侵害のおそれがあることがわかったはず」として、最低限の注意さえ払わなかったと指摘されるリスクに対する対応として有益である[12]。

　なお、背景等の中心的でない部分への利用や、誰でも閲覧することができる部分ではなく、例えば社員のみや取引先のみが閲覧可能な部分へ利用することは、発見されにくいという事実上の影響はあれど、少なくとも適法となる可能性が上がるという意味における「法的」な影響はないと思われる[13]。

　とはいえ、〈最初から大々的に広告で利用するよりはまずは社内報に利用して反応を見る〉等といった利用であれば、前述（→1）の社内受容性の観点から、比較的抵抗感が少ないスモールスタートの方法として検討の余地はある。

　（イ）肖像権・パブリシティ権　　AIグラビア写真集が取り下げとなった事例（→第8章）において、それが肖像権・パブリシティ権との関係での検討が不足していたためではないかと推測されているように、特に人物画像の場合には著作権以外にも肖像権・パブリシティ権に留意が必要である。

---

　考える必要がある。
*12　これは、仮に、誰かが「これは著作権侵害ではないか」と思って探した場合に、その広告が著作権を侵害しているおそれのある画像が非常に簡単に発見されてしまうような、リスクが高い利用を避けるという意味でも、有用である。
*13　業務利用が前提なので、私的使用の例外（著作権法30条）等は適用されない。

もちろん、利用される AI 生成画像が、例えば風景など人の肖像以外の
ものだったりすれば、そもそもこのリスクがない、または低いと判断でき
ることもあるだろう。これに対し、肖像写真や肖像画のような AI 生成画
像が利用されるのであれば、それが誰かに似ているとして肖像権やパブリ
シティ権侵害と主張されないようにすべきである。

　ここで、I2I（→第1部コラム）で特定の芸能人の肖像画を入れて、同じ人
物の異なるポーズの画像を生成させるようなプロジェクトであれば、本人
（または所属事務所）の許諾を得るべきであって、無許諾で進めることは、リ
スクが大きすぎるため、当然に回避すべきだろう。しかし、生成 AI の難
しいところは、〈ユーザーが想定していなくても、誰かと似ている画像が
生成される可能性がある〉という点である。

　この点は、もちろん、例えば日本人の画像であれば、1億2000万人のう
ちの誰かと似てしまうということ自体は全くあり得ないとはいえない。た
だ、その中でも、特に、①特定の芸能人に似ていることから、無許諾でそ
の芸能人の顧客吸引力を利用しようとしているとみなされる可能性や、②
そうでなくても特定の人物肖像をもとに学習した AI がその肖像そっくり
の画像を生成し、その人物から抗議をされるという可能性については、特
に重要なリスクとして対応を検討すべきである。そして、①については、
それが有名な人物であることから、完成した画像から比較的そのリスクの
有無を判別しやすいと思われる。そこで、そもそもそのような画像を利用
しないか、適切に加工する等して、少なくとも顧客吸引力を利用すると言
われない程度に類似していない画像にするというのが1つの対応であろう。
また、②については、リスクを完全に排除することはできないものの、著
作権と同様に、Google 画像検索等による検索がリスク低減策となるだろう。

　　（ウ）その他　　プライバシー（→第8章）、名誉毀損（→第7章）その他
の権利との関係も具体的な利用態様によって問題となり得る。例えば、利
用される画像が特定の第三者のプライバシーに関わるであるとか、利用さ
れる画像が特定の第三者の社会的評価を低下させ得るといった場合である。
しかし、それは必ずしも画像生成 AI 固有のリスクではなく、もしそのプ

ロジェクトがプライバシーや名誉に関わる情報を生成・公開するプロジェクトなのであれば、まさに（生成 AI 利用の有無を問わない）そのプロジェクト自体のリスクと評価できるのではないかと思われる。

## ◆（3）議事録作成

**ア　事案の概要**　事例12-2として〈生成 AI に会議の録音データから反訳や目的に応じた会議録のドラフトを作成してもらう場合〉を考えてみよう。その場合には、例えば社内会議なのか、社外の会議なのかが問題となる。また、会議参加者に対し、会議を録音することを伝えているかや、当該会議でどのような内容が議論されるのか（例：要配慮個人情報が含まれるか）も問題となるだろう。さらに、議事録も反訳だけか、特定の形式で作成するのか、例えば取締役会議事録（→第9章）のような法定の要件があるものか等も問題となる。

なお、会議ではなく、電話等を録音してそのログを作成することにも類似の問題がある。ただ、その場合には、例えばカスタマーサポート（CS）において電話の冒頭で「録音をさせていただいております」と通知することが慣例となっていることを踏まえて検討すべきであろう。[14]

**イ　主なリスクとその対応**

（ア）個人情報リスク　　事例12-2において例えば発言内容に個人情報（→第4章）が含まれると思われるところ、個人情報保護法の第三者提供規制（個人情報保護法27条）との関係で当該個人情報を投入してよいかが問題となる。この点については、そもそも生成 AI ベンダとの関係を委託として整理し、生成 AI に対して個人データを投入できるようにしておけば、特に問題はないかもしれない。また、個人情報——つまり、会議参加者が口頭で述べる散在情報としての個人情報——のみが投入され、個人データは投入されていないとして、第三者提供規制は適用されないという整理もあり得るだろう。[15]このあたりは様々な整理が可能であるが、さすがに「生成 AI に入

---

＊14　中崎・法務ガバナンス387-388頁

＊15　なお、要配慮個人情報についても問題となるが、そもそも適法に（典型的には同意を得て）取得しているものであれば（個人情報保護法2条3項・20条2項）、社内の会議で当該要配慮個人情報の利

れるから会議中個人名を挙げない」といった対応は適切ではないと思われる。仮に個人名を挙げないとしても、提供者基準、つまり生成AIにデータを入れるユーザ企業を基準として個人データの第三者提供となるかを判断する基準を適用すれば、ユーザ企業はそれが誰の情報かわかっているはずであり、それだけで第三者提供規制を回避できるものでないことには留意が必要である。

　また、このような個人情報提供リスクに加え、利用目的（個人情報保護法17条以下）も問題となる。もし、生成AIの活用に伴い利用目的を変更するのであれば、それに応じた対応が必要となる（個人情報保護法17条2項参照）。しかし、アで述べたように、今回は単に会議の議事録を作成するだけである。会議における個人情報の利用というのは、当該個人情報を取得した目的の範囲での利用であると想定される。[16]よって、生成AIを活用したところで、少なくともイで想定する事例において、利用目的は変更されない。そこで、この点はあまり考えなくてよいだろう。しかし、生成AIによる分析、処理を利用目的として特定（ガイドライン通則編3-1-1＊1）し、プライバシーポリシー等に記載すべきではないかという点の検討は必要である。その点は、筆者としては、例えばこれまで人間が耳で聞いて文字を起こしていたのを、単にAIがその人間の文字起こしプロセスを代行するにとどまるのであれば、その範囲では十分に予測可能性があり、明記不要という解釈も十分にあり得ると考える。とはいえ、念のため明記した上で、この明記はあくまでも確認的なものであり、予測可能性の観点から問題がない以上、「合理的」であるとして利用目的の変更が可能（個人情報保護法17条2項）という解釈をするというのも1つのあり方だと考える。

　なお、仮に事例12-2において社会の人が参加する会議であるという場合

---

　用目的に即して伝達して利用することは適法であって、社内で伝達しても新たな取得にならない、という整理はあり得る。ただし、委託構成、委託に伴い個人データである要配慮個人情報の提供を行う場合であれば生成AIベンダにおいて取得できると解される（個人情報保護法20条2項8号、同施行令9条2号）ものの、散在情報だという理由だと生成AIベンダにおいて取得できない可能性があるだろう。

＊16　もしそうでなければ、生成AIの問題ではなく、もともとの当該会議における個人情報の利用には問題がある、ということである。

に、個人情報保護法の観点だけでいうと、その社外の人の同意を得ることまでは必須ではない。しかし、秘密のうちに録音することはある意味では無用に相手の信頼を害する可能性がある上、プライバシー（→第8章）の観点からも懸念を生じさせる。そこで、会議開始時にその旨を通知すべきであるし、多くの（生成AIによる議事録作成機能を有する）web会議アプリは録音がされていることを通知する仕様となっている。

（イ）秘密情報リスク　　営業秘密（→第3章）に加え、秘密保持契約に基づき他社から受領した情報が入力されるリスクも重要である。ここで、自社において、極秘、秘、社外秘等の情報のランク付けをしっかり行っていれば、そのルールに基づき、例えばこのランクの情報までが議論される会議は生成AIによる議事録作成の対象とするが、そのランクを超える情報が生成AIに投入される可能性がある会議は生成AIによる議事録作成の対象としない、という判断を行うべきである。[*17]

また、秘密保持契約（NDA）に基づき受領した情報は、生成AIに対応した文言が入っていなければ、基本的には、そのような情報を投入すると、それがNDAで禁止された第三者提供（NDA違反）と解される可能性がある。そこで、そのような情報が話し合われる会議は生成AIによる議事録作成の対象にしない運用とすべきである（→4（6）も参照）。[*18]

（ウ）その他のリスク　　例えば、第三者の著作権のある著作物をそのまま読み上げ、それが反訳により複製されることで複製権侵害となる可能性がある[*19]（→第2章）。

---

*17　なお、中崎・法務ガバナンス388頁は秘密情報を一定の時間に集中して議論するルールとすること等を提案するが、実務でワークするか不明である。

*18　なお、秘密保持契約条項の中に、口頭で述べた後何（営業）日以内に書面で秘密と通知すれば秘密として扱うといった条項がある場合において、会議で秘密が述べられて即時生成AIに投入されて生成AIベンダに提供された場合、通常はその後当該期限内に書面で秘密と通知されても、遡って秘密保持義務違反だったということにはならないと思われないものの、生成AIベンダに提供しても既に公知となっている事実とはいえないことから、少なくとも通知後は秘密情報として保護すべきことが多いだろう。

*19　この場合、当該読み上げが、例えば、検討の過程における利用（著作権法30条の3）等として正当化されるかを検討すべきである。もし何らかの正当化のロジックがあれば、そのロジックを生成AIによる反訳作成にまで及ぼすことができるかを検討すべきである。これに対し、当該読み上げが正当化されないのであれば、そのような著作物の利用を行うような自社における著作物の利用慣行を是正すべきだろう（なお、鉄道会社がイントラネットで新聞記事を無断掲載した件に関する知財高判令和5年6月8日裁判所HP

## ◆(4) RAGによるリサーチプロダクト

**ア　事案の概要**　　RAG（→第1章）を利用することで、生成AIのみを利用した場合とは大きく異なる、優れたリサーチ結果を得ることができる。以下では、事例12-3として〈上場企業の財務情報等の公開データや、書籍・雑誌やデータベースに収録されたデータ等を利用したRAGによって、財務状況等特定の指標が類似する会社を探したり、法律書・雑誌のデータに基づいて法律に関する質問についてより良い回答およびその根拠を提示させる〉といったプロジェクトにおける実務上の課題を検討したい。

**イ　何を入れるのか**　　ここで、一口にRAGといっても、その法律実務上の扱いを検討する上では、どのようなデータを準備して何を入力するのかが重要である。

例えば、公開データと非公開データの相違がある。もし、非公開データを生成AIに投入するのであればどのようなルートでそれを入手するか等[20]が問題となる。

また、投入されるデータが著作物かという問題はある。単なる財務データ等の数字だけのデータであれば、著作物ではないと判断される可能性は[21]高いだろうし、書籍・雑誌データであれば著作物であると判断される可能性が高いだろう。

**ウ　主なリスクとその対応**

（ア）著作権リスク　　上記の検討の結果、RAGに投入するデータが著作物ではない、著作権が切れている、自社が著作権等を有している等という理由で（入力されたデータやその一部が出力される場合においても）著作権のリスクに対する対応が不要（必要性が低い）と判断されない限り、著作権リスクに対する対応が必要となる（→第2章）。

RAGにおいてはRAGデータベースを準備し、準備したデータを生成AIに投入することから、ユーザのプロジェクトであっても、利用段階の問題

---

（令和5年（ネ）10008号）も参照）。

*20　例えば、許諾を得るのであればその許諾の範囲に当該RAGプロジェクトが入るのか、ということである。

*21　情報の選択または体系的な構成によりデータベースの著作物として著作物性が生じることはあり得るものの、その点は措くこととする。

だけではなく、学習・開発段階における著作権の問題をも検討しなければ
ならないことに留意が必要である。

　そして、開発段階に限れば著作権法30条の4の利用の余地があるが、利
用・生成段階では著作権法30条の4が適用されないこと、開発段階におい
ても、そのプロジェクトで想定されるのが享受目的利用であれば著作権法
30条の4が適用されないことが重要である。そこで、例えばRAGに投入
されるデータが著作物であっても、生成後のデータにおいて、入力された
著作物の創作的表現を出力しないようなプロジェクトであれば、投入段階
においては著作権法30条の4により適法化され、利用においても現に入力
された著作物の創作的表現が出力されていない限り、複製・翻案等を行っ
ていないので適法、といった整理が考えられる。[23]

　また、入力された著作物の創作的表現が一定程度出力されることを想定
したプロジェクトにおいては、著作権法47条の5の軽微利用の範囲で、例
えば、特定のデータを対象とした検索サービスの提供に伴い、その一部を
抜粋したスニペットを表示するという目的でデータベースを整備し（準備
行為を行い）、実際にそのような範囲でスニペットを表示するという整理も
考えられる（書籍検索サービスに係るガイドラインに関する調査研究報告書も参照）。

　ただし、かなり長い要約を出力する場合、軽微利用の範疇を超えてしま
う。そして、具体的状況に応じ、類似性のあるものが出力され、かつ、そ
の利用範囲はもはや軽微ではないと評価される可能性がある。この場合に
は、ライセンスを得ることを検討することになるだろう。[24]

---

＊22　ある特定の著作物をAIに投入し、その結果として、当該著作物と類似性のある作品等を生成しようと
　　している場合が享受目的利用の典型的な場合である。詳しくは第2章を参照のこと。

＊23　「RAG等に用いられるデータベースを作成する等の行為に伴う著作物の複製等が、回答の生成に際
　　して、当該データベースの作成に用いられた既存の著作物の創作的表現を出力することを目的としない
　　ものである場合は、当該複製等について、非享受目的の利用行為として法第30条の4が適用され得る
　　と考えられる」とする「考え方」21-22頁参照。ただし、利用において現に入力された著作物の創作的
　　表現が出力された場合には当該利用段階の行為の著作権侵害の可能性が否定できないことから、技
　　術的にどこまで入力著作物の創作的表現の出力を回避できるか（アラインメントに関する第1部コラム参
　　照）は問題となる。

＊24　なお、中崎・法務ガバナンス389頁は、生成AIの要約後に人間が加工するという提案をするが、要
　　約時点で翻案権や複製権侵害があれば、その後の加工は必ずしも免責事由とならないと思われること
　　に留意が必要である。

（イ）個人情報リスク　　なお、個人情報（→第4章）については、当該プロダクトが「ユーザ」によるもの、つまり当該プロダクトがユーザ企業の社内で利用されることを前提とすれば、第三者提供リスクとしては、通常の生成AI利用に伴う〈ベンダに個人データを提供してよいか〉が主たる問題となる。そこで、第4章および上記（3）を参照されたい。

ただし、リサーチプロダクトのための利用という目的がもともと個人情報を取得した際の利用目的と異なる場合には、利用目的規制を踏まえ、利用目的変更が可能か等を検討する必要があるだろう（個人情報保護法17条2項参照）。

なお、そもそもプロダクトの目的を実現する上で個人情報が不要なのであれば、個人情報を除去すること等による対応も検討に値する。

（ウ）その他のリスク　　その他当該プロダクトが提供する情報の内容によっては、他のリスクについても検討が必要である。例えば、プライバシーに関する情報を提供するのであればプライバシー（→第8章）、社会評価を低下させる可能性がある情報であれば名誉毀損（→第7章）等について検討が必要となる。

このような観点からすると、ありとあらゆるデータを利用するリサーチプロダクトの場合には、検討すべきリスクが非常に多くなりかねない。そこで、スモールスタートとして、まずは当初の段階から最も実現したい目的が何であるかを明確にし、その目的が実現する最低限の機能を有するプロダクトを、その範囲のリスクに対応した上でリリースすることから始めることが現実的かもしれない。

（エ）その他　　なお、当該プロダクトおよびそのデータをどのように保護するかは別途問題となる。例えば、有償でお金を払った人であれば誰にでも提供するが、それ以外の人には提供しないのであれば、限定提供データによる保護（→第3章）が考えられるだろう。

◆（5）RAGによる過去データを利用したナレッジマネジメント

ア　事案の概要　　事例12-4として〈自社や自部門の過去データを利用し、目の前の案件によりよく対応するためRAGを用いる、ナレッジマネジメ

ントのための生成AIの利用〉を検討していこう。

例えば顧客対応の際において、同じ顧客に対して既に対応を行っていたという場合においては、過去の対応ログを表示させることで、カスタマーサポート（CS）部門における過去の対応を前提とした円滑な対応が可能であるが（ここまでが生成AIを利用する以前からのナレッジマネジメントである）。しかし、異なる顧客であれば、過去の対応を踏まえた円滑な対応がどこまでできるかという課題があった。RAGを利用して現在の対応内容（場合によっては事例12-2のAI反訳で作成したもの）と類似する過去の対応内容を踏まえて現在の対応案を作成する等、一定以上の支援を得られる可能性がある。

また、法務を含む管理部門は、過去にビジネス部門から様々な相談を受けていることだろう。そのうち一部の内容は頻出としてQ&A形式等にまとめられているものであるが、Q&Aの分量が少なかったり、（ビジネス部門・管理部門双方にとって）探しにくい等という問題がある。そこで、例えば、（典型的にはQ&Aが多数存在するが探しにくいという悩みをもつ企業において）蓄積されている〈Q&Aを生成AIに入れた上で、ビジネス部門が生成AIに質問すると、Q&Aに基づく回答案と、当該質問と関連するQ&Aを表示する〉といったプロジェクトもあれば、〈過去の回答を生成AIに入れて管理部門が生成AIに質問すると、過去の類似度が高い回答から回答例を作り、関連する過去回答を表示する〉というプロジェクトもある。

**イ　主なリスクとその対応**

（ア）秘密情報リスク　　秘密情報（→第3章）については、事例12-2（→(3)ア）を参照されたい。自社内でランク付けされた情報のうち、生成AIに入力してもよいとされたものだけを選別してRAGに入れる方向での対応が考えられる。

（イ）個人情報リスク　　個人情報（→第4章）についても、事例12-2（→(3)ア）を参照されたい。例えば、過去の回答の中に個人名が記載されていても、体系的に構成されていないから個人データではないという整理ができる可能性はあるだろう。ただし、CS部門において例えば顧客名簿と対応づけて整理した個々の顧客ごとの過去対応データをRAGに入力す

る場合、それが個人データである前提で対応せざるを得ないように思われる。

（ウ）著作権リスク　著作権（→第2章）については、事例12-3（→（4）ア）を参照されたい。この点、従業員の作成した回答であれば職務著作として整理できることも多いと思われる。ただし、RAGに投入される過去の回答が、その全部または一部において第三者の著作物を引用したものであった場合において、生成AIが過去回答の一部を表示する際に出典を示さない等により「公正な慣行に合致」（著作権32条1項）しなくなってしまうことで問題が生じる可能性には留意が必要であろう。

◆**(6) 顧客に利用してもらうチャットボット**

　**ア　事案の概要**　　時間によって顧客からの問い合わせが集中し、その結果として、顧客満足度が下がっているような場合がある。そのような場合において同様の質問とそれに対する回答が既に蓄積しているのであれば、ユーザ企業が、一定範囲の質問についてまずは生成AIを利用したチャットボットに回答（前さばき）をさせることがあるので、事例12-5として検討しよう（前さばき後に必要に応じて別途人間の担当者が対応する）。

　**イ　主なリスクとその対応**

　　（ア）ハルシネーションリスク　　生成AI、例えばChatGPTに「あなたは食品会社XXのカスタマーセンターのチャットボットです。これから顧客が質問をするので、質問に回答して下さい。」というと、カスタマーセンタのチャットボットになりきってやり取りをしてくれる。しかし、その回答は必ずしも自社の状況において適切なものではないかもしれない。場合によっては、ハルシネーション（→第1部コラム）によって全く間違っている内容が出力されることもある。

　まずは、RAG等を利用してこれまでのカスタマーセンターに蓄積された頻出Q&A等を回答に利用するようにし、例えば一定以上の類似度の回答が存在しない場合には、質問を変えるよう依頼したり、人間のオペレータに代わってもらう等、「自信のある部分」がどこであるかをまずは確定した上で、質問に対してその「自信のある部分」がある質問かを判別し、

そこだけを回答し、それ以外は人間に委ねる等の技術的対応が必要である。

　ただし、技術的対応に加え、例えば、チャットボットのやり取りには誤りが含まれることがあり、あくまでも参考として利用してもらう旨を説明し、利用規約上も明記する等、法的対応を行うことは多い。

　ここで重要なのは、法的対応と技術的対応の相互関係である。例えば、過去のQ&Aや自社のHPの記載をRAGに投入して回答を行わせる場合を例にとってみよう。これについては、AIの回答と共に「詳細はこちら」として過去のQ&A等のリンクを示すことで、正確な内容を確認したければすぐに確認できるようにすることが考えられる。このような技術的対応は、利便性を高める効果があるが、それと同時に、生成AIの回答はあくまでもどのQ&Aを熟読すべきかを判断する上での参考に過ぎないという位置付けを明確にすることで、〈生成AIの回答を信じたために損害を被った〉といった主張の可能性を最小化するという法的な意義もある。これはあくまでも一例に過ぎないものの、法的リスクを軽減することができる対応を技術的にどこまでできるか等を技術者と法務担当者および弁護士が話し合いながら擦り合わせていくことが法的リスクを低減させる上で重要である。

　　（イ）個人情報リスク　　顧客が自己の個人情報（→第4章）を入れる場合には、同意に基づく提供となるが、例えば顧客が第三者の個人情報（自分の家族がその会社の食品を食べて体調が悪くなった等）を入力することもある[*25]。このような場合に、当該情報の入力につき法的な手当ができているかが問題となる。状況によってはベンダに対するユーザの情報の第三者提供規制との関係で「個人情報」の提供と整理する余地はあるだろう。

　また、要配慮個人情報の場合には、それを記録せず、「取得しない」と整理することも全く考えられないではないが、人間のオペレータが過去のチャットボットとのやり取りを読みたいというニーズがあり、そうすると、取得したといわざるを得ない場合もあるだろう。

---

＊25　中崎・法務ガバナンス386頁参照。

このような点の検討を踏まえ、例えば、本人の同意を得ずに第三者の要配慮個人情報を入れてはならないことや、全ての情報が生成AIベンダに提供されることに同意した上で入力すべきといった説明や、利用規約上の対応が必要となることもあるだろう。[26]

## 3. FTベンダを念頭に置いたベンダ実務[27]

◆(1) はじめに——FTベンダに未来はない？　基盤モデルベンダが覇権を握り、基盤モデルベンダに生殺与奪の権を握られたFTベンダに未来はない——このような考えを持つ人が存在することは事実である。しかし、筆者は、筆者の知識および経験上そのようなことはないと考える。その理由は以下のとおりである。

そもそも、基盤モデルベンダはどのような顧客に対しても適用可能なモデルを提供している。それはインフラとして多くの業界にまたがって多数のユーザに利用されるという意味において、ある種「覇権を握っている」ことは間違いない。しかし、基盤モデルベンダは必ずしもそれぞれのユーザを知っているわけではなく、ユーザ・ドメインごとの問題意識や、ユーザ・ドメイン固有のデータを多く持っておらず、現場の課題を解決できない。

これに対し、FTベンダは、ユーザ業務を知り、ドメインデータ・ユーザデータを持っている。FT用のドメインデータ、RAG用のユーザデータ等「使えるデータ」を利用し、AIを組み込んだ新たな業務を実現して現場の課題を解決することが核心である。

このようなデータと業務知識はユーザ自身も持っていることから、もちろんユーザが社内にAI専門家を抱えることであっても対応可能である。しかし、種々の理由から、実際にはベンダに対応を依頼することが多い。そこで、ユーザへのアドバイス等のノウハウを持っているFTベンダには素晴らしい未来が開けていると考えている。

---

*26　ただし、いざその利用規約に違反して要配慮個人情報が入力された場合の措置は別途問題となるだろう。

*27　これ以外にも基盤モデルベンダや、データ提供ベンダ（メディアによるデータ提供も含む）等の実務があるが詳論しない。

もちろん、生成AIプロジェクトには様々なリスクがある。しかし、社内でのノウハウ蓄積および社外の専門家との協働によりそのリスクに対応していくべきである。[*28]

## ◆（2）学習に関する実務

**ア　はじめに**　FTベンダは追加学習を行うことが多いところ、当該追加学習においては様々な法律問題が生じる。以下では学習と表記し、特に「追加学習」とは記載しないものの、既に特定の基盤モデルが存在することを前提に、例えばリーガルテック系FTベンダであれば、法律書・雑誌・判例等の法律系データで追加学習をさせる場合を想定している。

**ア　著作権と学習**　学習段階においては著作権の問題が生じる。学習において著作権法30条の4が利用できる可能性は高いものの、FTベンダとして、当該学習が、学習後のプロダクトにおいて学習したデータの創作性ある表現を出力するつもりであれば、享受目的が併存するとして著作権法30条の4を利用することができなくなることに留意が必要である。

むしろ、その学習の結果、そのプロダクトにおいて学習したデータの創作性ある表現を出力するつもりであれば、ライセンスを取得するか、または、軽微利用（著作権法47条の5）スキームを活用すべきである（→第2章）。

**イ　個人情報と学習**

**（ア）要配慮個人情報**　個人情報（→第4章）については、要配慮個人情報（個人情報保護法2条3項、20条2項）の収集が重要である。つまり、クロール等を行ってその中に要配慮個人情報が含まれることで、取得前の同意取得等の規制に違反する可能性がある。そこで、基本的には「ベンダ注意喚起」を参照して、下記の4点を履行すべきである（ただ、それさえ履行すれば適法なのかは別途問題となることにつき→第4章）。

> ①収集する情報に要配慮個人情報が含まれないよう必要な取組を行うこと。
> ②情報の収集後できる限り即時に、収集した情報に含まれ得る要配慮個人情報をできる限り減少させるための措置を講ずること。

---

[*28]　なお、中崎・法務ガバナンス395頁以下はベンダのリスクを（一般的なものに限定されるが）列挙しており、参考になる。

③上記①および②の措置を講じてもなお収集した情報に要配慮個人情報が含まれていることが発覚した場合には、できる限り即時に、かつ、学習用データセットに加工する前に、当該要配慮個人情報を削除するまたは特定の個人を識別できないようにするための措置を講ずること。

④本人または個人情報保護委員会等が、特定のサイトまたは第三者から要配慮個人情報を収集しないよう要請または指示した場合には、拒否する正当な理由がない限り、当該要請または指示に従うこと。

　実務上は、①国等の〈この機関が公開する要配慮個人情報なら取得可能〉とされている機関のサイトにクロールを限定する（個人情報保護法20条2項7号）とか、②NGワードを設定し、NGワードが含まれる情報を収集しない（収集した場合にプログラムで即座かつ自動的に排除する）といった方法が考えられる。[29]

　（イ）不適正取得　　不適正取得（個人情報保護法20条1項）を回避するため、少なくとも例えばダークウェブからの収集をすべきではない（→第4章）として、それ以上にどのようなことを行うと不適正取得になるかは不明なこと多く、疑義がある場合には専門家に確認しながらクロールの範囲や方法等を定めるべきである。

　（ウ）利用目的　　学習目的によっては処理の結果として統計情報たる学習済みモデルを開発するに過ぎないので、統計情報の作成の場合と同様に目的を明示しなくてよいという解釈になる可能性はある。とはいえ、開発された生成AIが結果的に個人情報を出力するのであれば、利用目的としてそのような学習およびその後のプロダクトにおける利用を明記する必要がある可能性が高まるだろう（→第4章）。

　**ウ　その他の学習に関する留意点**　　その他、学習の際にどのようなデータ（データ処理を含む）をどのように学習させ、どのように性能を向上させるかについては、FTベンダのノウハウ等が含まれるところである。そのノウハウ等を社内で営業秘密（→第3章）等として適切に保護することで、自社の競争力を維持することが重要である。

---

＊29　中崎・法務ガバナンス51頁

◆**(3) 基盤ベンダとの関係に関する実務**　基盤ベンダとFTベンダの間には交渉力の差があることも多い。その中でFTベンダは様々な方法で実利を得ようと努力している。このような交渉や契約内容はケースバイケースであるが、以下では知的財産権の帰属に関する交渉を例にとって、あくまでも1つの考え方の例として、筋道を示そう。

　FTベンダは基盤モデルベンダの提供する基盤モデル（プログラムとパラメータ）に対してファインチューニング（FT）を行って、FT済み学習済みモデル（主にパラメータ）を作成し、当該モデルとRAG技術およびプロンプトエンジニアリング（→第1部コラム）等を利用して顧客に対して実用的なAIサービスを提供しようとする。

　このような場合において、基盤ベンダとFTベンダ間では、様々な交渉が行われることになるだろう。例えば、FTやその後のサービス提供に向けたプロンプトエンジニアリングを含む調整、そしてサービス提供の過程で発生した全ての知的財産権基盤をベンダに帰属させようとする基盤モデルベンダに対しFTベンダが知的財産権を求めて交渉する、という状況もあり得る。

　ここで、確かに、プログラム部分（特に基盤モデルのもの）は著作権の対象となり得る。しかし、FTベンダが生成するFT済み学習済みモデルは、著作物にならない数値等のデータに過ぎないことが多いと思われる[30]。もちろん、ノウハウ等はFTベンダの重要な知的財産権であろう。そこで、FTベンダは知的財産権が欲しいと考えるだろうが、そのノウハウ等が当該基盤モデルを利用しないと利用できない、つまり、基盤モデルベンダから基盤モデルのライセンスを受けることで初めて意味があるという場合においては、FTベンダとしてどこまで知的財産権を得られることが重要か、という点を検討する必要がある。

　ここで、FTベンダとして知的財産権が欲しいという場合、それは誰に

---

\*30　経済産業省「AI・データの利用に関する契約ガイドフイン1.1版」（令和元年12月）<https://www.meti.go.jp/policy/mono_info_service/connected_industries/sharing_and_utilization/20200619001.pdf> 27-28頁（221-222枚目）

対し何を主張したいということかを考慮すべきである。例えば、想定しているのが、産業スパイのような第三者であれば、秘密管理性、非公知性、有用性があれば、不競法の「営業秘密」に関する保護規定による保護を受けることができる可能性がある（不競法につき→第3章6）。そして、契約の相手方である基盤モデルベンダとの関係では、知的財産権そのものが得られなくとも、契約条件やライセンス等で実質的に同様の権利主張が可能となる場合も多い。

そして、もしファインチューニングの結果の部分が当該基盤モデルを利用しないと利用できないのであれば、FT済み学習済みモデルは、いわば基盤モデルという「親亀」の上に乗る、「子亀」に過ぎない。そして、「子亀」たるFT済み学習済みモデルの「核心」であるパラメータについては上記のとおり著作権が得られない可能性が高い。

FTベンダとしては、このような観点を踏まえて、知的財産権を得ることにどこまで意味があるかについて検討する余地があるだろう。むしろ、いわば「花」である知的財産権のオーナーシップより、いわば「団子」として契約による実質的利益確保をすること——例えば、契約で、基盤モデルベンダが、FTベンダのFT済み学習済みモデルをFTベンダの関与なく勝手に提供したり、そこからの収益を独占すること等を禁止し、適切な利益配分を約束させる等——を検討することも考えられるだろう。

このような点は個々の案件ごとに個別検討することにはなるが、重要なのは知的財産権の帰属そのものというよりは、例えば知的財産権の帰属を基盤ベンダとするものの、FTベンダにライセンスをするという場合を想定すれば、ライセンスと合わせて総合的にFTベンダとしての権利が守られているかであり、FTベンダとしては〈基盤ベンダとの関係で、契約条件やライセンスによって総合的に守りたいものを守ることができさえすればよい〉という考えも、（もちろんこれしか考え方がないというつもりは全くないものの）1つのあり得る考え方の筋道だろう。

◆ (4) 提供に関する実務

　ア　著作権と提供　　プロダクトから生成される内容に第三者の著作物

の創作的表現が結果的に含まれる場合には、特にそれが学習されたデータに含まれていれば依拠性・類似性が肯定され、著作権侵害となり得る。

そこで、著作権に関して述べた第2章の出力に関する議論を参照し、そのようなデータが出力されないようにする技術的対応（→第1部コラム）、軽微利用（著作権法47条の5）による対応、ライセンス等を検討すべきである。

### イ　個人情報と提供

（ア）はじめに　　まずは、ユーザが個人データ・個人情報（→第4章）を含むデータを生成AIプロダクトに入れることで、これを（FT）ベンダに提供することが第三者提供規制に違反しないかが問題となる（→（イ））。

次に、例えばリサーチ系プロダクト等において、プロダクトの出力に個人情報が含まれることで、ベンダがユーザに個人データを提供しているのではないかという点もまた問題となる（→（ウ））。

（イ）ユーザからベンダへの個人データの提供　　ベンダとして検討するべき重要な建て付けの問題として、〈ユーザから個人データの取扱いを受託するか否か〉がある。確かに取扱いを受託すれば、ユーザは安心して個人データを投入でき、利用が促進されるだろう。もっとも、委託スキームであればユーザから監督（個人情報保護法25条）を受けることになる。この点は、確かに監督が必要であるとはいえ、個人情報保護委員会の公表した「クラウド注意喚起」は、クラウドにおいて、以下のような対応をすれば問題がないことを示唆する。

- ・サービスの機能やサポート体制のみならず、サービスに付随するセキュリティ対策についても十分理解し、確認した上で、クラウドサービス提供事業者およびサービスを選択して下さい。
- ・個人データの取扱いに関する、必要かつ適切な安全管理措置（個人データの取扱いに関する役割や責任の分担を含みます）として合意した内容を、規約や契約等でできるだけ客観的に明確化して下さい（ガイドラインQ＆A5-8参照）。
- ・利用しているサービスに関し、セキュリティ対策を含めた安全管理措置の状況について、例えば、クラウドサービス提供事業者から定期的に報告を受ける等の方法により、確認して下さい。

例えば、「自社は個々のユーザの定める書式の覚書を締結はしていないが、上記のクラウド注意喚起の要件を満たせるよう、セキュリティ対策の内容を明示する、安全管理措置の内容を規約等で明確化する、その状況をダッシュボード等で定期的に報告する等しているので、それで理解してほしい」と説明することは1つの立場であろう。[*31]

　なお、ベンダ注意喚起では、利用者が機械学習に利用されないことを選択してプロンプトに入力した要配慮個人情報（個人情報保護法2条3項、20条2項）について、正当な理由がない限り、取り扱ってはならないとされており、この旨はFTベンダにも当てはまる。

　（ウ）ベンダからユーザへの個人データの提供　　ベンダがユーザに対して提供するプロダクトの出力に、個人情報（→第4章）が含まれていることもある。そのような場合には、個人データの第三者提供の問題が生じる（個人情報保護法27条）。例えば、ユーザにリサーチサービスを提供する場合において、ユーザのところに個人情報が表示される（つまり、第三者提供される）とすると、（イ）の問題とは異なる、ベンダからユーザへの第三者提供の問題が生じる。

　この点、上記の検討の結果として委託の建て付けをとる場合、ベンダが処理の結果である個人データをユーザに返却することについて別途本人の同意は不要である。[*32]とはいえ、その建て付けが利用できない場合もある。

　もちろん、本人同意（個人情報保護法27条1項柱書）を得ればよいが、そのような情報が大量すぎて現実的に本人同意を得ることができないという場合には、1つの建て付けとして、オプトアウト（個人情報保護法27条2項）を検討せざるを得ないかもしれない。しかし、オプトアウトは名簿業者対策のために非常に厳しくなっているのが現状である。そのような状況においては、例えば、〈データベースが個人をキーとして検索できるようになっていないから個人情報の第三者提供であり個人データではない〉という建て付け等も検討すべき場合があるだろう。なお、そもそもプロダクトの目

---

*31　ただし、ユーザによっては「自社の書式の覚書を締結しないと契約しない」と主張するかもしれない。
*32　園部逸夫＝藤原靜雄編『個人情報保護法の解説』（ぎょうせい・2018）214頁

的の観点においてユーザに対して提供するデータに個人情報を含ませることが不要なのであれば、個人情報を除去する等の技術的方法による対応も検討に値する。

**ウ　提供と業法**　なお、提供する内容により弁護士法、金融法、医事法等の業法が問題となる。例えば、リーガルテックであれば、弁護士法に違反しない形で提供しなければならない（→第5章）。

## 4.　契約上の留意点

◆**(1) はじめに**　契約上の留意点として、まず、基盤モデルベンダの利用規約の留意点を述べた上で（→ (2)）、FTベンダと基盤モデルベンダ間の契約（→ (3)）、FTベンダとユーザ間の契約（→ (4)）、受託業務の過程で生成AIを利用する場合（→ (5)）、受領した情報を生成AIに投入することを前提とした場合の自社のNDA雛形の改訂等（→ (6)）、そして、M＆Aにおける契約実務（→ (7)）を検討する。

◆**(2) 基盤ベンダの利用規約**

**ア　はじめに**　AIサービス、特にChatGPT等の生成AIの利用規約の特徴は、原則として修正が効かず、利用を検討する企業としてはそのリスクを検討し、利用するか否かの判断をすることになる場合が多い[33]。この点は多くの基盤モデルにおいて同様であって、それ自体はやむを得ないとしても、リスク低減策を検討すべき事項があることが重要である[34]。以下では、ChatGPTを例にとって、その利用規約について簡単に説明していく。

**イ　ChatGPTの利用規約群**

（ア）はじめに　2024年12月時点でChatGPTの利用規約群を構成するものは以下のとおりである。なお、和訳はOpenAI社の公式の日本語版がある場合にはその名称を利用し、英語しかない場合には筆者が仮訳した。

---

＊33　なお、実務上は、その基盤モデルがどのような性能のものか、どのような価格で提供されるか等のビジネス的な観点がかなり重視され、利用規約の内容等の法的観点も参照されるものの、基盤モデル選びにおける「最重要」な要素ではない場合も多い。とはいえ、法的観点を無視することはできないのであって、なお、利用規約をレビューすることには意味があると考える。

＊34　ユーザ目線の議論として中崎・法務ガバナンス383-384頁も参照。

4.　契約上の留意点　455

以下の本文で日本語で呼称するのは公式の日本語版があるもの、英語を用いるのは、公式の日本語版が見当たらないものである。

利用規約（Terms of Use）[35]
プライバシーポリシー（Privacy Policy）[36]
サービス規定（Service Terms）[37]
データ処理付属書（Data Processing Addendum）[38]
プラグインおよびアクション（Plugins and Actions Terms）[39]
サービスクレジット規定（Service Credit Terms）[40]
ビジネス規定（Business Terms）[41]
使用に関するポリシー（Usage Policies）[42]
OpenAI における企業プライバシー（Enterprise privacy）[43]
共有公開ポリシー（Sharing & publication policy）[44]
調整された脆弱性開示ポリシー（Coordinated vulnerability disclosure policy）[45]
ブランドガイドライン（Brand Guidelines）[46]
特許に対するアプローチ（Our approach to patents）[47]
SORA の使用に関するガイドライン（SORA Usage guidelines）[48]

　以上からわかるとおり、一口に「利用規約」といっても様々なものが存在するのであり、これら全てを正確に理解しなければ、適切に対応することはできない。

　　（イ）利用規約群の整理　　しかし、全てを正確に理解するといっても、

---

[35]　<https://openai.com/policies/terms-of-use>
[36]　<https://openai.com/ja/policies/privacy-policy>
[37]　<https://openai.com/policies/service-terms>
[38]　<https://openai.com/policies/data-processing-addendum>
[39]　<https://openai.com/policies/plugin-terms>
[40]　<https://openai.com/policies/service-credit-terms>
[41]　<https://openai.com/policies/business-terms>
[42]　<https://openai.com/policies/usage-policies>
[43]　<https://openai.com/enterprise-privacy>：元は Enterprise Privacy という英語のものであったが、日本語化している。
[44]　<https://openai.com/policies/sharing-publication-policy>
[45]　<https://openai.com/policies/coordinated-vulnerability-disclosure-policy>
[46]　<https://openai.com/brand>
[47]　<https://openai.com/approach-to-patents/>
[48]　<https://openai.com/policies/sora-usage-policies/>

あまりにも数が多いので、整理がしにくいという方も多いのではないだろうか。そこで、設例を用いて説明しよう。

まず、典型的な事案として、①個人であるA氏が、OpenAI社と契約して、ChatGPTを利用する場合（事例12-6）と、②A氏が所属する企業（B社）がOpenAI社と契約して、ChatGPTを利用する場合（事例12-7）を考える。

①の場合（事例12-6）の一番の基本となるのが利用規約と使用に関するポリシーである。つまり、利用規約が基本的な利用条件を定め、使用に関するポリシーが禁止行為を定める。そこで、まずは、この2つを理解する必要があるだろう。

ところが、企業による利用である②の場合（事例12-7）には、Business Termsが適用される。すなわち、APIs、ChatGPT Enterprise、ChatGPT Team等については、Business Termsが適用されるのであり、利用規約ではない。なお、使用に関するポリシーは引き続き適用される。

このような大前提の下、事例12-6および12-7の双方におけるA氏の個人情報やプライバシーの保護については、プライバシーポリシーが重要な役割を果たす。2023年6月に個人情報保護委員会が「ベンダ注意喚起」を公表し（→第4章）、プライバシーポリシーについて日本語版を提供するよう指導した結果、既に日本語版プライバシーポリシーが公表されていることは広く知られていることだろう。

そして、ビジネス（②・事例12-7）のみに当てはまり、個人（①・事例12-6）に当てはまらない規定にData Processing Addendumがある。これは、電子契約[*49]を締結することで、OpenAIに一定の水準でのデータの保護を確約してもらえるというものである。なお、OpenAIにおける企業プライバシーは②・事例12-7の場合のデータの保護に関するQ&A等を含む。

さらに、具体的にどのサービスを利用するか、例えば、API、ChatGPT Enterprise、GPTs等のサービスごとに適用される条項はサービス規定に規定されている。

---

＊49　<https://ironcladapp.com/public-launch/63ffefa2bed6885f4536d0fe>

4.　契約上の留意点　　457

なお、②（事例12-7）のうちサービスにChatGPTを組み込む場合、Brand Guidelinesが参考になる。ChatGPT等に言及する場合、"building on OpenAI"や"developed on GPT-4"といった形で説明すること等が求められている。

**ウ　継続・費用リスク**

（ア）継続リスク　　ChatGPTの利用規約では「サービスの中止」として、「当社は、本サービスの提供中止を決定する場合があります。その場合、当社はお客様に事前に通知し、前払いの未使用の本サービスについて、払戻しを行います。」と規定している。つまり、ChatGPTが突然サービスを終了する可能性があるということである。そして、その場合には、前払金は返還されても、それ以上にOpenAIに対して何もいえない可能性が高い。この点は、短期的には大きな影響があるだろう。特に②（事例12-7）のような企業による利用を想定すると、仮に利用中の基盤モデル、例えばGPTモデルについて、サービス終了が通知されても、例えばGoogleのGeminiやAnthropicのClaudeのような別の基盤モデルに短期間で乗り換えられるか、というと容易ではない。そこで、数カ月レベルのサービス停止リスクは否定できない。ただ、ある程度の期間を経れば、他の基盤モデルに乗り換えること自体は技術的には可能であると思われる。そこで、この点は、単なる法的リスクの問題というよりは、どの程度の期間で別の基盤モデルに乗り換えられるか、その乗り換え期間中は完全にサービスが停止するのか、それとも、一部の機能が停止したり性能が低下するとしても一応基本的なサービス自体は継続可能なのかといった、法律以外の観点をも踏まえてリスクを分析するべき事柄と理解される（→脚注7も参照）。

（イ）値上げリスク　　ChatGPTの利用規約では「有料アカウント」の「変更」として「当社は、随時、価格を変更する場合があります。」と規定している。つまり、料金は不変ではなく値上げされる可能性があるということである。

この点も単なる法的リスクの問題というよりは、本格利用するユーザやFTベンダが事業計画を立てる際において、基盤モデルベンダに支払う金額としてどの程度を想定しているか、それが2倍に値上げされたり、場合

によっては10倍に値上げされた場合等において採算性や事業継続に重大な悪影響がないか等をあらかじめ検討した上で、当該基盤モデルの活用を織り込んだ事業計画を立てるべきである。

**エ　利用制限や、利用に際しての情報開示等**　　使用に関するポリシーの「OpenAI API プラットフォームにおけるビルド（プログラム構築）について」2.a.において「資格のある専門家による確認、AIを使用した事実、及び潜在的な限界リスクの開示なく行う、法律上、医療／健康、又は財務に関する個々に向けられたアドバイスの提供」のためにChatGPTを利用することが禁止されている。つまり、これらの領域においてChatGPTを個別具体的なアドバイスの提供に利用するのであれば、そもそも資格のある専門家による確認が必要である。また、その場合であっても、AIを使用した事実および潜在的な限界リスクの開示が必要である。同2.b.では、「個人の安全、権利、又は健全性に影響を与える領域」[50]「における、影響力のある自動化された意思決定」のための利用も禁止されている。そしてこれらはあくまでも例示列挙である。すなわち、同2.柱書は「他者の安全、健康、権利を著しく損なう可能性のある活動やその助長をしないこと。例えば、以下の事項があげられます。」としていることから、具体的例示に該当しなくても、「他者の安全、健康、権利を著しく損なう可能性のある活動やその助長」に該当する限り利用規約違反となる。

加えて、いわゆる蒸留（→第1部コラム）につき、利用規約の「禁止事項」は「アウトプットを使用して、OpenAIと競合するモデルを開発すること」を禁止する。このような利用規約による利用制限や、利用に際しての情報開示等が義務付けられていることが重要であり、特に②（事例12-7）のようなビジネス利用の場合には自社が基盤モデルをどのように利用するかを踏まえて、利用規約違反とされないための整理を行うことが必要である。例えば、法律分野で利用する場合において、法律事務所が生成AIを利用してサービスを提供するが、その際は資格のある専門家である弁護士が確

---

[50]　「強制執行、移住、重要インフラの管理、製品の安全対策部品、社会機能維持に必要不可欠な（エッセンシャル）サービス、信用、雇用、住宅、教育、社会的格付け、保険など」が例示されている。

認し、必要な開示を行う、という建て付けを選択することが1つの方法として考えられる。また、別の建て付けとして、「個々に向けられたアドバイスの提供」にならないようにプロダクトを工夫するという方法も考えられる。[51]これらの検討においては、専門家のアドバイスを受けるべき場合もあるだろう。

**オ　文字どおりに適用されるとは限らない授権規定**　利用規約の「コンテンツ情報」の「お客様のコンテンツ情報」においては「お客様は、本サービスに情報を入力（以下「インプット」といいます）し、かかるインプットに基づいて本サービスから出力された結果（以下「アウトプット」といいます）を受け取ることができます。インプット及びアウトプットは総称して『本コンテンツ』といいます。お客様は、本コンテンツが適用法令又は本利用規約に違反していないことを確認することを含め、本コンテンツに対して責任を負います。お客様は、当社の本サービスに提供するインプットに必要なすべての権利、ライセンス、及び許諾を得ていることを表明し、保証します。」と規定される。また、「本コンテンツの所有権限」において、「お客様とOpenAIの間において、適用法令で認められる範囲で、お客様は、(a)インプットの所有権限は保持し、(b)アウトプットについての権利を有するものとします。当社はアウトプットに関する権利、権原、及び利益がある場合、これらすべての権限をお客様に譲渡します。」（強調筆者）と規定されている。このように、一見、ChatGPTの生成物についてユーザに対して授権がなされているかのようである。ただしそれは決して、〈AI生成物について著作権が生じ、当該著作権を利用者が持つ〉といった対外的なものではなく、あくまでも〈OpenAIはユーザの（利用規約に違反しない）利用に文句を言わない〉程度のものと理解すべきである。このことは、上記の「適用法令で認められる範囲」という文言が存在することからも既に示唆されている。例えばどの範囲で著作権を得られるかについては、第2章を参照のこと。

**カ　頻繁な改訂**　そしてこれらの利用規約群は頻繁に改正されている

---

[51]　これは第5章で述べた弁護士法のコンプライアンスという観点でも有益である。

（2024年12月時点における利用規約の最終改訂は同年11月）。例えば、特許に対するアプローチやSORAの使用に関するガイドラインが新たに公開されたことを知らない読者の方もいらっしゃるかもしれない。また、利用規約、サービス規定、プラグインおよびアクション、使用に関するポリシー、OpenAIにおける企業プライバシー等が日本語化したことを知らない読者の方もいらっしゃるかもしれない。だからこそ、新たなプロジェクトで利用を開始するたびに利用規約を確認すべきであるものの、それだけではなく、例えば〈四半期や半年に一度、利用規約の改定状況を確認する〉とか、〈改訂が報道された段階で改訂部分を確認して影響を評価する〉といった対応を行うべきである。[52]

◆ **(3) FTベンダと基盤ベンダの契約**　　この点については、3（3）参照。

◆ **(4) ユーザとベンダの契約**

**ア　学習型AI開発の一般論が適用されること**　　学習型AI開発の一般論[53]は生成AIとの関係でも基本的に応用可能である。すなわち、生成AIを含む学習型AI開発においては、予定どおりの処理速度や精度が出るかという性能の問題、および、トラブルが発生した場合の責任の問題が重要である。そして、契約実務においては、（「オープンイノベーション促進のためのモデル契約書（OIモデル契約書）ver 2.1（AI編）」〔OIモデル契約書〕に加え）「探索的段階型」の契約を提唱する「AI・データの利用に関する契約ガイドライン1.1版」[54]が参考になる。要するに、最初は秘密保持契約（→（6））を締結して情報を交換するアセスメント段階、次が、PoC（Proof of Concept、概念実証）、すなわち、機能やデータを絞った簡易版等を低予算・短期間で開発する段階、そして、実際の開発、さらに運用とプロジェクトが進んでいく（図表12-1）。同ガイドラインのうち〈性能と責任〉の問題と関係が深いのは、PoC段階の導入検証契約と開発段階のソフトウェア開発契約書である。こ

---

＊52　このような変更を追いかけている専門家に聞けば、あまり時間をかけずに簡単に教えてもらえるかもしれない。

＊53　松尾＝西村・システム開発417頁以下

＊54　<https://www.meti.go.jp/policy/mono_info_service/connected_industries/sharing_and_utilization/20200619001.pdf>

4.　契約上の留意点　461

図表12-1：「探索的段階型」の開発方式

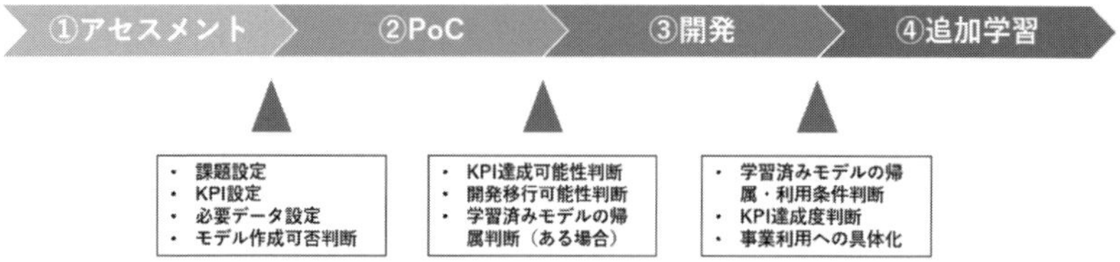

①アセスメント　②PoC　③開発　④追加学習

| ・ 課題設定<br>・ KPI設定<br>・ 必要データ設定<br>・ モデル作成可否判断 | ・ KPI達成可能性判断<br>・ 開発移行可能性判断<br>・ 学習済みモデルの帰属判断（ある場合） | ・ 学習済みモデルの帰属・利用条件判断<br>・ KPI達成度判断<br>・ 事業利用への具体化 |

出典：上記ガイドライン（AI編）43頁より

こで、決して、ガイドラインの提案する契約が実務においてそのまま利用されているということではない。すなわち、実務では、アセスメント段階を踏まずに「PoCに相当する段階」からスタートする場合、アセスメントとPoCの間に「プレPoC」を入れる場合や、アセスメント段階とPoC段階を一体として実行する場合等、そのプロジェクトの特質に合わせて、合理的にリスクを限定するという観点を踏まえ、段階の切り方等を柔軟に変更している。また、実務では、契約そのものとしては、例えば、業務委託契約や共同開発契約等が利用されることがよく見られる。加えて、基本契約を締結した上で、段階的に個別契約を締結することも十分にあり得る。

とはいえ、ガイドラインの考え方である〈スモールスタートでPoCを行い、これに対する評価を踏まえて、プロジェクトの方向性や本格的に予算・時間・労力を投入て進めるかを決定する〉という方向性は実務でもよく採用されるし、筆者としても推奨するところである。すなわち、プロジェクトを成功させるためには何をしたいかをユーザにおいて明確にし、その目的との関係で学習型AIが適切かを踏まえ、その上でデータの内容、学習の仕組み、実用化における課題等を検討する必要がある。そして、そのような検討をせずに一気に本格的なプロジェクトを行うことはリスクが大きすぎるところ、本格的プロジェクト開始の前にローリスクかつローコストでこの点を一度検証するタイミングを設けるべきであって、その方法としてPoCが有用である。

そして、開発される生成AIプロダクトの品質向上のためには、ベンダとユーザ間の共通認識の形成が重要である。実務上、様々な品質向上の方

法があるところ、開発時品質は一定範囲で保証できても、利用時の品質を保証することが困難であるという特性がある。だからこそ、ユーザとしては、契約上ベンダに（利用時の）品質を保証してもらう、ということに拘泥すべきではなく、むしろ、両当事者において役割分担を明確化し、それぞれがなすべき対応を行うといった、契約上の保証以外の方法でリスクを低減することが重要である。

### イ　ユーザとしての留意点

（ア）トラブルの多さ　　生成AI導入プロジェクトを推進する過程のどこか（PoC過程や、開発されたシステム等）で、実際の生成AIの性能・精度等がユーザ側が期待していたものと違った、というトラブルは非常によく見られる。典型的なのは、「遅い」というトラブルである。RAGプロジェクトにおいて〈いつまでたっても回答が出てこず、使えない〉といった声が上がることは多い。また、回答の精度への不満も多い。

（イ）目的を明確にし、目的と手段を転倒させない　　このような観点から重要なのは、目的を明確にし、目的と手段を転倒させないことである。例えば、〈生成AIが最近流行っているから、生成AIでいい感じのものを作ってくれ〉というような、目的が明確ではない漠然としたプロジェクトでは成功する可能性は低い。また、そもそも生成AIというのは単なる手段であって、本当の目的は業務を効率化し、高度化することであろう。その意味では、まずはそのような業務を効率化し、高度化することという本来の目的に遡ってその個別のプロジェクトで何を実現しようとしているのかを考えるべきである。その観点で検討した結果、生成AIではなく、分析型AIや、場合によっては従来の情報システムでの対応が最適となるかもしれない。

（ウ）目標設定とスモールスタート　　トラブルになった場合に、感覚的に「使えない」といっても意味がなく、ユーザが「使えない」、ベンダが「使える」と、相互に主観的な評価をぶつけあう状況が生じること自体を避けるべきである。そこで、客観的な評価を行うため、最初に、両当事者が協力しあって目標設定を行うべきである。例えば、〈どの程度の処理速度で回答が生成されることを求めるのか〉や、〈どの程度の精度の回答

4.　契約上の留意点　　463

が生成されることを求めるのか〉等に関し、一定の前提条件の下で、できるだけ客観的基準を定めるべきである。ここでいう前提条件というのは、プロンプトの長さ、RAG（→第1章）の対象となるデータの量や、同時処理数等が挙げられるだろう。また、客観的基準というのは、「処理速度○秒」といったものが典型的であるが、何をもって「精度」が基準に達している／達していないとするか等も含まれる。当然のことながら、PoC等を行う過程で、例えば「想定された処理速度の数倍以上の時間がかかる」等として目標達成が困難であることが明らかになる事態は、よく発生する。そして、目標設定の実務上の意味は、生じた事態を設定された客観的基準に従い客観的に評価することで、意思決定につなげるということである。すなわち、このような場合には、例えば、〈速度を向上させるため、RAGで投入するデータを類似度1位から20位までではなく、1～3位に限定する〉といった対応や〈回答に1分やそれ以上かかることを前提に、UI/UXにより対応する〉（例：画面を二分割して一方で検索結果を表示し、他方で生成AIの生成結果を示す、予想時間を示して他の業務を先に遂行できるようにし、完了したら別途通知する）といった、様々な実務対応がある。このような対応のうちのいずれを行うのかや、あるいはPoC段階で中止を選択するかは各社の判断ではあるものの、まずは客観的な基準があるからこそ、それが満たされない（と予想される）という状況において対策を検討し、意思決定プロセスを回すことができる。そして、実務上、目標が達成されない状況が多く見られるからこそ、最初から壮大な目標をたてる——例えば「業務全体を生成AI中心に改革する」といったプロジェクトを一気に実施するというような——のではなく、まずは「この部分が一番生成AIを導入することで効果が出やすいのではないか」というような小さなタスクを特定し、まずはその小さなタスクに対する対応等を行う過程でノウハウを蓄積するスモールスタートが有効な方法であろう。

　（エ）一般的な要求事項をベースにした具体的要求事項の確定　　システムに関して各社は、例えばセキュリティに関する要求事項等一定の一般的な要求事項を持っているだろう。そのような要求事項をベースに、当該生

成AI開発事案のリスクに対応した特別な要求事項を追加することになる。また、当該事案が生成AI開発事案であるために、一般的要求事項をそのまま実現することに困難な面がある場合には、例えば同程度のセキュリティが確保できるのであれば、これまで想定していなかった代替案の利用を認めるといった対応を検討すべきである。例えば、案件ごとに、学習をオフにするだけでよいという場合や、ゼロ・データ・リテンションが利用できればよいという場合もある。しかし、ローカルLLMまで必要、という場合もあるだろう（例えば個人情報につき→第4章）。

### ウ　内容に応じた留意点の相違

（ア）プロンプトエンジニアリングやテンプレート作りだけの場合　ユーザ企業が生成AIを自社でも利用したいとして、その利活用についてベンダの支援を仰ぐ場合はよく見られる。その中で、プロンプトエンジニアリングやテンプレート作りだけのプロジェクトも見られる。すなわち、AIを利用して、またはベンダのプロンプトエンジニアが手動で、ユーザの入力したプロンプトを解釈して工夫を繰り返し、より良い結果となるプロンプトに変更するといったプロンプトエンジニアリングを行うプロジェクトがある。また、テンプレートやワンクリックボタンのような形で簡単に良いプロンプトを入力できるようにする等のプロンプトエンジニアリングやテンプレート作りを中心とするプロジェクトもある。

このようなプロンプトエンジニアリングやテンプレートについては、〈既に様々な事例が蓄積されており、それをうまく利用すれば、ある意味では多くの先行企業と共に生成AIを活用してきたベンダのノウハウの蓄積を利用して簡単に生成AIの便益を享受できる〉可能性がある。

ただし、単なるプロンプトエンジニアリングやテンプレート作りだけであれば、基盤モデルが学習に利用していない新たなデータベース、例えば法律関係の情報のデータベースを利用することができない。そのため、生成AIをユーザの業務において活用できる範囲が限定され、十分な成果が得られないことも多い。

また、せっかく良いテンプレートを作っても、それが生成AIをよく知

4. 契約上の留意点　465

らないユーザ企業の大多数の従業員には利用されない事例もまま見られる。また、生成AIをそれまで積極的に活用していた人はベンダが作成した標準的テンプレートよりも自分のオリジナルのプロンプトの方を好む傾向も見られる。その結果として、お金をかけてベンダに作ってもらったプロンプトが利用されないということも十分にあり得る。

このような状況を踏まえ、成果物が幅広く利用されるようにするため、例えば、ユーザ企業が社内で研修を行う等、ベンダの行う業務とは全く異なるところでの対応が重要である。そのような対応を行わないと、いくら客観的に良い成果物ができても、ユーザ企業がこれを十分に生かせないという状況は容易に生じ得る。

（イ）RAGを含める場合　　RAGにより、ユーザ固有データや、ドメインデータ等を利用することができるため、生成される回答の精度が高まる。例えば、生成AIを利用して法務相談AIを開発するプロジェクトにおいては、RAGを使うことなくして実務で使えるAIはなかなか実現できないだろう。しかし、例えば社内規程データや法務がこれまで社内掲示板や社内共有フォルダに置いていた（場合によっては検索困難な）Q&Aデータを投入することで、根拠のある回答が迅速に生成される。これに加え、過去の法律相談回答データ等を入れればさらに有用性が高まるだろう。

もちろん、RAG一般については、反応が遅いであるとか、精度が必ずしも高くないために出力されるべきデータとは異なるデータが出力されてしまうとかといった問題がある。

また、RAGのために投入されるデータの質は重要な問題であり、例えば社内規程改正が行われて既にアウトオブデートになっている過去の法律相談回答データについて引き続き投入対象としていれば、その結果として誤った回答（既に有効ではなくなっている社内規程に基づく回答）が出てしまうかもしれない。

このような点について、もちろんベンダは一定のドメイン知識を有しているかもしれない。しかし、例えば社内規程の改定によりアウトオブデートになっているというQ&Aがどれかについては、ベンダがそれを知るよ

しもないだろう。これは1つの例であるが、ユーザ・ベンダがそれぞれ役割分担を明確化し、それに基づき特にユーザとして自己のデータに関するなすべき対応を行うことが重要であり、ベンダに「お任せ」することができるわけではない。この点は、（システム開発全般に当てはまるものの）生成AI[*55]においても再度、この点に留意すべきである。

　（ウ）当該ユーザ固有のデータに基づくファインチューニングまで行う場合　FTベンダは、基盤モデルに対し、既にベンダ自身が有するドメインデータに基づくファインチューニングを行っていることが多い。そこで、そこにRAGを利用してユーザ企業の情報を投入したり、プロンプトエンジニアリング等を行うことで十分な精度が出るということも多い。しかし、例えば豊富な固有のデータを有するユーザについては、当該固有のデータに基づくファインチューニング（追加学習）まで行うことで、さらに実用的なプロダクトとなる可能性がある。

　とはいえ、基本的には、ファインチューニングプロジェクトにはRAGプロジェクト以上の費用と労力がかかることが多い反面、実際にその成果がその費用等の差に相応するだけの優位性があることの保証ができないことが重要である。また、追加学習の対象となるデータについて、それがどのようなデータで、誰が前処理等のデータ処理をするのか等のデータの問題や、過学習にならないかという学習の問題等、様々な問題によって想定される精度が出ないこともあり得る。そのようなリスクを踏まえ、PoC等を行って段階的にリスクを評価し、その先へ進むかどうかを決定するという「探索的段階型」の契約の発想（→ア）は、このようなFTプロジェクトに最も典型的に当てはまるだろう。

◆ (5) 受託業務の遂行過程で生成AIを利用する場合

　**ア　事案の概要**　　既に多くの企業が生成AIの利用を開始している。この意味は、たとえ自社が生成AIを利用していなくても、取引先が生成AIを利用する等、サプライチェーンの随所において生成AIが利用されてい

---

*55　松尾＝西村・システム開発216-217頁、松尾・ゴールデンルール126頁

る可能性があるということである。サプライチェーンのリスク管理やガバナンスの観点から、他社、とりわけ契約相手による生成AIの利用をどのように統制するかが問題となる。[*56]

　広告会社（委託者）が制作会社（受託者）に広告クリエイティブの作成を求めたところ受託者が（画像生成AI等の）生成AIを利用するといったケース（事例12-8）や、システムの利用者（委託者）がIT企業（受託者）にシステム開発を求めたところ受託者が（Github Copilot等の）生成AIを利用するケース（事例12-9）を考えよう。このようなユースケースはまさに、受託者が受託業務の遂行過程で生成AIを利用するというようなケースであり、[*57]そのようなケースが増加している。確かにそれが業務効率を高めたり、提供される成果物が高度化する可能性はあるだろう。しかし同時に、委託者としては、生成AI利用のリスクを踏まえ、そのリスクが合理的に低減されていることを求めるだろう。逆に、受託者としては、その生成AI利活用のノウハウを守ろうとするだろう。

　**イ　利用の可否**　　事例12-8や事例12-9においては、そもそも委託者と受託者の間の契約上、概ね以下の3つのポリシーが考えられる。

---

　・禁止
　・許容
　・積極的な利用を義務づける

---

　ここで、従来から「制作会社は著作権の全てを広告会社に譲渡し、広告会社が全ての著作権を保有することができることを保証する」[*58]というような趣旨の内容を規定することがよく見られた。そもそも生成AIで生成したものについては「広告会社が全ての著作権を保有することができ」ないことから、このような条項の存在が実務上、生成AIの利用に一定の制限をかけることにはなる。しかし、こうした条項は生成AIを念頭に置いた

---

*56　中崎・法務ガバナンス362頁参照。
*57　中崎・法務ガバナンス386-387頁参照。
*58　なお、著作権法27条、同法28条の特掲が必要なこと（同法61条2項）につき松尾・ゴールデンルール90頁参照。

ものではない。よって、上記のポリシーに従い、利用の可否について契約上明文規定を置くべきである。

例えば、当該案件は生成AIを利用せず、人間のクリエイターのクリエイティビティ（事例12-8）やプログラマーの技術（事例12-9）を活かしてほしいのであれば、生成AIの利用禁止を定めることになるだろう。そして、「広告会社が全ての著作権を保有することができ」るという文言を前提とすると、生成AIで生成すると「広告会社が全ての著作権を保有することができ」ないから生成AIの利用が実質的に制限されている、ということは法務部門を擁している制作会社であれば理解できるだろうが、制作会社の現場担当者がその旨を理解できない事態もあり得る。そこで、生成AIの利用を禁止したいのであれば、契約書においてこれを明文で禁止すべきである。例えば、「Stable Diffusion、Midjourney、Dall-Eその他一切の生成AIの利用を禁止する。」といった文言が考えられる。[*59]

これに対し、もし、一定程度の生成AIの利用が許容されるのであれば、そのような許容の趣旨を定めた上で、**ウ**で述べる、当該生成AIのリスクに対応した条項を設けるべきである。例えば、事例12-8において、広告会社が一般的に（条件付きの）許容というスタンスを採用する場合には、雛形に、以下のような許可制を定める対応が考えられる。すなわち、「受託者は、委託者の事前の書面による許可を得た場合にのみ生成AIを利用することができる。受託者が生成AIを利用することを希望する場合には、受託者に対し事前に、書面をもって利用を希望する生成AIのモデル、利用目的、利用方法等を説明しなければならない。」といった文言を定める。その上で、個別に許可するかを決定するのである。

なお最近は、例えば事例12-8のような広告の事例を念頭に置くと、広告意図の実現のため積極的に生成AIの利用を義務付ける場合もある。2023年から2024年にかけて、あえて生成AIを利用することで、広告主として生成AIを広告に利用する実績を持つと言えるようにするという趣旨での

---

[*59] なお、全て人間の手で作られたことを担保するため、作成過程を動画で撮影することを求める等は理論的にはあり得るが、そこまで求めるかは別の問題であろう。

4. 契約上の留意点　469

広告プロジェクトがよく見られた。また、2025年以降も、これまでの成功例と失敗例の分析をもとに、（下記6で述べるものを含むリスクに対する対策を講じた上で）成功が見込める分野で積極的に生成AIを活用することは十分にあり得るだろう。このような場合には、広告会社として、制作会社が利用すべき生成AIのモデル、利用目的、利用方法等を指示し、その内容を契約に書き込むことが考えられる（雛形としては「別紙のとおり」等として、具体的な内容は別紙に記載するとか、別途広告会社が指示するとした上で、当該案件に応じて指示するといったことが考えられる）。

　ウ　確認・検証・修正および保証　　ここで、生成AIの利用過程における法令違反のリスクおよび成果物が著作権等の第三者の権利利益を侵害するリスクがあることは既に本書でも述べてきたとおりである。そこで、上記イで禁止以外のポリシーが採用された場合には、それに対応する条項を設けるべきである。

　現在は仮に受託業務に生成AIを利用するとしても、あくまでも、人間の「支援」として利用されることが多い。そこで、確認検証をできる能力のある受託者の担当者が確認検証をした上で利用することで上記のリスクに対応するという内容の条項にすることが考えられる。また、全部を生成AIに丸投げするのではなく、例えばあくまでも最小限の機能単位で生成させる（事例12-9）ことで、当該機能実現のための表現の幅が狭まり、著作権リスク（→第2部）も減少するだろう。さらに、そのような確認・検証の結果として十分な修正が行われることで、例えば、成果物のうち当該修正部分について著作権を得ることができる可能性が高まる等、副次的な効果も得られる。

　それに加えてどこまで委託者として確認を求めるか、例えば、事例12-8の広告クリエイティブの作成の事例で、単に完成した確認・検証・修正済みの広告クリエイティブの提供を受けるだけではなく、どのようなプロンプトを入れて、どのような画像を生成AIが出力したのかに関する記録化・保存を求めたり、その情報の提供を受け、それをもとに受託者による確認・検証・修正が適切かを確認したいかもしれない。ただ、多数回プロンプト

を入れてプロンプトエンジニアリングを実施したような場合において、全てのプロンプトを提供することにつき、**エ**で述べる受託者として確保したいノウハウとの関係で合意が困難な可能性がある。そこで、委託者として確認に必要な最小限の範囲で、かつ、受託者として開示が可能な範囲で情報提供・開示について合意がされることになるだろう。

　なお、生成AIによる上記のリスクが顕在化した場合にどちらの当事者がそのリスクを引き受けるかも交渉の対象となる。双方とも相手方にリスクを負わせたい（委託者としては受託者に結果責任を負わせ、受託者としては免責を受けたい）と思われる。この点は、上記**イ**のどちらの当事者が生成AIを利用したいかとも関わってくると思われるものの、例えば、受託者は善管注意義務を尽くして確認・検証・修正をする必要があるが、それでも判明しないものは受託者に帰責性がないとして責任を負わない、といった合意も1つのあり得る合意の姿であるように思われる。[*60]

　**エ　知的財産権の帰属**　　ここで、受託者として、生成AIの利用が今後の自社ビジネスにとって重要と考える場合、そのノウハウを蓄積し、他の委託者の案件にも展開（いわゆる横展開）したいと考える可能性がある。その場合、受託者と委託者の間の知的財産権帰属についての合意が問題となる。ここで、このような知的財産権の帰属については、知的財産権の類型ごとに（典型的には著作権と特許等それ以外の知的財産権を分けた上で）、その帰属について合意することが多い。そして、受託者の中には「著作権」をしっかり生成AI時代にあわせて確保しようと考える向きもあるようである。しかし、（修正していない）生成AIの出力結果についても、プロンプトについても著作権で保護される余地は狭い。むしろ、プロンプトエンジニアリング、出力結果の確認・検証・修正方法等、どのような工夫を行うかといったノウハウ部分が重要である。そうすると、例えば、「納入物」にそのノ

---

[*60]　なお、第三者の知財を侵害しないことの保証につき、知的財産取引に関するガイドライン・契約書のひな形の令和6年度改正の中で、少なくとも中小企業との契約について「第三者の知的財産権を侵害しないことに係る保証責任や、その保証に当たっての調査費用等の負担については、目的物の仕様決定において発注者・中小企業が果たした役割等に応じて適切に分担することとし、中小企業に例外なく一方的に転嫁してはならないこと」を含む改正がされていることに留意が必要である<https://www.chusho.meti.go.jp/keiei/torihiki/chizai_guideline.html>。

ウハウがどの程度残るのかが問題となるだろう。例えば、プロンプト等の委託者に納品される成果物にあまり残らない部分にノウハウが固まっていて、成果物にはあまりノウハウが残っていないのであれば、受託者にとって成果物そのものの権利帰属はあまり問題とならず、むしろ受託業務の過程において生じた（著作権以外の）知財について、自社（受託者）が創作等したものは自社帰属となることを確保することが重要かもしれない。

**オ 紛争解決法務**

　（ア）はじめに　　上記の予防法務に加え、以下では、事例12-8を前提に、簡単に紛争となった場合の紛争解決について検討していこう。

　（イ）適切な条文が契約に設けられた場合　　上記のとおり利用の可否に関するポリシー（→イ）に照らして適切な条文が契約に設けられ、例えば明確に「生成AIの利用を禁止する」と契約上規定されている場合において、制作会社の作成した広告クリエイティブに生成AIが利用されれば、契約違反であることは明らかである。

　ただし、違反の有無の判断が難しいことは重要である。例えば、生成AI、とりわけ画像生成AIに対する反発（→6）を背景に、あるアニメのイラストに生成AIが利用されているのではないかと指摘され、SNSで話題になったものの、実際には生成AIは利用されておらず、その旨を公式がアナウンスするといった事案も存在する[61]。生成AIで作成されたかを判別する技術も存在するものの、完璧ではない。将来的にはウォーターマーク（電子透かし〔→第1部コラム〕）による解決が期待されるが、現時点では100％確実に判別はできないことを前提とすべきである[62]。

　なお、その場合の損害論も問題となる。例えば、確かに契約に反して生成AIを利用していたが、著作権は侵害していないという場合において、当該違反と因果関係のある損害としてどのようなものが生じたかは問題となるだろう[63]。

---

＊61　<https://www.itmedia.co.jp/news/articles/2403/22/news149.html>

＊62　末岡洋子「書いたのは人間か、それともAIか?生成AIコンテンツ識別の最前線」LACWATCHテクニカルレポート（2024年10月2日）<https://www.lac.co.jp/lacwatch/report/20241002_004132.html>

（ウ）生成 AI を前提としていない条文の場合　では、生成 AI を前提としていない条文、例えば、事例12-8で単に「制作会社は広告会社に著作権を全て移転する。」とだけ規定されている場合はどうだろうか。

まず、制作会社がいわゆる「ポン出し」（→第1部コラム）のように、著作権が得られない（→第2章）ような態様の生成 AI の利用をしたとしよう。すると、著作権移転義務を果たすことができないことから、債務不履行となると解することができ、後は損害論の問題となるだろう。

問題は、制作会社が一定の修正をしている場合である。この場合は、少なくとも修正部分については著作権が得られる可能性がある。後は、修正していない部分の著作権を得られないから「全て」の著作権を得られていないか、当該修正部分の「全て」の著作権を得られているから違反とはいえないか、具体的な契約に即した解釈の問題となると思われる。また、「成果物の全てについて著作権の全てを保有することができるようにする」という条項であれば、より委託者にとって有利となるだろう。[64]

なお、再委託禁止の条項だけが設けられている場合において、生成 AI を利用することが再委託になるかといった問題も生じ得る。[65]

◆ **（6）秘密保持契約（NDA）**

**ア　はじめに**　秘密保持契約は、秘密情報を受領する受領者が、その情報を開示する開示者に対し、秘密を保持することを約する契約であり、NDA（Non disclosure agreement）や CA（Confidentiality Agreement）とも呼ばれる。秘密保持契約における受領者の主な義務としては、秘密情報を合意された利用目的の範囲内でのみ利用すること、第三者に開示、提供、漏えい等しないこと、善良な管理者の注意を払って管理すること、等がある。

---

[63]　なお、当然のことながら、結果的に著作権が侵害されていないからといって、それだけで直ちに何も損害がないと考えるべきでない。このことは、生成 AI が利用されているとして反発が起こり、広告効果が得られないとかレピュテーションにダメージが与えられたといった場合を想定すれば自明であろう。

[64]　当然のことながら、このような疑義が生じないように予防法務段階で適切な条項とすべきであるが、ここでは、そのような適切な条項を設けることができなかった場合の対応を検討している。

[65]　古川直裕「AI によるコード生成とシステム開発委託契約の関係性」ビジネス法務2023年11月号28頁は再委託禁止に抵触しないとするが、（6）で述べる秘密保持契約との関係で「委託先への提供」と整理することもあることを踏まえると必ずしもそのようにはいい切れないかもしれない。

秘密保持契約の点については既に2(3)イ（イ）でも述べているが、以下で補足したい。

**イ　秘密情報の生成AIへの入力**　受領者であるユーザ企業は、秘密保持契約に基づき受領した秘密情報を生成AIに投入したいと考えることがある（事例12-10）。このような場合に、ベンダに秘密情報を提供するとみなされ、第三者提供を禁止する秘密保持契約違反にならないだろうか。

まず、これは契約の問題であることから、秘密保持契約の文言次第である。そもそも、当事者間で、生成AIに投入することが秘密保持契約で禁止されている第三者提供に該当しないと合意することができ、その旨が契約書に明記されていれば問題がない。また、生成AIへの投入が原則として禁止される第三者提供に該当することを前提に、例外として、一定の要件を満たした生成AIへの投入を許容するという内容に合意し、その旨の文言が秘密保持契約書に明記されている場合も同様に問題はないだろう。

しかし、一般的には、上記のとおり秘密保持契約が秘密情報の第三者への提供等を禁止するところ、いわゆるローカルLLMではなく、クラウド型生成AIへの情報の投入がベンダへの提供ではないことが少なくとも「明らか」とは到底いえないだろう。そこで、秘密情報の生成AIへの入力は、（学習をオンにしている場合はもちろん）学習をオフにしていても、ベンダという第三者に開示していると評価される可能性が十分にある。[*66]

ここで、委託先への開示を許容する条項がある場合において、受領者としてはAIベンダを委託先として開示することがあり得る。この場合には、具体的な秘密保持契約における、委託先に対する開示を認める条件が問題となる。①事前の開示者の同意が必要という条項であれば、同意を得る必要がある。②秘密保持契約における受領者の義務と同等の義務を負う限り別途の同意が不要という条項であれば、ベンダとの間の契約（Data Processing Addendum〔→（2）〕等の付随契約も含む）の内容を踏まえ、ベンダが同等の

---

*66　そこで、例えば受領者として、開示者に確認しないまま「契約上は第三者提供が禁止されているが、生成AIへの投入は第三者提供に該当しない」と勝手に解釈することは危険である。中崎・法務ガバナンス89-90頁は、学習に利用させない場合に開示に該当しないという指摘もあるが確立した解釈ではなく、開示に該当する可能性が否定できない前提で検討すべきとする。

義務を負うといえるかを評価することになるだろう。

**ウ　実務対応**　　事例12-10における実務対応は、まさに契約の問題であるから、どのような内容の契約条項とするかは雛形次第である。例えば、自社が受領者となった場合において、生成AIへの投入が可能となるような建て付けとすることは可能である。1つの方法は、自社が契約しているベンダとの契約上のベンダの負うデータ保護やセキュリティに関する義務に鑑みて、自社雛形上の受領者の義務とベンダの負う義務が同等であることを前提に、「委託先が秘密保持契約における受領者の義務と同等の義務を負う限り、別途の同意なく受領者が委託先に秘密情報を開示できる」という条項とすることだろう。ただし、これが相互的である場合には、相手方が受領者となった場合に、自社の知らないところで生成AIに秘密情報を投入する可能性があることに留意が必要である。[67]

これに対し、そのような、具体的な契約の解釈上生成AIへの投入が契約に違反しないというロジックがない場合に、明示的に投入許可を求めることを含め、どのように対応するべきかは難しいところである。[68]

少なくとも生成AIに広く秘密情報を投入したいという場合、①自社として秘密保持契約に基づき受領している情報を一般的に投入するのか、それとも②特定の類型の情報のみ投入するのか、その理由は何かを確認すべきである。その上で、①一般的投入をするのであれば自社雛形を改訂して、一般的に投入ができる雛形とすべきであるし、②特定の類型のみであっても、その類型の場合には、投入ができる文言で契約をすべきである。当然のことながら相手方（開示者）から、「この文言からすると、生成AIに自社の秘密情報が開示されてしまう可能性があるが、それは困る」とか「生成AIに投入しなければならない必要性は何か」等という反応は予想できる。

---

[67]　この点、自社の知らないところで生成AIに投入されることを防ぐため、通知を求めるという方法は考えられなくもない。また、「生成AIに投入することができる」と明記してしまうことも1つの別の方法ではあるが、現時点において、少なくとも生成AIに自由に投入できる旨を明記することが、ポピュラーな条項とはいえない。

[68]　中崎・法務ガバナンス91頁は、形式的違反があっても、損害が限定的であれば、リスクを承知で、生成AIによる処理に踏み切ることも考えられるとするが、このようなリスク感覚を許容できない企業も少なくないように思われる。

4. 契約上の留意点　475

そこで、事前に「このような投入の必要性があり、かつ、投入する先はセキュアな環境であって投入をしても問題がない」という説明を準備し、そのような説明を行って説得することが考えられる。

◆ (7) M&A

**ア　はじめに**　　今後、特定の分野に強い生成AIプロダクト（FTベンダによるプロダクトを含む）が業界を席巻し、「この業界のほぼ全ての企業がX社の生成AIプロダクトを使ってジュニアレベルの業務をAIに行わせ、それを確認・検証している」といった状況に至る可能性がある。その意味では、ベンダの中には極めて有望なものが存在することは間違いない。

筆者もベンダを対象会社とするM&Aプロジェクトに参加し、法務デュー・デリジェンス（DD）を行う等の関与をしており、この経験を踏まえてMAARを執筆した[*69]。以下では、これを加筆修正して、主にFTベンダのM&Aにおける契約上の留意点を述べたい。

すなわち、生成AIベンダにおいては、以下のようなリスクが存在することから、あるベンダ（以下「対象会社」ということがある）のM&Aを行う際には、DDを行った上で、当該DDの結果を踏まえて不足すると思われる点について、クロージングの前提条件としてクロージング前に是正させたり、表明保証や特別補償条項を設けることで、リスク顕在化時に補償を受けられるようにすべきである。

**イ　基盤モデルベンダとの契約リスク**

**（ア）はじめに**　　対象会社である（FT）ベンダは基盤モデルを利用している。よって、多くの基盤モデルベンダ（例：GPTを提供するOpenAI社等）との関係において、①特定の利用が禁止されているリスク、②利用が継続可能か不明であるリスク、③値上げリスク等の契約リスクが存在することに注意する必要がある（→ (2)）。

**（イ）利用禁止リスク**　　例えば、①特定の利用が禁止されているリスクとして、法的、医療／健康上の、または金融上のアドバイスの提供が制

---

＊69　<https://www.marr.jp/menu/ma_practices/ma_corpvalue/entry/50244>

限されることが多い（→（2））。

　もちろん、このような分野のFTベンダが全て利用規約違反ということ
ではなく、例えばリーガルテックベンダは、その内容が法的なアドバイス
にならないようにすることで、弁護士法の問題と利用規約上の問題の双方
をクリアしていることが多い（→第5章）。いずれにせよ、もしDD対象会
社の行為が利用規約で禁止されている場合、現状において基盤モデルベン
ダから警告や利用制限等がされていないというだけで今後も永続的に継続
できるかは疑問である。よって、利用規約との観点で懸念があれば、その
点についてどのように対象会社として整理しているかを確認し、それが説
得的なものかを踏まえてリスクの高低を検討すべきである。

　　（ウ）継続可能性や値上げ可能性　　②利用が継続可能か不明であるリ
スクや③値上げリスクというのは、利用規約において基盤モデルベンダが
その裁量でサービスを終了したり大幅値上げをすることができるという規
定が置かれている（→（2））ことによるリスクである。例えば、基盤モデ
ルベンダがより良いバージョンのサービスを提供することに伴い、従前の
サービスを終了するということはよく見られる。そして、従前のサービス
に基づきファインチューニング（FT）を行って自社独自のサービスを提供
していたFTベンダとしては、当該サービス終了リスク、その結果、他の
基盤モデルへの乗り換えを余儀なくされたり、同じ基盤モデルを継続して
利用できるとしても、採算が合わなくなる可能性が生じる。

　この点は、どの程度他の基盤モデルに乗り換えることが容易かといった
こととも関係するところである。そして、前述（→脚注7）のとおり、リス
ク感覚に優れたFTベンダは、常に乗せ替え可能性を検討している。よって、
その検討結果を踏まえ、仮に現在利用中の基盤モデルサービスが終了した
場合に、どの程度の期間で別の基盤モデルに乗り換えることができるのか、
その乗り換え期間中は完全にサービスが停止するのか、それとも一部の機
能が停止したり性能が低下するとしても基本的なサービス自体は継続可能
なのか等、法律以外の観点を含む様々な角度からリスクを分析するべきで
ある。[70]

4.　契約上の留意点　　477

**ウ　プライバシー等のリスク**　　当該ベンダがどのような情報を取り扱うかにもよるが、プライバシー（→第8章）、個人情報保護法（→第4章）の問題や情報漏洩のリスク等は常につきまとう。どのような情報をどのように取り扱っているか（データマッピングができているか）、そのような取扱いを正当化するための法的整理はどのようになっているか、入力したデータがどのように保護されているのか、出力されたデータに問題が生じないよう、どのような対応がされているか、契約上においてどのような規定が存在するのか、（このような情報セキュリティ上の措置を講じているという説明に加えて）実際に情報セキュリティの観点からの適切な措置を講じていることまで確認できているのか等にも留意する必要があろう。

**エ　知財リスク**　　著作権（→第2章）をはじめとする知的財産権について、利用方法によっては第三者の知的財産権を侵害するリスクがあること等から、例えば著作権について、FTベンダ自身の開発・学習段階と、FTベンダの提供するサービスを利用したユーザによる生成・利用段階に分けて、第三者の著作権を侵害する可能性の高低とそのリスクを十分に低減したといえる根拠となるスキーム[71]を確認すべきである。

**オ　その他の法規制リスク**　　（生成）AI規制法以外にも、個別のプロダクトの分野ごとに弁護士法（→第5章）、金融法（→第6章）、医事法（→第6章）等のリスクがある。

**カ　レピュテーションリスク**　　仮に適法性について十分に検討していても、ELSIや炎上、レピュテーションリスクについて対応していないと、プロダクトの提供を継続できなくなる（→6）。

　このようなレピュテーションリスクの観点も、特にまだ開発段階や試行段階にあるプロダクトでは、持続的に本格的な提供を行うことができるか

---

＊70　なお、想定すべき事態としては、現時点で利用している基盤モデルのバージョンが提供されなくなり、後続のバージョンのみが利用可能となるという事態が1つの典型的な場合である。しかし、同時に、基盤モデルベンダが経営破綻するとか、根本的な法令・契約違反が指摘される（例えば利用規約に反し他社のモデルを蒸留に使って開発した）とか、サイバー攻撃によって、ある特定の基盤モデルベンダが全てのサービスの提供を中止・終了せざるを得なくなるという状況も想定すべきである。

＊71　著作権の観点からFTベンダの対応を適法とするための具体的なスキームについては、第2章を参照のこと。

という点と密接に関係する問題として重視すべきである。

**キ　ビジネス的な観点の重要性**　　上記を要すると、本書の随所に記載されているような生成AIの開発・提供および利活用に伴うリスクをリストアップした上で、これらのリスクに対する対応が十分になされているかを検討するべき、ということになる。そして、このような対応は、確かに「法務」デュー・デリジェンスおよびその結果の適切な契約への反映という意味では重要なポイントである。しかし、実際に当該M&Aを進めるか否かという経営判断の上では、対象会社のビジネスが将来的に有望であるかという部分が極めて重要である。特に、生成AIの分野では、少なくともドメイン知識のない人に対し、一見プロダクトが有望であるかのように装うことは比較的容易である。例えば、魔法のようなデモンストレーションを簡単に作成することができる。すなわち、生成AIは"それらしいもの"を作るのが非常にうまく、かつ、極めて短時間でそれを実現することができる。例えば筆者は自分の執筆した書籍データをChatGPTに読み込ませて「松尾bot」を作成した（→第1部）。この松尾botは、データを投入した書籍に書いている限りではかなりの精度で筆者の考えをトレースした回答を生成することができる。生成AIをある程度以上使いこなしている人であれば、「きっと裏の仕組みはこの基盤モデルにこのデータで追加学習させ、このデータを投入してRAGをやっているだけだろう、これなら自分でも簡単にできるな」と見抜くことができてしまうようなデモンストレーションであっても、生成AIに関するドメイン知識が不足している人であれば、「この会社は技術力がある、今後間違いなく成功するはずだ！」等と思いこみかねないことには十二分に留意する必要があるだろう。

---

## 5. 社内ルール・社内規程

### ◆（1）2種類の社内ルール・社内規程

**ア　社内においてどの範囲で生成AIを安全に利用するか**　　2023年春頃から筆者は、社内においてどの範囲で生成AIを安全に利用するかに関する社内ルール策定対応を行ってきた。経営陣や情報システム部門の知らない

ところで勝手に生成AIが用いられ（シャドーAI）、そのリスクが発現することを回避する上でこのような意味における社内ルールは必須である。もっとも、少なくとも大企業においては、本書執筆時点では「何らかのもの（全面禁止を含む）」が制定済みであることが多い。そこで、現時点では重要性が相対的に低下している。しかし、この点に関する情報が不要になったものではない。特に、生成AIをめぐる状況は急速に変化しつつある。例えば、2023年春に（GPT3.0を試用して）「ChatGPTは使えない」として生成AIの利用を禁止した企業が、GPT-o3を見て、利用を一部解禁する方向で検討するといった場合には、以下の議論が有用である。[72]

**イ　いかに文書化・記録保持義務等に対応するか**　　EU・AI法（→第11章）は、例えば文書化（11条・16条(d)）、記録保持（12条・16条(e)）、AIオフィスの提供するテンプレートに基づき汎用AIモデルの訓練に用いたコンテンツに関する十分に詳細なサマリーを策定し、公表する（53条1項(d)）等の文書化や記録保持を求める。EU・AI法だけではなく、例えばAI事業者ガイドライン24頁も「データの出所に始まり、どのような意思決定を行ったかについて、合理的な説明を行い、トレーサビリティを確保するため文書化・公表する」ことを求める。このような義務を履行するための社内規程も重要であるが、AI法の本格適用に向けてガイドライン等が公表されると思われることから、本書では詳論しない。

◆**(2) 社内受容性と「みんな違ってみんないい」**　　ChatGPT等の生成AIの業務利用をそもそも認めないという扱いをする会社も存在する。特に、初期においてChatGPTのトラブルがニュースで何度も流れたことから、〈自社の不届き者の社員が同様のことをしてはならない〉と、早々に業務利用を禁止したところもあるだろう。

　筆者が昔から使ってきた言葉に「社内受容性」（→1）がある。それぞれの組織やその業務の特徴を踏まえ、その時点におけるその組織で生成AIを受容している度合いに応じて、その時点における当該組織のあるべき

---

＊72　その際は、松尾・ChatGPTの記載および松尾・社内ルールA2Zを一部（特に(5)および(6)で）加筆・修正して利用していることに留意されたい。

AIに対するルールや対応方針は変わり得るということである。そこで、基本的には各組織がそれぞれ多様な対応方針を自ら決定するということでよいのだと考えている（一種の「みんな違ってみんないい」である）。

　よって、社内で議論した結果として、暫定的には業務利用させないという判断もあり得ると考えている。とはいえ未来永劫、一切業務利用させないわけにもいかないと思われる。そこで、仮に暫定的に業務利用を禁止するとしても、プロジェクトチームを作って社内でどのような利用であれば認めるべきかを検討し、将来的には部分的解禁を検討していくべきである。いずれにせよ、少なくとも暫定的に業務利用を認めないのであれば、その旨を通達することで社内ルールに代えるという解決策もあるだろう。

◆ **(3) ルール策定の全体像**

　**ア　シャドーAIとルールの必要性**　〈既に個人情報や秘密情報に関するルールが存在するのだから、生成AIの利用の際にもそのルールを守ればよく、特に新たなルールを定める必要はないのではないか〉と考える向きもあるかもしれない。しかし、会社として何も方針を決めないと「シャドーAI」「シャドーIT」等として会社の知らないところで業務情報が第三者であるベンダの提供するサービスに入力され、情報漏洩等が生じる可能性もある。

　だからこそ、どのような方針であれ（→ (2)・第1章）、自社としての生成AIに関する方針を示すことが望ましい。なお、シャドーAIについては、政府の「ChatGPT等の生成AIの業務利用に関する申合せ（第2版）[*73]」において「組織の承認を得ずに職員等がクラウドサービスを利用する、いわゆる『シャドーIT』は、規程等に反していることに加えて、誰がどのように使用しているかなどの管理ができなくなるため、要機密情報の漏えい等のリスクを高めることになる」とされていることが参考になる。

　**イ　利用状況調査**　個人情報保護法の文脈では、企業が、自社のどこ

---

*73　\<https://www.digital.go.jp/assets/contents/node/basic_page/field_ref_resources/
　　c64badc7-6f43-406a-b6ed-63f91e0bc7cf/e2fe5e16/20230915_meeting_executive_
　　outline_03.pdf>

5. 社内ルール・社内規程　481

にどのようなデータがあるかというデータマッピングを行った上で、個人情報保護法上の義務をどのような建て付けで遵守するかを検討していく[*74]。そして、生成AIの利用に関するルール策定においても、どのような利用が想定されるかがわからなければ、適切なルールを策定することができない。

　生成AIのルール策定を本社の総務部、法務部、情報部門等において行う場合に、例えば、研究所や新規事業部門等が生成AIを他の部門よりも積極的に利活用していたり、そのような積極的な利活用の希望を持っていることに気づかなければ、生成AIを積極的に利活用したい部門が希望するような利用を禁止するルールが策定され、それが通達された後に当該部門から苦情が来て、再度ルールの変更を検討しなければならなくなってしまうかもしれない。

**ウ　利用範囲・リスクの確定**　　第1章で述べたとおり、各社ごとに以下のような様々な形で生成AIの利用がされている。

---

・業務利用の許容

・自社契約（＋テンプレート）

・RAG等のデータ利用

・第三者へのサービス提供

・（禁止）

---

　その中でも、例えば、企業において特定の生成AIサービス（例：Microsoft Azure OpenAI）を契約して従業員に利用させる場合には、〈従業員好きな生成AIを自由に契約して使ってよいとする〉場合よりも、かなりリスクが減少するだろう。このように、どのような生成AIをどのように利用するかによってリスクが変わる以上、まずは自社における（利用対象となる生成AI等を含む）利用範囲を画定すべきである。

　このような利用範囲が画定することでそれに伴うリスクの内容や程度も判明するだろう。まさにそのようなリスクに対応するものが社内ルールで

---

[*74]　筆者も関与したものとして、個人情報保護委員会事務局「データマッピング・ツールキット（個人情報保護法関係）」（2022年10月）<https://www.ppc.go.jp/files/pdf/data-mapping_tool-kit.pdf>がある。

ある。[*75]

**エ 具体的な内容の確定** 上記の利用状況および利用範囲・リスクを踏まえ、具体的なルールの内容を確定する。具体的な内容については（4）〜（6）を参照されたい。

そして、いくら優れた内容のルールが存在してもそれを従業員に遵守させられなければ意味がない。ユーザに対する教育・研修、実務マニュアル・プラクティス集の策定、そして、従業員の生成AIへの接続状況の確認等を含む遵守状況の確認（→（7））等の対応が必要である。[*76]

**オ 状況の変化の可能性と不断の見直し** 上記のとおり、特定の利用状況および利用範囲を踏まえ、特定のルールが策定されても、その後で状況が変化することで、そのルールを見直す必要が生じる可能性がある。例えば、当初は想定していなかった新たな生成AIプロダクト（例：DeepSeek）が有力な利用対象候補となった場合に、それに対して、当該プロダクトのリスクを評価して禁止したり、それが安全で利用に値するものであれば、そのプロダクトの利用を条件付きで許容する前提で当該プロダクトのリスクに即してルールをアップデートする等、不断の見直しを行うべきである。

◆ **（4）利用範囲**

**ア はじめに** どのようなAIをどのように利用するかというのはそのリスクに影響を及ぼし、ひいては、あるべきルールの内容にも影響を及ぼす。例えば、単に公開情報だけを投入する前提で生成AIを利用するのか、それとも、秘密情報を含むより多くのデータを入力したいのかによってリスクは変わり、それに応じてルールも変わる。また、自社がユーザとして利用するだけか、いわばベンダとなって生成AIプロダクトを第三者に提供するかでも大きくリスクは変わり、制定すべきルールも変わる。

また、個別のプロダクトによって対応が変わる可能性もある。例えば

---

[*75] なお、中崎・法務ガバナンス367頁以下はリスクのチェックリストを掲載しており、あくまでも汎用的なのではあるが参考になるだろう。

[*76] 中崎・AIガバナンス382頁

AdobeはFireflyに関する[77]、MicrosoftはCopilotに関する特別な補償を、それぞれ発表している。

このような観点から、利用範囲を決定すべきである。

**イ　BYOAIのメリットとデメリット**　　筆者の知る限り、「〈個人が生成AIを契約する〉vs〈会社が生成AIを契約する〉」という観点からは、2023年春、2023年後半、そして2024年の3回のトレンドの変化が発生している。すなわち、最初の2023年春の段階では、企業としてまだ生成AI（その時点では主にChatGPT）に対して投資を行うという決断ができず、生成AIに前向きな会社も、多くがChatGPTを従業員が契約することを認めるものであった。その後、2023年後半にかけて、Microsoft Azure OpenAIを含む生成AIサービスを会社として契約する動きが見られるようになった。そして、例えば、会社が契約しているMicrosoftのオフィス製品に含まれるCopilotが利用可能になる等、会社が契約した生成AIを従業員が利用できるという状況が、かなり一般化した。その後、2024年に生じた新たなイシューは、ChatGPT以外の有力な生成AIが複数出現したということである。（ChatGPTと同様にGPTモデルという基盤モデルを利用している点で共通する）MicrosoftのCopilotを除いても、GoogleのGemini（NotebookLM等も含む）、AnthropicのClaude等、様々な生成AIプロダクトが利用されている。そこで、むしろ従業員に〈自分の「愛用」している生成AIの利用を認める〉という形で、従業員が個人的にいつも利用している生成AIを業務利用させることに対し再度スポットライトが当たっているのである。

このような状況の下では、会社が契約している生成AIプロダクトのみを利用可能とするか、それとも、一定の要件（学習をオフにする等）の下で、従業員が自分自身で生成AIを契約してそれを業務利用することができるとするかが問題となる。このような、従業員自らが生成AIを契約して業務利用することをBYOD（Bring Your Own Device）になぞらえて、BYOAI（Bring[79]

---

[77]　<https://www.adobe.com/cc-shared/assets/pdf/enterprise/firefly-legal-faqs-enterprise-customers-2024-06-11.pdf>

[78]　<https://news.microsoft.com/ja-jp/2023/09/12/230912-copilot-copyright-commitment-ai-legal-concerns/>

your Own AI）と呼ぶこともある。

複数の生成AIの選択肢がある時代において、BYOAIを認めることには、各従業員が自分が「愛用」する生成AIを利用できるということで、利便性が上がり、業務効率が上がるという面がある。反面、リスクに対する対応が不十分な生成AIが利用され、企業としてコントロールできない新たなリスクが生じるといった事態も生じ得るところである。

**ウ　上記を踏まえた最新対応**　このような状況を踏まえ、例えば企業によっては、自社で契約した生成AIの利用を第一義的に推奨しながら、従業員が（一定の条件の下）自ら契約して利用することを許容するプロダクトを列挙するリストを作成し、同時にそれぞれのプロダクトごとに利用条件を定め、さらに、それ以外のプロダクトの利用を希望する場合には個別に審査するといった建て付けをとる企業も存在する。

このあたりは、企業ごとのニーズの相違が重要であって、その企業およびその従業員が、その時々において業務上利用することを希望する生成AIが適切にカバーされ、かつ、リスクが合理的に低減されるようなものとなるようにすべきである。その意味では、利用状況調査における情報の入手およびその後の継続的な変化への対応が重要である。

例えば、従業員が（一定の条件の下）自ら契約して利用することを許容するプロダクトを列挙する、いわゆるホワイトリストを作成した上で、それ以外のプロダクトの利用を希望する場合には個別に審査するという建て付けをとっている場合であっても、当該個別の審査の結果、新たに出現した（ホワイトリストにない）プロダクトのリスクが既に許容されてリストアップ済みのプロダクトと同程度であって、かつニーズがあると判断した場合には、そのような新たなプロダクトに臨機応変に追加し、ホワイトリストをアップデートし続けるという方法は1つの対応のあり方であろう。

◆ **(5) 入力**

**ア　はじめに**　生成AIの利用に当たっては様々なデータをAIに入力

---

＊79　松尾・HRテック199頁

することになるわけであるが、どの範囲のデータであればリスクが管理可能な範囲にとどまるのか、という点に留意した上で、自社においてリスクをとることができる範囲のデータ入力にとどまるように社内ルールの内容を練り上げるべきである。大前提として、入力内容が学習に使われないことはある意味では「最低ライン」である。すなわち、入力内容が学習に使われてしまえば、例えば自社の個人名を含む情報が学習され、他社のまったく関係のない人に表示されてしまう可能性がある。[*80] すなわち、以下は入力内容が学習に使われないことを前提にどのように各種リスクに対応すべきかを述べたものと理解されたい。

**イ 秘密情報リスク** 秘密情報リスクというのは、例えば自社の営業秘密や他社からNDA（秘密保持契約）を結んで提供してもらった情報を生成AIに入力することで秘密が漏洩するとか、NDA違反になるといったリスクのことである（→4（6）も参照）。

そして、学習はオフにするとしても、生成AIの利用規約上、入力されたデータは一定期間保管され、必要に応じて（通常は法令違反や利用規約違反等に対応するため）ベンダによって内容を確認されることもある（→4（2）も参照）。このような点を踏まえながらどのように対応していくかが問題となる。

まず、自社のデータについては、自社において極秘、秘、社外秘等のランク付けされたデータのうち、どのランクまでのデータを入力してよいか、または、入力してはいけないかを明確に決めて、そのルールを遵守させるべきである。[*81] 例えば、企業によっては社外秘データはその会社の契約している生成AIプロダクトには入力可能であるが、それを超えるランクの秘密情報は入力できず、また、従業員が自ら契約した生成AIプロダクトに

---

*80　筆者の経験として、（学習をオフにした有料版の）某機械翻訳ソフトを利用したところ、自分が入力した内容には企業名や代表者名を入れていないのに、なぜか見知らぬ企業名および代表者名が出力されたことがある。これは学習機能がオンになっている無料版に企業名や代表者名の入ったデータを入れた人がいて、その結果として無関係の第三者（である筆者）のところに表示された事象である。

*81　仮に営業秘密について、自由に生成AIに入力させ、自社として利用に一切制限を設けない、となると、そもそもその「営業秘密」に秘密管理性があるか等に疑義が生じるかもしれない（→第3章）。

対する社外秘を含む一切の秘密情報の入力は禁止（すなわち、公開情報しか入力してはならない）、というように定めるところがある。[*82]

　NDAに基づき第三者から提供を受けた情報については、上記4（6）を踏まえながら原則として（すなわち、当該NDAにおける例外要件を満たさない限り）生成AIプロダクトに入れてはならないというルールとすべき場合も多いだろう。

　なお、ゼロ・データ・リテンションやローカルLLMは、個人情報だけではなく秘密情報リスクとの関係でも考慮すべき技術的対応である（→第4章）。

　**ウ　個人データの第三者提供リスク等**　　個人データの第三者提供規制（個人情報保護法27条）を遵守しているといえるための建て付けを検討すべきである（→第4章）。具体的には、自社が契約しているプロダクトについて、委託構成をとることができることを確認した上で、（そして委託先であるベンダを適切に監督〔個人情報保護法25条〕した上で）自社が契約しているプロダクトに限り個人データの入力を許容するというのは、1つのあり得る取扱いである。また、そのような個人データの入力を適法とする建て付けをとることが難しい場合には、（個人データではない、散在情報たる）個人情報のみを入力することを許容するといった扱いもあり得る。

　なお、要配慮個人情報規制（同法20条2項）等への対応も必要である。また、漏洩が発生すれば漏洩報告義務（同法26条）に加え、プライバシー侵害（→第8章）等を理由とした損害賠償義務が発生する可能性がある。

## ◈（6）出力

　**ア　はじめに**　　生成AIに画像や文章を作らせた場合やプログラム等の作成に生成AIを利用する場合において、当該出力された画像、文章、プログラム等に関する法的問題が生じる可能性がある。

　**イ　他者の知的財産権を侵害するリスク**　　典型的には、他者の著作権（→第2章）やその他、知的財産権（→第3章）を侵害するリスクである。仮に生成AI側で学習において問題がないように工夫していても、ユーザにお

---

[*82]　中崎・法務ガバナンス94-95頁も参照。

いて特定の第三者の著作権が認められる画像や文章と類似するものを生成しようとしたのであれば、プロンプトを通じた依拠性が認められる可能性が高い。よって、出力されたものについて類似性が認められれば、当該第三者の複製権または翻案権を侵害する可能性が高いといえる。

このような観点から、そもそもそのような意図したとおりに出力されたならば他者の知的財産権を侵害する可能性のあるようなプロンプトを入力すべきではないところ、社内ルール策定の際にはこの点を明確にすべきである。なお、仮に、ユーザとしてそのような意図はないものの、結果的に既存の作品と類似する作品が出力されたという場合に、法律だけの観点からは、依拠性がないとして著作権侵害自体は回避できる可能性があるとしても、例えば、広告目的等でそのようなAI生成物を利用すべきかについては慎重に検討すべきである。一例として、社内ルール上は原則として利用してはならないとした上で、利用を希望する場合には個別に法務部門等に確認を取るようにすることが考えられる。

**ウ　自社として知的財産権を取得することができないリスク**　生成AIが生成した作品自体について自社として著作権等の知的財産権を取得できない可能性がある。AIが自律的に行った発明を出願しても特許として認められないとする先例もある。[83] この点については知的財産権の類型によっても異なることから、取得したい知的財産権が何かを踏まえながら、人間が十分に修正することで当該修正部分に関する知的財産権を確保する等の対応をすべきである。そして、社内ルール上も、原則としてこのようなリスクを踏まえた十分な修正等の対応を行うように求めた上で、利用の意図（例：生成AIでポン出し〔→第1部コラム〕したものをそのまま利用することの意味がある等）によってこれと異なる利用を希望する場合には個別に法務部門等に確認をとるようにすることが考えられる。

**エ　誤りのリスク**　ハルシネーション（→第1部コラム）による意図しない誤りに加え、悪意を持って第三者が学習させること等によって、フェイ

---

*83　東京地判令和6年5月16日判時2601号90頁および東京高判令和7年1月30日裁判所HP（令和6年（行コ）10006号）

クニュース・ディープフェイク（→第10章）等の意図的な誤りが出力される可能性もある。したがって、できるだけRAG等の根拠を示す技術を利用した上で、人間がその根拠に遡って確認し、最終的な成果物にする際は人間が責任を持って確認・検証し誤りがない形とすべきである。そこで、社内ルール上は、確認・検証を要求すべきである。なお、技術的にはRAG等でハルシネーションが減少することが期待されるが、技術的対応のみに期待するのではなく、人間による確認は引き続き行うべきであろう。

**オ　その他**　要配慮個人情報が生じ、それを取得してしまうリスク等については第4章3（3）を参照されたい。

## ◈(7) ルール策定状況に応じた対応

### ア　未策定企業の対応

読者の皆様の会社において現時点でもルールが未策定である場合、もしその理由が〈自社では生成AIを使っていないから〉ということであれば、最低でも「生成AIの業務利用を（暫定的に）禁止する」という社内通達を出すことで、シャドーAI（→（3）ア）のリスクに対応すべきである。もしかすると、知らないところで一部の従業員が生成AIを利用していてリスクが存在するにもかかわらず、社内で何の対応をすることもできていない、といった状況が発生しているかもしれない。また、もともと生成AIを使うつもりがなくても、例えば、自社が契約しているMicrosoft OfficeプロダクトでCopilotが自動更新等により利用可能となるといった状況も生じ得る。この場合において、ルールを策定しなければ、自社の契約している業務上アプリにおいてそのまま利用することができる以上、一部の従業員はこれを利用してしまうだろう。その意味では、既に多くの企業が何らかのルールを策定しているとは思われるところ、まだ未策定の会社においては是非、自社の生成AI利用の現状を調査し（→（3）イ）、生成AIに関する社内ルールを策定していただきたい。

### イ　策定済み企業の対応

既に社内ルールを策定済みの企業においては、それがもはや最新の実務を反映しないもの[*84]（例：基盤モデルとしてGPT3.5を搭載したChatGPTのみを利用可能とする）となっていないかどうかや、それが例

えば「入力に注意せよ」「出力に注意せよ」といった抽象的なもので、具体的場面で何をしていいのかわからないのではないかといった点に留意が必要である。もし、現時点において最新の内容になっていなければ、改訂することをお勧めする。

　また、遵守状況を確認することも重要である。生成AIに関する社内ルールも、それがルールである以上、多くの従業員にこれを遵守させ、もし違反があればそれに対する是正措置を講じるべきである。しかし、遵守状況の確認をしないまま、違反が放置されているのであれば、せっかく社内ルールを策定した意味がなく、むしろリスクを大きなものとしかねない。だからこそ、ルールが社内における生成AI利用の現状に即したものとなるよう、ルール策定済みの企業においても、実際の利用状況を確認し、定期的にこれを見直すべきである。

## 6. ELSI・炎上・レピュテーション

◆ **(1) ELSIとは**　　ELSIは通常、Ethics, Law and Social Impactとされ、新しい科学技術等を念頭に、その倫理、法律、および社会的影響を問題とするものである。最近は、このうちEについて、倫理のみならず、経済的影響（economic）や、環境への影響（environment）を含めた$E^3LSI$（イーキューブエルシー）という呼び方をされることもある。[85]

　これらのうちのL、すなわち法律については既に本書の他の箇所で論じているところであり、また、AI一般のELSI問題については、統合イノベーション戦略推進会議決定「人間中心のAI社会原則」や「AI事業者ガイドライン」等がELSIに関する重要な視点を提供している。具体的には、AI事業者ガイドラインは以下の10項目が「共通の指針」であるとする。[86]

---

＊84　井原敏宏「GPT-3.5 Turbo終了で戸惑う金融各社、国内データセンター限定方針に限界」日経クロステック2024年8月7日<https://xtech.nikkei.com/atcl/nxt/column/18/00001/09626/>参照。

＊85　ムーンショット型研究開発事業ウェブページ<https://www.jst.go.jp/moonshot/program/goal1/15_shimpo.html>を参照。なお、広い意味でのELSIとして、ISO/IEC 42001（AIに関するマネジメントシステム規格）も参照のこと。

＊86　<https://www8.cao.go.jp/cstp/ai/aigensoku.pdf>

490　第6部　生成AI規制の動向をも踏まえた実務 ‖‖‖‖ 第12章　契約・社内規程等の実務対応・ELSI

- 人間中心
- 安全性
- 公平性
- プライバシー保護
- セキュリティ確保
- 透明性
- アカウンタビリティ
- 教育・リテラシー
- 公正競争確保
- イノベーション

　これらはある意味ではAIの（法的なものに限定されない）リスクを裏返して説明しており、例えば、公平性というのは、AI、例えば、生成AIが不公平でバイアスのかかった回答を生成するリスク等を示している。[87]よって、これらが憲法の私人間効力（例：間接適用）として法的に問題となる場合（→第6章）はもちろん、そうではない場合であっても、公平性の確保を検討する必要がある。[88]以下では、このようなAI全般に関するELSI問題ではなく、生成AIにおいて特徴的な問題である、炎上リスクやレピュテーションリスク等にフォーカスして検討していきたい。ただし、近時、顔写真から自閉症かどうかを判別するAIが開発されたことが物議を醸す等、[89]以下で論じるもの以外でもAIに関する様々な重要なELSI問題が生じていることには留意が必要である。

　加えて、ベンダとして、生成AIを含むAIについてポリシーを作り、これを対外公表する動きもある。[90]なお、AIリーガルテック協会は、2025年1月10日に健全なリーガルテックの発展のため、「リーガルテックとAIに関する原則」を公表した。[91]

---

＊87　成原慧＝松尾剛行「AIによる差別と公平性—金融分野を題材に」季刊個人金融2023年冬号〈https://www.yu-cho-f.jp/wp-content/uploads/2023winter_articles02.pdf〉11頁以下を参照のこと。
＊88　このようなAI倫理につき中崎・法務ガバナンス262頁以下参照。
＊89　〈https://www.asahi.com/articles/ASSB42J2TSB4ULFA007M.html〉
＊90　中崎・法務ガバナンス391頁

◆（2）画像生成AIにおけるレピュテーションリスク　　生成AIのELSI問題を語る場合、画像生成AIを利用することに対して極めて強硬な反対運動が発生中であることが重要である。

例えば、海上保安庁が生成AIを利用して作成したパンフレットに対して反対の声が集まり、海上保安庁が謝罪して差し替えた例などがある。このほかにも、画像生成AIの利用に対する反対の声が上がった例は、枚挙にいとまがない（他の例として（4）ウ記載のもの参照）。

このような現象を安易に「生成AI時代についていけない人の『ラダイト運動（機械化に対する機械打ち壊し運動）』に過ぎない」と過小評価するべきではない。[92] 第2章でも述べたように、著作権に関しては、クリエイターとの間のwin-win関係の形成が重要である。それにもかかわらず、そのような健全な関係が形成されないまま、ある意味では「クリエイターの仕事を奪うような態様の生成AIの利用」がなされていることが批判されている。

生成AIのELSI問題に対応する場合には、このような傾聴すべき見解が存在し、このような見解を有する者による反対運動が起こる可能性も十分に踏まえた上で、対応をしていくべきである。

◆（3）レピュテーションリスクではないもの——「（過失により）フェイクニュースを流してしまうリスク」　　ここで、生成AIに関するレピュテーションリスクと区別すべきものとして、「（過失により）フェイクニュースを流してしまうリスク」がある。

2024年11月には福岡市等が後援する福岡の観光地や特産品を紹介すると称するサイトにおいて、生成AIを利用した架空の祭り等の誤った記事が発信されたとして問題となり、全記事削除に追い込まれた。[93]

生成AIを利用した場合には、ハルシネーション（幻覚）のリスクがあることは、誰もが知っていることであり（→第1部コラム）、人間が責任を持っ

---

＊91　AIリーガルテック協会「リーガルテックとAIに関する原則」2025年1月10日<https://ai-legaltech.org/legaltech-ai-principle>

＊92　このような反対運動を含む概念である「キャンセルカルチャー」については、成原慧「キャンセルカルチャーと表現の自由」法政研究89巻3号（2022）167頁以下を参照。

＊93　<https://www.itmedia.co.jp/aiplus/articles/2411/08/news167.html>

て確認しなければ、このような「フェイクニュース」のようなものを知らず知らずのうちに拡散することになる。特に、公的機関は、それが「自組織が委託する」プロジェクトだとなれば、委託に関するルール等に基づき検収等を行って適切なものか確認することが期待されるが、「後援」は安易に出してしまう場合がある。しかし、後援としての参加が否定的に報道されてしまうように、まさにその（社会的）責任が問われている[94]。

　このような生成AIを利用する上での「一丁目一番地」といえるような確認・検証を怠って、事実と異なる内容が流布することに関与してしまえば、たとえ過失であっても「フェイクニュースを流した」と批判されるだろう。これによってレピュテーションは下がるだろうが、それはAIのレピュテーションリスクではなく、AIを不適正に利用したといういわば問題行動が原因となり、相応の批判を受けているだけ、と評すべきである[95]。

### ◆（4）リスクを踏まえた生成AI利用に関する対応

　**ア　はじめに**　　筆者はこのように、画像生成AIの利用に対する反対派の意見そのものには傾聴に値するものがあると考えているものの、だからといって、〈画像生成AIを含む生成AIを利用すべきでない〉とは全く考えていない。つまり、生成AIの利用がそのような反対派による反対運動の対象となる可能性があり、その場合に自社のレピュテーションに対する影響が生じ得ることを踏まえ、打ち手を講じた上で利用すべきであると考える[96]。

　**イ　広告分野における「不快」リスク対応**　　この点は、広告の文脈における「不快だ」等というクレームに対する対応として、かつて筆者が以下のような対応が基本となると整理したことが参考になる[97]。

---

*94　このような事態により、社会のAIに対する社会受容性が下がりかねず、その意味ではAIを活用しようとする真っ当な事業者等に対しても大きな迷惑を被らせることになる。

*95　なお、NY州弁護士がChatGPTの提示した架空の判例をそのまま利用してペナルティを受けた事案もこれと同様と考えるべきである。この点につき志馬康紀「答弁書作成に生成AIを使用しハルシネーションが問題になった米国の裁判例：不適切な陳述答弁の抑止と技術を適正に使用する能力に関する弁護士の義務」国際商事法務52巻12号（2024）1482頁 <https://researchmap.jp/ShimaYasunori/published_papers/47592548/attachment_file.pdf>も参照。

*96　なお、いずれの場合においても「適法に対応しているか」という点は問われるだろうが、その点について事前に本書、例えば本章1〜5に則して法的な整理を行っていることが前提になる。

6. ELSI・炎上・レピュテーション　493

まず、その広告クリエイティブの利用によって購買意欲を高めようとするところの対象者（ターゲット）が不快に思うようなものであれば、広告意図が実現できないのだから、異なる広告クリエイティブに変えた方がよいだろう。

　これに対し、第三者がその広告クリエイティブに接して不快だと考え抗議するという場合は、上記とは異なる考慮が必要である。確かに、同じ広告意図や広告効果を得ることができて、かつ、第三者が不快に思わない表現が存在するのであればそのようなものを選択した方がよいとは一応いえるだろう。しかし、「潜在的にそれを見る可能性がある全ての人が絶対に不快に思ってはいけない」という縛りの下で広告表現を考えないといけないとすれば、広告意図が実現されなかったり、広告効果が得られないことも多い。よって、広告意図や広告効果を踏まえて事前にどのような表現がベストかを考えた上で、当該「ベストな表現」に対し第三者等が不快だとしてクレームを入れる可能性の高低を検討するべきである。第三者によるクレームの可能性があってもなおターゲットに正しく広告意図を伝え、広告効果を得る上でベストなものがその広告クリエイティブだとすれば、なおそれを利用することは十分にあり得る。

　このような、広告意図・広告効果を考えた表現の選択に際しては、第三者からの抗議等が生じて説明を求められるという状況を想定し、事前に〈もし説明するべき場合が生じたら、どのような説明をするか〉という観点の検討をしておくべきである。

　例えば、ご当地アニメとのコラボとしてアニメキャラを用いたお土産を作成する際、〈アニメファンに買ってもらいたい場合には元のアニメ絵のトーンの絵を使うが、それ以外の一般の観光客に買ってもらいたい場合には絵のトーンを変える〉といった方法は、ターゲットに対し正しく広告意図を伝え、広告効果を得た上で、第三者に対する説明をより説得的に行うことができるという意味で、参考になるプラクティスである。

---

＊97　松尾剛行『広告法律相談125問〔第2版〕』（日本加除出版・2022）168頁以下

これらは、生成AIに限らない対応ではあるものの、生成AIの利用に対する反対者が、そのプロジェクトのターゲットなのか、それとも第三者か等を考えることは、生成AIの文脈においても重要と考える。

**ウ　画像生成AIの利用について**　　画像生成AIを利用する場合においては、「誰か」から反対の声が上がることが比較的予想しやすいという点を指摘することができるだろう。

そして、筆者の理解する画像生成AIに対する批判者の問題意識を大雑把に総括すれば、〈画像生成AIは、クリエイターとそのエコシステムが生成してきた画像を学習し、その恩恵によって良い画像を生成することができているにもかかわらず、画像生成AIの画像を広告等に利用し、クリエイター等に発注しないことによって、クリエイターとそのエコシステムを破壊しようとしているのではないか〉といったものであろう。

そうであれば、そのプロジェクトにおいて、そのような批判があり得ることを前提に、それが誰をターゲットとした、どのような意図のプロジェクトであって、その意図を実現する上で他の代替手法はあるのか等を考えながら画像生成AIを利用するのか、そして（利用する場合には）どのように利用するかを判断し、かつ、利用する場合においては、仮に説明を迫られたときにどう説明するかについても考えておくことが重要である。

例えば、アニメ系のイベント等、まさにクリエイターとそのエコシステムの恩恵を受けているもの（ターゲットがそのようなエコシステムに親和性があるもの）の広告において、クリエイターの仕事を代替する形で生成AIを利用するという場合、ターゲットが不快に思い、広告意図が実現できないとして、そのような対応を行わないという判断も十分にあり得るだろう。[*98]

これに対し、ターゲットがそのような者でなければ、抗議があるとしても第三者からの抗議となる。とはいえ、「クリエイターの仕事を奪うのでは？」という疑問に対する説明は考えておく必要がある。例えば、「その広告」においてクリエイターの仕事を代替する形で生成AIを利用すると

---

＊98　なお、<https://www.itmedia.co.jp/news/articles/2406/20/news128.html>も参照。

しても、あくまでも様々な広告施策を行う中でその1つの方法として生成AIの利用を試行しているだけであり、他の広告ではクリエイターと協力しているといった説明ができるとして、かかる利用を行うという判断も十分にあり得る。

また、画像生成AIには様々な利用方法があり得るところ、ターゲットがクリエイターのエコシステムを恩恵を受けている人たちであっても、生成AIを利用してはいけないとは筆者として全く考えていない。例えば、背景としてAI生成画像を利用する等、クリエイターの仕事を代替しない、むしろクリエイターと協力する形で利用をするという判断は十分にあり得ると思われる。

このように、批判があるから一律に使わないとか、よく考えずに（説明等を準備せずに）使うということではなく、過去の事例等を参照しながら、どのように説明してどう利用するのか／しないのかを考えていくというのが適切なアプローチであろう。

なお、上記と異なり、現時点では過渡的な現象として、リアルに近いが完全にリアルになりきれていないために不気味に感じる（「不気味の谷」）等、クオリティに関する指摘もある。[99]この点は、既に「不気味の谷」を越えたといわれるAI生成画像も存在する（ただし、人間が修正している可能性も高い）ことから、今後はこのような指摘は減少すると思われるものの、過渡期的には、このような批判についても併せて留意すべきであろう。[100]

**エ 画像生成AI以外の生成AIの利用について** 画像生成AI以外の生成AIについては、画像生成AIと比較した場合において（少なくとも相対的には）反対派から批判されるリスクは少ないように思われる。

ただし、例えば小説家も同じクリエイターとして、画像生成AIと同様にwin-winの関係を形成すべきパートナーであって、〈画像生成AIではな

---

*99　西山守「マクドナルド「AI広告の炎上」が示す嫌悪感の正体 『お〜いお茶』や『AQUOS』は許されたのに、なぜ?」東洋経済オンライン2024年8月20日<https://toyokeizai.net/articles/-/808255?page=2>も参照。

*100　そしてこの批判は、上記*イ*でいう「ターゲット」自身による批判の可能性も高く、そうであれば、このような批判の可能性こそ、むしろ重要性が高いかもしれない。

いからクリエイターをないがしろにしてよい〉ということは全くなく、画像生成AIの場合と同様に、クリエイターとそのエコシステムに関する説明について事前に検討すべきである。[101]

　また、GoogleのGeminiのCMで本来自分で心を込めて書くべきオリンピック選手への手紙をAIに書かせる等、生成AIの利用方法として必ずしも適切とは思われない利用を行うとか、[102]生成AIを利用して小説を書いているのに、それを隠して自分の作品だと称する（積極的に「自分で書いた」とまで言わなくても、まるで自分で書いた作品であるような外観を呈する）いわば「僭称」に対する批判等、利用態様によってはその利用態様固有のリスクもあるだろう。

　そこで、そのような利用態様も勘案した過去の事例を踏まえ、どの程度リスクが高いかを評価・検討することの必要性は否定できないだろう。

　**オ　その他**　　その他の問題として、人間のイラストレーターが描いた場合であっても、その画像がいわゆる「マスピ顔」（→第1部コラム）と呼ばれるようなAI特有の雰囲気を持つものである場合には、本当はAIを利用していないのにもかかわらず、AIを利用しているのではないかという批判を受けるリスクがある。[103]これはある意味では「冤罪」であって、現にクリエイターに依頼して画像を作成してもらったのにもかかわらず、できあがりが「AI風」だとして批判されるというのはとんでもないことである。しかしながら、実務においては少なくともそのような現象が存在すること自体は想定して対応せざるを得ない。[104]

　また、生成AIを利用したチャットボット、特に学習機能のあるチャットボット等については、「悪意あるユーザ」による攻撃・炎上リスクが存在する。かつてTayというTwitter（当時）上のチャットボットが悪意あ

---

[101]　日本SF作家クラブ「現状の生成AI技術に関する、利用者、運用者、行政・立法、開発・研究者へのSF作家クラブの提言」同ウェブページ（2023年10月14日）<https://sfwj.jp/news/statement-on-current-generative-ai-technologies-japanese-edition/>参照。

[102]　<https://japan.cnet.com/article/35222726/>参照。

[103]　<https://www.itmedia.co.jp/aiplus/articles/2404/03/news042.html>参照。

[104]　なお、ストックフォトを利用したところそこに生成AI画像が含まれていた、という場合はあり得るので、十分に確認をすべきである。

6.　ELSI・炎上・レピュテーション　497

るユーザによって学習機能を悪用され、ナチス礼賛等の発言をさせられ炎上した事案は、既に古典的事例になっている。このような悪意あるユーザが存在するということは、特にまだ出力が安定しておらず、トラブルもあり得るPoC（概念実証〔→7（3）〕）の段階においてどの範囲（社内、社外）のユーザに利用をしてもらうか等とも関係するところである。例えば、PoC段階で誰でも（試行的に）利用可能としたことで、チャットボットが予想外の応答をすることが発見されることは容易に予想されることである。それはある意味では早めに一種のセキュリティホールが発見できたという肯定的な部分もあるのの、それが一部の悪意あるユーザによりSNS等において大きく取り上げられ炎上するというリスクも存在することを踏まえて利用範囲を決定すべきである。

　さらに、消費者や一般のユーザに生成AIを利用して様々なクリエイティブなデザイン等を考えてもらい、SNS等での投稿を促すようなキャンペーンは、うまくいくととても素晴らしいデザイン等が生み出される可能性がある。ただその場合に、例えば知的財産権を含む全ての権利をキャンペーン実施側が剥奪する等、不平等が指摘され得る利用規約を利用することで炎上等が生じるリスクもあることから、単に「全部の権利を得られればよい」といった安易な発想ではなく、どの程度の権利を誰が持つことが適切かについて、炎上リスクも踏まえて事前に慎重に検討すべきである。

## 7. 生成AI実務へ臨む姿勢

◆（1）まさに正解がない問題　　生成AI時代というのはまさに正解がない時代である。例えば、〈生成AIは今後ますます取り入れられていく素晴らしい技術だ〉と考えて広告に利用したら炎上してしまった、というような事態は容易に想像できる。逆に、生成AIを怖がって使っていなかったら、同業他社が生成AIを利用することで競争優位に立ってしまうかもしれない。つまり、「生成AIを使う」ことが正解とは限らないし、「生成AIを使わない」こともまた正解とは限らない。だからこそ、生成AIをどこでどのように利用し、そこでどのようなリスクがあり、それが顕在化した場合にど

498　第6部　生成AI規制の動向をも踏まえた実務 ‖‖‖‖‖ 第12章　契約・社内規程等の実務対応・ELSI

のように対応するかという点を考え抜き、説明していくほかない。このような〈正解のなさ〉は、ある意味では難しいことであるし、大変なことではあるが、ある意味では、生成AI時代においても、簡単に生成AIに仕事が奪われるものではなく、このような正解のない問題に取り組む能力があればいくらでもキャリアを拓くことができることを意味していると、前向きに捉えるべきだと考える[105]（弁護士・法務担当者との関係では→第5章）。

◆ **(2) 1つの考えで決めつけず、複数のシナリオを考える**　本書でここまで紹介してきたように、生成AIについては様々な考えがあり、日本における生成AI規制立法の姿（→第11章）にしても、本書執筆時点ではまだ不透明である。このように、今後生成AIを取り巻く状況がどのようになるのかについて不確実性が高いからこそ、1つの考えで決めつけず、複数のシナリオを考えることが望ましい。

　例えば、生成AIの利用が極めて有益であり、自社の属する業界で生成AIを使わないことの方がむしろリスクが大きいとして大々的に利用されるというシナリオを1つの可能性として想定した上で、そのようなシナリオにおいて自社が「置いてきぼり」にされないためには今のうちからどのような打ち手を講じるべきかを検討し、それに向けた対応を始めることは有益である。しかし、それと同時に、生成AIに対する反発が大きく、業界でもなかなか生成AIの導入を進められないというシナリオも想定される。個人的にはこのようなAIの利用が進まないシナリオ「だけ」を想定することは望ましくないと考えるものの、このようなシナリオを「一切想定しない」こともまた望ましくないと考える。

◆ **(3) 社内受容性を踏まえ、スモールスタート**　各社ごとに、一気にアクセルを入れていいのか、徐々に進めるか、というような社内の生成AIに対する態度は異なると思われるし、それでよいと考える。仮に許容度が低い場合でも、「小さな成功事例」を作ることは、筆者が強調している社内受容性（→1）という考えに照らし、社内における受容度を高めることに

---

＊105　松尾剛行『キャリアプランニングのための企業法務弁護士入門』（有斐閣・2023）（松尾・キャリアプランニング）、同『法学部生のためのキャリアエデュケーション』（有斐閣・2024）参照。

7. 生成AI実務へ臨む姿勢　499

おいて有益である。そこで、是非ともスモールスタートで、例えば社内の
アーリーアダプター的な気質がある人だけを集めて、プロジェクトチーム
を立ち上げ、最初は小規模でかつ少ない予算であっても、試行を繰り返す
べきである。そして、仮に一気にアクセルを踏むことが許容されるような
カルチャーの組織であっても、不確実性がある生成AIについては、あえ
てまずはPoC（概念実証）と呼ばれるような、短期間で安価に小さな「動く
もの」を構築し、それを検証して、その後、今考えている方向で進めるか、
軌道修正するかを決めて進めていくべきである（→4（4））。その意味では、
結果的にはどのような場合であっても「スモールスタート」を行うことが
推奨されるだろう。

◆**（4）予防法務・紛争解決法務**　　　法務の活動の分類に、リスク顕在化前
に予防対応をする予防法務と、リスク顕在化後に紛争解決対応をする紛争
解決法務があるとされる。[*106]例えば、自社の利益を守ことができるか微妙な
条項について、予防法務であれば「利益が守られないのではないか？」と
考え、より良い文言にできないかを検討する。しかし、契約締結後に、そ
の条項が問題となれば（もちろん主張の説得力という問題はあるが）その条項を
盾に自社の利益を守ることを主張していく場面もあり得るだろう。[*107]

　ここで、生成AI実務についても、それが予防法務か紛争解決法務かに
よる相違はあり得る。例えば、自社が生成AIを利用して画像を作成する
場合に、「画像の著作権を得られるか」を考えると、画像の著作権を得ら
れないリスクがあると考えた上で、例えば十分に修正する等そのリスクに
対して対応していくことになる（→第2章）。また、「第三者の著作権を侵
害しないか」については、単なる作風の類似に見えてもそれが場合によっ
ては表現の類似になる可能性もあることなどを踏まえたリスク管理をする
必要がある。[*108]

　これに対し、現に自社が生成AIを利用した画像について著作権に関す

---

*106　松尾・キャリアデザイン12頁以下
*107　もちろん、その主張をせずに別の土俵で戦うといった判断もあり得るだろう。
*108　「考え方」21頁参照。

500　第6部　生成AI規制の動向をも踏まえた実務 ‖‖‖‖‖ 第12章　契約・社内規程等の実務対応・ELSI

るトラブルが発生した場合、過去は変えられない。例えば、あまり大幅な修正をしていない場合でも、少なくともデッドコピーを禁止することができる程度の創作性が認められる修正は行ったと主張する等、今ある画像の権利を守る方法を考えていくことになる。また、第三者から「著作権侵害だ」と主張された場合は、それは具体的にどの画像との類似性を指摘するものか、その類似部分は作風か、表現かを検討していくことになるだろう（ただ、レピュテーション（→6）等も含めて検討が必要なことは別論である）。

このように、過去は変えられないものの、将来は変えられるわけである。そこで、予防法務であれば、リスクを識別すればリスクを減らす方向で動き、最後は残存リスクを受容するかを意思決定することになる。これに対し、紛争解決法務では、過去を変えることはできず、まさに手持ちのカードを利用して最大限依頼者・自社の利益を保護する方向で動くことになる。

◆**(5) 他社事例の収集**　正解がない中で実務を回していく上では、他の会社がどのようにしているか、できるだけ広く情報を収集することが重要である。例えば、大企業であっても、生成AIを積極的に（例えば広告に生成AIの画像を利用するといった形で）活用する企業がある、という情報は、自社内でどのように生成AIと付き合うかを考える上で重要な情報となるかもしれない。この点については、アンテナを張ってニュースやリリース等の色々な公開情報を収集する、セミナー・展示会等の機会を利用する、法務の交流組織で情報交換する等の方法があり得るだろう。なお、このような情報収集の際は、専門家に自社と同様の問題意識からどのような取組みが行われているか尋ねると、（守秘義務に反しない範囲で）教えてくれるかもしれない。[*109]

◆**(6) 公共政策法務**　予防法務・紛争解決法務以外にも、生成AIのような新しい分野では公共政策法務が重要である。[*110]すなわち、現行のルールが何かというのはもちろん重要であるが、社会にとってあるべきルールが

---

[*109]　専門家としては依頼者の情報「そのもの」は守秘義務の観点から多くの場合には説明できないだろうが、例えば、依頼者のプロジェクトの関係で発見した公知情報は教えてくれるだろうし、専門家が「当たり前」と思っているような情報が特にユーザにとっては貴重な情報だといった状況は決して稀ではない。

[*110]　松尾・キャリアデザイン192頁以下

7. 生成AI実務へ臨む姿勢　501

何かを検討し、その実現に向けて模索することも重要である。筆者のAI
リーガルテック協会における活動もこのような生成AIに関する公共政策
法務活動の一環である。

# 終章　将来を見据えて

## 1. はじめに

　本書は、2024年末の生成 AI 実務を描き出すことを念頭に置いている。本書において描写した法的課題とその実務的な解決方法は、あくまでもこのような現行実務を前提としたものである。その結果として、前著で示唆したような将来の生成 AI 実務やそれに伴う法律実務の変化については十分に対応することができていない。これは、前著が主に、弁護士の仕事の変化に関する将来予測とそれに伴いキャリア形成をどのように考えていくべきかという点をテーマとしていたからである。本書のような、法律の解釈論を主たるテーマとする実務書においては、その紙幅の大部分は現在の法律解釈論と実務対応に割かれるべきであって、その結果、第12章まではそのような内容を記載してきた。とはいえ——数頁にとどめるものの——この終章では、将来的に、法律実務にどのような変化があり得るかについて、法律家としての法解釈論の展開ではなく、あくまでも「予想」として簡単に説明していきたい。

## 2. 「支援」から一部業務の「委託」へ?

　現時点における生成 AI の利用方法は、あくまでも人間が業務を行う上での「支援」である。生成 AI をアイディア出し、壁打ち等として利用したり、業務中の一部タスクを生成 AI に行わせ、その後で人間による確認・検証を行うといった利用方法が多い。もちろん、チャットボットによる自動応答も行われているものの、あくまでもかなり限定したタスクに限られる。例えば、これまで HP 上に Q&A として掲載しているような範囲の回答をチャット形式で行うといったものの域を大きく超えていない。

　しかし、将来を見据えると、生成 AI とりわけ生成 AI エージェント（→

第1部コラム）が、一部の業務を人間と同程度またはそれ以上に遂行することができるようになり、いわば生成AIに一定の業務を「委託」するという状況が生じる可能性がある。

　もちろん、それはあくまでも一部の業務であり、人間の遂行している仕事全体を代替するものではない[*1]。また、現在我々が（AIではなく人間に対して）行う業務委託において、特定の業務を委託した場合には、業務遂行時に監督をし、業務終了後に検収・完了確認一定の確認を行う。そこで、生成AIに一部の業務の「委託」を行うようになった場合においても、それ以外の残部の業務は人間がAIの支援を受けながら実施するし、委託対象となった一部の業務においても、このような（AIの支援を受けた）人間による一定の対応はなお残るだろう。

　このような生成AIの役割が「支援」からいわば「委託先」に変わることにより、人間が主体として業務を行い、補充的な生成AIの支援を受ける状況から、少なくとも委託の対象となる一部の業務については、生成AIが主体となって業務を遂行し、人間の役割が補充的になると予想される。これによって、法律実務も、例えば、現在における委託先の監督や検収・完了確認において行われる議論を生成AIの行う業務に応用するものが生じる等、変革が生じると予想される。

## 3. 予防法務中心から紛争解決法務へ？

　2024年末時点で生成AIには関連する先例が少ない。本書の考察の対象となった事例のうち相当部分を占めるのが、まだ裁判所の判断にまで至っていないものの、筆者の予防法務に関する実務経験を踏まえた考察である[*2]。これに加え、生成AI以外に関する判例・裁判例の事案をもとに、生成AIにおいて類似の事例が生じた場合にその判例・裁判例が当てはまるか・異

---

[*1]　松尾・ChatGPT 257頁参照。
[*2]　なお、もちろん、守秘義務は遵守した上で本書を執筆している。具体的には、（その存在を知ったきっかけが実務経験であるとしても、）個別の依頼者の守秘義務の対象とならない裁判例情報、ガイドライン、公開されている利用規約の内容等の公開情報や多数の経験のうち、いわゆる「実務ノウハウ」へと昇華することができた部分のみを盛り込んでいる。

なる議論が生じるかを検討した。このような検討は、まさに現時点では生成AIが主に予防法務で問題となっていることを反映したものである。

　しかし、今後はますます生成AIが利用されるにつれ、少なからぬ数の紛争が発生し、その一部は裁判所に持ち込まれるだろう。そこで、紛争解決法務の実務が展開されるだろう。その意味で、紛争解決法務がより重要となっていくとともに、それに応じて、生成AIに関する裁判例・判例も増加することが予想される。今後は予防法務においてもこのような生成AIに関する裁判例・判例を踏まえて実務が回るようになるだろう。

## 4. 機械化される統治機構？

　筆者が「統治機構の機械化」というテーマで官公庁、裁判所および国会による生成AIの利用とその法的な影響について検討を行っていることは、既に第6章で述べたとおりである。そして、現時点において、国や自治体における生成AIの業務利用は、試行段階に過ぎないものの、将来的には実用段階に至るだろう。その際には、本書のような、一冊の書籍の一部ではなく、それだけをテーマにした書籍が執筆できるだけの議論が蓄積すると期待される。

## 5. 生成AI技術の進化に伴う実体法の大変革？

　生成AIは既に科学者レベルの発明を行うことができるかもしれないといわれている。[*3]筆者は〈生成AIの技術が進展しても、文化の発展や科学の進歩は人間と生成AIが手と手を取り合って行うことが健全であると考える。しかし、将来的には、AIが人間の関与なく発明を行った方がより良いものになるという状況が到来する可能性があり、その場合には知的財産法全体に大きな変革をもたらすかもしれない〉と述べたことがある。[*4]これは知的財産法分野にとどまらず、全ての分野に当てはまり得る話である。長期的にはそのような生成AI技術の進展が実体法そのものに大きな影響

---

＊3　<https://xtech.nikkei.com/atcl/nxt/column/18/02801/091000009/>
＊4　松尾・知財A2Z 21頁

をもたらすかもしれない。

## 6. 残された課題

　以上のような変化が実際に生じた場合の法実務は本書には記載しておらず、この点は他日を期したい。そして、筆者としては、今後も引き続き生成AIに関する実務経験を積み、このような時代に対応する生成AI実務に関する書籍を執筆すること（可能であれば弘文堂に出版いただくこと）を強く希望している次第である。

コラム ·······························································································································

## 生成AI時代のキャリアデザイン

　筆者は、前著（松尾・ChatGPT）等でも議論していたようなキャリアに関する研究を行ってきたこと、および、2024年4月から学習院大学法学部特別客員教授としてキャリア教育を担当することになったことがきっかけとなって『法学部生のためのキャリアエデュケーション』（有斐閣・2024）を著し、そこで学生や若手弁護士、若手法務担当者を念頭に、将来どのようにキャリアをデザインしていくべきかを語ったところである。

　生成AIはその回答がもはや「大学院生レベル」ともいわれ、その能力はますます高まっている。例えば、2024年夏に、ある英文の法律書の和訳を終え、最後に脚注を翻訳するとき、試しに約100本の脚注をChatGPT-o1previewという、当時における最新の生成AIに和訳させた。その後に確認・検証を行ったところ、明らかな誤訳は3点のみ、「明らかにこなれてない（定訳が別にある）」のが約10点で、それ以外は趣味の問題という感じであった。もし、1年目の弁護士がこのレベルの和訳を作ったら「合格点」どころから「英語ができる弁護士」と認定されるだろう。このように、生成AIは、うまく利用することで、大きな可能性に満ちている。

　とはいえ、逆にいえば、〈生成AIに自分の代わりにメールを書かせて、確認もせずにそのまま送信する〉といったような間違った利用をしていると、本人としては「コスパの良い」対応をしたつもりでも、もし「あなたと同じ成果は、他の人が生成AIを使っても実現できてしまいますよね。あなたを雇う意味は何ですか？」と聞かれても何も答えられず、キャリアが拓けなくなってしまいかねない。

　だからこそ、生成AIと適切に付き合いながら、生成AI時代にこそ求められる資質を手に入れる、つまり、「自分は生成AIを利用して他の人が生成AIを使ってもできないことができます」と説明することができれば、キャリアは無限に広がる。その際は、生成AIの利用に関するリテラシーを持ち、また、その上で（単に直感的にプロンプトを入れただけでは実現できない）〈正解のない〉問題に取り組む（→第5章2（4））等のプラスアルファを実現することが重要である。

　そして、本書のテーマである法律は、その基礎部分はリテラシーとなり、また、

実務レベルの応用ができればプラスアルファとなる。ぜひとも読者の皆様には、本書を、生成 AI 時代にキャリアを発展させていく上でもご活用いただければ幸いである。

# おわりに

　生成AIに関する動きが目まぐるしく移り変わる中、ある意味では執筆時点である2024年末の「スナップショット」として本書は執筆された。2025年2月の最終校正段階でも多くの動きが発生しており、そのうちの、最低限取り入れるべきものは取り込んだつもりであるものの、十分に取り込むことができていないものについては、別途フォローアップの方法を検討したい。

　さて、筆者は前著のタイトルを『ChatGPTと法律実務』とした。その含意としては、法律実務が今後どのように変化するかを、キャリア研究の観点から分析するというものであった。しかし、同時に、ChatGPT「の」法律実務、つまり、どのような法的論点が生じ、実務的にどのような対応をすべきかについてはまだ議論が未成熟であるため、そのようなタイトルとすることが難しいという側面ももちろん存在した。そのような当時の事情を反映して、法的分析を内容とする前著第3章は約100頁にとどまった。

　今回、ほぼ法解釈に限定して500頁を超える本書を執筆することができるようになり、満を持して『生成AIの法律実務』というタイトルを付けさせていただいた。これは、2023年初頭から約2年間において法実務が熟成し、またその期間において多くの依頼者が筆者に実務経験を積ませてくださったからである。（その存在を知ったきっかけが実務経験であるとしても、）個別の依頼者の守秘義務の対象とならない裁判例情報、ガイドライン、公開されている利用規約の内容等の公開情報や多数の経験のうち、いわゆる「実務ノウハウ」へと昇華することができた部分をふんだんに盛り込ませていただいたつもりである。全ての依頼者に感謝したい。

　本研究は、JSTムーンショット型研究開発事業、JPMJMS2215の支援を受けたものである。本書を執筆する過程では慶應義塾大学新保史生教授、慶應義塾大学栗原佑介特任准教授に貴重な助言を頂戴した。心より感謝の

意を表する。

　本書第2章・第3章は、時井真弁護士の多大なるご協力により成り立っている。筆者が知財パートを含む本書を公刊できたのはまさに時井先生のお陰である。

　また、第4章につき弁護士の加藤伸樹先生、大島義則先生および数藤雅彦先生にご意見を頂戴した。

　さらに、第5章につき、LegalOnTechnologies社法務部長・弁護士春日舞先生にご意見を頂戴した。

　加えて、第10章につき、濵野奈津美司法修習生（2025年1月時点）にご協力いただいた。

　早稲田大学杜雪雯助手には、文献整理等様々な面で多大なるご協力を頂いた。

　そして、弘文堂編集部の登健太郎様には最初の読者として、建設的なご意見を多数頂いた。

　心より感謝するとともに、本書の誤りはひとえに筆者の責任であることを、念のためここに再確認させていただく。


松尾　剛行

# 事項索引

## 【あ】

I2I…31, 71, 75, 104, 314, 438
アイディア…47, 48, 56, 69, 70, 71, 76, 83, 84, 87
──・表現二分論…23, 47
アイデンティティ権…316
アーキテクチャ…294, 305
「明らか」要件…271
アバター…303, 319, 373
安全管理措置…124, 142, 153, 156, 295
安全で安心で信頼できる人工知能に関する大統領令（米国）…417

## 【い】

E³LSI…490
依拠性…49, 67, 68, 97-99, 108, 111, 313, 314, 488
意見論評…255, 258
医行為…197, 199
慰謝料…343
意匠…105
委託…153
一般読者基準…239, 247
医療機器…200
インセンティブ（論）…40, 44
インターネット情報サービスアルゴリズム推薦管理規定（中国）…421
インターネット情報サービスディープシンセシス管理規定（中国）…422

## 【う】

Winny事件…385~
ウイルス罪…385, 387, 389
ウォーターマーク…35, 243, 245, 271, 276, 279, 287, 299, 409, 413, 416, 419, 472
「宴のあと」3要件…291-293, 296, 300, 306, 307
「宴のあと」事件…291

ウルトラマン事件（中国）…420

## 【え】

AIアラインメント…32, 76
AIエージェント…503
AI介護事件…107
AIグラビア事件…104
AI権利章典の青写真（米国）…416
AI事業者ガイドライン…14
AI条約…415
AI制度研究会…14
AI制度研究会中間とりまとめ…426
AI責任指令案…414
AITuber…32, 232, 233, 240, 258, 263, 264, 266, 267, 269, 278, 283, 286, 308, 314, 319, 373, 384
AIディバイド…224
AIと著作権に関する考え方について…14, 39
AI法…14
AI法（EU）…398~
AIホワイトペーパー2024（自由民主党）…425
AI翻訳…215
営業秘密…113-116, 450, 452
エージェント…33
FTベンダ──ファインチューニングベンダ
M&A…476
MLPブロック…27
ELSI…433, 478, 490, 492
ELVIS法…94, 419
炎上リスク…491, 497, 498

## 【お】

ODR…371
公の営造物…216
音商標…324
オプトアウト…136, 148

オンライン診療…198

## 【か】

外国第三者提供…155
海賊版…69
外的環境把握…156
開発段階…51
学習型AI…26, 139, 354, 461
学習済みパラメータ…36
学習済みモデル…26, 29, 36, 41, 46, 52, 55, 89, 102, 127, 133, 157, 161, 272, 450, 451
学習用データ（セット）…26, 41, 51, 52, 73, 74, 83, 109-111, 116, 156, 203, 205, 223, 264, 275, 276, 315, 381
楽譜…80
カスタマーセンター…85, 86, 238
画像生成AI…55, 107, 108, 110, 435~, 495
仮名加工情報…158
「考え方」──AIと著作権に関する考え方について
監視義務…348, 350
──違反…349
間接侵害…106
鑑定…176, 185
勧誘…339
関連性…313, 314

## 【き】

機械規則提案…414
偽計業務妨害罪…383
技術的思想…89
議事録作成…439~
北朝鮮映画事件…80
規範的行為主体論…68
基盤モデル…17, 52, 73, 74, 132, 203, 335, 398, 406, 434, 449, 451, 455, 458, 467, 476
基盤モデルベンダ…41, 73, 74, 273, 448, 451, 458, 476, 477

事項索引　511

棋譜…80
行政による生成AIの利活用…208
行政文書…208
共同規制…405
共同不法行為…275, 345
脅迫文…391
業務妨害罪…383
金融商品取引業…194

【く】
Google事件…271, 272
クラウド注意喚起…453
クラウド例外…148-151
Claude…9, 14, 484
クローラ…35, 40, 56, 76, 78, 79
クロール（クローリング）…34, 35, 116, 121, 137, 139, 161, 306, 449, 450
Grok…275

【け】
経営判断原則…349, 350
形態模倣…110
軽微利用→非享受軽微利用
契約レビューAI…164, 166, 175-178
検索エンジン…61, 271, 272, 299
検索拡張生成…12
ケンタウロスモデル…36, 210, 226, 354
限定提供データ…113-115, 444
権利制限規定…49, 53, 61

【こ】
公益性…251, 256, 276
公共性…250, 253, 256
広告…103, 105, 108, 110
広告クリエイティブ…337, 468, 470, 472, 494
公衆通信…42, 64, 65
公正な論評の法理…236, 249, 255-257, 285, 293
公然性…239, 240, 276, 285
構造論…294
江沢民事件…293
公表…298
声…100
——の人格権…318-320, 322,

373
——のパブリシティ権…319, 322
顧客吸引力…94-98, 101, 103, 105, 322, 323, 325, 438
顧客名簿…445
個人関連情報…158
個人識別符号…123
個人情報…122, 449
個人情報データベース…125
個人情報データベース等不正提供罪…380, 381
個人情報保護…295
個人情報リスク…444, 445, 447
個人データ…125, 127, 129, 143, 147, 154, 156, 157, 487
個人の尊厳…218
Copilot…9, 484, 489
コンピュータウイルス…378, 379

【さ】
サービス停止…458
サイバネティック・アバター…373
債務不履行…334, 345
詐欺罪…384
錯誤取消し…341
作風…48, 56, 70
作風模倣AI…69
差止め…260, 285, 296, 309, 325, 338, 343
サポート要件…91
サムネイル…62

【し】
GDPR…153, 155, 400, 415
Gemini…9, 14, 484, 497
ジェンダーバイアス…223
自己情報コントロール（権）…290, 293
私事性…306, 307
システミックリスク…407, 408, 428
私生活上の事実…296, 297
思想・表現二分論…47
実施…84, 87, 106
実施可能要件…91
自動翻訳…209

支分権…48, 52
氏名権…316
シャドーIT…13, 355, 481
シャドーAI…13, 348, 355, 481, 489
社会通念上許される限度…286-289
社会的受容性…318
社会的評価低下…239, 241, 243-245, 250, 256, 259, 260, 268, 276, 277, 293
謝罪広告…261, 285, 309
謝罪文…362, 369, 392
社内SNS…274, 279
社内受容性…432, 480, 499
JAL労組事件…294, 300, 301, 305
周知表示…109, 110
柔軟な権利制限規定…50
受忍限度…309-313, 315, 325
準備書面…362, 366, 367, 368
春風事件（中国）…420
証拠捏造…364, 365
肖像…94, 95, 97-99, 101, 103
肖像権…307~, 437
商標…107
商品等表示…109, 110
情報漏洩…21, 348, 379
蒸留…36
職務著作…75, 446
人工公物…216
真実性…236, 254, 256, 285, 293, 295, 296
——の抗弁…248
人事データ…161
人物肖像生成AI…102
進歩性…91
信頼の原則…348, 350, 358

【す】
推論プログラム…36
ステルスマーケティング…221
スニペット…61

【せ】
生活の平穏…317
製造物責任指令改正案…414
責任あるAI推進基本法（仮）の骨子（自由民主党）…425

ゼロ・データ・リテンション…
154, 465, 487
善管注意義務…333, 348

## 【そ】

創作者…106
創作性…43, 48, 52, 64, 69, 74
創作の関与…89
創作の寄与…71
創作の表現…43, 56-59, 67, 71,
443, 453
相当性…236, 237, 254, 256, 276,
285, 293
──の抗弁…248
SORA…9
損害賠償…260, 285, 294, 296,
309, 325, 340, 487

## 【た】

ダークウェブ…139, 450
ターゲット事件…130, 303, 304
ターゲティング広告…218
大規模言語モデル…26, 85, 86,
243, 408
第三者提供…146, 156
──規制…146, 150-152, 159,
213, 439, 487
ダバスプロジェクト…88

## 【ち】

知財テック…93
知的財産権…45, 77, 82
ChatGPT…9, 14, 21, 163, 168,
185, 187, 262, 351, 362, 363,
405, 455, 457, 480, 484
チャットボット…172, 202, 238,
273, 274, 302, 342, 344, 446,
447, 497, 498, 503
注意義務違反…278, 301
調書…367, 368, 390
著作権…39
──侵害…39, 386
──リスク…446
著作者…70
著作物性…70-72
著名表示…109

## 【つ】

追加学習──▶ファインチューニ

ング
Twitter事件…271, 272, 300

## 【て】

T2I…31, 71
ディープシンセシス…422, 423
ディープフェイク…35, 100, 231,
232, 237, 243-247, 253, 262,
264, 270, 276, 279, 281, 283,
296, 302, 312, 364, 381-384,
390, 409, 413, 428, 489
ディープラーニング…419, 422
定型約款…335
Tay事件…33, 232, 270, 318, 497
データベースの著作物…78
テキストマイニング…391
適正取得規制…138
デジタルパーソン…10
デュアルユース基盤モデル…
418, 419
電気通信役務…200
電気通信事業…200-202
電子計算機損壊等業務妨害罪…
380
電子透かし──▶ウォーターマー
ク
電磁的管理性要件…115
伝播性の理論…242, 265
テンプレート…11, 465
伝聞法則…390

## 【と】

同意…288
統計情報…158
「東スポ」の抗弁…245
同定可能性…246, 247, 276, 277,
285
東電事件…351
トークン数…30
匿名アカウント…246
匿名加工情報…157
特許権侵害…84
トランスフォーマー（・モデル）
…27, 168, 194, 243, 251, 286
取消し…339, 340
取締役会決議…347

## 【な】

内部統制体制（システム）…

349, 350, 358
中の人…32
長良川事件…247, 292, 298, 299
なりすまし…244, 245, 303, 312,
316, 381, 422
ナレッジマネジメント…445

## 【に】

日本システム技術事件…358
人間の尊厳…218

## 【ね】

ネガティブプロンプト…32, 269

## 【の】

ノウハウ…450
ノンフィクション「逆転」事件
…292

## 【は】

賠償請求…343
ハイリスクAI…401~, 414
発明者…88
罵倒AI…283, 286
パブリシティ権…94-96, 98, 99,
101, 103, 104, 309, 317, 319,
320, 322, 323, 325, 326, 437
破滅的忘却…30
ハルシネーション…10, 12, 15,
22, 29, 36, 126, 129, 145,
195, 199, 214-216, 255, 329,
332, 344-346, 351, 352, 362-
366, 446, 488, 492
判決予測…370
汎用目的AI…398, 405~, 412

## 【ひ】

PoC…461, 463, 464, 498, 500
非享受軽微利用…50, 52, 63, 64,
66, 75, 443, 449, 453
非享受目的…57, 66
非享受利用…52, 53
非公知性…297, 305-307
秘匿性…306, 307
秘密管理性（要件）…117
秘密情報…474, 486
──リスク…445, 486
秘密保持義務…242
秘密保持契約…176, 178, 441,

事項索引　513

461, 473, 486
BYOAI…485
ピンク・レディー事件…94, 320, 322

【ふ】

Firefly…484
ファインチューニング…15, 16, 18, 42, 55, 452, 467
ファインチューニングベンダ…19, 25, 41, 73, 74, 273, 448, 449, 452, 454, 467
VTuber…290, 373
フィンテック…193
フェイクニュース…235, 423, 488, 492, 493
不気味の谷…496
複製…42, 64, 65
複製権…488
侮辱罪…380
不正競争行為…109-111, 114
不正指令電磁的記録作成罪…380
プライバシー…281, 290~, 291, 294, 295, 438, 441, 478
——侵害…153, 381
プライバシー・バイ・デザイン…302, 305
プライバシーポリシー…161, 457
ブリュッセル効果…413
プロファイリング…131, 132, 135, 142, 217-220, 303, 304
プロンプト…23, 65, 72, 86, 89, 134, 136, 139, 150, 240-243, 257, 263, 265, 267, 277, 279, 288, 289, 298, 312, 313, 315, 379, 454, 464, 471, 488
——の発明該当性…87
プロンプトインジェクション…379
プロンプトエンジニアリング…22, 23, 34, 241, 288, 379, 451, 467, 471
文書偽造罪…383

【へ】

ヘイトスピーチ…231, 235, 317, 318

ベクトル…64
——検索…31, 219, 220, 361
ベネッセ事件…293, 302
弁護士法72条…163~
ベンダ注意喚起…457

【ほ】

Voice Engine…279
報酬を得る目的…179
幇助犯…385, 387
法務回答案提供…63
法律意見検索システム…63
保管・利用規制…139
北方ジャーナル事件…237
保有個人データ…125, 127, 156
翻案権…488
ポン出し…33, 435, 436, 473
本人同意…140, 143

【ま】

Microsoft Azure OpenAI…484
マスタープロンプト…32, 145, 251, 252, 261, 262, 266, 268, 272, 278
マスピ顔…26, 33, 497
マルチモーダル生成AI…31

【め】

明確性要件…92
名簿…157
名誉感情…101, 282~, 289
——侵害…284, 286, 287, 289
名誉毀損…231~, 422, 438
名誉毀損罪…380, 382, 384
免責条項…345

【も】

モデルプロンプト…11
模倣…111, 112

【ゆ】

UI/UX…18, 306, 464
融資差別…224
融資判断AI…217
有利誤認…337
優良誤認…337

【よ】

要配慮個人情報…133, 135, 136,

143, 145, 154, 161, 447, 449, 450, 454
容ぼう…310, 311, 321
予測…36
ヨミウリオンライン事件…80

【ら】

ライセンス…51, 59, 73, 79, 327, 449, 452
LINE事件…162
RAG…15, 18, 30, 52, 57, 58, 64, 66, 163, 193, 225, 252, 255, 273, 359, 360, 379, 380, 442, 445-447, 464, 466, 489
Llama…9, 14

【り】

リアルタイムデータ…36
リーガルテック…163, 164, 169-171, 173, 180, 183, 189
リスクベース・アプローチ…399
リツイート（リポスト）…269
理由提示義務違反…211
利用規約…270, 271, 276, 455~, 486
利用段階…42, 64
利用目的…140, 143, 158, 160
——規制…130, 161, 444

【る】

類似性…49, 97, 311, 443
ルールベースAI…26, 128

【れ】

レピュテーションリスク…478, 491, 492

【ろ】

漏洩報告義務…487
ローカルLLM…35, 151, 487
robots.txt…35, 76, 78

【わ】

和解…369
忘れられる権利…299

# 判例索引

## 【～昭和64年】
東京地判昭30・3・16…88
最判昭31・7・20…239
最決昭34・12・5…183
東京地判昭39・9・28…291
東京高判昭39・9・29…176
最判昭41・6・23…236, 248, 254
最判昭44・6・25…234, 248, 254
最判昭45・12・18…285
最判昭50・4・4…176, 183
最判昭53・9・7…49
最判昭56・1・27…215
最決昭59・12・21…390
最判昭63・1・26…364

## 【平成元～10年】
大阪地判平4・8・27…70
東京地判平4・9・24…245
最判平5・3・30…70
東京高判平5・9・31…245
最判平6・2・8…292
最判平9・9・9…249, 255

## 【平成11～20年】
最判平13・6・28…49
最判平15・3・14…247, 292, 298, 299
最判平15・9・12…293
最判平15・10・16…239
最判平16・2・13…95
最判平16・7・15…256
知財高判平17・10・6…80

最判平17・11・10…309, 310, 311, 321
最判平18・1・20…316
東京地判平18・3・31…311
東京地判平18・4・21…382
最判平18・11・7…391
最判平20・3・6…294

## 【平成21～31年】
最判平21・7・9…358
東京地判平21・12・25…301
最判平22・4・13…283
東京地判平22・10・28…294, 300, 301, 305
最判平23・1・20…68
最判平23・4・28…269
最判平23・6・7…211
最判平23・12・8…80
最決平23・12・19…385
最判平24・2・2…94, 309, 320, 322
最判平24・3・23…239
知財高判平27・8・5…101, 282
大阪地判平28・2・8…316
大阪高判平28・6・29…293
東京高判平28・7・20…349
東京地判平28・10・25…268
最判平29・1・24…338
最決平29・1・31…271, 299
大阪地判平29・8・30…317
最判平29・10・23…293, 302
最決平31・2・26…383

東京地判平31・3・20…317
大阪地判平31・4・11…211

## 【令和元年～】
福岡地判令元・9・26…285
福岡高判令2・3・24…285
知財高判令2・3・25…107
大阪高判令2・6・23…269
最決令2・9・16…197
最判令2・10・9…292
東京地判令2・12・18…382
知財高判令3・3・17…89
東京地判令3・9・2…382
東京地判令4・1・13…285
最判令4・2・15…318
東京地判令4・5・30…285
最決令4・6・24…271, 300
東京地判令4・7・13…351
最判令4・10・24…68
知財高判令5・6・8…441
大阪地判令6・1・16…80
東京地判令6・2・26…318
東京地判令6・5・16…88, 90, 488
東京高判令6・6・19…81
大阪地判令6・8・30…364
静岡地判令6・9・26…390
東京地判令6・10・25…379
大阪高判令7・1・30…80
知財高判令7・1・30…88
東京高判令7・1・30…488

【著者】
松尾　剛行（まつお・たかゆき）

　東京大学法学部卒業、ハーバード大学ロースクール修了（法学修士）、北京大学法学院博士課程修了（法学博士）、弁護士（第一東京弁護士会）、ニューヨーク州弁護士。現在、桃尾・松尾・難波法律事務所パートナー、AIリーガルテック協会代表理事、学習院大学特別客員教授、慶應義塾大学特任准教授のほか、中央大学非常勤講師、一橋大学客員研究員なども務める。ITストラテジスト試験、情報セキュリティスペシャリスト試験、プロジェクトマネージャ試験合格。

　『ChatGPTと法律実務〔増補版〕』（弘文堂・2025年）、『サイバネティック・アバターの法律問題』（弘文堂・2024年）、『クラウド情報管理の法律実務〔第2版〕』（弘文堂・2023年）、『法学部生のためのキャリアエデュケーション』（有斐閣・2024年）、『キャリアプランニングのための企業法務弁護士入門』（有斐閣・2023年）、『キャリアデザインのための企業法務入門』（有斐閣・2022年）、『中国のデジタル戦略と法』（共編著、弘文堂・2022年）、『紛争解決のためのシステム開発法務—AI・アジャイル・パッケージ開発等のトラブル対応』（共著、法律文化社・2022年）、『AI・HRテック対応 人事労務情報管理の法律実務』（弘文堂・2019年）など著作多数。

## 生成AIの法律実務

2025年（令和7年）4月15日　初版1刷発行
2025年（令和7年）7月15日　同　3刷発行

著　者　松尾　剛行
発行者　鯉渕　友南
発行所　株式会社　弘文堂　　101-0062　東京都千代田区神田駿河台1の7
　　　　　　　　　　　　　　TEL 03(3294)4801　振替 00120-6-53909
　　　　　　　　　　　　　　https://www.koubundou.co.jp

装　幀　宇佐美純子
組　版　堀江制作
印　刷　大盛印刷
製　本　井上製本所

Ⓒ 2025 Takayuki Matsuo. Printed in Japan

JCOPY＜(社)出版者著作権管理機構　委託出版物＞
本書の無断複写は著作権法上での例外を除き禁じられています。複写される場合は、そのつど事前に、(社)出版者著作権管理機構（電話 03-5244-5088、FAX 03-5244-5089、e-mail: info@jcopy.or.jp）の許諾を得てください。
また本書を代行業者等の第三者に依頼してスキャンやデジタル化することは、たとえ個人や家庭内での利用であっても一切認められておりません。

ISBN 978-4-335-36013-8